2019年度国家社会科学基金重大项目

"中国西北科学考查团文献史料整理与研究"

(批准号：19ZDA215)阶段性成果

2020年度中央财政支持地方高校改革发展专项资金项目

"西北科考团文物文献整理保护与研究"

阶段性成果

2024年度新疆哲学社会科学创新团队

"中国现代西北科学考察文献整理与研究"

项目成果

新疆维吾尔自治区社科基金项目

"考古实证中央政权对新疆的有效治理"

（批准号：24&TD001）阶段性成果

北京大学中国古代史研究中心
新疆师范大学西域文史研究中心 编

大漠長雲

黄文弼先生诞辰130周年纪念文集

吴华峰 周珊 主编

凤凰出版社

图书在版编目（CIP）数据

大漠长云：黄文弼先生诞辰130周年纪念文集 / 吴
华峰，周珊主编. -- 南京：凤凰出版社，2024. 9.
（中国西北科学考查团丛刊）. -- ISBN 978-7-5506-4300-0

Ⅰ. K825.81-53

中国国家版本馆CIP数据核字第20242WK419号

书　　　名	大漠长云——黄文弼先生诞辰130周年纪念文集
主　　　编	吴华峰　周　珊
责 任 编 辑	黄如嘉
特 约 编 辑	蔡谷涛
装 帧 设 计	陈贵子
责 任 监 制	程明娇
出 版 发 行	凤凰出版社（原江苏古籍出版社） 发行部电话025-83223462
出版社地址	江苏省南京市中央路165号,邮编:210009
照　　　排	南京凯建文化发展有限公司
印　　　刷	江苏凤凰通达印刷有限公司 江苏省南京市六合区冶山镇,邮编:211523
开　　　本	787毫米×1092毫米　1/16
印　　　张	24.75
字　　　数	557千字
版　　　次	2024年9月第1版
印　　　次	2024年9月第1次印刷
标 准 书 号	ISBN 978-7-5506-4300-0
定　　　价	258.00元

（本书凡印装错误可向承印厂调换,电话:025-57572508）

Continuous Clouds and Boundless Desert:

Essays on the 130th Anniversary of Huang Wenbi's Birth

Edited by Wu Huafeng & Zhou Shan

PHOENIX PUBLISHING HOUSE

黄文弼先生在迪化气象台中

《中国西北科学考查团丛刊》弁言

　　1927年，中国西北科学考查团的成立，揭开了中国现代学术史上考察大西北的序幕，也成为中国学术界以科学的方法从事丝绸之路研究的发轫。

　　考查团又称中瑞西北科学考查团（The Sino-Swedish Scientific Expedition to the North-Western Provinces of China），是一个由中外科学工作者平等合作、在世界范围都享有盛誉的科学考察团体。考察历时8年，分为两个阶段：第一阶段是1927年5月至1933年秋，由"中国学术团体协会"和瑞典探险家、地理学家斯文·赫定（Sven Hedin，1865—1952）合组的"中国西北科学考查团"，以北京大学教授徐炳昶（1888—1976）和斯文·赫定分别担任中方和西方团长，以骆驼为主要交通工具，在我国西北地区进行了科学考察；第二阶段是1933年10月至1935年2月，由民国政府铁道部组织和出资，斯文·赫定领队的"绥新公路查勘队"，以汽车为交通工具，勘察内地到新疆的公路路线，包括对沿线进行的科学考察。考察涵盖的学科众多，包括气象、地质、古生物、地理、民族学、考古学等；考察的地域也非常广泛，涉及内蒙、甘肃、新疆、青海和西藏等多个省份。

　　在自然条件恶劣、西北政局动荡的环境下，考查团的成员们克服重重困难，以严谨的态度开展科学工作，取得了众多令人瞩目的成就。例如：袁复礼在新疆天山北麓发现的恐龙化石、贝格曼（F. Bergmen）在弱水发现的大批居延汉简和在罗布泊发现的小河遗址、霍涅尔（N. Hörner）和陈宗器对罗布泊的调查等，当时就是轰动国际学术界的重大成果；而丁道衡发现的白云鄂博大铁矿和郝德（W. Haude）等人收集的气象、地理资料，对我国西部的经济建设、航线开辟、公路交通和"丝绸之路"的复兴都有积极影响。考查团还采集了许多生物标本，拍摄了大批山川、湖泊、河流等自然景观的照片，由于环境的变迁，这些资料许多已经成为独一无二的珍品。

　　西北科考团从成立到合作研究的方式以及取得的成果，都在中国学术史上留下了划时代的独特印记，成为新时期在全球化学术生态下从事科学研究值得借鉴的重要模式。通过他们的考察，增进了人们对中国西北的人文、地理环境更为全面和科学的认识。考查团还在合作考察的过程中，为中方青年学者提供了野外实践机会，从而为中国培养了优秀的专业人才，在中国近代科学发展史上意义深远。

　　中国西北科学考查团的成果与影响，一直受到后世的尊重。在欧洲，从1937年至20世纪90年代，陆续成书，先后出版了11大类56卷报告——《斯文·赫定博士领导的中国西北科学考查报告集》（*Reports from the Scientific Expedition to the North-Western Provinces of China under the Leadership of Dr. Sven Hedin*);一个被称作"斯文·赫定基金会"的组织(The Sven Hedin Foundation),至今仍然在研究和弘扬着这次考查团外方成员的成果。

在中国,中方学者的研究成果,因随之而来的战争影响,未能结集出版,而是以各学科专著或论文的形式分散发表,如:袁复礼《新疆准噶尔东部地质报告》、丁道衡《绥远白云鄂博铁矿报告》、李宪之《东亚寒潮侵袭的研究》、刘衍淮《历史年代中亚气候变化的证据》、郝景盛《青海植物地理》、陈宗器《罗布淖尔与罗布荒原》、黄文弼《高昌砖集》《高昌陶集》《罗布淖尔考古记》等。此外,尚有多种中外考查团员所著考察游记出版行世。这些著作,一直是我们从事西北地区科学研究的重要文献。

改革开放以来,中国西北科学考查团的成就逐渐受到重视,在西北科学考查团成立的70、80、90周年,在北京和西北科考团经过的区域,都会有不同程度的纪念活动,催生了考查团后人研究父辈贡献的图书文献的出版。1990年代,以"西域探险考察大系"为代表的丛书,较多地翻译了中国西北科学考查团外方团员的探险著作,使得学界对于考查团的了解日渐深入。2005年,中国科学院知识创新工程项目也成立了"中国西北科学考查团科学考察活动综合研究项目组",出版了《中国西北科学考查团综论》、《中国西北科学考查团专论》的研究著作,成为新时期西北科学考查团研究具有学科意义的破冰之作;一批以考查团学术史为题的博士、硕士论文也在高校不断涌现。

2012年,为了纪念黄文弼先生在新疆这片热土上奉献的一生心血,其后人将黄先生生前使用和珍藏的图书文献,无偿捐赠给新疆师范大学。以此为契机,新疆师范大学成立了"黄文弼中心",依托该校自治区文科基地西域文史研究中心,以开辟中国西北科学考查团历史的永久性展览、从事持续的西北学术史研究为己任。而中国西北科学考查团的学术活动,也是北京大学校史上光彩夺目的一页,1927年成立的中国西北科学考查团,正是以北京大学为核心的中国学术团体协会呼吁成立的,考查团首批10位中方团员,北京大学的参加者多达7人,他们从红楼出发,开启了北京大学丝路考察与研究的征程。

由于这样的因缘,从2012年起,北京大学与新疆师范大学即开始了中国西北科学考查团学术史的合作研究,北京大学中国古代史研究中心教授朱玉麒受聘担任黄文弼中心首任主任。2019年,以朱玉麒教授为首席专家的团队申请"中国西北科学考查团文献史料整理与研究"项目获得国家社科基金重大项目立项;2024年,以黄文弼中心现任主任吴华峰教授为领军的新疆维吾尔自治区哲学社会科学创新团队"中国现代西北科学考察文献整理与研究"组建。关于中国西北科学考查团学术史的研究工作,正在全面展开。

"中国西北科学考查团丛刊"是北京大学中国古代史研究中心与新疆师范大学西域文史研究中心合作团队创建的整理和研究中国西北科学考查团学术成果的园地。本丛刊将分设"资料编""翻译编""研究编",陆续出版中国西北科学考查团中方成员的学术资料、外方成员考察论著的中文译本、西北科学考察学术史的研究成果,为丝绸之路的研究、为中国西北的开发,提供近百年前中国西北科学考察的经典文本。

朱玉麒　吴华峰
2024年5月9日

目　录

CONTENTS

前　言

　　从事或关注新疆考古和西北历史地理研究者,对有着"新疆考古第一人"之誉的黄文弼一定都不陌生。

　　1893 年,黄文弼先生诞生在湖北汉川。他出生和成长的年代,正是近现代以来中国社会最为风起云涌的特殊时期。1911 年武昌起义的一声枪响,推翻了牢笼千年的帝制。接踵而至的五四运动,让反帝反封建的浪潮席卷全国,也为旧中国吹进了民主与科学的新风。正是在这样的时代背景下,黄文弼完成中小学学业,负笈北上至北京大学求学,并于1918 年毕业留校任教。社会思潮的熏陶及李大钊、胡适、沈兼士等良师益友的教诲,奠定了他矢志不渝的爱国品质和一生追求新知的执着精神。

　　1927 年春,瑞典探险家、地理学家斯文·赫定(Sven Hedin,1865—1952)准备单方面开展一次对中国西北地区的考察,就在其计划将要成行之际,中国知识界组成"中国学术团体协会",对这一有损国家主权的行为进行了极力抵制。经过反复谈判,斯文·赫定终于妥协,同意组建"中国西北科学考查团"——人类丝绸之路科学探察史上首个中外学者平等合作的学术团体。黄文弼出于爱国知识分子的道义担当,作为中方惟一的考古学者加入考查团,这也注定成为他学术生涯的转折点。

　　1927 年 5 月 9 日,黄文弼随队踏上西北科考的伟大征程。他在祖国西北特别是新疆,进行了为期三年多艰苦卓绝的野外考察。他无论"沙漠湖滩,有古必访":第一次将罗布泊湖水北移的消息传达给全世界,第一次在罗布泊地区发现了举世闻名的土垠遗址,成为第一个横渡死亡之海塔克拉玛干沙漠的中国学者……黄文弼利用这次难得的机会,将科学考古方法运用到实践当中,为处于起步阶段的中国考古学赢得了世界性的声誉。

　　黄文弼与新疆考古和西北史地研究的不解之缘就此凝结。此后他又三至新疆考察:1933 年,作为民国教育部考察新疆教育文化专员赴新疆,再次来到土垠遗址,采集到著名的"居卢訾仓"汉简。1943 年,受西北大学委托,随"国父实业计划考查团"到新疆考察教育、文化及古迹古物。1957 年,率领中国科学院考古队再次前往天山南北,重点对北疆地区进行了踏查。简要回顾黄文弼后半段的人生经历与事业,也可以明显看出和新疆以及西北地区的紧密关联:1935 年,以中央古物保管委员会委员身份担任西安办事处主任,主持西安碑林整理工作。抗战期间任西北联大、四川大学教授,1942 年起又担任西北大学历史、边政系主任。1947 年回到国立北平研究院史学研究所任研究员。新中国成立之后，转入中国科学院考古研究所。到他逝世为止，一直从事新疆考古资料的整理与研究。

在实地考古的基础上，黄文弼先生完成了其新疆考古报告里程碑式的著作"三记两集"：《高昌砖集》《高昌陶集》《罗布淖尔考古记》《吐鲁番考古记》《塔里木盆地考古记》。以及《黄文弼蒙新考察日记(1927—1930)》《西北史地论丛》《黄文弼历史考古论集》《西域史地考古论集》等不朽论著。由于黄文弼具有深厚的传统学术功底，又受过新思潮与治学方法的陶冶，加之曾积累了丰富的考古经验，在他的西北史地研究中，往往熔铸着考古学、历史学、地理学、民族学等多方面的综合内容，从而开创了中国西北史地研究"三重证据法"的新格局，为今天的新疆考古事业及西北史地研究树立了方法论的标杆，同时也让人们深切感受到，他在新疆的考古绝不只是总行程近四万公里的数字，也绝不仅是发掘了若干处遗址，而已经内化成了一笔有温度、有深度的精神财富，滋养和鼓舞了一代代学人。

2012 年，黄文弼先生的后人经过慎重考虑，将其生前使用过的物品和所珍藏的文献，无偿捐赠给了新疆师范大学。为了表达对中国西北科学考查团先贤的纪念，感谢黄氏后人的情谊，新疆师范大学成立"黄文弼中心"，并专门建立"黄文弼特藏馆"，开辟黄文弼与中国西北科学考查团的永久性展览。十余年来，黄文弼中心在科考团后人及社会各界的支持下不断发展壮大，已经初步建设成为新疆乃至全国高校弘扬爱国主义、讲好新疆故事、深化丝绸之路研究的重要阵地。

接过中国西北科学考查团和"新疆考古第一人"精神的旗帜，既是责任，也有压力。黄文弼中心自成立伊始，就无时无刻不在思考如何更好地利用相关文献与文物，根植于新疆本地的文化土壤和地缘优势，培养更多热爱西北、有志科研的青年才俊，进一步推进学校学科发展、打造西北学术史研究的新高地。为此，中心多次组织学术会议、设立"黄文弼与中国西北科学考查团"科研项目、创办新疆师范大学"黄文弼中心丛刊""中国西北科学考查团丛刊"的学术品牌，以开放的胸怀面向海内外学术同仁，携手推动西北史地研究的进步。

2023 年，是黄文弼先生诞辰 130 周年。为了表彰黄文弼为新疆考古做出的贡献，弘扬中国西北科学考查团涉险犯难的科学精神与爱国情怀，贯彻国家"文化润疆"的战略部署，为实现边疆地区社会长治久安的总目标提供文化支持，新疆师范大学黄文弼中心策划了一系列的纪念活动。2023 年 8 月，黄文弼中心、吐鲁番市文博院联合举办了"吐鲁番考古第一人——纪念黄文弼诞辰 130 周年特展"。2023 年 10 月，在新疆师范大学召开了"丝绸之路与中国西北科学考查团"学术研讨会。

《大漠长云——黄文弼先生诞辰 130 周年纪念文集》的主体内容，就是由本次研讨会论文调整、选择构成。集中收录了会议综述，以向读者展示会议总体情况。此外，我们还根据主题需要特约了部分文章，如黄文弼哲嗣黄纪苏先生的《旧皮箱里的家事世事》、李靖的《黄文弼在额济纳地区的考古调查活动》、李正一《新闻报道中的黄文弼·陕西编》等。依照内容，将论文集文章大致分为四组：一是黄文弼研究；二是中国西北科学考查团研究；

三是丝绸之路考古与文化研究;四是丝路历史与文献研究。希望通过这本论文集的编纂,寄托我们对黄文弼先生的怀念。

一代人有一代人的使命,一代人有一代人的担当。维护国家主权、在科考活动中为国争光,是黄文弼先生这代知识分子的使命与担当。今天,距离中国西北科学考查团组建已经将近百年,历史翻开了崭新的一页。在中华民族伟大复兴的新征程中,以黄文弼为代表的先行者们的精神永远不会褪色,也将永远成为我们汲取文化自信的源泉和科学研究道路上前进的动力。

吴华峰

2024 年 4 月 30 日

旧皮箱里的家事世事

黄纪苏

中国社会科学院马克思主义研究院

西北大学的裴成国老师要写我祖父黄文弼（字仲良）任教西大时的往事，希望能提供些资料，于是我打开柜子，搬出了皮箱。这皮箱苍头老脸，一屋子家具属它年高望重。里面存放着祖父的遗札遗稿，纸张脆不禁扰，有些钢笔字已褪色得云里雾里了。箱子我没打开过几次，一是没机会，二是不情愿。之所以不情愿，过敏、咳嗽是身体上的理由，但还有心理上的。我喜欢浏览历史，床头经常放本古代笔记或历朝掌故什么的，感觉就像钻进头顶挂着奇石、奇石滴着彩珠的山洞。但钻着钻着又会觉得压抑疲倦，希望从陈芝麻烂谷子中抽身，返回洞口的现在，飞往山外的未来。国家 3A 级溶洞尚且如此，更何况这口箱子了，装的净是我祖父当年的交代检讨，不属于赏心悦目的一类。

交代检讨大致写于两个时期，20 世纪 50 年代初和"文革"初。"文革"初的就不用说了。50 年代初涉及的问题主要是"贪污"，"贪污"的东西主要是"唐写本《文心雕龙》"（以下简称"唐龙"）。关于此案的本末，祖父当时即已交代清楚，四十年后，王世民先生针对后来的余波再做澄清①。又过去三十年，我自己由"小黄"而"老黄"而"黄老"，世事经过不少也写过不少，如今夕阳西下到了归家的钟点，也有心说说以往不大说的家事了。那就根据这箱子里的资料，再结合几种近人日记及其他相关文字②，家事世事混着一块说吧。"事"则有"情"，"情"则有"状"，我希望透过"情状"对那个时代，多些身临其境的了解。

据王世民先生的文章，"唐龙"在祖父晚年工作的"考古所中年以上学者中尽人皆知，过去常被人作为茶余饭后的谈笑资料"。的确，这件公案不但本身曲曲折折，还折射了不少世道人心，最宜像说评书那样娓娓道来。无奈作为直系后人，"谈笑"在我有一定难度，不哭哭啼啼就够不错的了。

案子的开头在 1950 年代初，事情的源头却在 1920 年代初。

---

① 王世民《所谓黄文弼先生私藏唐写本〈文心雕龙〉究竟是怎么回事》，《文物天地》1990 年第 5 期，34—38 页。

② 本文参考的近人日记为朱玉麒教授、徐思彦女士提供，朱教授还提供了一些重要的参考文章，在此一并志谢。

祖父北大毕业后留校在国学门工作。受老师黄侃、刘师培的影响,对《文心雕龙》颇有兴致,1921年曾作《整理〈文心雕龙〉方法略说》发表在北大的日报上,计划着跟同事郑介石一道对该书做番整理。1925年,正在剑桥留学的同乡黄建中受祖父之托,将斯坦因骗购、大英博物馆收藏的《文心雕龙》唐抄本共二十二张拍摄下来寄给了他。他据以同其他版本做了对校①。敦煌唐抄本是目前《文心雕龙》最早版本,祖父自然珍视,但并没像一些人传的"视为枕中鸿宝,秘不示人",因为据刚刚读到张海明先生的一篇考证,"民国时期学人所见唐写本《文心雕龙》,除个别人(如傅增湘)外,主要还是源自黄文弼所持照片"②。有趣的是,刘文说的"学人"跟"一些人"颇有重叠。

1927年,与纷纷南下的青年学子、中年学人相向而行,势如破竹的北伐军拿下半个中国,兵锋直指北京,北洋政府风雨飘摇。已照准的瑞典探险家斯文·赫定的第五次西北之行竟被一群公知拦下,西方人去那一带就像去自家储物间想拿什么拿什么的时代成为了过去。双方经几轮谈判签署了刘半农说的"中国第一个翻过来的不平等条约"③,共同组建了中瑞西北科学考查团。我祖父埋首窗下,在版本目录二程子的故纸堆里讨生活也成了过去。虽然半路出家,他以考古学者的身份④加入该团前往内蒙古和新疆,前后三年"所获甚丰",带着几十箱采集品洋洋东归。采集品中有一页《文选序》残纸。

返回已改名"北平"的北京后不久,1931年华北遭水灾,社会各界纷纷筹集善款。北平图书馆组织赈灾义展,请西北科考团也提供些采集品送展,我祖父检出若干件,包括那页没头没尾没篇题的《文选序》,忙碌中未经认真核对,误题作"文心雕龙"一并交给了组织方。组织方具体负责的是赵万里先生,1926年曾发表《唐写本〈文心雕龙〉残卷校勘记》,用的就是祖父搞来的照片(通过容庚先生)。但想必赵先生也很忙,他后来说当时是照提供者的清单编入展览目录,未曾目验实物⑤。

接下来,国势危殆、强敌入侵,祖父辗转大后方,以教书为业。抗日战争胜利后于1947年回到北平,在北平研究院继续西北所获资料的整理和研究,继三十年代的《高昌陶

---

① 据陈默《黄文弼〈文心雕龙〉批注的优点与局限》(《北方文学》2018年18期,232—233页),由新疆师大收藏的"黄先生的《文心雕龙》涵芬楼本和黄叔琳《文心雕龙辑注》本。……其中最晚的是注于辑注本卷末的'丙寅(1926)四月写顾谭二家校本讫'"。似与敦煌唐写本无涉,但祖父"三反"交代里明确说参校了敦煌唐写本的校本"有清稿可以为证",可惜此稿今已失存。

② 如容庚、赵万里、杨明照、王利器等,见张海明《谁最早关注、对校唐写本〈文心雕龙〉》,《北京师范大学学报》2020年第3期。

③ 《中国西北科学考查团简介》,王忱编《高尚者的墓志铭——首批中国科学家大西北考察实录(1927—1935)》,北京:中国文联出版社,2005年,10页。

④ 西北科考之前祖父的学术兴趣甚至"阶级立场"似已转向考古,《顾颉刚日记》1925年10月13日抱怨祖父,"周刊稿件,考古学会既无送来,而他非要为考古学会争地盘,愚妄至此"。本文所引顾颉刚日记,皆出自《顾颉刚全集》,台北:联经出版事业公司,1990年。

⑤ 王世民《所谓黄文弼先生私藏唐写本〈文心雕龙〉究竟是怎么回事》,《文物天地》1990年第5期,34—38页。

集《高昌砖集》之后，又出版了《罗布淖尔考古记》。闲暇时和其他读书人一样爱逛个旧书店，高兴了还和老板伙计吹吹牛。有回在隆福寺街上的修绠堂聊到《文心雕龙》，祖父对孙掌柜（竹廉）说：你那些版本算个么噻，我有敦煌唐写本，二十二张，贵重里狠！祖父湖北口音很重，一旁的学徒小李听成了"二尺二长"——这当然是我的推想。他们聊天的时候，可能没在意远处的大决战，但炮声越来越近了。

再后来"北平"又变回到"北京"。不过这一次可不是一般的改朝换代，用诗人胡风的话，"时间开始了"。之后有了"三反"——反贪污、反浪费、反官僚主义——运动。祖父先解放前任职的"北平研究院"，解放后跟"中央研究院"一道，被编入新成立的中国科学院。旧中国的文教人员能为新中国所"留用"[①]，真是谢天谢地、诚惶诚恐，别说贪污公家东西了，有条件的都琢磨着向公家捐老宅献名画。"三反"的主要目标并不是他们。据《竺可桢日记》，1952年2月1日中山公园公审的贪污犯，分别来自公安部行政处、贸易部畜产公司、军委后勤处、军委民航公司、财政部粮食局、农业部国营农场总务科。但既为"运动"，"资产阶级"整体都有份[②]：无产阶级干部也可能被传染成资产阶级，资本家是传染源[③]；"小资产阶级"知识分子，只要有机会，随时随地可能出问题。至于我祖父，"时间开始"之后固然没机会贪污，但之前呢，他"所获甚丰"的采集品难道不净是宝贝么？

其实——得往前倒带子——中瑞西北科考团还没正式产生，"向钱看"的假定就等在产房门口了。斯文·赫定被北京学人拦住了去路，原先帮他报材料走程序的合作伙伴、地质调查所所长翁文灏先生就指点他：给那些人的工钱开高点，他们一定放行，"这才是最要紧的"[④]。我无从确定，如果纯粹尽义务中国团员是否还会上路（其实除了徐旭生先生，后来上路的大都不是当初拦路即谈判的），但说他们主要是为了钱我也不信，人没那么简单，翁先生也没那么简单。为国为学的公共目的结合了立功立言或成名成家的个人追求（可能还有新鲜、刺激之类），这倒可能更接近实情[⑤]。如果仅为打工挣钱，我祖父三年"备历艰

---

① 1966年7月17日《人民日报》社论云，"解放初期，我们把旧的资产阶级知识分子，除了公开反革命的以外，都包了下来"。

② "阶级"本来不必局限于经济，但弄到后来几乎跟经济无关。有没有资产，都可以叫"资产阶级"。有趣的是，顾颉刚先生建国前后曾下海当出版商，是名副其实的资本家，却因为加入了全国总工会而自视"工人阶级"，拿着有关部门出具的、写明工会会员证号的证明信，回苏州老家办理了房屋出售手续，若按地主成分或出身估计就不是出售而是没收了。

③ 所以当"三反"延伸为"五反"时，他们又成了运动主要对象。

④ 见斯文·赫定《中国西北科学考查团诞生的经过》，收入王忱编《高尚者的墓志铭——首批中国科学家大西北考察实录（1927—1935）》，2005年，587页。

⑤ 祖父在当年的一份检讨中说："我当初参加的动机，一方面为我个人出路打算，以为西北考古这是一个新门路。一方面觉得以前西北只有外国人籍游历之名行某种政治阴谋，中国人不敢做声，柔媚服从。这次中国人组织团体来了，是在文化战线上以实际行动与帝国主义者做搏斗，在中国是第一次。"估计是初步的检讨，承认个人打算之外还不忘反帝爱国，跟他蒙新考察日记1927年5月8日出发前夕的"一者为监督外人，一者为考察科学"及出发当天的"余遂走上征途，接受自然界之知识，与俯首窗下、在故纸堆中讨生活者暂别矣"倒也前后一贯。顾颉刚日记1958年4月28日讲了读书人不同丁买卖（转下页）

辛"，三十来岁牙都掉了，袁复礼先生五年归来只剩了牙床，还有一位青年学生在长征苦旅中孤闷到自杀，也太不划算了。

沿着"向钱看"的猜想多走个一步半步，考古差不多就成了盗墓。很可能祖父回来不久，他考古西陲获得"唐龙"并私吞的说法，便在"龙学"（《文心雕龙》研究）圈里发酵了①。那些人既是学人，希望什么人发现了可以帮他们再出学术成果的新资料；他们也是常人，会觉得瓜田李下谁手不痒痒啊。当时瓜李最可口也最集中的故宫博物院，20 世纪 30 年代出了所谓院长易培基"侵占古物"的大案，后任院长马衡先生曾有举国滔滔"一若故宫中人无一非穿窬之流者"的感慨②。其实故宫博物院成立之初即面对这样的质疑，为易培基鸣冤了半辈子的吴瀛（景洲）先生曾写："有人问，你们为什么要做这一点报酬也没有的工作，一定是想偷点东西。"③后来"三反"运动故宫全员拉到白云观和东岳庙的公安干校集中"学习"，则是后话了。

1951 年夏天的"忠诚老实"运动中，我祖父可能是头回听到"外间有人传我藏有唐写文心雕龙"。这个运动持续时间短，在当代史上名声不大，我也知之不多。据《马衡日记》1951 年 6 月 29 日："下午赴团城开会，听取忠诚老实运动报告。拟设临时学委会，自 7 月 2 日起至 8 月 16 日止，检查各机关人员的历史及思想。"8 月 16 日："七时在城楼上作报告，公布第二批名单。一般历史问题职员六人，工友七十七人。一般政治性问题职员四人，工友三十九人。"看来这个运动不是专门针对读书人的④。关于我祖父私藏"唐龙"的传闻这时虽然开始浮出水面，但尚未升格为案件。

1951 年底"三反"运动起来，修绠堂学徒李新乾（泉）举报祖父私藏"唐龙"。至此，祖父托黄建中从大英博物馆晒印的那套敦煌唐写《文心雕龙》照片、祖父的"考古西陲"、被误题为"唐写《文心雕龙》"拿去展览的《文选序》残纸以及人对人的怀疑、阶级对阶级的警惕，几条线拧成一股绳，还打了个环，在祖父的头上晃晃荡荡。夏鼐先生当时负责调查此事，他询问了相关人士，无一人见过"唐龙"，包括举报人，全都听风是雨。参观过 1931 年赈灾展览的学者也都"记不清了"。王重民先生从事过敦煌古籍资料的收集与整理，夏认为他是

（接上页）人的"私"心："我想出我有甚大之名心，即不欲出小锋头而要出大锋头，不欲一时出锋头，而要永久出锋头，成若干不朽著作。然谓予有利心，则尚未挖出。"

① 杨明照先生回忆，"抗战前闻黄君文弼考古西陲，曾获唐写《文心雕龙》残卷一幅，长约三尺。惟视为枕中鸿宝，未尝轻以示人"，见其《文心雕龙校注拾遗》，上海：上海古籍出版社，1982 年，788 页。

② 见《马衡日记》1950 年 2 月 4 日。

③ 吴景洲《故宫盗宝案真相》，北京：文史资料出版社，1983 年，44 页。

④ 《顾颉刚日记》1952 年 6 月 6 日记其在西安时与西北出版局局长、到西北农学院主持思想改造的秦川晚上在广场闲谈时听后者讲："此次运动与去年之镇压反革命大异。去年之事，是要消灭反革命分子；今年之事，则要争取知识分子；纵使知识分子有些过失，只要肯改造，政府还是要争取的。忠诚老实运动，即是过去一切行为交代，交代了即无事。"这位秦川与 1980 年代出任过《人民日报》总编的秦川应是一人，其子秦朝英主办的《战略与管理》为 1990 年代的思想舆论重镇。

行家,问他当年在展览会是否见过《文心雕龙》残纸,王说没有见过,但不肯出来作证①。

《文心雕龙》卷子成了中科院的要案。《夏鼐日记》1952年1、2月份有较密集的记录②。不过夏先生记事简要、点到为止。祖父黑云压城,自然也不会像在考古记或考察日记里那样一五一十地记录现场、描摹周遭——检讨书也不是干那个的地方。竺可桢是当时的科学院副院长,他的日记场面开阔并时有情景描写。1月23日:

> 下午二点又开节约检查委员会大会……检查总委员决定坦白以至26日晚12点为期,希望贪污分子能公开坦白。次曹日昌报告本运动收获。萧佛先报告讲胡彦九送法院经过。丁瓒号召贪污分子速来坦白。考古所人揭发某研究员(黄文弼)私吞重要文物。编译局陶坤李济涉逼李至广到台上坦白,但李到台上后坚不肯吐露。一般讲,今日群情高涨,收获良好。

这则日记有两点很触动我。一是最后通牒——"零点"极具象征性,了断旧我、开始新生,震慑里透着感召。如故宫博物院把最后期限定在2月15日,马衡院长那天记到,"今为最后一日,交代问题者突形踊跃"。可以想见那些人"踊跃"之前的进退失据之天、辗转反侧之夜。下最后通牒当然只是诸法之一,据竺可桢2月11日日记,铁道部滕代远介绍"打死一个老虎的步骤:压、点、制、追、证"③。实话说这五步我并不都明白,但以"压"打头阵,背后有多少问题不难估计。其他方法包括"做家族工作"④,这个在我经眼的近人日记中没怎么遇到,杨绛小说《洗澡》里倒是有。不过,祖父在1952年5月8日写的一份"现再将交出的伪中央古物保管委员会西安办事处物品的经过说明并检讨我的错误行为如下"(以下简称"5·8说明"),回忆了最难熬的数月前,其中说到徐旭生先生"第二天又把我小儿召去"晓以利害,包括"小儿"即我父亲可能受到的牵连。此外,竺可桢4月6日参加植物学家汤佩松的第三次检讨会,"礼堂外贴着警告和插画",则又跟后来幼儿教育、外语教育盛行的"情境教学"有相通之处。

各种办法中最难熬的也许是"群情"。祖父本人检讨和《夏鼐日记》里都有祖父交代后大家"皆不满意"的记录,只是过于简略了。据《顾颉刚日记》,"凡报告'三反'者,先需在互助小组中商讨,然后在小组会上报告,得出众人提出的意见,逐条答复,择其要点再在大会报告"。这听上去没什么特别的,我初见皮箱里一沓又一沓内容雷同的检讨时,甚至为当年的当事人设想了一个博士候选人舌战群儒的场面以及数易其稿精益求精的过程。但当然不是那么回事。既然是"群情","满意"的时候就不会多。所以《顾颉刚日

① 王世民《所谓黄文弼先生私藏唐写本〈文心雕龙〉究竟是怎么回事》,《文物天地》1990年第5期,34—38页。
② 《夏鼐日记》1952年1月16日"及黄仲良《文心雕龙》卷子事",为首次提及。
③ 关于运动的步骤或方法,祖父的一份检讨里说是先领导后群众。记得"文革"初父亲让我问问祖父考古所运动的情形,祖父告我"现在还是党内",脸上似无忧色,也许我那时太小,也有看不出来。
④ 亦见竺可桢日记。本文所引竺可桢日记,皆出自《竺可桢全集》第十二卷,上海:上海科技教育出版社,2007年。

记》里才叫苦:"思想改造,一定要写文章,说过去是如何如何不好,此于我真是一个难题,以向日予自觉是一不做坏事的人也。"老先生们初入新社会,对新概念新名词笨手笨脚乃至生吞活剥,给自己扣帽子都扣不正,扣不正就过不了关①。那该如何是好呢?看顾颉刚日记,他似乎是把别人批判"古史辨"的文章收集来以备自我批判,写的检讨书有的先由信得过的同事把关,有的送交担任着街道居委会工作的妻子终审。竺可桢则把他浙大的学生、我的邻居沈伯伯请到家里,帮他梳理解放前的"反动"历史,还做了分期②。我有点纳闷,祖父怎么没借助一下父亲年轻的三观和时新的词汇把检讨润润色呢③?当然我看到的只是草稿④。

"群情"不会止于"不满",往往还会"高涨"。竺可桢2月7日记气象局一通宵分七组"打虎",想来比景阳冈之夜还热闹。王世襄回忆被打虎的一幕真是不堪,难为他挺过来了⑤。平时称兄道弟、先生长先生短的同事忽然换上一脸横眉立目加疾言厉色,这不会让一个寻常人的内心秩序土崩瓦解么?竺可桢3月26日记:

> 毛宗麟……两年前来院,为院中图书馆少数专门人员之一。以其经手购买之书籍常比他处为贵,所以疑其有贪污。前日斗争其装订日报,群众询其去年夏、秋、冬各时期装订报纸一本之价目,因讲话时声色俱厉,五六个人同时呵斥,以致毛呆若木鸡……毛对于装订报纸价目说了一个数字,说夏天七千,十一月九千,但今年二月就不知多少。群众不满,就起而攻之,我以未经土改,心甚悯之,以为他也许真忘掉了,这是右倾思想。今日下午上班时,知道他于今日中午上文津街大楼,上楼顶投地自杀。遗流(留)一妻三子女。不禁为之凄然。

4月10日:

> 中午晤正之(科学院副院长吴有训的字——纪苏按),知渠因思想改造,屡次欲悬梁自尽,已外出购得一绳子。幸得吴太太昨天来将其全盘心事讲出。

竺可桢1月23日记述的那个场面,触动我的另一点是"坚不吐露"——虽然那位李某

---

① 《顾颉刚日记》1952年8月9日说上海学院的同事"广信为人,拘谨之甚,平生惟做教员,亦无危害人民之事实。思想交代,在彼实无可交代者。然而不能不交代,则唯有硬戴帽子,把唯利是图、投机取巧、损人利己等往头上套。李琦(上海学院的负责人——纪苏按)知其非也,不俟说毕,即令停止改写。此实难事,盖彼如不套,便不得做交代矣"。
② 见竺可桢1952年2月24日及3月20日日记。
③ 听父亲闲聊,徐旭生老先生那时喜欢接触年轻人,看见父亲便会从衣兜拿出党章之类一起研讨,就像我现在跟年轻人打听"扫货"及"二次元"。大概历史上每次"时间开始"之际都不乏这样的场景吧。
④ 不过祖父性格里好像也有很固执的一面,近日出版的《刘衍淮日记》其中说到西北科考途中他指出祖父所作路线图的瑕疵,惹得祖父生气。
⑤ "我被送往东岳庙,名曰'学习'实为逼供。……他们大声恐吓喊叫,用力拍桌子,勒令交代问题。交代不出则夜以继日,轮班逼供,名曰'疲劳轰炸'。……批斗时千人喊口号,声振屋瓦。"见《锦灰不成堆》,转引自《马衡日记》。

"3月15日以后始老实交代"。马衡2月8日记："冶秋来电促参加科学院斗争黄文弼大会,追逼甚急,黄仍顽强如故。"祖父始终不承认私藏"唐龙"。我起先挺佩服祖父的硬骨头精神,但再一想好像也不是那么回事,因为他没别的选项。指他贪污的是独一无二的古代文物,没有就是没有,换刘谦也有不了。倘若是一般钱物,他还会"就是砍了我的头也交不出来"么①? 据竺可桢日记,"三反"运动中有人举报严济慈先生抗战期间贪污了若干美金,胜利后任职北平研究院时购置了私宅,严"坦白尚澈底,愿将所购后椅子胡同(住宅)充公"。又据马衡日记,故宫博物院王世襄不满某同事明明从旧货摊上买来的古董,却当赃物上交。而后来王先生自己走投无路,也拷贝了该同事的做法②。

以天下之大、生民之众,如何应对压力,办法形形色色。如果强分两极的话,一极以命为本,一极以心为本。"命本主义者"站着缩着躺着趴着哪种姿势都无所谓,只要活着。"心本派"要让自己心里过得去、受得了,自杀往往成为必选——疯癫也是一途③。心和命很难截然分开,现实中人多为中间偏命派。弗洛伊德提出的那些心理保护机制都是二者兼顾,以救心来救命。"三反"中故宫的朱家溍先生蹲了一年十个月班房,据说铐走时为提鞋做了个京剧中林冲的动作,随后"锵锵锵"或是"得得得"出了门。这种幽默自嘲最具名士风流。

作为朋友兼难友,王世襄后来对朱家溍的洒脱十分赞佩,专门写了篇文章,题目是"没做亏心事不怕鬼叫门"。成语的优点是现成便利,缺点是流利滑过了心。其实这话在王先生自己这儿就没起作用。他"三反"中被斗得七荤八素时便想过自杀,想没想蚰蚰蜒蜒就不知道了④。笔者上初中时,不知什么人在教室后面黑板报的领袖名字上打了×,于是全班停课办学习班,调查×几点出现、谁几分离开,然后表态、声讨什么的。案发那天我和同学早早结伴下学回家,根本没时间作亏心事,按说最不怕鬼叫门。但鬼知道为什么,看着讲台前老师枪口一样的眼睛慢慢瞄过来,目光相遇的那一刹那我垂下头,自信像是中弹坠落。后来再听专案组的成员总结案情时说"这个人,他发言不前也不后",真的连认罪伏法的冲动都有了,因为我发言不是第一也不是最后。

从这样的孙子倒推爷爷,内心也不会多强大。我祖父在"文革"中精神失常,他自己也意识到了,在给单位写的报告中说"出现幻觉",没多久,便于1966年底去世。《顾颉刚日记》1967年2月20日:

---

① 我父亲1985年拜访当年参与追查"唐龙"的荣孟源先生,据他回忆某次会上的情形。

② 《马衡日记》1952年7月3日:"晚王述勤(王世襄父亲——苏案)来,为言世襄6月6日被公安总局传去今尚未回,其撒谎交代之'赃物'被公安局提去者,今已全被领回。"

③ 读《夏鼐日记》,知道他后来也短期出现过幻觉,还有同一单位的陈梦家先生。幻觉与自杀作为观察人心与人世的两个观测点,历来受到思想家和艺术家的重视。

④ 走笔至此,想起二十多年前去东(或赵)堂子胡同王先生家请教一些古家具名词、王老抄起一把硬木椅子腿朝上为我讲解的往事。像这样"人畜无害"、那些年无端被逼受辱的"旧知识分子"不知有多少。

黄仲良（文弼）为予北大同学，后又同任母校助教……今乃知其于去年运动中吓死，临终时常言："他们要把我镇压了吧。"徐旭生则殊坦然，年已八十，仍每日到考古所工作八小时，何其健康乃尔，真可羡也。闻仲良之死系心脏病，心肌梗塞所致。

徐旭生先生跟祖父同为北大教员，同赴西北考察，同入考古所工作，可两人心理承受力却不大相同。据说抗战前平津四位大学校长联袂南下，向国民政府请愿抗日，相约如不获准便一块辞职。结果徐老辞了，另外三位回到校长室继续处理校务。抗战军兴，徐老曾返河南老家组织游击队。我只远远见过一次他的背影，很高大，那是祖父去世后他与夏鼐先生一道来家里探望奶奶，他们当时正作为"牛鬼蛇神"被监督劳动，是溜出来的。

浏览近人日记，不时会有意外的发现。一百年前的新旧文学之争有两面旗，一面《新青年》，一面《甲寅》。《新青年》旗下的明星就不用说了，《甲寅》旗下的遗少如今知道的人越来越少。遗少中有一位胡先骕，是位植物学家，擅旧体诗，他三十年后成为遗老，在竺可桢1952年2月20日的日记中再度现身："……参加小组思改。胡步曾（胡先骕字——苏案）多少为资产阶级做辩护，说英国没有贪污，贪污非资产阶级本性等。"观点不好说，品格真没得说。顺便推荐一下，胡先生用歌行体写地质史上的杉树，把新科学与旧文学融合到出神入化的地步，真是前无古人，感兴趣的朋友自己上网搜吧。

祖父遗稿里记他受郭沫若召见，郭说错误是有的，但三人成了市虎。范文澜也认为"大概是他吹牛"[①]。"唐龙"见首不见尾，查不下去了[②]，便转而追他"侵占公物"，西北科考团的采集品不放办公室放家里。据我祖父的交代材料，那时科学院建院不久，人和物刚刚就位，西北科考的小部分采集品因整理研究的需要暂置家中，祖父打算整理并拍照完毕再移至新办公地点。前引马衡2月8日参加祖父斗争会的日记，后面还接着一句："结果限11日午将所隐藏公家文物全部交出。"[③]我查了一下万年历，1952年2月8日是星期五，遥

---

① 夏鼐1980年代对王世民说，"黄老在闲谈时有点好吹的毛病，大家是知道的，当初在书铺里随便聊起，很可能别人往细里打听，他又故作神秘、不置可否，于是以讹传讹，越传越离奇"。（王世民《所谓黄文弼先生私藏唐写本〈文心雕龙〉究竟是怎么回事》，《文物天地》1990年第5期，34—38页。）再者，有把恐惧想成现实的，如风声鹤唳。也有把期盼想成现实的，明明自己多情却以为人家有意，是差不多人人都有过的爱情经历。专家从学术角度、商人从市场角度，都盼望"唐龙"是真的。我1984年造访王利器先生，他的四川话实在难懂，但我听懂了一句"要是你祖父交出来就好了"。王先生检举我祖父贪污后不久，还没等到水落石出，自己也被人检举贪污（据我祖父检讨材料和父亲黄烈访问原近代史所刘桂五的手记），无暇得知后事如何了。我去过王家又去李新乾家，这位当年的旧书铺学徒说到若干年前去山西收购文物曾见到一丈长的《文心雕龙》，依然兴致勃勃。话虽不靠谱，但其中折射出《文心雕龙》在旧书市场的号召力，却是可信的。

② 据荣孟源回忆，"以后范老说，上面的意思，（会）不开了"。见父亲访孟手记。

③ 按王世民先生准确的表达，"原西北科学考查团系由民间组织中国学术团体协会所设考查团理事会领导，虽与北京大学关系密切，仍属独立学术团体，所获科学标本统归考查团理事会所有，委托采集者进行整理研究，整理完毕后再移交有关单位长期保存"，身为考查团理事会常务理事的马衡先生对此应当清楚，"隐藏公家文物"实为不根之谈。学者等着整理者早点完工将资料发表出来好轮到自己（转下页）

想七十年前那个周六、周日我家得忙成什么样啊。不但科考团的采集品,我祖父还将一百多件自己平日淘来的古董也交了出去①。读祖父的检讨材料,他对移交采集品感到"恋恋不舍",担心以后做研究不容易了;对于在这种形势下将私人藏品交公似乎也心有不甘,所以才在交的时候强调是"献交"或"捐之公家"。竺可桢4月16日"下午与正之、孟和看院里布置的'三反'运动展览会,对于黄文弼所窃取之敦煌宝物,如唐代宝钞②、伏羲女娲像以及西域各国文字所写文件共190余件"。该展览为祖父的"赃物"专辟了一间展室。

祖父在"5•8说明"里讲"我虽然好搜集古物,只是兴趣所致,或作研究之用,我无拿古物作商业行为一买一卖"。其中"一买一卖"应专指五马换六羊式的倒买倒卖,似不包括手头紧时卖点藏品救急,因为听父亲聊过数次,抗战期间日子难过时祖父会拿几本读的为家里换些吃的。不过,平心而论,特殊行业如文物考古确应建立其特殊的职业伦理。诸如弯腰举手之类的寻常动作,却为瓜田李下所不宜,因为你说不清楚。父亲或徐先生劝祖父将私人收藏的那些劳什子归公,从此戒了这文人雅趣或不良嗜好③,既是为眼前减灾,也是为将来避祸。1985年夏鼐先生在考古学会第五届年会上讲话时说,"'三反''五反'及'文革'中……都没有发现考古所同志有涉及窃取私藏出土古物的事"④。他接着回忆了一件往事:解放后第一次带青年人去豫西考古调查,一个同志拿着一件商代铜戈给他看,说是买得很便宜。夏于是给他讲了瓜田不纳履、李下不整冠的成语故事,不收藏古董后来似乎成了文物考古界的界规。

其实要避嫌的地方远不止文物考古界。金矿的工人据说都脱光了离开作业区,未知确否。友人在美女成堆的表演艺术院校教书,则一贯实行"开门主义"——女生来办公室求学问道,师生间的互动楼道里的群众可以全程监督。作为一种社会的防范及纠正机制,怀疑固然不可少,但冤案应尽量避免。在个人层面,甲方做事应力求严谨,以免贻人口实;乙方也别把他人的生死场当自己的"迪士尼",张口就来,随便污人清白。在国家层面,应多在法制建设上下功夫,运动治国不能说全无合理性,但留下的教训实在太多。群众揭发

(接上页)上场,实乃常情,私下里互相扣扣帽子也是常事。西北科考团获得的汉简主要由马衡先生等整理,傅斯年也是嫌慢了,于是夸大其词:"欲秘为己有,不肯示人,以便自己缓缓写释文者,大有其人"。见王汎森等《傅斯年遗札》,台北:"中央研究院"史语所,2011年10月,1109页。

① 祖父在"5•8说明"里说,"我把张寅找到我家,将所有箱子都搬出来,请他检出,是公家西北考查团的抄一单,是私人所藏的也抄一单,又把中央古物会的也抄一单。将我平日在市面上所收集的一些私人文物古玩全数交出,挂在墙上的、摆在桌子上的、箱子里的逐一清理,请张寅同志一一检出,抄了目录作为交公。"

② 纸币在中国是宋以后的事。竺先生的所谓"唐代宝钞"可能是把祖父西域所获"至元宝钞"的"至元"误作"开元"了。再加上"唐龙"的印象,遂把"唐代"和"宝钞"连在了一起。

③ 祖父在一份检讨里说到把搜藏古物"视为风雅",在另一份里说"受了旧社会官僚地主收藏古玩供自己玩赏享乐风气的影响"。

④ "文革"抄家时,我家来了两拨红卫兵,中学的红卫兵要挖地三尺,找变天账及枪支弹药;考古所的红卫兵则带着夏先生,重点是查看有否私藏文物。这就是业余和专业的区别。

不是没有正面作用,确能补司法侦查力量的不足。其利在大,横扫漫灌,不肯放过一个坏人;而其弊在滥,搞地毯式轰炸,也会冤枉无辜。顾颉刚同事中有一唐君,平日属他政治上假积极,运动中被群众揪住,一件件地揭发过不了关,顾不由赞叹"群众力量真伟大"。这位唐君不知到底有没有事?有多大的事?是否罚当其过?

祖父写"5·8说明"时,危机基本已经过去。这篇没有标题的文字写得心绪不平、主旨不清、对象不明,看开头似是要向领导或群众作检讨,但里面一些话拿出去必定罪加一等。在祖父所有的交代材料中,属它最接近内心独白。此件父亲当年应该看过,估计看着看着就跟祖父急眼了,因此才会在20世纪80年代摘录时注明其"并未上交"。我在这里抄录一段他对2月8日那次大会的感受:

> 以后把问题(转)到公私不分上,限我三天把所藏的都拿出来。唯徐旭生有点正义感,说了几句公平话,说是冤枉也是咎由自取,在过去各人发掘的各人研究,是一种风习。刘大年讲那是过去的一种错误行为,现在不应该有。最后我表示愿意把我私藏的都交出来。到十一(日)的这一天,我将所有工作品、照片、拓片等及我私人所藏的,及中央古物会的,都开了目录交去。西北的各物及我私人的汉简、西域文字,当面交,系交目录。以后也陆续都交了。中央古物会及私藏的另一部分,均交考古所。汉简及西域文字交东四七条,此事方告了一段落。大会以后、交公以前,我的情绪非常混乱,总觉得我一生致力于学术,也吃了不少辛苦,作出了一点成绩。就是在新疆,一方面同帝国主义者斗争,一方面同地方封建恶势力斗争,九死一生,方得到这一点实物拿回来。在国民党政府时代,也没有得到安慰。中经战乱,辛苦保持到现在。至到人民政府成立时,即准备交到公家,在我自己的意念,是想靠近人民,但现在反遭致"窃盗国家资财""文化败类"的毒骂,心中总有些不平。但在现在环境之下,家中是土改了,内人同儿媳的皮衣也脱光了,冬天穿一薄棉袄。小儿又患了肺病,现都在这里依我为活。而我又如此,前途如何,不可想象。但事已至此,只好听其自然。斗争会的第二天,徐旭生来劝我,诚恳备至。当然他是来安慰我,又指示我的进行的途径。第二天,又把我小儿召去,说明环境的恶劣,说是科学院要把这事当作第一件文物盗窃大案子处理,由政务院批准。并说小儿要不帮助坦白认错取消他的青年团团员,取消他的江西省青委的工作,还要抄家。如果认错,可以从宽。不然的话我也不认他是朋友了。小儿回来后气势凶凶里说了一遍,并说我为了我自己,不然的话,我也要出头坦白。

这段文字不但记了事还言了情。情包括冤情和友情。徐旭生先以"不认他是朋友"极言催劝,前提自然是双方都极珍重这份友情。这篇独白还说道,"徐先生对我甚为关切,颇焦心,然亦无法觅得正面证据"。徐之于黄实在兄友之间。除了徐先生,"5·8说明"里记述张寅先生①帮祖父整理交公物品忙到夜里十二点,走时还提醒祖父第二天去单位别忘带上

---

① 张寅先生生平我不了解,好像听家人讲20世纪30年代在西安时,他就帮祖父做西北科考采集品的整理工作。

私人收藏的汉简等物品,"朋友真情帮助可感"。回望七十年前那个深夜,黑得什么都看不见,但似乎能见到两点闪闪的泪光。

读夏鼐先生相关日记,感觉有这么一位性情温厚、实事求是的领导具体核查"唐龙"案,实在是我祖父的不幸中幸。科学院当年的东南学区(由近代史、语言、社会、考古几个研究单位组成的运动单位),在大形势下顺潮从风,不免做得过头。但平心说,在"唐龙"这件事上,他们也还有摆事实、讲道理的一面①,由得我祖父"顽强如故"。说一个细节:我祖父遍查群书,发现原来是当年把《文选序》误作了《文心雕龙》,于是到检讨会上报告这一发现,会场上"并无异议",而是到下次会上才有人就此质问:当年刘(师培)黄(侃)之学北大为盛,你既然从其问学而且校过《文心雕龙》,怎么会弄错呢?这样有备而来、颇具水准的质疑,比今天的好多研讨会或听证会都不弱,和前引竺可桢日记里让毛宗麟"呆若木鸡"的场面不可同日而语。这个问题我也在心里问过,祖父当年的回答是,其时正忙于其他类采集品的整理,没来得及仔细核对这件残纸,只觉得内容像《文心雕龙》的《铭箴篇》,遂致误题。这大概正应了俗话"淹死的都是会水的",我祖父熟悉《文心雕龙》但又没熟到倒背如流,一犯懒便出了差错,要是压根不知刘勰其人、彦和其书,反倒会一五一十去查对了。记忆真是不太靠得住,当年在"三反"运动会上亲见了《文选序》残纸的古典文学专家吴晓铃先生,1984年我和父亲去他家拜访时,不也很有把握地说,当年见到的就是《文心雕龙》,而且即《隐秀篇》么?好记性真是不如烂笔头。

"唐龙"一案不了了之,却又没完没了。1984年春天,夏鼐先生偶然读到王元化先生此前不久作的《日本研究〈文心雕龙〉论文集序》,发现三十年前的误传还在传,而且有了新版本。王世民先生回忆,夏"有一天手持该书严肃地对我说,'你看到这一段没有,现在还有人在讲黄老收藏《文心雕龙》,本来没有这回事嘛,应该想法子澄清一下'。"②与此同时,我父亲也被单位(中国社会科学院历史研究所)叫去询问此事,说是上海市委(王元化时任宣传部长)向社科院了解《隐秀篇》的下落,让我父亲回家找找。于是家里翻箱倒柜、积尘再起,父亲找出祖父当年写的检讨及那沓照片。后来夏鼐先生把王世民先生和父亲找在一起,"相约分头查明有关情况,尽早讲清传闻致误的由来"。夏"打算亲自撰文澄清事实③,并已做了一定的资料准备。但因夏先生那段时间实在太忙,1985年6月又突然去世,终于未能写成这篇文章"④。

---

① 大约在1967或1968年,我赶上过一次近代史所两派辩论。一群人,两两相对,都不是指着对方吹胡子瞪眼,而是双手背后,头微垂,脸向右或左,听完对方的立论,再引经据典发表自己的驳论。吵过人散,不太好闻的口气在空中悬浮不去。

②④ 王世民《所谓黄文弼先生私藏唐写本〈文心雕龙〉究竟是怎么回事》,《文物天地》1990年第5期,34—38页。

③ 父亲"查访有关人员谈话纪要"里也有一则:"84年7月23日 夏鼐来家,谈到写有关澄清文心的文章事。他说王利器给夏复信说是听赵万里、王重民向他讲的,还说在水灾义展上展出过。夏说我过去曾亲问过王重民,他说没有看见过。对此我想再查明一些情节,然后动笔写,写好后再给你看。"

"查明"的工作我也参与了,父亲与相关学者如敏泽、曹道衡先生的信件往来,我当时都看过,给曹道衡和杨明照先生的信还是我拟的初稿,这是我头一次为父亲分劳家中大事。那时我已过青春叛逆期,对家庭开始有了读朱自清《背影》时的感觉。父亲留在我记忆中的亲情画面有几幅最为难忘,其一是 20 世纪 70 年代初我患急性肝炎,父亲带我去传染病院,雇了辆三轮摩托出租,久等不来,他在胡同里手足无措,摸索着前胸来回踱步。其二也是 20 世纪 70 年代初,插队的姐姐招工需父亲单位证明,事出紧急,父亲连夜外出找人,久久未归,窗外雨声此刻犹在耳畔。其三就是 1984 年春天跟父亲一起在南城胡同里看了路牌看门牌,寻寻觅觅找到吴晓铃先生的住处。记得吴家独门独院,屋里古色古香,有"双楯楼"的室名,吴夫人娴静有礼富于同情心。

我大致勾勒一下这轮传言的路线图:王利器先生的《文心雕龙》新书序录里说到"确知存在未得征引"的"前北京大学西北考查团某藏《文心雕龙》唐写本残卷"[①],这话被王元化先生读到,遂于 20 世纪 80 年代初向社科院文学所敏泽、曹道衡先生了解情况;后者找到了吴晓铃先生等人,最后认定"解放初有几位学者曾亲眼见到"的残纸"确为《隐秀篇》"。这些学者都是龙学中人,他们辑佚钩沉的学术出发点无可指摘。但也确如王世民先生文章里所感慨的,"要想了解这一早已明确的事实真相并不十分困难。但长达三十年的时间里,却从来没有哪位研究者通过正常渠道,向考古所写信、打电话或上门直接查询《文心雕龙》的事,所做查访仍是在道听途说中打圈子"。

不过,时隔三十年,有一点差异殊堪玩味:20 世纪 50 年代初学者多称"印象模糊"或"记不清"1931 年赈灾展上是否见到"唐龙";而到了 80 年代初,学者就又是"亲见"又是"确为《隐秀篇》"了。我想,前者面对"组织"不由得不严谨,而后者近乎闲谈私聊用不着太认真,或许是一个原因吧。再者,古史辨讲时间越久、距离越远,想象就越自由越丰富越具体,大概也是一个原因吧。那个年代的文史学者都会做些考证的工作,而考证有时跟警察破案非常相似,我真的不希望学人被借调到警界去[②]。

---

① 王利器先生晚年回忆称,1946 年"赵万里先生知余之从事于整理是书也,乃告余曰:'你的北大同学黄某,藏有敦煌卷子《隐秀》篇。'找到黄某交谈,方知他所收藏的实乃是唐写本《文选序》,而非《文心雕龙·隐秀篇》",见《王利器学述》,浙江人民出版社,1999 年,转引自本文注 2 张海明先生文章。王的回忆似有不确,因为据我祖父交代,他 1931 年将《文选序》误作《文心雕龙》之后,曾于 1935 年整理旧作时发现实非《文心雕龙》,至于究竟是什么则是到了 1952 年运动中"遍查各种论文章的书,才发现是《文选序》的残纸"。所以祖父不可能提前到 1946 年就告知王事情真相。再者,就算王 1946 年已知真相,他后来又何必检举,我祖父又何需"遍查"? 我猜王先生可能把 1952 年听说的调查结论在记忆中前移了。甚至,如果我 1984 年在他家没听错("你祖父要是交出来就好了")的话,他可能是将 1985 年二度澄清的事实径直剪接到了 1946 年。人类恍兮惚兮的潜意识中,过去、现在、未来并非界限分明,记忆混搭串烧的情况司空见惯。
② 我这话微带讥讽,心里亦感歉然,尤其对敏泽先生,他了解事情原委后即表示要尽早做公开澄清,态度非常诚恳友善。另外,荣孟源先生就非常严谨扎实,他对我父亲回忆说:"三反"运动中"刘桂五搞到一个目录,30 年—31 年团城展览有一个目录,铅印本,有'《文心雕龙》残卷'(无《隐秀篇》)无篇幅尺寸。会上其拿出,比半张晚报大一点,为《文选序》",说得十分准确。他当时还将此残纸同《六臣注文选》序做了校览。

上面说了对父亲的亲情,而以我的年纪对祖父是没有多少亲情记忆的。父亲也曾说过祖父是那种心思全在学问、家庭观念并不很强的人。不过多年前读到祖父的"5·8说明",竟意外发现了他内心的亲情角落:他大难临头,想到老伴及儿媳冬天只有薄棉袄穿,儿子又患重病,一家子可怎么为活呢?1985年那个春天"内查外调"的经历,让我的亲情又上了一个台阶。当时曾作五言一首咏叹其事,其中"徐门"出自韩愈叙述徐远被诬、感慨徐家后人没出息不能为先人洗冤的典故。抄在这里,在各位是一笑,在我算是个纪念:

后辈同先辈,他身亦此身。
徐门才尽下,韩笔意难平。
大漠遗几齿,南城觅双梧。
殁时天正雪,忆此已春深。

2021 年 10 月 18 日初稿
2022 年 7 月 1 日四稿

黄文弼与罗布淖尔汉简

朱玉麒

北京大学中国古代史研究中心

引　言

作为西北考古学家、西北历史地理学家的黄文弼(1893—1966),晚年在西北文物的处理上受到质疑甚至批判,主要集中在所谓"唐写本《文心雕龙》残卷"和"罗布淖尔汉简"的归属问题上。

前者系因黄文弼最初误将 1928 年所得"唐写本《文选序》残纸"误作"《文心雕龙》写本残卷",而在 1952 年 1 月"三反运动"中,被检举"私藏西北科学考查团所获唐写本《文心雕龙》残卷",后经追查,并不存在"唐写本《文心雕龙》残卷"。由于 20 世纪 80 年代《文心雕龙》学界仍旧重提黄文弼获得"唐写本《文心雕龙》残卷"并传言为早已散佚的《隐秀篇》事,夏鼐先生与黄烈先生相约分别查明相关情况,最终由王世民先生撰文澄清了这一事实①。

"罗布淖尔汉简"的归属问题,则涉及黄文弼将"居卢訾仓"等二支汉简赠送私人、罗布淖尔汉简等采集品运抵台湾、部分汉简下落不明等公案。2011 年,丁瑞茂先生发表《史语所藏黄文弼寄存中瑞西北科学考查团文物》,根据王世杰寄存台北故宫博物院的汉简与"中研院史语所"库房所藏西北科考团文物等相关资料,对黄文弼在罗布淖尔采集的汉简归属做了探讨②,并在文后提出了进一步研究的期望:"关于这批寄存文物虽然还有很多问题待厘清:如黄文弼为何将居(庐)[卢]简送给王世杰;另外还下落不明的 14 枚汉简现藏

---

① 王世民《所谓黄文弼先生藏唐写本〈文心雕龙〉究竟是怎么一回事》,《文物天地》1990 年第 5 期,34—38 页;收入朱玉麒、王新春编《黄文弼研究论集》,北京:科学出版社,2013 年,195—201 页。又参刘子凡《1949 年前后的黄文弼》,朱玉麒主编《西域文史》第 12 辑,北京:科学出版社,2018 年,361—372 页。

② 丁瑞茂《史语所藏黄文弼寄存中瑞西北科学考查团文物》,《古今论衡》2011 年第 22 期,125—138 页;修订版载朱玉麒、王新春编《黄文弼研究论集》,202—214 页。

何处;以及黄文弼为何没有取回托管的文物等等。"①2023 年,李守义先生投稿拙编《西域文史》,以《中国国家博物馆藏黄文弼所获罗布淖尔汉简考述》为题,对入藏国家博物馆的 7 枚汉简进行了介绍②,其中 6 枚分别为黄文弼《罗布淖尔考古记》文中之第 2、16、20、34、59、61 支,因此也部分回应了"下落不明的 14 枚汉简"的踪迹。

笔者近年关注黄文弼与中国西北科学考查团的学术史研究,有关"罗布淖尔汉简"归属问题,也续有资料发现,因继丁瑞茂、李守义二位先生之研究,就该问题再作申论如下。

一、西北科学考查团西安研究分所
——抗战兴起前后黄文弼的行踪与罗布淖尔汉简分合

黄文弼于 1927 年参加中国西北科学考查团,在内蒙古、新疆地区进行考古工作,1930 年归来后,即开始了对西北科考所得采集品的整理和研究。1933 年,斯文·赫定组建"绥新公路查勘队",黄文弼又以教育部考察新疆教育文化专员的身份随行,第二次赴新疆考察。在 1934 年考察途中,即被任为中央古物保管委员会委员,并于返程后的 1935 年,被聘任为古物委员会西安办事处主任。此后抗战全面爆发,黄文弼辗转陕西和四川之间,直到 1947 年,才返回到北平。

作为学者的黄文弼,对于西北考察归来后最理想的工作状态的设想,是专心整理采集品,写出考古报告,这在他 1930 年第一次蒙新考察结束后在北京大学的汇报演讲稿中有明确的表述:

> 历长途而归,虽一方谋休息,然所得之古物,非一一注其渊源年代及发现之地点,他人欲求研究,亦无所适从。而所经过之一切山川故址,民俗遗迹,苟不躬自记述,日久亦或忘之。故深冀多得暇日,以尽科学之义务,方不负此行也③。

完成西北科考的考古报告,是黄文弼"尽科学之义务"的初心。事与愿违的是,中国考古学事业此时正在方兴未艾、亟需用人之际,中央古物保管委员会西安办事处作为一个重要的试验基地,委派给了黄文弼。他不得不在本职工作之外兼任西北科学考察的研究工作。此后抗战军兴,颠沛流离,这一工作始终处于兼顾状态,直到 1947 年入职北平研究院,才恢复西北科考的研究作为本职工作。

黄文弼在 1935 年之后的学术研究经历,以《罗布淖尔考古记自叙》中的描述最有代表性:

---

① 丁瑞茂《史语所藏黄文弼寄存中瑞西北科学考查团文物》,朱玉麒、王新春编《黄文弼研究论集》,213 页。

② 李守义《中国国家博物馆藏黄文弼所获罗布淖尔汉简考述》,朱玉麒主编《西域文史》第十八辑,北京:科学出版社,2024 年,15—24 页。

③ 黄文弼《蒙新旅行之经过及发现》,《国立北京大学国学季刊》2 卷 3 号,1930 年,628 页;1964 年修订稿收入作者著《西北史地论丛》,上海:上海人民出版社,1981 年,29 页,题作《略述内蒙古、新疆第一次考古之经过及发现》,此处引文据后者。

二十四年冬,余又奉中央古物保管委员会之命驻西安整理碑林。西北科学考查团亦因余故,在西安设研究分所,继续编纂工作。时中央古物保管委员会及碑林监修委员会事务颇繁,但余每日必抽出数小时作余之罗布淖尔考古报告。尤其晚间全部时间均为余有,故尚能顺利进行。在两年之中,完成余之初稿,所有器物之摄影画图,亦均次第完竣,按类编次成册。二十六年夏,因中美庚款会补助费用完,经费来源断绝,又适抗战军兴,一部分采集品因参加全国美术展览会之便即存南京。后西安时受空袭,又将存陕之采集品由于清华大学梅校长之协助移存汉口①。

西北科考团在西安设立研究分所,明显是迁就黄文弼工作调动的权宜之计,无疑也是经过中国西北科学考查团理事会决议的结果②。这个决议虽然未见确切的公文,但是一些显示在公众场合的文献,可以证成。如黄文弼旧藏的《为移交随新绥公路查勘队考察蒙新采集品呈教育部文》草稿文书,即用了"西北科学考查团西安研究分所用笺"抬头的红格八行笺(图1):

敬呈者。前黄文弼于民国廿二年承派随新绥公路查勘队赴新疆考察教育文化。除关于教育部份已于廿三年返京时报部有案外,又路经蒙古、绥远、新疆,沿途略有采集。现装陈一箱,已运抵南京,理应缴部,除新疆罗布淖尔采集物木简七支因编制报告须借用并参考、俟摄影完毕再行缴部外,理合备文,连同新绥采集目录一册送部。又新疆教育署欢迎黄专员影片一帧,一并送部,请鉴察示复为荷。此呈③。

图 1　西北科学考查团西安研究分所用笺

这一草稿从形式到文字,都提供了有意义的信息:

1. 研究分会的正式名称是"西北科学考查团西安研究分所"。信笺抬头虽然不似公章

---

①　黄文弼《罗布淖尔考古记自叙》,"中国西北科学考查团丛刊之一",国立北平研究院史学研究所、中国西北科学考查团理事会印行,1948 年,1 页。

②　中国西北科学考查团理事会在抗战之前的档案,目前所见较丰富者,是由沈仲章从北大转运居延汉简时一并带出、今存香港大学冯平山图书馆的文献,但是缺少 1935 年黄文弼归来后对其担任西安办事处主任后工作安排的意见材料。参邢义田《香港大学冯平山图书馆藏居延汉简整理文件调查记》,《古今论衡》2009 年第 20 期,20—60 页;王新春、曾庆盈《西北科学考查团理事会考》,杨振红主编《简牍学研究》第八辑,兰州:甘肃人民出版社,2019 年,163—241 页。

③　《为移交随绥新公路查勘队考察蒙新采集品呈教育部文》草稿信笺为黄文弼旧藏,黄纪苏先生提供使用,谨致谢忱,呈文名称由笔者拟定。

具有法律效应,但是它也迹近书写者本人的一种非正式"官宣"。黄文弼在西安期间,经常使用的另外两种公函信笺是"中央古物保管委员会西安办事处稿纸"(图 2)和"整理西安碑林工程监修委员会用笺"(图 3)。据载:1935 年 4 月 1 日,中央古物保管委员会西安办事处成立,黄文弼受聘主任[1];同年 10 月,中央古物保管委员会全体会议议决重修西安碑林,1936 年 8 月,中央补助经费到位,西安碑林工程监修委员会成立并聘请邵力子、张继、黄文弼等为委员,由黄文弼先生兼任秘书,具体负责监修事宜[2]。因此,黄文弼从 1935 年到达西安以来,随着对陕西文物考古工作的推进,最多的时候是身兼三职。在前往西安之前,黄文弼由南京返回北平处理西北科考团的采集品工作,其时曾接受记者访问,认为能够在 1935 年秋天完成《罗布淖尔考古记》等(当时称"《新疆之佛教美术》及《罗布淖尔与土垠》")的工作[3],但真正进入西安办事处主任的角色,以及整理西安碑林工程监修任务的上马,这一兼顾性质的研究工作最后也延宕下来。

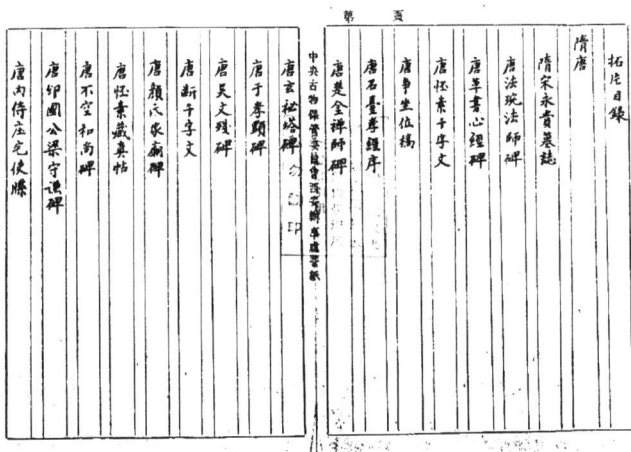

图 2　中央古物保管委员会西安办事处稿纸

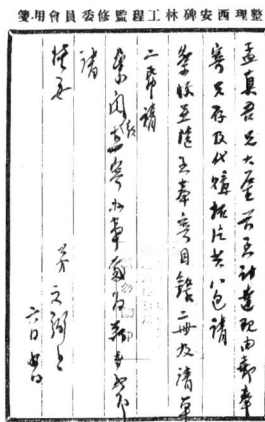

图 3　整理西安碑林工程监修委员会用笺

　　西北科学考查团西安研究分所的正式存在,使得黄文弼调用西北科考团在北京的采

---

① 参刘瑞《黄文弼先生与中央古物保管委员会西安办事处的古物古迹调查》,荣新江、朱玉麒主编《西域考古・史地・语言研究新视野:黄文弼与中国西北科学考查团国际学术研讨会论文集》,208—219 页。

② 以上二信笺出自黄文弼在西安期间寄给傅斯年的信函,参笔者《黄文弼与傅斯年——以史语所傅斯年档案为中心》,《敦煌学辑刊》2022 年第 4 期,159—173 页。

③ 《黄文弼谈古物保委会西安办事处组织与工作》:"本人现在平除等候聘请一测量工程师外,惟一之工作为整理从前随西北科学考查团在新疆、蒙古采集之古物,如吐鲁番、库车、焉耆、罗布淖尔各处之壁画、泥像、汉简等,惟件数甚多,类别亦繁,颇费时日,将全数交由西北科学考查团刘衍准君代为整理。根据此次采集所作之《新疆之佛教美术》及《罗布淖尔与土垠》二书,本年秋季可出版。至于离平赴陕日期则约在本月十一日前后云云。"《世界日报》1935 年 3 月 7 日第 7 版。

集品到西安就变得名正言顺。据后来黄文弼1947年在中国西北科考团复员后的第一次理事会上的报告,这些采集品是在1935年冬天运往西安的(详下节)。其在《罗布淖尔考古记自叙》中提及"后西安时受空袭,又将存陕之采集品由于清华大学梅校长之协助移存汉口",第一次理事会报告则称:"二十七年春,因避敌机轰炸,承清华梅校长协助,运输二十一箱至汉口,存上海银行仓库。"因知运往西安的采集品是在1938年春天运存汉口的。

而在此前一年的1937年,教育部在南京举办美术展览会,"征选采集品,计有壁画十方、汉简三盒、漆器、陶范、泥塑等,共装三木箱"(详下节复员后的第一次理事会会议记录),这些后来被史语所保存的文物,也有出自罗布淖尔的汉简和艺术品①,所以它们中的部分,可能也在黄文弼调运到西安的木箱中。从运往南京的部分,加上移存汉口的21箱,黄文弼从北京运出到西安的采集品数量还相当不少,"西北科学考查团西安研究分所"是将这些采集品运往西安的合法的接收机构。

2. 黄文弼第二次前往蒙新考察获得的采集品属于委派他出行的教育部。如黄文弼《罗布淖尔考古记自叙》所言:"余第二次赴新,又系奉教育部之命。返京后,又由教育部补助个人津贴,以研究所采集之材料,至三年之久。"②因此,参加绥新公路查勘队的采集材料并不属于中国西北科学考查团,上述呈文正是要交代第二次采集品由教育部收藏的归属。不过,从最后的归属来看,黄文弼第二次新疆考察的采集品,仍旧与第一次采集品归并到了一处③,这可能是西北科考团理事会与教育部协商的结果。

3. 第二次采集品中的汉简7支履行借出手续暂存身边。"因编制报告须借用并参考",黄文弼在呈文中说明了出借的理由,也使持有这些汉简获得了合法性。但是这7支汉简是否就是后来入藏中国国家博物馆的7枚汉简,尚难肯定。不过,黄文弼第二次新疆考察回到南京,他以前在北大的老师黄侃、朱希祖都曾前往观看其新疆采集品:

> (1934年11月23日)访仲良于行安旅馆,示以在罗布淖尔所得汉简札六(其《论语》一简未见,仲良口述之,云:"亦欲勿加诸人。子曰,赐非。"),汉镜四(最佳者一,断片一),五铢钱数枚。又有汉人败履二,真奇物也。(《黄侃日记》)④

> (1935年2月14日)至黄仲良寓,观其所得新疆汉代古物,有"永光五年十月廿三"木简一片,《论语》木简十字,("亦欲无加诸人子曰赐非",今本作"赐也",与永光五年简同出土。)"居卢訾仓以邮行"七字木简。(《汉书·地理志》作"居卢",脱"訾"字,出土同上。)又有汉鞋两只,以丝麻组绳编成,其时尚无绵织物也,又有毛织物杂色零布一条,此于研究古代衣服至有关系。(《朱希祖日记》)⑤

---

① 详前引《史语所藏黄文弼寄存中瑞西北科学考查团文物》的论述。
② 黄文弼《罗布淖尔考古记自叙》,5页。
③ 亦详丁瑞茂《史语所藏黄文弼寄存中瑞西北科学考查团文物》论证。
④ 黄侃著,黄延祖重辑《黄侃日记》,北京:中华书局,2007年,1036—1037页。
⑤ 《朱希祖日记》,北京:中华书局,2012年,467页。

在以上所及的汉简中,黄侃所记录黄文弼手边的汉简也是 7 支,其中未能见到的一支"亦欲毋加诸人"简确实在后来的国博藏品中;朱希祖所见汉简几枚不明,但记录到的"永光五年"及《论语简》也是后来国博的藏品。"居卢訾仓以邮行"七字木简不在史语所藏品中,而后来为王世杰藏品,其归属于后者,另有隐情,它是《罗布淖尔考古记》中的第 13 枚,黄文弼明确说明这支简是 1934 年第二次赴罗布淖尔所发现①。这样,黄侃、朱希祖所观摩者,确有可能属于第二次考察所得,并被黄文弼留存身边者。所以,黄文弼呈教育部文所指 7 枚、黄侃所记 7 枚、朱希祖所见"居卢訾仓以邮行"之外的各枚,与国博 7 枚简迹近重合,是值得考虑的。

4. 这封没有时间的底稿草成于 1936 年前后。文稿既用了 1935 年黄文弼在西安期间的公函,又在其中提到"关于教育部份已于廿三年返京时报部有案"事,则此份后续的报告应该不在廿三年(1934)当年,而是在 1935 年或者其后不久完成的。根据史语所接收西北科考团参加教育部美术展览的艺术品内容,其中如漆器等即黄文弼第二次罗布淖尔考古的采集品,那么这份草稿的正式文本,可能是 1936 年春教育部征集艺术品展览时,黄文弼将这些原存西安的采集品同期运送南京时提交的呈文。

根据以上信息,可知黄文弼初到西安工作之际的 1935、1936 年,能够在西安利用相关采集品,在西安办事处繁忙的工作间隙,焚膏继晷,日夜劳作,完成了后来的《罗布淖尔考古记》的初稿。但是到了 1937 年,经费断绝、抗战军兴,以及部分采集品分存于南京、汉口,使得这一工作处于停顿状态。1938 年 3 月,西安碑林整修工程完成,他应聘于西安临时大学②,即后来的西北联合大学,开始了一边教学、一边著述的工作,直到抗战胜利③。在 1938 年之后的日子里,那些采集品的大部分,都不在身边。据相关文献记载,在抗战期间,他留在身边的汉简只有十数枚④,这些,或即包括《罗布淖尔考古记》所载而实物不在史语所和王世杰藏品中的 14 枚。从黄文弼与李小缘的通信来看,在抗战最艰苦而生活最窘迫的 1940 年,他曾经动摇过,要将那十几枚汉简通过李小缘出售给金陵大学⑤,但既然其中的 7 枚仍在 1949 年后由黄文弼交付中国科学院考古所并专藏中国国家博物馆,这次转让

---

① 黄文弼《罗布淖尔考古记》,192 页。

② 《西京日报》报道《西安碑林整修工程完成》:"【又讯】碑林监修委员会委员黄文弼,自二十五年担任监修碑林,迄今两载,现因工程既告完竣,二年来之惨淡经营,终能如愿以偿。行将离开西安,应西安临时大学之聘,驰往南郑担任教课。(中央社)"《西京日报》1938 年 3 月 27 日第 2 版。

③ 相关研究,可参李正一《出入秦川——黄文弼在陕西》,《北京晚报》2023 年 12 月 19 日第 21—22 版;李正一《中央古物保管委员会西安办事处成立前后的黄文弼》,罗丰主编《丝绸之路考古》第 7 辑,北京:科学出版社,2023 年,91—120 页;黎镜明《谋道亦谋食——1938—1940 年黄文弼入川任职史事考原》,《丝绸之路考古》第 7 辑,159—179 页。

④⑤ 《黄文弼致李小缘信札》(1940 年 7 月 17 日):"弟前在新疆、甘肃所搜集之汉木简,大部分存南京故宫仓库,已遗失。现携带手边者,残整不过十数枚而已。如可,亦愿相让或一部分,惟此项物件得之匪易,甚愿贵所能补助一部分旅费,以偿其劳,望兄等斟酌。"姜庆刚《黄文弼先生书信考释》,《中国社会科学报》2016 年 1 月 18 日第 8 版。

最终并没有成交。

二、寻找兵燹后的西北采集品
——抗战胜利后黄文弼在武汉、南京的追踪

抗战胜利,黄文弼终于有机会回到原先的研究事业中。这个时候,他需要解决的最大问题,是本人的归属。在西北大学的热情挽留和复员回到北平之间,在徐炳昶的援手下,他最终选择了前往北平研究院专心从事西北科考团采集品的整理工作,并于 1947 年夏返回北平①。

在寻找合适的工作岗位期间,寻找分存南京、汉口的采集品,成为他的首要任务。这一工作,在西北科考团复员后的第一次理事会上,有黄文弼比较详细的报告:

中国西北科学考查团理事会会议录

(1947)十一月五日下午四时,假北平研究院开复员后第一次理事会。

出席理事:梅贻琦　胡适(梅贻琦代)　袁同礼　马衡(袁同礼代)　徐炳昶　袁复礼

列席:黄文弼

甲、报告事项。

一、黄文弼报告。略谓:自民国二十四年冬,迁移考古组一部分采集品到西安整理研究。二十七年春,因避敌机轰炸,承清华梅校长协助,运输二十一箱至汉口,存上海银行仓库。嗣由美领事帮忙,提存于隆茂洋行。三十一年,日人接收隆茂洋行,转置伪中江银行仓库。三十三年十一月,盟机轰炸汉口,该仓库被炸,此项存物全遭损失。胜利后,三十五年夏,本人至汉口调查,复在故墟检出四箱,内有佛头七十余具,现存汉口市政府保险库。

又自民国二十六年教育部开美术展览会,征选采集品,计有壁画十方、汉简三盒、漆器、陶范、泥塑等,共装三木箱。展览毕,即存故宫仓库。南京沦陷,敌伪转移至中央研究院史语所旧址陈列。胜利后,由教部接收。三十五年夏,由本人具领检查,完全存在无缺,现仍存中央研究院。并闻日人已将壁画制版付印,维不知存于何所,正探询中。

原存陟山门大街三号之采集品,抗战期中运至辅仁大学存储,今春已运北平研究院,共计四十九箱。内有考古材料二十四箱及地质材料、书籍杂志等。又在北大运回本团刊物等计十五箱,已托书店出售,惟销路甚少。以上就考古组采集品运输及损失言也。本人于今夏来平后,即着手清理存平之采集品,现已完毕,正着手照像、绘图等工作。拟综合南京所存,编为《新疆佛教艺术之研究》一书。

---

① 吴华峰、徐玉娟《相知无远近——黄文弼致徐旭生信札四通研究》,朱玉麒主编《西域文史》第十七辑,北京:科学出版社,2023 年,365—385 页。

又前已编就《罗布淖尔考古记》，本年夏季估印刷费一亿元。现略将图版减少，字数缩短，以期减少印刷费，并希望早日付印。惟近日物价增加，恐原估之一亿元又不敷用①。

从以上的报告可知，黄文弼在 1946 年夏天即前往调查移存汉口的采集品，在废墟中找到了 21 箱中的 4 箱，此时他个人也行止不定，所以只能暂存在汉口市政府保险库。这一事件，也引起社会关注，当时的中央通讯社汉口分社发了电传通稿，《中央日报》《民国日报》等多家报纸在 1946 年 5 月 6 日及其后的日子里报道了这条新闻：

教部派员赴汉搜寻唐代古物

【中央社汉口五日电】民十七至二十年间，由北大、清华等校教授合组之西北科学考查团，在西北搜集之古物百箱中，曾有二十七箱于抗战前运抵此间，寄存上海银行仓库。武汉转进时，曾由清华当局托美方移存隆茂洋行。太平洋战事爆发后，是项古物又为敌人盗移中江银行。现教育部特派西北大学教授黄文弼来汉搜寻，已在伪中江银行原址仓库发现一部，因遭轰炸，已残破不堪。按是项古物系唐代塑像，于唐代佛教文化之研究极具价值②。

以上内容也即黄文弼在第一次理事会上报告的内容，虽然具体的箱子数量有所不一。

同年夏天，他又前往南京调查教育部开美术展览会征集的三箱采集品，查验无缺。在前引黄文弼给李小缘 1940 年的书信中，他以为经过南京的劫火，"前在新疆、甘肃所搜集之汉木简，大部分存南京故宫仓库，已遗失"，此次看到完好无缺，应该是非常欣慰的。但也因当时居无定所、运输无着，只好将这批领出的文物暂存中央研究院。

他在南京调查的细节，通过史语所档案所存石璋如的文献资料可知一二。据丁瑞茂考证，史语所研究人员石璋如曾于 1945—1946 年间，负责中央研究院在南京的接收复员工作。其 4 月 24 日的日记记录了与黄文弼交接一事：

午后黄仲良来信言换个信，以当日后取物，即复一信，将物品开列其上，计大小三箱，汉简、壁画、模型寺一箱，又泥塑□装二小箱③。

而在史语所的档案里，也有石璋如在当日起草给黄文弼的回函（图 4）：

---

① 李学通《抗战胜利后科学团体活动史料辑佚》，《中国科技史杂志》第 37 卷第 2 期，2016 年，238—250 页。此处引文见 248 页。

② 《中央日报》1946 年 5 月 6 日第 3 版；《时事新报》1946 年 5 月 6 日第 2 版；《华光日报》1946 年 5 月 6 日第 2 版；《华北日报》1946 年 5 月 6 日第 3 版；《西京日报》1946 年 5 月 6 日第 2 版；《益世报（北京）》1946 年 5 月 6 日第 1 版；《民国日报》1946 年 5 月 12 日第 4 版。

③ 丁瑞茂《史语所藏黄文弼寄存中瑞西北科学考查团文物》，朱玉麒、王新春编《黄文弼研究论集》，212 页。

仲良先生：承

抄原函

"采集自······大小三箱"

嘱代管西北科学考查团之标本

七号计三十二件。自当妥为保存，日

后祈凭此函件来取为祷。专此

敬请

旅安！

^{后学}石璋如敬上

外付存函卅五，四，二十四①。

诚如丁瑞茂先生分析，"此回函应为拟稿"，是石璋如写给黄文弼正式函件"以当日后取物"凭证的草稿，同样，也是作为史语所往来公函的留底即"信底"以备查检用的。其中"抄原函"，是指要抄录对方的来信内容，以便两相对应。在正式写给对方的信件中，此处是要将对方的信件原文抄录下来的，但是作为草稿，既然对方来函也一同保存在收信人处，就可以省略不抄，标记"抄原函"即可；甚至再进一步，标记出抄录原函的起讫字句如本函的"采集自······大小三箱"，就非常明了了。

既然在中研院史语所的档案里没有石璋如写给黄文弼的正式函件而只是草稿，说明这份正式函件应该还在黄文弼手里，如丁瑞茂所言，西北科考团的采集品"黄文弼没有（凭此函件）领回，所以就与本所文物一起来台，寄存在史语所库房了"②。

丁瑞茂撰写文章时，提及"黄文弼的来函尚未找到"。但是在 2018 年，史语所出版《史语所旧档文书选辑》，黄文弼给石璋如的信赫然在列（图 5）：

璋如吾兄大鉴：

现由文物清点委员会领到西北科学考查团采集品，计汉简六匣、漆杯一匣、壁画拾块、陶范模型二件，装陈一大木箱。又泥塑佛像二件，装两小木箱。共大、小三箱。拟暂寄存尊处，恳烦神代为保管为感，并祈复示。专此，即颂

公绥。弟黄文弼敬上（钤"黄文弼章"）

四月廿四日

拟与兄交换一函件，使将来搬取时有此凭依。盼赐一复函，交来人带来为感。弟因家事，约明后日即赴沪，再面谈。此请

---

① 丁瑞茂《史语所藏黄文弼寄存中瑞西北科学考查团文物》，朱玉麒、王新春编《黄文弼研究论集》，211—212 页。

② 丁瑞茂《史语所藏黄文弼寄存中瑞西北科学考查团文物》，朱玉麒、王新春编《黄文弼研究论集》，213 页。

璋如兄大鉴。弟文弼又及①。

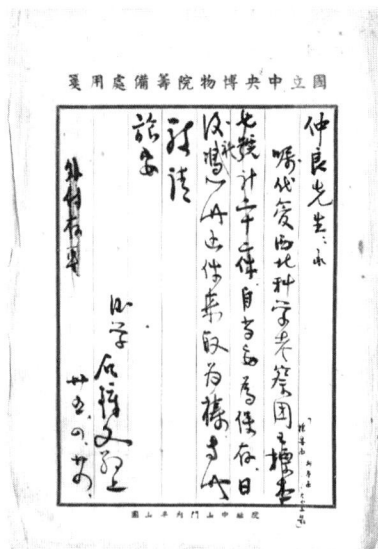

图 4　石璋如致黄文弼信草稿留底　　　　　图 5　黄文弼致石璋如信

　　从黄文弼的信中可以了解到,他差不多是在 1946 年 4 月 24 日或者之前不数日内,从战后临时成立的"文物清点委员会"那里领取了属于西北科考团的采集品,这些是战前参加教育部美术展览的文物,"本人具领检查,完全存在无缺",与其在理事会的汇报内容相符。由于辗转奔波、即将离开南京,所以他不得不就近请史语所暂为代管这三箱文物,并与接收人员石璋如互换信件,以备他日领取凭信。石璋如的行事也雷厉风行,在黄文弼来函当日,即按照嘱托,收取文物,写定回函交付来人带回,并将回函底稿与黄文弼来函保存妥当,使我们今天能够在史语所档案中看到包含罗布淖尔汉简在内的西北科考团文物入藏史语所的原委。

　　上述两处的寻访过程,需要补充的一点是,黄文弼在 1947 年西北科考团理事会议上汇报 1946 年夏的采集品顺序是先武汉、后南京。不过从上述各报社报道武汉寻访在 5 月 6 日、而 4 月 24 日黄文弼为南京寻访结果致函石璋如看来,如果相信通讯报道的即时性,那么也许他的寻访路线是先南京而后武汉。

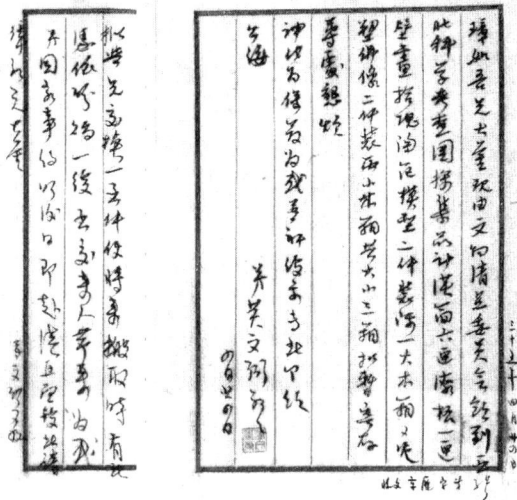

① 《黄文弼致石璋如信》,王明珂主编《史语所旧档文书选辑》,台北:"中研院"史语所,2018 年,216—217 页。

三、无法运回的文献
——罗布淖尔汉简运往台湾的原因

1946年夏天完成西北科考团采集品在战前转移汉口、南京的寻访之后，黄文弼即返回西安，继续他在西北大学的聘任，同时，他也接到了徐炳昶辗转寄来的信函，邀约他前往北平研究院从事西北科考团采集品的研究工作。在他回复徐炳昶的信件中，提及最多的，仍然是除他个人调任之外那些采集品的归属问题。今将相关文字抄录如下，再作评述：

（一）

旭生先生大鉴，……西北科学考查团物品及弼所工作参考之文件散居各地，大部份在西安、成都，京、汉亦各有一部份。以现在交通情形言，除西安拟随身带来一部份外，京、汉、蓉现在尚无办法运输，经济力亦不许可，故希望教部协助款内列入运输费一项，约在四百万左右。……

至弼工作计划，原拟有一计计书。因近物价指数与前不同，拟稍更改寄来，请斟酌会合希渊部份，寄部请款，希望胡先生能帮忙完成此事也。

后学黄文弼敬上
（1947）一月十二日

（二）

旭生先生大鉴，前上芜函，谅承鉴及。兹奉上西北科学考查团考古组恢复工作计划书一帙，敬祈督阅。本计划书之经费预算，是按第一年所用者开列，各人工作计划五年完成，可各按五年用途请款，约须三亿五千万左右。……现所急需者，宜立将散存成都、汉口、南京之古物集中一地，暂时虽不能运到北平，但集中南京尚易。然亦非有巨款莫办。私人之力有限，每一教授收入，养家口尚不够，何能各处奔走，故弼意亟须先请款，不知先生意如何？……

后学黄文弼敬上
（1947）二月六日①

黄文弼在1947年给徐炳昶的信件中，提及西北科学考查团采集品的分散地，多达四处，当务之急是要将这些物品集中到北京来，但运输费用是一笔巨大的开支，所以希望能够得到教育部的协款资助。这笔费用，在1947年1月12日的信中还是400万左右，但是到了2月6日的信中，已经觉得运往北京不可能，理想的办法是"集中一地""集中南京尚易"，但是"亦非有巨款莫办"。在此前的2月5日，黄文弼给胡适写信，也提及"政府若能补

---

① 吴华峰、徐玉娟《相知无远近——黄文弼致徐旭生信札四通研究》，朱玉麒主编《西域文史》第十七辑，366、369—370页。

助微款,先将散存各地之材料,集中一地,则工作开展,至属易易"①。这个巨款是多大的数字呢?从"物价指数与前不同"而修改的五年工作计划需要"三亿五千万左右"来看,运费也已不是区区"四百万元"所能支付。"物价指数"的变化,来自国统区的通货膨胀率空前高涨,国民政府推行的黄金抛售政策在 1947 年 2 月因库存濒临告罄而终止,带来了通行法币的大幅度贬值②。1947 年 11 月 26 日黄文弼在西北科考团理事会上汇报其《罗布淖尔考古记》出版费用在当年夏季需费一亿元③,到 1948 年终于可以印行时,所需出版经费径达 5 亿元,即使在北大校长胡适的关照下,由北大出版部最终印行出版,也花费了 2 亿元④。所以,经费无着,是南方采集品无法运抵北京的重要原因。

上述 1947 年西北科考团复员后第一次理事会讨论事项中的一项重要内容,就是"教育部请款案"。理事会就此做出两项决议:

决议一:请款十二亿元;

决议二:先电教育部,再补呈文。

电文如下:

南京教育部朱部长钧鉴:本团工作急待推进,拟请补助十二亿元。呈文另寄,特先电恳。敬希照数拨给为荷。西北科学考查团理事会。微⑤。

从以上决议可知,按照当时的通胀情况,西北科考团理事会向教育部申请了 12 亿元以便推进工作,其"急待推进"的事项中,必然有将采集品运集一处的内容。

这次的请款要求,倒是很快得到了答复,但是款项只得 5 亿元,为此,西北科考团在 1948 年 1 月 29 日召开了常务理事会议,"商讨收集品整理工作及经费之运用问题":

西北科学考查团昨开常务理事会
印决《罗布淖尔考古》一书

【本报讯】西北科学考查团于民国十六年曾赴西北各地考察古物、气象、地质前后达五年,采集物品约三百余箱。胜利后已全部运抵北平者,有古物百余箱,现保存于北平研究院,地质收集品约二百箱,现保存于清华大学地质馆。上项收集品均极待整理,前以经费无着,曾电请教部予以协助,业经朱部长电覆补助五亿元,中美文化基金

① 耿云志主编《胡适遗稿及秘藏书信》第 37 册,合肥:黄山书社,1994 年,17—18 页。
② 1947 年国民政府时期的通货膨胀情况,可参张公权《中国通货膨胀史》,北京:文史资料出版社,1986 年,110 页。
③ 前引李学通《抗战胜利后科学团体活动史料辑佚》,《中国科技史杂志》第 37 卷 2016 年第 2 期,248 页。
④ 《西北科学考查团筹印〈罗布淖尔考古记〉》:"据悉:该会理事黄文弼所著之《罗布淖尔考古记》一书最近已脱稿,印刷费需五亿元,现北大当局已允由该校出版课代印,只需费二亿元。"《东南日报》1948 年 2 月 5 日第 8 版。
⑤ 李学通《抗战胜利后科学团体活动史料辑佚》,《中国科技史杂志》第 37 卷 2016 年第 2 期,249 页。

协会更应允捐助一亿元,此六亿元已前后汇平。该团理事会为商讨收集品整理工作及经费之运用问题,特于二十九日下午三时在北平研究院史学研究所举行常务理事会,出席胡适、梅贻琦、马衡、李书华、袁同礼,徐炳昶、袁复礼、黄文弼等八人,由徐炳昶主席。首由黄文弼报告向教育部及中华文化基金会请款经过及将来工作计划,旋由袁复礼报告收集品整理工作情形。后经议决:……(五)教部补助之五亿元,因物价波动甚大,已不足用,决再向教部请求。(六)西北科学考查团存汉口古物四箱,由黄文弼函汉口市政府交中国旅行社代运平,存南京壁画及汉简,俟将来交通许可后再办。存绥远化石,即赴绥运归。……①

从以上的报道中,可知请款最力者是黄文弼,所以由他"报告向教育部及中华文化基金会请款经过及将来工作计划"。其中决议涉及北京之外的采集品问题,与黄文弼相关者是:1."西北科学考查团存汉口古物四箱,由黄文弼函汉口市政府交中国旅行社代运平";2."存南京壁画及汉简,俟将来交通许可后再办"。

关于武汉的四箱采集品,根据《马衡日记》1949年10月13日的记载,最终只有两箱运抵北京:

> 黄仲良自南方归,谓西北科学考查团存汉口劫余文物四箱,此次解放后又损失二箱。两年前理事会曾促其设法运存南京或上海,竟未执行②。

马衡的日记表达出对黄文弼的不满态度,显然有所偏颇。最初提议将汉口劫余文物运往南京的,其实是黄文弼,他在前揭1947年2月6日给徐炳昶的信中,就提出了这一方案。但是既然1948年1月29日的常务理事会议责成其"函汉口市政府交中国旅行社代运平",这自然也是他乐助其成的,最终到了1949年新中国成立之后,才有劫余之劫余的两箱抵达北京,无疑是由于南北交通不便,而造成了阻滞、丢失。

至于南京的三箱采集品,在1948年的常务理事会上,已经放弃了暂时运抵北平的打算,而要"俟将来交通许可后再办",可见在当时获得教育部补助之前,运输经费无着是南京采集品不得运往北京的重要原因③;迨至1948年之后,经费不再是主要的原因,而交通不畅成为南北运输的最大障碍。交通阻塞,无疑与国共战争在1947年以来发生转折性的

---

① 《西北科学考查团昨开常务理事会》,《华北日报》1948年1月30日第5版。
② 施安昌、华宁释注《马衡日记附诗钞——一九四九年前后的故宫》,北京:紫禁城出版社,2005年,90页。
③ 刘子凡《1949年前后的黄文弼》:"《罗布淖尔考古记·自叙》中提到的寄存南京文物,抗战后实际上是暂存于中研院。石璋如亲自去函黄文弼,说明中研院存有考查团采集品三箱。但黄文弼一直未能去南京取回,可能正是因为未能获得相应资金支持,接收计划没有着落。"朱玉麒主编《西域文史》第十二辑,北京:科学出版社,2018年,363页;吴华峰、徐玉娟《相知无远近——黄文弼致徐旭生信札四通研究》以为:"存放在南京故宫仓库(朝天宫)的采集品,……因黄文弼逾期未能取回,统一归"中研院"史语所收藏。个中原因,很可能也是因为缺乏运输经费所致。"朱玉麒主编《西域文史》第十七辑,372页。"未能获得相应资金支持""缺乏运输经费"的原因,确实是适合于获得1948年教育部资助之前的。

变化有关,此时华东野战军在豫皖苏边和山东地区展开战略进攻,从而造成了京沪一线道路不靖。不久之后,国民党败退,西北科考团未能运归的采集品也因此随史语所迁移台湾。

结　语

黄文弼于 1933 年秋出版《高昌陶集》后,即开始了《罗布淖尔考古记》的编撰工作。此期教育部委派他随绥新公路查勘队再赴新疆考察,使他获得了罗布淖尔考古的进一步考察。1934 年归来后的日子,本该能够成为《罗布淖尔考古记》撰写的黄金时间,而中央古物保管委员会西安办事处的工作牵制了他的精力,不得不以"西北科学考查团西安研究分所"的名义在繁忙的工作之余努力从事,一部分的采集品也随之运抵西安。此后,抗战的炮火再度夺去了他完成报告的时间,采集品也因为这场旷日持久的战争而分散各处。

抗战胜利后的黄文弼差不多在第一时间寻访了在南京和武汉劫余之后的西北科考团采集品,并想方设法使其集中一处、便于研究。但内战的再次爆发,先是运费无着,继而交通阻隔,最终使得包含有罗布淖尔汉简在内的西北科考团采集品随迁台湾。

新中国成立后的黄文弼在中国科学院考古所工作,不久就在"忠诚老实运动"和接着的"三反运动"中被"唐写本《文心雕龙》残卷"和"罗布淖尔汉简"中"居卢訾仓"七字木简的归属问题受到追责、批判①。但是,随迁台湾的罗布淖尔汉简却并没有在问罪之列,实属侥幸。本文的写作,根据相关文献,既为部分汉简下落不明及今存中国国家博物馆的汉简提供相关线索,也为整批罗布淖尔汉简等采集品无缘北运而南迁台湾提供可能性的解释。

从以上文献的追踪中,可以了解到在抗战胜利后,黄文弼为罗布淖尔汉简及相关西北科考团采集品运回西北科考团理事会所在的北京,四处奔波、不断争取。采集品的损失和散存各处,实有动荡的时代造成的不可抗力驱使,虽然事与愿违,但黄文弼已经凭一己之力,做出了尽可能的挽救。

---

① "居卢訾仓"七字木简,据丁瑞茂《史语所藏黄文弼寄存中瑞西北科学考查团文物》所揭,1941 年即由常任侠非议之,承黄纪苏先生相告:1951 年,黄文弼也写有关丁此简赠送王世杰的说明文字。

中国国家博物馆藏西北科学考查团文物来源考述

李守义

中国国家博物馆

西北科学考查团成立于 1927 年 5 月，是 20 世纪二三十年代著名的科考团体。考查团由中国、瑞典等多个国家的数十名科研人员组成，瑞典探险家斯文·赫定和中国著名学者徐旭生共同担任团长。考查团的科考活动持续 8 年之久，分为两个阶段，第一阶段 1927 年 5 月开始，1933 年 5 月结束；第二阶段 1933 年 10 月开始，1935 年 3 月结束。考查团在我国内蒙古、新疆等地开展多学科考察，在气象观测、古生物调查、考古等诸多学科取得了丰硕成果。如考古方面，贝格曼在居延地区发现了大批汉简，在罗布泊发现了"小河墓地"；黄文弼在吐鲁番附近考察了高昌古城遗址和交河古城遗址，在罗布泊发现了"土垠遗址"等。值得一提的是，国家博物馆的前身即国立历史博物馆是组建西北科学考查团的发起团体之一，馆长徐协贞为考查团首批理事会成员，馆员龚元忠为考查团成员并参加了前期考察活动。

本文通过查阅中华人民共和国成立初期国家博物馆的相关档案文件、文物账册，梳理出国家博物馆藏西北科学考查团文物的来源及数量。文物的来源主要有四个方面：一是 1952 年中国科学院向北京历史博物馆①移交的瑞典归还西北科学考查团文物。这批文物是考查团成员贝格曼等人在罗布泊地区采集、发掘，1935 年斯文·赫定经国民政府许可暂借运往瑞典研究，中华人民共和国成立后瑞典归还并由中国科学院接收。二是 1954 年文化部社会文化事业管理局向北京历史博物馆拨交的 5 枚居延汉简。这 5 枚汉简是贝格曼等人于 1930 年 4 月在额济纳河流域黑水城遗址发掘获得。三是 1954 年北京历史博物馆向中国科学院考古研究所借用西北科学考查团采集、发掘的文物。北京历史博物馆于 1954 年 2 月、10 月、11 月分三次向中国科学院借用黄文弼在吐鲁番盆地和环塔里木盆地进行考古调查时采集、发掘的文物。四是 1959 年中国科学院考古研究所向中国历史博物馆拨交的西北科学考查团文物。中国科学院考古研究所于 1959 年向中国历史博物馆拨

---

① 北京历史博物馆为中国国家博物馆前身，成立于 1912 年。中华人民共和国成立后，名称几经变更，1950 年名称为国立北京历史博物馆，1951 年更名为北京历史博物馆，1959 年更名为中国历史博物馆，2003 年中国历史博物馆与中国革命博物馆合并组成中国国家博物馆。

交历年考古出土文物一万多件,其中包含黄文弼在西北科学考查团期间所采集的文物。经初步统计,四次拨交文物总数约 4000 多件。

一、中国科学院拨交瑞典归还西北科学考查团文物

国家博物馆所藏瑞典归还西北科学考查团文物是由考查团成员贝格曼等人于 1933—1934 年在新疆罗布泊地区采集、发掘的。采集、发掘的时间集中在 1934 年的 5 月至 6 月。

贝格曼(F. Bergman,1902—1946),瑞典人,考古学家。作为西北科学考查团成员,贝格曼曾三次深入中国西北地区进行考古、地质等方面的考察。贝格曼第三次考察时间为 1933 年 10 月至 1934 年 8 月,期间贝格曼跟随绥新公路勘察队[①],主要对新疆塔里木河下游地区进行考察,对"小河墓地"及周边墓葬群遗址的发掘是贝格曼此次考察的最大收获。斯文·赫定后来回忆:"在罗布泊地区进行地理研究的过程中,我们最重要的收获之一,便是发现了一些古代墓葬,并对其进行了发掘。9 月,这些采集品被完好无损地运抵乌鲁木齐。"[②]

1935 年 2 月 14 日,绥新公路勘察队结束对西北的勘察后返回南京,考古搜集品随同运到南京,暂时存放于铁道部二号官舍。1935 年 2 月 22 日,中央古物保管委员会第六次常务会议通过决议,认为斯文·赫定"携带之古物","多属有关民俗学之琐屑遗物。时代似亦较晚,与考古学历史学无甚重大关系",决定"交中央博物馆保存"[③]。

1935 年考察活动结束不久,斯文·赫定希望能将部分由瑞典学者采集的物品借回瑞典进行研究,为此,斯文·赫定向南京国民政府行政院提出暂行借出绥新公路勘察队在罗布泊地区采集的考古搜集品运往瑞典研究的请求。此事经过国民政府行政院、内政部、教育部、中央古物保管委员会、中央博物院筹备处等诸多部门的反复审查和复核,斯文·赫定暂行借运文物运往瑞典研究一案终获通过。1937 年 6 月,贝格曼等人在罗布泊地区采集、发掘的搜集品共计 2 箱运抵斯德哥尔摩[④]。1939 年,贝格曼完成对这批文物的整理研究工作,出版《新疆考古研究》(汉译本名为《新疆考古记》),贝格曼在该书前言中写道:"在 1934 年,我作为斯文·赫定的公路勘测团的一员又重访新疆,并从事了一些考古发掘工作。""目前,这些采集品都暂时存放在斯德哥尔摩远东古物博物馆(Museum of Far East-

---

① 1933 年 10 月,南京国民政府聘请瑞典探险家斯文·赫定为队长,组织了"绥新公路勘察队",对从内蒙古到新疆修建公路的可能性进行勘察,开始了西北科学考查团的第二阶段。考查团团员有陈宗器、郝默尔、贝格曼、生瑞恒以及受教育部委派对新疆进行教育、文化考察的黄文弼。除此之外,还有铁道部的两名工程师。

② [瑞典]贝格曼著,王安洪译《新疆考古记》,乌鲁木齐:新疆人民出版社,1997 年,斯文·赫定《原序》。

③ 中央古物保管委员会编《中央古物保管委员会议事录》,中央古物保管委员会印行,1935 年,14 页。按"中央博物馆"即中央博物院筹备处。

④ [瑞典]贝格曼著,王安洪译《新疆考古记·前言》,2 页。

ern Antiquities)。1934 年公路勘测期间，我们在罗布泊地区发现的古物系向中国政府暂借之物，按照合同，今后将如数归还中国政府。"①

根据借出协议，这批文物将在瑞典保存两年后于 1939 年归还中国。但由于当时第二次世界大战正酣，借往瑞典研究的文物未能如期归还。中华人民共和国成立后，组建了领导全国的科学研究机构——中国科学院，由其负责接收包括西北科学考查团等旧有研究机构。1949 年 12 月 21 日，中国科学院办公厅召开西北科学考查团结束会议。会议宣布"西北科学考查团自即日起宣告解散"，中国科学院接收"已经整理研究完了的古物及地质标本"，"尚待整理研究的古物及地质标本，暂请黄文弼、袁复礼两先生负责保存，""此项资料整理完成时，陆续交由中国科学院接收"②。但实际上，在 1951 年底开展的"三反"运动不久，黄文弼负责保存整理的西北科学考查团文物就已交归中国科学院考古研究所。据《夏鼐日记》记载，1952 年 2 月 9 日，中国科学院考古所"贾敬颜、傅乐焕二君至东四七条，点收黄文弼君交出之西北考查团古物"③。

借往瑞典的文物，后经"徐炳昶向组织提出收回"④，经交涉，瑞典于 20 世纪 50 年代初向中国归还了这批文物并由中国科学院负责接收。1952 年 9 月，中国科学院向当时的北京历史博物馆进行归还文物移交，具体工作由中国科学院考古研究所袁璋、石兴邦和北京历史博物馆史树青、王家琦完成点交。国家博物馆现存有文物移交原始档案册，档案册为16 开，封面标题为《中国科学院移交瑞典送还新疆出土古代文物册》（图 1、图 2），上面钤"北京历史博物馆印"。文物册内文共计 35 页，每页以表格形式分栏，由原号、品名、件数、备注四部分构成，原号为文物借出期间贝格曼整理并编写的文物号，品名是对文物的定名，件数标明每一类文物的具体数量，备注栏为文物入藏北京历史博物馆后的新编登记号。以文物清册内文第一页登记的第一件文物为例，"原号"为"1:1"，"件数"为"1"，"品名"为"陶片"，"备注"内填写"522"，为文物登记号。内文最后一页钤有移交机关中国科学院和接收机关北京历史博物馆的印章，并钤有双方各四位经手人的印章以及移交时间。

这批文物主要有石器、骨物、铜器、陶器、丝织品、毛制品、钱币、木器、箭、铁器、漆制品、玛瑙、玉器等，登记有 837 个文物号，文物共计 2928 件，在贝格曼的《新疆考古记》中多有著录。国家博物馆对其中多数文物和原始包装均已拍摄高清图片，通过这些照片，可知每件文物的原始文物号。这些文物号为贝格曼编写，贝格曼在《新疆考古记》中提到，这批

---

① ［瑞典］贝格曼著，王安洪译《新疆考古记》前言，1 页。
② 《中科院办公厅 1949 年至 1950 年汇报、会议记录》，中国科学院办公厅档案处档案：50 - 2 - 5；《中科院接管西北科学考查团的有关文件》，第 2 册，中国科学院办公厅档案处档案：50 - 2 - 28。转引自张九辰《中国科学院接收"中国西北科学考查团"的经过》，《中国科技史杂志》第 27 卷，2006 年第 3 期，241—242 页。
③ 《夏鼐日记》(1946—1952)卷四，上海：华东师范大学出版社，2011 年，463 页。
④ 陈星灿《内蒙古巴彦淖尔盟的史前时代遗存——中瑞西北科学考查团考古资料的整理与研究之一》，王仲殊主编《考古学集刊》第 11 集，北京：中国大百科全书出版社，1997 年，4 页。

文物"在博物馆中的编号为1—44"①。通过新旧文物号,再结合贝格曼的《新疆考古记》,我们基本能够清楚地了解文物采集、发掘的时间、地点等基本信息。

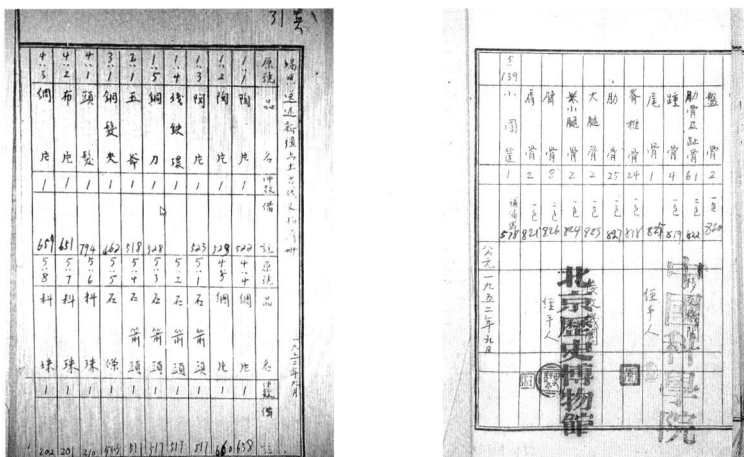

图1、图2 《中国科学院移交瑞典送还新疆出土古代文物册》

如这件骨制品(图3),这是贝格曼在小河墓地5号墓地表发现的物品,他将其编号为5:68,在《新疆考古记》中描述:"一骨制品,可能被当做针来固定斗篷。为直的、一端渐细的骨制品,在靠近粗端的地方垂直伸出一个短权。在细长段表面刻7条横线。也许是锄头或某种武器(如戈)的模型? 物长127毫米,分权处宽35毫米。"②

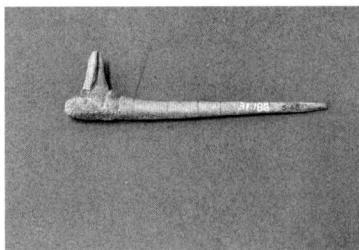

图3 小河墓地5号墓骨制品,贝格曼采集

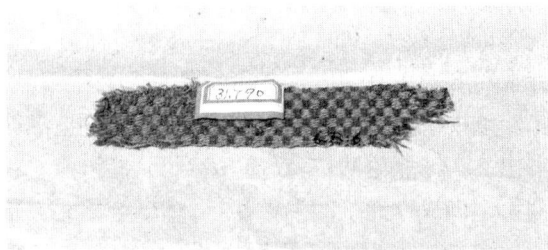

图4 小河墓地6号墓丝带,贝格曼采集

再如这件丝带(图4),这是贝格曼在小河墓地6号墓6.B发掘所获。"这个墓地也位于小河西岸,距7号墓地只有1800米,在5号墓地西南6公里处。它的四周除了沙及干枯柳墩外别无他物,呈现出一片极端荒凉的景色。"③贝格曼将其编号为6.B:6,在《新疆考古

---

① [瑞典]贝格曼著,王安洪译《新疆考古记》,《前言》1页。
② [瑞典]贝格曼著,王安洪译《新疆考古记》,119页。
③ [瑞典]贝格曼著,王安洪译《新疆考古记》,136页。

记》中描述：“丝带，提花经重平组织，红白方格纹。尺寸 11.5×2.3 厘米。”①

二、文化部社会文化事业管理局拨交居延汉简

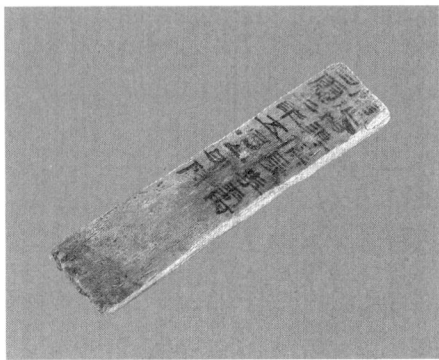

图 5 “出穀”木简

1954 年文化部社会文化事业管理局向北京历史博物馆拨交居延汉简 5 枚。分别是“出穀”木简、“居延甲渠候长”木简（图 5、图 6）、“丈人子惠”木简、“地节四年”木简、“金七子事”木简。

这五枚汉简是西北科学考查团成员贝格曼等人于 1930 年 4 月至 1931 年 3 月在额济纳河流域发掘 10000 多枚汉简中的一部分，后为裘善元所藏。关于裘善元所藏汉简的来源，1944 年国立西北图书馆馆长刘国钧在《跋裘元善旧藏汉简》一文对汉简来源进行了叙述，认为是裘善元之弟裘子亨在任职新疆迪化（今乌鲁木齐）督办公署期间所

得，后把这批汉简留给了裘善元，成了裘善元的家藏②。裘善元所藏汉简约 40 多枚，1944 年裘善元于重庆去世后，其所藏汉简经裘氏女婿之手而流出，目前分散藏于国家博物馆、国家图书馆、南京博物院、上海博物馆、台北“中央图书馆”等多家机构以及美国相关机构。

根据裘善元所藏汉简记载的内容来看，是西北科学考查团期间“出土于居延，业已成为不争之论”③，后因被盗而被裘子亨所得。这批汉简的简背或简端并无其他居延汉简所常见之数字编号，在早期的居延汉简相关出版物中也未见著录，因此有学者推断这批汉简应是在编号之前就已被盗。据傅振伦回忆，汉简“运到北平后，西北科学考查团理事会按照中瑞协定即送存北平图书馆保存，理事会推北大教授马衡和刘复整理研究。1931 年 7 月我受任协助之役（时任北大研究院文史部助教），理事会的事务员都是兼职，又找了一位助理员傅明德协助。我们按照箱号，依次将 12 只木箱分批搬到四库阅览室。打开每箱之后，按原编包数排好，再拿出木简由我编号，一用柔毛笔去尘，再交傅明德用红珠笔在简无字迹处一一上新号”④。1975 年，台湾简牍学会马先醒专门就裘善元

图 6 “居延甲渠
候长”木简

---

① ［瑞典］贝格曼著，王安洪译《新疆考古记》，148 页。

② 刘国钧《跋裘善元旧藏汉简》，《书学》1944 年第 3 期。

③ 马先醒《裘善元旧藏汉简之形制、内容及其有关诸问题》，《简牍学报》1975 年第 3 期，152 页。

④ 傅振伦《首批居延汉简的采集与整理始末记》，《傅振伦文录类选》，北京：学苑出版社，1994 年，662 页。又见于《文物天地》1987 年第 1 期。

旧藏汉简进行了研究,撰写《裴善元旧藏汉简之形制、内容及其有关诸问题》,他根据居延汉简发掘时间和整理时间,推断裴善元所藏汉简被盗出时间"早固不可能早于民国十九年(1930)四月二十日,晚亦不可能晚于民国二十三年(1934)"[①]。

至于文化部社会文化事业管理局是如何获得这五枚汉简的,是通过购买还是接受捐赠,抑或是其他渠道,目前还查不到任何线索,需要进一步发掘相关史料。

除了文化部社会文化事业管理局拨交的五枚汉简外,国家博物馆还有一枚旧藏居延汉简,为"第四候长夏侯放"木简。该木简为 1933 年 12 月历史博物馆馆员"张文勋君由西北设法觅得"[②]。当时张文勋共获得木简两枚,亦应是西北科学考查团在额济纳河流域发掘汉简中的一部分,后因流散而被张文勋所得。另一枚为"甲渠官"简,1937 年由历史博物馆送至南京参加第二次全国美术展会,为展会第一部图书部展品,展会结束后保存于中央博物院[③],1950 年 3 月,南京博物院在中央博物院基础上成立,该简成为了南京博物院的藏品。

三、向中国科学院借来西北科学考查团文物

1954 年,北京历史博物馆筹备"中国通史陈列"时,订下的原则之一就是"陈列中的'实物',基本上应是有科学根据的考古发掘文物"[④]。为解决"中国通史陈列"中"文物缺乏的问题",北京历史博物馆于 1954 年 2 月、10 月、11 月分三次向中国科学院考古研究所借来西北科学考查团采集、发掘的文物 73 件。

这些文物主要是考查团成员黄文弼在新疆采集、发掘所获。西北科学考查团期间,黄文弼对在吐鲁番盆地和环塔里木盆地的考察主要分为三个阶段。1928 年 4 月至 1929 年 11 月,是黄文弼在新疆考古的第一个阶段,考察的区域为新疆南部的环塔里木盆地诸遗址。1930 年 2 月至 7 月,为黄文弼在新疆考察考古的第二阶段,考察的区域主要为吐鲁番地区。1933 年 10 月至 1934 年 5 月,是黄文弼在新疆考古的第三个阶段,考察的区域主要是罗布泊地区。

1954 年 2 月 10 日,北京历史博物馆向中国科学院考古研究所借来西北科学考查团采集、发掘的新疆文物共计 55 件,其中五铢钱 20 件,"韩产私印"(图 7)1 件,铁刀 2 件,料珠饰

图 7 韩产私印

22 件,玉器 2 件,长料珠 1 件,汉简 7 枚。国家博物馆现藏有《借考古研究所新疆文物清

① 马先醒《裴善元旧藏汉简之形制、内容及其有关诸问题》,153 页。

② 《历史语言研究所二十二年度报告(1933)》,欧阳哲生主编《傅斯年全集》第六卷,长沙:湖南教育出版社,2003 年,439 页。

③ 中央博物院于 1933 年 4 月在南京成立筹备处,1936 年 7 月,历史博物馆划归中央博物院,其藏品成为中央博物院的基本藏品,定名为中央博物院北平历史博物馆。

④ 《北京历史博物馆改进草案》,1954 年,中国国家博物馆档案,档案号:195403508400065。

册》，详细记录了所借文物的相关信息。清册为 32 开，共计 3 页，第一页为封面，毛笔书写"借考古研究所新疆文物清册，一九五四. 二. 十"；第二页用钢笔书写"借考古研究所新疆文物清册，1954.2.10"；第三页为文物登记簿，登记簿为表格形式，表格最上面印有"北京历史博物馆借来文物登记簿"字样，表格分有"借来日期、原来号、名称、数量、附件、出来地、物品现况、退还日期、经手人、备考"多栏。如登记簿登记的第一件文物，"借来日期"为"1954 年 2 月 10 日"；"原来号"空白，未填写；"名称"为"五铢钱"；"数量"为"20"；"附件"空白，未填写；"出来地"为"考古研究所"；"物品现况"填写"新疆文物"；"退还日期"写"54"，为 1954 年；"经手人"写"石家琦经手"；"备考"写"秦汉陈列室"，为借来后文物展出地点；"备考"栏外写"借 357"，为借来文物的编号。需要特别指出的是，文物清册中 7 枚汉简为黄文弼在"土垠遗址"所获罗布淖尔汉简，分别为黄文弼《罗布淖尔考古记》文中之第 2、16、20、34、59、61 简以及 1 枚黄文弼未曾刊布的木简。长期以来，学界一直认为这些汉简下落不明。关于 7 枚汉简的来源、入藏经过、研究与刊发等相关内容将另辟专文讨论，不在此赘述。

　　1954 年 11 月 13 日，北京历史博物馆向中国科学院考古研究所借用文物 10 件。其中"高昌征伐残状"1 件，"追捉逃番兵残牒"1 件，"唐西州俘逃户麴仕行文"1 件，古维吾尔文写本 1 件，西域银币 1 件，开元通宝钱 1 件，泥塑武士俑 1 件，木型女俑 2 件，康波密提砖墓志 1 件。国家博物馆藏有《借考古所吐鲁番出土清单》，记载了文物的相关信息。清单为 32 开，共计 2 页，第一页为封面，书写"借考古所吐鲁番出土清单，1954.11.13."。第二页为文物登记簿，登记簿形式同上。以登记簿登记的第一件文物为例，"借来日期"为"1954 年 11 月 13 日"；"原来号"为"总 8783　90"；"名称"为"高昌征伐残状"；"数量"为"1"；"附件"处空白，未填写；"出来地"为"中国科学院考古所"；"物品现况"为"吐鲁番出土"；"退还日期"处空白，未填写；"经手人"处空白，未填写；"备考"栏内字迹漫漶不清，无法识别；"备考"栏外写"借 276"，为借来文物的编号。

　　1954 年 12 月 7 日，北京历史博物馆再次从中国科学院考古研究所借来西北科学考查团在采集、发掘的"丝织品残片"文物 8 件。国家博物馆藏有《借考古研究所丝织品清单》，清单为 32 开，共计 2 页，第一页为封面，书写"借考古研究所丝织品清单，1954.12.7"。第二页为文物登记簿，登记簿形式同上。以登记簿登记的第一件文物为例，"借来日期"为"1954 年 12 月 7 日"；"原来号"为"总 8836　K11　112"；"名称"为"丝织品残片"；"数量"为"1"；"附件"空白，未填写；"出来地"为"考古研究所"；"物品现况"为"土黄色绸片丝片"（后面字迹漫漶不清，无法识别）；"退还日期"空白，未填写；"经手人"空白，未填写；"备考"为"借 356"，为借来文物的编号。

四、中国科学院拨交西北科学考查团文物

　　1959 年初，在位于天安门广场东侧新馆建设的同时，中国历史博物馆在国家有关部门的支持下，为筹备"中国通史陈列"向全国各地相关单位征集文物。1959 年 5 月，中国科学

院考古研究所向中国历史博物馆移交文物一万多件。据统计,"考古所四本清册计9930件(另有未抄册6287—6610号324件,共应10254件),这次统计以册上'件数'栏写明的数字为准,凡一个、一双、一半、一对、一付等,均以1件计,栏内未写明数字的,以1件计"[1],文物实际数量要比清册上记载的要多。在清册的第二本、第三本中登记有黄文弼在吐鲁番盆地和环塔里木盆地进行考古调查时采集的文物,经初步统计,共计1067件。

根据国家博物馆藏1959年中国科学院考古所移交文物清册,我们可以得知文物移交的相关情况。文物清册共计四本,为32开。以第三本文物清册封面为例,第一行标写"考古所清册",第二行标写"第三本",第三行标写"1959.5.13"。两本文物清册内文均以表格形式登记了文物的基本信息,登记的文物出土地有河南、湖南、陕西、新疆等多地,其中第二本内登记有新疆文物23页,292个文物编号,文物699件;第三本内登记有新疆文物18页,229个文物编号,文物369件。内文每页内容由"登记号、原来号、名称、件数、完残情况、出土地点、备考"8部分构成。"登记号"栏为中国历史博物馆对新入馆文物的编号,"原来号"栏是中国科学院考古研究所对文物的编号,"名称"栏就是文物的具体名称,"时代"栏内填写文物的时代,"完残情况"栏写明文物保存现状,"出土地点"栏填写文物发掘地,"备考"栏填写未尽事宜。如第三本清册内登记的第8件文物,"登记号"为"考3247";"原来号"为"8896";"名称"为"铜西域文古钱";"时代"处空白,未填写;"件数"为"1";"完残情况"处空白,未填写;"出土地点"为"库车";"备考"处写"和阗马钱"。

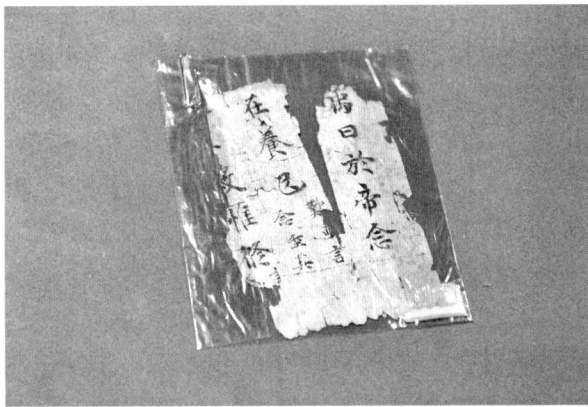

图 8　唐写本《尚书·大禹谟》残片

这批文物包括文书(图8)、造像、墓志、丝织品(古代绢残片、古代丝织残片)、石器、铜箭头、铜饰件、铜钱、银钱、玉器以及牛角押、骨签、料珠等。以文书为例,根据目前整理情况来看,文书(包括纸质文书和简牍文书)的总数量为100多件,其中汉文文书内容包括儒家经典、小学、占卜书、历日、佛经、官文书等多个种类,其中以体现唐朝在西域的政治统治

---

① 以上信息记载在国家博物馆藏《中国科学院考古研究所移交清册》封面的便签纸上。

和文化传播的唐代官文书数量最多。多语种文献包括回鹘文、梵文、蒙文、龟兹语、帕提亚语等多种古代语言,是研究古代语言文字及中西文化交流的重要文献①。

除了中国科学院考古研究所,1959 年初,故宫博物院为支持中国历史博物馆筹备"中国通史陈列",也向中国历史博物馆拨交文物多件,其中包括黄文弼于 1930 年在吐鲁番雅尔湖墓葬群发掘中获得的高昌墓砖 2 方,即田元初墓表和任谦墓表。这 2 方墓砖原藏于北京大学,1956 年拨交故宫博物院。

余　　论

中国国家博物馆藏西北科学考查团文物,尤其是黄文弼所获文书历来为学界所关注。一些学者或对文物个案进行研究,或以某一类文物为研究对象,经过多年的积累,已有不少的成果。如孟彦弘《中国国家博物馆藏经录考释》、王湛《中国国家博物馆藏"唐人真迹"文书题跋与递藏考》、赵玉亮《中国国家博物馆藏吐鲁番文书(一)》、孟潇碧《中国国家博物馆藏吐鲁番文书(二)》、赵洋《中国国家博物馆藏"唐人真迹"中三件转运坊文书考释》等文章。最具代表性的是荣新江、朱玉麒主编的《黄文弼所获西域文书》,该书系统收录了国家博物馆所藏黄文弼先生在吐鲁番盆地和环塔里木盆地发掘、搜集的文书 108 件,并在附录部分对国家博物馆藏黄文弼文书进行编号索引。

这些研究,或对文物本身进行研究,或依据文物所蕴含的信息再结合文物所处时代背景,对一些具体的史实进行考述。但就国家博物馆藏西北科学考查团文物的总体面貌而言,上述研究仍属于个案研究,缺乏对国家博物馆藏西北科学考查团文物的总体认识。究其原因,主要有以下几点:一是国家博物馆入藏的这四批西北科学考查团文物,在入藏过程中,博物馆按照文物的来源、类别、质地以及保存现状,进行了进一步整理和编录。根据博物馆工作程序,所有新入藏文物,要依据博物馆文物编号规则对其进行重新编号,不同来源、不同质地的文物则分别保存在不同的库房,这样就存在同一批来源的文物,分别保存于不同库房的情况;二是在历年的文物整理研究过程中,也存在对文物最初入藏的名称进行修改和更正的情况;三是在之前的文物定级工作中,对定性为一级品的文物进行了新的编号,建立了新的账目和卡片,而且国家博物馆历史上有过将各库所有一级品合并为一个专库进行管理,后又拆分还回各个库房的情况。受这些情况影响,国家博物馆藏西北科学考查团文物的总体面貌一直不被学界所了解,制约了对国家博物馆藏西北科学考查团文物研究向纵深展开。

目前,国家博物馆开展的"智慧国博"项目,对馆藏文物信息进行数字化建设,包括对民国时期以及新中国成立以来文物入藏档案的信息化建设,这对追寻馆藏文物的来源提

---

① 王湛、王小文《中国国家博物馆藏敦煌吐鲁番文献收藏研究综述》,《吐鲁番学研究》2022 年第 1 期,14 页。

供了极大方便,本文也正是在这样背景下完成写作的。下一步,将充分利用"国家博物馆藏品信息数据库",把文物移交清册所列文物与"藏品信息数据库"文物目录进行一一核对,争取呈现出国家博物馆藏西北科学考查团文物的总体面貌,为学界进一步探索相关问题提供便利。

黄文弼在额济纳地区的考古调查活动

李 靖

额济纳旗历史文化研究会

1927 年 5 月 9 日,中方考古学家、西北史地学家黄文弼先生随同中瑞西北科学考查团从北京出发,开始了西北科学考察之旅。9 月 15 日,黄文弼先生随团进入今天的额济纳旗境内。

本文依据《黄文弼蒙新考察日记(1927—1930)》(以下简称《日记》)所载黄文弼先生在旗境内的考察路线,力争复原黄先生的考古调查所涉地点,纠正黄先生文中地名的错误译名,同时回顾与缅怀黄先生在旗境内艰难的考察苦旅。

一、与卅井塞擦肩而过

9 月 15 日,考查团大队离开今阿拉善右旗塔木素格布拉格苏木境。下午 3 时,进入今额济纳旗温图高勒苏木巴彦高勒嘎查的登吉音呼都格牧点,黄文弼先生将这一地名译为顶格胡格洞格,当晚住宿于此地。那天,大队人马在绥新驼道中路南线行走了近 60 华里。

登吉音呼都格,又名登吉音嘎顺,位于巴彦高勒嘎查驻地东 36 公里,为绥新驼道中路南线的牧点。登吉音呼都格,蒙古语,意为高台地上的咸水井。清代,以牧点所处位置及水质命名,系骆驼春秋季节营地,点上有水井,仅供牲畜饮用。

9 天后的 24 日下午 7 时半,驼队抵达宝日川吉草滩。斯文·赫定在《亚洲腹地探险八年》中说:"它名叫布鲁松切(灰塔)——这一路上在斯第勒尔的地图上有名几处地方之一。在他的地图上塔被拼写为布鲁逊齐。"[1]次日一大早,未及洗漱的黄文弼先生与学生马叶谦赶赴营地西南 500 米的汉代要塞卅井塞遗址。黄文弼通过查看,推测此处遗址可能上溯到汉朝,几位中国学者找到一些铁锅残片和汉军使用过火的痕迹,黄文弼甚至猜想"颇疑

---

① [瑞典]斯文·赫定著,徐十周、王安洪、王安江译《亚洲腹地探险八年(1927—1935)》,乌鲁木齐:新疆人民出版社,1992 年,108 页。

此地为汉代所置之遮房部"①,黄先生看到土丘上有"高柱如烟筒"的烽燧②,遗址为土坯砌筑,高约 3 米,周长约 18 米。

《史记》《汉书》记载,汉武帝太初三年(前 102),汉王朝在居延地区设置居延都尉府,下辖殄北、甲渠、遮房和卅井塞 4 个部塞。出土居延汉简明确记载,此处即汉代军事要塞卅井塞遗址,蒙古语称宝日川吉。

宝日川吉,汉语意为褐色的烽燧,位于今巴彦陶来苏木乌兰格日勒嘎查驻地东南 49 公里处。历史上,以汉代烽燧取名。系骆驼营地,牧点有水井,水质好水量足,兼顾人畜饮用。考古证实,宝日川吉为汉晋时期居延都尉所辖最东部的防御要塞,位于一处孤立的小平顶丘岗上,孤丘高 20 余米,岗顶上的烽燧今残高约 4 米,基座面积为 5 米×5 米,土坯筑,间以当地特产芦苇层。台下有面积为 30×30 米的方形坞壁。

遗憾的是,由于大队当天就启程西行,幸运之神没有眷顾黄文弼先生,而是将居延汉简发掘成果的桂冠戴到了瑞典考古学家沃尔克·贝格曼的头上。

二、黑城的探查

9 月 26 日凌晨 3 时,驼队从苏海呼都格牧点出发,行至古代弱水河积水洼地沙日呼勒,因红柳、芦苇茂盛,黄文弼竟然迷失了道路,只得停下脚步,等候天亮再说。不久,徐炳昶先生等人也到了。10 时,徐、黄二先生与马叶谦步行前往黑城遗址,西北行七八里,走出梭梭林后,登上一条古河道西岸,就瞭见了西夏、元代古城黑城遗址。三人以此为准心直行,又跨过数条干涸的古河道,再次前行 10 余里,终于抵达城下。此前,郝德、李宪之已先行一步,于半小时前在城西南角的元代清真寺遗址等候他们,于是众人进入寺内稍事休息。

黄文弼在《日记》中记述从沙日呼勒到黑城途中所谓的"高岭""冈岭",均为古代弱水岸堤,当地人俗称土梁子,位于黑城以东、绿城以西地带,斯文·赫定在《亚洲腹地探险八年》里写作"山脊",并且说"山两侧的坡都很陡,不过这些坡脊只比平川地高出几米"③。20 世纪 90 年代,当地人根据这片区域特征取名为"夹皮"。

在斯文·赫定和黄文弼眼中,黑城虽然早已荒芜,却极其壮观,令人印象深刻,四面城墙几乎完好无损,墙体间夯筑着排列有序的墩台,城池只设东、西二门,呈不规则的四边形。几位学生测得南墙长 425 米,西墙 357 米,北墙 445 米,东墙 405 米,而城内可见建筑物和房屋的痕迹。城墙内外都是新堆积的沙丘,一直延伸到与城堞齐高的地方。当然,黄文弼观察得更为细致,除城内各处建筑记载详细,还拾捡数枚古钱币及碎铜片遗物,同时他发现古城东南北三面约 1 里处均有干河环绕,"河无水,满布柘甲(梭梭),间有沙山横亘其中"④。

---

① 黄文弼遗著,黄烈整理《黄文弼蒙新考察日记(1927—1930)》,北京:文物出版社,1990 年,82 页。
② 黄文弼遗著,黄烈整理《黄文弼蒙新考察日记(1927—1930)》,81 页。
③ [瑞典]斯文·赫定著,徐十周、王安洪、王安江译《亚洲腹地探险八年(1927—1935)》,108 页。
④ 黄文弼遗著,黄烈整理《黄文弼蒙新考察日记(1927—1930)》,84 页。

　　史载,西夏开国皇帝李元昊在与回鹘的战争中,取得重大胜利。公元 1036 年,占领整个河西地区及居延地区。为巩固国防,西夏国分国内诸州之兵 50 万为左右厢,设立 12 个军司。其中,在居延地区设黑水镇燕军司,驻守黑水城,该城在今黑城东北处,城址呈正方形,边长各 238 米,开东、南、西三座城门,面积为 5.56 万平方米。随着成吉思汗在漠北势力的日益壮大,黑水镇燕军司成为守卫西夏西北边防劲旅,由地位很高的王公戍守。1226 年春,成吉思汗率军攻占黑水城。元至元二十三年(1286),设置亦集乃路建制,在西夏黑水城的基础上,扩建了黑城,西夏黑水城址被迭压在元代黑城的东北隅。黑城成为元代纳怜道交通要冲和重要站点,意大利著名旅行家马可·波罗就是选择这条捷径,赴漠北朝觐哈尔和林朝觐元帝忽必烈。

　　明洪武五年(1372)六月,明太祖朱元璋命征西将军冯胜指挥西路大军,以傅友德为先锋,率领 5000 骑兵直趋至山丹州,守将上都驴率所部吏民投降,再至亦集乃,守将卜颜帖木尔率众投降。明军攻取亦集乃路后旋即放弃,划为张掖、酒泉边外地,直到 1908 年俄国探险家科兹洛夫盗掘之前,黑城在沙漠的怀抱中沉睡了 536 年。

　　黄文弼进行了粗略的田野考察,拾捡到一张纸片,内有"课程已"数字,又有"十三年二月"诸字,遗憾的是缺失朝代建元记载。另外,还从当地蒙古牧人口中收集了《黑将军的故事》。

　　下午两点钟左右,斯文·赫定启程赶往今怪树林景点附近营地。黄文弼与赫德、冯考尔及刘衍淮没有同行,当晚众人露营于西城墙外。

三、到达逊都勒大本营

　　9 月 27 日,黄文弼与刘衍淮、王殿丞又对黑城遗址进行了测绘,下午 4 时离开,"行约五六里"[①],途经隋唐故城大同城遗址,黄文弼急忙赶去探查,看到挖掘工庄永成及哈士纶、冯考尔已在遗址内。众人请黄文弼辨识所捡文物,除一枚为汉代五铢钱外,其他 5 枚均为唐、宋古币。黄文弼记载城墙为两道,"外城已颓,只剩土埂,内城尚有形迹可寻"[②]。

　　大同城遗址位于达来呼布镇区东南 19 公里,位于黑城遗址西北 4 公里。史载,北周武帝宇文邕时筑大同城。隋朝,设大同城镇。唐初,设立同城守捉。唐武则天垂拱二年(686),移置安北都护府于同城,以安抚漠北归附突厥部落。唐天宝二年(743),改设宁寇军。

　　据贝格曼考古记载,大同城考古编号 K789,外城墙为 208 米×173 米,已倾圮,设东、西二门,东城门残高 9 米,西城门已颓为土堆。内为正方形鄣城,各边长为 86 米,鄣门南开。地表采集到唐、宋钱和五铢钱,"显然为汉代以后所增筑"。

　　大同城,蒙古语称阿格塔音哈沙,意为马圈。清代,蒙古族土尔扈特人在大同城遗址

---

　　①②　黄文弼遗著,黄烈整理《黄文弼蒙新考察日记(1927—1930)》,85 页。

发现有马骨。道光十二年(1832),额济纳旗扎萨克多勒贝勒巴依尔莽奈的一群私有马匹在此过冬度春,故名"马圈城"。

傍晚,饥肠辘辘的黄文弼急回帐篷,"饭后即寝"。那天,黄文弼等人宿营于大同城西北边的额很苏海牧点,《日记》写作雅恨都怀。

1927年9月28日上午5时,黄文弼从营地出发,一个小时后途经五塔遗址。

五塔遗址位于巴彦陶来苏木吉日嘎郎图嘎查驻地西南14公里处的荒漠地带,坐落在平坦的戈壁滩,由佛塔和寺院组成,呈分散的南北向一字形排列。由于建筑年代不同,佛塔形制也有所不一。西南侧两座佛塔系覆钵式实心佛塔,土坯砌筑,外抹白灰泥,塔基边长分别为3.2米和3.7米,残高6.5米。东北部是一处寺院和三座方形阶梯状佛塔,尺寸各异。大塔位于寺庙北侧正中,土坯垒筑,边长3.2米,残高2.5米。寺庙处于塔前3.7米处,平面呈长方形,边长6.2米与7.2米,整体坍塌损毁。另外两座小塔在寺院外东北角和西南角,残高分别在2.4米和1.4米。正因如此,黄文弼在《日记》中说:"6时又见有三塔,一塔后有已倾土筑庙基。"①

根据地表散落的砖瓦碎块和黑、白釉瓷片,考古证实五塔遗址群为西夏、元代建筑物。

黄文弼沿着古河道北行,走出10余里,见到蒙古族驼夫贡布,说大队人马已到河边,距此约五六里。涉过一条支流,看见对岸树木茂盛,驻有乌兰布郎商号。又行一里左右,黄文弼终于抵达额济纳河东河西岸的逊都勒大本营。那一天,斯文·赫定激情澎湃地说:"9月28日是伟大的一天,我们到了额济纳河的河边。"②黄文弼记述道:"大队住西岸,余等乃涉水而过,河宽约十余丈,水深处及驼腹约四尺左右。两岸杨柳树高者五六丈,大者盈拱,其叶似梧桐,驼夫称为梧桐树林。……此地风景佳甚。同人至此咸欢呼好风景! 好风景!"③

逊都勒,蒙古语,意为高地。200多年前,蒙古族土尔扈特人以地形特征取名,位于巴彦陶来苏木乌兰格日勒嘎查驻地南6公里处,系小畜四季营地。清、民国时期,逊都勒牧点为达来呼布—肃州的东河西路驿站,同时衔接绥新驼道中路南线,起到枢纽作用。

1927年5月20日从包头出发,历时4个月零8天,黄文弼等人历经艰辛到达额济纳旗的逊都勒大本营,这里的自然环境中外团员欣喜若狂,斯文·赫定用诗一般的语言描述了人与自然和谐相处的愉悦心情:"整个营地真可称得上是我们这一路上最使人喜爱、真正田园诗般的营寨,大自然突然赐给了我们乞求得到的一切。树林、草地,一人多高的芦苇,随处可见的干柴禾,经年已久的死树干,再加上一条宽宽的长流不息的河水淌过这童话般的居所。我难以描述到这里以后大家的喜悦和兴奋心情。"④

从9月28日到11月8日的41天时间里,中瑞西北科考团中外团员稍事休整,就按照分工开展各项学科考察工作,而黄文弼的工作成绩同样受到了徐炳昶、斯文·赫定两位中

①③ 黄文弼遗著,黄烈整理《黄文弼蒙新考察日记(1927—1930)》,85页。

② [瑞典]斯文·赫定著,徐十周、王安洪、王安江译《亚洲腹地探险八年(1927—1935)》,110页。

④ [瑞典]斯文·赫定著,徐十周、王安洪、王安江译《亚洲腹地探险八年(1927—1935)》,111页。

外团长的赞许。

四、寻觅居延城的南辕北辙之旅

到达逊都勒大本营的几天里,黄文弼忍受病痛,除追补日记,同时将采集物换箱重装,共计5箱,准备运回北京。期间,黄文弼雄心勃勃,期望寻找到汉晋古城居延城。

居延城,两汉时期为居延都尉府驻地,东晋以后称居延故城。清乾隆二年(1737)《重修肃州新志》载:"居延故城,《括地志》:在张掖东北一千五百三十里,汉置。《武帝纪》:元狩二年,霍去病出北地二千余里,过居延。太初三年,路博德筑居延泽上。天汉二年,李陵出居延,至浚稽山。《地理志》:居延县属张掖郡,为都尉治。《郡国志》:张掖居延属国故郡都尉治,安帝时,别领居延一县。建安末,立为西海郡。"[①]

田野调查,居延城位于巴彦陶来苏木吉日嘎郎图嘎查驻地东南12公里处的荒漠地带,坐落于平坦的胶泥滩上,东临古代弱水河的一条支流,东北部20余公里为古居延泽,地理坐标为北纬41°52′32″,东经101°17′2″,海拔高程986米。城址平面呈不规则长方形,东墙长137米,南墙长129米,西墙长123米,北墙长129米,城门开在南墙中部,城门基处有青红色条砖铺设的排水设施。墙体夯筑,基址宽4米,呈土垄状,东、西、北三面墙体多处被风蚀为断面或缺口,南墙保存情况稍好,平均残高1.5米,四角筑有墩台。

1930年5月,中瑞西北科考团戈壁组调查此城址,考古编号K710。贝格曼等在城内外采集到五铢钱15枚,城外出土"大泉五十"钱币1枚。同时出土器物有铜镞、铁器、陶器等,另有一件鄂尔多斯式铜器。

为此,贝格曼"仔细清点与汉朝废墟有关的每一件文物,希望用这种方法找到汉朝史书上提到的居延城的蛛丝马迹。无疑它不是坐落在河流终点湖南面的某个地方,就是在三角洲里,或是三角洲附近"[②]。

贝格曼推测K710城为汉晋时期的居延城,线索有三,其一是居延泽位于其东北部,《汉书·地理志》居延县下本注云"居延泽在东北"[③];其二是在张掖县东北,《史记·匈奴列传》正义引《括地志》云"汉居延县故城在甘州张掖县东北一千五百三十里"[④];其三,距甲渠塞(破城)候官驻地约25公里,破城出土汉简载"[甲渠]候官罢虏燧长簪里单立——应立居延中宿里,家去官七十五里,属居延部"[⑤],甲渠候官衙东北距居延城为七十五汉里,约当今25公里。

1973—1974年,甘肃省文物工作队对汉代肩水金关、甲渠候官及甲渠第四烽燧进行了

---

① 甘肃省酒泉县博物馆《重修肃州新志》,甘肃省酒泉县博物馆翻印,1984年,338页。
② [瑞典]贝格曼著,张鸣译《考古探险手记》,乌鲁木齐:新疆人民出版社,2000年,122页。
③ 《汉书》卷二八《地理志》,北京:中华书局,1962年,1613页。
④ 《史记》卷一一〇《匈奴列传》,北京:中华书局,1959年,2916页。
⑤ 谢桂华、李均明、朱国炤《居延汉简释文合校》,北京:文物出版社,1987年,157页。

考古发掘,获得大批汉简和实物资料,初步厘清汉代居延都尉所辖范围、城郭烽燧布置、建筑规模结构,虽然尚未能确定居延城位置,但初步否定了 K710 城为居延城的结论。

调查人员认为,K710 城周围数十里范围内不见任何防御和通讯指挥设施,与其管辖的殄北、甲渠和卅井塞均相距甚远,一个统帅指挥这一地区军事行动的首脑机关,却远离其下属机构而独立存在,这在当时通讯、交通工具极端落后的情况下,又处于北部边塞要地,是难以理解的,完全不合乎军事设防的要求。

相反,K688 城不仅在防御设施方面更加坚实,而且地理位置更符合战争和屯戍要求。K688 城,蒙古语称班丁波日格,因东南 2 公里有雅布赖烽燧遗址,故又称雅布赖城,位于巴彦陶来苏木吉日嘎郎图嘎查驻地东南 4.9 公里处的荒漠地带,坐落于班巴嘎日音河北岸的胶泥滩地,地理坐标为北纬 41°54′31″,东经 101°11′47.2″,海拔高程 930 米。城址南北长 130 米,东西宽 127 米,平面近四方形,墙体夯筑,基宽 3 米,今残高 4.4 米,最高处 5 米。城周围有众多红柳丛,连绵不断的大小沙丘布满城内外,地面遗物多灰陶片,采集到残铁器碎片等,为汉代遗址。

1930 年 5 月,贝格曼等人考察了班丁波日格,考古编号 K688,《内蒙古额济纳河流域考古报告》记载:"城址 K688,查兰河 Challain-gol 附近的翁赞河一处干涸了的小河曲与一处非常高的长而窄的土墩之间屹立着一个废弃了的要塞,只有外墙保留了下来。要塞平面为不规则的正方形,尺寸为 133—139×128 米,墙为夯土筑城,厚约 3.5 米,高 5米。"[①]1973—1974 年,甘肃省文物工作队通过考察,认为 K688 城南北两翼均有城郭烽燧设施,东临河水,屯戍、饮水均属方便,加之距离甲渠塞也为 75 汉里,故而初步确定 K688 城为居延城。

额济纳旗地方史志工作者认为,K710 城应当为居延县城,职司民政,K688 城为居延都尉城,管理军事、屯戍事务。在《额济纳旗志(1991—2010 年)》专著中,对于 K688 城作了如下记述:"居延城位于额济纳旗达来呼布镇区以东 30 公里处荒漠中,因其东北方向有居延泽而得名。汉武帝太初三年(前 102),西汉王朝为保障中原通往西域道路畅通,'于酒泉、张掖北,置居延、休屠(二都尉城)以卫酒泉'。同年夏,汉武帝起用前伏波将军路博德为居延都尉,大规模修筑居延地区军事防御线。由此,居延城规模得到进一步扩大。居延城为汉代居延地区最高军政长官治所,即居延都尉府,辖 4 个候官塞,负责军事防御和屯田生产。……居延城作为草原丝绸之路——居延古道上名城重镇,不但是居延地区政治、经济、文化中心,而且是自然条件较好的主要农垦屯田区,其农田屯垦业、商业也曾繁盛一时。民国 19 年(1930),居延城被中瑞西北科学考查团编号 K688。"[②]

东晋之后,人为开垦加剧,导致巴丹吉林沙漠西进,尤其是因为战乱,人去城空,居延城渐被流沙侵袭,最终被沙漠覆盖。而明洪武五年(1372),冯胜率明军发起黑城战役,采

---

① [瑞典]弗克·贝格曼著,博·索马斯特勒姆整理,黄晓宏、张德芳、张存良、马智全译《内蒙古额济纳河流域考古报告》,北京:学苑出版社,2014 年,105 页。

② 《额济纳旗志(1991—2010 年)》,呼和浩特:内蒙古文化出版社,2013 年,354 页。

取断水战术,迫使额济纳河改道,加之自然生态环境剧变,导致流入古居延泽的水量巨减,曾经在历史上极为显赫的居延泽逐渐萎缩、干涸,乃至于几乎消亡,从而淡出了世人的视线,而后人将改道后残留的苏泊淖尔、嘎顺淖尔视为曾创造出居延绿洲文明的居延泽。

清代,学术界认为苏泊淖尔、嘎顺淖尔就是古居延泽。著名地理学家何秋涛在补注《蒙古游牧记》时称:"《会典图说》:额济纳旧土尔扈特旗在居延海。无巨川,惟坤都伦河,自甘肃北流,经额济纳旗,分二道,汇为泽,俱曰居延海。"又引《水道提纲》称,弱水"又西北,有昆都伦水,自东北来注之。又北,为二巨泽,西北曰索廓克鄂模,池周九十里,其东北曰索博鄂模,池周六十余里,即古居延海也"。《会典图说》《水道提纲》及《蒙古游牧记》均为清代著名地理著作,在学界影响很大,故民国时期学者均取其说。例如 1915 年版《辞源》载,居延海"在额济纳旗东北境,分东西二泊。东曰朔博泊,西曰索廓克泊。《水经注》:居延海形如月生五日,盖古本一湖,其后中段淤塞,遂成二泊耳"。1934 年,丁文江等编著出版的《中华民国新地图》,在嘎顺淖尔用括号注明"居延海",并在其南岸标注有地名"居延"。

正是因清代以后学术界的错误认知,而导致黄文弼先生进行了一场南辕北辙的居延城寻觅之旅。

据《额济纳旗地名志》记载,古居延泽,蒙古语称额日央川吉音淖尔,意为处于花白烽燧旁边的湖泊,以西夏烽燧遗址取名,位于巴彦陶来苏木乌苏荣贵嘎查驻地东 35 公里处,年均面积仅有 11 平方公里,平均水深 1.5 米。20 世纪 80 年代以后,因天鹅等候鸟南来北返栖息繁衍、补充体力,故又俗称天鹅湖。

借助卫星遥感图像,可以很容易地找到古居延泽,它仿佛是人的两片肺叶,左右相连,西部湖泊遗迹比东部略大一些。有趣的是居延泽西岸呈弧形,恰与《水经注》记载"形如月生五日"相符。据测算,其面积达 726 平方公里。需要说明的是,卫星遥感图像所显示的是居延泽范围最大时期的轮廓。据竺可桢研究,秦汉时是中国历史上的气候温暖期,当时降雨量比现代要多。因此,秦汉时期的居延泽范围,应当与卫星遥感图像所显示的比较接近,或略小一些。

实地测量,古居延泽的位置北端约在北纬 42°,南端约为北纬 41°40′,东端约在东经 102°,西端约在东经 101°20′。在此范围内,发现大量湖泊残迹。其中,额日央川吉音淖尔和京斯图淖尔均为古居延泽残留湖。由于这片区域地势低洼,是原有湖泊的"锅底坑",故而聚积了较多湖水。此外,额济纳河东河的一条支流班巴嘎日音高勒河从昂茨河分流后,流程 48 公里注入额日央川吉音淖尔和京斯图淖尔,可以补充一部分水源。《额济纳旗地名志》记载,班巴嘎日音高勒河平均宽 10 米,水深约 1.2 米,每秒流量 15 立方米,每年结冰期为 80 天。

居延泽湖底现在虽已出现了高大的流动沙丘及戈壁滩,但还是比周围地区湿润一些。地方史料和口碑资料记载,清、民国年间,古居延泽呈湿地状态,生长有大面积灌木和蒿草。近数十年间,由于额济纳河水锐减,湖底沙化加剧,额日央川吉音淖尔和京斯图淖尔也时而干涸。然而残湖、水线、沙堤和湖底贝壳这些现象,却向世人提供出丰富的科学信息,证明古居延泽早已消失。将苏泊淖尔和嘎顺淖尔视为古居延泽,是完全错误的。故而,黄文弼先生于1927年在嘎顺淖尔南岸寻找居延城也只能是徒劳之举了。

1930年6月,贝格曼在考察了额济纳三角绿洲之后认识到,居延城不可能在嘎顺淖尔南岸。贝格曼说,《汉书》对于居延海西南部的居延城外观的描述是很重要的。但什么是居延海,位置在哪里?中国考古学家黄文弼认为它与1927年考察期间的嘎顺淖尔是同一个湖,因为它是当地最大的湖泊。但在它西南方向却没有发现古迹。贝格曼也曾认为苏泊淖尔就是居延海,但他提供不出一个令人满意的解释。然而,霍涅尔在苏泊淖尔东南的沙漠戈壁中发现了久已干涸的古湖,湖底最深处被坚硬的盐壳所覆盖。贝格曼正确地判断道,这大概是现在的干河床在很久以前水量充沛时供给哈拉浩特(黑城)和周围地区的水源,最终汇入古湖所致。由于这条河能够使哈拉浩特存在,那么早在1000多年前同样能使居延城更好地存在。为此,贝格曼推断,这条河"也应该有个终点湖",贝格曼将其戏称为"霍涅尔的古湖"[①]。而这个湖,正是古居延泽。也正如此,贝格曼对这片"关键地区"进行了考察,不仅出土大批居延汉简,并且初步确定了居延城的位置。

五、从东河到苏泊淖尔的考察

1927年10月4日11时,黄文弼与挖掘工庄永成、驼夫老杨从逊都勒大本营出发,开始了居延城寻觅之旅。小驼队沿河西岸北行,穿林海,跨草滩,渡河流,于下午4点半抵达查干赛日宿营。此地为废弃的达西却灵庙址,遗有佛塔查干苏布日嘎。

查干苏布日嘎,蒙古语,意为白塔,土尔扈特人以清代达西却灵庙前的白色佛塔取名。系小畜冬季营地,位于今巴彦陶来苏木乌苏荣贵嘎查驻地西南4公里处,牧点上有圈井等设施,水好量足,人畜兼用。在《日记》中,黄先生写作察罕苏不拉。

从额济纳旗档案馆馆藏档案资料可知,达西却灵庙始建于清乾隆十六年(1751)。最初,达西却灵庙建于查干赛日,后因春季河水泛滥,寺庙被洪水侵蚀,达西却灵庙址被迫迁到淖尔音呼热(今额济纳旗苏泊淖尔苏木那仁布拉格嘎查境内)。清嘉庆年间(1796—1820),也因地势低洼,潮湿翻浆,致使墙体开裂、僧堂倒塌,只得迁至地势稍高的温都日波日格(今苏泊淖尔苏木巴彦布拉格嘎查境内)。

黄文弼看到白塔位于残破庙址之前,宛如新修。破庙南有土坯房一间,蒙古包一座,均住有蒙古人。次日7时,黄文弼先到庙址,很快又到白塔前巡视,塔周围24步,每面6步,形状与北京白塔相同,只是体量小很多,塔台四隅有兽头。想打听点情况,那两户蒙古人都闭门上锁不见踪影,似乎一夜间远徙他乡了,然而包内和房间里的物品却在。黄文

---

① 〔瑞典〕贝格曼著,张鸣译《考古探险手记》,131页。

弼明白,这两户人家看见他们来到,"惊骇以为外国人来,暂避之耳"①。不得已,一行人乘驼东行,走到一条不知名的河边,但见河水北流,遥望对岸有一群羊,一位牧人乘驼放牧。黄文弼与老杨过河探视,见有两座蒙古包,分别住着喇嘛和一名三十来岁的蒙古族妇女,带着三个孩子。见到客人来到,女人出门将他俩迎进包里。

通过交谈得知,此地为哲日格勒牧点。《额济纳旗地名志》记载,哲日格勒,蒙古语,意为并列成行的树林。因此地胡杨生长有序并列成行,故以地物特征取名。位于今巴彦陶来苏木吉日嘎郎图嘎查驻地西 2 公里处,地势平坦。

少妇还说,哈拉浩特在东南约 80 里外,东北行 15 里是呼格新素木遗址,小道两旁都是胡杨、红柳,路况极差。黄文弼雇请一名喇嘛为向导到庙址,讲好佣金大洋两圆。下午 1 时出发,45 分钟后渡过一条东北流向的河岔,沿河偏北行,又见到一条干涸的河岔,两旁是一片片的沙滩。这一路行进于茂盛的胡杨和红柳林间,后来西行到扎格淖尔,一行人宿营于河东岸的胡杨林下。

扎格淖尔,蒙古语,意为梭梭林边的湖,位于苏泊淖尔苏木巴彦布拉格嘎查驻地东南 10 公里处,牧点备有房、圈井,水好量足人畜兼用。后因湖水干涸,湖底形成流沙,地名逐渐演变为扎格图温都日,意为生长有梭梭的高大沙丘。

10 月 6 日上午 8 时,黄文弼、庄永成、老杨和喇嘛向导启程,在胡杨、红柳林和流沙间绕行 40 多分钟,才到达相距不足两公里的呼格新素木遗址所在地温都日波日格。

温都日波日格,蒙古语,意为高沙丘,清光绪年间以地形取名,系小畜冬季营地,位于今苏泊淖尔苏木巴彦布拉格嘎查驻地东南 9 公里处,牧点备有圈井,水好量足,人畜兼用。清嘉庆年间,达西却灵庙迁至温都日波日格,据地方史料《嘎瓦先生笔记》记载:"寺庙在温都日波日格赛日时,喇嘛有 500 多人。温都日波日格庙有一座大雄宝殿、四座小经院。"②《额济纳旗志(修订本)》记载道:"清同治年间,在太平天国农民起义军影响下,河西回民起事,活动于甘、凉州一带,后攻陷酒泉。同治八年(1869),部分起事回民进入额济纳特别旗,演变一场民族仇杀事件。"③此次事件中,达西却灵庙被焚毁,300 多名喇嘛遭到屠杀,仅有两名喇嘛死里逃生。

起事回民事件之后,穷困潦倒的旗民在今巴彦布拉格嘎查境内的孟格图草滩搭建一座蒙古包寺庙进行法事活动。1915 年,达西却灵庙迁址到赛日川吉草滩(今额济纳旗苏泊淖尔苏木策克嘎查境内),俗称老东庙。

黄文弼终于踏上所谓的"老庙"——呼格新素木遗址。在黄文弼眼中,"庙为土砖砌成,墙犹存,墙基似夹有枯木。中为正殿,两旁有二配房,东西皆喇嘛房,约二三十间。庙西北隅后有一圆土墩,必为已败塔基。庙中间有残砖瓦,皆为近代之物,中有木炭。相传

① 黄文弼遗著,黄烈整理《黄文弼蒙新考察日记(1927—1930)》,88 页。
② 嘎瓦著《嘎瓦先生笔记》,引自《额济纳旗文史资料选编(Ⅱ)》,呼和浩特:内蒙古人民出版社,2015 年,227 页。
③ 额济纳旗志编纂委员会编《额济纳旗志(修订本)》,北京:方志出版社,2014 年,654 页。

此庙为回变时所焚毁,事在同治七年也"①。黄文弼在废纸堆里拾捡很多残破经卷,字体非蒙非藏,询问向导喇嘛,说是"唐公字纸",黄文弼由此猜测"必为唐古特文字之音讹"②。由于寺庙历史短暂,加之横遭焚毁,遗物并不多见,故而下午3点野餐后,一行人沿大道到达今巴彦布拉格嘎查驻地东南4公里处与大本营地名完全相同的牧点逊都勒住宿。

1930年5月17日,贝格曼按照斯坦因的《亚洲腹地》指南,也来到了呼格新素木,"对它和周围环境抱有很高的期望",但是他失望了,贝格曼不禁抱怨道:"斯坦因的地图与三角洲地形根本不符,几乎没有一个地名是正确的。而呼格新庙是1863年被东干人破坏的'全新'的喇嘛庙。废墟附近有许多藏语、梵语和蒙语的手稿或纸本印刷品,但全都毁坏成碎片。"③

逊都勒,蒙古语,意为沙丘。民国时期,以地形特征取名,系小畜春季营地。黄文弼在《日记》中记录了逊都勒牧点的地理环境:这一带夹杂着沙丘,布满红柳林和胡杨,宿营地靠近敦都日河,河水北流进入苏泊淖尔,营地东北边有片草滩,"约广十余亩",额济纳旗王府在逊都勒牧点西北10余里处。黄文弼见到了1908年为俄国探险家科兹洛夫带路的蒙古喇嘛巴塔,他说苏泊淖尔北边有座名叫诺彦宝格德的圣山,属于外蒙古哈拉哈旗。苏泊淖尔和嘎顺淖尔之间相距约80里,到木仁河有驼道通往甘、肃二州。

10月7日上午近10点钟,黄文弼一行从逊都勒出发,沿河北行,一路穿行于胡杨、红柳林间,"驼过柽林,刺刺有声,衣服箱笼遍落枯枝"。下午1点钟,到达赛日川吉草滩宿营。此处距苏泊淖尔不足10公里,遥望东北处湖泊,"海呈青色,形如半月"④。黄文弼凭借丰富的古籍知识,认为苏泊淖尔就是《尚书·禹贡》《水经注》《元和郡县志》及《史记》索隐、正义所载的"流沙",并言之凿凿称:"《史记正义》又称弱水经沙碛之西入居延泽,沙碛均在索果诺尔东,则沙碛之西即居延油,可为一证。弱水即昆独伦,而弱水所入为居延海,则昆都伦入索果淖尔,为居延海,可为二证。郦道元注《水经》云居延泽形如月生五日,索果淖尔形如半月,正与郦说合,可为三证。"⑤

如果仅凭苏泊淖尔(居延海)的地形地貌,结合中国古籍的记载,黄文弼的论述似乎无懈可击。遗憾的是,此居延海非彼居延泽,黄文弼的居延城寻觅之旅,注定只能是一声叹息。

苏泊淖尔,蒙古语,意为有水獭的湖泊。280多年前,土尔扈特人在湖中发现珍稀水生动物水獭,故名,汉语俗称东居延海或东海子。位于苏泊淖尔苏木政府驻地东北25公里处,20世纪80年代初,水域面积60余平方公里,是额济纳旗较大的湖泊之一,湖形呈胡杨叶状,平均水深2米左右。1992年,苏泊淖尔干涸,"小小居延海,牵动中南海",在中共中央、国务院高度重视和关怀下,2002年黑河调水首次到达苏泊淖尔,并且连续20年保持水

---

① ② 黄文弼遗著,黄烈整理《黄文弼蒙新考察日记(1927—1930)》,89页。

③ [瑞典]贝格曼著,张鸣译《考古探险手记》,125页。

④ 黄文弼遗著,黄烈整理《黄文弼蒙新考察日记(1927—1930)》,90页。

⑤ 黄文弼遗著,黄烈整理《黄文弼蒙新考察日记(1927—1930)》,91页。

域面积40余平方公里。

此后两天,黄文弼完成对苏泊淖尔的考察,并与达什郡王的次子塔旺嘉布作了礼节性的会面。10月9日下午6点40分,一行人西行至策克牧点宿营。

策克,土尔扈特部方言,意为牧草茂盛的河湾。历史上,以地形特征取名。位于今苏泊淖尔苏木策克嘎查驻地北7公里,北邻国防要塞一号人造山。1922年外蒙古当局大肆迫害、驱赶华商,大、小240余户商号被迫逃到额济纳旗,择地居住经商,其中北京籍大商号掌柜的郭世辉就在策克一带经商。因郭世辉脸部麻陋,当地人称他是"世辉朝胡尔"——麻子世辉。从黄文弼的《日记》中,没有发现黄、郭交流的内容。

六、木仁河下游的考察

10月10日上午10点钟,黄文弼从策克出发,几公里后到达东河西支流敖包音高勒,河水从世辉音白兴(郭世辉的房子)东边绕过,流入举目可见的嘎顺淖尔。

嘎顺淖尔,蒙古语,意为苦海,汉语俗称西居延海或西海子,是古居延泽的组成部分,位于今赛汉陶来苏木巴彦塔拉嘎查驻地北20公里处。新中国成立后,地质工作者通过对湖水化验检测,证明湖泊含有多种矿物质,故而湖水苦涩。1961年,嘎顺淖尔干涸,成为湖沼湿地。进入20世纪80年代,湖盆彻底沙化,沦为沙尘暴的起源地,当地人把这一带俗称为黑风口。

此后六天内,黄文弼沿嘎顺淖尔南岸,考察了木仁河一带的自然环境、人文历史、野生动物、交通条件、驼运商贸,甚至抵达黑戈壁的最东端,在西北科考团中首次提及"连四旱"这一艰苦行程的概念,并且形成了科考专文《居延海考》。黄文弼通过考察精确地记述了两个湖泊的位置、面积和历史脉络,他说:"东海(苏泊淖尔)周围约六十里,西海周围约三百里。两海相距约二十余里,中隔沙碛。"[1]关于两湖的面积、距离这一记载,在额济纳旗地方史料中尚属首次。

通过黄文弼的《日记》,世人知道了如下地名:穆伦沟儿(木仁高勒)、任克尔(当哈日)、阿都搏克(阿达格合热图)、东都博克(敦德巴格)、乌兰伯里根阿都克(乌兰波日格)、沙拉夫鲁松(沙日呼鲁斯)、爱克苏怀(伊和苏海)。同时,除了记载绥新驼道,还揭示了一件鲜为人知的历史事件:即为冯玉祥运输军火的库伦—肃州公路。

在今赛汉陶来苏木赛汉陶来嘎查驻地西21公里、嘎顺淖尔西南15公里的沙日呼鲁斯牧点,黄文弼看到有数条南北向驼道和一条汽车道,均从嘎顺淖尔至车勒格日牧点汇合到木仁河畔,蒙古族向导说,这几条驼道有从乌里雅苏台至木仁河,有从库伦至肃州的,最明显的是从三座狐狸山南下去往肃州的汽车道,黄文弼记述:"据蒙人云,今年3月方开。有

---

① 黄文弼《居延海考》,《阿拉善盟史志资料选编》第1辑,阿拉善盟地方志编纂委员会办公室出版,1986年,235页。

俄人自大库伦行汽车一次,后无继者。"①

对于这条汽车道,斯文·赫定在同年 11 月 11 日率队途经沙日呼鲁斯也有记述,他说:"连结库伦和肃州的道路从这块荒野上穿了过去。据说,尽管有人曾在这儿试着跑过汽车,但这块地从未被用作汽车路。倒是这里还竖着几块木头板做的路标牌,上面用墨笔画着两边的方向指示。其实,在这坚硬、光秃的平坦大地上,人几乎可以开着汽车到处路,筑路者唯一要干的就是钉上几块指示方向的牌子。"②

无论是斯文·赫定还是黄文弼,他们对这条汽车道的记载都非常准确,问题是谁在什么时间开通了这条隐秘的汽车道?

额济纳旗王府官吏达西嘎瓦在他的《嘎瓦先生笔记》中,给出了权威的答案:"1927 年春,哈拉哈宝格德大库伦(库伦)来了一辆汽车,沿嘎顺淖尔西侧进来。我方派温都尔色尔吉充当从乌兰川吉到查干陶海间的向导。之后开始修建汽车路。车上有个叫李武的汉族长官。该年夏,甘肃省毛目府派出 374 人修路(从天仓下游修至木仁河北岸的哈日苏海)。从哈日苏海至嘎顺淖尔西南段的沙日呼鲁斯,由额济纳旗的 40 多名蒙古人修建,图京、莫勒何、额尔德尼等人参与此工程。原来还计划在两道河上修建两座桥。酒泉的都督长官所发文书在额济纳旗公文登记本白皮书上有记载。修建这条路的重要性在于为运送冯玉祥从苏联所购武器,但后来从阿拉善王府运入。"③

史料记载,1926 年 5 月,冯玉祥访问苏联,得到了苏联的政治和军事物资支援,为国民革命提供了巨大援助,这也是库伦—肃州汽车道得以开辟的原因,但由于额济纳旗地域过于偏僻,路途太过遥远,汽车道最终选择入境阿拉善旗,直达宁夏银川。近年,这条道路被阿拉善盟文史界命名为阿拉善秘密红色通道。

《嘎瓦先生笔记》的作者达西嘎瓦,额济纳旗蒙古族土尔扈特人,1916 年出生。在民国塔旺嘉布执掌旗政时期,先后担任旗王府佐领、梅林等职务。除政务工作外,在公文往来、建立健全档案、史料汇集方面进行过大量工作,与藏德明合作编修有《额济纳史稿》,独立编撰过蒙古文《档案要录》《老年人访问记》和《百位老人访谈录》。1949 年 9 月 27 日参加和平起义,后任旗人民政府民政科科长。1956 年 7 月任巴彦淖尔盟民政处副处长,1968 年去世。

三份史料相互印证,真实地记录了这条汽车道的修筑历程。

在嘎顺淖尔南岸虽未找到居延城,但黄文弼还是取得很丰硕的成果。几天后,他们沿木仁河南下,开始了大湾城和双城的考察工作。

---

① 黄文弼遗著,黄烈整理《黄文弼蒙新考察日记(1927—1930)》,96 页。

② [瑞典]斯文·赫定著,徐十周、王安洪、王安江译《亚洲腹地探险八年(1927—1935)》,149 页。

③ 嘎瓦著《嘎瓦先生笔记》,引自《额济纳旗文史资料选编(Ⅱ)》,170 页。

七、从木仁河到双城子

10 月 15 日上午 10 点 45 分，黄文弼一行沿库伦—肃州汽车道南下，他也看到"大道两旁均有木竿作标识，间有上书蒙文者。又有木牌画两手掌相对，或用木柴堆积小鄂博亦为指路之用"①。此后五天，考察驼队沿木仁河西岸南行，一路考察汉代烽燧遗址。20 日下午，抵达宝日乌拉（青山头）草原。

宝日乌拉，蒙古语，意为青褐色的山，汉语俗称青山头。位于今东风航天城北偏东 18 公里处，距达来呼布镇 111 公里。历史上，以地貌命名，海拔 1129 米。1937 年 6 月底，奉国民政府命令，宁夏民政厅长李翰园率部从酒泉进旗驱逐日军特务，在宝日乌拉受到旗保安大队的欢迎，并协助国民军当场抓捕了化装成蒙古大夫的日军特务松本平八郎。1958 年 5 月以前，宝日乌拉为额济纳旗党政机关驻地。20 世纪 50 年代，全旗干部职工群众在党的领导下，艰苦奋斗，建设家园。为表达社会主义建设事业的决心，干部职工豪迈地写下诗篇：

> 安下心，
> 扎下根，
> 养下儿子抱上孙，
> 死在二里子河，
> 埋在青山头。

1958 年 5 月，为了国防现代化建设需要，遵照中共中央及内蒙古自治区党委和政府的指示，额济纳旗党政机关驻地从宝日乌拉迁回赛汉陶来，后搬迁至达来呼布，而牧民群众驱赶牲畜，离开世代居住的宝日乌拉，无代价地让出额济纳旗最好的草场，支援人民解放军的国防现代化建设。

2000 年 1 月，中国人民解放军第二十试验训练基地在旗党政机关驻地旧址竖立了一块石碑。石碑正面镌刻有"内蒙古额济纳旗党政机关旧址：宝日乌拉"碑名，背面碑文是："根据党中央、国务院、中央军委指示，1958 年 5 月 12 日，内蒙古自治区党委做出决定：额济纳旗向北迁移 140 公里，以支援国防建设。根据上级指示，整个搬迁工作在 9 月底结束，旗委、旗政府从宝日乌拉迁出旗人民政府机关、两个苏木、一个喇嘛庙，共迁出 260 户、1112 人、70381 头（只）牲畜及一座寺庙的 72 名喇嘛，让出最好的草场数万平方公里，为 1958 年在青山头地区，建设我国第一颗原子弹、导弹综合试验基地创造前提条件，是中华民族实现千年飞天梦的地方。"

10 月 21 日，黄文弼打算渡河考察狼心山附近的烽燧，却因河水湍急，两峰骆驼相继陷入河泥费力救出而作罢。

---

① 黄文弼遗著，黄烈整理《黄文弼蒙新考察日记（1927—1930）》，97 页。

狼心山,蒙古语称巴彦宝格德,汉语意为富饶的圣山。位于东风镇宝日乌拉嘎查驻地南 11 公里处,海拔 1129 米。历史上,称狼心山。元代,在此山北部大方城设纳怜道狼心站赤(驿站)。山顶原有一座汉代烽燧,清代额济纳旧土尔扈特旗人将翁根乌兰乃敖包移置于巴彦宝格德山顶端。1930 年 6 月 22 日,瑞典考古学家贝格曼在此进行过考古调查,他见到巴彦宝格德山顶上矗立着一座敖包,那是用一些捆扎在一起的树木枝干修筑的。今天,站在巴彦宝格德山顶向西南眺望,数公里外就是 1958 年建立的东风导弹试验基地以及中国航空航天第一港——东风航天城。

10 月 23 日黄昏,黄文弼到达河西大湾城北一里左右的河边宿营。次日一大早,黄文弼嘱咐驼夫到城南草滩放牧,自己与庄永成步行进入河西大湾城。由于本地人口语所致,黄文弼将大湾城标记为"大外城"。通过探查,他发现所有遗留物均为"近代物",故而推测"疑为明代所筑"[①],进而猜想是明嘉靖年间杨博督筑。

河西大湾城,蒙古语称阿润陶海音都日博勒金,意为圣地湾旁边的方城。位于东风镇宝日乌拉嘎查驻地西南 75.5 公里的戈壁地带,坐落在额济纳河上游的西岸。城址平面呈长方形,东西长 203 米,南北宽 200 米,墙体夯筑,夹有圆木,夯层 8—12 厘米,基部宽 6.7 米,顶宽 3.4 米,残高 9 米。城门设在南墙靠西,宽 7.5 米,未见角台和马面设施。北墙、西墙、南墙有多处缺口,墙基底部淤沙堆积。东墙和南墙部分墙体已被河水冲毁消失,现存长度分别为 95 和 57 米。城内分布有 10 余处房屋痕迹,其中有些是近代所建,城址中部地表有雨水冲蚀水槽,最宽处 6 米,最深处 2.5 米,呈不规则的"之"字形,较长的长约 40 米。城址外侧 10 米处有护城堑壕残迹,南侧约 100 米处有房屋遗迹,地表有少量月黄釉瓷片。此城墙体高大,然而四角未设角台,墙体外侧也不见马面,似乎不具备军事防御功能。城址性质和年代有待进一步考证,学术界比较认同建于西夏或晚于西夏时代。1930 年,贝格曼将其编号为 K824 城址。

24 日下午,黄文弼等乘驼南行近 10 公里,到达 T179 号汉代城鄣遗址,几个人进行了测量绘图,在西北隅土墙下出土 1 枚汉简,"上有汉文字迹,惜近漫灭,以笔画形势度之,其为汉晋木简无疑"[②]。

据考证,T179 号城鄣遗址位于东风镇宝日乌拉嘎查驻地西南 84 公里处的荒漠戈壁地带,坐落在额济纳河西岸的戈壁,海拔 1132 米。鄣址平面呈方形,边长 21 米,墙基宽 5.5 米,顶部宽 1.2 米,残高 9.7 米。墙体夯筑,夹有圆木。墙基宽 5.5 米,上宽 1.2—3.3 米。鄣门设南墙中部,宽 1.9 米。受风雨侵蚀四面墙体表层剥落,鄣址四角坍塌脱离,堆积在底部。鄣内部堆积泥土,呈锅底状。鄣外东墙连接一处长方形房址,南北 11 米,东西 8 米,残高 0.2 米。地表散落有灰陶片,鄣址东南侧 80 米处有 3 个报警设施,堆积炼渣,直径 5 米,东西排列,依次间隔 20、21 米。在《额济纳河流域障燧述要》中,将此鄣

① 黄文弼遗著,黄烈整理《黄文弼蒙新考察日记(1927—1930)》,104 页。
② 黄文弼遗著,黄烈整理《黄文弼蒙新考察日记(1927—1930)》,105 页。

归为"两塞间"。

25日上午10点到下午3点,黄文弼等人在T179号城郭遗址开掘11英尺×12英尺探方一处,深及3英尺,获得残断木简4枚,除一枚有墨书"阿本"二字外,其他3枚均字迹模糊。下午4点以后西南行,越过砾石土梁,赶到坡下沙门子村。

沙门子,蒙古语称额勒逊哈拉嘎。历史上,以地形取名。清、民国时期,额济纳旗与高台、毛目(鼎新)县界走向从东向西为米青陶勒盖(猴娃山)—鞑子湾(大茨湾)—喇嘛湖—双城子—额勒逊哈拉嘎(沙门子)—锈沙疙瘩—九锹地—臭水墩,故而沙门子时属额济纳旗,位于东风镇宝日乌拉嘎查驻地西南85.5公里处,村子北部砂砾石梁上有明代烽燧一座,考古编号T183。

一路上,黄文弼观察到,坡下为天仓农区,百姓悉在坡下环居额济纳河滩生产生活,河两岸滩涂土地肥沃,树木成林,农民种植小麦、小米。当天黄昏到达天仓,方知此处距毛目县城尚有20公里。听当地农民讲,河东岸还有两座名为双城子的古城址。傍晚时分,宿营于天仓南边沙坡的水渠边,打算次日设法渡河考察。

10月26日,黄文弼等人艰难涉过额济纳河,下午3点到达双城子。

八、对双城子和河东大湾城的考察

黄文弼看到,古城为夯土所筑,中间有道颓废土墙,将城池一分为二,城内汉代残砖碎瓦众多,城外已全部开垦种植。一行人先将帐篷安置于庄户院外,又进古城遗址再作考查。听当地人说,以前古城里南城住汉人,北城驻蒙古人,故称蒙汉城,并立有界碑。黄文弼兴趣大涨,当即悬赏寻觅。所谓重赏之下必有勇夫,果真有人送来了交界碑,上面镌刻"汉人□蒙人□交界",末署"乾隆五十二年五月重立"。故而黄文弼认为"此城一半蒙一半汉","故名双城"[①]。

实际上,黄文弼对双城子的认知是有缺陷的。

所谓双城子,是额济纳旧土尔扈特特别旗与毛目县分界处的两座古城遗址,分别为蒙汉城和距离不远的旧屯子遗址,蒙古语称之为浩斯浩特,意为双城。沃尔克·贝格曼的考古编号为A38、A37。

1930年9月26日,贝格曼也对双城子进行考古调查,他说:"我们现在双城子绿洲正东。实际上长方形的毛目绿洲除最北部外,其他部分已经不存在了。这个名字表明有两个古城遗址。"[②]他首先来到旧屯子遗址(A37),《考古探险手记》记载道:"离这里500米远处,盟汗城(蒙汉城)坐落在离额济纳河仅几百米远的地方。"[③]通过测量,旧屯子遗址不太大,但墙体高达七八米,"给人留下很深的印象"。贝格曼再次确定"古城遗址被从东到西

①　黄文弼遗著,黄烈整理《黄文弼蒙新考察日记(1927—1930)》,107页。
②③　[瑞典]贝格曼著,张鸣译《考古探险手记》,146页。

的墙分成两部分,一个是汉人区,一个是蒙古人区",他也看到了分界墙处矗立的那块界碑石,并说"界石建于乾隆皇帝在位时的 1787 年,确认了额济纳河流域是土尔扈特部落牧场"[①]。

根据《居延汉简甲乙编·附录》记载,旧屯子遗址在蒙汉城东北 500 米处,因与 A38 两城并立,故合称为"双城子"。旧屯子障呈方形(43 米×40 米),墙高 8 米,基厚 7 米,版筑。方向正南北。门在南,高 2.5 米,穹形,宽 2 米。门外有矩尺形护墙。考证此障是汉代所筑,但后代增筑障墙上的雉堞。墙内有五六行棍孔迹。障内东北角曾有上下障墙的土阶。紧接东墙,有一长方形坞壁,厚 2 米,高 3.2 米。它的南壁与障门外护墙相交处是一穹形门,宽 2.5 米。坞东南角有一方形瞭望楼。据"标记册"载,旧屯子出简一枚。蒙汉城(斯坦因标注 T47)在旧屯子西南 500 米,面积为 354 米×266 米,方向大致为正南北,只有西北角成正角。城系版筑,墙厚约 3 米—3.4 米,时存最高处 4 米。城东南、东北角有角楼,西垣、南垣有马面。城平分为南北两部分,隔以版筑的薄墙。此处出土有"汉代的陶片"和网坠等。从古城的建筑形制看,显然是宋元以后所筑。

由于临近额济纳河,地面潮湿,加之农民大量开垦土地种植庄稼,黄文弼与贝格曼没有进行大规模发掘,故而成果甚微。

据地方史料和口碑资料记载,民国时期,双城子居住有四五十户农民,勉强形成村落,租地农民向额济纳旗王府交纳税赋。

10 月 27 日一大早,黄文弼打算带驼夫老杨去探查位于双城子西南 10 余公里的毛目古城,正好听到村民说西北科考团队员马学尔、马叶谦和刘衍淮离开毛目县城,去往双城子东南 2 公里的马莲井子。于是,派老杨赶赴马莲井子,和马学尔等人见面并取回信件,自己与庄永成去考察古城。

马莲井子,蒙古语称查黑勒德格音套海,意为马蔺湾。清代,此地为额济纳河湾的马蔺草滩,故名,面积达 8 平方公里。1958 年,为建设航空防空武器试验场区,调查组成员在此遇到一位修行的蒙古族喇嘛,军事工程人员询问:"戈壁滩能不能种树?"喇嘛回答说:"能不能种树我不知道,不过我这蒙古包前面有三棵胡杨树。"果然,在喇嘛的蒙古包前,傲然挺立着三棵胡杨树。不久,中国空军试验基地在马蔺湾诞生,对外名称为鼎新机场,在额济纳大地留下了"三棵胡杨定基地"的佳话。

黄文弼、庄永成测量了毛目古城,遗址平面呈梯形,北墙长 306.7 米,南墙 225.3 米,东墙为 355.2 米,西墙 358.5 米。正在此时,老杨和马学尔、马叶谦、刘衍淮赶来,他乡遇故知,"余等相见甚欢",几人交谈许久,并共进午餐。饭后马学尔、马叶谦先走,刘衍淮帮助黄文弼绘图。下午 5 时,黄文弼"送至郊外"告别[②],自己却在纵横交错的沟渠小道间迷路,直到遇到一位拉骆驼的人才找到双城子的宿营帐篷,已是晚间 9 点半钟了。

① [瑞典]贝格曼著,张鸣译《考古探险手记》,146 页。
② 黄文弼遗著,黄烈整理《黄文弼蒙新考察日记(1927—1930)》,107 页。

黄文弼测绘的毛目古城,位于今金塔县鼎新镇友好村一组。据考证,毛目古城建于元至正十五年(1355),明初为毛目所,属威远卫,千户所署驻于城内。清雍正十三年(1735),高台分县设置后,为毛目屯田县丞驻地。1949 年,城墙残高尚有 7—8 米,厚约 4 米,开东、西二门,内有关帝庙。后开辟为农田,遗址荡然无存。所幸黄文弼记录了城址的各边长,为后人留下一份珍贵的资料。

次日下午,黄文弼一行离开双城子,沿着东北方向的残破塞墙北行,其间又对 T191、T187 和 T188 烽燧作了考察。据《居延汉简甲乙编·附录》记载,T191 烽燧位于蒙汉城东北 7 公里处,与 T188 烽燧也相距 7 公里。傍晚 7 点半钟,到达马鬃山东麓的夏拉德勒牧点,与马学尔、马叶谦、刘衍淮会合宿营。

10 月 29 日吃过早饭后,黄文弼让驼队先走,自己和庄永成徒步一个小时,走了约 8 里路,来到河东大湾城探查。

黄文弼看出,河东大湾城为郭、内城和外城布局的古城,郭在城东北隅,城池为长方形,城内遍布汉代砖瓦残片,城墙夯土,有护城河遗迹。通过测绘,黄文弼敏锐地断定"此城可发掘地甚多",并准确地判断"疑古时都尉住此也"[①]。

由于时间所限,黄文弼未能对河东大湾城进行考古发掘,痛失了出土居延汉简的宝贵时机,但是他的初步探查却奠定了居延简牍学的基础,而三年后贝格曼在城内出土的木简,证实了黄文弼的先见之明,即河东大湾城为汉代肩水都尉府驻地。

考古证明,河东大湾城遗址,蒙古语称塔拉林音都日博勒金,汉语意为临近农区的古城,位于额济纳旗达来呼布镇区西南 250 公里处的额济纳河东岸,考古编号 A35。肩水城分为外城、内城和郭 3 个部分,外城城址规模为长 350 米、宽 250 米。内城在外城东北角,面积为 2.66 万平方米。北墙正中有 1 门,在西南角上和东墙中间,各有 1 座瞭望楼,在东北角有 1 座烽燧;外城内侧有浅壕,东南角有烽燧、瞭望台。东墙开有城门,上筑瓮城。北侧有马道直达城顶。城外有庙宇一座。郭在内城西南侧,南北端各有一座高 8.5 米瞭望楼。肩水城建筑群落丰富,保存遗物甚多。曾先后发掘出土汉简 12427 枚,其他汉代文物 1311 件,还出土西夏文印版文书和印有西夏文的丝绸残品。由此可见,肩水塞在西夏时期曾得到过维修和利用,作为纳怜道山口站赤(驿站)的驻所。

中午 12 点多钟,黄先生告别河东大湾城遗址,稍事休整,下午两点钟又回到 T191 烽燧遗址进行了探查。由于前队行走已远,天色昏暗看不清驼道,黄文弼竟然两次迷路,直到半夜 12 点才到查干陶海牧点与众人会合。

以后几天里,黄文弼一行沿额济纳河东岸考察了地湾城、肩水金关、查呼日图烽燧、狼心山顶烽燧、小方城(巴嘎都日博勒金)、大方城(伊和都日博勒金)、查干川吉(白墩子)、布很陶来土堡,基本弄清了额济纳河两岸汉代至西夏防御设施的走向和位置。

11 月 3 日下午 6 点钟,黄文弼与庄永成、老杨等人返回逊都勒大本营,完成了额济纳

---

① 黄文弼遗著,黄烈整理《黄文弼蒙新考察日记(1927—1930)》,108 页。

旗的考古探查工作。8日,随同大队西进,去往新疆。

　　黄文弼虽然没有找到居延城,却沿额济纳河两岸厘清了汉代城郭、烽燧的布局和走向,取得了丰硕的成果,纠正了斯坦因的一些考察错误,为贝格曼出土居延汉简打下了良好的基础,他的考察硕果值得后世铭记缅怀。

《新疆考古发掘报告(1957—1958)》补遗
——以黄文弼第四次新疆考察地点为中心

张　弛

华南师范大学历史文化学院

2012 年,为配合"大漠·古道·西风——纪念黄文弼诞辰 120 周年暨新疆考察成就展",新疆维吾尔自治区博物馆先后整理了两批黄文弼新疆考察所获文物。笔者有幸参与了部分工作,分别是:(1) 1933—1934 年,"中瑞西北科学考查团"第二次新疆考察所获文物,共计 8 件,以纺织品为主,年代为青铜时代至早期铁器时代,出土地点位于罗布泊北岸附近。(2) 1957—1958 年,黄文弼第四次新疆考察所获文物,共 1700 余件(套),合计7500 余件[1],包括泥塑、木器、陶器、金属器、骨牙角器、纺织品、文书等类别,年代为青铜时代至民国时期。其中 1957—1958 年的考察、试掘地点较为复杂,根据原始档案、文物卡片及相关论著可知,其中多处考察、试掘地点未见于孟凡人先生整理的《新疆考古发掘报告(1957—1958)》之中[2]。2015 年 5 月,笔者曾赴北京就此事向孟凡人先生求教,因而了解到中国考古史上的一段"曲折往事"。借本次"丝绸之路与中国西北科学考查团学术研讨会"之际,笔者对黄文弼第四次新疆考察的相关地点进行一些补充,并将其来龙去脉加以梳理,以此向黄文弼、孟凡人二位先生表达深切的缅怀之情。

一、缘　起

2012 年 10 月,笔者接到时任新疆维吾尔自治区博物馆馆长侯世新的通知,参与保管部整理黄文弼第四次新疆考察所获文物的工作,并与同事孙丽萍副研究员共同负责"大漠·古道·西风——纪念黄文弼先生诞辰 120 周年暨新疆考察成就展"的陈列大纲。此后两个月,笔者在新疆博物馆保管部同事的协助下,有幸清点、整理了黄文弼移交的部分文物。

---

① 西北大学文化遗产院等编《黄文弼与丝绸之路》,北京:科学出版社,2021 年,216—262 页。
② 黄文弼《新疆考古发掘报告(1957—1958 年)》,北京:科学出版社,1983 年,1—4 页。

　　根据原始工作记录:1958 年 10 月,黄文弼在第四次新疆考古调查结束后,就将其考古发掘、采集及征集的 55 箱文物交予新疆维吾尔自治区博物馆前身——新疆博物馆筹备处。据《新疆通志·文物志》记载:1958 年新疆维吾尔自治区博物馆尚未正式成立,筹备处最初设于乌鲁木齐人民公园元宝楼内,所有文物亦暂存于此。1959 年 8 月,新疆维吾尔自治区博物馆正式成立,主要负责人为玉素甫·别克、李遇春,办公地点迁往乌鲁木齐市西大桥新疆印刷厂行政楼内,文物随之安放此处。1962 年 6 月,新疆维吾尔自治区博物馆搬迁至西北路 132 号,即今址,上述文物亦搬入原博物馆临时文物库房[①]。

　　1969 年初,由于中苏关系持续紧张,新疆军区进入战备状态。考虑到未来的不确定因素,新疆维吾尔自治区博物馆计划将部分文物迁往后方封存,地点初选在巴音郭楞蒙古自治州且末县。根据编号㉑木箱上张贴的清单内容可知,黄文弼第四次新疆考察所获巴里坤、察布查尔的文物曾封装于此,因计划迁往且末,故被移入特制的黄色木箱内。黄色木箱侧面写有毛主席语录,字体红色,内容为"要准备打仗——毛泽东"。根据文献资料及相关研究,"要准备打仗"这一最高指示发布于 1969 年 3 月 15 日"中苏珍宝岛事件"之后[②],由此可确定上述文物计划转移的时间在 1969 年 3 月 15 日之后,但并未做系统整理及编号。后来因局势缓和,上述文物未迁出。

　　1983 年,新疆维吾尔自治区博物馆文物库房正式竣工,黄文弼第四次新疆考察所获文物由此入藏博物馆地下文物库房。2012 年 10 月,为配合"大漠·古道·西风——纪念黄文弼先生诞辰 120 周年暨新疆考察成就展"的需要,自治区博物馆进行了初步的清理,笔者也参与了部分工作。2021 年,西北大学文化遗产学院协同新疆维吾尔自治区博物馆、新疆师范大学黄文弼中心等单位,组织筹办"黄文弼与丝绸之路"专题展览并编写了同名图录,其中刊布的 77 件(套)文物均在 2012 年整理的序列之内。2021 年,新疆维吾尔自治区博物馆二期工程新馆文物库房正式使用,上述文物又迁往新馆文物库房内[③]。

二、《新疆考古发掘报告(1957—1958)》整理始末

　　黄文弼第四次新疆考察所获文物的相关情况,已部分刊布于孟凡人先生整理的《新疆考古发掘报告(1957—1958)》、黄烈编《黄文弼历史考古论集》及西北大学文化遗产学院主编《黄文弼与丝绸之路》之中。值得关注的是《黄文弼与丝绸之路》所列黄文弼考察、试掘的部分地点,也未见于《新疆考古发掘报告(1957—1958)》之内,如"新和(县)于什格提"

---

　　① 新疆维吾尔自治区地方志编纂委员会《新疆通志·文物志》,乌鲁木齐:新疆人民出版社,2007年,643 页。

　　② 徐金洲《1969 年开始的全军临战状态何时结束——兼论准备"早打、大打、打核战争"与临战状态的关系》,《当代中国史研究》2016 年第 1 期,113—122 页。

　　③ 宋敏《黄文弼考察采集文物入藏新疆维吾尔自治区博物馆始末》,引自《黄文弼与丝绸之路》,12—15 页。

"拜城(县)赛里木旧城"等。

笔者在整理黄文弼第四次新疆考察所获文物时发现,每件封装文物的木箱外均标有编号及文物来源地,如编号⑲的木箱记有"米兰·库木土拉等处",编号㉑的木箱记有"伊犁·铁门关等地"。木箱外侧贴有封条,上写"新疆考古队封"等字样,钤盖"中国科学院考古研究所新疆考古队"红色印章。另外,部分文物的原始卡片标注"乌恰""哈什哈内古城""新和托克苏五区"等内容,均未收录于《新疆考古发掘报告(1957—1958)》。依据原始文物卡片笔迹及木箱外字体判断,应为黄文弼手书。

图 1　黄文弼第四次新疆考察所用⑲号木箱

2015 年 5 月,笔者随业师刘文锁教授赴北京拜访孟凡人先生,席间巫新华研究员作陪。孟先生十分热情,请大家下馆子,吃北京烤鸭、喝二锅头。酒过三巡,我就此事特意向孟先生请教。据孟先生回忆:1958—1959 年黄文弼第四次新疆考察结束后,当时中国科学院新疆队已不存在。孟先生受命整理《新疆考古发掘报告(1957—1958)》则在"文革"结束之后,与夏鼐的嘱托不无关系。

1951 年,黄文弼无故被卷入"唐写本《文心雕龙》事件"之中[1],尽管黄文弼一再出面澄清,却从此永无宁日,为日后悲剧的命运埋下伏笔。《夏鼐日记》在 1952 年多次提及"黄文弼与唐写本《文心雕龙》事件"[2]:

---

[1]　王世民《所谓黄文弼先生藏唐写本〈文心雕龙〉究竟是怎么一回事》,《文物天地》1990 年第 5 期,34—38 页。

[2]　许全胜《黄文弼先生事辑——朱希祖、夏鼐日记中的黄文弼》,引自荣新江、朱玉麒主编《西域考古·史地·语言研究新视野——黄文弼与中瑞西北科学考查团国际学术研讨会论文集》,北京:科学出版社,2014 年,199—200 页。

图 2　黄文弼第四次新疆考察所用⑫号木箱及"中国科学院考古所新疆考古队"封条

1月26日,星期六,上午"三反"运动会……先由黄文弼先生报告关于《文心雕龙》写本事,然后大家发言,皆表示对其报告不能满意,9时始至12时半始散。

1月27日,星期日……饭后偕郭子衡、王天木二君赴黄城根谒陶孟和,谈院中"三反"运动中的贪污案,及黄仲良的《文心雕龙》事。

2月5日,星期二,今日为"三反"运动检查之最后一天,各组出发工作。……范老来谈,拟后日开会追究《文心雕龙》事。

2月8日,星期五,上午开会追黄文弼《文心雕龙》事,至12时1刻始散。

2月10日,星期日,上午,刘桂五君来传达院中意见,要我今日再到黄文弼君处,动员他交出东西。

2月11日,星期一,上午"三反"运动……晚间至丁瓒主任处,又偕往范老处,适王冶秋局长亦在座,大家商讨黄文弼问题。

2月12日,星期二,下午仍开"三反"会,院中交来二问题,即黄文弼事及器材组再加检查事。

2月19日,星期二,下午参加思改运动,互助小组以黄文弼君为重点。

8月21日,星期四,下午黄文弼君在考古所学习会作自我检讨,至7时半始散。

12月19日,星期五……下午1时起进行分组评资,研究人员组评到黄文弼先生,受不了批评,拂袖欲去,勉强坐着终场。

从上述日记内容可知,黄文弼曾对"唐写本《文心雕龙》事件"做了多次"情况说明"和"自我检讨",但均未得到认可。而这一事件的阴影,始终笼罩着晚年的黄文弼。

图3 黄文弼第四次新疆考察所获文物开箱场景

1957年4月27日，中共中央发出《关于整风运动的指示》，全国知识分子积极响应①。黄文弼也参与其中提意见："科学院不像个学术研究机关"，"哲学社会科学学部委员只有六十多人，这和全国社会科学事业发展的情况不相适应。而且这六十多人中好多人是兼职，专心作研究的不多。学部委员的名额的分配，也没有照顾全国各个地区，有的地区如西北、东北人数太少。这一切使学部不能很好地担负领导工作"。② 上述意见经《人民日报》刊载后，立刻引起强烈反响，却也让黄文弼的处境更加微妙。

1957年9月2日，黄文弼乘机离京开始第四次新疆考察工作，至1958年10月结束返回。此次新疆考察，他只是暂时远离了漩涡的中心，但返京之后状况并未改善。《夏鼐日记》提道："(1958)12月9日，星期二，上午赴所，最近所中补行整风，这一年来出差未参加所中整风者，补行交心……黄文弼同志今日交心，分为批判资产个人主义思想、工作作风及对党的态度，我们分别对他提意见。"即便在如此纷扰的环境下，黄文弼先生依然专心于1957—1958年新疆考古发掘报告的撰写中，足见其对新疆考古事业的执着与热爱。

20世纪60年代，政治风云变幻莫测，此时的中国科学院考古所早已是"山雨欲来风满楼"。尽管黄文弼醉心于学术研究，无意过问政治，但所受的冲击却从未停歇，做检查、写检讨已成家常便饭。《夏鼐日记》提道："(1965)1月12日，星期二，上午赴所，高研组继续

---

① 朱地《1957年整风运动的历史启示》，《党史研究与教学》1994年第4期，14—19页。
② 佚名《高级研究人员张达钧等人提出批评"科学院不像个学术研究机关"》，《人民日报》1957年5月17日第7版。

图 4　1957 年库车苏巴什遗址出土陶纺轮及黄文弼手书原始文物卡片

作年终思想总结,上午由黄文弼同志作检查,大家提了一些意见,一直搞到下班时。"

1966 年 7 月,中国科学院学部和各所的"造反运动"如暴风骤雨,并各自成立"革委会",批斗所谓的"走资派"和"反动学术权威",黄文弼首当其冲,成为批判的众矢之的。在这场"史无前例"的浩劫中,黄先生承受了太多的苦难与伤痛,不幸于 1966 年 12 月 18 日离开人世,终年 73 岁[1]。对于黄文弼晚年的遭遇,夏鼐所长耿耿于怀——他曾被"特意叫到黄文弼家清点现场",查找子虚乌有的"唐写本《文心雕龙》",实属"混乱年代的荒唐之举"[2]。

1967 年初以后,"东方红公社革命委员会"基本统一中国科学院考古所,所内业务工作与学术研究基本处于瘫痪状态。1968 年 9 月,"军工宣传队"进驻学部,考古所内人员陆续下放各地"五七干校"。直至 1972 年夏鼐所长重新主持工作,部分业务才于 1973 年陆续恢复[3]。

1975 年初,考古所拟恢复新疆考古队建制,孟凡人先生得知消息后主动请缨,坚决要求参加,并大量借阅有关新疆的文献、研究论著及已刊发的考古资料进行准备。这期间,

---

①　黄烈编《黄文弼历史考古论集》,北京:文物出版社,1989 年,第Ⅺ页。

②　佚名《大时代与知识分子的精神世界——访黄纪苏先生》,引自朱玉麒等编《黄文弼研究论集》,北京:科学出版社,2013 年,84 页。

③　孟凡人《自序:我这一辈子》,肖小勇主编《聚才揽粹著新篇——孟凡人先生八秩华诞颂寿文集》,北京:科学出版社,2019 年,第Ⅺ页。

夏鼐所长曾多次突击检查孟先生的准备工作,并与他谈及所借阅的"与新疆有关的书籍","问些与新疆历史和考古有关的问题"。经过一段时间的考察后,夏所长终于批准孟先生参加新疆队,这是自黄文弼 1958 年新疆考察后考古所新疆队的首次恢复。1975 年 10 月下旬,由刘观民带队,孟先生一行四人赴新疆吉木萨尔县北庭故城、伊犁和库车等地考察,"目的是为建队选址和为发掘选点"①。

1977 年,夏鼐所长郑重其事地将黄文弼的手稿《新疆考古调查发掘记录(1957—1958)》与《新疆考古调查发掘日记(1957—1958)》交予孟先生,让其重新整理黄文弼的遗著《新疆考古发掘报告(1957—1958)》②。事实上,黄文弼手稿《新疆考古调查发掘记录(1957—1958)》与《新疆考古调查发掘日记(1957—1958)》均是劫后余生,内容已残缺不全。孟先生强调,夏鼐所长一再叮嘱他,要将黄文弼的遗著《新疆考古发掘报告(1957—1958)》重新整理出来——因为黄文弼的亲笔报告已遗失,"现在应该给历史有个交代"。最终,《新疆考古发掘报告(1957—1958)》于 1977 年底整理完毕,1983 年由科学出版社出版③。据孟先生回忆:"1958 年 9 月底黄文弼返京后,即着手整理编写考古报告,1966 年初稿已基本完成。"④另据《夏鼐日记》记录:"(1958)12 月 30 日,星期二,上午赴所……黄文弼同志谈写作新疆报告事。"由此可知,黄文弼最早在 1958 年底开始撰写第四次新疆考察报告,最迟至 1966 年已完成初稿。

三、黄文弼第四次新疆考古调查及试掘地点增补

由于动荡岁月的特殊性,加之"1957 年以来黄文弼考察报告"⑤手稿的遗失,以及 1977 年孟凡人先生所获资料的残缺,其佚失内容及调查、试掘地点需要学界重视。笔者根据 20 世纪 50 年代末至 60 年代初刊布的考古资料,结合新疆维吾尔自治区博物馆藏黄文弼第四次新疆考察所获文物的整理情况,还原出部分《新疆考古发掘报告(1957—1958)》未收录的考察及试掘点信息,主要在新和、沙雅、阿克苏、乌恰、巴楚、疏勒、疏附、喀什及和田等地,其证据如下:

(1)1958 年,中国科学院考古研究所新疆考古队发表的《新疆考古三个月》一文,简略提及喀什地区巴楚县、疏勒县、疏附县、喀什市,以及和田地区和田县的考察内容:

调查工作由黄先生率领,从 9 月底至 11 月底,调查了七十天,往返走了 7900 多公

---

① 刘文锁《孟凡人先生与新疆考古研究》,肖小勇主编《聚才揽粹著新篇——孟凡人先生八秩华诞颂寿文集》,1 页。

② 夏鼐《夏鼐日记(卷八 1976—1980)》,上海:华东师范大学出版社,2011 年,218 页。

③ 黄文弼《新疆考古发掘报告(1957—1958)》,1 页。

④ 孟凡人《黄文弼》,刘启林主编《当代中国社会科学名家》,北京:社会科学文献出版社,1989 年,83 页。

⑤ 刘观民《悼念黄文弼先生》,《考古》1982 年第 1 期,110、112 页。

里,调查了巴音郭楞蒙古族自治州、库尔勒专区、阿克苏专区、喀什专区、和田专区,其中包括焉耆、和硕、和靖(静)、库尔勒、尉犁、轮台、库车、新和、沙雅、阿克苏、巴楚、疏勒、疏附、喀什(市)、和田等十四个县一个市①。

上文提及的新和、沙雅、阿克苏、巴楚、疏勒、疏附、喀什、和田等地,均未刊于《新疆考古发掘报告(1957—1958)》之内。另外《文物参考资料》1958年第7期《新疆古代城镇遗址的考察》(转引自《光明日报》1958年6月3日版),还提及1957年黄文弼新疆考察的行程,其中包括喀什、和田两地:"去年秋天,中国科学院考古研究所组织了一支新疆考古工作队,在塔里木大沙漠周围进行了广泛活动,先后到达焉耆、库车、喀什、和田和若羌,行程两万多里,考察了不少古代城镇遗址,搜集了大量的汉、唐时代的文物。"②笔者在整理黄文弼第四次新疆考察所获文物时,见过"新和""哈(喀)什""和田县"等字样的文物卡片,亦可证明黄文弼此次考察涉及阿克苏、喀什、和田等地区,其范围超出了《新疆考古发掘报告(1957—1958)》刊布的地点。

(2) 1962年,新疆维吾尔自治区博物馆原馆长李遇春发表的《新疆维吾尔自治区文物考古工作概况》一文,提及1958年黄文弼率新疆考古队在巴楚县脱库孜萨来故城试掘的情况:

> 在喀什附近巴楚县的脱库孜萨来故城的试掘,证明了这是一个至少上限自北魏时期、下迄北宋末(公元四世纪到十二世纪初),约经七百年左右的遗址。在这里发掘了一座北魏时代的残庙遗址,发现了古代龟兹文的木简数十枚,五铢钱和大批的有孔小铜钱,以及铸造五铢钱的残陶范……在另一座唐代的残庙遗址中,清理出很多汉文和当地民族文字的残文书,对研究唐代新疆的阶级剥削关系和军事情况,提供了新的材料。对唐末到北宋时期的一个垃圾坑的清理,发现了很丰富的材料、尤其是大量回鹘文、古阿拉伯文的残纸片,根据其上下层次关系及同坑出土的宋代钱币……③

上文中所述"脱库孜萨来故城",即今托库孜萨来(Toqquz-Sarai)遗址。1928年9月黄文弼曾在此调查发掘,《黄文弼蒙新考察日记(1927—1930)》《塔里木盆地考古记》又作"托和沙赖古址"④,1958年黄文弼第四次新疆考察也涉及此地。新疆维吾尔自治区博物馆所藏托库孜萨来遗址出土文物,主要来自1959年与1983年新疆维吾尔自治区博物馆考古队在托库孜萨来的发掘与调查,另有部分为黄文弼第四次新疆考察结束后的移交品。李遇春馆长曾著有《巴楚县托库孜萨来遗址考古发掘报告》详述其经过,但由于历史原因,其原著一直未能发表。2018年5月9日,笔者曾在贾应逸先生家中见过李遇春先生的原稿,目

---

① 考古研究所新疆考古队《新疆考古三个月》,《考古通讯》1958年第5期,37—39页。

② 佚名《新疆古代城镇遗址的考察》,《文物参考资料》1958年第7期,67页。

③ 李遇春《新疆维吾尔自治区文物考古工作概况》,《文物》1962年Z2期,11—15页。

④ 黄文弼著,黄烈整理《黄文弼蒙新考察日记(1927—1930)》,北京:文物出版社,1990年,482—485页。

前正在整理之中,相信其出版指日可待。

(3) 1959 年,黄文弼发表的《新疆考古的发现》一文提及,中国科学院考古所新疆队曾在喀什、和田一带发现古城 5 座,遗址 5 处:

> 我们在 12 月 21 日结束明屋工作后,一部分人仍留焉耆发掘唐王城,我同另一部分同志前往库车、沙雅、新和作初步探查,共调查古城和遗址 16 处,内有古城 4 座。又西行到喀什、和田发现古城 5 座,遗址 5 处。例如喀什的霍纳古城,和田的麦里格洼提古城,都是较有意义的发现,对于研究古代喀什噶尔和于阗国的历史是有帮助的①。

上文所述喀什的"霍纳古城",即新疆博物馆藏黄文弼第四次考察原始文物卡片所记"哈(喀)什哈内古城",又称"康奥依古城",今作汗诺依古城,位于喀什市东北 28 千米处疏附县伯什克然木乡罕乌依村②。和田的"麦里格洼提古城",即今买力克阿瓦提古城,位于和田市南 17 千米吐沙拉乡买力克阿瓦提村南玉龙喀什河西岸台地处③。1977 年与 1979 年,新疆维吾尔自治区博物馆曾在此进行过 2 次调查与试掘④。文中另外提及 3 处古城与 5 处遗址,具体名称及地点尚不明晰,还有待于进一步考证。

结　　语

黄文弼第四次新疆考察,共涉及哈密、伊犁、焉耆、库尔勒、尉犁、若羌、库车、新和、沙雅、阿克苏、乌恰、巴楚、疏勒、疏附、喀什、和田等地,其中新和、沙雅、阿克苏、乌恰、巴楚、疏勒、疏附、喀什、和田等地材料未收录于孟凡人先生整理的《新疆考古发掘报告(1957—1958)》之内,其主要原因与"十年浩劫"中黄文弼原稿的遗失,以及《新疆考古调查发掘记录(1957—1958)》《新疆考古调查发掘日记(1957—1958)》的残缺有关。黄文弼第四次新疆考察所获文物现藏新疆维吾尔自治区博物馆,对于补充《新疆考古发掘报告(1957—1958)》具有重要意义,值得学界重视。瓦尔德施密特(Ernst Waldschmidt)等国外学者对黄文弼第四次新疆考察曾给予了高度肯定⑤,对今后的新疆考古研究具有开创性的指导意义。

---

① 黄文弼:《新疆考古的发现》,《考古》1959 年第 2 期,78 页。

② 中国社会科学院考古研究所、新疆文物考古研究所、喀什文物局《2018—2019 年度新疆喀什汗诺依遗址考古收获》,《西域研究》2021 年第 4 期,149—154 页。

③ 新疆维吾尔自治区文物局《不可移动的文物·和田地区卷(1)》,乌鲁木齐:新疆美术摄影出版社,2015 年,6—8 页。

④ 新疆维吾尔自治区博物馆《新疆和田县买力克阿瓦提遗址的调查和试掘》,引自新疆文物考古研究所编《新疆文物新收获(1979—1989)》,乌鲁木齐:新疆人民出版社,1995 年,506—509 页。

⑤ [德]瓦尔德施密特著,庆昭蓉译《中国考古学家在新疆的调查》,引自荣新江编《黄文弼所获西域文献论集》,北京:科学出版社,2013 年,277—289 页。

在特殊岁月里,即便遭遇各种不公,黄文弼仍坚持学术道路,相继整理出《新疆考古的发现》①《新疆考古的发现——伊犁的调查》②《略述龟兹都城问题》③《元阿力麻里古城考》④《谈古代塔里木河及其变迁》⑤等论作,为日后新疆考古工作的开展奠定了坚实的基础。为配合新疆维吾尔自治区博物馆建立高昌陈列室,黄文弼还曾赠送《亦都护高昌王世系勋碑》原碑拓片,并撰写《亦都护高昌王世系勋碑复原并校记》一文加以说明⑥,足见他对新疆文博事业的支持与关心。1963年,身处困境的黄文弼还给刚参加工作的王炳华、王明哲回信,鼓励他们要"克服新疆考古工作的实际困难""认真读书",并附上一长串详细的书单⑦,其对青年人的真挚关爱,令人感动。

孟凡人先生在《当代中国社会科学名家·黄文弼》一文中指出,"黄文弼是解放以前仅有的享誉国际学术界的中国新疆考古学家——在整理编写考古报告和研究中,实事求是,根据材料说话,并走出一条将考古、历史、地理、民族、宗教等有关学科相互结合的综合研究之路"⑧。黄文弼先生的精神高山仰止,值得后世铭记!

①　黄文弼《新疆考古的发现》,76—81页。

②　黄文弼《新疆考古的发现——伊犁的调查》,《考古》1960年第2期,8—14页。

③　黄文弼《略述龟兹都城问题》,《文物》1962年Z2期,16—19页。

④　黄文弼《元阿力麻里古城考》,《考古》1963年第10期,555—561页。

⑤　黄烈编《黄文弼历史考古论集》,北京:文物出版社,1989年,43—51页。

⑥　黄文弼《亦都护高昌王世系勋碑复原并校记》,《文物》1964年第2期,34—42页。

⑦　王炳华《筚路蓝缕,拓出考古新境界——黄文弼与新疆考古》,引自荣新江、朱玉麒主编《西域考古·史地·语言研究新视野——黄文弼与中瑞西北科学考查团国际学术研讨会论文集》,7页。

⑧　孟凡人《黄文弼》,刘启林丰编《当代中国社会科学名家》,83页。

考古领域的政治对话

——以黄文弼为观察视角

李 梅

新疆师范大学中国语言文学学院暨西域文史研究中心

1926 年 10 月,瑞典人斯文·赫定以开辟从柏林经新疆至北京、上海的航线为由,在德国汉莎航空公司的资助下,准备组织团队对中国西部进行考察,虽然北洋政府同意了这次考察计划,但遭到中国学术界的激烈抵制,这才有了中外合作的"中国西北科学考查团"的产生。"在那个国家危难、政治变幻的时代背景下,考查团的成立不仅是当时中国学术界的大事,也是世界科学探察史中的创举,它体现出中国知识分子对国家的热爱、对科学进步与文化事业的追求。"①

黄文弼作为考古学者自告奋勇加入考查团。这里需要交代的是,斯文·赫定曾师从于中国学专家李希霍芬,1894 年到 1908 年,他三次探险中亚的高山和沙漠,研究中国的新疆和西藏的部分地区且绘制地图。他不单是个探险家,更是个疯狂的文物掠夺者,"他找人用 8 头骆驼载运楼兰出土的文物,派人取道印度送回瑞典"。"瑞典有一座瑞典东方博物馆,其中馆藏文物约 10 万件,中国文物近 90%。如此丰富的馆藏几乎全来自两位探险家的战利品,其中一个人便是当时大名鼎鼎的斯文·赫定。"②黄文弼"熟读中国史籍,只要古书上有过记载的河流、山脉、地名等,他均能知其出处,……这一点在后来的工作中,令斯文·赫定十分佩服,这一块正是斯文·赫定的短板"。考查团不仅有考查任务,还有监督外国人的责任,黄文弼是"考查团中唯一和斯文·赫定'死磕'的'冤家'"③。

---

① 周珊、吴华峰《黄文弼画传》,上海:中西书局,2019 年,24 页。

② 张磊《斯文·赫定:他发现了楼兰古城,变成了掠夺文物的盗贼》,http://blog. sciencenet. cn/blog-2966991-1070959. html

③ 李寻《黄文弼的多重意义》,朱玉麒、王新春编《黄文弼研究论集》,北京:科学出版社,2013 年,90 页。

一、微妙的考古之旅

"我国西北地区地处东西方的枢纽,在战略上有特殊意义,自然为列强所瞩目,英、俄、德、日、法、美等国的游历家、考查者、探险队、远征队接踵而至,他们的目的不尽相同,但对掠夺我国古文化遗存的兴趣却是相同的。"①1926 年 6 月,著名报人胡政之在一篇政论中略带文学性地描述:"中国政治,诡幻神奇,为世界之冠。最近之错综复杂,尤极十五年之大观。军阀、官僚、政客胥为命运所颠倒,不知不觉中受政治的万钧烘炉之锻炼,几乎无一人不焦头烂额。"20 世纪 80 年代,原为奉系郭松龄属下将领的魏益三也把 1926 年称为中国近代史上动荡最激烈的一年:"1925—1926 年间军事局势的确变化极快,各势力之间的分与合有时真是仅以日计。"②当时中国内部之乱可见一斑。从斯文·赫定的《亚洲腹地探险八年》和《徐旭生西游日记》中的记录可以相互印证。此次西北考古前,中国西部广袤地区已是西方探险的目标区域之一。瑞典人斯文·赫定于 1900 年发现了楼兰古城,英国人斯坦因于 1906 和 1914 年对楼兰进行了两次挖掘,他在 1907 年掠走了大量的敦煌珍贵文物。伯希和、勒柯克、大谷光瑞等人纷至沓来,把敦煌文物几乎横扫一空。相较于这些人的劫掠行为,有人把斯文·赫定的西北探险称为"对于当时中国这样一个弱国的尊重与平等待人……具有探险家所少有的同情心与爱心"③。事实上,事情并没有这么简单。西北考查是一个大型的中外混合考查团,加之社会动荡,兵匪横行,国弱外强,"友好合作与矛盾斗争是交互出现的……他们是朋友和合作者……但在涉及国家主权利益受到损害的情况下,他们没有改变'敌人'的地位"④。

在本次考查之前,发现楼兰后的赫定对西藏充满了向往,他曾经化妆成蒙古人试图蒙混过关到西藏,可惜被发现后驱逐出境。1904 年英军入侵拉萨后,很多外国学者也蜂拥而入,赫定的兴趣转向"喜马拉雅山周围的未知地带和雅鲁藏布江以北大片土地"。1907 年他来到西藏,"虽未能遍游西藏赫定仍然收获颇丰,特别是对冈底斯山脉所做的考查测量,在地质学史上无人可以替代。而且,此行结束后,他写出了《穿越喜马拉雅》等游记,名噪一时。同时,他还完成了长达十二卷的巨著:《1906—1908 年藏南科学考查报告》"⑤。赫定对中国的考查和成就,使得美国总统日本天皇都热情地接见了他。日本公爵伊藤博文甚至告诉了他日本企图征服中国的野心。这些成为他于 1927 年重返中国再次进行科考的动因。

---

① 黄烈《纪念西北考古的先驱——黄文弼教授》,《黄文弼研究论集》,49 页。

② 罗志田《北伐前夕北方军政格局的演变:1924—1926》,《史林》2003 年第 1 期,79 页。

③ 张晓慧、崔思朋《从中瑞西北八年科考活动看斯文·赫定的人格魅力》,《边疆经济与文化》2015 年第 4 期,66 页。

④ 黄烈《艰苦的历程　不朽的业绩》,《西域研究》1992 年第 4 期,116 页。

⑤ 明诚《东方文明的魅力(续)》,《深交所》2006 年第 7 期,60　63 页。

1927 年成立中瑞考查团进行西北科考,考古调查文物的分配成了争执的关键和焦点,"赫定在与中国学术团体进行合作谈判之前,曾宣称其考查绝无携取中国历史资料与艺术遗物之意,但从双方后来的多次商谈中可知……能否得到考古发掘物,对赫定来说是极为重要的……若无法实现这一要求,他宁愿放弃考古发掘活动"①。从这个背景看,黄文弼作为考查团里的考古学者,对于此次考查活动意义非凡。

考查团的西行并不那么顺利,由一件事可管窥大环境之严峻。当考查团一行出包头西北门时,守城的警卫和关税部门却扣下了他们四分之一的行李,"他们声称,我们得支付内陆关税,而北京的财政部门在这之前,已答应减免这笔税款"。即使和包头市长及驻军首领交涉,最后"又交了 400 块银元之后,剩下的行李才得以放行"②。快到新疆时,"迎接考查团先头队伍的是时任新疆省政府主席杨增新派驻到哈密准备抵挡考查团'进攻'的精兵强将。"③考查的自然环境也非常恶劣,患病、迷路,多日不见人烟,粮水紧张,骆驼倒毙和逃逸,1927 年 12 月 4 日,徐炳昶在营帐中燃柴烤砚,作诗记事,考察之艰难可见一斑。

二、无声的政治对话

据载,"黄文弼不会讲外语,只得由徐炳昶教授充当我们之间的翻译"④。赫定对黄文弼的工作安排和意见都由徐炳昶转达,徐炳昶有时候特意用赫定的话刺激黄文弼。黄文弼对文物被外国人盗掘甚为愤懑。在锡科沁的明屋考查时,发现此处在"1907 年,英国人曾来此盗掘古物,据本地人云:'彼日雇三十人,发掘余四十日,所不掘者甚少。'……除几堵墙壁外,庙中灰土已被盗掘一空。故此地遗址,不是被烧毁,即是被盗掘"⑤。明屋附近佛洞,"各洞皆被外人盗掘,空无所有。"霍拉山废寺遗址,"多数遗址在 1907 年为斯坦因所盗掘。……据一本地居民云:'三十年前,有外人来此发掘多日,在山上庙中掘出写经残纸泥塑像甚多。'今观各庙遗址,皆有发掘痕迹,或曾为彼等所盗掘也"⑥。在克内什佛洞勘测时发现,"此庙原有发掘痕迹,据说为德国人勒柯克所盗掘,因无所获,半途而废"⑦。愤懑之情溢于言表。面对外国人,在一些细节上黄文弼时刻保持强烈的爱国意识。当考查团驻地来了流动的花鼓戏班,由于有下流的唱段,黄文弼认为有失风化,建议团长不让戏班演出。"他读到一位叫安觉斯的外国学者在《东方时报》上发表的谈话,说'中国初不知石

---

① 李建《斯文·赫定与地质调查所合作协议的真相》,《西部学刊》2015 年第 1 期,70 页。

② [瑞典]斯文·赫定著,徐十周、王安洪、王安江译《亚洲腹地探险八年(1927—1935)》,乌鲁木齐:新疆人民出版社,1992 年,12 页。

③ 李新伟《西北科学考查团故事》,《中国文化遗产》2007 年第 4 期,89 页。

④ [瑞典]斯文·赫定著,徐十周、王安洪、王安江译《亚洲腹地探险八年(1927—1935)》,44 页。

⑤ 黄文弼《西域史地考古论集》,北京:商务印书馆,2015 年,35 页。

⑥ 黄文弼《西域史地考古论集》,37—38 页。

⑦ 黄文弼《西域史地考古论集》,77—78 页。

器,至安特生始发现云'。黄文弼在日记中写道:'余对此颇为愤慨,中国最初采集石器为地质调查所谢君,发现陶器为刘、庄二君。'"①

在考古过程中,斯坦因成了一个隐现的存在。在若羌捡到丝织残幡,立刻想到"斯坦因于 1907 年在废塔中亦发现有残幡,……此件或为彼盗走之残余,……上书文字与斯坦因在尼雅所盗掘之木简及羊皮所书文字相同"②。"斯坦因氏在楼兰 LT 古堡斜坡上及高岗附近一带,曾拾许多铜件和石器,……斯坦因氏又根据石铜杂陈之现象,谓楼兰地带的新石器时代,和中国通西域时期,相距并不太长。"③除此之外,斯坦因作为先来一步的盗掘者,对西域文化文物和历史做了判断,成了黄文弼的一个参照点。在考查罗布淖尔古墓时,"斯坦因氏在 LF4 古冢中,发现死者头畔衣襟中,系二小口袋,……按斯坦因氏所述之跋希,与中国所述之白题西音相似"④。在考订西汉通西域路线的变迁上,黄文弼认为"后汉之北道,即《魏略》之新道,而西汉之北道,即《魏略》之中道,无可疑也。至斯文·赫定所发现楼兰遗址,所得木简为晋太始以后事,与汉通西域道路无涉。斯坦因以此为汉通西域古道所必经之地,误矣"。在黄文弼考查居延塞城时,想起"斯坦因 1907 年赴西北考查,在敦煌以东以西,发见古塞城遗址,……与我所见之毛目北之塞城相接。……斯坦因在此一带,掘拾汉简"⑤。

经历过文物的外流,所以黄文弼极为重视文物保护工作。黄文弼在西北考古中,时刻关注着赫定的行动,考古结束后向教育部反映"赫定先生未经许可在罗布泊与塔里木河一带挖掘考古珍宝"。赫定给出的辩解是:"我们只是想把文物带回去交给你们……怎能谴责我们挖掘了考古财宝?"⑥由于他在西北考古作出巨大贡献,1930 年在未结束考查工作就被任命为中央古物保管委员会委员。"1934 年 12 月 5 日,因河南、陕西一带古物盗窃比较猖獗,黄文弼与腾固受中央古物保管委员会派遣至安阳、洛阳及西安等地调查古迹、文物,'共耗二十一日,于役数千里,白日工作,晚间乘车,昕夕劳劳,几无片刻喘息之暇。'回来后,二人提交了报告和提案。次年初,中央古物保管委员会商议筹办陕西办事处,并决定由黄文弼主持。"⑦在 1933 年组织的汽车考查团,"细则中还规定,考查团必须在新疆内部纠纷中严守中立,不得介入政治。……禁止团中任何人在沿途以任何方式进行考古学研究,……政府作出这一决定,未免过于天真。勘察古丝绸之路——特别是敦煌至库尔勒段——这一事件本身就是不折不扣的考古学研究"⑧。所以,当黄文弼作为成员加入进来

① 李寻《黄文弼的多重意义》,《黄文弼研究论集》,91 页。
② 黄文弼《西域史地考古论集》,108 页。
③ 黄文弼《西域史地考古论集》,118 页。
④ 黄文弼《西域史地考古论集》,122—123 页。
⑤ 黄文弼《西域史地考古论集》,209—210 页。
⑥ [瑞典]斯文·赫定著,徐十周、王安洪、王安江译《亚洲腹地探险八年(1927—1935)》,680 页。
⑦ 王新春《传统中的变革:黄文弼的考古学之路》,《敦煌学辑刊》2013 年第 4 期,162 页。
⑧ [瑞典]斯文·赫定著,徐十周、王安洪、王安江译《亚洲腹地探险八年(1927—1935)》,423 页。

时,赫定认为"根本不需要考古学家……我们理事会对黄擅自利用这次机会前往新疆很不高兴,并且明确表示不同意他的做法。"甚至"为多了一个并不需要的团员而感到沮丧。他的到来,使汽车原来已经超重的荷载变得更重"①。

三、意义深远的考古之行

黄文弼作为中瑞西北考查团的一员,考古工作可分为两个阶段,第一阶段是 1927 年 5 月至 11 月的内蒙古考查,发掘了金净州古城。在姥异苏木发现了马扎汗之子八都帖木儿至大元年碑。在黑柳图汉代兵营搜集到大量遗物。在额济纳考查时,发现大量汉简。第二阶段是 1928 年 1 月到 1930 年 5 月的新疆考查,黄文弼考查了吐鲁番盆地和塔里木盆地。在两次考查吐鲁番盆地时,发掘了高昌古城、楼兰东烽燧遗址、胜金口和柏孜克里克千佛洞、雅尔湖等古墓群。其中雅尔湖沟南墓地出土完整的陶器 800 余件,墓碑 130 余方,是研究高昌国的珍稀资料。在塔里木盆地考查中,采集了大量文物。在条件简陋的情况下,他率领考查小分队用时一年零六天穿越塔克拉玛干沙漠,采集到大量文物。经过艰苦的考古活动,黄文弼取得了丰硕的考古成果,"1930 年秋黄文弼返回北平时,北大为其举行欢迎会。陈大齐教授赞誉:'黄先生此行前后三年余,经历许多艰难困苦,成功而归,外人在新疆考古者甚多,我国人今以黄先生第一,而其所得材料之丰富,亦不亚于外人。'"②

黄文弼的西北考古对我国考古学界意义非凡。西北考古期间,考查团的外国团队熟练地综合使用各种科学手段进行考古活动,而黄文弼主要是中国传统的史学方法进行考古调查,但他已经注意到西方许多较为不同的考古方法与技术。黄文弼在发挥自身特长的前提下,开始注意到考古学理论和方法问题。"黄文弼在西北学术考查和研究方法论上的特色,一是他对考古学、历史学和地理学等多种学科并重,二是对西北地区的遗址点考查与丝绸之路广阔区域面的有机结合。"③经过了西北考古的经历,黄文弼开始突破中国传统上注重文献的局限。"黄文弼的考古学之路体现了中国传统学术体系培养下的本土学者,在西方现代学术体系的冲击下,如何将传统学术的优势转化为现代学术体系的组成部分,从而完成自身的学术转型。……黄文弼在西学领域的先天不足,使得他在考古调查和研究中所受限颇多,……正是这一痛苦的过程,才使他找到了一种中西方学术新的对接方式,探索了一条中国传统学术的现代变革道路。"④更重要的意义在于,在国家内忧外患的大背景下,在一个中外合作的考查团进行考古,并且做出杰出贡献,本身就有很多微妙的政治意味存在。

---

① [瑞典]斯文·赫定著,徐十周、王安洪、王安江译《亚洲腹地探险八年(1927—1935)》,425—426 页。
② 李新伟《西北科学考查团故事》,95 页。另:本部分借鉴了王新春和李新伟文章的资料,具体见:王新春《传统中的变革:黄文弼的考古学之路》,158—168 页;李新伟《西北科学考查团故事》,84—95 页。
③ 朱玉麒《西域史地考查与丝绸之路研究的奠基之作》,《西北史地考古论集》,548 页。
④ 王新春《传统中的变革:黄文弼的考古学之路》,168 页。

黄文弼所获梵语《法华经》残叶书后

陈瑞翾

北京大学南亚学系

黄文弼《塔里木盆地考古记》载其于焉耆所获婆罗谜文残纸如下：

图8—11　婆罗谜文残纸，出焉耆锡科沁明屋废寺中。图8　长二三·五厘米，宽六·八厘米。残纸系用婆罗谜字体拼写，两面接读。《大唐西域记》"阿耆尼国"条云："文字取则印度，微有增损"，阿耆尼国即焉耆也。又云："经教律仪既遵佛教，诸学习者即其文而玩之"（卷一）。此残纸出焉耆寺庙中，可能是写佛教经典。又同时出土者尚有泥塑像残件，皆为五至八世纪遗物，此残纸或与之同时所写。图9　出土地同上。长八·二，下宽七厘米。图10　宽七·四，长六厘米。图11　宽四，长六·二厘米。出土地皆同上。字体略与上同，疑皆同时所写[1]。

锡科沁，又云七个星，即德人所记之硕尔楚克（Šorcuq）。此段记焉耆佛教与残纸信息甚详确，所论亦颇精当。引玄奘《大唐西域记》文句与《大正藏》本略有出入[2]。图9—11三纸残叶留待另文详论，此不赘述。本文拟就图8所刊之残叶作一札记，以就教于方家。

瓦尔德施密特（Ernst Waldschmidt）为《塔里木盆地考古记》所作德文书评中于此残纸有所考释。其文如下：

图8　经叶中央部分残片，双面，5或6列文字。出土地：焉耆明屋（＝硕尔楚克）。直立字体之早期变体。材质：纸。语言：梵语。内容：护持咒（?）。B面第2列出现词语 rakṣā、dhāraṇī，随后在第3—5列出现咒语，诸如 daṇḍāvarte ǀ daṇḍāvartini（第3列），并为标点符号所隔开[3]。

---

① 黄文弼《塔里木盆地考古记》，北京：科学出版社，1958年，97页。

② 参《大正新修大藏经》第51册，No. 2087，870a12 - 13："既遵佛教"作"既遵印度"；"诸学习者"作"诸习学者"；余皆同。

③ ［德］瓦尔德施密特撰，庆昭蓉译《中国考古学家在新疆的调查》，荣新江编《黄文弼所获西域文献论集》，北京：科学出版社，2013年，251页。瓦氏原文参 Ernst Waldschmidt, "Chinesische archäologische Forschungen in Sin-Kiang (Chinesisch-Turkistan)", *Orientalische Literaturzeitung*, no. 54.5/6（转下页）

因知此残纸为梵语残叶。然所谓"护持咒"(Schutzzauber,近乎厌禳之符咒)所在皆是。故此叶残文之性质彼时尚未明了。

及至21世纪初,韦勒(Klaus Wille)始发其覆,勘定此叶残文本自《妙法莲华经》(Sad-dharmapuṇḍarīka)"普贤菩萨劝发品"(Samantabhadrotsāhana)①。其婆罗谜字体近乎西域南道(即于阗)书风,写经年代约为中晚唐;换言之,此佛典非焉耆本地抄写,而自他国将来。故此残叶虽小,实则关乎西域南北二道佛教交流之重要史实,不可不细校而慎思之也。

此残叶现藏于北京国家博物馆,新编号为H82(K7210-1)。其图版近年重刊于《黄文弼所获西域文书》,并附梵语录文与研究书目②,承前启后,嘉惠学林。现据此书录文,参校韦氏先前所录,将正背二面之残文转录如下:

正面:

1 /// + ..
.. + + + + + + + + + ///

2 /// + + + + + + + + + .. [s].. + .. [d]a(r)śa.. + .[m]. [bh]
ā-vaṃ + + + + .. + + .. + + + ///

3 /// + + + (bodhisatvagaṇa) parivṛto bodhisatvagaṇapuraskṛto ekav[i]ṃśati
[m].③+ ///

4 /// + + + + + .. m āgamiṣyām[i] āgatvā ca tasya dharmabhāṇakasya sāntike
taṃ dharma .. ... + ///

5 /// ṣ[y]. ...... tt(e)jayiṣyāmi saṃpraharṣayiṣyāmi④ dhāraṇiṃ⑤ cāsya dāsyāmi
yathā s. .. ... + ///

6 /// + .i[ṣ]yati na cāsya manuṣyāmanuṣyā vā avatārap[r]e⑥.. + + + raṃ na
lapsya .. + ... + ///

(接上页)(1959),pp.239-240。译文据德文略有改动。

① Klaus Wille, "Some recently identified Sanskrit fragments from the Stein and Hoernle collections in the British Library, London (1)", *Annual Report of the International Research Institute for Advanced Buddhology at Soka University*, no. 8 (2005), pp. 73-74. 韦氏已于癸卯(2023年)孟冬仙逝。其人毕生精研西域出土梵语残篇,探赜索隐,见微知著,并世无第二人。哲人其萎,痛何如之!

② 荣新江、朱玉麒主编《黄文弼所获西域文书》,上海:中西书局,2023年;录文与书目见上卷,163页;图版见下卷,423页(录文凡例参上卷,5页)。

③ 韦录作ekav[i]ṃśati d(ivase),非是。

④ 韦录作saṃprraharṣayiṣyāmi,非异文。-rr-乃于阗文特有字符,亦用于写梵语-r-。

⑤ 韦录作[dhā]raṇiṃ,恐系手民误植。

⑥ 此处-p[r]e应作-p[rr]e,非异文。同上。

背面：

1 /// ＋ ＋ rakṣā(ṃ) ca .. ①.. [r](i)ṣyāmi svas[t]ya[y]ana(ṃ) kariṣy[ā]m[i] da-
[ṇ]ḍ(a) ＋ ＋ ＋ ＋ ＋ r[i]ṣy[ā]m[i] [v]. ＋ ＋ ///

2 /// .. ṇakānām ārakṣānugup[t]yā② dhāraṇipadāni bhāṣiṣy(ā)m(i) [t]. .. māni
bhagav. [n]. ra ///

3 /// ＋ .. .③ tadyathā • adaṇḍe • daṇḍāpativate • daṇḍāvarte • daṇḍāvartani • da-ṇ
[ḍ]akuśa(le) ///

4 /// ＋ ＋ ＋ ＋ ＋ .. . i • buddhapaś(ya)ne • sarva[dh]āraṇi-④āvarttane •
sarvvabhāṣyāva[r]ta[ne] • ///

5 /// ＋ ＋ ＋ ＋ ＋ ＋ ＋ ＋ ＋ ＋ ＋ ＋ r[i]kṣi[t]e • [a]saṃge • [sa]ṃ .. pa-
gate • tri-adh(va)[s]aṃgatuly[a]p(r)ā.. ＋ ///

6 /// ＋ ＋ ＋ ＋ ＋ ＋ ＋ ＋ ＋ ＋ ＋ ＋ ＋ ＋ ＋ ＋ ＋ ＋ ＋ te.. ＋ ＋
(v)i(kr)ī(ḍ)i ＋ ＋ ＋ ＋ ＋ ＋ ＋ ///

残文漫漶，释读不易。据二氏所得，笔者辑补残文，并与存世三梵本逐句细勘。校雠所用梵本如下⑤：一、百衲本，即荷兰梵学巨擘柯恩（Hendrik Kern）与南条文雄所刊之梵文会校本⑥。"百衲"者，盖此本乃尼泊尔若干传世本会集而成，兼采于阗本中若干异文；其经文驳杂，遂贻非驴非马之诮也⑦。二、小勃律本，即二十世纪三十年代出土于吉尔吉特（Gilgit）之梵本，此据渡边照宏校订本⑧。此地据两《唐书》古称小勃律国，而出土梵文书风可断于唐代，故名。三、于阗本，亦名"喀什本"，盖沙俄领事初于喀什购得此残本。然其出土地实为于阗国某佛寺，故名。如前所述，此本为柯恩校百衲本所用。此据户田宏文校订本⑨。此三梵本下所

---

① 此处录作 c[ā].y.，或许更佳。

② 此处录作-gup[t]ye，或许更佳。

③ 此处或可录出＋.[o].[i]。

④ 韦录作[sarvvadh]āraṇi-，非异文。此处-rvv-与-rv-相通。残字漫漶，难以遽断。

⑤ 此经诸梵本谱系之概况，参笔者为西康友编《法华经》梵语索引所撰书评：Ruixuan Chen, "Review of Y. Nishi, ed., Saddharmapuṇḍarīka: Word Index & Reversed Word Index", *Wiener Zeitschrift für die Kunde Südasiens*, no. 58 (2019 – 2021), pp. 256 – 262.

⑥ Hendrik Kern and Bunyiu Nanjio, eds., *Saddharma-puṇḍarīka* (Bibliotheca Buddhica X), St.-Pétersbourg, 1908 – 1912, pp. 476 – 477.

⑦ 前贤尝为柯恩一辩；参 Tilmann Vetter, "Hendrik Kern and the Lotussutra", *Annual Report of the International Research Institute for Advanced Buddhology at Soka University*, no. 2 (1999), pp. 129 – 142。

⑧ Shoko Watanabe, ed., *Saddharmapuṇḍarīka: Manuscripts Found in Gilgit* (Part Two: Romanized Text), Tokyo: The Reiyukai, 1975, p. 175.

⑨ Hirofumi Toda, ed., *Saddharmapuṇḍarīkasūtra: Central Asian Manuscripts, Romanized Text*, Tokushima: Kyoiku Shuppan Center, 1981, pp. 219 – 220. 此段经文亦见另一于阗出土梵文残叶（SHT 4467 = Hoernle 150, vii, 9），其文与于阗本大体相合，间或可补后者之阙；参 *Sanskrith-* （转下页）

谓焉耆本，即黄文弼于焉耆所获残片。

【百衲本】476 页，行 3—4：teṣām ahaṃ sarvasatvapriyadarśanam ātmabhāvaṃ saṃdarśayiṣyāmi /

【小勃律本】175 页，行 17—18：teṣā(ṃ)m ahaṃ sarvasatvapriyadarśanam ātmabhāvaṃ saṃdarśayiṣyāmi

【于阗本】219—220 页（449a6—b1）：teṣām ahaṃ ca（bhagava）nn asmin dharmaparyāye 'bhiyuktānāṃ cintanāyogam anuyuktānāṃ ekaviṃśa(t)i（diva）sā-(ni) sarvasatvapriyadarśanam ātmabhāvaṃ saṃdarśayiṣyāmi

【焉耆本】正面，列 2：＋＋＋＋（sarva）[s]（atvapriya）[d]a(r)śa[na]（m āt）[m]（a)-[bh]āvaṃ ＋＋＋＋..＋

案：此句于百衲本与小勃律本较略："我将为彼等示现一切众生所熹见身。"而于阗本较详："世尊，（若彼等）勤学此法门，于廿一日中修思惟行，我将为彼等示现一切众生所熹见身。"焉耆本残泐过甚，仅存"（一切众生所熹）见身"，不知详略。

【百衲本】476 页，行 4—5：tam eva śvetaṃ ṣaḍḍantaṃ gajarājam abhiruhya bodhi-satvagaṇaparivṛta ekaviṃśatime divase teṣāṃ dharmabhāṇakānāṃ caṅkramam āgamiṣyāmy

【小勃律本】175 页，行 18—19：tam eva ṣaḍḍantaṃ gajam a...... ＊ vase① teṣāṃ dharmabhāṇakānāṃ caṅkramam āgamiṣyāmi

【于阗本】220 页（449b1—3）：tato 'haṃ tat pāṇḍaraṃ（ṣaḍḍantaṃ hasti-②）rājānam abhiruhya bodhisatvagaṇaparivṛto bodhisatvagaṇapuraskṛta ekav(i)ṃśatime d(ivase) teṣāṃ dharmabhāṇakānā(ṃ) taṃ ca(ṃ)krramam āgamiṣyāmi

【焉耆本】正面，列 3—4：///（abhiruhya bodhisatvagaṇa）parivṛto bodhisatvagaṇapuraskṛto ekav[i]ṃśati[m]（e divase）/// /// ＋＋＋（caṅkrama)m āgamiṣyām[i]

案：此句于小勃律本最为辞约："乘六牙象，我将于（第廿一）日来至彼等法师之经行所。"百衲本略详："乘六牙银象王，为菩萨众所围绕，我将于第廿一日来至彼等法师之经行所。"于阗本益详："尔后，我将乘（六牙）白（象）王，为菩萨众所围绕，为菩萨众所敬侍，于第廿一（日）来至彼等法师之经行所。"焉耆本虽残，存"为（菩萨众）所围绕，为菩萨众所敬侍"等数语，与于阗本较为近似。至若"我将于第廿一（日）来至（经行

（接上页）andschriften aus den Turfanfunden，vol. 11，Stuttgart：Franz Steiner，2012，pp. 73 - 74；Klaus Wille，*Fragments of a Manuscript of the Saddharmapuṇḍarīkasūtra from Khādaliq*，Tokyo：Soka Gakkai，pp. 142 - 143.

① 原卷残损。或可补作 a(bhiruhya ekaviṃśatime di)vase。
② 户田氏补作(gaja-)，此据 SHT 4467 改。

所)”,则与诸本无异。

【百衲本】476 页，行 5—7：āgatya ca tān dharmabhāṇakān parisaṃharṣayiṣyāmi samādāpayiṣyāmi samuttejayiṣyāmi saṃpraharṣayiṣyāmi / dhāraṇīṃ caiṣāṃ dāsyāmi

【小勃律本】175 页，行 19—20：āgatvā ca tān dharmabhāṇakān saṃharṣayiṣyāmi samādāpayiṣyāmi …… n① dāsyāmi

【于阗本】220 页（449b3—5）：āgatvā ca tasya dharmabhāṇakasya sāntike taṃ dharmabhāṇakaṃ saṃharṣayiṣyāmi samādapayiṣyāmi② samuttejayiṣyāmi saṃpra-(ha)rṣayiṣyāmi dhāraṇiṃ ca dāsyāmi③

【焉耆本】正面，列 4—5：āgatvā ca tasya dharmabhāṇakasya sāntike taṃ dharma-(bhāṇakaṃ) /// /// (samādāpayi)ṣ[y](āmi sam)[u]tt(e)jayiṣyāmi saṃpraharṣayiṣyāmi dhāraṇiṃ cāsya dāsyāmi

案：此句百衲本与小勃律本为一脉，于阗本与焉耆本为一脉。前者法师作复数（小勃律本残，此据百衲本）：“既至，我将令彼等法师喜悦、兴奋、激励、踊跃，复授彼等陀罗尼。”后者法师作单数（焉耆本残，此据于阗本）：“既至，于彼法师现前，我将令彼法师喜悦、兴奋、激励、踊跃，复授(彼)陀罗尼。”焉耆本残文与于阗本若合符契，唯于句末多一“彼”(asya)字而已。

【百衲本】476 页，行 7—8：yathā te dharmabhāṇakā na kenacid dharṣaṇīyā bhaviṣyanti na caiṣāṃ manuṣyā vāmanuṣyā vāvatāraṃ lapsyante na ca nāryo 'pasaṃhariṣyanti /

【小勃律本】175 页，行 20—22：yathā te dharmabhāṇakā na kenacid dharṣaṇīyā bhaviṣyanti / na caiṣā(ṃ) manuṣyā vā amanuṣyā vā avatāraṃ lapsyate④/ na ca nārīn⑤ upasaṃ[ha]……⑥

【于阗本】220 页（449b5—7）：yathā sa ddharmabhāṇakau⑦ na kasyacid dhar ṣaṇīyo bhavi ṣyati na cāsya manuṣyāmanuṣyāṃ⑧ vā avatāraprekṣiṇo 'vatāraṃ na lapsya-

---

① 原卷残损。或可补作(dhāraṇīṃ caiṣā)n。
② 原卷如此，与 SHT 4467 同。或为 samādāpayiṣyāmi 之讹。
③ SHT 4467 作 dhāraṇiṃ cāsya dāsyāmi，与焉耆本同。
④ 原卷如此。应为 lapsyante 之讹。
⑤ 佛教混合梵语复数主格语尾间或为-īn，参 Franklin Edgerton, *Buddhist Hybrid Sanskrit Grammar*, New Haven 1953, p. 80, § 10.165。
⑥ 原卷残损。据文脉或可补作 upasaṃ[ha](riṣyanti)。
⑦ 原卷如此。sa ddharma-应为 sa dharma-之讹，盖受习语 saddharma-“妙法”之影响；-au 与-o 相通，此乃于阗文中常例也。
⑧ 原卷如此。-ṃ 疑衍。

(ṃ)ti·na①(dha)rmabhāṇako nārībhi(ḥ) saṃhṛyate

【焉耆本】正面,列5—6:yathā s[o] (dha)[rma](bhāṇako) /// /// (bha)[v]i[ṣ]yati na cāsya manuṣyāmanuṣyā vā avatārap[rr]e(kṣiṇo ʼvatā)raṃ na lapsya(nt)[i] (na dharmabhāṇako) ///

案:此句亦然,百衲本与小勃律本为一脉,于阗本与焉耆本为一脉。前者法师作复数:"如此彼等法师无有能破坏者,复无人或非人得彼等之便,复无女人诱惑②(彼等)。"后者法师作单数:"如此彼法师无有能破坏者,复无人或非人伺求(其)便者能得其便,(彼)法师不为女人所毁③。"焉耆本残文可据于阗本补,故二者文句相近,固不待详辨也。

【百衲本】476 页,行 8—9:rakṣāṃ caiṣāṃ kariṣyāmi svastyayanaṃ kariṣyāmi da-ṇḍaparihāraṃ kariṣyāmi viṣadūṣaṇaṃ kariṣyāmi /

【小勃律本】175 页,行 22:...... ✳ rihāraṃ④ viṣadūṣaṇaṃ kariṣyāmi

【于阗本】220 页(449b7—450a1):rakṣāṃ cāsya kariṣyāmi stastyayanaṃ⑤ kariṣyāmi daṃ(ḍaparihāraṃ ka)riṣyāmi viṣadūṣaṇaṃ kariṣyāmi

【焉耆本】背面,列1:rakṣā(ṃ) c[ā](s)y(a) (ka)[r](i)ṣyāmi svas[t]ya[y]ana(ṃ) kariṣy[ā]m[i] da[ṇ]ḍ(aparihāraṃ) (ka)r[i]ṣy[ā]m[i] [v](i)[ṣ](adūṣaṇaṃ kariṣyāmi)

案:此句诸本大体相同,义为:"我将为彼(等)作护,令安稳,离衰患,解鸩毒。"唯一相异之处,百衲本间接宾语作复数(eṣāṃ"彼等"),于阗本与焉耆本作单数(asya"彼")。小勃律本残泐过甚,归属不明,然据他处残文推之,或与百衲本同。

【百衲本】476 页,行 9—477 页,行 1:teṣāṃ ca vayaṃ bhagavan dharmabhāṇakānām imāni dhāraṇīpadāni dāsyāmi / tāni bhagavan dhāraṇīpadāni tadyathā /

【小勃律本】175 页,行 22—24:teṣāṃ cāhaṃ bhagavan dharmabhāṇakānām imāni dhāraṇīpadāni dāsyāmi / tānīmāni bhagavan dhāraṇīpadāni......

【于阗本】220 页(450a1—3):teṣāṃ ca vayaṃ bhagavan dharmabhāṇakā(nā)m ārakṣ(ā-nuguptyā dhāraṇi)padāni bhā ṣi ṣyāmi · tatremāni bhagavan dhāraṇipadāni

---

① SHT 4467 作 na cāsau。

② 参 Franklin Edgerton, *Buddhist Hybrid Sanskrit Dictionary*, New Haven 1953, p. 46, s. v. apasaṃharati。小勃律本中此语稍异,upa-saṃ-har一般为"近引"或"勒止"之义,或亦可作"勾引"解欤?

③ 于阗本中为 saṃ-har-被动式。此语通常作"蓄集""凝缩"解,亦有"毁坏"之义。

④ 原卷残损。或可补作(daṇḍapa)rihāraṃ,后 kariṣyāmi 疑阙。

⑤ 原卷如此。此处 stasty-应为 svasty-之讹。

sa-dharmabhāṇaka(ḥ)① śr(ṇoti tadya)thā

【焉耆本】背面,列 2—3:/// (dharmabh)[ā]ṇakānām ārakṣānugup[t]ye dhāraṇipadāni bhāṣ-iṣy(ā)m(i) [t](a)(t)[r](e)māni bhagava[n dh]āra(ṇipadāni) /// ///(śṛn)[o]-(t)[i] tadyathā

案:小勃律本如下:"世尊,我将为彼等法师授此陀罗尼句。世尊,此诸②陀罗尼句如是"。百衲本改首句主语为复数(vayaṃ"我等")③,然动词仍为单数(dāsyāmi"我将授",而非 dāsyāmaḥ"我等将授"),牴牾难通,二者必有一讹。于阗本首句稍异:"世尊,我等(因)护(庇)彼等法师(故)④,将说(陀罗尼)句。"其动词为单数,与复数主语不符⑤。焉耆本残文仅存"为护庇彼等(法师),将说陀罗尼句"数语,主语不明,或亦为"我等"(vayaṃ)。动词末字元音符阙,故单复数难辨;然以残字大小推之,似为单数(bhāṣiṣyāmi"我将说")而非复数(bhāṣiṣyāmaḥ"我等将说")。次句于阗本作"世尊,此中此陀罗尼句,彼法师闻如是",焉耆本仅见"(闻)如是"数字。与其余二本殊异。

【百衲本】477 页,行 1—4:adaṇḍe daṇḍapati daṇḍāvartani daṇḍakuśale daṇḍasudhāri sudhāri sudhārapati buddhapaśyane sarvadhāraṇi āvartani saṃvartani saṃghaparīkṣi-te saṃghanirghātani dharmaparikṣite sarvasatvarutakauśalyānugate siṃhavikrīḍite anuvarte vartani vartāli svāhā /

【小勃律本】175 页,行 24—26:...... * le⑥/ daṇḍasudhāri / sudhāri sudhārapati / buddhapaśyane / dhāraṇi / āvartani āvartani / saṃghaparīkṣite / saṃghanirghātane / dharmaparīkṣite ...... * vati⑦/ vartini vartāri svāhā //

【于阗本】220 页(450a3—7):adaṇḍe daṇḍapativate • daṇḍāvarte • daṇḍāvartani da-ṇḍakuśale • daṇḍasudhare • sud(āre su) dārapati • buddhapaśyane • sarvadhāraṇi-āvartane • sarvabhā ṣyāvartane • 1(1)⑧ su-āva(rtane) saṃghaparīkṣaṇi saṃghanirghātani saddharmasuparīk ṣite • asaṃge saṃgāpagate • tṛ-adhvasaṃgatulyaprāpte • sarva-saṃgasamatikrrānte • sarva dharmasuparīkṣite sarvasatvarutakauśalyānugate siṃhavikrrīḍ-ite //

---

① 原卷如此。sa ddharma-应为 sa dharma-之讹,盖受习语 saddharma-"妙法"之影响。

② "此诸"(tānimāni)一语仅见于小勃律本,别本作"是"(tāni)或"此"(imāni)。

③ 授咒或说咒者仅普贤一人,故此复数或当作谦辞(Pluralis modestiae)解。

④ 此处-anu-guptyā(单数具格)为户田氏所补,与 SHT 4467 同。焉耆本作-anu-guptye(单数为格-yai 作-ye,参 F. Edgerton, *Buddhist Hybrid Sanskrit Grammar*, New Haven 1953, p. 77,§ 10.130)。

⑤ 与 SHT 4467 同。此语颇费解,或为 bhāṣiṣyāmaḥ 之讹。

⑥ 原卷残损。或可补作(daṇḍakuśa)le。

⑦ 原卷残损。疑作 va[r]ti,或可补作(anu)va[r]ti。

⑧ 此数字 SHT 4467 作 10。

【焉耆本】背面,列 3—6:adaṇḍe・daṇḍāpativate・daṇḍāvarte・daṇḍāvartani・daṇ[ḍ]
a-kuśale /// /// ＋ ＋ ＋（sudārapat）i・buddhapaś（ya）ne・sarva[dh]āraṇi-
āvarttane・sarvvabhāṣyāva[r]ta[ne]・/// /// ＋ ＋ ＋ ＋ ＋ ＋ ＋ ＋ ＋ ＋ ＋
(pa)r[i]kṣi[t]e・[a]saṃge・[sa]ṃ(gā)pagate・tri-adh(va)[s]aṃgatuly[a]p(r)ā-
(pte・)＋ /// /// ＋ ＋ ＋ ＋ ＋ ＋ ＋ ＋ ＋ ＋ ＋ ＋（sarvasatvarutakauśa-
lyānuga)te・(siṃhav)i(kr)ī(ḍ)i(te)＋ ＋ ＋ ＋ ＋ ＋ ＋ ///

案:此陀罗尼于诸本长短不一。相较于百衲本,于阗本陀罗尼稍长,于前中部略有增
广(加下划线处)。然百衲本末有四词(加波浪线处)为于阗本所无。此四词亦见于小
勃律本(加波浪线处),其陀罗尼当与百衲本相去不远。焉耆本陀罗尼尾残,然其增广
部分(加下划线处)似与于阗本相合;故以理度之,或亦无此四词。

就此段经文而言,前述《法华经》梵本可分为二系:百衲本及其所依尼泊尔系诸本与小勃律
本同源,故其异文往往相合;而于阗本与焉耆本之渊源,亦于此可见一斑。汉地《法华经》
凡六译,存二译,西晋竺法护与姚秦鸠摩罗什所出。至若隋本《添品妙法莲华经》,乃据罗
什本敷衍而成,非别为一译也[①]。护公、罗什传译年代既早,其底本去存世诸梵本较远,难
以校雠。故所谓梵汉对勘,实知易行难,非深谙梵汉诸本流变之人不办[②]。

《法华经》于吐蕃国传译甚早。《甘珠尔》所收藏译为前弘期所出,年代与小勃律、于
阗、焉耆诸本相去不远。此外,于阗出土古藏文《法华经》一部,与《甘珠尔》本异译[③]。二者
与诸梵本之渊源关系未明。限于篇幅,仅凭前述经文管窥蠡测,作一概观,校记从略。概
言之,《甘珠尔》本属百衲本与小勃律本一脉;古藏文本虽出自于阗,其底本与于阗本殊异,
仅部分文句似受于阗系梵本影响[④]。由是观之,《法华经》之为物,固非一字不易之金科玉

---

① 参佐佐木孝宪《添品妙法莲华经考》,《大崎学报》第 120 号,1965 年,34—60 页;同氏《添品妙法莲
华经の訳出》,《法华经の成立と展开:法华经研究 3》,平乐寺书店,1970 年,221—250 页。

② 此课题开山之作即辛岛静志《〈法华经〉诸汉译本与梵本、藏译本的对比研究》,北京大学博士论
文,1991 年。同氏《正法华经词典》《妙法莲华经词典》(创价大学国际佛教学高等研究所,1998 年及
2001 年)乃踵事增华奠基之作,至今为学界所推重。

③ 辛岛静志尝将此于阗古藏文本与《甘珠尔》本精心校勘。其精校本分刊于如下四文:Seishi
Karashima, "An Old Tibetan Translation of the Lotus Sutra from Khotan: The Romanized Text Collated
with the Kanjur Version (1)-(4)", *Annual Report of the International Research Institute for Advanced
Buddhology at Soka University*, no. 8 (2005), pp. 191 - 268; no. 9 (2006), pp. 89 - 181; no. 10 (2007),
pp. 213 - 324; no. 11 (2008), pp. 117 - 302. 此精校本为治《法华经》传译史者之一助,不可须臾离也。关
于此古藏文本最新研究,参扎西本《和田出土〈法华经〉古藏译本的初步研究报告》,《西藏研究》2020 年第
6 期,91—111 页;2021 年第 1 期,74—84 页。据扎西本初步考证,此于阗出土古藏文本译语古朴,当系元
和九年(814)吐蕃厘定译语之前旧本,为现存《法华经》藏译诸本之最古者。

④ 参辛岛氏精校本:"An Old Tibetan Translation of the Lotus Sutra from Khotan: The Romanized
Text Collated with the Kanjur Version (4)", *Annual Report of the International Research Institute for
Advanced Buddhology at Soka University*, no. 11 (2008), pp. 281 - 285. 古藏文本疑受于阗系梵本影响
之例有:陀罗尼阙末四词,与前述于阗本、焉耆本同。

律。自唐五代以降,诸多梵本流行西域、吐蕃,文辞既异,品目不同。一音说法,随类得解,理固宜然耳。设使罗什再世,亦必不以己之是非定天下之是非。博观约取,兼收并蓄,方为开卷有益之道。此义可为知者道,难与迷者言也。[1]

综上所述,黄文弼所获焉耆本《法华经》虽为残章断简,但于大乘佛典西域流播史意义深远。细勘之下,其残文多与于阗本相合,书风亦颇类南道,故若云此焉耆本《法华经》自于阗将来,非为无据也。管见所及,梵本《法华经》出土于龟兹、焉耆者,仅此一例[2],为此大乘佛典为彼土有部僧徒传习之孤证。于绝域荒寺得此孤本,黄文弼功莫大焉;故撰此小札,以表彰其万一。

---

① 近年僧徒"法华义辩",耸动一时,余波未平。正信之士宜持开明心作壁上观。

② 德人尝于吐鲁番胜金口购得一梵本《法华经》残叶(SHT 622 ＋ 3413),北道书风,单面书写,存9列,或亦中晚唐时物也。参 *Sanskrithandschriften aus den Turfanfunden*,vol. 1,1965,pp. 278 - 279;vol. 10,2008,pp. 65 - 66。此高昌本残文似与于阗本相近。

新闻报道中的黄文弼·陕西编

李正一

北京大学历史学系

引　言

　　1934 年 5 月,尚在绥新公路勘察队中的黄文弼已经登上了《申报》《大公报》的版面,被"官宣"聘任为新成立的中央古物保管委员会委员之一,他在陕西从事文物调查与保护的十年风尘就此拉开序幕。黄文弼并非首位与陕西结缘的中国西北科学考查团成员。1933 年 2 月,徐炳昶(1888—1976)即受北平研究院的委任前来陕西筹设西北分会,至 1934 年 2 月 1 日正式成立"陕西考古会"。北平研究院选择在陕西设立分支机构,也与 1932 年"一·二八"事变发生后,民国政府成立"西京筹备委员会",计划将西安作为陪都,进一步开发陕西和西北密切相关。中央古物保管委员会隶属教育部,而西京筹备委员会直属民国政府,职权等级更高,故在陕西省政府之外,同时获得西京筹备委员会的支持,对黄文弼开展文物调查和保护工作具有重要的意义。在新闻报道中,我们也可看到时任中央古物保管委员会西安办事处主任的黄文弼与西京筹备委员会和陕西考古会的相关人士多有往来互动。

　　尽管中央古物保管委员会先后出版了两册议事录,但在《中央古物保管委员会议事录》第二册中提及的西安办事处在 1936 年提交的工作报告,仅有当年 1 月至 3 月的部分得以刊布[①],其余报告均未及时发表,不知是否尚存。因此,与黄文弼在陕西期间相关的新闻

---

　　① 《中央古物保管委员会议事录》第二册中收录了《视察鄠县、周至、咸阳古迹古物报告》《视察沣桥报告》以及《调查周至、郿县、扶风、武功、兴平各县古迹古物状况及渭惠渠沿线发现古物情形》三篇报告,所记时间在 1936 年 1 月至 3 月间,应是西安办事处所提交的工作报告的部分内容。此外,1936 年 3 月出刊的《中国博物馆协会会报》刊登了一篇署名为"古物保管委员会西安办事处"的《整理西安碑林计划书》,可能也属于黄文弼提交的工作计划的部分内容。见古物保管委员会西安办事处《整理西安碑林计划书》,《中国博物馆协会会报》第 1 卷第 4 期,1936 年 3 月,8—11 页。此外,2023 年出版的《西安碑林与金石学》图录中包括时间为 1936 年 3 月的《修建西安碑林施工说明书》,其封面和扉页均钤有"中央古物（转下页）

报道就成了弥补信息空白的重要依据。幸运的是,自1934年至1947年间,黄文弼一如他在西北科考期间那样备受媒体关注,屡屡见诸报端。本文收录报道的数量达到171篇,即为明证。

报纸与刊物中对黄文弼的报道可大致分为两个主题,一是黄氏的行迹,如1934年12月与美术史家滕固(1901—1941)首次来到西安调查,1935年3月启程就任西安办事处主任,1935—1937年间往来于西安、南京、北平三地之间的事由,以及1936年由西安外出视察陕西多处古迹等。二是两项屡见报端的古迹整修工作——培修黄帝陵与整修碑林,前者为1935年4月7日民国政府举行祭扫黄帝陵仪式的余绪,在经历了1935年夏秋之交西安办事处险被撤销的风波[1],1936年4月7日,黄文弼前往中部县的黄陵,标志着培修黄陵工作的启动。而从黄文弼在参与祭扫仪式一年后才着手培修黄陵来看,此举并非由黄氏发起,而是作为政治宣传任务提上日程,故获得新闻报道的关注。后者则始于黄文弼与滕固在1934年底的调查,至1935年5月12日,西安办事处迁入碑林前的孔庙办公[2],同年9月11日,黄文弼提请合组整理碑林,然由于经费无法到位,进度不断延宕。直至1936年11月2日,西安碑林工程监修委员会方能成立。1937年7月8日,碑林监修委员会在抗日战争全面爆发前最后的宁静中,召开了第四次委员顾问联席会。有赖于新闻报道提供的时间信息和内容细节[3],方能知晓黄文弼组织整修碑林工程的基本过程,以及时人对整修碑林的热情和期许。

抗日战争爆发后,中央古物保管委员会在1937年10月29日被裁撤,黄文弼先后进入西安临时大学、西北联合大学、西北大学历史系任教,投身于西北高等教育与人才培养的事业。由于多数报刊停刊,抗战时期关于黄文弼的报道多见于各高校校刊,然校刊的发行亦无法有序维持,故其提供的信息依然相对有限。如根据新闻报道,黄文弼曾受到中英庚款董事会资助,一度在四川大学历史系任教,但黄氏是否从西北联合大学离职,离职的原因和时间,被西北大学返聘的时间等细节,则完全有赖于档案资料[4]。1941年底之后,黄文弼长期在西北大学历史系任教,并在1944—1946年间先后任历史系主任和边政学系主

(接上页)保管委员会西安办事处"之印,亦为值得注意的档案资料。见西安碑林博物馆编《西安碑林与金石学》,西安:西安地图出版社,2023年,110页。

[1] 刘瑞《黄文弼先生与中央古物保管委员会西安办事处的古物古迹调查》,荣新江、朱玉麒主编《西域考古·史地·语言研究新视野:黄文弼与中国西北科学考查团国际学术研讨会论文集》,北京:科学出版社,2015年,211—214页。

[2]《中央古物保管委员会西安办事处工作报告》,中央古物保管委员会编《中央古物保管委员会议事录》,1935年,120页。

[3] 如本文收录的《西北文化日报》1937年4月8日刊登的《碑林监修委员会昨开会议》中,所录会议议决事项与档案资料中的会议记录相合,足见部分新闻报道的内容准确性可以与档案资料相比。相关档案资料见《整理西安碑林工程监修委员会会议记录》,《西安碑林与金石学》,111页。

[4] 黎镜明《谋道亦谋食——1938—1940年黄文弼入川任职史事考原》,罗丰主编《丝绸之路考古》第7辑,北京:科学出版社,2023年,159—164页。

任,至 1947 年年中离校返回北平任职,结束了在陕西十余年的工作生涯①。

值得注意的是,1940—1945 年间民国政府教育部曾组织"艺术文物考查团",由留法归国的王子云(1897—1990)担任团长。教育部艺术文物考查团在 1941—1943 年间先后考察了陕西、洛阳龙门、甘肃兰州、敦煌等地②,后在 1944 年底因经费困难被裁撤,考察成果由西北大学接收,王子云亦加入西北大学历史系,并成立西北文物研究室。在均曾考察过陕西古物古迹的黄文弼与王子云之间,是否曾在古物整理工作上通力合作,相关细节并不见于新闻报道。又如 1938 年 9 月,因鸿兴丰公司偷工减料,碑林展室出现漏水和墙体开裂现象,时任西安碑林管理委员会主任的张鹏一紧急联系已南下的黄文弼,黄文弼亦于同年 10 月返回西安处理③。然此事未见诸报端,仅据档案、信函和访谈得知大概过程。由此可见,新闻报道文字确实能够弥补因档案资料缺失而造成的信息空白,但对于特定的时期和事件,仍无法替代档案资料的作用。此外,在利用新闻报道时,仍需留意新闻具有宣传和即时的性质,故甄别"计划"和"实际行动"的时间差异,如中央古物保管委员会西安办事处的成立时间,从报纸宣传到真正成立,时间已相差近两个月。若仅依据一则新闻报道,所得时间细节可能并不准确,故本文尽可能列出多数刊登相同报道文字的报纸名目,以期不致舛误。

正　文

行政院昨晨会议　聘李济等为古物保管委

【南京二十九日电】政院今晨开第一六二次会议,到汪兆铭、孔祥熙、罗文幹、石清阳、陈树人、陈绍宽、王世杰、朱家骅、刘瑞恒、黄绍雄、顾孟余、汪主席。

……

(乙)任免事项:

(一)聘请李济、叶恭绰、黄文弼、傅斯年、朱希祖、蒋复璁为中央古物保管委会委员。

(二)冀省府委员兼教厅长陈宝泉因病辞职,准免本兼各职,任命周炳琳为冀府委兼教育厅长。……

(《西京日报》1934 年 5 月 30 日第 2 版;《申报》1934 年 5 月 30 日第 5 版;《大公报(天津)》1934 年 5 月 30 日第 3 版)

---

① 关于黄文弼在陕西十年的履历,可参笔者拙文《出入秦川——黄文弼在陕西》,《北京晚报》2023 年 12 月 19 日,21—22 版。

② 徐伟《丝路无疆:西北艺术文物考查团研究》,西安:西安交通大学出版社,2015 年,54—83 页。

③ 罗宏才《抗战中北平鸿兴公司整修碑林偷工减料案始末》,《碑林集刊》第 4 辑,1996 年,19—43 页。

古物保管会昨召开临时会议

念三日京讯　中央古物保管会,以奉查易培基等盗换古物案,并商讨会务进行起见,念三日上午在内部举行全体委员临时会议。到傅汝霖、滕固、蒋复璁、朱希祖、黄文弼、卢锡荣等十余人。傅主席讨论议案甚多,俟整理后,念四日可发表。

(《时事新报》1934 年 11 月 24 日第 1 版)

汪蒋通电保护古物

申述中央古物保管会工作纲要　望全国协助进行发扬民族精神

(南京)汪院长、蒋委员长三十日通电保护古物。原电云:中央各院部会、北平军政两分会、各省绥靖主任、省府、市府、各军长、师旅团长、各大学校、各学术团体均鉴:夫温故乃能知新,承先所以启后。凡一民族之发扬,文化之进展,无不有其嬗递之迹。以观以兴,而日臻精进也。我国以五千年宏伟博大之国,先民事物所遗留及于吾人者,悉为先民精力之所寄。或有助于学术之探讨,或有益于艺事之改进,缅想前哲,作式来兹。如欲阐扬文化,必须认识此种固有之文化;如欲复兴民族,必须认识此种民族之历史,无疑义也。政府以国家古物,近年迭被摧毁,在民族精神上,实为重大损失。兹为统筹保管计,爰有中央古物保管委员会之设立、并由行政院聘任李济、叶恭绰、黄文弼、傅斯年、朱希祖、蒋复璁、董作宾、滕固、舒楚石、傅汝霖、卢锡荣、马衡、徐炳昶等为委员。该会已于本年七月十二日成立,其工作纲要,约有十端。……(三十日中央社电)。

(《申报》1934 年 12 月 1 日第 8 版;《东南日报》1934 年 12 月 1 日第 2 版;《时事新报》1934 年 12 月 1 日第 2 张第 1 版;《西北文化日报》1934 年 12 月 1 日第 2 版;《青岛时报》1934 年 12 月 2 日第 2 版;《申报》1934 年 12 月 10 日第 8 版)

马衡谈点验古物案

……

(南京)中央古物保管会呈准行政院,派该会委员滕固、黄文弼赴各地调查古墓古物。滕、黄五日晚离京北上,拟先至河南,再赴陕西查察。(五日专电)

(《申报》1934 年 12 月 6 日第 8 版)

保委会派滕固等北上调查古物古墓

南京五日电:中央古物保管委员会特派滕固、黄文弼,五日晚北上,赴冀、豫、陕各省调查古物、古墓,与地方当局协商保护办法。

(《大公报(天津)》1934 年 12 月 6 日第 3 版。《山东民国日报》1934 年 12 月 7 日第 3 版)

古物保管会派员赴陕甘考察

黄文弼等已抵豫

中央古物保管委员会,为保存全国各地古物国粹,特派黄文弼、滕固赴豫陕甘视察各处古物已发未发保存现状,业已抵豫,事毕即经陇海线赴西安,转赴甘省各地考察云。

（《京报（北京）》1934 年 12 月 14 日第 2 版;《申报》1934 年 12 月 14 日第 3 版①）

中央古物会黄仲良等来陕

接洽关于考古事宜

中央古物保管委员会以陕省为周秦汉唐故都,所在古迹,当不见少,并悉本省已有考古会之机关,为调查古迹及与此间考古会接洽连络起见,特派该会委员黄仲良等二人西来办理一切。黄等已于日昨抵西安,据闻将无多逗留,拟公毕后,即行返京云。

（《西京日报》1934 年 12 月 20 日第 6 版）

秦汉古迹遍豫陕

滕固黄文弼视察归来谈

中央古物保管委员滕固、黄文弼,前由该会推派赴豫、陕两省视察盗掘古墓及古迹毁损、计划规复各情形,于本月五日出发,昨（二十六日）返京。记者访询视察情形,承作下列之谈话。

殷代故都均被盗掘　余等奉会中推派,先赴开封晤刘主席暨各厅长,接洽视察路线,即在开封城郊略加观览,旋由郑州转赴（漳）[彰]德。此地为殷代故都,古址密布,近来被地痞奸商盗发甚多,满望累累者,皆盗痕也。又赴该地善应附近,视察宝山西沟之北魏隋唐石窟。雕刻精美,而佛头多为奸商勾结土人斫去,尤属可惜。再赴洛阳视察金镛城遗址、汉太学遗址及白马寺、龙门诸地,虽渐趋残毁,半成丘墟,而往昔文物盛况,犹令人徘徊景仰。

周秦陵墓宜加护惜　最后赴西安,历咸阳、兴平、临潼诸县,视周、秦、汉各代帝王功臣陵墓及城南一带隋唐古寺,当将历来被人忽略之古代雕塑与省府商加护惜。豫、陕两省古迹遍野,余等行经其地,见先民创造之伟大,低徊感奋,不能自己。此为吾国民族精神之所寄托,凡为国民一份子,皆有保护复兴之责。余等为时间所限,以安阳、洛阳、西安三地为中心,而视察其周围必要之区。然舟车劳劳,未有一刻之闲暇,故其详情非片言可尽,日内当整理笔记,向中[央]古物保管委员会报告,并将具体办法建议于行政院。再,此次所历

---

① 《申报》1934 年 12 月 14 日报道题为"古物保委会呈请进行易案裁判",分"南京""北平"二目,"北平"目内容与《京报（北京）》相近,兹录如下:"中央古物保管委员会派黄文弼、滕固赴豫、陕、甘视察各处古物现状,已抵豫,事毕即赴西安,转甘省各地考察（十三日专电）。"

各地,承地方官员招待协助,故工作得以顺利进行,余等深致谢意。

(《朝报》1934年12月27日第2版;《中央日报》1934年12月28日第3版;《东南日报》1934年12月27日第1张第2版;《申报》1934年12月27日第8版;《大公报(天津)》1934年12月27日第3版;《华北日报》1934年12月27日第3版;《时事新报》1934年12月27日第4版;《京报(北京)》1934年12月27日第3版;《西北日报》1935年1月15日第2版[①])

滕固、黄文弼提议严惩盗掘古物

南京 中央古物保管委会职员滕固、黄文弼,以现行刑法对盗墓治罪甚轻,凡盗掘古墓及地下古物,均与普通盗墓同科,致奸刁之徒肆行无忌。如安阳、洛阳等处,古代帝王功臣陵墓、宫室、寺庙故址,均被盗发,于民族文化上损失甚大。且匪徒组织严密,往往伪用乡愚,假投法网,受轻微刑罚以为搪塞,将致地下国宝不数年盗劫一空。特于该会提议,援据惩治盗匪办法,制订惩治盗掘地下古物法,呈政院转呈中政会备案施行。

(《新闻报》1935年1月8日第6版)

古物保管会派员赴豫陕调查古物
滕固黄文弼抵汴转安阳

【开封通信】中央古物保管委员会鉴于豫陕古墓时被宵小地痞挖掘,私售外人,冀图发财。该会为保护中国古代文化计,特委派古物保管委员滕固、黄文弼二人来豫陕等地调查古物。兹悉,滕、黄二委员,已于(七日)抵汴,下榻本市鼓楼街金台旅馆,游览本市名胜古迹(如繁塔、铁塔等),俾资考察,拟于明(九)赴安阳调查古物,旋赴洛阳、西安等地。闻省府已电安洛两当局协助进行。

(《大同报》1935年1月15日第7版)

西北古物将特设机关负责保管

【南京二十六日下午九时发专电】中央古物保管会决在西安设办事处,统辖陕、甘、青、宁、新五省,以黄文弼为主任,并呈行政院。谓豫陕各地盗墓掘物之风甚炽,如再不严予制裁,我国地下古物势将丧失无余。请转咨司法院,通饬所属司法机关,对此类案件应从严办理,以重文化。

(《大公报(天津)》1935年1月27日第3版)

西安古物办事处成立

南京 西安古物办事处成立,委黄文弼为主任,统辖陕、甘、青、宁、新五省市,呈行政

---

① 自《东南日报》以下各报纸报道均较简略,兹不重复录出。

院备案。(二十六日专电)

(《申报》1935 年 1 月 27 日第 4 版)

古物保管委员会昨日开会

二十六日京讯　古物保管委员会二十六日午后开全体委会,除讨论古物保护规则等草案外,并决成立中央古物保管委员会西安办事处,计陕、甘、青、宁、新等五处之古物保管事宜,由该办事处处理,并推派委员黄文弼为主任。

(《时事新报》1935 年 1 月 27 日第 3 张第 1 版)

盗掘地下古物应量刑从重科罪

京讯　中央古物保管委员会前以豫陕各地发掘坟墓之风甚炽,社会对此亦深注意。该会以责职所在,曾于去岁十一月推委员滕固、黄文弼二人前往实地调查。兹更呈请行政院,请咨司法院转饬所属,对盗掘地下古物者从严惩办,以戢盗掘之风。兹经记者由关系方面觅得呈行政院全文于后:

盗掘墓穴　触目皆是　查近年各地盗墓掘物之风,日甚一日。其专掘地下古物之案,亦复层出不穷。本会责职所在,未容漠视。经于上年十一月推滕委员固、黄委员文弼前赴豫陕一带,实地调查,俾明真相。兹据报告,略称经过各地,盗掘新旧坑穴,触目皆是,而以豫省安阳县属为尤甚,并由中央研究院殷墟发掘团交来安阳盗掘案件一览表一件。计自二十二年二月起,至上年十二月止,竟达六十三起之多,殊骇听闻。揆厥原因,良由现行刑法所定盗墓罪犯条文,富有伸缩之性,而盗掘古物,更未订有事条可资依据。各处司法机关对于此种案件,往往取罪疑惟轻之义,以致人民毫无忌惮,视盗掘为惟一谋利之途。如再不严予制裁,不独我国地下古物势将散失无余,而长此刁风不碍,实与地方治安亦复有所妨碍。

……

(《时事新报》1935 年 1 月 29 日第 3 版)

黄文弼由京来陕
筹备古物保管会办事处

中央古物保管委员会前以陕西各地盗墓掘物之风甚炽,如不及早严予制止,地藏古物,必将丧失无余。该会有见及此,除转知司法院通饬所属司法机关对此类案件应从严办理,以重文化外,并在西安设立办事处,专负保管陕、甘、青、宁、新五省古物之责,并委派该会保管委员黄文弼为办事处主任,主持一切。昨据有关方面确息,黄君为早日实现西安办事处起见,刻已由京动身起程来陕。若无其他耽延,日内即可抵省云①。

（《西北文化日报》1935年2月6日第5版;《西京日报》1935年1月31日第7版）

中央古物会决定开辟茂陵公园

黄文弼即来陕

中央古物保管委员会前已决定开茂陵为公园,俾此伟大之古迹得愈益发扬光大。此间西京筹备委员会当即函请该会速行派员来陕筹设,闻古物保管委员会已将茂陵公园实施之各项计划拟具完善,呈报行政院,俟会议通过后,该会即派员来陕筹设茂陵公园。至该会在陕设立之古物保管西安办事处,前已委定该会保管主任黄文弼为西安办事处主任。黄刻正在京摒挡一切,即可来陕主持成立西安办事处,俾西北陕、甘、青、宁等省之古物得妥为保存云。（边闻社）

（《西京日报》1935年2月19日第7版;《西京工商日报》1935年2月19日第3版;《益世报（天津）》1935年2月23日第4版）

古物保管会西安办事处成立期

下月十日

南京　中央古物保管会设西安办事处整理陕、甘、青、宁、新西北五省古物,推黄文弼为主任,定二十八日赴西安筹备,下月十日正式成立。

（《新闻报》1935年2月27日第5版）

古物保管委员会保存西北古物

近特在西安设立办事处　委黄文弼为主任　办事处已定本月中旬成立

【特讯】中央古物保管委员会以陕西、新疆一带为我国古代文化中心,古物古迹漫散各处,殊为可惜,近特在西安设立办事处,委黄文弼为主任,保存与修理陕、甘、宁、青、新之古物。办事处定本月中旬成立,已派科员杨某赴陕接洽,筹备一切。黄则因平方尚有事必须料理,特于昨日上午十时来平,略事逗留,即行赴西安筹备一切进行事宜云②。

（《世界日报》1935年3月3日第7版;《中央日报》1935年3月6日第2版）

黄文弼抵平谈今后考古计划与伦敦中国艺展问题

西安办事处将成立

黄文弼氏,前在新疆等处考查古物,发现汉简、壁画、《论语》等文物,对学术界贡献良

---

① "昨据……日内即可抵省云"一句,《西京日报》1935年1月31日第7版无。

② "已派……备一切进行事宜云"一句,《中央日报》1935年3月6日第2版无。

多。去年由陕返平后,受中央古物保管委员会之托,与滕固赴河南、陕西视察古迹,事毕返京报告。顷中央古物保管委员会在陕西西安设立办事处,委黄为主任,管理与保存陕、甘、宁、新、青等五省之古迹古物,已派杨某赴陕接洽一切,决定本月中旬正式成立。黄以前在新疆考古之物件与报告,尚未整理完毕,且中央古物保管委员会西安办事处之人选与参考物件,皆须来平搜集,故于前晚乘平沪通车来平,昨日上午十时二十四分到达,下榻中央古物保管委员会北平办事处,在平勾留约一周即赴陕。记者特往访晤,据谈赴陕之任务、古物保管委员会对伦敦中国艺展之态度及今后之考古计划如下:

余(黄自称)此次来平,因前在新疆考集之古物尚未整理完毕,特来平整理。次为中央古物保管委员会西安办事处之职员尚须有在平聘请者,故来平勾留月余,即赴陕筹备一切。中央古物保管委员会在西安设立办事处之宗旨,因为陕、甘、新一带为我国古代文化之中心,为古代文化分布的路线上求得一个连络,故设一办事处,管理、保存及修理陕、甘、新、宁、青等五省之古迹与古物,但因经费关系,仅做地面上古物古迹之修理与保管,如古坟及古代建筑等大规模之发掘工作,现时预定不做。古物保管委员会已派杨科员赴陕接洽一切,并派黎某于一周后赴西安,帮同筹备。余个人此次赴陕,偏重于各省古物、古迹之视察,考古工作则为次要。前在新疆罗布淖尔考古之报告与专书业已完成,约在暑假前可以发表,在吐鲁番、拜城等处发现之壁画,亦已整理完毕,并且决定将壁画用五色彩版印书出版,此两书皆由西北科学考查团出版。至参加伦敦中国艺术展览会之古物,以故宫博物院为最多,古物陈列馆次之,私人方面则甚少。教部组有筹备委员会与专门委员会主其事,各项参加古物,皆须首由专门委员会决定,然后再经英国专门委员决定。中央古物保管委员会对于此事,前曾向行政院建议数项,皆经容纳。第一点,希望两方皆由政府出名,此事已得英方之同意;第二点,为专门委员必须为学术界有资望者;第三点,参加古物须有近代者,因英方限制须一千八百年以前之古物。盖我国之古物文化,不仅只在千八百年以前也,决定权并须归诸我方,皆得相当之结果。惟安全问题,现正在筹思中。总之此事为沟通中英两国之文化,固为至善,但全国人士莫不希望我国能不受任何损失,方为完满也云。

(《益世报(天津)》1935 年 3 月 3 日第 8 版)

西安古物分会

黄文弼负责筹备月内成立

中央古物保管委员会派黄文弼来省筹设西安分会,月内即可成立,其工作范围,专司保护陕甘一带古物事项云。

【南京四日电】中央古物保管委员会科长邱善元[①],前日赴北平观察北平古物分会成立后工作状况及指导各项应办理事项,邱氏现已返京。据语记者,北平分会以处于古物集中

---

① 据文献,有中央古物保管委员会顾问裘善元,此处"邱"疑当作"裘"。

地,故登记鉴(安)[定]及保护各科行政工作,极为忙碌。至西安分会设立问题,前日已由黄文弼负责由平转西安筹备设置,将于月内成立。其工作范围,专司甘肃、陕西一带古物保护事项。(陕西社)

(《西京日报》1935 年 3 月 5 日第 7 版)

陕 古 物 会

经黄文弼筹备　本月内可成立

南京四日电:西安古物分会,经黄文弼筹备,月内成立专司陕甘古物保护事项,鲁、豫拟成立分会。

(《实报》1935 年 3 月 5 日第 1 版)

黄文弼谈古物保委会西安办事处组织与工作

黄定十二日前后离平赴陕　在西安事毕并将赴甘宁新青视察

【特讯】中央古物保管委员会以陕西、新疆、青海一带为我国古代文化中心,古物古迹,漫散各处,渐次毁灭,殊为可惜。近特在西安设立办事处,委黄文弼为主任,专事保存与修理陕、甘、宁、青、新五省之古物古迹。上项消息,业首志本报。记者昨特访方由京来平,不日即赴西安筹备成立办事处之黄文弼于某处,询问一切详情。据其谈话如次:

中央古物保管委员会鉴于国内各处古物古迹甚多,但皆零散,无专机构保管,故前议决分设办事处于各大城市。北平办事处早已成立,西安者正进行筹备,将来或推广至各省市。西安办事处组织,系遵照古物保管委员会规定之"各地办事处通则",直辖于委员会,设主任一人,由委员会委员兼任,下设课员、技师、办事员若干人,秉承中央意旨,进行一切。每月经常办公费六百元,由会中直拨,办事处之房舍,现正寻找接洽中,本月十五日可正式成立。将来主要之工作,大约为:协同地方政府整理地面现有之古迹古物,及调查、设计保管、发掘监视、处理古物纠纷等。本人(黄自称)预定在西安勾留约二三月,俟一切接洽就绪,即赴甘肃,转赴宁夏,再往新疆、青海视察,与聘请联络员协助办事处。本人现在平除等候聘请一测量工程师外,惟一之工作为整理从前随西北科学考查团在新疆、蒙古采集之古物,如吐鲁番、库车、焉耆、罗布淖尔各处之壁画[①],泥像,汉简等,惟件数甚多,类别亦繁,颇费时日,将全数交由西北科学考查团刘衍准君代为整理。根据此次采集所作之《新疆之佛教美术》及《罗布淖尔与土垠》二书,本年秋季可出版。至于离平赴陕日期,则约在本月十二日前后云云。

(《世界日报》1935 年 3 月 7 日第 7 版)

[①]　罗布淖尔,原文作"罗布罗尔",据实际地名改。下同,径改,不具。

中央古物保委会将设西安办事处

本月中可正式成立

【特讯】记者昨晤中央古物保管委员会委员黄文弼,据谈:中央古物保管委员会最近为整理西北古物起见,将在陕西西安成立办事处,现在内部大致均已就绪,人员亦已规定,主任一职,即由本人(黄自称)兼任。预定本月十五日左右,离平前往。办事处成立后,对于西北五省(陕西、甘肃、宁夏、青海、新疆)之古物,除积极发掘整理外,并尽量发扬我国文化云。

(《华北日报》1935 年 3 月 7 日第 9 版)

黄文弼昨离平赴西安

考古家黄文弼,前经中委张继电邀返陕,协助古物保管委员会驻陕办事处工作。黄氏日前由京抵平,昨日上午十时二十分搭平汉路快车,离平赴郑州,转陇海路车赴西安云。

(《益世报(北京)》1935 年 3 月 21 日第 9 版;《绥远日报》1935 年 3 月 23 日第 2 版)

中央古物会西安办事处四月初旬成立

黄文弼昨由京抵省积极筹备　据谈先整理秦皇陵次及茂陵

中央古物保管委员会以陕西为中国古代文化之中心区域,故决定在西安成立中央古物保管委员会西安办事处,办理西安古物保管事宜,并派该会委员黄文弼由京前来西安筹备一切。黄氏于昨(二十二)日下午七时三十分乘陇海车抵西安,寓东大街西北饭店五十二号。记者闻讯,即往访晤。承作如下之谈话,略谓陕省为汉唐故都,旧有文化在中国颇占重要地位。现决在西安成立办事处,拟定于本年四月初旬正式成立,开始办公。将来组织情形,当秉承中央规定,分保管、整理、调查等科。至于办事处成立后之工作,拟对骊山附近之秦皇陵先着手整顿,由余(黄氏自称)同滕固先生负责计划。次对茂陵古物调查,由办事处向西京筹备委员会建议,共同办理。惟甘肃、新疆等地文化,该处亦负有保管、整理、调查之使命,将来当依次实施,审慎进行云。

(《西京日报》1935 年 3 月 23 日第 7 版)

黄仲良来省筹设古物会办事处

日内谒张邵商洽　地址觅定即成立

中央古物保管委员会,为整理西北各省古迹古物,特决定在西安设立该会办事处,并派该会委员黄仲良为西安办事处主任。黄君已于昨晚由京抵省,下榻西北饭店,拟今日即访谒张委员长(溥泉)及邵主席等,商洽筹设办事处及工作进行等事。据黄君昨语记者:古迹古物,关系国家文化颇巨,中央古物保管委员会对全国古物古迹之整理与保管,拟有整个计划,俾资保存,并为进行工作便利,拟于全国各地设立办事处。西北为吾国文化发源地,古迹古物更为特多,故决于西安设立办事处,整理并调查陕、甘、青、宁、新五省之古迹古物。本人此来即进行筹设办事处,日内将谒先张委员长及邵主席商洽一切,地址觅妥,即行成立。俟组织成立后,拟首先派员视察西北五省之古迹古物,斟酌实际情形,再整理保管之具体办法。本会现除设西安办事处外,北平办事处已经组织成立①,近并计划于开封设办事处,整理鲁、豫、皖等省之古物古迹,将来并拟于西南亦设办事处云。

(《西北文化日报》1935 年 3 月 23 日第 5 版)

时 人 行 踪

黄文弼

西安二十三日电。中央古物保管会委员黄文弼,二十二日晚由平来陕,筹备在西安设办事处。

(《中央日报》1935 年 3 月 24 日第 3 版)

古物保委会西安办事处后日成立

【北平通信】中央古物保管委员会为保存西北各省之古物古迹,特在西安设办事处,委黄文弼氏为该处主任。黄氏于上月中旬由平赴陕。昨据黄氏致函北平某方报告,谓该处经西京筹备处主任张继氏与邵力子之协助,已定西安胭脂坡下马陵董子祠为办事处处址,定于四日正式迁入办公。黄氏于办事处成立后,即将出发各县考察,指导地方机关对于古物与古迹之保存办法云。

(《大公报(天津)》1935 年 4 月 2 日第 4 版)

中央古物会西安办事处昨已正式办公

中央古物保管委员会委员黄仲良氏,日前来陕筹设西安办事处,当经觅定董子祠为办事处地址,略事修葺,昨已开始正式办公矣。

(《西京日报》1935 年 4 月 4 日第 7 版)

整理西北古物拟具详细计划

将提中央古物会讨论　组织调查队即可成立　黄仲良定期赴京

中央古物保管委员会西安办事处自择定本市董子祠为地址开始办公后,日来工作进行已有头绪。记者昨晤该处主任黄仲良,询以最近工作情形及今后计划。据谈,本处现第一步工作即重视于古物之调查,西安为古代建都之地,古物所在多有,惟兹事体大,欲收

---

① 北平,原文作"此平",据实际地名改。

实效,须有一组织极完备调查队。故为慎重工作起见,特一度晋谒省府邵主席,及西京筹备委员会张委员长商谈此事。二氏对三机关合组调查队之举,深表赞同,并允为帮助促其早日实现,以利工作。现由本处积极拟具调查队组织办法,俟拟具妥善,与邵、张面商后,即可实行。至调查队之工作,不特对于各项古物之分别调查,关于估价,亦须进行,以便分别保管云。

二次大会定期举行　中央古物保管委员会二次全体委员大会,定于本月十七日在京举行,特于昨电西安办事处主任黄仲良赴京参加。现黄以此次会议关系各地古物保管办法,有详细之讨论,故特将该处对西安古物之保管及甘、青、宁等省之古物整理计划,拟具提案数件,以便提出讨论。黄氏并以会期在迩,决定于本月十四日即首途赴京云。

(《西北文化日报》1935 年 4 月 12 日第 5 版)

黄仲良赴京
出席中央古物会议

中央古物保管委员会西安办事处主任黄仲良,以该会二次全体委员会议定于本月十七日在京举行,前特电请参加。现为期届迩,故特定今(十四)日晚携带整理西北各省古物保管之详细计划及提案,离省东行,出席会议云。(边闻社)

(《西京日报》1935 年 4 月 14 日第 7 版)

测绘黄陵人员日内出发

……

中央古物保管委员会西安办事处以西安各地之陵园古迹如黄陵、茂陵等,其古代之建筑中经变迁之情形,从无详细之调查,故欲修筑恢复旧观,必须作一度详细之调查,始克进行。至目前之工作,则对于各陵先进行测量。现该处以邵委员等此次来陕扫墓,对于黄陵亟谋修复,故该处主任黄仲良曾一度与西京筹备委员会张委员长面商修筑黄帝陵园进行之办法,决定由该处先进行测绘黄陵之图形,以便依据设计修筑。关于测量工作,该处已派定由中央陆军测量学校地形科毕业之学员杨敬贤担任,现杨君业将测量之各项仪器准备就绪,定日内即率领测工人员前往中部测量黄帝陵园,再依次测量茂陵、昭陵、周陵等古迹名胜,俾资设计兴修云。

(《西北文化日报》1935 年 4 月 15 日第 5 版)

中央古物会第二次大会情形
通过要案二十余件

京讯　中央古物保管委员会按照法令,每年开全体会议两次。本月十七日在头条巷会所举行第二次全会,出席委员有傅汝霖、滕固、李济、蒋复璁、朱希祖、傅斯年、许修直、卢锡荣、黄文弼、舒楚石,列席许宝驹、裘善元、萧汉澄、傅雷等,由傅汝霖主席。

关于会务报告事项,概分四种:(一)重要文书处理情形;(二)经费情形;(三)会中发起组织之南京古迹调查委员会工作情形;(四)北平、西安两办事处工作情形。报告历两小时之久,极为详尽。各委对于常务委员会所处理各种事项,均甚表满意。

临时报告则有傅委员斯年报告调查西人斯文·赫定暂时借运出国研究之古生物化石经过等议决之要案……余如派员调查陕西肤施县清凉山石佛案,呈请行政院转令北平古物整理委员会修葺北平东城府学胡同文天祥祠堂案……

(《时事新报》1935 年 4 月 22 日第 4 版)

清凉山石佛

中央古物会拟予保护　推专家暑假来陕调查

肤施清凉山石佛极有历史价值。前据中央古物会西安办事处主任黄仲良电告,伊于此次出席中央古物保管委员会议时,提请保护,以垂永久。当经决定,先推专家二人于暑假期间前往调查,次再商议保护办法。

(《西京日报》1935 年 4 月 24 日第 7 版)

张溥泉在京商讨修复黄帝陵

将建议中央实行

……

中央古物保管委员会西安办事处以中央规定每年举行民族扫墓典礼关系重大,但进一步仍得对于先民所制作之典章文物及丰功伟绩,集合多数志士讨论,俾发扬光大,妥善保存。故该处主任黄仲良前曾一度与西京筹备委员会委员长张溥泉详为商讨,拟在黄帝陵园建筑规模较大之房屋一所,仿佛古代天子所设之明堂。每于民族扫墓期间,可集合国内人士齐集一堂,共瞻先贤之遗风,且可研究先民之事业文物。关于此项计划之实施,俟黄主任返省后,即可决定云。

(《西北文化日报》1935 年 4 月 26 日第 6 版)

中央古物保管会整理西北古物

黄仲良由京抵省督饬进行

中央古物保管委员会委员兼西安办事处主任黄仲良,前赴京出席该会第二次全体委员大会,现已事毕返抵西安。据黄氏谈,此次出席大会,印象极佳。又该会对于西北之古迹古物极为重视,并闻关于整理调查西北古迹古物,议决三大要案,交黄氏办理。黄氏返回西安后,即督率该处职员依次进行云。

(《西京日报》1935 年 5 月 2 日第 7 版,《西北文化日报》1935 年 5 月 2 日第 5 版)

中央古物会办事处测量遗迹已竣事

并由黄文弼亲加检视在整理中　修蒲城唐陵补助款到即可开工

　　中央古物保管委员会西安办事处在陕西工作计划,曾承准总会厘订三目标:一、遗址之测绘;二、碑碣古物之检定;三、寺观庙宇之调查。限以三月完成城郊,再由近及远,以及西北各省,已志前报。现闻该处自四月一日起,至今日止,由该处人员之努力,地方政府之帮助,其遗址之测量如汉唐城,大致已告完竣。寺观庙宇除城郊已调查完竣外,余如外县之已经调查者,约十余县。凡所有各地之古迹及各地保存之古物,均经该处主任黄文弼氏亲加检视,分别其价值,以便保管。闻已检定有价值之古物,不在少数,除已函请省府转饬地方政府加意保护并修理外,将来拟以检视结果,加以整理,公告各界。故该处工作计划,至此可暂告一段落。现因二十四年度国家总预算关系,奉令并入内政部,该处已遵令结束一切,听候接收。想西北为古代文化渊薮,古迹古物遍地皆是,其前途之发展,正未可限量也。

　　【又讯】关于修理蒲城唐景陵事,前由黄氏提请中央古物保管委员会补助,已经该会议决补助千元,俟行政院核准后,即可拨出,以便筹措开工。陕西邵主席及西京筹备会对此事亦极热心,想不久当可实现也。

　　（《西京日报》1935 年 6 月 30 日第 7 版）

黄仲良日内赴京

请示古物会办事处结束事

　　中央古物保管委员会、西京办事处主任黄仲良以前曾接奉保管委员会令文,着该处由七月一日起即行办理结束,并听候后令等语。该处于奉令后,即办理各项结束事宜,惟现已时逾半月之久,迄未奉到令文,究应如何处理,黄君以此殊有重大关系,未便久为虚悬。况现在结束事宜早已办竣,更应早为决定。故为便利工作计,决即于日内赴京向中央请示一切,并报告在陕数月来工作情形云。（边闻社）

　　（《西北文化日报》1935 年 7 月 21 日第 5 版;《西京日报》1935 年 7 月 21 日第 7 版）

修筑蒲城唐景陵

黄仲良由京返省后即兴工

　　中央古物保管委员会西安办事处主任黄仲良,以陕省陵寝古迹虽甲于他省,但皆荒芜不堪寓目,除周、茂陵由西京筹委会修葺足资观瞻外,余如蒲城唐景陵等均皆凋残破弊。故自办事处在西安成立开始工作以来,对于陵寝古迹之测绘及名胜遗址之调查等重要事项,均已先后竣事,其次则为进行修筑蒲城县之唐景陵,现在关于工款业经黄君筹妥三千元,施工亦已经拟就,俟黄君由京请示返省后,即可兴工云。（边闻社）

　　（《西京日报》1935 年 7 月 23 日第 7 版;《西北文化日报》1935 年 7 月 23 日第 5 版）

平市学术机关调查　　春申

古物保管委员会

民国十七年由前大学院院长组织，聘国内学者三十二人为委员，成立于首都南京。十八年一月移设北平，改隶教育部，经常费一万二千元，由教育部拨付。去年六月间，经行政院第一六七次常会改组，聘李济、叶公绰、黄文弼、傅斯年、朱希祖、蒋复璁、董作宾、滕固、舒楚石、傅汝霖、卢锡荣、马衡、徐炳昶等十三人为委员，指定傅汝霖、滕固、叶公绰、蒋复璁为常委，并以傅汝霖为主席。同年十二月由行政院召集各委，并负责审查各地人员，开成立大会，并择定内政部内后院为会址，本年一月，北平分会取消，改称办事处，由马衡负责接收，或将被委为主任之职①。

（《华北日报》1935年7月25日第9版）

黄文弼昨由陕抵平

中央古物保管委员会西安办事处主任黄文弼，近应西北科学考查团之请，于昨（二日）晨由陕抵平，即日协同该团，整理在新疆、蒙古、甘肃等地采集之各项古物，并作总报告云。

（《华北日报》1935年8月3日第9版；《益世报（北京）》1935年8月3日第9版）

黄文弼谈片

整理古物需时六月，考古计划共有三项

中央古物保管委员会西安办事处主任黄文弼，近应西北科学考查团之请，来平帮同整理该团前在新疆、蒙古、甘肃等处采集之古物，并汇作总报告。记者昨晨晤黄于西北科学考查团，据谈如次：

来平整理古物　余此次由陕来平，系专为整理从前在西北各处采集之古物，因当时余亦为西北科学考查团之团员，曾偕同赴各处考察采集也。此项整理工作并起草总报告，预计六个月内可以完竣。

考古工作三项　中央古物保管委员会西安办事处前曾拟定三项考古工作：（一）测绘唐城、汉城等遗址；（二）调查城郊内外及四郊之寺庙；（三）鉴定古物，请地方当局保存。此三种工作，现已告一段落。西安附近唐朝皇陵甚多，惟多残毁，现办事处为保存起见，已与陕西省政府及西京筹备委员会商妥，先着手修理景陵（即唐宪宗之陵），需工洋三千元，由三方分负之。将来当再继续修理昭陵（唐太宗陵）与乾陵（唐高宗陵）。景陵在蒲城县（距西安不远）西北十五里许丰山山麓，墓前有石人十二、石马十、石狮一、鸵鸟二、石柱一，分列南北两旁，雕刻甚为精巧，惟多倒卧地上，或埋于土中，如不设法修理，则将完全毁坏。

---

①　"审查各地"以下数句，原本与本版"大词典编纂处"之介绍有错简，据文义调整。

此项修理工程,除与陕西省政府及西京筹委会商妥外,并已经中央古物保管委员会通过,故不日即可动工云云。

(《世界日报》1935年8月5日第7版;《益世报(北京)》1935年8月5日第8版;《益世报(天津)》1935年8月5日第8版;《京报(北京)》1935年8月5日第6版)

古物保管会委员人选现已聘定

【南京五日下午十时发专电】中央古物保管委员会并入内政部后,主任委员由许修直兼任。委员人选现聘定傅汝霖、叶恭绰、滕固、李济、蒋复璁、朱希祖、马衡、董作宾、舒楚石、徐炳昶、黄文弼、张锐、卢锡荣等十三人,不日即成立。

(《大公报(天津)》1935年8月6日第3版)

黄仲良即返省主持修理古迹

中央古物保管委员会西安办事处主任黄仲良,前由西安赴京请示今后工作一节,已志前讯。兹悉黄在京月间,应西北科学考查团之请,转平帮同整理该团前在新疆、蒙古、甘肃、陕省各处采集之古物,即可整理完竣。黄氏以修理蒲城唐景陵,业经筹妥工款三千元,工程计划中央古物保管委员会亦已通过,故定于最近即由平返陕,动工兴修,并再继续修筑昭陵等古董。

(《西北文化日报》1935年8月10日第5版)

古物保管会西安办事处暂不结束

中央古物保管委员会前因节省经费,改隶内政部后,该会即令在陕所设之办事处听令结束,俾臻统一。此间办事处主任黄仲良奉令后即□京请示一切,已志前讯。昨据西安办事处某君谈,黄主任自日前晋京后,即将在陕工作情形面为陈报。委员许修直等嗣以西北为中国文化发源之地,古迹古物所在皆是,有关文献考据之材料甚为丰富,故转与各方接洽。结果决定对于西安办事处允为保留,惟关于办事处经费,俟此次委员会议开会时始可决定云。(边闻社)

(《西北文化日报》1935年8月22日第5版)

黄文弼昨离平赴豫
视察彰德发掘古物情形

中央古物保管委员会委员黄文弼,日前自陕来平后,即整理西北科学考查团在新疆、蒙古、甘肃等处采得之古物。黄前日复奉该会令,即离平赴河南彰德,视察中央研究院历史研究所在该处发掘古物情形,黄乃于昨(六日)晨搭平汉通车离平赴豫。据黄临行与记者谈,称西北科学考查团前采得之古物,刻已整理完竣,正着手作总报告书。此次南行在彰德略事勾留,即转陇海路赴京,出席十一日内政部召开之中央古物保管委员会大会云。

（《华北日报》1935 年 9 月 7 日第 9 版;《益世报(北京)》1935 年 9 月 7 日第 9 版;《京报 (北京)》1935 年 9 月 7 日第 6 版;《益世报(天津)》1935 年 9 月 7 日第 2 版①）

测量各地古迹遗址　调查寺庙古物碑碣

古物保委会西安办事处,自黄文弼氏主持以来,对于古迹古物之调查保护发掘修建等事,早已拟定计划,逐渐办理。本年六月以前,已将本省古迹遗址测绘竣事,各寺庙古物碑碣,亦已大体调查完毕。闻黄氏刻正进行修建工作,并拟先从培修蒲城唐景帝陵墓入手,因其为复兴唐室英主,故决培植修理,以示特别爱护云。

（《中国博物馆协会会报》第 1 卷第 1 期,1935 年 9 月,16 页）

黄文弼返平

(中央一日北平电)黄文弼一日上午十时[二]十四分由京返平②。据谈,古物保委会驻平办事处决撤销,将来保管事宜,由中央接洽办理。但为便利工作计,将派科长一名驻平,专司报告调查等事宜,至于人选,现尚未定云。

（《东南日报》1935 年 10 月 2 日第 1 张第 3 版;《西京日报》1935 年 10 月 2 日第 2 版; 《河南民报》1935 年 10 月 2 日第 2 张第 3 版）

古物保委会委员黄文弼返平

北平办事处撤销后　将派科长驻平工作

中央古物保管委员会委员黄文弼,前赴京出席该会全体委员大会,刻已事毕,于昨晨十时二十四分乘平沪通车返平。据黄与记者谈,称全体委员会主要之议决案,已见报载。北平办事处决撤销,日后保管等事项,由会中直接办理。然为工作便利起见,办事处撤销后将由会派一科长驻平,司报告调查等事宜。至于将来会中派何人来平负此责,办理上项事务,现尚未定云。[又该会特聘周肇祥为顾问,昨已将聘函送达周氏云。]③

（《京报(北京)》1935 年 10 月 2 日第 6 版;《华北日报》1935 年 10 月 2 日第 6 版）

安阳发掘古物现尚无所获

黄文弼视察归来后之谈话

【特讯】中央古物保管委员会委员黄文弼,前奉该会之命,赴河南安阳县视察中央研究

①　《益世报(天津)》1935 年 9 月 7 日报道见于"时人行踪"栏目中,仅"【平讯】考古学家黄文弼昨离平赴豫,视察彰德发掘古物情形"一句。

②　"二",《东南日报》1935 年 10 月 2 日第 1 张第 3 版无,据《西京日报》1935 年 10 月 2 日第 2 版补。

③　此句《京报(北京)》1935 年 10 月 2 日第 6 版无,据《华北日报》1935 年 10 月 2 日第 6 版补。

院考古队在该处发掘古物情形。黄业于日前返平,记者昨特访黄,询问其视察经过。据黄谈,称中央研究院前以河南安阳县古墓甚多,遂组织安阳考古发掘团前往发掘古物。该团工作人员共八人,由梁思永任团长[①]。八月中旬到达安阳,九月一日起开始发掘,共划三墓区,现雇有工人一百余人发掘。据该团团长谈:一月后工人将增至五百名,预计于十一月底完成。余(黄自称)到达安阳时,该团方开始工作,除发现数十具骷髅外,并无其他古物发现。惟该处之古墓,率多系三四千年以前者,将来必能获得宝贵之古物云云。

(《世界日报》1935 年 10 月 7 日第 7 版)

古物保委会决兴修西安碑林

【本市消息】中央古物保管委员会委员黄文弼前赴京出席该会全体委员会,于上周返平。记者昨晨访黄,询以一切详情。据黄谈,称中央古物保管委员会全体委员大会之议案,主要者共有五项:(一)撤销北平办事处;(二)保留西安办事处;(三)重修西安"碑林";(四)保存各省古代建都地遗址;(五)保存各省古墓。

碑林历史 按"碑林"系在西安城内孔庙,石刻之碑叠叠,有一千四百余种,约四千余方,排列似林,故有是名。各碑建立年代自汉起,迄清止,无代不有,在文化上价值颇巨。其中以汉唐之碑较多,最宝贵者为唐开成石经《大学》《论语》《孟子》,以及《九成宫》《玄秘塔》等碑。现该"碑林"因年久失修,房屋破坏不堪,设若倒塌,则各碑将埋没或碰坏。故全体委员会议决,先着手整理,将碑依年代排成次序,然后建筑三大陈列室陈列之,经费定为十万元,请中央补助一部份。详细办法,现正由余(黄自称)起草,一俟拟定,即呈请行政院审核。

保护古迹 至规定保存各省建都地遗址,及各省古墓办法,系议定在豫陕一带,凡为古时建都地遗址,五十公尺以内不得有任何建筑;所有各省历代帝王古墓,在二百公尺以内禁止耕种,现已耕种者,依法征收其地,增栽树木。此两案并呈准行政院通令各省市政府,遵照办理。至西北科学考查团前在新疆、蒙古等处采集之古物,现已大部整理就绪,总报告书日内即可起草云云。

(《益世报(北京)》1935 年 10 月 7 日第 3 版;《时事新报》1935 年 10 月 10 日第 2 张第 2 版;《华北日报》1935 年 10 月 14 日第 11 版)

整理西京碑林
古物会办事处将着手进行

中央古物保管委员会西安办事处,前以中央古物保管委员会改组,故暂时停止办公,嗣于十月接奉委员会训令,着即继续开始工作,于是一切事务均已照常进行。该处黄主任仲良现已在京公毕,并将各事接洽就绪,业已遄返西安。据云,此次在大会所提议案甚多,均经决议通过。其中最要者如整理西京碑林、修筑蒲城唐陵诸端,均将协同陕西省政府暨

---

① 梁思永:原文作"梁士永",据实际人名改。

西京筹备会积极着手进行云。

（《西京日报》1935 年 11 月 30 日第 7 版）

中央古物会办事处明春修蒲城唐陵
蒋、孔电令协助进行　整顿碑林在计划中

......

蒲城唐陵为一代古迹，附近石刻颇多，均含古意，见之者无不籍欲考昔博古也。中央古物保管委员会西安办事处前拟妥为保管起见，曾有补修蒲唐陵之计划。记者昨晤该处主任黄文弼于碑林，询以补修蒲唐陵进行状况，承谈志次：本处成立于今岁三月，为时不久，因财力之所限，对于工作推进颇感困难，以故少有成绩表现。只若蒲城唐陵，本处会拟计划修补，并曾派员一度调查，其工费业经估计为三千元，已由南京总会汇兑来陕。本应即时鸠工进修，因时届冬令，地土凝冻，修补自当异外困难，已定明春开始进行。现在对于工程方面已大致有所决定，拟于该陵百步外之前面建筑房舍若干间，两傍植以柏树，藉资点缀风景。此外则围一围墙。其他陕省各县有唐陵者亦多，如三原、咸阳、醴泉等县。本处亦拟派员先事调查，然后予以补修。再者，陕省碑林内多汉唐石刻，前奉令中央，着对碑林略事整顿，并由中央筹措经费。本处正在拟具整顿办法，俟呈准中央古物保管委员准后，即可着手进行云。

（《西京日报》1935 年 12 月 7 日第 7 版）

政院拨五万元整理西安碑林
黄文弼现正着手进行一切计划　并拟日内赴近省各县调查古物

中央古物保管委员会，以西京碑林为关中历代碑石之集成，先民遗迹手泽荟萃一室，在历史文化上殊具伟大之价值。惟此项碑石系由历代逐渐添砌而成，其陈列布置似感丛杂，且房屋年久失修，行将倾圮，故认为有大加整理之必要。前经该会委员黄文弼、徐炳昶、滕固向该会第三次全体委员大会提议整理西京碑林，当经决议通过，交黄委员文弼拟具计划呈院核办。现悉行政院业予核准，拟给五万元俾资修建。闻黄氏得此消息后，刻正着手进行一切计划云。

【又讯】中央古物保管委员会西安办事处主任黄文弼氏，以西京旧为汉唐故都，古物遗迹随地皆是。兹为明悉所有、便于保管起见，拟于下周内前往西安周围附近及盩、鄠一带调查云云。

......

（《西京日报》1936 年 1 月 7 日第 7 版；《西北文化日报》1936 年 1 月 7 日第 5 版；《甘肃民国日报》1936 年 1 月 13 日第 3 版）

中央古物会办事处考察本省古物

黄仲良组考查团下周内出发　各县寺庙珍品并拟搜集运省

本省为周秦汉唐故都,文化荟萃之区,所有各地遗留古迹,足为历史之参证。兹悉中央古物保管委员会西安办事处主任黄仲良有鉴及此,并以现经保存之古物,虽为数甚多,而散布各县庙宇寺院之名贵古物,亟须收集保管者,为数亦属不少、特拟组织考查团,定于下周内由黄亲率团员数人,赴鄠县、盩厔、武功、兴平等地分别考查,藉收集思广益之效。又黄曾于民国十六年分至西北各地考查,收集关于历史上最有价值之材料,计有三百余箱。北平西北科学考查团为广为搜集材料以备研究计,日前来陕,与黄接洽,并将其历年搜集材料,就其研究所得汇印成册,以作参考云。

【又讯】古物保委会以本省各县寺庙遗存古物,为数甚夥,亟应收集,运抵省垣以便保管。并将碑林名碑加以整理,拟建古物陈列室两座备用云。

(《西京日报》1936年1月12日第7版)

陕古物考查团定日内出发

(中央十二日西安电)古物保管会令西安办事处主任黄仲良组织古物考查团,定日内赴省西各县考察古物。

(《东南日报》1936年1月13日第2版;《新江苏报》1936年1月13日第3版;《京报(北京)》1936年1月13日第2版)

古物考查团

昨出发赴西路

中央古物保管委员会西安办事处主任黄文弼组织之古物考查团,于昨上午十时由西安出发,前往西路盩、鄠等县考察。并据黄君出发时与记者谈谓,该处在西安成立[①],除对各地古物妥谋保护外,并从事于各地古迹之修建。现即欲兴工者:(一)蒲城县之唐景陵;(二)西安碑林之整理。以上两项工款均已筹定,将进行之工作计划,已呈请中央总会核示,预计蒲城县之唐景陵修建工程,于本人考察返省后,即可依次进行云。(边闻社)

(《西北文化日报》1936年1月16日第5版;《庸报》1936年1月20日第1版)

陕古物会开始整理西安碑林

古物考查团已工竣返省　将修葺各县古迹

【西安二十九日专电】中央古物保管委员会西安办事处主任黄仲良,前以本省盩、鄠、

---

① 《西北文化日报》1936年1月16日衍一“路”字,据《庸报》删。

鄠等县立之古迹古物,均待修葺保管,故特组织古物考查团,于本月中旬出发,刻已工竣返省。据该团团员某君谈,盩、鄠、鄠各县之古迹所在皆是,惟年久凋残,急待整理。所有各地遗没之残碑珍贵者颇多,故特拓印多幅①,俾资研究。关于修葺及整理各该县之古迹办法,刻由本团即行拟具视察经过情形,择其要者分别列(岸)[案]。至对于西安碑林整理工作,现即准备开始进行。

(《庸报》1936 年 1 月 30 日第 3 版)

黄文弼拟赴渭北视察古迹

中央古物保管委员会西安办事处主任黄文弼氏为明了省外各县对古迹古物保管之现况,日前曾偕该会职员陈伯寿赴鄠县②、盩屋等县视察,现已归来,所得各种材料,刻正从事整理。今拟于最近又赴泾阳、高陵、三原等县视察,藉便保管云。(长安社)

(《西北文化日报》1936 年 2 月 2 日第 5 版)

天暖冰解　考古会拟短期内开始发掘古物

陕省考古会以本年春季发掘工作范围及地点前已决定,现以天暖冰解,决短期内开始进行本年春季发掘工作云。

又中央古物保管委员会西安办事处主任黄仲良将前在西北甘、青、宁、新等省考察时所得之古物计共数百余件,刻已由北平全数运抵西安。现由黄主持进行整理,约需时两月即可竣事。至赴渭北各县考察,约在本月初十前后,同时并赴蒲城视察该处唐景陵准备兴工修筑云。(边闻社)

(《西京日报》1936 年 2 月 4 日第 7 版)

于院长收集隋唐珍贵碑志
共二百余件　赠碑林保存

监察院长于佑任氏精研书法,自成一家,每莅一地,对于古代珍贵书帖、石碑、墓志之类,辄研讨搜集,故购存颇多,计现共有石碑墓志二百余块之多。欲广为流传起见,前特商诸邵主席,悉数捐赠陕省碑林,俾妥保管。所有石碑墓志二百余块,均于前(三)日晚由京运抵西安,即由省考古会会长张扶万及中央古物保管委员会西安办事处主任黄仲良等妥为料理,运存碑林。据黄主任语记者,于院长捐赠陕省碑林之石碑墓志计共二百余块,均系隋唐之遗留,颇为珍贵。刻已全数存诸碑林,妥为保管。至将来托印碑帖售得之价,悉数充作于院长在三原县所办民治小学校之基金云。

(《西北文化日报》1936 年 2 月 5 日第 5 版)

---

① 拓,原作"托",据文义改。
② 寿,据前后报道,疑当作"宁"。

修复唐景陵 三机关派人员 即赴蒲城勘测

蒲城县唐景陵为本省名胜之古迹,惟年久颓废,鲜人注意。自上年中央古物保管委员会西安办事处在陕成立后,即由该处主任黄仲良商请省府邵主席及西京筹委会张委员长,嗣经决定由省府、西京筹委会及西安办事处三机关共同任集款兴修等情,迭志前讯。昨据黄主任语记者,兴修唐景陵之工款早已筹定,现本人决定日内即偕同省府及西京筹委会所派人员先往蒲城勘工测量,于春暖后即可正式动工云。(边闻社)

(《西北文化日报》1936 年 2 月 6 日第 5 版;《新秦日报》1936 年 2 月 6 日第 5 版)

黄仲良谈本省为考古渊薮

天晴即首途赴蒲城

中央古物保管委员会西京办事处主任黄仲良前往渭北各县考察,并勘测蒲城唐景陵等情,已志前讯,兹悉俟天晴后决可前往。又据黄君谈,谓本人对于西北甘、青、宁、新等省古物,往年同西北科学考查团曾经长时间之考察,故对西北各省古物蕴藏之多,所得印象甚深。当时曾发生不来西北者,不知西北古物之多之思想,此次在陕考察,同样发生前种思想。余(黄自称)上年赴蒲城视察唐景陵时,路经一断垣破庙,年久颓塌,谁复注意,但讵意在此破庙中壁上发现了唐时绘图,在考古学上极为价值。同时陕省各地这种破庙正不知有多少,因为人们多在珍贵古物方面之搜索,谁复注意及此,故遗弃珍宝颇多。的确在考古学上来讲,一片破陶器,其价值比一件重要古物珍品更高,因之同人等对于考古方面,希求多得此真实有用的资料,至个人经济方面是不计及云。(边闻社)

(《西京日报》1936 年 2 月 8 日第 7 版;《西北文化日报》1936 年 2 月 8 日第 5 版)

黄文弼等定下月中出发考察渭北古迹

中央古物保管委员会西安办事处主任黄文弼氏,为明了各县古迹古物之分布情形,并谋妥加保管起见,前曾偕同该处职员陈伯春赴盩厔等县实行视查[①],成绩甚佳。兹拟三月中旬协同西京筹备委员会,并带工程绘图各项人员,前往渭北各县视查,藉便保管,兼供热心研究古代文化者之参证云。又据该处主任黄文弼谈,称前往鄠县等各地视查时,除现经保管之古迹古物外,并发现多种珍贵碑碣,中以唐、宋、元为较夥,而尤以元代碑碣为最多,兹为便于研究参证,不日即派员并带拓字工人赴前次视查之各县拓印,藉便参证。一俟归来,即协同南京古物研究院、中央图书馆、北平古物研究院、北京大学共同研究,发扬古有文化云。(长安社)

(《西北文化日报》1936 年 2 月 28 日第 5 版)

---

① 春,据前后报道,疑当作"宁"。

整理碑林

古物保管会积极准备

中央古物保管委员会以西安碑林所藏历代名家碑碣有历史文化与艺术上之重大价值,迄今年久失修,房屋时虑倾圮,碑碣亦有剥蚀。特拟具整理计划,呈由内政部转请中央,酌予补助。该案前经提出行政院会议后,决议由中央补助五万元,已见各报登载。兹悉此间保管委员会西安办事处主任黄仲良以整理碑林碑碣工款,既蒙中央准拨五万元,整理工事即开始早期准备,以便工作后推进迅速。故连日来前往碑林视察,俾资依据拟具整理施工之步骤云。

(《西北文化日报》1936 年 3 月 15 日第 5 版;《新秦日报》1936 年 3 月 15 日第 5 版;《庸报》1936 年 3 月 19 日第 8 版)

保护渭渠掘获古物　考古会拟定办法

陕省考古会为谋今后切实保护渭惠渠沿线所掘得之古物起见,除派员长期驻工地监督外,并制定渭渠掘获古物保护条例十余条,特函陕省水利局征询意见,俾资双方遵守云。

又中央古物保管委员会西安办事处主任黄仲良以整理西安碑林所需工款,业经中央会议允拨,为谋早日着手整理计,连日来除前往碑林视察外,并按次序绘制整理图样,俾开工后逐步实施。现所绘之碑林次序图样,已全部竣事,并拟呈报中央备核云。(边闻社)

(《西北文化日报》1936 年 3 月 18 日第 5 版;《新秦日报》1936 年 3 月 18 日第 5 版)

黄仲良等即赴渭北视察古迹

中央古物保管委员会西安办事处主任黄仲良对省外各县遗留之古迹古物,时谋妥善保管,俾免损坏而便研究古代文化者之参证。除上次偕同职员陈伯寿赴盩厔[①]、鄠县、咸阳等县视查,分别加以保护外,现拟赴渭北各县视查古迹古物,并加以修理之功。据该处职员某称,该处对蒲城唐陵亟谋妥善保护,酌加修葺,日前派工程员朱某前往测量。黄主任以时届和暖,不日即协同西京筹备委员会委员长张溥泉先生前往视查。(长安社)

(《西京日报》1936 年 3 月 19 日第 7 版;《新秦日报》1936 年 3 月 19 日第 5 版)

渭惠渠沿线珍贵古物纷出土

多为陶铜铁器物及碑碣等类

中央古物保管委员会西安办事处自成立以来,对本省古迹古物异常重视,除于已经收集者妥加保护外,分散于各县者,随时派员前往视查。该处主任黄仲良偕职员陈伯宁,前

---

①　寿,据前后报道,疑当作"宁"。

往鄠县一带,视查古迹古物保管况状。除经保护更谋妥善保管外,并发现有加以同样保管价值之珍贵古物,为数甚多。近以渭惠渠开工后,掘出周、汉、唐、宋诸代古迹古物甚多,皆足资参证之珍品。该处为明了渭惠渠掘出古物详细情形,加以保管起见,日前特派专员陈伯宁前往视察,并随拓字工人二名,藉便拓印名贵碑碣,以供参证。兹悉该员现已调查完毕,日昨返省,记者闻讯前往访晤。据谈,本处为明了渭惠渠掘出古物情形前往视查,先赴盩厔,一面视查,一面择要拓印名贵碑碣,到郿县长辛镇该渠监工处,所存掘出古物甚多,中以陶、铜、铁等器为最多,除一部分运回考古会外,现积存之破碎品物为数犹多。毕即进赴扶风绦(张)[帐]镇,此处亦设监工处,掘出古物堆积甚多,逐一视查,并择要摄影,计共得五十余片。中以汉砖为奇特,每块长四十一英寸,宽十一英寸,厚八英寸。并在该两县发现汉、唐、宋、元碑碣多种,均系珍品,尤以扶风城内(圪)[屹]然矗立之高塔为巍峨雄伟。并发现清虚馆一所,中有唐、宋、元、金碑碣多面,文字多用元金文写就。总之,渭惠渠一带有关古代文化之珍品,触处皆是,令人视查之余,钦羡兴感焉。(长安社)

……

(《西京日报》1936 年 4 月 7 日第 7 版)

培修黄陵开始勘测

(西安)黄帝陵及轩辕庙,历年失修,已多倾圮。前曾由林主席发起组织黄陵培修委会,现由该会与中央古物保管会及陕省府,共同设计培修。古物保管会西安办事主任黄文弼,已偕建厅工程师抵中部开始勘测绘图设计修筑,中央规定培修经费为三十万元。(六日中央社电)

(《申报》1936 年 4 月 7 日第 4 版;《大公报(天津)》1936 年 4 月 7 日第 4 版;《东南日报》1936 年 4 月 7 日第 2 版;《时事新报》1936 年 4 月 7 日第 1 版;《新闻报》1936 年 4 月 7 日第 6 版)

陕省扩大举行民族扫墓典礼
中央派邵力子代表主祭　参加人数踊跃盛况空前

……

致祭黄陵　次(四日)至中部,于十时在黄陵前举行祭陵典礼,由邵力子主祭,杨钟及中部县长陪祭,当地民众参加者五千余人,礼节至为隆重。祭陵毕,即绕视陵园一周,并至轩辕庙拜谒,以陵寝破圮不堪,邵当语中央保管会西安办事处主任黄文弼(现在中部培修黄陵)及谕中部县长切实修理。邵等因欲于五日赶至咸阳,参加各界在咸扩大举行之民族扫墓典礼,祭毕,即偕杨等返同官,当晚即宿于同官,对当地瓷业改良试验及地方情形,垂询至详。次(五日)早车南返,杨虎城至三原下车。

……

(《时事新报》1936 年 4 月 11 日第 2 张第 1 版)

培修黄帝陵

邵力子等正查勘一切　中央决拨款三十万元

【西安通信】中央为发扬民族精神,提示民族信仰,于去年起规定清明日为民族扫墓节,追祭先圣先贤,并派员祭扫黄帝陵墓。今年扫墓礼各省市均分别举行,并以黄帝陵年久失修,颇多损坏,特由林主席发起,组织黄陵培修委员会。近中央为早日培修黄帝陵计,特令黄陵培修委员会、陕西省政府及中央古物保管委员会共同设计培修。古物保管委员会西安办事处主任黄文弼、陕省主席邵力子特于四日乘扫墓之便,亲往黄帝陵及轩辕庙查勘,并由建设厅派工程师步越千随行。其测勘计划,先黄墓而后轩辕庙,约需旬日即可竣事,先绘具图说,再估计工程、拟具计划,呈请中央核示后,方能兴工修缮,经费业经中央规定为三十万元云。(五日)

(《大公报(天津)》1936年4月12日第10版)

培修黄帝陵工程

黄文弼已将计划拟妥　今晋京谒林主席请示

黄陵培修委员会为国府林主席、戴院长、于院长、西京筹备委员会张委员长,及省府邵主席等所发起,自去岁成立,即积极筹画培修黄陵事宜。并经林主席之命派,由邵主席及中央古物保管委员会西北办事处主任黄文弼等,曾拟工程计划,以便中央拨款培修。兹培修计画已拟妥,一俟呈请林主席核准后,即可具体决定。昨(六日)承黄主任文弼语记者,培修黄陵计画分为三部预算,培修黄陵工程需款约十余万元,建修黄庙需款十余万,建修轩辕馆及陵山风景共需八万余元,决以三十万元完成黄陵培修。余(黄主任自称)定明(七日)晚京,出席中央古物保管委员会第四次大会,决携培修计画谒晤林主席,请示一切办法。待培修委员会举行委员会议,商讨决定后,即可决定兴工日期云。

……

(《西京日报》1936年6月7日第7版;《华北日报》1936年6月11日第11版;《南京日报》1936年6月11日第5版)

培修黄陵需款三十万元

黄文弼晋京请示办法

(西安)黄帝桥陵历年失修,林主席、戴季陶、于右任、张继、邵力子前发起培修,林主席派黄文弼负责筹划。黄在中部勘测数月①,兹已事毕来省。据谈培修需款三十万元,定七日晚晋京请示办法。(七日中央社电)

(《申报》1936年6月8日第4版;《大公报(天津)》1936年6月8日第3版;《大公报

---

① 中部,原文作"中郊",据实际地名改。

（上海）》1936 年 6 月 8 日第 4 版;《中央日报》1936 年 6 月 8 日第 3 版;《东南日报》1936 年
6 月 8 日第 2 版;《时事新报》1936 年 6 月 8 日第 3 版;《新民报（南京）》1936 年 6 月 8 日第
2 版;《浙瓯日报》1936 年 6 月 8 日第 3 版;《太原日报》1936 年 6 月 8 日第 2 版;《新闻报》
1936 年 6 月 8 日第 6 版;《甘肃民国日报》1936 年 6 月 10 日第 2 版）

黄仲良赴京出席古物保管会议

中央古物保管委员会年来对于各省古物保管事宜,颇为重视,故一再令催各省古物机
关将存有古物各情填表呈报,以凭考核。刻该会为缜密研究古物保管办法起见,特定期在
京举行古物保管会议,俾集中材力。该会西安办事处主任黄仲良出席参加会议,并请示兴
修黄帝陵工事计,特于昨晚搭乘陇海晚车东行赴京云。

（《西北文化日报》1936 年 6 月 8 日第 5 版）

黄文弼昨谒邵商洽修黄陵工程
谈话结果一切均已就绪

中央古物保管委员会西北办事处主任黄文弼氏,奉命曾同邵主席草拟培修黄陵计划,
经连日积极赶制后,全部计划已于日前脱稿。

黄氏因赴京参加中央考古委员会第四次大会之便,定昨（七）晚离陕晋京,携同培修
计画书,谒晤林主席请示办法。黄主任并为详密计划起见,特于昨（七）晚访晤邵主席,
商洽培修意见,以备晋晤林主席时,代为报告。闻经谈话结果,一切均已就绪,定今（八
日）晨再度会商后,今（八日）晚即行晋京云。

（《西京日报》1936 年 6 月 8 日第 7 版）

黄文弼昨晋京
谒林主席请示修黄陵工程　并参加中央考古会四次会

中央古物保管委员会西北办事处主任黄文弼氏,奉命会同邵主席草拟增修黄陵计划,
经连日积极赶制后,全部计划已于日前脱稿,并访晤邵主席商洽一切,亦已大致就绪。黄
氏特于作（八）日携带培修计划书乘车晋京谒晤林主席请示办法,并出席中央考古会第四
次会议云。

（《西京日报》1936 年 6 月 9 日第 7 版）

黄文弼明晨晋谒林主席
报告培修黄陵

国府林主席与中委戴季陶、于右任、张继、邵力子发起培修黄帝桥陵,业经拟具计划,
并派黄文弼前往勘测。黄氏已事毕,于日前返京,定明日上午请示办法。培修经费预算三

十万元,闻已筹备就绪,一俟林主席核阅黄氏之勘测报告后,即晋谒林主席报告,并可定期
动工云。

(《南京晚报》1936 年 6 月 15 日第 1 版)

时 人 行 动

黄文弼　培修黄帝桥陵委员会委员黄文弼,为请示培修黄陵计画暨请增款开工,今晨
谒林主席,旋往谒行政院翁秘书长报告。

(《南京晚报》1936 年 6 月 17 日第 1 版)

中央古物保管会决在各地设分会
编各地现存公有古物目录　推员继续起草古物保存法

(南京通讯)中央古物保管委员会于十四日上午十时在京举行第四次全体委员会议①,
出席张道藩、李济、马衡、蒋复璁、黄文弼、滕固、朱希祖、裘善元、贺天鉴、苏楚石、袁同礼、
陈念中等十余人,张道藩主席。报告提案后,即分四组审查:(一) 法规;(二) 保存;(三) 调
查奖励;(四) 行政计划。午后续开大会,通过议案三十余件。

……

(《东南日报》1936 年 6 月 17 日第 7 版;《新北辰》第 2 卷第 7 期,1936 年 7 月,751 页)

培修黄帝陵下月可动工

国府林主席、戴传贤、于右任、张继、邵力子等,发起之培修黄帝桥陵,业已成立黄陵培
修委员会,由中央古物保管委员会西北办事处主任黄文弼前往勘察,拟具工程计划。日前
返京递呈林主席核准,转请中央发款,下月即可兴工。培修计划分为三部,预算培修黄陵工
程约十余万元,建修黄庙十余万元,建修轩辕馆及陵山风景八万余元,全部共需卅万元左右。

(《南京晚报》1936 年 6 月 19 日第 1 版;《西京日报》1936 年 6 月 20 日第 7 版;《西京工商日报》1936 年 6 月 20 日第 3 版)

黄仲良即返省

中央古物保管委员会西安办事处主任黄仲良氏,以培修黄陵与整理碑林工程之进行
刻不容缓,两项计划业经草拟妥善。黄氏于本月八日携带计划赴京谒林主席,以资商讨,
而便动工。据该处负责人谈,黄主任日昨来函,谓培修黄陵与整理碑林之动工日期大体决
定,不日即行返省云。(长安社)

(《西京日报》1936 年 6 月 24 日第 7 版;《西北文化日报》1936 年 6 月 24 日第 5 版;《西

---

① 原文作"第丨四次"。

京工商日报》1936 年 6 月 24 日第 3 版；《新秦日报》1936 年 6 月 24 日第 5 版；《西京民报》1936 年 6 月 24 日第 4 版)

黄文弼在京公毕现已返陕

······

中央古物保管委员会西安办事处主任黄文弼氏，日前晋京出席中央古物保管委员会议。该会业经闭幕，黄氏已于昨(二十八)日返抵西安，闻黄氏在京对黄陵修建计划请示结果至为满意云。

(《西京日报》1936 年 6 月 29 日第 7 版)

保委会通过整理汉唐古迹

三机关会拟计划送京核办　黄仲良出席归来谈

【特讯】中央古物保委会西安办事处主任黄仲良，于本月八日赴京，出席该会第四次全体会，并接洽黄陵培修及碑林整理事宜。事毕，转沪购置考古仪器，前日下午返抵西安。记者昨(二十九日)访黄，据谈：中央古物保委会此次在京举行第四次大会，通过重要议案达数十件。有关陕省者如下：

议案摘要　(一)重要古物流散外间者收归国有案。议决：请中英庚款会拨款十万元，由会通盘计划。(二)实行古物奖励规则案。议决：函中美、中法、中比各庚款会，于下年度酌留之款，作奖励古物之用。(三)拟会同西京筹委会、陕省府整理汉唐古迹，请中央补助经费案。议决：由办事处与陕省府、西京筹委会拟具计划，送会核办。(四)重要陵墓及有关史迹之石刻，附近地亩应由地方政府酌量收买，以便保管案。议决：呈内政部及行政院通饬实行。(五)西安办事处呈：为接收吊桥，发现古物，请将该发现人连附、周凯，兵士赵业臣从优给奖案。议决：各奖给二十元。

培修黄陵　此次扫墓节，邵主席偕余赴黄陵，面嘱估计培修工程，经月余之工作，其图样已绘就，培修计划亦大体完成。此次赴京，邵主席托余将设计草图携京，分呈国府林主席及行政院蒋院长。林、蒋二人对此事极为重视。培修黄陵，短期间当可实现。

整理碑林　碑林整理计划，此次在京审核，稍有删改，二三日内可公布。余此次返陕，即将着手办理，计分八陈列室，最近即招标重建房舍。招标地点在西安、南京两处，开标在西安，届则中央古物保委会及审计部均将派员监督开标。中央补助之五万元，最近可望拨到。余定下月二十日赴青岛，出席中国博物馆协会第一次年会。本处在沪定购之仪器，周内即可运到西安云。

(《西京民报》1936 年 6 月 30 日第 4 版)

西京碑林即开始修葺

中央古物保管委员会西安办事处主任黄仲良，以中央补助整理碑林之五万元，决于最短期内拨付,故日来对于整理碑林施工次序积极草拟,俟各项手续准备齐全时,即开始工作。至关于周、茂各地陵园古迹,前该会即决定逐步施测以便修葺,嗣因诸种关系及所购之仪器未能依限运到,故未进行。昨据该会息,谓本处在沪订购之大批测量仪器现均运到,刻正绘制各地著名之陵园古迹图形,以便利实施测量云。(边闻社)

(《西京日报》1936年7月10日第7版)

行政院令保管陕墓石刻
冀察政会饬属遵照

北平通讯　冀察政委会前奉行政院训令:略以陵墓及有关史迹之石刻,关系历史文化上之研究,均极重要,应由地方政府酌量收买,负责保管一案,当即转令冀察、平津两省市政府遵照办理,原令如左。案奉行政院第四三二九号训令内开:案据内政部二十五年七月九日礼字第七六七号称,案据中央古物保管委员会二十五年七月三日呈称,案查本会第四次全体委员会议,委员黄文弼以在陵墓附近及有关史迹之石刻,能移动者集中保存,不能移者,在石刻之附近酌免一亩或二亩地粮,以便责成地户负责照料,而资鼓励案,当经交付审查。佥以陵墓有关史迹之石刻,关系历史文化上之研究,均极重要,自应妥筹保管。结果原案,修正通过。在有名重要陵墓及有史迹石刻之附近地带,似应由地方政府酌量收买,以便负责保管,并经议决通过,呈请钧部转呈行政院通饬施行等语。记录在卷,是否可行,理合备文,请鉴核示遵,等情。据此,查所呈各节,尚属可行,理合具文,转呈,仰祈鉴核,通饬施行,等情。据此,应准照办,除指令并分行外,合行令仰遵照,此令。等因,奉此。除分令外,合行令仰遵照,此令。

(《时事新报》1936年7月30日第2张第1版;《苏州明报》1936年8月4日第6版)

整理西安碑林
中央补助五万元已全数拨到　即组织修建委员会主持进行

中央古物保管委员会鉴于西安碑林为秦汉诸代名人墨迹会萃之区,殊有妥加保护必要。近以放置房舍年久失修,破烂不堪,碑碣陈列尤不合科学方法,该会遂决心整理,以存优美之文化,并饬由该会西安办事处草拟详细计划。斯项计划业由该处草拟妥善,呈送中央审核,业蒙核准,并允补助五万元。据该处某职员谈,中央五万元刻已全数拨到,现以工程浩大,决组织修建委员会,将聘请邵主席[①]、张溥泉、黄仲良等为委员,负责进行。黄氏日前因公赴平,兹已返省,连日正与各关系方面接洽,商讨招标兴工各事项云。(长安社)

(《西北文化日报》1936年8月15日第6版;《西京日报》1936年8月15日第7版;《新秦日报》1936年8月15日第6版;《西京民报》1936年8月15日第4版;《华北日报》1936年8月19日第11版)

---

①　原文"邵""请"二字颠倒,据文义改。

整理碑林即兴工

临时委会已成立　碑石排列原则业经拟定

整理西安碑林自中央将工款五万元拨到后,中央古物保管委员会西安办事处即积极进行筹办兴工事宜。昨据该处息,谓本处为谋兴工后工程迅速进行计,特组织整理碑林临时委员会,以邵主席、张委员长溥泉、本处主任黄仲良等充任委员,现已正式成立。关于碑石排列原则业经拟定:(一) 凡重摹之碑文,皆据原文年代排列;(二) 一碑两面俱有刊文而时代不同者,均以代远者为面,以近代者为碑阴;(三) 每一种碑之跋文(或后代续跋考)皆检附于原碑石内,仅注名而不另列目;(四) 有关联性之碑石,虽时代不同,以合并排列以成完璧。兴工期当在十月初间,限本年修整完成云。

(《西北文化日报》1936 年 8 月 23 日第 6 版)

修葺西安碑林

经费拨到　组监修会

修葺西安碑林,经中委张继等向中央建议后,中央已准拨五万元为修葺经费,顷悉该项全部工程费已由西京筹备委员会向中央拨到。该会为郑重工事计,除将款项交由中央古物保管委员会保管拨付外,并会同古物保管委会组织西安碑林工程监修委员会,已聘定西京筹委会主任委员张继、陕西省主席邵力子及西安古物保管分会主任黄文弼等三人为委员,现正审议修理计划,即招标兴工。

(《南京日报》1936 年 8 月 27 日第 5 版)

黄仲良昨访查近郊古迹

中央古物保管委员会西安办事处主任黄仲良氏对本省各县乡遗留之古迹古物,无时不在注意搜集,妥加保护,藉存古代之优美文化,备供热心研究者之发扬。兹为发现省垣近乡遗存而未被发觉之古迹古物,黄氏特于昨晨偕熟悉本地方情形者分赴城外南乡,访查传说中之各种古物。据该处某职员谈,称黄主任出外访查,今晚即行归来云。(长安社)

(《西北文化日报》1936 年 9 月 11 日第 6 版)

市府将调查有关历史石刻

以便拟具保管办法

中央古物保管委员会委员黄文弼,前以我国陵墓附近均有石刻,极可珍贵,现多散在各地,无人保管,摧毁堪虑。经提交第四次全体委员会议通过,呈请内政部转呈行政院通令各省市地方政府,凡陵墓及有关史迹之石刻关系历史文化者,均应妥筹保管,平市府即将派员调查本市有关历史石刻所在地之实际情形,拟其保管办法。

(《华北日报》1936 年 9 月 25 日第 6 版)

黄仲良返省

中央古物保管委员会西安办事处主任黄仲良氏,为明了本省各县古物古迹之分布情形,谋所以妥善保存之法,随即躬赴各地视察。黄氏日前协同陕西考古会陈先生前往乾县一带视察。兹悉黄氏等视察完毕,于昨日(二十九日)上午返省云。(长安社)

(《西北文化日报》1936 年 9 月 30 日第 5 版;《新秦日报》1936 年 9 月 30 日第 6 版)

省近郊古迹黄仲良视察竣事

……

又讯:中央古物保管委员会西安办事处主任黄仲良,对于各地古迹保管维护至为重视,故前特往西京近郊一带视察各庙宇之古迹。目前返省后,即开始整理视察之所得,现已竣事。连日来又考察本市钟楼、鼓楼两伟大之建筑物,并往各古玩铺考询,以期有价值之古物得供诸学术家之参考,俾不致落于奸商之手,致湮没毁废。

(《西北文化日报》1936 年 10 月 2 日第 6 版)

整理碑林工程定期开始招标
内部拨助五万元已全数汇到　组织监修委员会委员均聘定

中央古物保管委员会对整[修]西安碑林已有确定计划,并呈准内政部补助五万元,以利进行,迭志各报。兹悉该会西安办事处主任黄文弼氏,昨奉南京中央古物保管委员会来电,谓碑林业已准请内政部,聘定邵主席力子、张委员长继与贵委员为整理西安碑林工程监修委员,组织监修委员会,主持工程进行事宜,即希商同邵、张两先生,已筹进行等语。兹悉黄氏奉电后,即商同陕西省政府邵主席及西京筹备委员会龚主席积极进行筹备各事,并决定于本月十八日开始招标。渴望已久之整理碑林工作将见诸事实云。(长安社)

又据该处主任黄文弼氏谈,称整理碑林工作刻已积极筹备。关于内政部补助款项五万元,已全数拨到西安,监修委员会不日即行正式成立。现为整理工程迅速进行,在钤记未颁发、监修委员会未正式成立以前,先以开始办公。在整理碑林计划及工程图表亦均分别草拟绘制完竣,刻由陇海路局总工程师李俨详细审查云。(长安社)

(《西北文化日报》1936 年 10 月 17 日第 6 版;《西京日报》1936 年 10 月 17 日第 7 版;《西京民报》1936 年 10 月 17 日第 4 版①)

---

① 《西京日报》《西京民报》二报纸报道均较简略,兹不重复录出。

整理碑林工程定下月中旬兴工

监修委会日内正式成立　　并聘李俨等为工程顾问

中央古物保管委员会整理西安碑林工程,日前电该会西安办事处主任黄文弼,筹备进行,并由政部聘任省府邵主席、西京筹备委员会长张溥泉及该会黄委员文弼为工程监修委员,组织监修委员会。黄氏奉电后,坚连日积极筹备,现已大致就绪,监修会日内即正式成立。所有斯项工程计划、图表、施工说明书,刻由陇海路局总工程师李俨审查竣事,而整理碑林工程,已于本月十八日起开始招标,定十一月九日在监修会当众开标,十八日正式兴工。黄氏为工程进行顺利,特聘请陇海路局总工程(氏)[师]李俨等为工程师云。(长安社)

(《西北文化日报》1936 年 10 月 21 日第 6 版)

整理碑林下月初旬动工

中央古物保管委员会西安办事处主任黄文弼氏,以西安碑林关系文化,至为重要,曾呈请中央补助五万元以资修葺。现中央补助之款项,此间办事处已如数收到,并已开始招标建筑,日内即行开标,约于下月初旬始可动工云。

(《西京日报》1936 年 10 月 30 日第 7 版)

整理碑林工程监修委员会

函告启用钤记　　筹备进行一切

整理西安碑林工程监修委员会委员邵力子、张继、黄文弼昨发出公函云:案准中央古物保管委员会二十五年十月二十三日公函略开,于修建西安碑林一案,经由本会呈准组织西安碑林工程监修委员会,并请由内政部聘请邵力子、张继、黄文弼为委员,筹办工程进行事宜。相应检发整理西安碑林工程监修委员会暂行组织大纲一份、聘书三纸、木质钤记一颗,即请查收。克日依照大纲,一面将整理西安碑林工程监修委员会组织成立,一面会同筹备工程进行事宜,并将启用钤记及成立日期函达本会,以便转报。等因。计附发整理西安碑林工程监修委员会暂行组织大纲一份、聘书三纸、木质钤记一颗。准此,力子等兹谨依照组织大纲,于十一月二日将本会组织成立并启用钤记及筹备进行工程一切事宜,除呈报并分函外,相应函请查照,并随时予以指导为荷。此致,云云。

(《西京日报》1936 年 11 月 1 日第 7 版;《西京工商日报》1936 年 11 月 2 日第 3 版,文句简略)

整修碑林本月中旬开工

中央古物保管委员会西安办事处主任黄文弼氏,以西安碑林年久失修,前曾呈请中央拨款五万元,以资修筑。该款现已领到,并组织监修委员会主持其事。本月一日成立后,当即招标承包,定今(九日)在孔庙当众开标,俟开标结果后,即择于本月二十日兴工云。

(《西京日报》1936 年 11 月 9 日第 7 版)

整理西安碑林昨开标招商兴修

监修会审查估价后始可决定

西安碑林年久失修,前经中央古物保管委员会西安办事处呈请拨洋五万元从事兴修,并组织监修委员会主持进行。该会于昨下午二时半在孔庙开标,届时出席工程顾问沈诚、李俨,碑帖顾问张鹏一、赵宝珊,代表中央监标委员徐企圣,省政府代表赵靖之,西京筹备委员会张委员长代表龚贤明,中央古物保管委员会西安办事处主任黄文弼暨中兴公司代表、大兴公司代表、鸿兴公司代表、义成公司代表等十余人。由黄主任文弼开标,工程顾问李俨报告中兴等公司所投标之估价比较表。至开标结果,因公司所估价目比较表为数繁杂,须由监修委员会再行定期召开审查会议后,当可决定公布云。

(《西京日报》1936 年 11 月 10 日第 7 版)

碑林整修工程定月中开始兴修

监修委员会昨开标明日可揭晓　整理计划分新建翻修两部进行

中央古物保管委员会为保护西安碑林而存古代优美之文化,对现有珍贵碑碣决谋彻底之整理,并呈请行政院拨款补助,以资进行。兹悉行政院补助费五万元刻已全数拨到,聘由邵主席、西京筹委会委员长张溥泉及该会委员兼西安办事处主任黄文弼等为监修委员,组织工程监修委员会。监修会业于本月一日正式成立,积极进行,连日来筹备招标事宜,现大致就绪。昨日(九日)下午二时,在文庙内监修会当众开标,并由省府派员监视,投标建筑公司共计十余家,闻开标后并将加以详细审查,于三日后发表得标人。

西安碑林监修委员会于本月一日正式成立后,除一面积极进行筹备招标,以便届期开工外,并即由该会委员黄仲良草拟整理计划,现均分别办理就绪。据该会息,本月中旬决可动下。兹将日昨开标情形及黄委员仲良拟具之整理计划分志如次:

整理碑林划分十区　整理碑林计划原文:现有西安碑划分十区陈列,按该会拟妥之计划,将彻底整理,改原有十区为八陈列室,斟酌情形引用科学方法,分别陈列。第一区改为第一陈列室,房舍重新修建,内部原有石碑等不再移动;二、三两区改为第二陈列室,旧有房舍重新修建,内部石经依势排列;四、五、六三区改为第三陈列室,房屋重新修建;其余七、八两区改为第四、五两陈列室;九、十两区改为六、七两陈列室,房屋均重新修建,并再附近修筑第八陈列室一处。

省府派员监视投标　上月整理西安碑林招标手续由监修委员会发出通告后,本市各建筑公司投标者有十余家,该会为限期兴工计,对于规定之招标日期决不展缓。故于日昨届开标日期时,监修委员会即于下午二时在文庙内当家开标,届时省府派员监视,以昭慎

113

重。惟某公司合招标规定,须该会审查后始可决定,投标正式揭晓,当在本月十一日左右。

(《西北文化日报》1936 年 11 月 10 日第 6 版;《西京工商日报》1936 年 11 月 10 日第 3 版,文句略异①)

考古会三届年会今日下午举行

西北植物调查所即正式成立　李书华等昨已抵陕

陕西省政府与国立北平研究院合组之陕西考古会,定于本月十六日下午开第三届年会。除省方委员张扶万、李子廙、王卓庭、冠胜浮、梁午峰等如期出席外,平方委员李书华、徐炳昶、刘慎谔、顾颉刚等,原定于十三日晚到陕,嗣因要事改期,现于昨日(十五日)下午七时余搭陇海路特别快车抵达西安。届时到站欢迎者有邵主席力子及邵夫人傅学文女士,秘书长耿寿伯,委员李志刚并友人及考古会同人张鹏一、黄文弼、何士骥、李印唐、陆持等数十人。闻该委员等于会后,对于陕省古迹尚有数日游观云。

……

(《西京日报》1936 年 11 月 16 日第 7 版)

陕省考古会定今举行三届常年大会

平方委员李书华等昨晚赶到参加　今日大会主席由省府邵主任担任

陕省考古会第三届常年大会定于今(十六)日下午二时在该会会议室举行,省方委员张扶万、寇遐、李子廙、王卓庭、梁午峰等准届时出席外,平方委员李书华、徐炳昶、顾颉刚、刘慎谔等亦于昨(十五)日晚赶到出席。李等于七时许乘陇海快车抵达长安站时,省府邵主席及邵夫人傅学文女士,秘书长耿寿伯,省府委员李志刚及考古会职员张鹏一、黄文弼、何士骥、李印唐、陆持等十余人均趋往车站欢迎。李等下车与欢迎者寒暄后,即乘省府所备之汽车晋城赴考古会休息。至今日大会主席,该会已推省府邵主任担任,会务报告由委员张鹏一担任。会毕后,平方委员对于陕省古迹名胜留览数日,始行返平。

又该会会务报告业经拟就,对于年来工作进行情形撮述极详,兹志原文如次,以供各方之阅览。

又讯:陕西省考古会以第二次年会去年未曾召开,光阴如流,转瞬又届三年。今后工作方针,急待商讨决定,以利进行。平方委员及此间委员双方决定于明日(十六日)举行第

---

① 《西京工商日报》1936 年 11 月 10 日"整理计划"部分与《西北文化日报》略异,兹录如下:据监修会委员黄文弼氏谈,称整理碑林施工计划早经拟妥,即原有第一区改为第一陈列室,将旧房舍加以翻修。内部《石台孝经》不另移动;第二、三两区改为第二陈列室,旧有房舍实行拆除,从新建筑,石经不拟更动;第四、五、六三区改为第三陈列室,旧日房舍从事拆除,另行修筑;第七、八两区改为四、五两陈列室,原有房屋只加翻修,内放碑石,不为移动;第九、十两区改为第六、七两陈列室,旧有房舍完全拆除,从新建筑,内边碑碣另行陈列。并将东面空地兴修为第八陈列室。以上全部工程俟审查完后,得标人发表后,即着手施工云。[长安社]。

三次年会,连日积极筹备,工作甚为忙碌。现大致就绪,会场布置,亦告妥当。平方委员顾颉刚、李书华、徐旭生等,原定十二日由平动身,计程于昨日到达西安主持年会。据电告改由十三日动身,今日(十五日)下午准可抵此,届时考古会主任干事李印唐、何乐夫等均赴车站欢迎。此间委员寇遐、张鹏一、王健等定于明日下午二时年会举行完竣,于下午六时设筵欢宴平方委员,以资联欢。同时并请邵主席、耿秘书长、黄仲良、翁柽等作陪云。

……

(《西北文化日报》1936 年 11 月 16 日第 5 版)

修理碑林招标揭晓

由鸿兴丰公司承包

西京碑林监修委员会为修理碑林、保存古物、维护国粹,特由中央古物保管委员会西京办事处主任黄文弼氏,向中央呈请修建费五万元,以资兴修。各建筑公司所投价,该会已于日前当众开标,昨(十八)日已将各公司所投之标价核算竣事,并决定由鸿兴丰建筑公司得标,其标价为六万元。该会于日内即与鸿兴丰建筑公司订立合同,俟合同订妥,即可兴工云。

(《西京日报》1936 年 11 月 19 日第 7 版)

修理碑林工程合同后日开始订定

西安碑林监修委员会以修理碑林工程[①],业经定由鸿兴[丰]公司以六万元承包建筑。该会特于昨(二十)日下午四时召开工程顾问会,商讨订定合同事宜。届时出席沈诚、李俨、黄文弼等,对订立合同事宜,商讨至为周详,并择定于明日通知鸿兴丰公司于本月二十三日开始订立合同,以便早日兴工建筑云。

(《西京日报》1936 年 11 月 21 日第 7 版)

碑林整修工程本月五日正式动工

整理西安碑林工程,经鸿兴丰建筑公司投标承包后,整理西安碑林监修委员会委员黄仲良,连日来与该公司负责人磋商签订合同各事宜。昨据该会息,谓双方所草拟之合同,经黄委员与该公司负责人连日来磋商结果,经过情形极为完满,拟于日内招集各监修委员共同商讨签订合同。以各事项办理迅速之情形,本月五日前后即可正式开工云。

(《西北文化日报》1936 年 12 月 1 日第 6 版)

---

① 碑,原文作"碍",据实际名称改。

整理西安碑林工程合同签定

现因天寒地冻决于明春兴工　拟先拆移碑台整理砖瓦材料

西京碑林工程监修委员会，以西京碑林所遗碑石关系文化至为重大，历年以来未加整理。该会兹为保存古物，发扬文化而重国粹起见，特呈请中央古物保管委员会拨款监修，业经中央拨款五万元以充修理之费用，并指派省府邵主席、西京筹委会张委员长、西安古物办事处黄主任督修。兹经西安古物办事处黄主任苦心筹划，现已与鸿兴丰公司将工程合同签订，该公司连日以来正积极进行购备砖瓦土木及所需一切之材料。本冬因寒冻难解，颇碍工程进行。闻该公司拟先实行拆移碑石，整理破旧砖瓦及零星什物等事项，待明年春暖时，再行大兴土木云。

（《西京日报》1936 年 12 月 8 日第 7 版）

整理西安碑林工程监修委会

内政部改聘孙主席为委员

【本报专访】整理西安碑林工程监修委员会于上年十一月间正式成立，并由内政部聘请邵力子、张溥泉及中央古物保管委员会西安办事处主任黄仲良等为该会委员，负责进行一切，已志前报。兹闻邵主席自奉令调京后，对该会事务未便兼顾，所遗委员一席，内政部拟改聘孙主席蔚如担任，聘书不日即可发到云。

（《西京日报》1937 年 2 月 28 日第 7 版）

黄文弼即返西安

主持监修碑林工程

【本报专访】中央古物保管委员会西安办事处主任黄文弼氏以监修西安碑林工程原定今春动工，特于日前晋京向中央古物保管委员会请示，及进行接洽该项工程上应料理之事务。兹悉黄氏在京公毕，于上月二十八日离京转往北平，拟在平稍事耽搁，即由平折返西安。俟黄氏抵省后，该项工程当可按照原订计划实施云。

（《西京日报》1937 年 3 月 4 日第 7 版）

修整西安石碑本月下旬可开工

分八陈列室　经费六万余元　加聘孙蔚如等为监修委员　黄文弼来平谈话

【特讯】中央古物保管委员会西安办事处主任黄文弼日前因事来平，记者昨与邂逅。据谈：本人于上月西安秩序恢复后，即赴汉口料理私务，再转南京与各方接洽西安古物保管事宜，事毕来平。因本人已近三年未曾来平，便中看望各友好，且因本人所著之《罗布淖尔》专书即将出版，有须与西北科学考查团理事接洽之处，故转道来平赴西安，再勾留三二日即离平。至中央古物保管委员会,目前有两项重要工作,一为修理碑林,因西安碑林为我国有历史价值之古迹,蒋委员[长]以其久经荒芜,令人保管,已凋零不堪。为保存古迹起见,特令鸠工修理,是以即组"整理西安碑林工程监修委员会",隶属内政部,并由中央拨发经费五万元,倘有不敷,则由陕西省政府筹拨。监修委员会原由邵力子、张继两先生及本人组织之,最近并由内政部加聘孙蔚如、彭昭贤、周伯敏诸先生为委员,以资积极进行。工程方面,除将石碑修整外,并将旧有房屋拆除,重行修建,预定设八陈列室。重要石碑计有唐朝时代之石经,及南魏时代之石刻《孟子》一部,均将分陈一室,盖此项石刻,已成为国内罕有之文物。此外各朝代石碑,亦均依朝代先后分别陈列,以供游览。承包工程者为北平鸿兴石厂,俟本人返西安后即可开工,为时当在本月下旬,经费预算为六万三千元,除中央拨发之五万外,余由陕西省政府补助。另为拓印陕西境内所有石碑,如碑林、北陵等处之石碑,由中央古物保管委员会、北平图书馆、北京大学、中央研究[院]历史语言研究所、中央博物馆及上海市博物馆等机关共同担负费用。先拓印未曾见于著录者,已拓印两次,第三次本月下旬可开始①,将来全部完成后,即分别由各学术机关考证说明,出版专书,而为学术研究之供证也云。

(《世界日报》1937年3月6日第6版;《新秦日报》1937年3月8日第5版;《新北辰》第3卷第4期,1937年4月,409—410页)

碑林重修工程即可开始
黄文弼已返抵西安

【本报专访】中央古物保管委员会西安办事处主任黄文弼氏,于月前晋京向中央古物保管委员会报告处务进展情形及请示重修西安碑林工程等事宜,公毕后即由京转平办理私务。兹悉黄氏公私事务业经办理完竣,前日由平返抵西安。闻黄氏此次在京请示各项要公,结果颇为圆满。至于修理西安碑林工程,昨(十三日)午后黄氏已谒孙主席,有所报告,并召鸿兴丰公司商订合同,以期早日动工云。

(《西京日报》1937年3月14日第7版)

要闻缩辑

【西安电】中央古物保管会西安办事处主任黄文弼十一日晚由京返抵西安。黄在京接洽各项要公,结果圆满,碑林工程即将着手施工。

(《中山日报》1937年3月14日第4版;《京报(北京)》1937年3月13日第3版)

---

① 旬,原文作"可",据文义改。

整理西安碑林准于下月初动工兴修

所需土木材料已备妥

【本报专访】西安碑林内藏碑石，关系文化至为重要。中央古物保管委员会西安办事处主任黄文弼氏鉴于碑林房屋年久失修，特向中央呈准拨给修理费五万元，并请省府补助修理费一万三千元。中央为进行工程便利起见，令饬此间组织西安碑林工程监修委员会，聘请西京筹备委员会委员长张继、省府主席孙蔚如、中央古物保管委员会西安办事处主任黄文弼等为委员，沈诚、李俨、张扶万等为工程顾问及碑石顾问，俾各项工程得以顺利进行，并于上年十二月间进行招标事宜。当时由鸿兴丰公司得标，其时正值冬令，土木工程不易进行，除仅作拆除旧有房舍之工事外，其余工程暂予搁置。该会负责人黄文弼氏对此极为关心，日前特由平赶返西安主持进行，以期早观厥成。兹据黄氏谈，此项工程于四月初准可施工，至所需土木材料已在上海、太原等地购妥，计程于本月底即可运抵西安，以备需用云。

......

（《西京日报》1937 年 3 月 19 日第 7 版）

张继、顾祝同等明日祭桥陵

四日致祭周陵及茂陵

......

本报西安卅一日专电　自去岁民族扫墓后，中央派黄文弼勘测重修黄帝桥陵及轩辕庙。经勘察结果，需款卅万元。中央审核后，以数目过巨，令重估计。现拟仅修桥陵，并创办桥陵小学，以资保护，再在陵前建筑一大纪念塔，以资发扬民族精神，本年内可动工。

......

（《时事新报》1937 年 4 月 2 日第 4 版）

张继等今日出发民族扫墓

国府筹备修葺黄陵

......

【中央社西安二日电】年来积极筹备修葺黄陵工作，去岁国民政府派古物保管委员会西安办事处主任黄文弼亲往中部勘查，拟具修葺计划、图模、预算，呈转国民政府审核。国民政府以原拟三十万元为数较巨，并以十万元为标准，着黄氏另行设计。闻现已设计就绪，除修葺陵寝外，并在陵前建纪念墓、桥陵小学各一处。俟呈国民政府核定，即可定期兴工。

（《中山日报》1937 年 4 月 3 日第 4 版；《华北日报》1937 年 4 月 3 日第 4 版）

扫墓典礼昨分别举行

桥陵 民族扫墓节恭祭黄陵典礼于昨(五日)晨七时在中部县黄帝陵前举行,陵园一切事先已由绥署省府派员协同中部县府布置就绪,陵前搭有彩棚,中置祭案,上陈各项祭品,布置简单而隆重。参加典礼者计有主祭官中央执委会代表张委员长、顾主任(刘震东代)、国府代表孙主席。与祭者有广西国内考查团张任民、梁寿笙、王赞斌、梁朝璇、王逊志、尹承纲、黄学礼,陕北代表林祖涵,东北教育界代表赵纯,驻甘绥署董参谋长英斌、吴秘书长家象,西安绥署李大队长百朋,西北名界救国会代表杨明轩、李木庵,西京筹委会龚秘书贤明,古物保管会黄委员仲良,省银行李经理维城,驻军孟团长庆鹏,洛川县长宋宾三,中部县长艾善甫暨中部各机关团体学校保甲队驻军及民众等共约二千余人。……

……

(《西北文化日报》1937年4月6日第5版)

修整西安碑林

监修委员会昨开常委会议　决照原计划图样全部修整　工程合同签订后即开工

【本报专访】整理西安碑林工程监修委员会,于昨(七日)上午十时在该会举行常务委员会议,出席西京筹备委员会委员长张溥泉、陕省政府主席孙蔚如(赵靖之代)、中央古物保管委员会西安办事处主任黄文弼,主席黄文弼。行礼如仪。

报告事项

……

讨论事项　次即进行讨论事项:

(一)审查合同及付款问题。议决:通过。关于包工付款办法……(七)经费支付问题。议决:向中央领款及省府领款,均由张、孙、黄三委员签名。至零星开支,由黄委员负责。至省府补助款项一万三千元,分期具领。

……

(《西京日报》1937年4月8日第7版;《西北文化日报》1937年4月8日第6版;《工商日报(西安)》1937年4月8日第3版;《新秦日报》1937年4月8日第6版①;《中山日报》1937年4月8日第4版;《华北日报》1937年4月8日第3版;《时事新报》1937年4月8日第3版;《世界日报》1937年4月8日第3版;《京报(北京)》1937年4月8日第2版;《庸

---

① 《西北文化日报》《工商日报(西安)》《新秦日报》三报纸同日报道中增加以下文字:"中央为保全西安碑林,曾拨款五万元从事整理修葺,并由陕省政府亦补助一万三千元,设立整理西安碑林工程监修委员会,业于去岁十一月二日组织成立,由内政部聘请张委员继、孙主席蔚如、黄文弼三人为委员,办理工程及招标事宜,已于去岁投票,当经北平鸿兴丰公司以五万九千五百得标承包。兹以整理碑林兴工在即,今(七)晨九时,特召开委员会议,出席张继、孙蔚如(赵靖之代)、黄文弼。由张委员主席,爰将讨论决议事项志次。"

报》1937 年 4 月 8 日第 1 版；《新闻报》1937 年 4 月 8 日第 5 版；《武汉日报》1937 年 4 月 8 日第 4 版；《绥远日报》1937 年 4 月 8 日第 2 版；《绥远西北日报》1937 年 4 月 8 日第 2 版；《察省国民新报》1937 年 4 月 8 日第 2 版①

整理西安碑林

昨已开工十月间完成　全部需费五万九千元

【本报特讯】整理西安碑林工程监修委员会，自成立以来积极筹备兴工，刻已就绪。兹悉该会委员黄仲良氏与北平鸿兴丰公司经数度磋商，将包工手续商定，全部工款为五万九千元，并于昨（二十六日）正式开工。该会对于整理碑林工程，原拟建筑宫殿式，嗣因经费所限及地址狭小，始决定将原有之房舍折旧翻新，内划七个陈列室，并在左边空地上另筑新室，共有八个陈列室。第一、二陈列室系陈列"孝经""石经"之用，为坚固"孝经""石经"计，拟在"孝经"及石经上加做铜筋梁柱，以资保护。第三室至第七室系陈列周、秦、汉、唐、宋、金、元、明、清各朝代所遗之碑石，第八室专藏于院长所赠之隋唐墓志三百余种，以作永久纪念。全部工程约费时六个月，预期于本年十月间即可完成云。

（《西京日报》1937 年 4 月 27 日第 7 版）

张扶万等昨赴宝鸡视察斗鸡台发掘工作

本周内即可返抵西安

【本报特讯】中央古物保管委员会西安办事处主任黄文弼，昨（五日）陪同陕西省考古委员长张扶万，于中午十一时搭乘陇海路西段快车，往宝鸡县视察发掘斗鸡台工作情形，将调查斗鸡台附近古迹。本周内即可返抵西安云。

（《西京日报》1937 年 5 月 5 日第 7 版）

西安一日游　王济远

······

二　访碑林

······

我们只得走马看花，步入《大秦景教流行中国碑》下。碑身最高，字迹已模糊，适有一西人向止欺问碑之今古，止欺即指此碑称最古，西人摄取一影。我就想到管理碑林，殊有整理与宣传之必要。幸于抵陕之夜在寇邸闻邵主席讲，最近中央已拨款五万元修理碑林，而由中央古物保管委员会西安办事处主任黄仲良主其事。这一批古代文化之遗产，我更爱其碑座上刻的图案之雄厚。

---

①　自《中山日报》以下各报纸同日报道文句较简，仅列出五条决议内容，兹不重复录出。

三　谒孔庙

……

停住画笔这样想。群鸦乱鸣,一若大祸将临,惊扰不休。我即折入中央古物保管委员会西安办事处访黄仲良主任,互谈西安古物之整理及碑林之修筑事。黄主任态度的严谨,给与我的感觉同孔庙一样。

……

（《东方杂志》第 34 卷第 9 号,1937 年 5 月,58 页）

黄陵修筑纪念塔

梁思成拟先往勘察再为设计

【本报访讯】北平中国古代建筑物研究学会访事组组长梁思成周前应顾主任邀,由平到陕设计南郊荐福寺小雁塔工程,日来经前往实地勘察后,已拟有具体计划。同时此间古物保管委员会西安办事处主任黄文弼以中央近决在陕北黄帝桥陵建筑一伟大之纪念塔,俾使一般人民在十里之外即可遥瞩,而资追思我民族创业之先祖,并拟拨款二十五万元兴修。黄氏以该项工事必须妥为设计,始能表现黄帝之丰功伟绩,而收宏效,因敦请梁氏前往勘察,计划一切。闻梁氏已允为办理,日内雨霁天晴,即拟赴陕北一行云。

（《西京日报》1937 年 6 月 7 日第 7 版）

整修西安碑林工程定下月初举行奠基典礼

西安碑林历史悠久,足以表现西北文物之光华,惟年久失修。房屋颓废,殊堪惋惜。邵前主席有鉴于此,特建议中央鸠工补葺,组织整理西安碑林工程监修委员会,由内政部聘请张继、孙蔚如、黄仲良为委员,由中央拨款五万元,省府拨款一万三千元,于本年四月下旬开工。现拆卸工程业经告竣,焊补残破碑石大部完成,一俟材料到齐,约下月初即可举行奠基典礼,全部工程本年十月间定可完成。至于西安各机关所存大小古碑,为数不少,决定在此整理期间,一律收集加入,以资永久保存。又该会近增聘陕省民政厅长彭昭贤、财政厅长续式甫、建设厅长雷宝华、教育厅长周伯敏为委员云。（中央社）

（《西京日报》1937 年 6 月 9 日第 7 版;《西北文化日报》1937 年 6 月 9 日第 6 版;《工商日报（西安）》1937 年 6 月 9 日第 3 版）

游宝鸡县鸡峰山记　壹翁①

民二十六年五月四日,春暮晴暄,人事稍间。时北平研究院考古主任徐君旭生,率同人在宝鸡斗鸡台左近为考古工作,临行以鸡峰胜境,相约前游。南京古物保管驻陕分会黄

---

①　编者按:壹翁,即张鹏一(1867—1943),字扶万,号壹翁。

君仲良,亦愿同往。乃结伴各带服役一人,备办行李,于本日上午九时,乘人力车至陇海车站,考古会干事李君印唐来送,十时,备二等、三等车票各二张,二等车垢弊不洁,盖临时通车,又经双十二变后无从预备也。十一钟车开,经咸阳、兴平、普集、武功、郿县、虢镇,先后停车……下午九钟,至宝鸡,时已昏黑。下车后,上坡行里许,至东关,住小旅馆,喧甚,仲良别宿他馆。出买食物,味劣不能饱,另买鸡子、锅饼充饥。

次日早,同仲良入城,到县政府,见钱范予县长,告以此来参观考古会之发掘,将有鸡峰山之游,能派团丁照料否?据称如前往,当派保卫团护送,定期后,请以函告。留食早点,即辞出。县宇宏阔,后负高原,气象黯然。城内东西街,阔二丈余,市房整饬,中央军驻城中,城门有兵把守。至旅店,开昨帐。同仲良各雇人力车一乘,十五里至斗鸡台,价一元,另一车推行李,价八角……行约十里,逢姻侄钟德昌骑自行车来,见余,下车云"徐旭生先生来接"。余遥见其步行,同仲良下车前迎,谢其雅意。旭生言日昨来接,而未至,故今又来。因坚请余二人乘车前行。行数里至办公处,即陈宝夫人祠,土人名曰娘娘庙,门外小匾书"古陈宝祠",门内殿前匾书"陈宝夫人祠"……祠本改设小学校,以考古会借用其地,现学校已迁移他处。余同仲良住大门三间房内,大殿为食堂器物储蓄之地……

……东南有钟房,据旭生言,钟为明万历时物,杨姓甚多,无戴姓,今其(他)[地]戴姓为大族,地名戴家湾,杨姓亦有人而不著也。时日已西昃,即归,夜卧甚适。是日,由仲良函钱县长代雇花竿二乘、派团丁数人护游鸡峰山,至晚不得回音。

六日早餐后,以昨函无消息,同人商定雇驴四头,游石鼓山。……过桥数十步,道旁一石,高三尺,上径二尺,下径五尺,色黝黑,似鼓形,今日宝存之石鼓文,当时取材于此等石,可知石鼓所在地矣。仲良属余立石旁,为摄影……命德昌回,取游山用具,由舁夫抬至石鼓寺,作鸡山之游。留一马,为旭生乘。前行里许,同人至石鼓寺小留……在寺候至二钟余,日已下午一时,舁夫方到。余与仲良分乘,过一溪,南有水磨房多座……余至庙,夜已七时,庙祝田姓。秦队长在庙布置卧地,烧水煮粥,是日游客五人,县团丁六人,七区团丁由队长调来十人,并队长为十七人,共游客二十二人。山行饥乏,赖团帮做,始得食。庙宇破烂,余同仲良宿一小阁中,取扉支床,旭生宿小殿中,无板可支,铺被于地而卧……

七日,天甫明,即起,出户观山峰直上千仞,壁立眼前……食毕,旭生、仲良、秦队长诸人上鸡峰……鸡峰最高处,其中险绝者有二处,用铁索引之而登,一长二丈,一长四丈余。仲良上次高峰而止……

……有奇石,大逾一亩,高立有喙上出,如鸡立状,疑所谓石鸡,鸡峰当以此得名。仲良取镜摄影……

八日早六钟起,食汤点,拾行李,同仲良犒厨工人付一元。旭生东还南阳,同行。……至虢镇,时未十钟,寓西关新设以旅馆,人住一房,每日价五角。赴饭馆种餐,雇人力车三辆,赴南乡磻溪宫天王村,查古迹。……溪东距天王村不一里,在高坡上,即青峰山下院万寿禅院。……入庙,观东面壁画佛像,而年久壁色尘暗。中坐一佛像,高四五尺,旁立侍二像略小,而静穆之致,极为表现。壁上半角毁裂不修理,将致倾圮。殿后正中壁上,有观音坐像,亦端庄可喜。仲良摄影,光线不合,甚费经营……观毕,乘来车回。时逾四钟,至虢镇南城,欲游常宁寺,以军队驻守,不便往。入东门,观城隍庙,军人又阻止,仲良以南京古物保管会名义为言,乃得入。庙内房舍完整,颇似三原县庙……

九日早六钟,清旅店帐目,同至街中,食江米酒、冲鸡子。余乘人力车至车站,同旭生、仲良以车载行李,步行约三里,明俊回斗鸡台。八钟,宝鸡快车到,上车。十一钟至西安车站。下车时,有张君在车路工程局任事,与仲良相识,代照料一切。又得检查行李证,即时出站.不致久候。是日天气甚热,入城,同旭生至考古会,仲良分道归。

……

（《陕西教育月刊》第 3 卷第 2 期,1937 年 6 月 15 日,113—123 页。后收入杨怡鲁编《张扶万先生专辑》（《富平文史资料》第十七辑）,中国人民政治协商会议陕西省富平县委员会文史资料委员会,1993 年,57—61 页）

黄文弼昨晋京

【本报访讯】中央古物保管委员会西安办事处主任黄文弼,以中央古物保管委员会定期举行委员会议,特定今（十七）日乘陇海路车晋京。闻对修理中部桥陵及西安碑林工程等均将有所接洽,下月初始可返省。

（《西京日报》1937 年 6 月 17 日第 6 版;《西北文化日报》1937 年 6 月 18 日第 6 版;《工商日报（西安）》1937 年 6 月 18 日第 3 版）

西北史地学会昨已正式成立

推张扶万等组织理事会　对工作计划有具体决定　禹贡学会及西北论衡社在陕设分会

【本报专讯】西北史地学会系本市学者名人所发起,曾于六月十日假陕西考古会开第一次筹备会,昨日十二时复假考古会开正式成立大会。出席者张扶万、穆济波、梁午峰、徐炳昶、何乐夫、吴敬之、黄仲良、李乐知、党晴梵、张寒杉、谢文青、王复初、谭希吕等五十余人,由张扶万主席当场议决"会名""会址""简章""会费""刊物",及推定穆济波、党晴梵、吴敬之、谭希吕、张寒杉、韩述之六人审查本会缘起等事项多件。复由大会推举张扶万、谢文青、徐炳昶、梁午峰、党晴梵、吴敬之、张寒杉、黄仲良、王复初等九人为理事,组织理事会,为执行机关。复由理事会推举张扶万为理事长,黄仲良为工作主任,何乐夫为代理秘书,李印唐为代理干事,现已商讨一切研究工作、具体计划及推进一切重要事务云。又北平禹贡学会及西北论衡社前日曾派员来陕筹设西安分会,昨复由教育厅梁午峰提议应如何协助,该会全体学员认为同系学术团体,当场一致通过予以赞助,并由理事会与之接洽,使该分会早日成立,会址仍暂设考古会内。兹将西北史地学会所制之西北史地学会组织简章志之如下:（一）本会定名为西北史地会。（二）本会会址暂设陕西考古会内。（二）本会以研究西北史地学术、发扬民族文化为旨趣……

……

（《西京日报》1937 年 6 月 23 日第 7 版）

黄文弼日内即可返省

【本报访讯】中央古物保管委员会西安古物办事处主任黄文弼，日前晋京出席中央古物保管委员会议，并向中央报告整理西安碑林工程情形，及接洽修理中部桥陵工程等事宜。昨据西安古物办事处息，黄氏在京公毕，日内即可返陕云。

（《西京日报》1937 年 6 月 28 日第 7 版）

中央古物保委会整修唐代陵寝

初步计划业经草拟竣事　即将派员前往各陵施测　整修中部桥陵俟款到即开工

【本报特讯】中央古物保管委员会西安办事处主任黄文弼，日前晋京出席中央古物保管委员会举行之第五届年会，并向中央报告整理西安碑林工程情形，及请示中央修理中部桥陵等事宜。兹悉黄氏在京公毕，于前（三十日）晚乘陇海西上快车返抵西安。记者昨（一日）晨晤黄氏，询及在京出席第五届年会情形。黄氏谓，此次中央召开之第五届年会，商讨案件最重要者，即为《古物保存法》一案，业经议决，由滕固、马衡等五委员审查，俟审查完毕，再交立法院核定后公布。至本省中部桥陵整修事宜，中央古物保管委员会方面以轩辕黄帝为我民族之祖先，丰功伟业，最值吾人崇仰。前曾决定拨洋十万元以作整修中部桥陵之用，俟款兑陕，即派员前往中部督工兴修云云。又谓中央古物保管委员会为保护唐代帝王陵寝及保存各帝王陵前之碑石，以重古物起见，现已决定先修乾州之唐高宗陵及唐肃宗陵、醴泉之唐太宗陵、泾阳之唐宪宗陵、三原之唐中宗陵及蒲城、富平等县之唐代帝王陵寝。至初步计划，业经由中央古物保管委员会西安办事处草拟竣事，并即派员前往乾县、醴泉、泾阳、三原、蒲城、富平等县之唐陵所在地，质施测量及照像等事。全部整理陵寝工事，于本年底当可完成云。

（《西京日报》1937 年 7 月 2 日第 7 版）

碑林监修会委员顾问昨开联席会议

对工程进行有所讨论

【本报特讯】西京碑林监修委员会昨（八日）晨八时在该会举行第四次委员顾问联席会议，届时出席委员张溥泉、孙蔚如、彭昭贤、周伯敏、续式甫（陈锦荣代）、雷宝华（黄舒泰代）、黄文弼，顾问赵玉玺、张鹏一、张羽甫、张知道等十余人，由黄文弼主席。行礼如仪后：（甲）报告事项：（一）黄委员出席中央古物会情形。（二）中央古物会来函，对于本会排碑办法已予同意。（三）耀县碑石由省政府正在交涉之中。（四）拟订监修碑林门窗格式，请审查。(五)监修碑林工程及材料最近情形。(乙)讨论事项:(一)拟照本会所制园样,勘定碑林基址,以便修筑案。决议照勘定基址通过。(二)唐碑迁移与否及保护办法,请公决案。决议:唐碑全数移于第三陈列室,移动时技术问题应加特别注意。(三)石经加钢筋洋灰梁柱,约需经费五千元,拟请省政府补助案。决议通过照办,经费向中央呈请。(四)临时动议:奠基典礼请孙主席主持。

......

(《西京日报》1937 年 7 月 9 日第 7 版)

整修西安碑林
全部工程于本年底即可完成

【省府消息】省府委员会昨(十六)日开第六十八次例会,出席委员孙蔚如、彭昭贤、续式甫、雷宝华、韩光琦、杨毓桢,列席高等法院院长党积龄、保安处处长张坤生、军训会主任委员张海如。主席孙蔚如,秘书长杜斌丞。如仪开会后,即进行报告及讨论事项:

报告事项 主席报告,前准内政部咨,据中央古物保管委员会呈以经费奉令停发,所有会务及西安办事处拟暂行结束。关于西安碑林工程,嘱由本府接管办理等由。除咨覆,仍请黄委员文弼负责办理,务于本年年底竣工外,请公鉴案。

......

(《西京日报》1937 年 11 月 17 日第 3 版)

本校教职员录
历史系

职务	姓名	别号	住址及电话
主任	许寿裳	季茀	化验所
教授	李季谷	原名宗武	青年会
教授	许重远		青年会
教授	陆懋德	咏沂	北京饭店
教授	谢兆态	渭川	郭签士巷十九号
讲师	周传儒	书	东北大学
讲师	蓝文征	孟博	东北大学
讲师	黄文弼		府学门二十五号
助教	王兰荫	竹楼	第一院

(《西安临大校刊》第 4 期,1938 年 1 月 10 日,第 10 页)

本 会 记 事

民国二十六年六月十日,开第一次西北史地学会筹备会,地址在陕西考古会,出席者为发起人张鹏一、景志伊、景志傅、何士骥、穆济波、李俨、梁午峰、吴廷锡、谢文青、王正基、寇遐、陈子翼、谭希吕、黄文弼等。议决事项：由出席人分头介绍赞同组织本会之人，通知发起人张鹏一先生，再定期开成立大会。介绍日期，限定十日。

二十六年六月二十二日，开正式成立大会，地址同上。出席者张鹏一等四十五人，公推张鹏一为主席，谭希吕为纪录。议决会名、会址、简章、刊物等案多件。并公推穆济波、党晴梵、张寒杉、吴敬之、谭希吕、韩述之六人为本会组织缘起审查委员。又公推张鹏一、谢文青、徐炳昶、梁午峰、党晴梵、吴敬之、张寒杉、黄仲良、王复初九人为理事。复由梁午峰先生动议，对于北平禹贡学会、西北论衡社派白子瑜先生来西安筹设分会事应如何赞助案。公决，由理事会与之接洽办理。

……

同日下午，开第一次理事会。议决事项：一、推举张鹏一为理事长；二、推举黄仲良为工作主任；三、推举何乐夫为秘书；四、推举李印唐为干事。

……

同月十五日下午三时，开茶话会欢迎西北论衡社白子瑜、刘熹亭诸先生由平来陕加入本会。本会出席者有张扶万、徐旭生、冯仲翔、黄仲良、穆济波等三十人。会后复开临时会议，主席张鹏一，纪录何乐夫。议（央）[决]事项……

（《西北史地》第1卷第1期，1938年2月15日，第131—133页。后收入杨怡鲁编《张扶万先生专辑》《富平文史资料》第十七辑），81—83页）

西安新语（二）

二、文化展望

西安本来是中国古文化的发祥地，现在的断碑残瓦，荒墓废墟，都象征着过去的光荣。现在留着的最大遗产是碑林和宋碛砂本《藏经》。碑林在城南孔庙附近，以前只是些破旧的廊庑，庇覆着自汉以下历代石碑，这些石碑有文字、有图案、有地图，如宋刻《华夷图》《禹迹图》；有古外国文字，如景教碑之叙利亚文。碑林附近寄生着许多拓碑发卖的铺子，以前因无人保管，任工匠日日槌拓，磨损甚多。现在由中央古物保管会陕西分会设法保存，在孔庙古柏的荫覆下盖造起七八所宫殿建筑，雕梁之美不下北平。但一进大门那所休息室却造成了很不堪的洋房，令人有异样的不调和感觉。值得称誉的是除了放碑的屋子以外，另外有一所可以作研究室用的大楼，这是一个很大的进步，我们应该感谢设计者黄仲良先生。因为在中国许多图书馆中尚无研究室，博物院中更谈不到，新建的碑林有此设备，不可不说是有独到的见解。但在碑的室内排列方面，我们希望能正确地按着时代分类。现在碑林建筑尚未竣工，这希望也许还能做到。

……

（《申报》1938年2月17日第2版）

126

管理中英庚款董事会公函①

科字第三〇四五号

本会鉴于战事以来,各地科学工作人员多因机关紧缩不能继续工作,特提会决议,划拨专款指充协助。现收到声请书件,已审查竣事,拟将附单所开九人,资送贵大学继续研究工作。未知贵大学可否容纳,并能否予以相当便利,至祈酌示,以便转知。如承惠予同意,则嗣后研究工作之进行,工作报告之审核,以及逐月协款之发给等事,本会并拟托请贵大学代为办理。所有详细手续已在领受协款规则内分别订明。该项规则随函附奉,藉供参考。又为接洽便利计,并恳指定专人负责照料,尤纫公谊。

此致
国立四川大学

计附单玖纸、规则一件。

董事长朱家骅

中华民国廿七年十月三十一日

附管理中英庚款董事会协助科学工作人员领受协款规则

……

附志:计所开研究人员:(一)黄文弼,其研究范围为"新疆古代艺术"。(二)孙文青,其研究范围为"南阳汉画像刻石"。(三)孙次舟,其研究范围为"先秦史"。(四)彭其昌,其研究范围为"药物化学"。(五)勾福长,其研究范围为"钨矿"。(六)曾鼎新。(七)张世勋,其研究范围均俟与本校接洽后再定。(八)张奎,其研究范围为"山东家畜寄生虫及鸡球虫病及寄生虫"。(九)王翌金,其研究范围为"棉作畸形及芽切病之研究"。又各研究员均经本校张校长分别派往文、理、农三院研究,并指定各院长为负责照料专人。惟内有曾鼎新一员已就任国立西北农学院教授,校方已陈明管理中英庚款董事会,请以黄树藩补充选额矣。

(《国立四川大学周刊》第 7 卷第 8 期,1938 年 11 月 21 日,第 4 页)

西安碑林整修工程完成

建筑艺术伟大庄严　碑石嵌排织毫无损

西安碑林年久失修,房屋日就坍圮,碑石亦复凌乱。于二十五年一月由中央古物保管委员会向中央提议,会同陕西省政府兴修,承中央补助经费五万元,陕西省政府先后补助一万八千元,并组织整理西安碑林工程监修委员会,由内政部先后聘请张继、邵力子、孙蔚如、彭昭贤、周伯敏、续式甫、雷宝华、黄文弼为监修委员,并以黄文弼专任监修。又由监委会聘请地方绅耆及工程专家为顾问指导一切。于二十五年十一月着手筹备,至二十六年

---

① 英,原本作"央",据下文附则标题改。

四月开始动工,现闻该项工程业已全部告竣。共有陈列室七座,楼房一座,除第一、四、五各室酌用旧有梁架外,其余均系从新建筑,采取宫殿式样。而彩画一项,则取唐碑碑侧花纹作图案,一扫宫殿式鱼龙之陋习,尤寓民族意识于建筑艺术之中。其他储藏室、休息室、卷棚、游廊、引路、影壁、大门楼均依次筑成,伟大庄严,灿烂辉煌。所用经费总共不过七万元之谱。碑石方面,均属分类排列,序以时代。第一室专陈石台《孝经》,而显露其三台石座;第二室为石经,以《开成石经》为主,并以明代石经补字与清初贾汉复补《孟子》附之;第三室为唐碑,唐碑精华皆荟萃于此,且碑多有雕刻精美之龟座,昔均埋没地内,今则轩豁呈露。第四、五、六、七各室为清帖、绘画、诗文题跋等,游廊之间嵌以屏书、对联及箴铭格言,而凡与碑林历史有关者嵌置影壁。第八室楼房则专陈于院长所捐赠之墓志三百八十余方,堪为碑林生色不少。此外又发现唐石经残石二块、不空和尚译经碑等[①],均分别补嵌排列,幸赖工人稳练,无损纤毫。又对石经加添钢筋混凝土梁柱,永保坚固。现该会以工程全部完竣,任务终了,准备结束一切,并一面函请陕西省政府派员验收。值兹日寇猖獗,我民族奋勇抗战之际,各方建设更应积极努力。今于极端艰苦之环境中,得完成此一段伟大之文化事业,将来西北文化之建设,其亦从此发轫欤。(中央社)

【又讯】碑林监修委员会委员黄文弼,自二十五年担任监修碑林,迄今两载,现因工程既告完竣,二年来之惨淡经营,终能如愿以偿。行将离开西安,应西安临时大学之聘,驰往南郑担任教课。(中央社)

(《西京日报》1938 年 3 月 27 日第 2 版;《工商日报(西安)》1938 年 3 月 27 日第 2 版;《申报》1938 年 4 月 1 日第 2 版;《中山日报》1938 年 4 月 7 日第 3 版)

发掘张骞墓前石刻报告书　　何士骥　周国亭

本校历史系考古委员会(委员为许季茀、李季谷、陆咏沂、黄仲良、何乐夫、周国亭六先生)以汉博望侯张骞为中国历史上不可多得之民族英雄,实有表彰之必要,乃决定将其墓冢加以整理。惟以各种关系,全部计划未能实行,暂定第一步办法为清理墓前已露面之二石刻,并作为学生考古学一科之实习。惟此次工作简单,问题不多,兹将其经过情形,述之如此:

一、调查

二十七年五月二十日,本校同人曾作一度调查。同往者有校长徐轼游、李云亭,主任许季茀、黎劭西,教职员李季谷、陆咏沂、许重远、谢渭川、何日章、黄仲良、唐节轩、佟伯润诸先生及士骥、国亭,并男女生等数十人。自上午八时由城固城内出发,至八时半到达,当由黄仲良先生摄影多张(图版一:一、二、三;二:一)。复由士骥于墓之周近麦地内及村旁,采得绳纹残砖(插图一:一、二、三)、残瓦(插图一:四、五、六)、花纹陶片(插图一:七)等。

惟于墓上及墓跟未有获得,墓南约一百六十公尺之处,即为二石刻所在之地。时麦秋

---

① 不,原作"石",据实际人名改。

未届,二石刻在麦丛中,东西相对,隐约可见。其在东面者,颈部(头已毁)之最高点露出地面约四公寸,尾部之最高点露出地面约五公寸余(图版二:一)。在西面者,情形略同。因系地面调查,故未有动掘等事,于石刻周围,亦未有陶瓦片等之采获,至十二时而返。

……

(《西北联大校刊》第 1 期,1938 年 8 月 15 日,32—33 页。全文收入西北大学西北联大研究所编《西北联大史料汇编》,西安:西北大学出版社,2012 年,298—302 页)

中英庚款会协助科学人员揭晓

计社会科学等三组

中英庚款董事会协助科学工作人员[①],地质及地理、动植物及生理、算学、物理、化学、农学、医学,各组共计一百二十人,与前后两次共拨二十六万三千元,为协助及研究设备经费等情,已志本报。兹将该会审定协助社会科学组、工程组、人文科学组、工作人员探录如下:

……

(三)人文科学组:王献唐、吴金鼎、孙文青、黄文弼、王振铎、刘节、常任侠、岑家梧、陶云逵、葛毅卿、张世禄、李丛云、陶元珍、孙次舟、张维华、梁嘉彬、陆侃如、白寿彝、谷霁光、费孝通、江应梁。

(《申报》1939 年 1 月 8 日第 13 版)

博望侯墓道古物校内展览记

本校历史系考古委员会(委员为许季茀、李季谷、陆咏沂、黄仲良、何乐夫、周节常六先生,并临时请有国立北平研究院历史研究所所长徐旭生先生为指导)为表彰我历史上之民族英雄汉博望侯张骞起见,于去岁八月二十四日至九月二日,将其已毁之墓道加以清理考查。虽因各种关系(如参加考古实习学生须集中军训与本会经费问题等),全部计划未能完全实现,但就吾人已得之古物:如灰陶片、带釉陶片、瓦罐(有两耳)、砖(墓门及全部墓道之建筑均系汉砖)瓦片及五铢钱等观之,已足证明为西汉之墓。其较重要之品,有似印范者一方(亦似封泥),篆书"博望□铭(或造)"四字,当可为此墓系博望侯墓之一证,且与《史记》所载张骞故里亦合。于是乃由李季谷、何乐夫、周节常、刘廷芳诸先生及同学阎应清、鲍廷忧、马寿山等将该项古物分类编号,于本月十三、十四两日下午在本系考古室(文理学院右旁旧教育局)陈列展览(参观暂限本校)。届时到会参观者,有教育部顾次长毓琇暨本校常务委员李云亭、徐轼游、胡春藻,秘书主任黎劭西与教授、同学等数百人。陈列品类,有印范、五铢钱、汉砖、带耳破陶罐、铁钉、细铜丝、碎铜片、陶器片、瓷片瓦片、砖块、漆皮带土、朱红带土、人工石、天然石、牙、骨、螺壳等。上项古物当时均有标签,记明出土年月日、数量、深度、厚度、质料、色泽、纹饰、制法等,以便参观者之易于明了。此外尚有拓片、照片

---

① 英,原本作"央",据下文附则标题改。

等,均亦分类加以说明。

(《西北联大校刊》第 10 期,1939 年 2 月 1 日,第 19—20 页。全文收入《西北联大史料汇编》,286 页)

国立西北大学职教员录

现任职务	姓名	别号	性别	年龄	籍贯	
历史学系						
教授兼代主任	陆懋德	咏沂	男	五三	山东历城	中正街三十四号
教授	刘朴		男		湖南湘潭	
教授	许重远		男	四五	河北饶阳	大西关四十二号
教授	周传儒	书舲	男	四〇	四川江安	王史巷四号
教授	蒋百幻	孟影	男	三〇	湖南新宁	石家巷十五号
教授	蓝文征	孟博	男	三七	吉林	王史巷四号
教授	黄文弼	仲良	男	四七	湖北汉川	
讲师	何士骥	见前①				
专任讲师	何竹淇	丽生	男	三〇	湖南衡山	考院男职员宿舍
助教兼讲师	周国亭	节常	男	三五	山东恩县	考院男职员宿舍

(《国立西北大学职教员录》,1939 年 12 月,第 8 页)

边教会议闭幕

决议各案注重边教实施　优待边疆员生划分学区

【中央社讯】教育部边疆教育委员会于十二日上午八时召开全体委员会议,到白崇禧、吴忠信、朱家骅、杭立武、张维翰、林翼中、马毅、吴培均、黄锡恭、吴文藻、严镜清、吴云鹏、黄文弼、顾颉刚、周邦道、汪懋祖、张伯怀、时子周、李永新、孙绳武、唐柯三等,及部内各关系主管人员五十余人。由陈部长立夫主席,报告教部实施边疆教育之方针及本届召集全体大会之意义,次由吴忠信代表周昆田、内政部张次长等致词。旋由该部蒙藏教育司长张廷休报告历年实施边疆教育之经过。继即选定委员,分组审查提案。下午二时开分组会议……昨日上午七时,续开全体会议,由各组分别报告审查意见,经大会通过决议案五十余件,于十二时半圆满结束……

(《大公报(重庆)》1941 年 6 月 14 日第 3 版;《西南日报》1941 年 6 月 14 日第 3 版)

---

①　何士骥见于文学院中国文学系,《国立西北大学职教员录》,第 6 页。

新聘教授介绍

......

黄文弼先生 字仲良,国立北京大学毕业,历任北京大学教授、西北大学教授、内政部中央古物保管委员会委员、教育部边疆教育委员会委员。现任本大学史地系教授,讲授秦汉史、史学要籍、考古学。

(《国立四川大学校刊》第 11 卷第 4 期,1941 年 10 月 21 日,第 6 页)

聘定各级导师

本学期各级导师业经遵照部章,聘请各教师担任。兹将导师姓氏及担任系级,列举如次:

......

历史学系

一年级　辜　勉

二年级　杨向奎

三年级　易忠箓　杨兆钧

四年级　丁　山　黄文弼

(《国立西北大学校刊》第 2 期,1941 年 12 月 10 日,第 8 页)

各院教授分别开茶话会欢送陈校长

陈校长以操劳过度,体力欠佳,恳辞代理校长兼职。业经教育部允可,日内即将离校。本校各教授纷纷为校长饯行,校长体念物力艰难,概行辞谢。各院同仁因改备简单茶点,就校长寓所,开茶话会欢送校长。校本部教授欢送会于本月二十三日下午举行,公推杜教务长致辞,略谓陈校长近以体力稍逊,坚辞校长兼职,当此临别之际,同仁略备茶点,举行欢送会。物质原极菲薄,然意义则甚深长,回思校长前年奉命来此整理校务,苦心擘画,学校始得日臻发展。同仁于校长劳绩,深表感念之意。复以校长不久即回教部,以后学校一切设施,有藉校长之助力正多,深冀仍能一本在校时之精神,协谋学校之发展,尤同仁之所厚望……次孙教授宗钰、谭主任戒甫、黄教授文弼相与致辞,均以陈教授在校于经济方面能量入为出,于校纪方面能始终持以严正态度,现在校事整理就绪,而陈校长功成不居,即时引退,深为钦佩,其精神当永留于学校云云。

......

(《国立西北大学校刊》第 7、8 期合刊,1942 年 4 月 1 日,第 6 页)

本校新聘教职员

历史、商学两系主任,兹聘请教授黄文弼、孙宗钰两先生分别兼代。

......

(《国立西北大学校刊》第 2 期,1942 年 10 月 1 日,第 3 页)

第十四次教务会议记录

时　间:三十一年八月三十一日(星期一)上午八时

地　点:本校会议室

出席人:王文华(杨代)　杜光埙　黄仲良　赵进义　张育元　岳劼恒　曹国卿　施宏勋

　　　　刘　拓(宜代)　雍克昌(强代)　　赖　琎(明道代)　李永增

列席人:袁明道

主　席:杜教务长　记录周文麟

一、开会如仪

二、报告事项　1. 本学期照部定日期八月二十七日开学,上课时间延至十五日所。注册、选课、加选、退选、补考,均计入补充校历公布……

(《国立西北大学校刊》第 6 期,1943 年 2 月 1 日,第 8 页)

汉中发现古物

推断系旧石器末期文物

【城固通讯】西北大学考古学教授何士骥三月二十九日在汉中西关外发现龙岗寺之史前遗址,采集所得,有各种石器、陶器。根据何氏推断,该地常为旧石器末期人类之故居,并有发现旧石器中期以前文物之可能。其后黄文弼、殷伯西、郑鹤云、陆懋德诸氏踵往察看,各有采获。所推论亦大致相同。闻发现人现正商诸学校及地方人士,拟在暑假中正式发掘,以探究竟。(六月十五日寄)

(《大公报(重庆)》1943 年 6 月 24 日第 3 版)

科学考查团抵迪化

沿途所获材料极为丰富

【城固通讯】国父实业计划研究会与西北大学、西北工学院合组之西北科学考查团人员由城固、重庆分途出发,复自兰州沿河西走廊继续西进,于张掖全团会齐,继续深入大西北视察。沿途各地军政领袖均妥予协助,并寄以热烈希望。西大校长赖琎,接该团沿途报告称:□已抵达迪化。该团行至哈密时,新疆盛主席即遣专车来迎。团长原由中委叶秀峰担任,嗣以叶氏于抵兰州时,适又因公返渝,团务则由张彬忱暂代。该团此次考察范围涉猎极广,计考古方面,为西大历史系主任黄文弼负责;地理方面,为西大地质地理系主任殷祖英及地研所周祖豫负责;矿冶方面,由西北工学院矿冶系教授李余庆及蒋静一负责[1];水电方面,西北工学院部聘教授一余谦六负责;交通方面,由西北工学院航空工程系主任罗明燏及西北公路局之李乐之负责;农垦方面,由张代团长负责;水利方面,则为专家陈之颐、沙玉清负责。此外□有中宣部派遣之摄□电影人员等,计全团二十人。该团此次勾留兰州期间,曾赴临洮考察,于洮河两岸遗址殊多发见。而当赴居延海转赴马鬃山一带考察时,由内匿哈萨克种人甚多[2],强悍异常,以故中外人士率多畏走,为一从未被开发之处女地。该团此次特□当地驻军保护,毅然驰往,乃于山中□□□各种遗迹,获得极有价值之宝贵材料。对东方艺术贡献至巨之敦煌千佛洞,曾作缜密之考察及研究,于保管修理方面,均有所计拟。考古家黄文弼拟在其地作较长时间之停留,而该团此次沿途□搜集之民俗方治文物产品尤丰富异常,闻大部于运归后,将由西大、西工合组之西北科学研究室负责保管,供为研究□本之用。

……

(《西京日报》1943 年 8 月 11 日第 3 版)

近二百年国人对于中亚地理之贡献　祥伯
二　民国以来学人研究之成绩与重要学人之略历

……

黄文弼字仲良,湖北人。西北科学考查团团员,北京团城古物保管委员会委员,为考古学家,曾至新疆等地考查。著有:

《西北科学考查团在新疆考古情形报告》

《高昌》(民国二十二年西北科学考查团理事会印行)

《高昌陶集》(同上)

《吐鲁番工作报告》

《高昌专集赘言》(民国二十年印行)

《新疆之气候与水利》

《罗布淖尔专册》(油印本)

《蒙新考古报告》

《居延海考》

《楼兰与汉代之关系》

《天山南路大沙漠探险谭》

《记新疆之二麻札》

《拜城博者克拉格沟摩崖》

(《中央亚细亚》第二卷第四期,1943 年 10 月 25 日,第 20 页)

---

① 余庆,原作"庆余",据实际人名改。

② 哈,原作"黑",据实际名称改。

普及史地知识

教厅聘专家教授举行史地演讲周

【本报讯】教育厅为普遍一般历史地理智识,特决定举行历史讲演周。经详密筹备,现定今日开始。主讲人选,经教厅聘定各教授及来新考察之史地专家担任。除讲演地点之有关方面须出席听讲外,并欢迎各界人士自由听讲。该厅曾于二十三日下午六时,假体育厅会议室,召开历史讲演周座谈会,出席者有程厅长及主讲人黎东方、黄文弼、徐家骥等,由程厅长将举行历史讲演周意义详细报告,并谓这种讲演在国内各省已普遍举行过,惟有洛阳、迪化两地尚未举行;这次举行即为补救这一缺点。

报告毕,即行分配时间、地点讲题。计:二十六日(星期二)下午五时,讲演地点:新疆学院大礼堂,主讲者为黄文弼,讲题为"高昌始末(南北朝隋唐时代之高昌国)";钱海岳讲"关于《新疆通志》"。二十七日(星期三)下午五时,讲演地点维文会,主讲者为丁骕,讲题为"新疆地形"。二十八日(星期四)下五六时,讲演地点为汉文会,主讲者为殷祖英,讲题为"地理上之新疆"。二十九日(星期五)下午五时,讲演地点为汉文会,主讲者谢宗亚,讲题为"新疆经济地理"。三十日(星期六)下午五时,讲演地点为归文会,主讲者为徐家骥,讲题为"塔里木[河]流域的过去与未来"。三十一日(星期日)上午九时,讲演地点为汉文会,主讲者为黎东方,讲题为"各宗族之渊源与中华民族之构成"。分配毕,放映最近徐松林先生赠送该厅幻灯新影片,第一部为联合国护航队,第二部为国府蒋主席巡逻西北,第三部为中国空军在美受训。放映毕,即散会。

兹将各主讲人简历介绍如下:黄文弼,国立西北大学历史系主任。钱海岳,前中央党史编纂委员会编纂、新疆边防督办公署秘书处副处长。丁骕,国立中央大学地理系教授、中央研究院研究员。殷祖英,国立西北大学地理地质学系主任。谢宗亚,国立中央大学理学士、新疆省立师范学校教员。刘效藜,新疆省政府秘书长、新疆汉族文化促进会委员长。徐家骥,前国立中山大学教授、广东文理学院训导长、新疆学院文史系教授。黎东方,教育部史地教育委员会委员、中国史学会常务理事。(彦)

(《新疆日报》1943年10月26日第3版)

新疆教育厅创办史地讲演周

黄文弼等任主讲

【中央社迪化二十六日电】新疆教育厅,自二十六日起,□办史地教育讲演周,分约在迪化者黄文弼、钱海岳、刘效藜、黎东方等主讲有关新疆之史地专题,听讲者甚为踊跃。

(《陕北日报》1943年10月28日第1版)

西北科学考查团工作竣事

各团员返城固

【城固通讯】国立西北大学、西北工学院前与国父实业计划委员会合组之西北科学考查团,自今春三月间出发后,深入大西北腹地,为时计八阅月,历甘、宁、青、新四省。足迹所至,发见殊多。除于马鬃山一带发现处女地外,他如敦煌石窟之续有发见。新疆民族文化资料之搜集,均还超预计成果。刻该团考查工作已全部告竣,除代团长张彬忱及一部团员径由兰州飞渝外,西大历史系主任黄文弼、地质地理系主任殷祖英、西大航空工程系主任罗明遇及电工系部聘教授余谦六等一行四人,即将由兰返校。

（《大公报（桂林）》1943 年 12 月 21 日第 4 版）

卅三年度第一次校务会议记录

时　　间:三十三年九月十二日上午九时。十三日、十四日继续会议两次合并记录。

地　　点:本校会议室

出席者:刘季洪　赵进义　杜元载　王治焘　孙宗钰　郭至德　殷祖英　蓝文征

　　　　张贻侗　刘亦珩　岳劼恒　郁士元　黄文弼　王懿修　李贯英　徐朗秋

　　　　高　亨　刘汝强

主　　席:刘校长　　纪录:王展如

开会如仪

甲、报告事项(从略)

乙、讨论事项

一、请修正本校组织大纲案

决议:(一)原大纲第三条一项应加边政学系。(二)第六条二项训导处下应改为分设生活管理组、课外活动组、体育卫生组。(三)第八条下段应修正为生活管理、课外活动、体育卫生组,各设组主任一人,由校长赖教授或副教授中聘任之(本校训导处体育卫生组暂不改组为卫生组,专案,请部核准)

……

七、黄主任文弼、刘主任亦珩临时提议修改本校课程标准,以供教育部采择案。

八、高主任亨临时提议:(一)如何养成研究风气;(二)如何充实图书;(三)如何编印学术刊物;(四)如何研究西北问题;(五)准备添设研究院等案。请讨论案。

决议:以上各案推殷主任、黄主任、高主任、王主任、杜教务长审查研究,拟定具体意见,提交下次会议讨论。由杜教务长召集审查会。

散会。

（《国立西北大学校刊》复刊第 1 期,1944 年 10 月 1 日,第 5—6 页）

卅三年度第一次教务会议记录

时　间:三十三年九月十四日上午十一时

地　点:本校会议室

出　席:杜元载　殷祖英　赵进义　黄文弼　刘亦珩　高　亨　刘汝强　岳劼恒
　　　　郭至德　王治焘　孙宗钰　李永增　魏庚人　詹廷奎　李贯英

主　席:杜教务长　　记录:胡立宪

甲、开会如仪。

乙、报告事项:

一、教务长报告:

1. 请各系介绍最近出版书籍以便分别订购。

2. 恢复《西北大学校刊》。

3. 本届转院转系情形。

二、注册组魏主任报告:教部限制学生转院各点。

三、出版组萧主任报告:

1. 本校校刊自十月一日起复刊,每半月发行一次。

2. 出版组现存之讲义正加整理。

3. 尚有未归还讲义之同学已布告催缴。

……

(《国立西北大学校刊》复刊第1期,1944年10月1日,第6—7页)

学宫汇报

文学院增设边政学系,黄文弼任主任。黄氏曾数度深入蒙新考察,对西北边政甚有研究。

(《大公晚报》1944年10月11日第1版)

本校出版委员会成立

本校为提倡学术,便利教员著作印刷起见,特组织出版委员会,聘请萧一山、赵希三、曹伟民、杜广之、蓝孟博、张小涵、陆泳沂、黄仲良、王聪□、高晋生、殷伯西、许志平、王文萱、罗仲言、吴叔侯诸先生为该会委员。计划编辑两大丛书,一为"西北大学丛书",一为"西北问题丛书",并拟委托书局发行,闻不日即将开会商讨进行办法云。

(《国立西北大学校刊》复刊第3期,1944年11月1日,第7页)

第二次校务会议决议要案多起

本月八日下午,本校举行二十三学年度第二次校务会议,各院院长、各系主任及教授代表均出席。由刘校长主席通过要案多起,兹采录于后:一、组织本校教员升□□资委员会,推聘教授杜元载、萧一山、□□□、曹国卿、黄文弼、张贻侗、王治焘七先生为委员……

(《国立西北大学校刊》复刊第 6 期,1944 年 12 月 15 日,第 4 页)

从军学生第一周有关战事学科训练

十二月四日下午一时半至三时十分,萧院长一山讲近代战史,校长及教务长均出席。五日蓝训导长文征讲中日历代战史。七日黄主任文弼讲成吉思汗之战略与战术。八日高教授明讲《孙子兵法》,教务长□次均出席。并闻自第二周十二月十一日起,加授□年经译英文会话八小时,聘贾蕴玉、孔玛丽、金家桢三先生分任,听众以从军学生经考试及格者为限云。

(《国立西北大学校刊》复刊第 6 期,1944 年 12 月 15 日,第 5 页)

边政学系近况

本校边政学系自本年度开办以来,在系主任王文萱先生指导之下,对于课程之规定、文物之设备,力求□实。阅该系必修科目,现已定为边政学概论、中国边疆史、中国边疆地理、边疆语文(分蒙、藏、回文,任选一种)、人类学、民族学、语音学、考古学、边疆社会调查等。选修科目则有二十余□,必须修满一百五十学分以上,方得毕业。文物方面,已搜集佛像数幅,蒙、藏、回文书牍约二十种,文物五十余件,以备学生参考。闻该系鉴于回文字典之缺乏,特请杨涤新先生编纂《回文大字典》一部,预订明年七月完成,一俟卡片印就,即行开始工作。又该系新成立之边政学会,注重学术研究,举办边疆问题十讲,第一讲请历史系主任黄文弼先生讲《新疆十四民族》,已于上月廿四日举行,听众甚为踊跃。

(《国立西北大学校刊》复刊第 7 期,1945 年 1 月 1 日,第 4 页)

各学院之现在与将来

……

(三)历史学系

主任陶元珍先生,教授萧一山、蓝文征、黄文弼、陆懋德(本年休假)、涂序瑄、王子云诸先生,副教授林冠一先生,兼任副教授龙文先生。现有学生六十九人。

(四)边政学系

主任王文萱先生,教授王子云先生,副教授杨兆钧、郑安伦诸先生,讲师杨福龄先生。本系因自去年增设,故只有一二年级学生三十四人。

……

(《国立西北大学校刊》复刊第 17 期,1945 年 11 月 12 日,第 3 页)

137

各学系迎新补志

本校本年度新聘教授多人,均经到校讲学,一年级新生亦早入学上课。上年十一月间,中国文学系等十三系系会用特先后举行迎新茶会,藉表欢迎之忱。兹将各情简志于后:

······

四、边政学系 于十一月十日下午一时举行迎新茶会,首由主席致词欢迎,旋黄仲良、杨涤新、郑安伦诸先生相继训话,勉边政系各同学应以传教师之精神,传播中原文化,造福边疆人民,肫诚恳挚,同学莫不感奋。余兴节目共十三项,均颇精彩,尤以侯建钧同学之青衣独唱,祈尚礼同学之小曲,温存智同学之西藏名歌,博得掌声更多。最后郑庆升同学表演之独脚戏,一言一动,令人捧腹,益使全场空气欢愉热烈。

(《国立西北大学校刊》复刊第 19 期,1946 年 1 月 1 日,第 8 页)

教部派员赴汉搜寻唐代古物

【中央社汉口五日电】民十七至二十年间,由北大、清华等校教授合组之西北科学考查团,在西北搜集之古物百箱中,曾有二十七箱于抗战前运抵此间,寄存上海银行仓库。武汉转进时,曾由清华当局托美方移存隆茂洋行。太平洋战事爆发后,是项古物又为敌人盗移中江银行。现教育部特派西北大学教授黄文弼来汉搜寻,已在伪中江银行原址仓库发现一部,因遭轰炸,已残破不堪。按是项古物系唐代塑像,于唐代佛教文化之研究极具价值。

(《时事新报》1946 年 5 月 6 日第 2 版;《华光日报》1946 年 5 月 6 日第 2 版;《中央日报》1946 年 5 月 6 日第 3 版;《华北日报》1946 年 5 月 6 日第 3 版;《民国日报》1946 年 5 月 12 日第 4 版;《西京日报》1946 年 5 月 6 日第 2 版;《益世报(北京)》1946 年 5 月 6 日第 1 版)

边政学者黄文弼来兰

国立西北大学边政系系主任黄文弼教授为当代边疆史地权威学者,日前抵兰,连日与兰大教授多人商边疆史地问题。据黄氏云,此次来兰系赴甘肃洮岷、卓尼、拉卜楞一带作实地考察,闻日内即行出发云。(中央社)

(《西北日报》1946 年 11 月 7 日第 3 版;《甘肃民国日报》1946 年 11 月 7 日第 3 版)

兰 州 来 鸿

兰州大学 兰州大学新聘名教授文学家盛成,考古专家黄文弼等,均先后抵兰。黄氏除在兰大讲学外,并定日内赴岷县一带考古。

(《东南日报》1946 年 11 月 18 日第 7 版)

学术讲演志要

外国语文学系黄主任川谷于二月十七日上午八时假大礼堂对一年级新生讲解"英文学习法",略谓"大学一年级乃学习英文之最后机会,除赓续中学阶段所学再求进步外,对已学习之课程仍应加以复习;于注意读本之际,室兼重文法与图解①。深望诸生努力充实基本英文知识,俾获研究高深[学]术之工具。"黄主任文弼应边政学会之请,于二十一日晚七时假第二十八教室讲"洮河流域考察之观感"(讲词另录)。吴教授澄华应经济系三年级级会之请,于二十二日晚六时假大礼堂讲"纵论当前国家紧急经济措施"。吴氏详细分析我国经济现状,认为紧急经济措施方案为解救国内经济危机极有效之方策,确能稳定物价,促进建设……

（《国立西北大学校刊》复刊第 28 期,1947 年 4 月 1 日,第 7 页）

迎 新 汇 志

本年度新聘教授多人暨一年级新生六百余人,早经到校,青年从军同学亦已陆续返校复学。为表欢迎之忱,本校特于上月举办欢迎新教职员、青年从军返校同学及一年级新生各种活动。二十九日上午九时假大讲堂举行茶会,到新旧教职员百余人,一年级全体新生及从军返校同学均热烈参加,由马院长师儒主席、杜院长元载代表旧同仁致欢迎词,江焕礼代表旧同学致欢迎词。新教职员代表张研田、复员青年军代表陈久阳及一年级新生代表马育祥分别致词答谢。旋由高明、郁士元、黄文弼三先生相继讲演,咸勉诸生敦品砺学,以负起建设西北新文化之使命,迄十时半散会。下午二时起举行篮球赛:第一场联军队对青年军队,第二场春雷队对新生队。当日及三十日晚本校国剧演出国剧,第一日戏目:法门寺、战蒲关、白虎堂、贩马记:第二日戏目:拜山、太君辞朝、春秋配、四盘山。又上月各学系曾先后举行迎新茶会,兹深志于后:

……

二、边政学系　迎新会于十四日下午七时假第二十八教室举行。主席致欢迎词后,黄主任文弼即席训话,望新同学把握现实,努力求学,对本系发展计划亦有陈述。各师长相继致训,语多勖勉。旋改选系会干事,张纪纲同学等当选。进行余兴时,新旧师生多有精彩节目表演,尤以洋琴弹奏一项,博得掌声更多,会场空气,至为热烈。

……

（《国立西北大学校刊》复刊第 28 期,1947 年 4 月 1 日,第 8 页）

毕业生就业指导委员会业经聘定

本年度毕业生就业指导委员会委员业经聘定,由刘校长任主任委员,张贻侗、许重远、

---

① 室,原文如此,疑当作"并"。

徐朗秋、马师儒、侯宗濂、赵进义、杜元载、高明、黄川谷、黄文弼、高文源、刘亦珩、岳劼恒、刘汝强、刘鸿渐、罗仲言、孙宗钰、董克恩、李佩琳、翟之英、陈阅明诸先生为委员。

(《国立西北大学校刊》复刊第28期,1947年4月1日,第10页)

三十六年度招生委员会成立　出版委员会委员业经聘定

三十六年度本校招生委员会,业于上月成立,兹将委员名单志后:

主 任 委 员	刘校长					
副主任委员	张贻侗					
委　　　员	高　明	许重远	徐朗秋	赵进义	马师儒	杜元载	汤泽光
	黄川谷	黄文弼	高文源	刘亦珩	岳劼恒	刘汝强	郑励俭
	王恭睦	刘鸿渐	罗仲言	孙宗钰	董克恩	翟之英	李佩琳
	陈阅明	刘致和					
总 干 事	刘致和					

为筹划印行本大学丛书及学术刊物,经第二次校务会议决定组织出版委员会,已聘定马师儒、赵进义、杜元载、张贻侗、汤泽光、高明、许重远、黄文弼、刘鸿渐、罗仲言、李佩琳诸先生为委员。

(《国立西北大学校刊》复刊第30期,1947年6月1日,第11—12页)

考古学会成立　积极展开工作

西安为周、秦、汉、唐诸代故都,文物鼎盛,本校负有发扬西北文化重责,对古代遗物,实有整理及研究之必要。历史、边政两系学生有鉴及此,爰发起组织考古学会,已于上月六日晚七时在第二十五教室召开成立大会,到教授学生三十余人,由马玉琪同学主席,首讨论一切有关会务进行事宜,情况至为热烈。继由黄文弼、王子云、冯永轩诸教授分别予以指示,并经决定工作计划两项:(一)利用星期例假时间,分赴市区附近各地,从事各项考察工作;(二)利用暑假期间,赴甘肃洮河流域考察新石器时代之遗迹。

(《国立西北大学校刊》复刊第30期,1947年6月1日,第13页)

教　职　员

边政学系

职别	姓名	别号	性别	年龄	籍贯	履　历	到校年月
教授兼主任	黄文弼	仲良	男	五六	湖北汉川	国立北京大学毕业,曾任北京大学副教授,本校历史学系教授兼主任,赴新疆蒙古前后考察三次。	二十六年十月

(《国立西北大学概况》,1947年6月,第48—49页)

西安通讯　西北大学的边政系　习之

......

样样要会包罗万象

边政学系之建立在中国各大学还算少有,除了中央大学以外,恐怕只有西北大学有,系主任为边疆历史学家黄文弼先生,他曾说:"边政学系牵涉至广,在学科方面以人类学、民族学、社会学、考古学为主,以政治学、法律学、边疆史地、边疆语文、地质学等为副。在技术方面,本系同学要会骑马术、游泳术、摄影术、绘画术……等。"可说是包罗万象。

......

（《西北通讯》第 6 期,1947 年 8 月 10 日,33 页）

《边疆》周刊十一至二十期论著分类索引

甲:新疆

（一）西北问题之基本认识(十八、十九期,殷祖英)。

（二）新疆哈萨克民族之支派(十四期,袁复礼)。

（三）新疆哈萨克人生活概况(十六期,袁复礼)。

（四）北庭五城考(十五期,黄文弼)。

（五）维吾尔方言的敬语(十三期,周维新)。

（六）东土耳其方言的分类(十六期,周维新)。

（七）介绍新疆油田地质调查报告(十三期,燮)。

......

（《华北日报》1947 年 10 月 22 日第 6 版）

教职员新阵容

本学期新聘教授、副教授、讲师多人,职员方面亦有调整,兹将新聘教职员姓名采志于次:……教授兼边政学系主任黄文弼先生赴平研究,在未返校前,系务暂由杨教授兆钧代行。

（《国立西北大学校刊》复刊第 32 期,1947 年 11 月 1 日,第 15—16 页）

《边疆》第一卷（首期及一至三十期）论著分类目录

......

乙　新疆及西北

......

（十七）蒙新北部几个土耳族之氏族社会(二十一期,王静如)。

（十八）中国西北高原史论（二十八、二十九、三十期，伯希和教授著，符冀书译）。

（十九）甘肃史前文化与中国文化的关系（二十七期，裴文中教授讲，安志敏记）。

（二十）北庭五城考（十五期，黄文弼）。

（二十一）乌仔别克的来源（十期，黄文弼）。

（二十二）塔兰其族之来源（十期，黄文弼）。

（二十三）青海牧畜概况（二十二期，马鹤天）。

（二十四）青海土番之妇女生活（二十七期，玉效直）。

（二十五）河西四郡建置年代考（十二期，黄文弼）。

（二十六）西夏语文研究之发展（二十一、二十二、二十三期，石滨教授讲辞[①]，贾敬颜译）

……

（《华北日报》1947年12月31日第6版）

西北大学之院系与设备　定一

……

（三）历史学系：系主任为吴澄华氏，系经济史名家，前大夏文学院长。名教授有黄文弼、许重远、关益斋、冯永轩诸先生。该系对西北史料向极注意，自联大迁至城固，即大量搜集陕南文物，成立考古室。年来在甘、青、新等省所获史料亦多，曾公开展览数次。卅四年春，教部复将西北艺术文物考查团累年所得文物资料，全部拨归该校整理研究。该系成立西北文物研究室，将原有考古处并入，正积极整理，作系统研究，由王子云教授主持研究。该室成立以来，除分期举行专题展览外，并拟成立永久性之西北文物馆，以资长期陈列。先以原有文物作基础，然后就西北特有之文物资料逐渐扩充，务使各类文物均能单独有一时代系统，以发挥其在教育上之价值。现全部资料约一百种，合二千余件，计分下列五类：……

（《西北通讯（半月刊）》第三卷第二号，1948年7月30日，第16页）

---

① 石滨教授：原作"石滨教援"，今据文义改。

中国西北科学考查团在达茂草原的科考活动

——兼谈寻找科考团8号营地

乔志杰

内蒙古包头市达尔罕茂明安联合旗文物保护中心

1927年5月9日,中国西北科学考查团徐旭生与斯文·赫定中外两位团长带领部分考查队员,从北京乘火车出发,次日晚到达包头大本营,与先期到达并在客栈做出发前准备工作的外籍队员会合。队员们经过十几天的紧张准备,于5月20日,考查团带领着280多峰骆驼的庞大队伍沿着昆都仑河谷穿峡而过,经过8天的跋涉,穿过连绵起伏的大青山进入阴山北麓固阳县境内的农区。几天后越过农区便进入坦荡无垠的内蒙古草原,考查团将营地扎在茂明安旗旗府西南25公里处的哈纳河畔,并将这里定为8号营地。

按照考查团规定,营地编号按照大队出发到下一站营地之间行进的天数来确定,从包头大本营出发到达哈纳河畔,正好历经8天,因此,茂明安旗哈纳河畔的营地被命名为"8号营地"。达茂草原的8号营地,留给团员们温馨难忘的记忆。

1927年5月28日,中国西北科查团租雇近300峰驼队运送货物、人员,并在数十名地方武装的护送下,经过八天的跋涉,来到草原深处8号营地安营扎寨,开始了真正意义上的科学考查(图1)。正如赫定团长所说:"从包头到胡济图河的旅程,揭开了我们8年探险考察的帷幕。"①奇妙的是,28号这天,远赴卡伦乌苏(在现乌兰察布市化德县朝阳镇内)牵赶安德鲁斯65峰骆驼的哈士纶和李伯冷,与另一支在归绥购买骆驼、给养的那林、

图1 斯文·赫定(中)、徐旭生(右)、袁复礼(左)在8号营地研究工作。

---

① [瑞典]斯文·赫定著,徐十周、王安洪、王安江译《亚洲腹地探险八年(1927—1935)》,乌鲁木齐:新疆人民出版社,1992年,26页。

马学尔、华志、生瑞恒等也都同一天来到 8 号营地。斯文·赫定团长深情地说:"8 号营地在 5 月 28 日成了探险队三部分人马汇齐的地点","我们的队伍已汇齐了 18 名欧洲队员和 10 名中国队员,这也是整个旅行探险期间所有队员齐聚一处的唯一一次机会"①。"在我们从胡济图河继续向前走时,探险队被分成了几部分,直到抵达乌鲁木齐以前,就再也没有聚集到一起过。"②

8 号营地处在恬静而美丽的草原盆地之中——营地的四围环绕着小山,清澈的哈纳河从营地北边静静流过,溪流不仅给科考团提供了纯净的人畜饮水,也是炎热夏季团员们惬意的天然浴池。营地的东面、东南面和北面是几座低矮浑圆的小山,当地牧民还在东山的顶上垒砌着一个硕大的敖包,敖包成为小山的尖顶,与小山浑然一体,远远望去格外明显,它成为外出考查队员晚归营地的一个重要标识。从 5 月 28 日扎营这天始,中外团员们就深深喜欢上了这块美丽的草原。

在中外考查团员的笔记中,常常流露出对 8 号营地的赞誉与依恋,笔墨中充满美好的回忆,字里行间流露出温馨的记忆。斯文·赫定团长在《亚洲腹地探险八年》中写道:

> 营地正处在胡济图河的南岸,谁都想不受阻碍地一抬眼就能越过河流,眺望远方,尽管这条小河沟仅有几米宽。河水倒是又清又亮,小鱼游来游去,青蛙在苔藓上蹦跳。岸边丛生着茂密的青草。……营地正处在一片平坦的山谷中,四周环绕着小山,南边的山离着最近。山谷向北展开,渐渐扩成了平原。河沟的另一侧的小坡上还堆着一个还愿用的鄂博③。

8 号营地驻扎着考查团中国、瑞典、丹麦、德国四个国籍的队员,帐篷沿着哈纳河自西向东一字排开,赫定团长将营地称之为"四国之城",不惜笔墨详细介绍了帐篷街的壮观布局:"当你站到南面的山坡上俯瞰我们的营地时,无疑会感到此情此景是多么的壮观和令人难忘。"白天,队员们外出忙着各自的科考工作,晚上归营,静谧的草原上,清风徐来,"蒙古驼工的大帐篷里传出了歌声,歌声悠扬地飘向天穹"④。

8 号营地又是一个人与动物和谐相处的乐园,营地"动物园"里不仅有骆驼、马、羊,还有科考团买来护营看家的狗——"哈密"。夜里,"哈密"勇敢地驱赶着野狼,护卫着营地的安全;还有惹人喜爱的小羚羊"凯迪";有训练有素的苍鹰;"有几只母鸡咯咯叫着扑打着翅膀在营帐周围觅食";有赫默尔养在笼子里"倨傲漂亮"的小跳鼠。一只百灵鸟还在营地不远处的山脚下筑了巢,在那里产卵、孵化。仙鹤也成为常客,经常在营地旁的哈纳河中戏水。不时活动在营地附近的一群羚羊,也敢在沐浴后躺在草地上晒太阳队员们身边走来走去。一向惜墨如金的徐旭生团长,对 8 号营地也是赞美有加:"这里小山围抱,只有西北

① [瑞典]斯文·赫定著,徐十周、王安洪、王安江译《亚洲腹地探险八年(1927—1935)》,23 页。
② [瑞典]斯文·赫定著,徐十周、王安洪、王安江译《亚洲腹地探险八年(1927—1935)》,26 页。
③ [瑞典]斯文·赫定著,徐十周、王安洪、王安江译《亚洲腹地探险八年(1927—1935)》,22 页。
④ [瑞典]斯文·赫定著,徐十周、王安洪、王安江译《亚洲腹地探险八年(1927—1935)》,25 页。

方平坦。中有清溪一道,为阿木塞尔河的上流,在草地中得此,也可称胜地了。"①

5月28号这天傍晚,从卡伦乌素归来的哈士纶和李伯冷,站在山顶举目眺望,夕阳下的8号营地的壮丽景色尽收眼底:茫茫的大草原伸展在我们面前,柔软的地毯般的草原呈现出棕黄色和绿色,越过草原便看到一条东去的溪流,"浅蓝色的帐篷,一排排整齐地搭在草原上,两根细长的无线电杆和瑞典国旗伸向晴朗的蓝天。蓝天下,洁白的云朵顺风疾驰。烟柱从无数的篝火堆中升起,人类的勤劳给此情此景带来了勃勃生机"②。

美丽的夏季到来,哈士纶由衷赞叹:"营地的小河道——胡济图郭勒河从雪地的源头带着问候滚滚而来。可爱的蝴蝶花花萼在小溪两岸茂密的绿茵上撒下一层闪烁的蓝色面纱。"③在这如诗如画的8号营地,中外团员们"到处洋溢着对工作的热情。在那些日子里,年轻的和新来的伙伴们迸发出研究工作的激情,对我们很多人来说,则意味着为工作奉献终身"④。

年轻的瑞典考古学家贝格曼对8号营地有另一番感觉,他既喜欢沿着营地旁的哈纳河散步,也喜欢静静地待在帐篷里,享受着夏日草原的新鲜空气,"在胡济图河畔漫步,有助于使你从城市生活过渡到单纯的野外生活,并随着时间的推移,逐渐'回到'史前时期。我十分喜欢住在帐篷里,自由自在享受着清新空气的抚摸"⑤。

对达茂草原夏夜,队员们亦以优美的笔调抒写了发自内心的喜悦,黄文弼即使是置身于残破寂寥的敖伦苏木故城,也难抑对草原自然美景的欣赏与赞叹:"晚间清凉,蛤蟆虫鸟之声,呦呦震耳。月夜步行河干,远望广漠无际,山影月色,交映成趣。塞外景光,不亲至不知其美也。"⑥

6月24日是瑞典的夏节,23日晚饭后,在8号营地东南的小山上,召开庆祝瑞典夏节活动。空旷静谧的草原之夜,明月在空,天幕缀星,浑圆的山顶燃起篝火,中外团员们围坐在篝火边,饮酒诵诗,尽情欢乐,其乐融融,赫定团长作了热情洋溢的演讲,晚11时,大家兴尽而归。

图2 队员们与"哈密"在8号营地举行的文学晚会合影

7月5日夜,德国籍团员在营地组织了唱歌和朗诵诗歌的文学晚会,徐旭生、刘衍淮等参加了文学聚会。文学会结束后,德籍团员在韩普尔的指挥下,又进行了操典表演(图2)。

① 徐旭生《徐旭生西游日记》,银川:宁夏人民出版社,2000年,11页。
② [丹麦]亨宁·哈士纶著,徐孝祥译《蒙古的人和神》,乌鲁木齐:新疆人民出版社,1999年,18页。
③ [丹麦]亨宁·哈士纶著,徐孝祥译《蒙古的人和神》,20页。
④ [丹麦]亨宁·哈士纶著,徐孝祥译《蒙古的人和神》,19页。
⑤ [瑞典]贝格曼著,张鸣译《考古探险手记》,乌鲁木齐:新疆人民出版社,2000年。
⑥ 黄文弼遗著,黄烈整理《黄文弼蒙新考察日记(1927—1930)》,北京:文物出版社,1990年,19页。

8号营地队员间充满温馨记忆。大队移到 9 号营地后,留在 8 号营地继续观测气象的刘衍淮和三位同学分开几天未见,很是想念,26 日上午捎信让崔、马、李过来玩,下午三人结伴而来,四人十分高兴,钱默满还为四位青春勃发的青年学生在帐篷前拍了一幅经典合影照片(图 3)。

图 3　气象组 4 名北大学生在 8 号营地。左起:崔鹤峰,刘衍淮,马叶谦,李宪之

队员们在 8 号营地严谨而紧张地工作着,大家对工作对学习充满热情与渴望。19 日,大队计划近日拔营西行,所有队员都在忙着整理东西。因气象观测在此要做满两个月记录,考查团决定留钱默满、马学尔、刘衍淮继续在 8 号营地做观测记录工作,他们一丝不苟地坚守岗位,8 月 2 日完成工作任务后,撤离营地追赶大队。

西北科学考查团被誉为是一所流动的大学,22 日大队先后分三队准备出发,却因驼惊又住宿在 8 号营地西南 5 公里处的 9 号营地滞留。考查队大队一时走不了,徐旭生诚请米纶威给大家教授德语,学生有徐旭生、黄文弼、崔鹤峰、马叶谦、李宪之等人,24 日是第一天上课,师生们围坐在绿草如茵的河畔,头顶蓝天白云,沐浴着灿烂阳光与和煦清风,世界上哪还有如此惬意的学校!

即使离开 8 号营地数年后,斯文·赫定团长对 8 号营地仍是萦萦于怀,只要偶遇1927 年曾经在 8 号营地的熟人或与 8 号营地相关的场景,他总会想起当年在 8 号营地那段温馨难忘的岁月。1929 年 11 月初,当他来到百灵庙"戈壁组"营地,看到了艾布盖河后,触景生情,情不自禁地想起了 8 号营地:"戈壁组的营地,令我想起 1927 年我们在胡济图河的营地。仿佛一切都是那样熟悉又那样陌生。一条小河——艾布盖河,自营地边缓缓流去,直向北方。我想,这条小河也许就是胡济图河的下游。"[①]

---

① 　[瑞典]斯文·赫定著,徐十周、王安洪、王安江译《亚洲腹地探险八年(1927—1935)》,316 页。

　　科考团在8号营地完成了在达茂草原的科考任务,也买齐了西去新疆科考驮运的骆驼,于7月初分为北路、南路与中路(大队)三队,分批陆续离开8号营地拔营西去(图4)。三支队伍彼此相对独立,南、北两支分队都指定一名蒙古联络员与大队保持经常联系。三队都要完成行进路线的三角测量,整个三角系统的主轴线是大队的行军路线,大队的三角测量工作由海德负责,北路与南路分别由那林和袁复礼负责。

图4　科考团在达茂草原营地

　　7月1日,由那林任组长北分队出发,队员有贝格曼、丁道衡、海德、马森伯等。7月4日,由袁复礼任组长的南分队出发,队员有詹蕃勋、白万玉等。科考团原定7月22日大队出发,却因骆驼惊散,第二天离开8号营地,到西南5公里处的9号营地驻扎,直到30日,大队才离开9号营地向西进发。留在8号营地作气象观测的刘衍淮、钱默满、马学尔等,也于8月2日离开8号营地西去追赶大队。至此,科考团所有的队员全部撤离了8号营地,喧嚣了两月之久的哈纳河畔的草原,又恢复了往日的宁静。

　　7月29日6时,拉尔森带领驮行李的150峰骆驼出发了,行李队住宿在离9号营地50里的成德门(又称前德门)。30日早,大队人员离开9号营地冒雨启程西去,下午3点到达拉尔森行李队住的成德门(前德门),大队在此宿营。第二天,大队8点动身西南行,20里后到达哈利河畔,此河也是两旗之界,河东为茂明安旗辖地,河西为东公旗。至此,科考团彻底离开了达茂草原。

科考团在达茂草原取得的丰硕成果

　　1927年5月28日,科考团在8号营地安营扎寨后,团员们立即按照各自的专业开始了科学考查。

　　考查团队员们都忙碌开了,四名气象学生认真地跟着郝德博士学习气象知识,郝德博士手把手地指导他们操作实践,每天要按时测气候做记录,不得半点马虎(图 5)。袁复礼与詹蕃勋在河的西北平地上测量基准线,丁道衡则在驻所四周采集地质岩石标本。

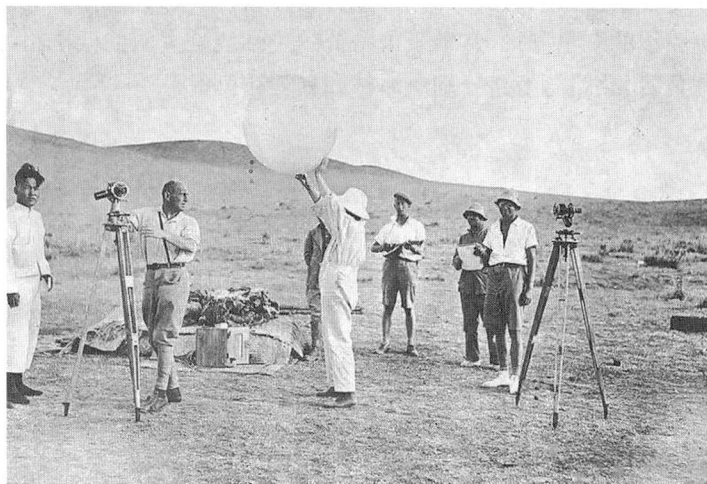

图 5　郝德博士在 8 号营地指导学生放气象观测气球

5 月 31 日上午,徐旭生、黄文弼、丁道衡、龚元忠、那林、贝格曼 6 名团员带着 30 峰骆驼向营地东 40 公里处的百灵庙进发,在那里组成地形测量、考古、民俗宗教三个小组,开始进行田野调查考查:那林、丁道衡进行地形测量,绘出从百灵庙到营地的地形图;黄文弼、贝格曼对这一带进行古迹考查;徐旭生、龚元忠等进行民俗宗教等社会调查。第二天赫定团长又派赫默尔、李伯冷、哈士纶组成另一个小组也从营地出发到百灵庙,进行拍照、人体测量调查、动植物标本收集等工作。

31 日上午,赴百灵庙野外考察的队伍出发,6 月 1 日下午到达百灵庙,他们涉过艾布盖河,在寺庙西南山谷中搭起帐篷宿营。晚饭后,徐旭生与黄文弼等来到百灵庙街上,有十多家商铺,多是来自归化城(今呼和浩特)、包头在此出售米面粮食的字号,周边的蒙古牧民多以牛羊皮毛交换所需。庙宇正在粉画装修,他们向画师购买了佛像绘画,作为研究宗教收藏标本。

百灵庙庙宇为蒙地藏传佛教建筑,清代康熙年间所建,从 6 月 2 号到 3 号,徐旭生与黄文弼每天上午都去寺庙中参观。4 日下午徐旭生动身返 8 号营地。黄文弼与庄永成得知百灵庙北 30 余公里处,有敖伦苏木故城,二人决定前往考察。

郝默尔小组来到了百灵庙后,寺庙里的一位活佛邀请他们在 7 月中旬再来百灵庙,参加寺庙的麦德尔节日庆典。贝格曼到达百灵庙后,很快就在艾布盖河岸边发现了有石器时代工具的地方。贝格曼很奇怪,这里的古物都在地表或在地表的浮土之下,很容易发现,这也是蒙古地区石器时代的一个特征。5 号上午,丁道衡、贝格曼、那林等西返营地,并沿途分头寻找地质材料、古器物,还要绘制地质图。

黄文弼与庄永成5日下午从百灵庙动身去敖伦苏木考查,他们沿着艾布盖河向北而行,6日午后来到了城墙颓废、土堆累累的敖伦苏木故城。黄文弼在日记中记述道:"城为土砖所砌,城墙残垒屹立,犹可考见古城模样。此城为长方形,东西长,南北短。""入城循视一周,残瓦片堆积如山者10余座,散瓦石遍地皆是,乃建筑房屋遗址也。"入城不久,黄文弼就有了重大发现:"余在东堆下见断石碑数块,审视乃《王傅德风堂碑记》。碑文不全,字迹模糊,乃叙述元代一王之世系及功业"①。根据碑文中有"自至大元年"以及文尾所署日期,黄文弼当时就断定"此庙必建于元武宗之后,即顺帝时无疑"②。黄文弼与庄永成怀着极大的兴奋忘我地工作着,直到晚9时才在艾布盖河畔搭起帐篷休息。

7日早饭后,黄文弼带着拓印工具来到故城的东南王傅德风堂碑处,碑已断为大小不等五块,两面刻字,正面为碑文,背面为题名。黄文弼认为碑虽破碎不全,"然残石断字,犹可考证蒙古王公世次,其有补于元史者不少。"尤其是茫茫蒙地草原,"拓绝少流传,渐至湮没。今幸为予发现,拓而流传之,亦幸事也"③。此碑命运不幸被黄文弼言中,十多年后,断碑不知所终。

图6　阿拉坦汗蒙文碑

8日下午拓毕后,黄文弼又抄录碑文,得知"此地为马札罕之子、八都帖木尔领地,德宁、砂井、净州、集宁等路皆由其辖。马札罕原为赵王。马死,八都甚少,其弟怀都袭赵王位。及八都年长,乃以德宁四路与之。称王傅者,以为赵王之辅,非正王也。此堂,即八都所建,故曰王傅德风堂"④。9日下午,黄文弼又将阿拉坦汗蒙文碑的正反面的字迹和碑额拓了下来⑤(图6)。

几天来黄文弼与庄永成都在拓碑,13日上午将城围测量完毕,14日上午收拾妥当后,前往敖伦苏木北约10里处的阿贵鄂博考察,中午返回敖伦苏木后即返百灵庙,晚7时到达百灵庙,18日中午回到哈纳河8号营地。

6月30日,赫定与徐旭生商定西行出发事,大队居中走驼道,南、北两小队分头西进,北小队是那林、贝格曼、丁道衡、詹蕃勋等7人;南小队是袁复礼、黄文弼(后未入南分队,一直在大队)、庄永成等5人。两小队先行,大队后走,三队到善岱庙会合。大队由斯文·赫定与

①②　黄文弼遗著,黄烈整理《黄文弼蒙新考察日记(1927—1930)》,15页。

③　黄文弼遗著,黄烈整理《黄文弼蒙新考察日记(1927—1930)》,16页。

④　黄文弼遗著,黄烈整理《黄文弼蒙新考察日记(1927—1930)》,17页。

⑤　按,这块蒙文碑如同王傅德风堂碑一样,此后一直不知所踪,万幸的是2004年文博部门在清理昭公署旧址时,发现了这块蒙文碑。我们也期待着有朝一日王傅德风堂碑的面世。

徐旭生率领,负责考查团的后勤保障工作,队员有郝德博士及四名气象学生、黄文弼及采集员庄永成等 27 人。

7 月 1 日上午 10 时,丁道衡、那林北小队离开营地出发。北小队离开阿木塞尔,向东北行走 30 里,在白云布拉克住宿。驻地北边是东西蜿蜒的白云鄂博山。3 日早晨,丁道衡"负袋趋往,甫至山麓即见有铁矿矿砂沿沟处散布甚多,愈近矿砂愈富……至山腰则矿石层累迭出……则南坡半壁皆为矿区"①。随与詹蕃勋一起对白云鄂博矿床的地质、地形、构造进行了测量,并对矿石成分、含量及铁矿储量进行了初步调查,"随由詹君蕃勋测成二万分之一地形图一幅"。

丁道衡兴奋地把这一消息写信告诉了 8 号营地的徐旭生:"矿质虽未分析,就其外形而论,成分必高。且矿量甚大,全山皆为铁矿所成……全量皆现露于外,开采极易。"②徐旭生由衷地感慨道:"此地将来要成中国一个很大的富源。"③

面对如此巨大的矿藏,丁道衡格外惊喜,并对美好的未来作了勾勒:"苟能由该地修一铁道连接包头等处,即可与平绥路衔接。则煤、铁可积于一地,非特铁矿可开,大青山之煤田亦可利用,实一举而两得利……苟能于包头附近建设一钢铁企业,则对于西北交通应有深切之关系,其重要又不仅在经济方面而已。"④

考查结束后,丁道衡将在白云鄂博采集的铁矿标本送交中央研究院地质研究所何作霖先生进行分析化验研究,何作霖先生发现了标本中的稀土矿物。1935 年,何作霖先生首次向世人宣告中国发现了稀土矿物。新中国成立后,丁道衡、徐旭生与何作霖这一宏伟蓝图成为美好的现实——1957 年,白云鄂博正式建矿,成为包头钢铁(集团)公司的主要原料基地。

7 月 1 日,贝格曼随北分队出发后,很快,他就在白云鄂博地带发现收集石器 1000 余件。7 月 4 日一早,袁复礼南小组出发西行,28 日来到格齐克山,发现山的四周石器极多,便移住这里采集数天,共得 7000 余件。"格齐克山中石圈颇多,皆石块垒成,似一屯兵之处,山北口外,有三大石圈"⑤。8 月,袁复礼又在喀拉托罗盖发现了铁矿,与丁道衡在白云鄂博发现的铁矿类似,只是因时间紧张不能留此继续考察,"遂留信与丁仲良,请其至此时多为寻求"⑥。1932 年 4 月 13 日,袁复礼先生完成西北考查任务,东返途中又经此地,"在

①　丁道衡《绥远白云鄂博铁矿报告》,王忱编《高尚者的墓志铭——首批中国科学家大西北考察实录(1927—1935)》,北京:中国文联出版社,2005 年,373 页。

②③　徐旭生《徐旭生西游日记》,21 页。

④　丁道衡《绥远白云鄂博铁矿报告》,王忱编《高尚者的墓志铭——首批中国科学家大西北考察实录(1927—1935)》,378 页。

⑤　袁复礼《蒙新五年行程纪》卷一,王忱编《高尚者的墓志铭——首批中国科学家大西北考察实录(1927—1935)》,254 页。

⑥　袁复礼《蒙新五年行程纪》卷一,王忱编《高尚者的墓志铭——首批中国科学家大西北考察实录(1927—1935)》,257 页。

此停留一日……故于此详为探寻"①。此地后被命名为"白云鄂博西矿"。

7月12日,郝默尔、哈士纶、李伯冷三人第二次来到百灵庙,应邀参加了三天的麦德尔节,拍摄了很多活动照片,留下了极为珍贵的民族宗教影像资料。

南、北两支分队出发后,黄文弼往营地南数十公里探访秦长城(应是汉外长城南线),进行了考查,7月13日,黄文弼还考查了营地南40余公里处固阳县的一座故城。黄文弼疑为此城为汉代稠阳城。据近年考古学者证实,此城为北魏时期六镇之怀朔镇遗址。

寻找8号营地

中国西北科学考查团在内蒙古西部科考活动共有三处停留时间较长的营地,即达茂草原哈纳河畔8号营地、乌拉特后旗善岱庙营地和额济纳旗松都尔营地。在三个较大营地中,8号营地以停留时间最长、队员最为集中和科考区域最广而著称。

科考团队伍庞大,驮运给养、设备、乘骑的骆驼近达300峰,拔营离去后,8号营地却没有留下任何痕迹,那是因为考查团驻地使用的是建拆方便的帐篷或蒙古包,地上难留居住痕迹,生活垃圾会按当地牧民习惯填埋,因此,8号营地的位置多年来一直难以找到。20世纪80年代以来,越来越多的学者关注对西北科考团的研究,而科考团以8号营地为基地所取得的重大科考成果,也越来越引起人们的重视,寻找科考团8号营地,对研究整个西北科考团有着重大意义,8号营地也成为研究者关注的一个热点。

2021年5月,北京大学朱玉麒教授带领"重走中国西北科学考查团之路"组来到达茂旗考察,考察期间朱老师还反复叮咛我们要留意寻找8号营地。按照中外科考团员的记载,8号营地位于茂明安旗境内,东距草原重镇百灵庙40公里,西偏北距茂明安旗旗府(今达尔罕茂明安联合旗明安镇)25公里,如果对农区来说,有这两点纵横坐标点是不难找到的,但在茫茫草原,却只能是提供了一个大致参照的方位,要找到具体的8号营地,这点信息还是远远不够的。

那么,8号营地究竟在哪里呢?

现在的达尔罕茂明安联合旗,是于1952年将达尔罕旗和茂明安旗两旗合并而成,因西北科考团驻地设在茂明安旗境,但团员们的科考足迹遍布达尔罕旗与茂明安旗广袤的草原,因而,我们在论述时以整个达茂草原为范围。

据史料记载,茂明安部始主为元太祖弟哈布图哈萨尔后裔,清初归顺皇太极,后以军功封爵,康熙三年(1664)部主僧格被封为扎萨克(旗长)一等台吉,赐牧于艾布盖河源,设茂明安旗,扎萨克驻牧彻特塞哩。旗境东接达尔罕旗,南连固阳县,西毗乌拉特西公旗(今巴彦淖尔市乌拉特前旗),北邻外蒙古,旗辖面积约6千平方公里。民国时期沿用旧制。

---

① 袁复礼《蒙新五年行程纪》卷二,王忱编《高尚者的墓志铭——首批中国科学家大西北考察实录(1927—1935)》,326页,

当1927年5月28日,科考团将营地设在哈纳河畔时,作为一方之主的茂明安旗扎萨克(旗长)并未加以阻拦和制造事端,当王府知道这是一次伟大的科学考查活动后,确是尽量予以支持,双方还互派代表进行友好慰问。据斯文·赫定团长在《亚洲腹地探险八年》记述,当拉尔森开枪击狼的清脆枪声传到了茂明安旗王爷那里,王爷立刻便派一名军官带着三名士兵来到设在辖地的营地察看,得知枪声是打死了三只野狼的情况后,王府的人自然很是高兴,因为野狼是威胁草原人畜的最大敌人。了解情况后,王爷代表告诉科考团,可以在旗境进行任何科考活动,但也提出了合理要求:要尊重民族习俗,不要在草原上挖坑(其实是保护草原),更不要触动草原上牧民崇拜的敖包。

王爷代表走后的第二天,科考团派出团员袁复礼博士和外籍团员华志去到茂明安旗王府回访,拜见了王爷。王爷是位很懂礼仪的老人,对科学考查活动很感兴趣,很想知道更多的问题,因而向两位科考团代表问了不少问题,还表示要亲去营地拜访科考团。几天后,王爷派出正式代表队前往营地看望科考团,赫定团长在营地热情地接待了他们,并与代表队合影留念。大队拔营前,科考团给达尔罕王府送信,王爷向科考团回赠点心、哈达、椅毡等物品。

达尔罕旗的面积3万平方公里,大于茂明安旗,位于茂明安旗的东边,东连四子王旗,南接土默特旗(清末从土默特旗辖区置武川厅,1912年改县),西界茂明安旗,北临外蒙古。清政府不允许蒙古各旗之间往来,从清朝到民国,茂明安旗和达尔罕旗虽为近邻,却各自为政,互不往来,成为两个相对独立的行政区域。

1927年5月28日科考团扎营哈纳河畔后,中外团员们立即以营地为中心展开科学考查,派出东进小分队前往百灵庙一带进行地质地貌、古迹、宗教、民俗、人类学等方面的考查。

对8号营地的位置,中外团员有着不同的称谓记录,斯文·赫定团长称之为在胡济图(蒙古语,汉意为土地里有盐碱的地方,亦写为忽吉图、忽鸡图、忽吉尔图等)河畔;徐旭生、袁复礼、黄文弼、刘衍淮等记载为阿木塞尔河或哈纳河。胡济图河是一条季节河,在哈纳河之西5公里处,胡济图河与哈纳河都是艾布盖河的支流。胡济图河一带是绥新驼道上的一处水草丰美的站点,有井有泉,便于人畜饮水,西去东来的驼队在这里宿营休息。其实,早在包头准备出发时,驼运商就与科考团商定营地设在此处,"惟在阿木塞尔时,郝德博士以哈那河适宜久驻,且可避免往来商队经过吾人之驻所。因该地渺无人烟,不能询得准确地名,故赫定即以呼碱图名之"[①],赫定团长将错就错,正如袁复礼先生指出那样:"赫定先生致欧洲各报通讯,皆作胡碱图,误也。"[②]

哈纳河源于包、白铁路忽吉图车站(阿塔)附近,向东穿过白云鄂博矿区南部向南流经一段后又向东流去,全长52公里,最后汇入艾布盖河。按照斯文·赫定团长所说8号营地

---

①② 袁复礼《蒙新五年行程纪》卷一,王忱编《高尚者的墓志铭——首批中国科学家大西北考察实录(1927—1935)》,252页。

设在河的南岸（赫定团长一直把哈纳河称作胡济图河，实际上哈纳河与胡济图河是两条河）来看，8号营地应该在哈纳河第一个东西流向向南拐处，即在现在的白云鄂博矿区南部与达茂旗接壤处一带（图7）。

图7　现在的哈纳河只有下雨时河床里才有点水

真正的胡济图河畔实际上是1927年7月22号大队（仍留刘衍淮、德籍团员马学尔、钱默满坚守气象观测，大队离开10天后才出发）离开后，由于驼惊滞留所设的9号营地一带。

2020年7月，几位文史工作者在当地向导的带领下来到胡济图河流域，寻找8号与9号营地的位置，当地牧民告诉说，他居住的这一带就叫胡济图，他房后已经涸竭多年但仍可看出河床模样的河就叫胡济图河，现在只有在汛期下大雨时河床里才有点水。离他家不远的地方是包白铁路（包头到白云鄂博矿区）的一个小站，因这一带叫胡济图，所以站名就叫忽吉图车站。这里没有嶙峋高山，只是有地势起伏平缓的丘陵，这里的水草较为丰茂，应该是8号营地之西5公里许科考团的放驼之地和9号营地滞留之地。

1933年10月，斯文·赫定先生率绥新公路汽车查勘队途经此地，尤寅照、龚继成、陈宗器所著《绥新勘路报告》中把"冈峦起伏仄径曲折"的这里称作"侯家渡"[①]，实际上，这里既没有姓侯之人家，更无渡口，只是音异而已。这里需要说明一下，陈宗器虽然参加过西北科学考查团，也深得赫定团长信任和喜欢，但他是1929年底进入"戈壁组"后才参加科考活动，1927年5月所建的8号营地的具体位置，陈宗器一定不是特别熟悉。

西北科学考查团带着两台经纬测量仪的，中外团员多次留下记录，袁复礼先生忆述当年在8号营地，郝德博士带领刘衍淮、李宪之两名气象学生在气象观测点放氢气球时，"用

---

① 尤寅照、龚继成、陈宗器《绥新勘路报告》，《中国西北文献丛书》第二十卷，兰州，兰州古籍书店，1990年，331页。

相距 40 米的两架经纬仪同时观测气球飞行的高度和方向"①。另外,团员那林、袁复礼进行三角测量,"角度的测量用经纬仪来完成"②。但是,十分遗憾的是在团员们的著述中,都没有留下 8 号营地准确的经纬度记录。这无疑给寻找 8 号营地带来困难。

袁复礼先生发表于 20 世纪 80 年代的《三十年代中瑞合作的西北科学考查团》中提到了陈宗器曾测量这里的经纬度:"1933 年,陈宗器来此测定的天文点为东经 109 度 53 分 12.5 秒,北纬 41 度 40 分 56 秒;海拔 1595 米。"③陈宗器先生测定的经纬度记录,与后来找到的真正 8 号营地测定的经纬度对照,并不在一个点上,陈宗器先生测定的地点大约在真正的 8 号营地之西 5 到 6 公里处,即胡济图河一带,也就是尤寅照、龚继成、陈宗器在公路报告中所说的"侯家渡"之地。其实陈宗器的测量点就是 1933 年 10 月绥新公路汽车查勘队扎营的地方——胡济图河畔,并不是 8 号营地的确切位置。

寻找 8 号营地的准确位置对于研究西北科学考查课题有着重要意义,对文化旅游开发也有一定的价值,这项工作也是达茂旗文物保护中心进行文物遗址保护责无旁贷的一项工作。旗文旅部门广泛联系当地文史工作者和当地历史文化爱好者,广泛收集与 8 号营地相关的历史照片与文字记载,特别是从科考团斯文·赫定、徐旭生、袁复礼、黄文弼、哈士纶、贝格曼、刘衍淮等团员出版的书籍中收集在 8 号营地拍摄的照片与文字信息,并把队员们几幅在 8 号营地时拍的照片中有哈纳河和东山上敖包等明显背景参照物的照片扩印,利用文物普查下乡机会,找阿木斯尔河流域的牧民辨认,特别是在当地历史文化爱好者苏亚拉图同志的不懈努力下,功夫不负有心人,2023 年夏,我们终于找到了 8 号营地,后邀请多年研究西北科考的专家们进行地势地貌与 8 号营地老照片反复比对,我们确认找到的地方为 8 号营地无误(图 8)。通过手机 GPS 定位,东经 109 度 57 分 17 秒,北纬 41 度 39 分 35 秒,海拔 1491.4 米。的确与陈宗器先生记录的经纬度不在一个位置上。

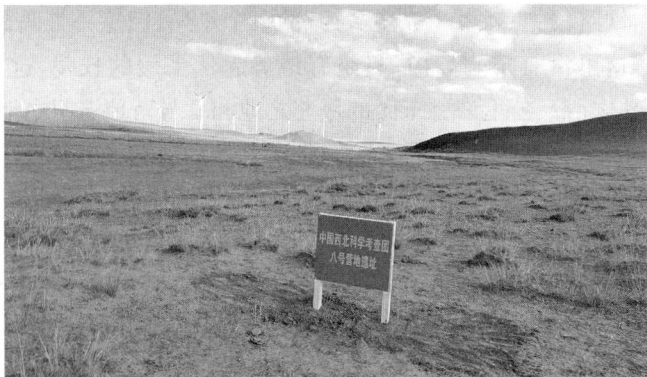

图 8　八号营地遗址保护标志牌

①　袁复礼《三十年代中瑞合作的西北科学考查团》,《中国科技史料》1983 年第 3 期,15 页。

②　[瑞典]斯文·赫定著,徐十周、王安洪、王安江译《亚洲腹地探险八年(1927—1935)》,37 页。

③　袁复礼《三十年代中瑞合作的西北科学考查团》,14 页。

　　准确无误确定中国西北科学考查团8号营地位置后,旗文旅部门立即采取保护措施。青山不老,8号营地的南山、东山以及东山顶上的敖包依然矗立在那里,见证近百年前曾经的岁月。可是,由于近百年来生态的不断恶化,那个降雨充沛,水草丰美的达茂草原逐渐变得荒凉冷落,那条日夜汩汩流淌的哈纳河早已成为一条季节河,只有那干涸的河床仿佛在告诉人们往昔那段短暂而热闹的时光。

西北科学考查团的第一座永久气象站

李文清

额济纳旗历史文化研究会

一、松杜尔气象站的基本情况

1927 年 10 月,开始建设松杜尔气象站(图 1、图 2)。斯文·赫定和徐炳昶商定,留钱默满、马叶谦、生瑞恒 3 人在松杜尔气象站工作。气象站建起了 4 顶蒙古包,供 3 名工作人员和驼工及随从居住。在钱默满居住的大帐篷南侧,挖了一口深 2.5 米的水井,解决了气象站的吃水问题。气象观测台用红柳篱笆围了起来,以防止牲畜和无关人员进入,对装着观测仪器的百叶箱造成损坏。一根 8 米高的杆子上装着风信标。在河岸边上,还装了一个水温表。人站在岸边的一块凸出处就可以读出水温表上的数字。按照观测计划,每天要进行三次测量,时间为 7 点、14 点、21 点,需要记录 20 个数据。最重要的观测每小时进行一次。

图 1　西北科考团逊都勒气象站营地(袁复礼摄)

图 2　额济纳河畔的逊都勒大本营秋日风光(霍涅尔摄)

156

二、遭到肃州当局的驱逐

1927 年 11 月 8 日,在额济纳滞留了 40 天之久的斯文·赫定,率领大队人马离开松杜尔继续西行,只剩下气象站的 3 个人,他们专注地投入到观测工作中(图 3)。11 月 23 日,袁复礼率领的南线分队从今民勤、金昌、阿拉善右旗一线经古日乃湖到达与松杜尔气象站仅一河之隔的东岸的一家商号(蒙古人称为青买卖家)扎营,等待择机过河。11 月 26 日一早,乘河道冰坚之时,驮着行李的驼队沿着铺了沙子的窄道,小心翼翼地走过冰面,来到气象站的营地。结果仍有一峰骆驼不幸踏破冰面坠入水中,当两个小时后被救援到岸上时已经奄奄一息了。

图 3　逊都勒气象站的告别(袁复礼摄)

12 月 1 日,袁复礼分队也离开松杜尔气象站,朝西去往新疆方向追赶大队。袁复礼走后没几天,时任额济纳旧土尔扈特旗郡王达什派人送来一份中文信件,来信转达了肃州(今甘肃酒泉)当局的命令——驱逐气象站全体人员离境! 钱默满和马叶谦、生瑞恒商量之后,由马叶谦起草了一封回信,信的大意是说,气象站暂时无运输工具也无钱雇用骆驼,无法立即搬迁。并希望当局派人来进一步商谈,亲自查看这里的情况和气象站所做的毫无危害的科考工作(图 4)。

12 月 16 日,肃州派来的人到达松杜尔,为首的是一名吴姓长官,他还领着一名随从副官和几个警察。经过几个小时的盘问,他最终宣布要带着气象站的工作人员去肃州。在钱默满誓与气象站共存亡的坚定态度面前,只好改变决定——

图 4　马叶谦在额济纳旗逊都勒气象站(袁复礼摄)

只带马叶谦去肃州向当局解释相关情况。可谁知马叶谦这一走,他居然又被带到兰州,并且失去了自由。

1928 年 2 月 25 日,一个新的调查委员会来到松杜尔,他们坚持要钱默满和生瑞恒去肃州。看到钱默满决不打算离开半步的表态后,他们只好带生瑞恒去肃州。从松杜尔到肃州近 400 公里之遥。到肃州后,生瑞恒得知马叶谦已被带到兰州。他就这样在肃州等待着当局对气象站命运的裁决。期间,生瑞恒给在北京的瑞典公使馆和斯文·赫定打电报,报告他在肃州遭到扣留的情况。然而当局却拒绝他发这样的电报。一切抗争无济于事,3 月 25 日,生瑞恒跟着两名警察坐马车去兰州。一路走走停停,直到 4 月 15 日才到达兰州。在兰州,他受到严厉的盘问。之后,他被关进了一个小牢房里。经过坚决的抗争,狱方同意了生瑞恒写信的要求。但是,写给兰州传教士的信被没收,而写给地方长官的信却被送到了。地方长官得知情况后,立即下令放人,并将他带到马叶谦那里。马叶谦已在警察署的院子里被软禁了两个月。

后来得知,在时任南京国民政府大学院长的蔡元培和由传教团设立的兰州医院负责人——美国人兰德先生的帮助下,马叶谦和生瑞恒最终顺利获释。当他俩到达肃州时,受到了当局英雄凯旋般的欢迎(图 5)。至此,驱逐松杜尔气象站的闹剧才画上了句号。

图 5 民国时肃州客栈院内

三、漫长而艰难的时光

在松杜尔气象站建立的最初的那段日子里,除了按时按点进行气象、水文观测,记录观测数据,照管仪器外,再没有其他工作可做。闲暇之时,在冰冻的河道里,钱默满和生瑞恒穿着从北京带来的冰刀滑冰,他们飞快的速度和优美的滑姿,引得土尔扈特蒙古人啧啧称奇。钱默满是德国航空人员,血气方刚,做事干练果断。生瑞恒是瑞典人,后来又参加了 1933 年 10 月斯文·赫定担任顾问的中华民国铁道部"绥新公路查勘队"。早在 1918 年,生瑞恒就与一个叫鄂北毅的人(待考)在呼和浩特市共同开办了"汉瑞洋行"。汉瑞洋行与当时天津的各大洋行关系密切,及时将内蒙古的皮毛、羊肠、油料价格和行情电报通告天津方面,这样做皮毛生意就能获取巨额利润。另外,汉瑞洋行还与北京、天津、青岛、上海等地的各国洋商、公使、领事、武官及新闻记者有密切联系,经常邀请他们来内蒙古草原旅行。新中国成立前夕,生瑞恒带着家人乘汽车从包头去往兰州、西安等地,后情况不明。

第一次肃州来人带着马叶谦离去后,钱默满和生瑞恒两个人担负起了观测任务,轮班接替观测。有时,生瑞恒也外出打猎,给大家改善伙食。第二次肃州来人把生瑞恒也带往酒泉去了之后,气象站就剩下钱默满一个人。在忍受孤独寂寞的同时,他更加勤奋地投入到观测工作中,按时观测,认真记录,没有漏掉过一个数据,以最严谨最负责的态度圆满完成了松杜尔气象站的工作。

随着春天的到来,工作之余,钱默满在营地边上开出一小块菜地,播下了从北京带来的西红柿、豌豆、蚕豆、葱头、芹菜、玉米、萝卜、土豆、南瓜等十几种作物,在松杜尔气象站过起了田园生活(图 6)。

图 6　逊都勒气象站北部的河畔牧场(布特格其摄)

西北科学考查团的随队医生赫默尔,是一位医术精湛的大夫,对治疗花柳病、皮肤病、骨折、沙眼等疾病很有经验,疗效也非常好,深受当地王公和普通民众的欢迎。赫默尔离开松杜尔时,给气象站留下了许多药品。赫默尔走后,钱默满被迫接替了这一"角色"。他按照赫默尔教的方法对前来寻诊的患者进行治疗,往往能取得明显的效果。钱默满因此赢得了当地人的尊重,这对气象站的生存有着积极作用(图 7、图 8)。

在草原上狼害严重的时候,钱默满将猎枪借给土尔扈特人,帮助消除狼害。为了排遣寂寞,钱默满结识了一位已经在额济纳生活多年的藏族活佛,经常到离气象站营地几公里外的活佛驻地去拜访他。

图 7　今天额济纳河畔的逊都勒(李靖摄)

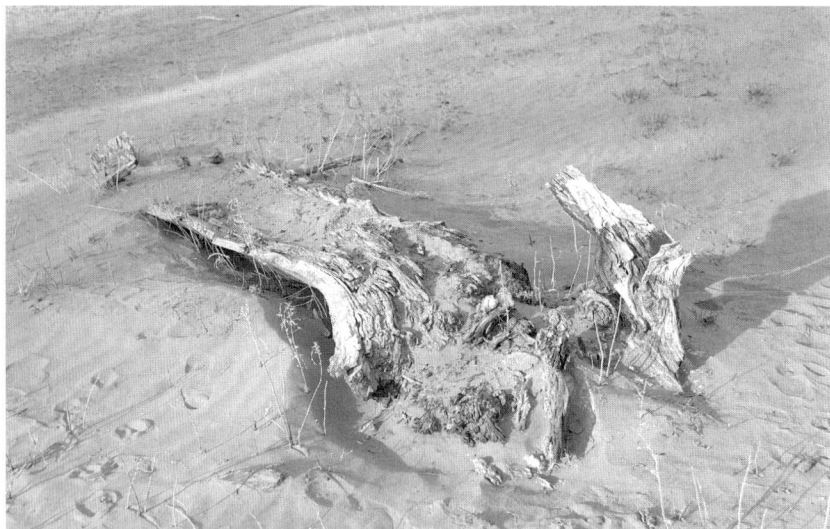

图 8　逊都勒废弃的独木舟(李靖摄)

　　1928 年 6 月,马叶谦和生瑞恒凯旋般地回到了松杜尔气象站的营地。迎接他们的不仅有面容消瘦的钱默满,还有菜园子里已经成熟了的鲜美蔬菜。附近的土尔扈特人也经常慕名前来品尝这些蒙古草地上很难见到的美味佳肴。

　　7 月 2 日至 19 日,生瑞恒去嘎顺淖尔,继续为瑞典国家自然历史博物馆采集植物、昆虫和鸟类标本。这个时节,额济纳的最高气温能达到 42.4 ℃,气象站营地的帐篷犹如火炉,酷热难耐。这里的一些另类土著"居民"蛇、蝎子,为躲避炎热,也会悄无声息地溜进队员们居住的帐篷里来,钻到被褥的缝隙当中避暑。所以,每天睡觉前,钱默满他们三个人必须要做的一件事情就是对自己的床铺和睡袋做一次全面抖动,用这种办法礼貌地把这些"不速之客"送走。为了应对高温,钱默满把附近河道里的一个小水塘改造成了游泳池,长时间泡在水池里降温。

马叶谦自兰州归来后,精神上发生了很大变化。不过在工作上,他还是像往常一样认真负责。到了1929年3月底,马叶谦的情绪开始明显地反常。自此开始,他那种极度沮丧的发作逐渐变得更加频繁,他害怕自己,也害怕同除了钱默满之外的任何人待在一起。钱默满建议他带两个可靠的仆人经肃州回远在北京的家,马叶谦居然同意了,并于4月28日带着仆人离开松杜尔的营地,朝肃州而去。次日清晨,马叶谦在头天晚上扎营的帐篷外自杀身亡。同行的蒙古驼夫从草地上牵着骆驼回到营地时,正好目睹了现场惨状,他没命地逃离到安全地段,继续观望了一阵,然后一口气跑回十几公里外的松杜尔,向钱默满报告情况。30日清晨,钱默满带着蒙古驼夫和4名仆人,赶到出事地点。勘查完现场之后,钱默满起草了一份报告,叙述他们所看到的一切,并派信使火速送给土尔扈特郡王,再请他将信送往肃州当局。5月2日,尸体在出事地点下葬,出事时临时营地中的所有物品都被封存,马叶谦在气象站的帐篷也同时封存。

四、松杜尔气象站的终结

1929年5月21日,生瑞恒从肃州带着邮件和斯文·赫定给钱默满的电报回到松杜尔。在这两封迟到的电报中,斯文·赫定指示钱默满立即回京。

然而,马叶谦之死的噩耗,像野火一样燃遍额济纳,整个地区沉浸在恐怖与刺激之中。可是钱默满仍像往常一样进行气象观测,仿佛什么事情也没有发生。

6月10日,钱默满和生瑞恒起程去肃州,请求官方对马叶谦之死进行调查。半路上得知肃州发生兵变的消息停止前进。半个月之后,钱默满返回松杜尔,生瑞恒则继续前往肃州城。随后,额济纳爆发了伤寒病,众多的病人被送到气象站来医治,共有数十人死亡。钱默满没有染上这种可怕的疾病真是一个奇迹(图9、图10)。

8月初,生瑞恒自肃州回到松杜尔;8月末,马叶谦事件调查委员会一行八九个人到达松杜尔,展开调查。调查结束后,他们起草了一份调查报告,念给两个欧洲人听过之后,又让钱默满和生瑞恒在上面签了字。文件的副本分送给了中瑞西北科学考查团在北京的理事会和兰州、宁夏当局。

办完这件事,调查委员会的负责人原承沆(时任省政府特务员)还去拜访了土尔扈特郡王,然后,由生瑞恒陪同返回肃州。生瑞恒这次去肃州打算买一些面粉,并为马叶谦选购棺木,准备把马的遗体送回他的家乡。

生瑞恒从肃州回来时带着买好的棺椁先到马叶谦的墓地,将马的遗休从坟墓中挖出,重新装殓入棺。《额济纳旗志》主编李靖先生从马叶谦的重孙马骥良叙述得知，其太祖父马叶谦的遗体确实就安葬在河北老家。但是，当时是怎么从额济纳运到北京的，情况不明。

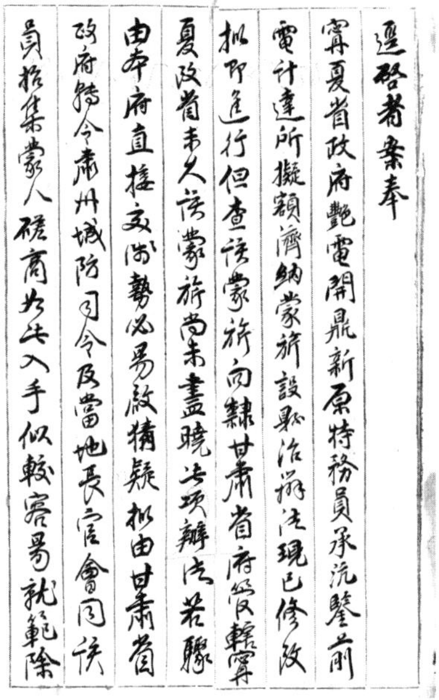
逕啓者案奉
寧夏省政府艷電開鼎新原特務員承流鑒前
電計達所擬額濟納蒙旗設縣治辦法現已修改
擬即進行但查該蒙旗向隸甘肅省府經民政寧
夏政省未人該蒙旗尚未盡曉此項辦法若驟
由本府直接交涉勢必易啟猜疑擬由甘肅省
政府飭令肅州城防司令及當地長官會同該
員招集蒙人磋商然後入手似較容易就範除

图9　为额济纳蒙旗设县治办法一事由1(馆藏档案)

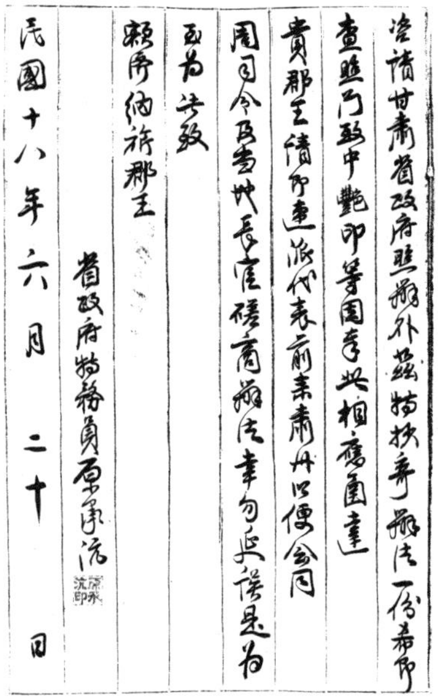
逕請甘肅省政府照辦外茲特抄奉辦法一份希即
查照乃致中艷印等因奉此相應函達
貴郡王請即速派代表前來肅州以便會同
周司令及當地長官磋商辦法事宜是為
至為公致
額濟納旗郡王
省政府特務員原承流
原承流印
民國十八年六月二十日

图10　为额济纳蒙旗设县治办法一事由2(馆藏档案)

随后，钱默满和生瑞恒开始处理气象站的善后事宜。根据肃州当局的要求，松杜尔气象站关闭后，留下所有的仪器设备，装箱打包后委托土尔扈特部郡王转交当局。

1929年10月18日，蒙古人为两个即将离去的欧洲人举行了盛大的宴会，那位西藏活佛也前来参加。10月25日，钱默满从这个他度过了两年时光的营地启程，踏上归途。同行的有4个人，带着16峰骆驼。12月7日，钱默满平安到达张家口。钱默满离开后，生瑞恒又在松杜尔待了三个星期。而后，动身前往肃州。1930年3月20日，生瑞恒经宁夏、张家口回到北京。

结束语

1927年10月，西北科学考查团在额济纳的松杜尔设立永久气象站，留下随团考查的德国航空人员钱默满、中国北大气象学生马叶谦、瑞典籍传教士后裔生瑞恒为气象站的工作人员。他们在时局动荡的情况下，坚持做好观测工作，认真记录观测数据，圆满完成了预定的观测任务。松杜尔气象站从建站到关闭，经历了整整两年的时间，是中国西北科学考查团最早建立、存在时间最长的固定气象观测站，也成为额济纳历史上的第一座气象站而被载入地方史册。该观测站记录的数据,为全面分析额济纳地区的气象有着重要作用,也为 1931 年 12 月 20 日德国汉莎航空公司"欧亚一号"飞机执行北京—额济纳—乌鲁木齐首航任务,提供了重要的气象参考资料。了解松杜尔气象站的经历,对进一步做好西北科学考查团的研究同样有着积极作用。

一位瑞典医者的中国西北科考之旅
——赫默尔与中国西北科学考查团

韩 香

陕西师范大学中国西部边疆研究院

1927—1935 年中国(中瑞)西北科学考查团活动是中国近代科学探险活动重要的一页。中瑞双方考查团成员为近代西北的气象、地质、考古、古生物、人类学等方面做出了重要贡献。其中黄文弼、斯文·赫定(Sven Hedin)、徐炳昶(字旭生)、袁复礼、刘衍淮、贝格曼(Bergman)等在各个领域取得卓越成就并给后人留下他们的考察记录和研究成果,成为我们今天的一笔宝贵财富。但是有一个人,曾一直兢兢业业跟随斯文·赫定左右,在西北科考任务结束后又参加了以斯文·赫定为顾问的绥新公路的调查团,是考查团不可或缺的人物,他就是随队医生瑞典人大卫·赫默尔(David Hummel)①。除了其医生身份外,赫默尔还兼作生物学收集和体质人类学调查。和其他考查团成员不同,赫默尔没有留下太多文字材料,更没有翻译成中文的东西。我们对其了解都是通过考查团其他成员的报告、日志、回忆录等获取其片段信息,但这些片段信息也足以让我们看到一位优秀医生兼人类学家的西北探险考察经历,以及其对考查团及蒙新地方的贡献,值得加以记录与书写。

一、治病救人:赫默尔在中瑞西北科考团期间的医疗活动

1927 年瑞典探险家斯文·赫定和中国学术团体合作,共同组建中国(中瑞)西北科学考查团,从此开始了历时八年的中国西北科学考察探险之旅。中西方考查团成员精诚协作,在很多领域内取得卓越成绩。关于斯文·赫定及考查团主要成员的活动学界关注较多,但是考查团随队医生大卫·赫默尔较少提及。作为追随斯文·赫定左右,伴其八年探险的不可缺少的一员,其所做的工作已远远超过医生职责,也是考查团八年活动的见证者。关于对其科考经历的梳理十分必要。

大卫·赫默尔(1893—1984)出身瑞典,1923 年取得医师资格。1927 年以随队医生的

---

① 赫默尔在不同文献的翻译中,又译郝梅尔、郝默尔、胡默尔等,本文统一使用赫默尔。

身份加入中国西北科学考查团,他是两次考察都参加的学者,其在野外考察时间约为五年,自启程就和斯文·赫定在一起。斯文·赫定自己也提到:"除我之外,只有艾利克·那林(Erik Norin)、沃尔克·贝格曼(Folke Bergman)和达维德(大卫)·赫默尔是考查团里从始至终一直参加工作的成员,所以说我们四个是'老卫士'"①。

赫默尔于 1927 年 2 月 11 日同纳林、贝格曼等一同从瑞典飞到北京,中国(瑞)西北科学考查团正式起程于 1927 年 5 月 9 日,当天赫默尔作为随队医生与团长斯文·赫定从北京乘火车出发,次日傍晚到达平绥铁路终点站包头,与早已抵达那里的外方团员会合。考察活动开始后,赫默尔便开始忠实地履行医生的职责。

赫默尔主要任务是作为医生照顾考查团成员,例如给他们打疫苗,治病。1927 年 5 月 30 日,中方团长徐炳昶(字旭生)在当天日记里记载"午后赫默尔博士给我们中国团员打防肠热剂的第二针。晚身略发热";6 月 14 日,打防肠热剂第三针;至 1928 年 5 月 21 日徐旭生日记又记载赫默尔给他们打防肠热病针②。考查团的北大气象生刘衍淮也在 1927 年 5 月 30 日日记中提到这次打防疫针,"(手)臂因打针之故痛得很"③。旅行途中团员们身体有不适地方,都找赫默尔医生诊断。例如在内蒙古三德庙,赫定的胆结石犯了,赫默尔大夫给他用了吗啡和其他一些好药,并要求他好好休息几天,床上还要铺上床单④。1927 年 7 月 4 日徐旭生脖子上生一疙瘩,无甚重要,但因在旅行中须格外小心,遂请赫默尔医生诊视⑤。徐旭生语言能力强,与赫默尔医生常做交流,讨论最多的是一些医疗和生物学问题,尤其是生物学,徐旭生表现出浓厚的兴趣。

考查团在 1927—1928 年进行的第一阶段的考察最为艰苦。当时中队(主队)是由斯文·赫定和徐旭生统领,成员有郝德(Haude)、赫默尔、李伯冷(Paul Lieberenz)、韩普尔(Claus Hempel)等以及北大刘衍淮、李宪之等四名气象生。考查团最艰难的时候是在从额济纳至哈密两个多月的时间里,有 48 天都是在荒无人烟的荒漠中行走,很多人都生病了,包括两位团长,幸亏有赫默尔高超医术使得他们都转危为安。例如斯文·赫定在额济纳至哈密的途中胆结石复发,异常痛苦,医生给他打吗啡针。但他的精神刚刚恢复,即又起身看分度器作路图⑥。医生一路上都在无微不至地照顾他,赫定记载到"赫默尔住在我的帐篷里,以备需要好好照顾我。尤其令我感动的是,他一直担心我的身体,几乎一夜没

① [瑞典]斯文·赫定著,徐十周、王安洪、王安江译《亚洲腹地探险八年》,乌鲁木齐:新疆人民出版社,1992 年,3 页。

② 徐旭生著《徐旭生西游日记》,载王忱编《高尚者的墓志铭:首批中国科学家大西北考察实录(1927—1935)》,北京:中国文联出版社,2005 年,20 页、25 页、186 页。

③ 刘衍淮著,徐玉娟等整理,朱玉麒审校《丝路风云:刘衍淮西北考察日记(1927—1930)》,北京:商务印书馆,2021 年,24 页。

④ [瑞典]斯文·赫定著,徐十周、王安洪、王安江译《亚洲腹地探险八年》,77 页。

⑤ 徐旭生著《徐旭生西游日记》,29 页。

⑥ 徐旭生著《徐旭生西游日记》,125 页。

有睡觉。我也是如此……他不准我再骑骆驼,因为驼背上的晃动使我胆里的结石不得安宁"①。为了不耽误行程,他们把帐篷里用的铁床做成担架抬着赫定行进,团里外方队员分两组抬担架,每7分钟换一次,赫默尔也在抬担架队员之内。1929年6月斯文·赫定因病到美国求医,赫默尔一路陪同。赫默尔与斯文·赫定的友情可谓十分深厚。

除了考查团团员,团里的蒙古随从和一些汉族侍从等也是赫默尔的病人。例如"营地的大夫时常要接待一些患者,其中绝大部分是蒙古随从,任何不适都会带给他们发麻烦,但他们主要患的是皮肤病和沙眼,每到这个时候,就要由拉尔森(Larson)或哈士纶(Henning Haslund)充当翻译"②。

除此之外,赫默尔也常常在考查团经过的地方为路过的商人、当地达官贵人和普通居民义诊。例如1927年8月11日考查团在海流图(乌拉特中后联合旗)一带遇到从外蒙札萨克图汗返回的商帮,其中有一庄姓商人患腿疼,请赫默尔医生诊视,徐旭生作翻译。据徐旭生记载:"诊疗完毕后,赫默尔医生确信此种病由于缺乏生命素(La Viamine)所致,所以总想法问出这种病与天气、食物的关系……不得要领。"③此后考察途中他也告诉徐旭生,"内蒙古这边流行的Scorbut(症象为牙床疼烂及腿疼)是因为缺少C种生命素,此种生命素罗卜、白菜、白薯、番茄、豆角、葱、豆芽里含的最多,生肉次之"。徐旭生认为此等知识必须广泛传播,始可预防。"等到迪化后,当设法宣传,因为在这边的汉人大半皆患此症。如能预防或治疗,真正功德无量"④。

考查团从包头出发以来,在沿途上百个营地中,最繁忙的要数赫默尔了。据赫定记载,1928年2月16日一清早,一大群患有各种疾病的人已齐聚在考查团在哈密的院子里,其中有晚期麻风病患者、沙眼患者及其他各种可怖病症的患者,赫默尔在时间与条件许可下尽可能为他们诊治,"队里谁也没有赫默尔干的事多,每天都有病人来找他看病开药。他还给邮政局长的女儿成功地做了一次手术。同时他还出诊,到家里去看了好几位病人,如沙亲王的儿子,地方行政长官、刘将军以及其他的一些人。刘将军甚至还要求大夫治疗他的鸦片烟瘾"⑤。

3月初考查团全部到了乌鲁木齐后,赫默尔依旧繁忙。1928年5月10日,省议员李润田(名绅涛,哈密人)因其女公子颈上有疮,眼鼻亦有,请赫默尔医治,赫默尔诊断其患有一种肺结核,疮全是它的发作,肺已腐烂大半,不过还没有绝望罢了。徐旭生感慨"我国人卫生不讲,患沙眼同肺结核的异常的多,真可慨叹"⑥!团里气象生刘衍淮同样感觉到"来找

① [瑞典]斯文·赫定著,徐十周、王安洪、王安江译《亚洲腹地探险八年》,168—169页。
② [瑞典]斯文·赫定著,徐十周、王安洪、王安江译《亚洲腹地探险八年》,45—46页。
③ 徐旭生著《徐旭生西游日记》,46、47页。
④ 徐旭生著《徐旭生西游日记》,90页。
⑤ [瑞典]斯文·赫定著,徐十周、王安洪、王安江译《亚洲腹地探险八年》,210、203页。
⑥ 徐旭生著《徐旭生西游日记》,183页。

他(赫默尔)的病人很多,新疆无良医之铁证也"①;参加第二阶段科考的地磁学家陈宗器也云:罗布居民"疾病不知医药,当余等过之,以厚礼而求医治者踵相接。"②

1933 年开始的绥新公路考察,由斯文·赫定做顾问,携带雇佣的瑞典技术人员包括随队医生赫默尔,作为大地测量员的贝格曼,作为司机和汽车修理工的苏德邦和司机希尔(艾菲)一起同行。这一路赫默尔依旧履行治病救人职责。例如马仲英的部将受伤,赫默尔成功医治,赢得马仲英及其部队将士的好感。在罗布泊考察期间,他被野猪咬伤,自己给自己动了手术。

1934 年 8 月 11 日,赫默尔因血液感染久病不愈和贝格曼启程回到瑞典。在 20 世纪50 年代,他曾参加汉娜·瑞德(Hanna Rydh)组织的考察队,去印度拉贾斯坦邦进行考古探险,也曾作为随船医生,前往北美洲、南美洲、中美洲和加勒比地区进行考察,此后他到瑞典中部盖德德(Gäddede)工作,直到去世。

作为随队医生,赫默尔尽职尽责地完成本职工作,照顾好团里各位成员;同时也以自己的医术一路为当地百姓、地方官员、过路商人甚至军队士兵等治疗疾病,得到了地方社会的尊重和爱戴,也为考查团赢得了声誉。他的医疗活动也为考查团各项工作顺利展开铺平了道路。

二、身份多样:生物采集与体质人类学调查

赫默尔除了作为随队医生外,还有另一个职责,就是进行动植物收集与体质人类学的调查(主要方法为人体测量和血液抽查)。考查团这部分工作主要由赫默尔和丹麦人哈士伦负责,赫默尔在考察开始之前曾在北京协和医院培训过一段时间。据赫定说:"北京协和医学院的史蒂文森医生给赫默尔大夫和考察队的其他一两名成员进行了人体测量和头盖骨测量的操作指导。然后,他又将有关讲义复制成册,并附上了插图。"③

在考查团活动期间,如果没有病患或者急事,赫默尔就进行一些体质人类学的测量和植物收集工作。赫默尔大夫一般自己住一个帐篷,因为他得有个地方放药箱子处理患者,及存放各种动物标本④。中方团长徐旭生对此也很有兴趣,他在日记中记载:1927 年 6 月24 日"上午无事,下午同赫默尔往测海子深,只测北端两线,共十六七处,最深处为九十余公尺。晚餐后同赫默尔闲谈,听他说到许多关于胞子学的知识,极饶兴味,寝时已二十五

① 刘衍淮著,徐玉娟等整理,朱玉麒审校《丝路风云:刘衍淮西北考察日记(1927—1930)》,400 页。

② 陈宗器《罗布淖儿与罗布荒原》,载王忱编《高尚者的墓志铭:首批中国科学家大西北考察实录(1927—1935)》,448 页。

③ [瑞典]斯文·赫定著,徐十周译《中国西北科学考查团诞生经过》,载王忱编《高尚者的墓志铭:首批中国科学家大西北考察实录(1927—1935)》,561 页。

④ 张九辰、徐凤先、李新伟等著《中国西北科学考查团专论》,北京:中国科学技术出版社,2009 年,63 页、97 页。

日一点"①。

在考查团驻留内蒙古百灵庙等地期间,赫默尔和哈士纶等前往参加蒙古节日活动,从而方便进行一些民俗学、人类学调研工作,例如他们为当地人进行采血及人体测量。据徐旭生日记记载"……二十七日那天附近的人来看者颇多,男、妇、小孩皆有。赫定先生忙着给他们画像,赫默尔医生忙着量他们的身体,终日忙碌"②。斯文·赫定也记载在三德庙期间:"我画了几张当地人的速写。赫默尔用哈士纶当翻译,也给喇嘛做了 10 例人体测量学检查和血液检查。"③

考查团在内蒙古考察期间,也赶上了一年一度的在百灵庙举行的麦德尔节。这是一个极好的进行民族学、人类学等考察的好机会,赫默尔和李伯冷、哈士纶均积极参与其中。哈士纶有详细的记载:

> 7 月,我和李伯冷开始到巴吐哈拉嘎庙(百灵庙)附近去看麦德尔节,并开始我们新的考察摄影。因为营地里没有丝毫的生病迹象,赫默尔也和我一起给参加节日的蒙古人作点人类学方面的测量。

> 到我们帐篷参观的两个年轻人,经过我们详细解释之后,答应体验一下。但是当赫默尔打开箱子,取出很多计算头部形状和作其他测量所必须的发亮仪器时,他们丢下答应要收下的银元,很快就溜之大吉了。

> 一个骄傲的士兵……经历了 20 分钟的检查,担心得汗水都冒出来了。最后赫默尔要用皮下注射针头采取他的血样。只给这个家伙轻轻扎刺了一下……因为这一点点无害的手术竟引起他歇斯底里的嚎叫,在旁观者中造成很大的骚动。

> 李伯冷已经拍摄够了,但赫默尔还没有。他想近距离地看看这两个古尔土木,以便能够判断他们充血的眼睛和那非正常人的表情,是否由于饮了大量的酒……医生的意见认为他们肿胀的已经变形的面容不可能是酒精造成的,而一定是一种特殊的歇斯底里兴奋到极点的异常后果④。

斯文·赫定对这次百灵庙的考察也有记载:

> 在百灵庙,他们遇到了一位活佛,邀请他们在 7 月中旬光顾庙里的一个节日庆典……7 月 16 号,赫默尔、哈士纶和李伯冷第二次赶去百灵庙会,回来后赫默尔大夫生动地描述了一番他们在那个大喇嘛寺院里的所见所闻……他们受到了最好的接待,为了他们的安全,当地头领们还专门为他们发布特殊的命令⑤。

---

① 徐旭生著《徐旭生西游日记》,193 页。
② 徐旭生著《徐旭生西游日记》,54 页。
③ [瑞典]斯文·赫定著,徐十周、王安洪、王安江译《亚洲腹地探险八年》,83 页。
④ [丹麦]亨宁·哈士纶著,徐孝祥译《蒙古的人和神》,乌鲁木齐:新疆人民出版社,2010 年,21 页、32 页、55 页。
⑤ [瑞典]斯文·赫定著,徐十周、王安洪、王安江译《亚洲腹地探险八年》,26、41—44 页。

赫默尔等人所作的人体测量应该是西北地区较早的以科学方法进行的体质人类学研究，对了解当地人种学、民族学意义重大。当时报刊亦评论"此行除中欧团员努力外，该团医士某君，亦采集医药之标本甚多，并测得新疆人物，亦为世界医学界重大发现"[①]。当时中国西北地区还没有接触到这样的新的测量方法与学科常识，自然会引起当地民众一系列啼笑皆非的事情。

虽然遇到不少困难，赫默尔、哈士纶他们还是做了不少工作。据哈士纶记载：

我们没遇多大困难就劝说了这些额济纳土尔扈特人，让我们做些人体测量学方面的检测……这些土尔扈特人的多数表明有混血的痕迹。

我们的接待治疗使我们与当地人有了亲切的接触，因此我们对他们的语言与风俗习惯增加了认识，由于我优先安排为每个病人作人体学的测量，我们同时为探险队收集了有趣的科学资料。

进行必要的测量是一项困难而又令人厌烦的工作……考察队就是靠这种方式做了它最初的 24 个人测量的检查。24 是个好数字[②]。

除了体质人类学的调查外，动植物考察与采集也是赫默尔一项重要工作。考查团1927 年在内蒙古期间，赫默尔就利用工作间隙时不时做一些生物采集的工作。1928 年4 月末，考查团在乌鲁木齐一带开展工作，赫默尔申请想去博格达山考察动植物，这次新疆省主席杨增新不但欣然同意，还请赫默尔测量福寿寺海子的深度，观察那里的气候是否对他的健康有益。他是准备去这座"灵山"避暑[③]。不过赫默尔在博格达山考察时间并不长，很快就因团员生病等事务被召叫回来了。

1928 年 12 月末赫默尔曾返回瑞典，1930 年 3 月赫默尔又再次来到中国，参加第二阶段的考察。在继续旅行医生职责同时，他本人也希望进行一次完整（一年期）的考察。同那个时代许多探险家一样，赫默尔长久以来一直希望能独立地完成一次以采集动植物标本为目的的远征。经与斯文·赫定商议，他最后选择了青藏高原东缘也即甘南地区的卓尼作为目的地和田野点。

卓尼位于甘肃洮河上游，在植物地理区划上属亚高山针叶林带，再往西随着海拔高度的升高，就进入高山草甸草原灌丛带。考查团的中国理事会决定派一名中国学生与赫默尔同行，采集植物标本，这名学生就选定了正在北京大学生物系就读的郝景盛。由于当时从鄂尔多斯经甘肃到青海的路上土匪猖獗，而这次考察又是只有几个人的行动，所以斯文·赫定和赫默尔共同商定，不走考查团通常走的经内蒙、甘肃到新疆的路线，而是

① 1929 年 1 月 23 日《大公报》第二版所刊登《科学新贡献：西北考查团重大发明掘得举世未见之古物》，收录于王忱编《高尚者的墓志铭：首批中国科学家大西北考察实录（1927—1935）》，620 页。

② ［丹麦］亨宁·哈士纶著，徐孝祥译《蒙古的人和神》，61 页、109 页、113—114 页等。书后附有赫默尔拍的两张照片，如 24 个沙纳格、西藏高僧。

③ ［瑞典］斯文·赫定著，徐十周、王安洪、王安江译《亚洲腹地探险八年》，242 页。

选择绕道长江、嘉陵江。与他同行的还有赫默尔的翻译,德国人鲍肯坎普(Manfred Bokenkamp)[1]。

据斯文·赫定记载:"为了采集植物标本,赫默尔必须赶在这年春季植物群开花期到达那里,现在只剩下选择一条合适的路线的问题了"。为此赫默尔亲自去沈阳去求得班禅喇嘛的亲笔信。赫定也说:"赫默尔为这次旅行做了充分准备,除了科学采集需要的每件物品、护照、允许携带的武器和其他有关公文外,还带了气象仪器,帕乌林高度计和一套名牌照相器材,其中包括一部电影摄影机。除此之外,他还采购了足够这次旅行消耗的各种药品。"[2]

1930 年 3 月 2 日赫默尔一行离开北平,正式开始考察的行程。他们首先到天津,从天津乘船到上海,从上海沿长江逆流而上,4 月 14 日到达重庆的巴县。在巴县有张姓和周姓的两名北京籍学生加入,植物采集工作就从这里开始。其后他们又沿着嘉陵江北上,经过合川,穿过四川盆地,5 月 21 日到达宝宁府(今阆中县)。从宝宁府沿白龙江继续北上,过昭化,6 月 2 日到达四川与甘肃的交界处。从这里再向北,海拔已超过 650 米。6 月 19 日,他们到达了甘肃的武都,6 月 27 日到达濒临洮河的岷州(今岷县)。7 月 3 日,郝景盛与赫默尔在岷州分开,赫默尔与鲍肯坎普以及张姓学生向西北去洮州(今甘肃临潭,紧邻卓尼),郝景盛与周姓学生继续向北(前往青海阿尼玛卿山一带)[3]。赫默尔在卓尼南边迭部一带工作比较顺利,1930 年圣诞节前夕返回北平。

1931 年 1 月中下旬,赫默尔从北京回斯德哥尔摩,据赫定记载"在刚刚结束的迭部之行中,他拍摄到大量珍贵的植物学镜头"。赫默尔还在甘南迭部人中搜集到一套收藏品,这套完整的收藏品展现了部落的整体布局。回到瑞典后,皇家科学院授予赫默尔一枚林奈金质奖章,"以表彰他在动植物标本采集方面所做的贡献,这从另一个方面证明了我们在亚洲工作的成就",同年 2 月赫定他们将赫默尔采集品展示给正在斯德哥尔摩访问的比利时王子利奥波德,他是一位极热心的昆虫学家[4]。

赫默尔 1933 年又来到中国,这次是参加中国铁道部组建的由赫定担任顾问的绥新公路查勘队,继续担任随队医生。1934 年在新疆塔里木盆地考察中,他因被野猪咬伤感染,于 1934 年 8 月离队回国。在华考察期间,他在弱水流域、塔里木盆地和博格达山进行过比较多的动植物收集和考察,采集过不少鸟类标本和昆虫标本。

在考查团结束回国后,斯文·赫定组织编写并出版一系列成果报告。其中植物学卷为卷 13、22、31、33(1937 年出版的考察报告),卷 13、22 作者是马格努森,书名为《中亚地衣第一、第二分册》。马格努森是瑞典哥德堡的一位植物学专家,研究资料主要是布林 1930—1932 年在甘肃和青海南山采集的标本,还有较小一部分是赫默尔 1928—1930 年间

① 张九辰、徐凤先、李新伟等著《中国西北科学考查团专论》,47 页。
② [瑞典]斯文·赫定著,徐十周、王安洪、王安江译《亚洲腹地探险八年》,345 页。
③ 张九辰、徐凤先、李新伟等著《中国西北科学考查团专论》,48 页。
④ [瑞典]斯文·赫定著,徐十周、王安洪、王安江译《亚洲腹地探险八年》,391、393—394 页。

在新疆天山尤其是博格达山和 1930 年在甘肃岷山采集的。赫默尔收集了 60 份标本（没编号）。卷 31 的作者是纳林德，书名为《蒙古草原和荒漠地区的植物》。本卷材料主要由瑞典团员赫默尔、苏德邦、布林、米伦威和传教士埃里克森等人及安特生在蒙古高原的收集品，这批标本收藏在斯德哥尔摩国家自然历史博物馆①。来自不同国家的专家参与了研究和撰写工作。

在生物学方面，赫默尔、苏德邦、布林、米伦威和传教士埃里克森等外籍团员及安特生在蒙古高原收集的标本，经瑞典隆德大学的植物学家整理，并于 1949 年结集整理，是当时比较系统地记述蒙古高原地区植物种类及其分布的研究成果。据统计，考查团成员在内蒙古、新疆、四川和甘肃搜集到的一些生物学标本和相关资料：无脊椎动物的标本涉及 2424 个种属，其中 477 个在当时的科学界是陌生的；导管植物标本有 7500 件左右，并有关于它们的生存地点和群落环境的描写和说明，其中一些植物后来还发生了显著变化，所以这些标本资料是独一无二的②。像无脊椎动物标本有 55 个种属获得了类名词，有 52 个种属或变种是以斯文·赫定或赫默尔的名字命名的。共有 29 个类和一个科的无脊椎动物对于科学界来讲是全新的。赫默尔还在新疆收集到 40 个左右的鸟类标本，其他团员还在甘肃境内考察期间采集到大约 150 件哺乳动物标本。至于植物标本中的隐花植物—地衣，有 142 类被科学界认为是全新的，而且当时地衣学界对这些地区还一无所知③。

赫默尔在中国西北考查团行医之余，也从事一些民族学田野调查与生物学田野采集工作，可谓身份多样，这也和其医生的职业有关。但是由于其本人没有留下相关著述，他所做的这些工作多被医生身份遮盖，并没有引起后人过多重视，其实这些植物采集与人类学调查在当时的科学界也是比较先进且弥足珍贵的。

三、医者仁心：赫默尔与近代西北地区的社会交往

作为医者兼生物学家的赫默尔心灵手巧，富有生活情趣。据斯文·赫定等人的记载，自 1927 年以来每逢圣诞节等节日，赫默尔都会布置圣诞节会场。尽管多数时间都在荒漠戈壁里，条件很艰苦，但他也会尽可能利用有限的条件布置出浪漫的节日氛围与仪式感。例如斯文·赫定曾描述 1927 年考查团的圣诞节是在沙漠里度过的：

> 他（赫默尔）一个人在厨房帐篷里又烘、又烤、又炸；接着又重新摆放'桌椅'，不断往我的帐篷里运进运出着什么。等天黑下来后，我几乎认不出自己的帐篷了：温暖舒适的客厅里沿墙摆着一圈座椅，放在中间的一张圣诞桌上铺着床单，上面雅致地摆放

①　罗桂环著《中国西北科学考查团综论》，北京：中国科学技术出版社，2009 年，242、243 页。

②　［瑞典］伯迪尔·诺登斯坦著，崔延虎译《1927—1935 中瑞科学考察中的自然科学》，载马大正、王嵘、杨镰主编《西域考察与研究》，乌鲁木齐：新疆人民出版社，1997 年，136—138 页。

③　田卫疆编著《近代新疆探险百年——没有航标的沙海之旅》，乌鲁木齐：新疆青少年出版社，2001 年，284 页。

着盘子、酒杯和一个自造的带分权的蜡烛台,这就权当圣诞树了。"坐椅"不过是把睡袋折起来,上面盖上毛毯。四周的墙上用垫子和浅蓝色的哈达装饰着。最靠近门处,两面从顶上垂下的瑞典国旗把屋里与门口隔开了①。

可以看出赫默尔是一个富有爱心、仁心且有生活情趣的医者。他的这份仁爱之心也使得考查团在与当地社会打交道过程中发挥出重要作用。

考查团在蒙新考察期间,有时候驻地缺少燃料,赫默尔便为当地人包扎伤口,换回一大包骆驼粪,考查团用它点燃了篝火;在温音乌苏驻扎期间,贝格曼病了,赫默尔医生从邻居一对中国商人那里借来一顶漂亮的平顶帐篷,为贝格曼临时搭了个病房;1933 年开始的绥新公路考察期间,在巴列尔驻地休整的日子,有一队土尔扈特人也在这里安营扎寨,赫默尔医生和他们混熟了,向他们租了一顶大而宽敞的蒙古包,这里成了考查团临时的餐厅和办公室,大家愉快地聚集在这座"餐厅帐篷"内②。

考查团在蒙新考察的第一阶段到了新疆乌鲁木齐后,得到地方长官杨增新的关照和帮助。当时杨增新女婿姓刘的手下把赫默尔召去看病,当时刘刚被任命为阿克苏的督军,却病得很重。患者两腿浮肿,胸膜腔里积满了水,心跳极为微弱,呼吸困难。据赫定记载:赫默尔用绝大部分时间照料这个病人,他先给患者胸腔里插入一根针管,把积水排了出来,杨增新陪着赫默尔在病人身边也待了 5 个小时,他脸上充满着一种称羡的神色,对胸腔穿刺更显得惊异不已,据说以后他还经常回想起当时这一幕。后来病人开始一点点恢复过来,积水消失了,呼吸也变得平和起来,心跳也趋于正常。"这次治病的成功使当地那些达官贵人更是惊叹不止,我们这位大夫声名远播",这下也更抬高了考查团的声誉。赫默尔高超的医术也给杨增新留下了极深的印象,没多久,考查团宴请杨增新一行人,宴会很成功,杨增新兴致很高,他立刻就注意到席上没有赫默尔,赫定忙向他解释,大夫去给阿克苏的一位将军治病了,"杨也觉出,这是一种非常具有牺牲精神的职业"③。赫默尔的付出确实为考查团在新疆工作的顺利开展创造了条件。

1928 年 11 月末,阿尔泰王子真金贝勒来到乌鲁木齐,拜访了考查团。哈士纶把在焉耆多布顿活佛家里录制的蒙古土尔扈特部落民歌放给他听,听到自己熟悉的歌声竟从这只奇异的机器中唱出,他们不禁欣喜若狂,迫不及待地随着留声机唱了起来。两天后,这位王子专门宴请哈士纶与赫默尔,被邀进帐的哈士纶、赫默尔借此机会,为许多人作了人体测量,并请他们录了音④。这多少为考查团体质人类学、民族学方面的调查打开了局面。

赫默尔的医者仁心在也体现其在甘南卓尼的考察工作中。1930 年 3 月赫默尔开始在甘南从事植物学考察,据赫定记载:"赫默尔和包肯坎普已经到达甘藏边界的迭部地区,

① [瑞典]斯文·赫定著,徐十周、王安洪、王安江译《亚洲腹地探险八年》,175—176 页。
② [瑞典]斯文·赫定著,徐十周、王安洪、王安江译《亚洲腹地探险八年》,447、451、469 页。
③ [瑞典]斯文·赫定著,徐十周、王安洪、王安江译《亚洲腹地探险八年》,228—229 页。
④ [瑞典]斯文·赫定著,徐十周、王安洪、王安江译《亚洲腹地探险八年》,279 页。

他们这次旅行中多次与土匪遭遇,感谢赫默尔的医道,使他们一次次化险为夷。现在赫默尔在这一地区的土著居民中已经享有很高的声望。"①据后来瑞典民族博物馆亚洲馆馆长也即负责赫默尔藏品的哈坎-瓦尔奎斯特(Håkan Wahlquist)回忆:"赫默尔与强盗首领的关系非常好,这是因为当强盗们需要医疗服务时,他经常要作为当地医生出面。强盗们知道这一点,医生几乎是不可或缺的。如果哪个强盗碰巧得到了什么东西,赫默尔就去找强盗头子说:'我给你们的人做了手术!'然后他就拿回了赃物。"1929年8月8日,赫默尔在给赫定的电报中也称那条路是安全的,他与当地的传教士和地方当局相处得很好,每一件事情都极令人满意。赫默尔考察结束回北京后,也认为他这次旅行,在植物学、动物学和人种学上取得了非常令人满意的成果②。

1933年开始的绥新公路考察期间,斯文·赫定、赫默尔等一行在新疆遇到军阀混战。尤其在吐鲁番等地,遭到甘肃军阀马仲英部队的控制和监禁,这时候赫默尔的医术也起到了作用。据赫定记载:"考查团在新疆的前景看来不妙,但令人奇怪的是,马仲英在吐鲁番的代表们,虽然对我们去焉耆的要求设置了障碍,但也确实想采取些措施保证我们的安全";"一天,赫默尔被叫到骑兵司令部,骑兵司令马虎山的一个好友的腿被炸弹炸伤了,那位波兰医生仅用些中草药草草地包扎了一下。赫默尔去了,这次他们可找到了专家"③。

考查团随后在库尔勒又成了马仲英的俘虏。据赫定记载,1934年3月12日中午,院子里来了15个带枪的人,但他们解释说只想见团里的医生,他们有一个伙伴右肩膀受了伤,疼得不行,呻吟不已。赫默尔拿出药箱,整理了绷带、药瓶、水盒和一些器械,他给伤员洗了伤,敷上药,包上干净绷带,然后给他打了一针吗啡。几分钟后这家伙微笑着告诉伙伴他的胳膊不疼了,感觉非常好。"那15个人欢乐地笑了,朝赫默尔竖起了大拇指叫着'你真是个好医生'"。后面又来了几个患梅毒疮的病人,那些旁观者对这最感兴趣,"他们那一张张布满兽性的冷酷的脸上此时变得柔和,眼睛也闪着感激的火花……此刻冷酷的心灵开始溶化,医生唤回他们做人的良知……(赫默尔神奇医术)很快在守备军中传遍了,他们伏击的考查团有个神奇的医生"④。

1934年3月13日,一个年轻军官来找赫默尔给骑兵将军马虎山看病,他被弹片打伤了腿,尤寅照作为翻译陪医生一起出诊,赫默尔小心地给他处理了伤口,将军感激得不知道说什么好。表示为了报答医生的恩情,他答应会还回被马仲英部队借去的考查团的车,他说:"我和马司令都很注重名声和信誉,因此我很高兴帮助你们"⑤。后来马仲英果然履行了承诺,把考查团的车还了回来。

马仲英部队撤离库尔勒以后,"本来以为再也没有其他士兵来打扰我们,他们可能全

① [瑞典]斯文·赫定著,徐十周、王安洪、王安江译《亚洲腹地探险八年》,370—371页。
② [瑞典]斯文·赫定著,徐十周、王安洪、王安江译《亚洲腹地探险八年》,375、389页。
③ [瑞典]斯文·赫定著,徐十周、王安洪、王安江译《亚洲腹地探险八年》,507页。
④ [瑞典]斯文·赫定著,徐十周、王安洪、王安江译《亚洲腹地探险八年》,548—549页。
⑤ [瑞典]斯文·赫定著,徐十周、王安洪、王安江译《亚洲腹地探险八年》,551—552页。

逃了。本来大家认为医生的露天医院大概已经寿终正寝了,但中午却来了一群维吾尔人,有男人、妇女和孩子,这些库尔勒的居民患有各种疾病,前来求医,医院又开始繁忙的工作"①。这种工作直到考查团离开才结束。

赫默尔在考查团工作期间的这些医疗、沟通等活动和取得的声望,增进了考查团与西北地方社会的交往和联系,这也是考查团工作能够顺利进行,并且也能在逆境中转危为安的原因之一。

1927—1935 年中瑞西北科学考查团活动是中国近代科学探险活动重要的一页,也是一项壮举。中瑞双方考查团成员为近代西北的气象、地质、考古、古生物、人类学等方面做出了重要贡献,其中既有斯文·赫定、徐旭生、黄文弼、袁复礼、贝格曼等著名的大人物,亦有像赫默尔医生这样兢兢业业、默默付出的幕后英雄。考查团的成功离不开每一位团员的努力,赫默尔所作的一切值得记录与书写。

---

① [瑞典]斯文·赫定著,徐十周、王安洪、王安江译《亚洲腹地探险八年》,556 页。

文学家的另一面——刘半农与中国西北科学考查团[*]

吴华峰　　徐玉娟

新疆师范大学中国语言文学学院暨黄文弼中心

作为中国新文化运动的先驱,刘半农先生素以文学家、语言学家著称[①],但他对中国早期西北科学考察事业同样贡献良多[②]。从 1927 年"中国西北科学考查团"的成立,到考查团取得令人瞩目的成就,刘半农都功不可没。他甚至将"关于西北科学考查团的外交事件"当作一生最引以为豪的事情之一[③]。刘半农参与中国西北科学考查团工作的事迹,多见于时人报导与著述,如今却鲜为人知,实有必要进行梳理与探讨。

一、刘半农与中国西北科学考查团的组建

刘半农结缘中国西北科学考察事业,与中国西北科学考查团的成立同步。1926 年底,瑞典探险家斯文·赫定第四次来到中国,准备单方面组织一场由西方人主导的西北考察活动。就在其目的基本达成之际,中国学术界越过已经妥协的北洋政府,群起反对赫定有违中国主权的考察计划。国立北京大学研究所国学门联合北京古物陈列所、中华图书馆、国立京师图书馆等 12 家单位,于 1927 年 3 月 5 日组织了北京学术团体联席会议[④],致函外交部阻止考察,为此后"中国西北科学考查团"的组建埋下了伏笔。时任北大教授的刘半农作为骨干参加了会议。

在中方不断施压下,斯文·赫定表示愿意考虑与中国学术界进行合作考察。在同年

---

[*]　本文系新疆师范大学智库平台 2024 年度招标课题"中国西北科学考查团与新疆近代气象科学发展研究"(项目编号:ZK2024C06)阶段性成果之一。

①　刘半农(1891—1934),原名寿彭,后改名复,号曲庵,以字行,江苏江阴人。

②　王冀青《学者刘半农的另一面》,《华声视点》2003 年第 2 期,36—39 页。对刘半农西北科学考察事迹有总体介绍。

③　刘小蕙《父亲刘半农》,上海:上海人民出版社,2000 年,115 页。

④　[瑞典]斯文·赫定《中国西北科学考查团诞生的经过》也载:"这场由民间发起的反对运动起源于北京的一些大学和研究机构。"王忱编《高尚者的墓志铭——首批中国科学家大西北考察实录(1927—1935)》,北京:中国文联出版社,2005 年,565 页。

3月19日第三次联席会议上,北京学术团体联席会更名为"中国学术团体协会"。推举周肇祥、刘半农、袁复礼、李济四人与斯文·赫定进行会晤,商讨合作事宜。双方就此拉开了为期一个多月的拉锯式谈判,其中尤以刘半农为主力。

由于单独考察计划的受阻,斯文·赫定一开始很不友好地将中国学术团体称为"反对组织"。1927年3月10日,他首次到北京大学访问阻挠他考察的反对组织,在这次见面中,赫定对"在巴黎大学留学多年,能说得一口流利的法语"的刘半农印象极为深刻①,不过那时他绝不会想到,刘半农在接下来的时间里,将会成为他谈判中的主要对手。综合各类文献对西北科考团筹备的零散记载,能够缀合起中瑞双方谈判的完整经过,刘半农在其中所扮演的"主角"角色也随之昭然若揭。

自1927年3月10日起到4月26日谈判结束期间,以刘半农为核心的中方学者,几乎每天都在为西北科学考察合作之事奔忙。1927年3月20日,刘半农等五人至斯文·赫定住所回访,正式与他进行第一次会谈。他们向斯文·赫定提出考察内容、考查团员身份、如何绘制地图、考古发掘物如何运送等十四条问题,要求后者给予答复。刘半农等人显然为这次见面做了周密准备,抛出的问题也相当尖锐、实际。让斯文·赫定觉得仿佛在接受一次"公正的法庭调查",在"整个庭审期间,对方表现得倒很客气和和蔼,同时,他们语言逻辑上的锋利及其透人的深度又令人震惊"②。

会谈次日就发生了一个小插曲。1927年3月22日《顺天时报》刊登了《瑞典考古队首途赴新》的消息③。外方考察队擅自出发的消息并非空穴来风,其起因是斯文·赫定怕后期会受到更多的阻挠,允许部分外方团员带着行李先赴包头。这一突发事件让中国学术团体协会不胜惊异。刘半农第一时间出面与斯文·赫定进行交涉并要求他进行书面解释。斯文·赫定记载:

> 3月23日,我收到刘复教授的信,内中激动的情绪溢出纸面。他说他和整个北京科学团体联合会的全体成员都异常震惊地看到,我居然让探险队离开了北京,这不仅有悖于我先前的承诺,而且也表现出我根本就不想遵守它;同时,我也没有遵守在以前的协议中已经同意了的让两位中国考古学家加入探险队的条件,实际上我是在出尔反尔。最后,他威胁道,假如我再离开北京,就将使整个中国新闻界群起而反对我

---

① [瑞典]斯文·赫定《中国西北科学考查团诞生的经过》,王忱编《高尚者的墓志铭——首批中国科学家大西北考察实录(1927—1935)》,568页。

② [瑞典]斯文·赫定《中国西北科学考查团诞生的经过》,王忱编《高尚者的墓志铭——首批中国科学家大西北考察实录(1927—1935)》,577页。

③ 《顺天时报》1927年3月22日第七版,同题报道又见天津《益世报》1927年3月22日第四版。《中国学术团体协会西北科学考查团报告》将此事记为1927年3月21日:"三月二十一日《顺天时报》突载有瑞典考古队业已出发之消息,并从别方面探得消息,谓赫定博士自身虽尚在京,但已有中国仆人二名携带用品二十余箱,先行出发。"王忱编《高尚者的墓志铭——首批中国科学家大西北考察实录(1927—1935)》,539页。

们。我当即回信向他保证,一切事情没有解决之前,我无意离开北京①。

紧接着在 3 月 24 日《北京导报》上又刊登了一则让斯文·赫定不安的消息,内容是关于北京科学团体电告绥远省主席商震,以及新疆、甘肃地方政府,敦促他们阻止探险队在相关地区活动。斯文·赫定认为自己既然已经向刘半农做出了保证,出现这样的新闻大概是中国学术团体反对他考察的一个新信号,因此又向刘半农去了解情况。由这一系列小插曲,可以看出考查团的组建以及谈判事宜,已经成为社会舆论关注的焦点,连当事人自己也不得不随时应对媒体报道带来的节外生枝的新情况。

1927 年 3 月 25 日,刘半农再次来到斯文·赫定的住地,带来学术团体协会第四次会议针对考察提出的十五点建议,关键问题包括考查团团长的任命、考察成果的发表、考察路线的规定等,基本上已具备正式协议的雏形。斯文·赫定一开始对这些建议是比较抵触的,他告诉刘半农"这是一份要强加于我的《凡尔赛和约》",甚至还说道:

> 你们的建议里已把外国人的地位降到了中国人以下。你们方面没有掏一分钱,但却想把我们这次活动的所有科学成果都冒归于北京的研究机构名下。然而,我还是要仔细地考虑你们的建议,但假如我解散探险队并就此回国,也希望你们不要吃惊。就我在西方的地位,你一定也很清楚,我是不会对对手们强加于我的不论什么条件都接受的②。

两人因此争论了两个多小时,面对斯文·赫定的质疑,刘半农毫不退缩。在他的坚持下,赫定综合考虑中国政治局势的实情,以及考察活动无限拖延的后果,同意接受这些建议,并确信"双方在基本观点上能够达成协议,并且出自双方的良好愿望,我们能够解决眼前的难题"③。

大合作方向已定,双方接下来还就考查团中方成员经费、报酬,考察发掘物的保管等细节问题进行磋商。中国学术团体协会在成立之初,即制定过《关于在我国境内进行学术考察的六项原则》,其中明确提出"中国境内所有之学术材料由中国学术团体调查或采集,禁止外国人在中国境内调查或采集,但于必要时,得容纳外国专门人才或学术团体参加,以资臂助;采集所得之材料,应在中国境内妥为保存,非经中国学术团体协会特别审查及允许,绝对不得运出国外"④。对斯文·赫定而言,他来到中国考察的初衷,主要目的之一即为了进行考古发掘和文物采集,因此对采集品格外关心。而采集品由中方保管和支配,

---

① [瑞典]斯文·赫定《中国西北科学考查团诞生的经过》,王忱编《高尚者的墓志铭——首批中国科学家大西北考察实录(1927—1935)》,579 页。

② [瑞典]斯文·赫定《中国西北科学考查团诞生的经过》,王忱编《高尚者的墓志铭——首批中国科学家大西北考察实录(1927—1935)》,583—584 页。

③ [瑞典]斯文·赫定《中国西北科学考查团诞生的经过》,王忱编《高尚者的墓志铭——首批中国科学家大西北考察实录(1927—1935)》,585 页。

④ 王忱编《高尚者的墓志铭——首批中国科学家大西北考察实录(1927—1935)》,第 523 页。

更象征着对学术主权、国家主权的维护。所以在这一问题上,双方又产生了一些分歧,在 4 月 2 日进行的第三次会谈中,赫定提出他独自承担考查团的费用,中国学术团体协会应该对他所付出的代价略作补偿,他有权得到考古发掘物的重复品。中方则以重复品概念难以界定为由,再次拒绝了斯文·赫定的要求。斯文·赫定记载过刘半农给的来信,信中强调了考察采集品的归属,可以看出中国学者在这一问题上的坚持:

> 4 月 15 日,刘复教授带给我一封信:
>
> 亲爱的赫定博士:
>
> 联合会已于今天下午讨论了你 4 月 11 日的来信。
>
> 有关第一条和第三条内容,我们认为,可在委员会组成及随行科学家确定之后再进行更详尽的商讨。
>
> 对贵方第二条的答复:请允许我们将我方最基本的第二条原则再译如下:所有考察发掘物均应在中国境内保存。未经检查并由委员会同意,不能将任何东西带出中国[①]。

围绕这一问题,双方来来回回又曾进行过数回合的讨论。这些问题看似琐细,实则每一步都关系着合作的成败。斯文·赫定的主要目的是尽快达成协议开展考察,以实现自己的学术目标。以刘半农为代表的中国学术团体协会则致力于维护国家主权,为中方在考察中争取更多的权益。在一次次的碰撞和冲突中,双方都在不断的磨合、调适。斯文·赫定意识到他必须从中方学者的角度和情感去看待问题:"我告诉刘,我很同情他们的民族主义态度。"[②]刘半农也以大局为重,承诺尽力促成平等合作的考察活动。谈判过程中各种矛盾的解决,多有赖于二人的灵活处理。

考察谈判的关键时间节点是 4 月 23 日,刘半农与周肇祥带着修订的协议再一次与赫定商讨,他们对协议逐条讨论,最终达成共识。随后刘半农与徐炳昶、马衡等人共同起草了考察合作办法。斯文·赫定也不得不承认中方学者的成功:

> 中国人的一个重要立场就是要将探险视为是一次纯中国人的活动,以备今后再有欧洲探险家要求到中国旅行时,可用我们签约的这份协定作为前例。我是第一个经历这种新的时代中的条件的欧洲人,以后的那些人将会发现,事情变得难办了。以后的事实告诉人们,在我之后,再没有外国人接受类似于我所接受的这些条件,到这里来旅行[③]。

1927 年 4 月 26 日下午七点是中国西北科学考查团成立的历史性时刻。斯文·赫定与中国学术团体协会在北京大学三院研究所国学门签订了《中国学术团体协会为组织西

---

① [瑞典]斯文·赫定《中国西北科学考查团诞生的经过》,王忱编《高尚者的墓志铭——首批中国科学家大西北考察实录(1927—1935)》,597 页。

② [瑞典]斯文·赫定《中国西北科学考查团诞生的经过》,王忱编《高尚者的墓志铭——首批中国科学家大西北考察实录(1927—1935)》,581 页。

③ [瑞典]斯文·赫定《中国西北科学考查团诞生的经过》,王忱编《高尚者的墓志铭——首批中国科学家大西北考察实录(1927—1935)》,600 页。

北科学考查团事与瑞典国斯文·赫定博士订定合作办法》,协议共计十九条。刘半农、周肇祥、马衡、徐鸿宝、黄文弼等人均在场,大概是对于合作办法都比较满意,中方学者们都很客气,"一个个面带笑容"①。斯文·赫定承认这场谈判"中国人在竞争中终于得胜了"②。走出国学门之后刘半农情不自禁地将这次协议的签订比作一次"翻过来的不平等条约"③,仿佛是对斯文·赫定所谓自己遭遇《凡尔赛条约》的呼应。其激动之情尽显"《新青年》的一个战士"(鲁迅《且介亭杂文》)的本色,成为西北科学考查团成立之际的一段佳话。

很明显,从中国学术团体协会筹备,到"西北科学考查团理事会"成立,再到协议签订、中国西北科学考查团的正式成立,虽然整个谈判时间不过一个多月,但对身预其中的刘半农来说,深知其不易,因此也更能深刻体会到成功的喜悦。他在这一过程中起到的促进作用是有目共睹的。考查团中方团长徐旭生即说:在谈判过程中"折冲最多者为刘复博士"④。袁复礼先生也称:"会中推举北大教授刘半农博士为代表与赫定磋商,商讨十余次,都由刘半农往返传达。"⑤考查团成员之一、时为北大学生的李宪之也在几十年后深情回忆道:"我很敬佩刘半农先生,可以说促成这次中外科学大协作与刘先生的努力是分不开的,谈判中他出力最多,我们不能忽略当时的国情,要达成平等合作的协议有多么不易。"⑥

以考查团组建为契机,刘半农与斯文·赫定也从针锋相对的对手,变成了互相钦佩的友人。斯文·赫定说自己在中国时,"一次次被我们的中国朋友邀请到家,每次也有徐炳昶、国立大学的刘复"⑦。刘半农先生的家人也回忆过往道:"白发苍苍、身体健壮的斯文·赫定博士曾几次到家里来做客。……他为父亲绘了速写画像,父亲在上面题了字。两人是经过争论而铸成了互相尊重的友谊。"⑧为现代学术史增添了一段佳话(图1)。

图1 斯文·赫定所绘刘半农肖像

---

① [瑞典]斯文·赫定《中国西北科学考查团诞生的经过》,王忱编《高尚者的墓志铭——首批中国科学家大西北考察实录(1927—1935)》,601页。

② [瑞典]斯文·赫定《中国西北科学考查团诞生的经过》,王忱编《高尚者的墓志铭——首批中国科学家大西北考察实录(1927—1935)》,602页。《大公报》评论此次协议签订"尤有一精彩之处,即该协定之解释,须以中文为准,开我国与外人订约之新纪元"。

③ 《中国西北科学考查团简介》,王忱编《高尚者的墓志铭——首批中国科学家大西北考察实录(1927—1935)》,10页。

④ 徐炳旭《西游日记》序言,兰州:甘肃人民出版社,2002年,2页。

⑤ 袁复礼《三十年代中瑞合作的西北科学考查团》,《中国科技史料》1983年第3期,12页。

⑥ 李宪之《回忆与前瞻》,王忱编《高尚者的墓志铭——首批中国科学家大西北考察实录(1927—1935)》,399页。

⑦ [瑞典]斯文·赫定著,许建英译《戈壁沙漠之谜》,喀什:喀什维吾尔文出版社,2004年,54页。

⑧ 本书编委会编《"中国西北科学考查团"八十周年大庆纪念册》,北京:气象出版社,2011年,335页。

二、刘半农在西北科学考查团理事会

1927 年 4 月 17 日中国学术团体协会召开第八次会议,鉴于中外合作的科学考查团即将成形,决议成立"西北科学考查团理事会",刘半农位列九位理事之一①。1927 年 5 月 9 日,中国西北科学考查团由北京西直门火车站出发,踏上西北科考的漫漫征程。刘半农是这一伟大历史时刻的见证者:"晨,学者、学生齐集研究所,余育三、沈兼士、沈士远、沈尹默、朱逷先、刘半农均至研究所送行,并摄影志别"②。按合作办法的规定,考查团理事会坐镇后方,具体工作全部由他实际负责,"监察并指导该团进行的一切事务"③。这些事务涉及后勤保障、关系协调、宣传工作、采集品保管等各个方面。刘半农将这些工作处理得井井有条,展现了非凡的协调组织能力。

1. 后勤保障

考察期间,几乎在每一个中方团员身后,都无时无刻不浮现着刘半农的影子。他的名字在现存中方科考日记中出现频率最高,这些日记内容从细节上展示出刘半农及理事会的繁忙事务。如徐旭生日记所载:

> (廿三日)兼士、叔平、半农信一封,请其设法派人来到佬伦苏牟作发掘;如不能,即派人来将找出来的汉、蒙文残碑运回北京保存。

> (十二日、十三日)写信给半农,请他筹办各事。……十三日,继续与半农写信,写得刺刺不能自休,殊堪笑人。

> (三十日)接黄仲良信一封,并转来半农给他信一封,因内颇有关系全团事,需要我来回答的缘故。三十一日,给半农写信,谈续付团员平薪数目,未写完④。

徐旭生是考查团中方团长,肩负协调团队中外团员关系和日常管理工作。他不仅与刘半农私交深厚,在考察途中一直与刘半农紧密联系,考察采集品的运送、后续考察工作、团员日常生活费用等重要事务,都需要刘半农在后方解决。在考查团员黄文弼及刘衍淮日记中,除了考察行踪与收获,更多地则是向刘半农报告考察用品购买、生活琐事等:"6 月 15 日,上午写信 6 封。……寄北京者,一为致沈、刘、马函,附拓片 1 包,报告发现净州城事。""2 月 11 日,明日即将起程赴省,上午同袁到邮局拜辞,随打一电报给刘半农报告明日

---

① 其余八位理事为高鲁、徐协贞、李四光、袁同礼、俞同奎、徐鸿宝、周肇祥、梅贻琦。斯文·赫定任名誉理事。

② 黄文弼遗著,黄烈整理《黄文弼蒙新考察日记(1927—1930)》,北京:文物出版社,1990 年,1 页。

③ 袁复礼《20 世纪 30 年代中瑞合作的西北科学考查团》,《中国科技史料》1983 年第 3 期,16 页。斯文·赫定也说:"理事会是为作为我们考察旅行期间的交涉员和公事上的保护人而设的。"斯文·赫定著,李述礼译《长征记》,西北科学考查团丛刊之一,西北科学考查团印行,1931 年,2 页。

④ 徐炳昶《西游日记》,17、23、215 页。

动身,请购胶片 40 打,铜墨盒 2 个,款先垫即汇来。"①"1927.11.6 六日,我很想买个照相的家伙,所以我就乘此机会,托九给刘半农先生带封信,买办,将来或购得寄来,或托新生到时捎来。""1928.9.6 六日,写致刘半农先生函,内附之以相片二张,述余无摄影器、只有胶卷之事。"②类似的例子,在他们的日记中多不胜数。

刘衍淮同李宪之一样,加入考查团时也是北京大学的学生。他的日记巨细无遗地记载了考察途中的闻见,这无疑也是受到刘半农的教诲,也让我们得以感受到刘半农对每位团员一视同仁的态度。为了处理好考查团大大小小的琐事,刘半农有时还会动员家人一起参与,他的子女就曾说过:"记忆中,母亲经常帮助父亲料理一些团的日常事务。"③"父亲担任西北科学考查团常务理事后,母亲承担了许多日常事务性工作。"④

保障考察顺利开展的基础是经费支持。考查团成立伊始,协议规定基本费用由斯文·赫定承担,但是考察期间开销巨大,特别随着 1928 年底德国汉莎航空资助中断,考查团经费愈发捉襟见肘,斯文·赫定也不得不中途回国想法筹款。考查团理事会也通过各种途径解决经费短缺的问题,包括在 1929 年发行考查团纪念邮票。今存刘半农致北平大学北大学院的一封信件,也涉及筹集考察经费事宜:

> 敬启者,接奉六月十七日复函,内开前准大函,请本院补助西北考查团经费等由,业今本院评议会议决,如西北考查团允将采集之标本复件尽先赠与本院,其无附件者,许本院模制,则本院当量力补助等因。业经鄙会议决,对于贵院评议会议决各节,均可承认,相应函达,即希查照为荷。
>
> 此致国立北平大学北大学院。
>
> 西北科学考查团理事会常务理事
刘复
十八年七月十五日⑤

1928 年,因北京改名北平,北大原有三院改为"国立北平大学北大学院"。次年北大学院恢复为国立北京大学,此后北京大学和北平大学并存。此信正写于学校改组期间,其内容是对北平大学北大学院资助考查团事宜进行答复,最终不知这笔资助是否落实,但却不难感受到刘半农及理事会为考察筹款的努力。

即使在考查团第一阶段结束后,为了能让团员们安心从事研究,刘半农依然为经费事宜奔忙,斯文·赫定记载他筹钱支持黄文弼、丁道衡进行研究的情况:"10 月底,刘复代表

---

① 黄文弼遗著,黄烈整理《黄文弼蒙新考察日记(1927—1930)》,20、159 页。

② 《丝路风云:刘衍淮西北考察日记(1927—1930)》,北京:商务印书馆,2021 年,204、496 页。

③ 本书编委会编《"中国西北科学考查团"八十周年大庆纪念册》,335 页。

④ 本书编委会编《"中国西北科学考查团"八十周年大庆纪念册》,336 页。

⑤ 北京大学图书馆藏档案《西北科学考查团理事会为北大学院评议会议决各节均可承认函》,中华民国十八年七月十七日收字第二九〇号,档号:BD1929009。

理事会得体地接受了一笔 3000 块银元的贷款,用来修复一处院落。这里被做为中国成员存放采集品的地方。黄和丁即将着手对这些东西作进一步的研究,黄文弼甚至住到了院子中。"①这次筹款的细节已不得而知,但结果无疑令人满意。

2. 协调各方关系

自然环境的恶劣给考查团的科考活动带来巨大挑战,纷繁的人事关系也成为考察工作开展的阻力。袁复礼对新疆期间遭遇的回顾,就可见一斑:"吾人在新数载,遇见的阻碍不算多,依靠各方支持,才得冲破这些障碍。例如,北京刘半农的不断协助,南京蔡孑民院长的维护,后又由杨督军的谅解,再加上徐旭生先生在新时与各厅长接洽并取得他们的赞助,这才使我们的野外考察工作得以持续三四年。"②

对外,刘半农要帮助协调考查团与各个部门的关系,对内,他也要负责与考查团中外团员的联络。1929 年初,徐旭生与斯文·赫定为办理考查团延期事宜,先期回到北京。斯文·赫定没有想到的是,前期成功的合作,让延续考察变得如此容易:"在刘半农等理事会成员那里他感受到气氛已与两年前大不相同。当他提出虽然协定规定的考察期限已到,但工作尚未完成'只希望将两年的考察期限再延长一年'的时候,刘半农的回答让赫定也不敢相信自己的耳朵:延期两年。'理事会对于我的所有要求,均表示赞同。'"③一批新的中外团员由此加入考察队伍当中。

2022 年 7 月,中吴网特稿《一滴水可见大海——93 年前常州人的一封信,震惊世界、影响百年》刊布了刘半农寄给瑞典科学家吉哈德·贝克塞尔(G. Bexell)的信(图 2),这封信由常州市集邮协会副会长肖宏从斯文·赫定遗物拍卖会上拍回,"信封是 1929 年 10 月 25 日从归化(位于现在的呼和浩特市)寄给瑞典科学家 Bexell 收的西式信封,信封正面贴有一枚帆船 1 角邮票,盖销'KWEIHWA 十八年十月廿五 归化'英汉文三格式实线日戳。"并云:"信封上的字为刘半农以瑞典语手写,翻译过来就是:'吉哈德·贝克赛尔先生收 瑞典瓦尔贝里市西沃佳坦大街 61 号(经由西伯利亚)'。"④

该文对这信件进行了详细介绍:"信的文字是用打字机在中国北京中国学术团体协会、北京大学(FEDERATION OF SCIENTIFIC INSTITUTIONS OF CHINA PEKING, CHINA NATIONAL UNIVERSITY PEKING)专用信笺上打印而成。"信件内容是欢迎贝克赛尔加入中国科学考查团:

---

① [瑞典]斯文·赫定著,徐十周、王安洪、王安江译《亚洲腹地探险八年(1927—1935)》,乌鲁木齐:新疆人民出版社,1992 年,384 页。

② 袁复礼《三十年代中瑞合作的西北科学考查团》,《中国科技史料》1983 年第 4 期,60 页。

③ [瑞典]斯文·赫定著,徐十周、王安洪、王安江译《亚洲腹地探险八年(1927—1935)》,292 页;《西北科学考查团 行政院准再延期二年》,《大公报》1931 年 4 月 3 日第四版。

④ https://www.zhong5.cn/mobile/articleDetail.html? id=75228

1929 年 10 月 14 日

贝克塞尔先生
转交语言学校
北平

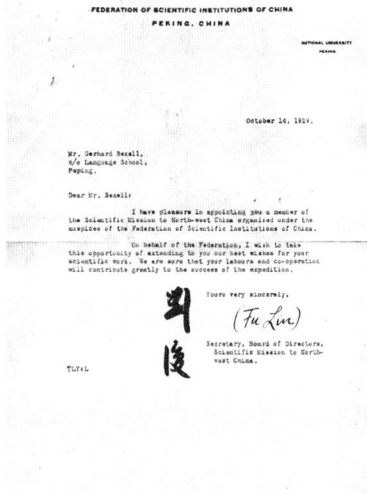

图 2　刘半农致吉哈德·贝克赛尔信

尊敬的贝克塞尔先生：

我非常高兴地确认你成为由中国学术团体协会组织并支持的中国西北科学考查团的成员。

作为协会的代表，我希望借此机会向你所从事的科学工作致以最良好的祝愿。我们相信你的工作与合作将为此次考察工作做出巨大的贡献。

谨上。

刘复（签名章，英文签名）
中国西北科学考查团理事会秘书

贝克塞尔是瑞典地质学家、古植物学家，又译作格哈德·别赛克斯、伯赛尔、贝歇尔。与瑞典地质学家霍涅尔（N. G. Horner）、古生物学家步林（B. Bohin）于 1929 年加入考查团，成为"戈壁组"的成员①，斯文·赫定曾记载：

> 1929 年春，科学院的地质学者尼尔斯·霍尔纳博士和古植物学家格哈德·别赛克斯博士被选为我们探险队的成员。……4 月 10 号，霍尔纳和别赛克斯离开斯德哥尔摩，同行的还有我们的考古学家弗尔克·伯格曼，他回了趟家。他们经柏林和斜米帕拉丁斯克到巴赫提，于 5 月 7 号到达巴赫提。两天后他们乘车到了中国边境上的塔城，但被新疆政府主席金树仁驱逐出境。……此他们不得不返回巴赫提，等待新的谈判结果②。

在刘半农写这封信的时候，贝克塞尔正从张家口出发至百灵庙，10 月 25 日信寄出时，他已经和斯文·赫定在百灵庙会合。此后，贝克塞尔在内蒙进行地质考察和古生物化石标本的收集，1933 年 10 月回国，他的考察成果很多都在《斯文·赫定博士领导的中国西北

---

① 戈壁组：1929 年金树仁上台之后，对西北科学考查团持敌视态度，拒绝第二批团员入疆考察。这批考查团员转而在内蒙、甘肃、青海等地进行考察，斯文·赫定在著作中将之称为"戈壁组"（Gobigroup）。[瑞典]斯文·赫定著，徐十周、王安洪、王安江译《亚洲腹地探险八年（1927—1935）》："戈壁组原打算去新疆开辟他们的事业，并且已经穿越西伯利亚到达巴克图。但是新疆当局禁止他们入境，于是才有了今天的一幕。"316 页。

② [瑞典]斯文·赫定著，许建英译《戈壁沙漠之谜》，100 页。[瑞典]斯文·赫定著，徐十周、王安洪、王安江译《亚洲腹地探险八年（1927—1935）》："春季，斯德哥尔摩皇家科学院又任命两名地质学家尼尔斯·霍涅尔博士与盖尔哈特·贝歇尔加入我们的队伍中来。他们和贝格曼一起途经俄国，于 5 月 7 日到达巴克图。"303 页。

科学考察报告集》(*Reports from the Scientific Expedition to the North-Western Provinces of China under Leadership of Dr. Sven Hedin*)中发表。刘半农此信写毕和寄出的时间,都晚在贝克塞尔来中国西北考察之后,对此比较合理的解释,可能是因为中外之间消息传达滞后所致。从中可以看出此时刘半农还在不断协调考查团工作,并积极与外方团员沟通。

西北科学考查团在新疆期间,刚好遭遇了新疆政治的重大事件"七七"事变。杨增新的继任者金树仁对考查团抱着极度敌视的态度,处理与新疆省政府之间的关系,成为考查团面临的头号困难,工作时时受到金树仁刁难。贝克塞尔等人即曾在 1929 年 5 月被金树仁拒于新疆门外。在斯文·赫定感到无奈之际,刘半农建议赫定亲自去南京政府汇报情况。

他也请教育部转陈行政院,电令甘新政府积极援助。当考查团准备增派第二批团员陈宗器、步林赴新疆时,他再次通过中央研究院请求教育部、行政院致电新疆省政府,希望"准予进省工作"[①],并予以便利。陈宗器在进入罗布泊地区考察后,专门给刘半农去信报告过考察情况。《大公报》中曾刊载过一篇陈宗器信件,全文如下:

> 国闻社云,西北科学考查团团员陈宗器,出发后,屡有报告,现考查团理事会理事刘半农,又接陈氏来函报告工作情形。原文云,刘半农先生:考查团西行一队,现已从罗布泊考查归来,途中困难,较预先想象中之情形为尤甚,途中十四日,始得水草,九日后始得燃料,沿路'行程困顿,而调查时期短促,每天行程至多不过四十余里。斯文·赫定急于要我们到罗布泊去的原因,是因为斯坦因说过"中国地图上罗布泊的位置错误,自汉以来,没有真的罗布泊存在过。"赫定对于此点不同意,而且急于要知道塔里木河,迁徙以后新的罗布泊的位置(不过四五年内的事)。另一原因是,与他在一九〇二年所发现的楼兰古国有密切的关系,所以急急使我们到那边去,要赶在斯坦因他们前头。现在从各时代的海岸,冲积层并礓石,加以深切的研究,已得到显著的成绩。在此区域内废墟极多,我们无意中沿途收集古物,殊为不少,气候不如蒙古之寒,去冬在此区域内没有下过雪,最低温度不过摄氏零下二十五度,风向多取 NNE 和 SSM 的方向,从原地倾斜的方向,可以看出,实在也是如此,十日里面大概总有五天刮风沙,二三天刮风,所以晴明之日绝少,我们在此区域考查二个多月,霍勒博士和我分担着各项的工作,此行仅丧失一头骆驼,至今已有一百多天没有见到人影,我们将向东慢慢一路考查去,大约二个月后可返,离此尚有六百里的敦煌,即此专颂公安,晚宗器顿首[②]。

---

① 《公函西北科学考查团刘半农》十八年六月五日第一六九号附刘半农电,《国立中央研究院十七年度总报告》,中国科学印刷公司,1929 年,356 页。
② 《西北科学考查团在新疆百余日不见人影罗布泊废墟里获古物不少的消息》,《大公报》1931 年 6 月 26 日第四版。

通过这封信件,可知刘半农在第二阶段的考察中,依然密切关注着一线团员的动向,与考查团成员随时保持着联络。

3. 宣传考察工作

考查团尚未出发时,刘半农就对考查团中方团员,特别是青年学子们给予特别的关怀和鼓励。李宪之曾回忆自己被考查团录取后,刘半农与他谈话的场景:

> 刘半农先生亲自找我们4人几次促膝长谈,关怀备至,他语重心长,十分亲切,就像长辈对孩子一样,使我终生难忘。他嘱咐我们:"出去以后所见所闻都要详细记录下来,有些事当时可能认为没什么用处,以后却可能有很大用处",工作中我一直遵循这一教导去作,使我终生受益匪浅,他要求我们和外国人在一起,一方面要友好协作,表现出中国青年的气魄,作出个样子来让外国人看看,另一方面要注意不许外国人有越轨行为。他还希望我们几个年青人要多考虑问题,帮助徐先生(团长)做好工作①。

在李宪之眼里,完全把师长刘半农视为精神支柱,他的一言一行,对学生的人生都产生着重要影响。刘半农没有参加实地考察,但中方团员时刻向他汇报着考察的消息,汇聚在他这里的信息又源源不断地现场报导给公众。如《北京大学日刊》中集中刊载的《西北科学考查团理事会报告》:

> 敬启者,近接考查团六月五日自距贝勒庙七十里之明安加沙所来公函,及六月五日袁希渊致刘半农信、六月三日黄仲良致庄尚严信、六月五日刘衍淮致刘半农信、五月二十七李宪之致刘半农信,撮其重要事项如下:
>
> 四、弟等于五月二十六至此,地名胡城图(按:即明安加沙),因骆驼未购齐,在此尚须半月方可启身　袁信
>
> 五、弟在此发现石器遗址……在此画地图二日,骑马巡行二日半,日行七十里　袁信。
>
> 六、旭生与黄仲良、丁仲良、龚醒狮前六日至贝勒庙,丁考查地址,黄发现石器遗址三处　袁信
>
> 七、詹君作图尺助记,气象学生等均努力看气象,学德文　袁信
>
> 八、在包头,旭生提议分股作事,黄为文牍,詹为庶务,丁为巡夜主任,袁为工作主任　袁信
>
> 十三、五月二十,在包头起身时,雇二百多骆驼,到贝勒庙再换自己的骆驼。可是于二十八到阿木塞河近处荒野中住了,此地赴贝勒庙当有八九十里　刘信
>
> 十四、我们一路真是有趣,穿过无数河沙,越过很多山岭,二百多骆驼摆成一字长

---

① 李宪之《回忆与前瞻》,王忱编《高尚者的墓志铭——首批中国科学家大西北考察实录(1927—1935)》,399页。

蛇,浩浩荡荡的往前进,每日行不过三五十里,找有水草地方住下　刘信

十五、二十二,起风很大,是夜温度表最低点到了二度。二十四,经过村子叫"黑教",有天文堂是列,赫定请神父来吃饭。据黑教的人说,这一带土匪很多。二十五,到"草地",草地野兽很多,外国人常打来做食品,差不多我们每天都吃打来的黄羊肉。二十八,到现在的地方。我们四个学生每天跟德国人学德文、学气象,他们在此地安无线电。大约外人重气象,瑞人重考古　刘信

十六、从今天起,正式与德人学德文　李信

十七、最近通信处是甘肃毛目县邮局,永久通信处是哈密邮局暂存　李信

西北科学考查团理事会启
年六月十七日

注意以上均照原信节抄,并未更动字句①

汇集了袁复礼、刘衍淮、李宪之致刘半农的信件,内容涉及考察成果、途经地点、日常生活等各个方面,能够让人们真切了解到考查团的动向。从考查团组建伊始,刘半农就在不遗余力地为其作宣传。

为了扩大考查团的影响,刘半农还热衷于参加演讲活动。1929 年 1 月 21 日,已经回到北平的徐旭生、斯文·赫定应邀至北大法学第一院参加欢迎大会。本次演讲到会者有三千余人,听众踊跃。刘半农首先做《西北科学考查团之性质及其成立之经过》的报告②,既为之后徐旭生和斯文·赫定的演讲做了铺垫,同时也是首次在公众面前详细介绍了考查团成立前后的情况、中外平等合作的性质、所取得的成绩。演讲于 7 点半开始,约 12 点才结束。可见其受欢迎的程度。

第一阶段考察结束后,刘半农开始主持"西北科学考查团丛刊"的出版工作。按照斯文·赫定的设想,首先要出版徐旭生考察日记、科学报告集、赫定本人的《我的探险生涯》《长征记》,"中方关于上述四书之出版翻译,均由刘复教授负责主持"③。《徐旭生西游日记》《长征记》先期问世,此外在赫定计划之外,经由刘半农负责组织出版的还有黄文弼的《高昌第一分本》《高昌专集》④。他还亲自以汉简书法为后者题签以示表彰,无形当中也扩大了两部著作的影响力(图 3)。

---

① 《西北科学考查团理事会报告》,《北京大学日刊》第 2134 号,1927 年 6 月 25 日第 2 版。

② 《世界日报》1929 年 1 月 22 日。

③ 《西北科学考查团外团长斯文赫定谈话　中外学者共同研究调查定下月初旬再由平出发》,《大公报》1929 年 4 月 18 日第二版。

④ 1931 年 2 月西北科学考查团理事会出版黄文弼的《高昌第一分本》,作为"西北科学考查团丛刊之二·考古学第一辑"。同年 5 月又出版了《高昌专集》,作为《高昌第二分本》。1933 年出版《高昌陶集》。1951 年,中国科学院重新刊行《高昌砖集》,将《高昌第一分本》与《高昌专集》合并。

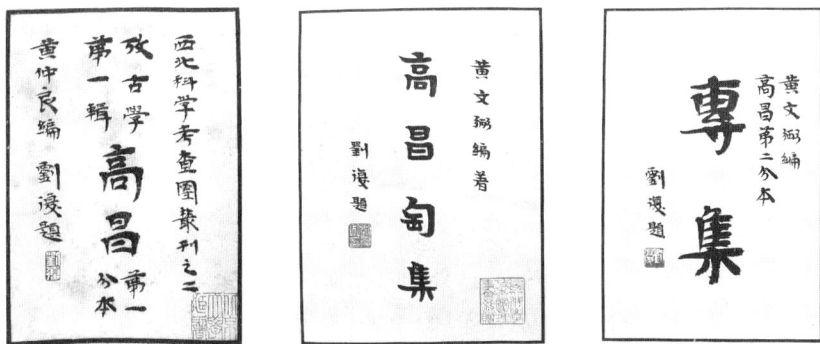

图 3　刘半农为黄文弼著作所题写的书名

4. 采集品保管

考查团西行途中不断将收获的采集品运回北京,特别到新疆之后,采集品日渐增多。保管和安放这些文物有不小的责任和负担。1931 年至 1932 年,日本开始发动对中国的侵略,面对紧张的局势和日益逼近的战火,刘半农未雨绸缪地考虑考察品保护问题,斯文·赫定记载:

> 这座城市的上空,时刻笼罩着令人不安的气氛。刘复教授向我借了两面瑞典国旗,挂在北京大学三院,那里存放着我们的采集品,为了安全起见,挂上瑞典国旗,以证明是外国人的财产。
>
> 5 月 11 日和 12 日早晨,北京上空出现了日本侦察机。接着,城市各处又响起机枪声。我们不知发生了什么事情。没过多久,刘复教授带着贝格曼和黄文弼的采集品来到瑞典人之家,他估计日本人可能要攻打北京,于是将考查团一些极有价值的东西送到我们这里,外国人的住宅总要比大学安全一些[①]。

刘半农不知道,在抗战全面爆发之后,黄文弼的采集品又辗转运往汉口、南京,其中藏于汉口的部分文物不幸毁于战火。这些考察采集品的命运,实际上也承载着特殊岁月中一代知识分子的担当。

西北科学考查团理事会前期设理事、常务理事,后期胡适、徐旭生还都担任过理事长。刘半农为最早的一批理事,后做常务理事,在他给贝克塞尔的信中,又自署为“中国西北科学考查团理事会秘书”。袁复礼先生 1931 年结束考察回北平时则说,“蒙藏委员会周肇祥、理事长刘半农和理事会委员、团员、记者 20 余人西直门车站迎接”[②]。据此刘半农在 1931 年前后,可能也担任过考查团理事会理事长,若果如此,他应当是首任理事长。鉴于他在理事会中所起到重要作用,斯文·赫定习惯于把刘半农称为主席(the chairman of the

---

① ［瑞典］斯文·赫定著,徐十周、王安洪、王安江译《亚洲腹地探险八年(1927—1935)》,405 页。

② 袁复礼《20 世纪 30 年代中瑞合作的西北科学考查团》,《中国科技史料》第 5 卷 1984 年第 3 期,68 页。

committee)①,且被视为"理事会中的灵魂和真正的核心"②。西北科考团在考察与研究中不断取得佳绩,离不开以刘半农为代表的理事会的幕后支持与付出。

三、刘半农与西北科学考察研究

黄文弼日记记载,考查团在 1927 年出发后不久,斯文·赫定就有意让刘半农加入考察:"7 月 17 日,昨日闻徐先生云,赫定意,外国拟添派两科学家,一为文学家,一为语言家。则中国亦可加派二三名科学家。赫定意,倘李仲揆、刘半农能来更好。"③在徐旭生和斯文·赫定 1929 年回到北平办妥延长考察事务后,甚至一度有消息称将让刘半农担任团长再赴西北:

> 西北科学考查团,自前徐炳昶、斯文·赫定等,由新疆回平后,重行协定。复以二年为期,继续在新疆进行。惟中国方面,因徐炳昶不能继续前往,团长一席,初本拟请刘复,刘以体弱辞,遂请陈垣担任。闻陈现尚未十分决定,惟理事会甚希望陈氏前往④。

此事后来自然没有了下文,不过结合刘半农与西北科考团的紧密关系,可以看出当时让刘半农任团长确实也是众望所归。尽管刘半农的西北之行最终没有实现,但他本人也对西北科学考察产生了浓厚的兴趣,而且也参与到了考察研究当中。

在考察采集品运回北平后,相关的研究工作也随即展开。鉴于刘半农的语言学研究背景,当时考查团理事会即推荐由他和马衡负责居延汉简整理,斯文·赫定记载:

> 理事会挑选了两名中国语言学家负责这些汉简的整理工作,一位是刘复,另一位是马衡。前面的一位读者已经十分熟悉,他是北京大学的语言学教授。后者是故宫博物院考古学部主任兼北京大学考古学教授⑤。

《大公报》中对这项工作也有详细记载:

> 赫定对于国民政府及北京古物保存委员会之殷勤协助,最为表示感谢。又前此白格门君(Mr. Forke Bergmans)在额津果地方曾现汉代简书。十九年赫定博士曾向中国提议,请将此项简书,交由瑞典喀尔格林(Prof-Demard Karlgaen)教授翻译,当得

---

① "我们还常和理事会主席刘复教授及中国地质调查所所长翁文灏博士探讨交谈。"《丝绸之路》,乌鲁木齐:新疆人民出版社,1996 年,3 页;"我首先要提到的刘复……他任负责照看我们利益的委员会主席。"[瑞典]斯文·赫定著,徐十周、王安洪、王安江译《亚洲腹地探险八年(1927—1935)》,6 页。

② [瑞典]斯文·赫定《中国西北科学考查团诞生的经过》,王忱编《高尚者的墓志铭——首批中国科学家大西北考察实录(1927—1935)》,574 页。

③ 黄文弼遗著,黄烈整理《黄文弼蒙新考察日记(1927—1930)》,34 页。

④ 《科学考查团徐炳昶赴京筹款二次赴新团员正组织中》,《大公报》1929 年 3 月 16 日第四版。

⑤ [瑞典]斯文·赫定著,徐十周、王安洪、王安江译《亚洲腹地探险八年(1927—1935)》,388 页。

中国之赞成，旋以该教授声明必先得中国学者之赞助，彼始允担任此项工作，因更决定此项简书之翻译，应由中瑞合作，瑞方为喀教授，中方则为刘复教授。简书全存北平，其明晰之各简，则先行摄影，寄往瑞士（注：应为瑞典），原簿则仍留北平，由刘复教授翻译，是后两教授当各以其研究之结果，分别在北平或瑞典哥登堡再行共同开会，继续研究此项工作为事甚难，需时甚久，至少非数阅寒暑不能卒业。然暨其卒业要必在中瑞学术史上开一空前之新纪元，而其发端则实由于赫定博士之提议，及中国之赞成，以是赫定博士每次演说，均必提及是事，力事敷陈，盖以志其中心之欣慰云①。

但由于刘半农事务繁忙，无法全身心投入到工作中②，加之外部环境的变化，研究一度中断，直到1935年"这项工作在1933年由于日军的侵入而中断，现在又重新开始了"③。

另据研究，"促成中瑞西北科考团成行、并担任常务理事的刘复（即刘半农）在法国留学期间与伯希和有学术交往，回国后仍与伯希和保持书信联络，1933年伯希和来北京时亦是由刘复陪同到北京大学参观了贝格曼（Bergman）收集品"④。这些都说明刘半农经过长期和西北科学考查团接触，已经成为中国西北科学考查团理事会以及考查团的代言人。

刘半农自己也在不断关注西北地区与西北研究，从他1934年以来的日记也可以看出其学术兴趣的导向：

中华民国二十三年（1934）三月二十四日，六，晴：……四时半后到北平图书馆，借阅参谋部所印五十万分之一新疆图，为比证沙大臣南疆分界日记图说之用。此书是文山书店转来求售，尚未买定，然世不多见，未宜以其为近人书而舍去也。

四月四日　三　晴、仍有风沙：……丁仲良来，以近买沙大臣南疆勘察界日记图说请其交绘图员李君作初步研究。

四月二十三日　一：……上午李智超来谈，即以南疆勘界图交彼重画。……晚，马叔平宴甘肃省政府委员张君于东兴楼，招往作陪。张言，敦煌石窟已发者首二窟，尚有第三窟埋土中，候时局稍安，省政府拟设法开发，欲得北平学术界合作。余言此事果成，余虽事忙，亦必抽暇一往。

五月二十六日　六　晴：下午到团城参观西北文物展览会。

六月十八日　日（一）　晴、仍热：上午作本年本人研究工作报告一篇，又西北科学考查团本年研究工作报告一篇。下午到研究所，准备旅中一切用品，并与白涤洲、沈仲章、周殿福等约定明日下午在西直门车站相会⑤。

① 《大公报》1931年8月14日第四版。
② 傅振伦《第一批居延汉简的采集与整理始末记》，《文物天地》1987年第1期，27—29页。
③ ［瑞典］斯文·赫定著，徐十周、王安洪、王安江译《亚洲腹地探险八年（1927—1935）》，766页。
④ 王楠《伯希和与黄文弼》，《西域考古·史地·言语研究新视野——黄文弼与中瑞西北科学考查团国际学术研讨会论文集》，北京：科学出版社，2015年，159—160页。
⑤ 《刘半农日记》，《父亲刘半农》附录，257—278页。

以上只是日记中相关内容的一部分。据日记所云,他不仅非常留意西北地区的典籍,而且还曾拟至敦煌考察。如果刘半农能够成行,不知道将来是否还会对中国西北考察与研究做出更大的贡献,然而一切的推测都随着他的英年早逝而没有了下文。

刘半农之所以能够与西北科学考查团产生密切的关系,实也渊源有自。早在法国留学期间,他就曾抄录法国国家图书馆藏敦煌写本文书,辑为《敦煌掇琐》一书。收录敦煌文献 104 种,分为上中下三集,"上集是文学史的材料,中集是社会史的材料,下集是语言文字的材料"①。在敦煌学史上具有重要意义。刘半农过世之后,法国公使馆曾发来唁电,其中也写道:"且回忆刘先生在巴黎大学荣受博士学位之时,PELLIOT 伯希和、GRANET 格兰言二君实主其成。今兹噩耗逯传,二君尤表无限之伤怀。"②其中也提及刘半农在巴黎期间就与伯希和等人交往密切,早年的这些经历与学术倾向,自然让他对西北地区古代文化,以及土文化宝藏有所了解,这些都成为刘半农日后涉足西北科学考察事业的渊源。

刘半农的逝世与西北科学考察也有着千丝万缕的联系。1935 年 2 月 19 日是斯文·赫定的七十大寿,瑞典皇家地理学会计划出版纪念文集。刘半农决定为斯文·赫定献上一份拿得出手的礼物——一篇祝寿论文。他从 1934 年 5 月起即开始着准备工作,据刘半农 1934 年 5 月 16 日日记载:"下午到研究所,白涤洲为余邀来辅大甘籍学生十数人,拟研究其声调,备作为论文,以应瑞典地理人类学会之请,刊入赫定七十生辰纪念册。"③论文主题有关北平、绥远沿线方言声调。为了写这篇文章,以及完成《四声新谱》《中国方言地图》,刘半农于 1934 年 6 月 19 日携白涤洲等人前往绥远等地实地调研。在考察途中,刘半农遭到昆虫的叮咬,不幸传染上致命的回归热。他经包头、呼和浩特、百灵庙、大同、张家口,于 1934 年 7 月 10 日抱病提前返回北平后,又被庸医误诊,7 月 14 日才在胡适的极力劝说之下到协和医院就诊,没想到当日下午 2:15 分便与世长辞,年仅 43 岁。

刘半农至内蒙古考察染病病逝时,斯文·赫定还在乌鲁木齐。他事后曾追忆道:

> 刘复教授,执行委员会主席,他为人可亲而友善,当然他也认为西方人的介入给中国人对中国科学的统治地位造成了一种危险的威胁。以后,他成为北京的委员会里真正的精神领袖,并在幕后左右着它的活动。在随后的几年里,我不得不向他申请所需要的一切。不幸的是,他于考察结束的前一年 1934 年去世了。对他的死我只有深深地遗憾④。

回北平以后,他还曾至刘家慰问:"父亲去世以后,斯文·赫定还特地赶到我家吊唁,

---

① 刘半农《敦煌掇琐》,"国立中央研究院历史语言研究所专刊之二",1957 年重印本,第一三叶。

② 《法国公使馆为吊唁刘教授半农先生函抄送刘教授家属》,北京大学档案馆档案号:BD1934001。

③ 《刘半农日记》,《父亲刘半农》附录,270 页。

④ [瑞典]斯文·赫定《中国西北科学考查团诞生的经过》,王忱编《高尚者的墓志铭——首批中国科学家大西北考察实录(1927—1935)》,574 页。

并赠送给母亲'西北科学考查团'的纪念邮票,以志永久纪念。"①

结　语

中外学者共同组成的中国西北科学考查团,以其丰硕成果铸就了人类科学探查史上的辉煌篇章。科考团中那些活跃在考察一线的成员,大多都带上先驱者的光环,至今仍是世人瞩目的焦点。然而许多未直接身预考察、却为之做出过贡献的"幕后"人员,也同样值得关注,刘半农就是其中的一位。从中国西北科学考查团充满坎坷的组建,到考察期间捷报频传,科考团每一步发展都离不开刘半农的参与和付出。蔡元培《故国立北京大学教授刘君碑铭》云:"参加西北科学考查团,任整理在居延海发现之汉文简牍。虽未能一一完成,然君尽瘁于科学之成绩已昭然可睹。"②把西北科学考察作为刘半农短暂一生的重要事业,这一盖棺定论是非常准确的。

不仅是刘半农,二十世纪二三十年代西北科学考查团组建前后,一时名流如胡适、黄侃等等,都与之有或近或远的关系。五四运动以来中国知识界的现代意识,民主与科学的精神被空前激发,每一个身预其中的知识分子,都在积极的态度回应着这场思想文化领域的变动。今天,刘半农主要被视为文学家、语言学家,但是他对中国现代西北科学考察领域内起到的作用与成就,实不亚于自己的"主业"。刘半农与西北科学考察之间的关系,正是考察中国处在特殊阶段,知识分子思想变化与行动作为的生动例证,真实展现出处于新旧交替剧变下中国知识分子的形象。他短暂而丰富的一生,因为与中国现代西北科学考察事业的关联,更加富有了传奇色彩。从某种程度上说,将他视为中国现代西北科学考察事业的奠基人也毫不为过。

---

① 刘小蕙《父亲刘半农》,115—116 页。

② 蔡元培《故国立北京大学教授刘君碑铭》,刘小蕙《父亲刘半农》,2 页。

哈士纶对土尔扈特部的考察与研究[*]

刘长星

新疆师范大学中国语言文学学院暨西域文史研究中心

一、哈士纶与中国西北科学考查团

1927 年 5 月 9 日上午,中国西北科学考查团一行从北京西直门火车站出发前往包头,至此拉开了前后长达八年的中外合作科学考察我国大西北的序幕。考查团组建时有 28 人,徐炳昶、斯文·赫定分别担任中、外方团长。其中,中国团员 10 人,瑞典 6 人,丹麦 1 人,德国 11 人。唯一的丹麦人即亨宁·哈士纶-克里斯腾森(Henning Haslund-Christensen,1896—1948,下文简称为哈士纶)。

1923 年,27 岁的哈士纶开始在亚洲探险,以他为首的五人考察队在蒙古地区布拉干山一带进行了为期三年多的农耕实验和畜产品贸易,但因天气寒冷等原因农耕实验没能成功。但这次亚洲之行让哈士纶学会了蒙语,熟悉了蒙古文化。1926 年,哈士纶来到我国张家口一带经商,后到山西大同。1927 年 1 月,哈士纶接到好友拉尔森[①]的信件,在拉尔森的推荐下,他得以加入中国西北科学考查团,被任命为考查团驼队副队长。因懂汉、蒙、德、英语等多种语言,他又兼任队中翻译,同时也负责测绘仪器设备、日常生活物资的管理、考察经费的开销等工作。考查团到达新疆后,1928 年 3 月,哈士纶先随贝格曼到罗布泊沙漠一带进行考察,"在 3 月初,我和贝格曼出发向南通过罗布泊沙漠进入西藏高原,在辛格尔(Singer)和兴地(Shindi),我们找到了富有成果的工作领域"[②]。出于对卫拉特蒙古

* 本文系 2024 年新疆维吾尔自治区高校基本科研业务费项目"中国近现代吐鲁番考察研究"(项目编号:XJEDU2024J074)阶段性成果之一。

① 拉尔森(F. A. Larson,1870—1957),瑞典人,宣道会教士,1893 年来华,在张家口传教,精通蒙古语和汉语,在外国人中有"蒙古公"的诨号。他与斯文·赫定有多年交情,1926 年,被斯文·赫定委任为中国西北科学考查团的后勤队长。

② [丹麦]亨宁·哈士纶著,徐孝祥译《蒙古的人与神》,乌鲁木齐:新疆人民出版社,2010 年,179 页。

土尔扈特部的强烈兴趣,1928 年 9 月,哈士纶离开贝格曼进入新疆焉耆地区[1]展开对土尔扈特部的专门考察。1929 年 6 月,他结束了在西北科学考查团的工作,从新疆返回欧洲。对于中国西北科学考查团的考察活动,哈士纶发挥了难以替代的作用。

二、对额济纳土尔扈特旗的考察

哈士纶对土尔扈特部的考察主要在两个地方:内蒙古额济纳与新疆焉耆地区。

1927 年 7 月,哈士纶随考查团到达内蒙古西部达尔罕茂明安联合旗,在内蒙古西部四大黄庙之一的百灵庙,参加了当地的麦德尔节,并与李伯冷拍摄了麦德尔节的视频材料。途经额济纳河土尔扈特部(今内蒙古阿拉善盟额济纳旗)时,对当地的土尔扈特部做了短暂考察。

额济纳土尔扈特旗的祖先在俄罗斯伏尔加河畔,头人阿拉布珠尔率他的人民离开伏尔加河畔的主体部落,前往圣城拉萨进行了一次大规模的朝圣。当朝圣队伍返回时,由于清政府与准噶尔之间发生战争,回程受阻,阿拉布珠尔率众进入内蒙古地区休整,并于1705 年到北京恳请清政府的帮助。阿拉布珠尔被授予清朝官衔,还被授封一块额济纳河附近肥沃的土地。自此,额济纳土尔扈特旗开始在内蒙古定居下来。

哈士纶发现,当时额济纳土尔扈特旗的生存状况并不稳定。临近地区涌入大量士兵和官员,给他们施加了更多压力。南方人不断迁入,在额济纳河上游筑堰堵水,开垦土地,剥夺了土尔扈特人北方的很大一部分牧场。一定时期内河流干涸,肥沃地带减少,沙漠扩展迅速,使得饲料缺乏,土尔扈特人的牲畜逐年减少。"我在额济纳河第一次也是唯一的一次看见蒙古人居然愿意骑在驴子上。"[2]哈士纶的这一细节描写似乎颇能代表额济纳土尔扈特旗的现实窘境。

通过调查,哈士纶还发现,他们生存的困境也表现在族群的数量与规模上。额济纳土尔扈特旗仅由一个苏木 96 户牧民组成。大多数土尔扈特人是混血的,很早就和这个地区的居民合并同化了。土生土长的土尔扈特妇女凤毛麟角,年轻人都要去其他部族寻找配偶,其血统正在丧失种族特点。

---

① 喀喇沙尔地,明时为别失八里部,自天山北南徙,据其地,更号伊勒巴拉。乾隆二十四年,纳入清朝版图,置喀喇沙尔办事大臣,掌本处军政事务,驻喀喇沙尔,在今新疆焉耆回族自治县。光绪八年(1882)七月,置焉耆直隶厅。其地东至乌沙克塔勒出苏巴什塔克口,接吐鲁番界,西至第纳尔河,接库车界,南逾沙山,至罗布淖尔沙碛界,北至天山,逾山接迪化州伊犁东路界。(参见傅林祥、林涓、任玉雪、王卫东《中国行政区划通史·清代卷》,上海:复旦大学出版社,2013 年,406 页。)1901 年焉耆直隶厅升为焉耆府。1913 年焉耆府改为焉耆县。

② 〔丹麦〕亨宁·哈士纶著,徐孝祥译《蒙古的人与神》,123 页。

三、对新疆土尔扈特部的考察

1928 年 9 月,哈士纶开始在新疆焉耆对土尔扈特部进行了更深入的考察,在法律、音乐、人体学测量、民俗文化、历史文献等方面,哈士纶都保留了大量记录与考察材料,这些资料与研究成果成为 20 世纪卫拉特蒙古历史文化研究的重要参考。他知道,只有深入到土尔扈特内部,成为他们的一员,他才能获取更多的信息。"我越来越清醒地认识到要达到所预期的目标,必须遵循一条坚定、深入调查的原则,而不是我们始终信赖的人类学家所给我们指明的道路。必须通过蒙古包去考察过去,因为他们神圣的火焰是家庭与部落生活的中心。传统就是在这里产生的,那些围绕在蒙古包周围的,有着部落最古老和基本特征的语言和氛围被一代一代流传下来,成为沟通古与今的桥梁。"①哈士纶具有独到而高超的与蒙古人交流的能力,虽是一个西方人,却似乎具有一种魔力,能很容易被蒙古人信任。在内蒙古百灵庙时,哈士纶一行就获得了竹尔罗斯喇嘛的信任与保护,他们照相、拍摄、做人类学检测,还参加了当地宗教节日麦德尔节。到了新疆焉耆后,哈士纶很快就获得了土尔扈特部摄政王托音喇嘛②的充分信任,哈士纶可以毫无阻拦地游走在土尔扈特部的领地,以获得他研究所需的资料。

(一)土尔扈特部的体制与法律

在《蒙古的人与神》一书中,哈士纶对土尔扈特部的体制构建与组织方式进行了详细的阐述。土尔扈特部有 13 个领地,每一领地都由自己的"扎萨克"统治。其中,喀喇沙尔部落头人是全体土尔扈特人的汗,其余 12 个领地在军事和其他重大问题上都要听从他的意见。每个部落都在分配的区域之内过着游牧生活,其中有 9 个部落围绕在喀喇沙尔部落周围,形成一道屏障。这 10 个部落所在区域离得较近,一般称之为旧土尔扈特。在新疆阿尔泰还有 2 个部落称为新土尔扈特,因为他们从伏尔加河流域来到新疆定居的时间要晚一些。再加上遥远的内蒙古的额济纳土尔扈特部,这 13 个部落头人共同组成"13 位掌印的诺颜"。

本来游牧部落居无定所,但在喀喇沙尔部落驻地,托音喇嘛建造了土尔扈特人的宫

---

① 〔丹麦〕亨宁·哈士纶《蒙古的音乐·选集 I》,转引自肖梅《中国大陆 1900—1966 民族音乐实地考察——编年与个案》,福建师范大学博士研究生学位论文,2004 年,50 页。

② 托音喇嘛,即多布栋(敦)策楞车敏,1890 年 1 月 14 日出生于旧土尔扈特南路盟世袭卓里克图汗家庭,其远祖是被清乾隆皇帝封为世袭卓里克图汗的渥巴锡。他是旧土尔扈特南路盟十世卓里克图汗布彦卓克图的次子,是十一世卓里克图汗布彦蒙库之弟,十二世卓里克图汗满楚克扎布之叔。后被班禅博格多宣告为僧钦·多尔济仓的第五世化身,被称为僧钦格根,格根(再世化身)或托音喇嘛(地位高的喇嘛),也称为多布敦活佛或简称"多活佛"。整个喇嘛界对他怀有极大的崇敬。在他作汗王的兄弟暴卒后,他成为事实上的土尔扈特部落的摄政王。

殿,宫殿外墙里面有条内墙,两墙之间约有百米的空间,形成了有四条笔直堡垒大道的四边形防御地带。"托音喇嘛的防御工事是全新疆最为壮丽的大建筑物"①。哈士纶称这座大建筑为雪城,一支精选的、装备良好的 1400 名勇士组成的队伍是托音喇嘛的私人卫队,驻扎在城内,他们都是土尔扈特人的"巴图尔"(英雄)。城里有一所中国式建筑是土尔扈特人的"衙门",各种捐税都要到衙门缴纳,地方头人不能调解的纠纷也来到这里解决。位居衙门不同办公机构之首者是土尔扈特人的第一个"吐斯拉克齐"(协理),在摄政王不能勤政于宫廷期间,他掌握着汗国的印玺以及其所象征的权力。

土尔扈特司法部门的法庭基于古代的传统,其法律条文在 1640 年编纂成典,当时 44 位王公和喇嘛聚议,起草了卫拉特蒙古人的法典《察津·毕扯克》。蒙古人的另一法律资源是成吉思汗统治时期形成的"札撒"。相比于严厉的札撒,《察津·毕扯克》受佛教影响要宽大得多,体现出一种更加人道的精神。同时,《察津·毕扯克》又特别保护僧侣、王公和富人,惩罚反对他们的犯罪,要比一般男人们所犯的同样罪行严厉得多。很多案例中,富人可以用罚金赎罪,而穷人只能以生命偿还。这部法典体现了蒙古统治者的上层意志,丧失了民主精神的一部分。

当然,成吉思汗的很多训令在草原上依然适用,比如不能玷污水和火,尊敬老者和贫苦之人,等等。对蒙古妇女的保护一直是蒙古法律的内容,比如,《察津·毕扯克》强调,帐篷的女主人是不受侵犯的,谁侮辱了她,就要受到法律的惩处。

清政府统治新疆时期,1789 年颁布了《理藩院则例》,是在游牧民族自己的法律基础上扩展了许多章节。1815 年,清政府又对这一法律做了修订。哈士纶发现,清政府的司法原则并没有在"荒野里住帐篷的人民中深深地扎下根",在适应清政府法律的同时,游牧部落继续按照"他们先人的古代道德概念来判断他的同胞的价值"②。到了民国时期,新疆处于军阀统治之下,游牧民族内心深处的品德和游牧生活的教养以及协调一致的道德观念和司法准则又开始盛行起来。

(二) 蒙古民间音乐

在哈士纶看来,仅用人类学的方法对当地土著居民进行调查,去确定中亚现存部落、族群与创造辉煌历史部落后裔的关系是不够的,"只有当人们理解了蒙古音乐中古老而忧伤的曲调,他才能真正体会到茫茫戈壁与大草原那震撼人心的美丽;只有当一个人聆听了古老歌曲的时候,才意识到这些与世隔绝、简朴的牧人是 700 年前世界上最强大民族的后代"。

在托音喇嘛的充分信任与帮助下,土尔扈特最好的男女歌手都来到哈士纶身边,"从山区最遥远的森林地带来的唱低音的猎人们和歌唱黑色的山坡、青青的山脉、雪白的山峰

---

① [丹麦]亨宁·哈士纶著,徐孝祥译《蒙古的人与神》,228 页。
② [丹麦]亨宁·哈士纶著,徐孝祥译《蒙古的人与神》,273 页。

和含羞的牧羊姑娘"①,为哈士纶提供了精彩的蒙古民间音乐,哈士纶用随身携带的便携式留声机记录了精选的"最有意思的曲调",并让人写下这些歌的歌词。

"如果一个人想要进入一个民族的精神生活,他就必须学会懂得它的艺术和文学。"②蒙古音乐是民间音乐,繁荣了若干世纪,子继父业似的生存下去,紧密联结了蒙古人的现在和过去。哈士纶称蒙古人为大自然之子。他认为,蒙古民间音乐是"一个能赋予清新生命的源泉,是永无止境、永无时限的大自然现象",从未屈服于外来因素的影响,直接源于大自然的灵感。蒙古音乐的主题多是歌颂大自然,无垠的草原,滔滔的江河,天空漂浮的云彩等自然景物多被唱起。猎人的即兴演唱中会有向山峰跳跃逃遁的岩羊,在松林里人与野兽生死存亡的搏斗。另外,歌颂朝圣,喇嘛的荣耀,英雄的丰功伟绩,青年男女之间的爱情这些内容也很常见。蒙古歌词的特点是,一首歌曲中往往只有一种情感,虽然单调,但毫无掩饰,怀着深厚的激情。歌手演唱时同样感情强烈,却唱出了游牧法则下受到赐福的人们。这些歌曲大多数音节的节奏都是相似的,节拍都是四分之二和四分之四。抒情曲中通常有两个乐句,根据诗句不断重复,随着重复也伴随着舞蹈。蒙古音乐是粗犷而节奏分明的。演唱时蒙古歌者喜欢唱出延音,延长歌手的肺活量到最大的程度,然后继续唱下去,像其他歌手的回音一样,使得这首抒情曲与复调多重唱相似。蒙古歌曲的伴奏并不复杂,可以不用伴奏就能演唱歌曲的动人之处。也会用类似大提琴或班卓(banjo)等弦乐器来伴奏,有时会用单一的牧笛伴奏。蒙古人的仪式音乐大都来自西藏,喇嘛诵经时由各种管乐和鼓声伴奏。哈士纶认为,这些仪式音乐"古里古怪有异国情调的奇异协调"③,但它的主题是美妙的,起到调节思想、让人连续思考的作用。

哈士纶对土尔扈特民间音乐做了大量实地调查与采样,收录了 60 首音乐样板,有54 卷录音带,这些材料后来成为代表蒙古音乐的《选集Ⅰ》④的内容。这些音乐蕴含了蒙古人粗犷、轻松的完美品质,是在歌唱他们的生活环境、人与大自然之间奇妙的协调,充满神秘传奇和各种幻想,是蒙古人的历史记忆。哈士纶认为这些音乐代表了中亚大多数游牧民族的音乐面貌。

1936—1939 年,哈士纶两次来到亚洲,主要在呼和浩特地区、科尔沁草原和呼伦贝尔草原一带,以及东北部分地区进行考察,共录制近 300 首民歌,成为《选集Ⅱ》《选集Ⅲ》的素材,现藏于丹麦国立博物馆。这三个选集的音乐从我国东北的郭尔罗斯到新疆的土尔扈特,从西伯利亚的布利亚特到察哈尔部落之间的广大地区,代表了蒙古世界音乐艺术的全貌。

瑞典斯德哥尔摩的"Tryckeri Aktiebolaget Thule"出版社于 1943 年出版了西北科学

① [丹麦]亨宁·哈士纶著,徐孝祥译《蒙古的人与神》,235 页。
② [丹麦]亨宁·哈士纶著,徐孝祥译《蒙古的人与神》,236 页。
③ [丹麦]亨宁·哈士纶著,徐孝祥译《蒙古的人与神》,240 页。
④ 哈士纶一生在亚洲有五次探险经历,有关民间音乐的田野采录资料,他主要收为三个集子:《collection Ⅰ》《collection Ⅱ》《collection Ⅲ》。

考查团探险报告集的第 21 卷《蒙古音乐第一部分——东部蒙古人》，其核心部分是哈士纶撰写的《蒙古古曲寻踪》，堪称音乐人类学的研究典范。书中记叙了哈士纶在我国西北地区的探险过程，涉及学术资料、物资的准备，到寻访、考察、采集当地人类文化遗存的很多方面。他的报告写法独特，为采录音乐所做的所有准备，包括与欧洲学者的交流，他携带的所有设备以及设备来源，考察资金的赞助，还有资料整理的合作者等等，都做了记叙。通过此报告，读者可以清晰地了解他的考察过程和细节，"这与中国民族音乐学的论文主流中隐去考察过程重在论点架构的写法不同"[①]，对我国音乐学研究多有启示。其中，蒙古民间世代传唱的古老歌曲和蒙古人的习俗文化、历史与现代生活，是他关注的重点。"他以人类学者广博的学识和敏锐的眼光，透视解析蕴涵于这些古老歌曲的文明传统"[②]。哈士纶在《马头琴的传说》一书中说：蒙古音乐"最古老、最优美的旋律，总是属于骏马、爱情和遥不可及的星宿"，尤其抚慰了二战时期"面对战火感到无能为力的人们"，"曾经吟唱在天山腹地草场的《我的风马》《额林哈比尔噶山》《金色的伊犁河，金色的草原》等等，成了欧洲流行的旋律"。

（三）土尔扈特部的现代化及其困境

作为游牧部落，土尔扈特部并没有与世隔绝。在哈士纶考察过程中，他逐渐发现这一部落也在不少方面逐渐走出传统，透出了诸多现代化的气息，这一切得益于他们的摄政王——托音喇嘛。比如，土尔扈特部从白俄购买良种马，使当地马的品种进一步提高。他们专门养殖汉族人需要的骟花蹄马，这成为土尔扈特最有利的出口。土尔扈特人从逃亡的哥萨克人那里购买武器弹药来武装自己，"土尔扈特的军队不仅是最勇敢的，也是在中亚武装得最好的"[③]。游牧民士兵有西式操练和装备，军官像欧美绅士一样温文有礼，还有会俄语、接受过俄国教育的军官，这些因素都让土尔扈特的军队焕然一新。1927 年，新疆都督杨增新任命托音喇嘛为中国将军[④]，并担任新疆东部战线的最高防守官。1928 年 1 月，中国西北科学考查团进入新疆时，正是托音喇嘛所率的土尔扈特军队把斯文·赫定一行当"俘虏"押解到了哈密。

在托音喇嘛的智慧下，土尔扈特部落开始引入了现代医学手段。托音喇嘛任命一个外科医生，建立了医务所，有 12 个床位和丰富的医药，并开展防止梅毒和消除其他疾病的运动；托音喇嘛与乌鲁木齐的外商代理人建立联系，获得许多西方的物品，包括照相机，为此，他专门学习摄影，可以自己显影加印照片。

---

① 肖梅《中国大陆 1900—1966 民族音乐实地考察——编年与个案》，51 页。
② 王雨桑《哈士伦中国蒙古探险录音档案寻踪》，《音乐研究》2009 年第 1 期，16 页。
③ ［丹麦］亨宁·哈士纶著，徐孝祥译《蒙古的人与神》，243 页。
④ 在书中哈士纶称之为中国将军并不准确，实为"蒙古骑兵第一旅旅长"。见新疆维吾尔自治区档案局、中国社会科学院边疆史地研究中心、《新疆通史》编纂委员会主编《近代新疆蒙古历史档案》，乌鲁木齐：新疆人民出版社，2007 年，第 20 页。

托音喇嘛也很注重从哈士纶这一外来者身上获得更多外界的信息。哈士纶给他带来了现代报刊《周报》,他积极阅读并与哈士纶讨论查理·林德伯格飞越大西洋这一重大历史,对法国、瑞典等欧洲国家的生活以及行政管理有浓厚兴趣。《周报》成为托音喇嘛了解西方的一个窗口,对于世界的认识,他终于使土尔扈特人不再局限于"世界上的可汗仅仅有四个"①这一闭塞的观念了。托音喇嘛了解西方的共和政体,包括巴黎的生活,还有一个重要的信息来源是一位土尔扈特公主尼尔吉德玛,她在北京受到西方教育,正在法国完成她的学业研究。从这位公主得到的信息,与他在拉萨获得的知识,巧妙地融为一体,这些都使托音喇嘛有了更为开阔的现代视野。

在哈士纶的考察中,他不仅看到了土尔扈特部眼前的现状,更从精神层面洞悉了这一游牧部落在传统与现代之间面临的困境。一方面,"在神灵苍天之下,好的马匹和自由的草原是蒙古人的唯一需要",固守祖先的游牧生活就是土尔扈特人追求的幸福。因此,土尔扈特部在生活方式与精神层面都显示出一种原始性,以及对于这种原始性的自信、坚持与迷恋。"原始的火花要从我们这里开始,它的光芒要向西方传播。"他们认为真正的游牧民才保持了这种原始性,"它赋予了人类以真正的幸福"。另一方面,以托音喇嘛为代表的土尔扈特上层,也清醒地看到了他们处于现代世界的包围之中,游牧部落并不能遗世独立,轻易躲开外界对他们的冲击、干预与多方影响。最能显示土尔扈特部传统文化面临现代世界的矛盾心态的事件是,托音喇嘛把一座完整的"格根殿"赠送给哈士纶。当然,这一事件也最能显示哈士纶考察的深入性,以及他被土尔扈特部高度的接纳。土尔扈特部信奉藏传佛教的一支——黄教,在摄政王宫殿南面的公园里,有七座辉煌的庙篷,庙篷是游牧部落原始的神龛形式,这是土尔扈特部最神圣的宗教境地。七座庙宇的祭坛都是专供祭祀喇嘛教的最高诸神灵和这些神灵所代表的各个黄教分支派别的。格根殿是七座庙篷中的一座,里面的主神是弥勒,被看成未来的救世主,是土尔扈特统治者高度尊敬的一尊神。这个帐篷的喇嘛照管祭坛的香火,祭坛左面设有天篷遮盖的王座,摄政王就是在这个王座上,以僧钦神灵化身的身份给集合起来的朝圣者们施与祝福。格根殿内有诸多祭祀物品,"巨大的祭祀银质物品,在油灯摇晃的光亮中闪闪发光,在昏暗的帐篷里面,强烈的引人注目的色彩,产生了一种亚洲式的辉煌和把秘密视为神圣的浓缩效果"②。哈士纶被土尔扈特人的宗教境界深深打动,由此产生了携带一个祭坛到遥远的西方去的想法。"因为这个远比书本、图片和不相关联的博物馆展品更能表达蒙古的精神"③。对此,托音喇嘛也有他的想法,他认为,这座格根殿是僧钦·多尔济仓活佛送给瑞典可汗的礼物,是佛教神灵和草原上的游牧部落带给人民的信息,"这会带给西方关于游牧部落的新知识以及对

---

① 按照蒙古人的观念,世界的可汗只有四个,松赞干布汗是喇嘛教的保护人,蒙古人渴望成吉思汗再生转世,博哥多汗是中国皇帝和智慧之神文殊师利的化身,察干汗是俄国统治者和救渡佛母。其他亲王都附属于这四个中的某一个。

② [丹麦]亨宁·哈士纶著,徐孝祥译《蒙古的人与神》,293 页。

③ [丹麦]亨宁·哈士纶著,徐孝祥译《蒙古的人与神》,297 页。

真理的了解,仅此一点就会给人们带来幸福"①。最终,1929年8月,这座格根殿被哈士纶完整地运到瑞典,由斯文·赫定交给了瑞典国王古斯塔夫五世。为了表示感谢,瑞典国王赠封土尔扈特摄政王以"皇家宝瓶十字勋章司令"的称号。这座活佛金帐至今仍然完好地保存在瑞典民族博物馆,这完全归功于哈士纶,是他与土尔扈特部族友好信任的见证,也反映出"以僧钦格根为代表的部落上层不但需要了解世界,更需要世人能了解自己这个固守传统的古老部落,并且希望不要被历史的潮流推之于浅滩,不要被时代冷冻在天山一隅"的复杂情感。

(四)土尔扈特的历史文献

哈士纶考察的土尔扈特历史文献,有的源于托音喇嘛赠送的民俗文化物品,包括一些佛教经文。1928年冬天,他在喀喇沙尔土尔扈特部永安寺(今和静县"黄庙")见过一部土尔扈特世系文献即《土尔扈特源流》。在《蒙古的人和神》一书中他对这一罕见文献作了介绍,并把此书的部分内容进行了翻译,刊登在书里。《土尔扈特源流》一书是由松散的单页组成,被包起来放在两块雕刻华丽的油漆木板之间,书页15厘米×38厘米见方,用黑色和红色的土尔扈特文字即托忒蒙文书写而成。哈士纶从此书的叙述语气推测该书作者是位喇嘛,书中记载了传说中土尔扈特汗王朝很早的祖先是格埒多罗王,在基督诞生之前,他生于印度,后来移居到汉人居住的西南府。哈士纶翻译的这部分内容对旧土尔扈特和新土尔扈特汗、诺颜的家系进行了一一梳理。

在《蒙古的人和神》一书序言中,杨镰写到,一个关于西部可汗的传说,引发了一位丹麦人单身深入天山腹地的传奇,他的经历是一部生动曲折的探险记。一个融入中国西部独特蒙古部落——土尔扈特的欧洲学者,亲身体察了游牧民族普通平民和宗教上层的世俗生活及精神世界,《蒙古的人和神》不仅具有西部探险的无穷魅力,也从多层面展现了一个古老部族在新旧交替时代的光荣与梦想②。哈士纶能深入到土尔扈特内部,从思想情感上被完全信任、接纳,为我们详细展现一个游牧部落的历史与现状,这可以说是一个奇迹。哈士纶几次亚洲考察收集了大量的蒙古民歌和民俗文物,又几次运回丹麦进行展览。他在考察期间收集的资料可谓是世界上最大规模的蒙古民族志之一,对于国际人类学研究具有重要的价值③。尤其是,哈士纶所采集、录制的蒙古音乐资料,对于我国民族学音乐研究,音乐录音工艺学及发展史的研究,都是极为珍贵的④。

---

① [丹麦]亨宁·哈士纶著,徐孝祥译《蒙古的人与神》,334页。

② [丹麦]亨宁·哈士纶著,徐孝祥译《蒙古的人与神》《土尔扈特部落的光荣与梦想(代序)》,1页。

③ 敖登托雅:丹麦著名蒙古文物收藏家亨宁·哈士纶,https://www.sohu.com/a/642449570_121207966.

④ 土雨桑《哈士伦中国蒙古探险录音档案寻踪》,15页。

丁道衡新疆考察事迹钩沉[*]

宁 燕

新疆师范大学中国语言文学学院 新疆维吾尔自治区档案馆

丁道衡(1899—1955),字仲良,贵州织金人,中国著名地质学家、古生物学家。1926 年于北京大学地质系毕业后留校任教。1927 年 5 月,丁道衡受邀参加中国西北科学考查团,随之踏上了由北京首途,经包头、额济纳河流域至新疆的西北科考的漫漫征途。

考查团出发不久,丁道衡即在包头发现著名的白云鄂博铁矿,成为中国西北科学考查团最重要的发现之一,对后来中国工业的发展产生十分重要的作用,这一丰功伟绩使其名垂后世。但丁道衡在西北科考中取得的成果、做出的贡献绝非仅此而已,其在新疆考察期间也取得了丰硕的成果。1928 年 1 月,丁道衡跟随考查团抵哈密,1930 年 7 月自乌鲁木齐出发经塔城离开新疆,9 月回到北京。在新疆的两年多时间,丁道衡的足迹踏遍天山西南部,进行的地质矿产调查和古生物标本采集,可谓成绩斐然。

学界对丁道衡在内蒙古发现白云鄂博铁矿及在新疆进行地质矿产调查取得的成果等已多有关注^①。然而,囿于史料不足,他在新疆考察的经历仅在《中瑞西北科学考察档案史料》中有零星记载,在斯文·赫定、徐炳昶、黄文弼、袁复礼、刘衍淮等考查团成员的考察日记中也仅得见一鳞半爪。作为考查团重要成员,丁道衡在新疆考察的经历、事迹,是全面认识和研究科考团在新疆考察历史不可或缺的内容。本文通过新见档案史料对丁道衡新疆考察事迹做出新的发掘,以期还原历史细节,为全面研究西北科考团在新疆考察历史提供新的视角和实证。

---

* 本文系新疆师范大学智库平台 2024 年度招标课题"档案中的中国西北科学考察史料整理与研究"(项目编号:ZK2024C07)阶段性成果之一。

① 关于丁道衡的研究主要有:乐森璕《悼地质学家丁道衡先生》,《科学通报》1955 年 5 月号;张九辰《20 世纪 20—30 年代的西北区域地质调查》,《中国地质教育》2023 年第 3 期;韦泽艳《丁道衡:白云鄂博铁矿发现者》,《大众科学》2020 年第 12 期;姜刚杰《丁道衡传略》,《贵州社会主义学院学报》2010 年第 1 期;崔思朋、陶继波《丁道衡先生对我国早期地质矿产调查与地质教育工作的贡献》,《中国地质教育》2016 年第 4 期。

一、丁道衡由阿克苏赴喀什考察受阻事

1928 年 1 月,中国西北科学考查团刚入新疆,即因团员李宪之同学的一封信而被当局怀疑[①],2 月底,考查团成员陆续抵达乌鲁木齐,经过与杨增新的几次接触和交往,后者逐渐消除了对考查团的误会,考查团的各项工作得以有序开展,各分队成员陆续离开乌鲁木齐按照计划路线进入新疆各个区域进行考察。1928 年 4 月 12 日,丁道衡与队友詹蕃勋也离开乌市,按照计划经焉耆、库车去喀什[②],沿途考察地质、采集标本。然而,这一顺利局面维持不久即因"七七事变"[③]而被打破。金树仁上台后,新疆陷入不断的争战,时局紧张混乱。自 1928 年 10 月,金树仁开始以战争为由取消考查团部分外国成员的考察工作,此后,考查团成员在新疆的工作不断受到多方限制和阻止,处境十分困难[④]。

12 月初,丁道衡在阿克苏欲赴喀什考察,也受到了阿克苏地方政府的阻止。以下三份档案对此事做了较为详细的记录,对于了解整个考查团在新考察受阻过程提供了一些富有启示的细节。全文如下:

1. 温宿县长汤有光为奉电令劝促学术团员丁道衡回省事给金树仁的电[⑤]

迪化金主帅钧鉴:

顷奉电令,劝促学术团员丁道衡回省。据称,乌什之行因未决定,故尚未通知。现拟定调查路线前赴喀什一带,半途而返,总得徐团长同意,究竟行止,请报告徐团长来电并赶速汇款。等语。查该团员路费已竭确系实在情形。如何办理之处,伏乞训示祗遵。汤有光叩。江。

民国十七年十二月四日下午一点温宿局　十二月六日到

2. 金树仁为促令学术团员丁道衡回省事给阿克苏行政长、温宿县长的电[⑥]

---

① 据斯文·赫定《亚洲腹地探险八年》记载,新疆当局对考查团的误解是由于北京的一个同学在写给气象学生李宪之的一封信里写道:"我祝愿你成为这 200 名武装驼队成员中的一员。"这句话让新疆当局怀疑这是一支武装组织。斯文·赫定《亚洲腹地探险八年(1927—1935)》,乌鲁木齐:新疆人民出版社,1992 年,195 页、222 页。

② 黄文弼遗著,黄烈整理《黄文弼蒙新考察日记(1927—1930)》,北京:文物出版社,1990 年,78 页。

③ 1928 年 7 月 7 日,杨增新在俄文法政专门学校毕业典礼午宴上遇刺身亡。杨增新身亡后,金树仁掌握了新疆大权。

④ [瑞典]斯文·赫定《亚洲腹地探险八年(1927—1935)》记载:"(1928)秋色渐浓,又一个冬天即将来临,金督军对我们的敌意也在一天天加深。每次接触,当局和他本人都表现得彬彬有礼,书信往来措词得体,读起来十分亲切。但在这背后,他们却想尽一切办法设置障碍,限制我们得行动,使我们得工作难于进行,处境更加困难……"272 页。

⑤ 新疆维吾尔自治区档案馆馆藏民国档案,档号:政 002 - 002 - 0983 - 027。

⑥ 新疆维吾尔自治区档案馆馆藏民国档案,档号:政 002 - 002 - 0983 - 028。

阿克苏朱行政长鉴：

温宿汤县长照。该县长江电悉。学术团员丁道衡事前并未通知赴喀情形，私行赴喀碍难照准。仍应促令回省。该团员路费告竭，应特达徐团长即速拨汇，仍由该团员直接请求。主席金（树）（仁）。鱼。印。

3. 金树仁为促令丁道衡中道回省请转达徐团长拨汇路费事给外交署陈署长的快邮代电①

外交署陈署长鉴：

现在边局多故，防务吃紧，边防各区□兵布防，率皆划为国防区域。学术团派赴南疆考查人员事前并（未）通知本政府，私赴各区履行工作，窒碍甚多。前已电令各区行政长达知丁龚各团员一律回省。据阿克苏冬武电称，丁团员现拟调查路线，欲赴喀什一带进行工作，兹中道回省请转达徐团长来电即回。现在路费告竭，并请转达迅速拨汇。等情。据此，合函代电行祈该署长即速转达徐团长查照办理。事关国防，边局为重，请其格外谅解。实纫公谊。仰即遵办具覆为要。主席兼总司令金（树）（仁）。鱼。印。

十二月八日发

文中的汤有光时为温宿县长，温宿县属阿克苏行政区管辖，行政长为朱瑞墀。档案中末尾的落款"江""鱼"分别指"3日""6日"，此为中国历史上一种"韵目代日"电报纪日方法，用韵目代替日期，用地支代替月份。从上述档案记录中可知，1928年12月3日，丁道衡在温宿，欲赴喀什考查。但温宿县长汤有光"奉电令"劝促其回省，丁道衡以"半途而返，总得徐团长同意""路费已竭""请报告徐团长来电并赶速汇款"为由拒绝回省。汤有光即将丁道衡拒绝回省事电告省政府主席金树仁。金树仁收到来电后，再次电告阿克苏行政长朱瑞墀及温宿县长汤有光，要求仍令丁道衡回省，并让丁道衡直接请求考查团团长徐炳昶即速拨款，同时电告交涉署署长陈继善将此事转达徐炳昶，请其迅速给丁道衡汇款召其回省。从档案中可以看出，金树仁劝其回省的理由有二：其一，边局多故，防务吃紧，边防各区皆划为国防区域；其二，学术团员赴南疆考察事未通知政府。

如前所述，丁道衡并非考查团中第一个受到阻止的团员。此前，自1928年10月初新疆政府就多方阻止那林和哈士纶在库鲁克塔格、焉耆考察，后又拒绝徐炳昶、斯文·赫定赴若羌、罗布淖尔考察，赫默尔的人种学考察亦被阻止②。面对金树仁政府的种种限制和约束，斯文·赫定和徐炳昶虽为考查团的前途感到焦虑，但一直认为彼时的新疆政府是因为"误会"而仅对外国人多有排斥③，并未意识到金树仁想要全面阻止考查团在

---

① 新疆维吾尔自治区档案馆馆藏民国档案，档号：政002-002-0983-028。
② ［瑞典］斯文·赫定《亚洲腹地探险八年（1927—1935）》，272、280页。
③ 据徐炳昶《西游日记》记载，他们起初认为新疆政府对考查团的多方阻止是因为外方成员没有预先声明，冒然寄来数千猎枪子弹，让新疆政府感到了危机，产生了误会，因此，开始只是尽力设法解释，并没有意识到金树仁想要中止考查团在新疆的工作。徐炳昶《西游日记》，239页。

新疆的工作①。

当与丁道衡同在阿克苏的中方团员龚元忠被当地政府劝促回省时，徐炳昶因他在那边本无工作，即令其早归②，可见，龚元忠被迫回省并没有引起他们的重视。然而，当外交署长陈继善将阻止丁道衡赴喀什考察并促令其回省事函达考查团长斯文·赫定和徐炳昶后，二人感到十分气愤，同时也意识到新疆当局的矛头开始指向中方团员。丁道衡承担着天山西南地区地质矿产考察和古生物标本采集的重要工作，他被中断考察之事彻底激怒了中方团长徐炳昶，在他的《西游日记》中记录了此事："我看过公函以后，异常愤怒，确信他是有意妨害，同他和平交涉，绝无希望，只好严词驳斥，决裂也只好决裂了！"③12月11日，他们给陈继善回函：

> 本日接到第五二九号公函，备悉一切。团员龚元忠因工作不佳，已电令回省，其薪水已寄库车气象台转交，接到后当即可回省。至团员丁道衡则原定计画（划）至阿克苏后，继续考查至喀什噶尔，转南由莎车、叶城附近转至和阗、于阗一带，穿小沙漠回阿克苏，顺大路于明年四月至吐鲁番候令。此项路线上月二十六日已函呈省政府金主席鉴核。朱行政长所称汇款使回，对于龚团员元忠因属适当，对于丁团员道衡毫无根据且鄙团考查期间尚有半年，亦无即令团员回省坐食之理。除特函金主席，请求电饬朱行政长允该团员西行继续考查外，特行函复，即请查核，并乞代达主席④。

同时致函给金树仁："按照协议规定，我们有权在新疆旅行和工作，直至1929年5月。这期间，任何人不得以任何借口，非法阻止团员的活动，如有此类事情发生，我们将要求当局予以解释。现在，我们不能消极地等待所有团员被一个又一个召回乌鲁木齐，放弃工作，无所事事，我们的时间和金钱都不允许这样做。"⑤然而，金树仁在12月12日的回信中再次以"此事与国家防务和边境形势有关"为由要求丁道衡必须回省⑥。

徐炳昶非常愤慨。立即起草了一封措词强硬的复信：

> 详细阅读了您的来信，确信所发生的一切都是在您的命令下进行的。您想中止丁道衡的工作，令其返回乌鲁木齐，可谓易如反掌。然而我们应该提醒您注意，本团系在中国学术团体联合会和中央政府教育部的领导下，来新疆执行纯科学任务。目前，全体团员正在紧张工作之中，尚未接到中央政府东归之命令。故此，我们虽身为

① 据斯文·赫定记载，1929年6月，哈士纶致电斯文·赫定称，金树仁已下令任何外国人不得进入新疆，西北科学考查团全体成员，包括中国团员在内，也要立即离开该省。斯文·赫定《亚洲腹地探险八年（1927—1935）》，307页。

② 徐炳昶《西游日记》，兰州：甘肃人民出版社，2002年，240页。

③ 徐炳昶《西游日记》，240页。

④ 新疆维吾尔自治区档案馆等编《中瑞西北科学考察档案史料》，乌鲁木齐：新疆美术摄影出版社，2006年，36页。

⑤ ［瑞典］斯文·赫定《亚洲腹地探险八年（1927—1935）》，281页。

⑥ ［瑞典］斯文·赫定《亚洲腹地探险八年（1927　1935）》，282页。

考查团的领导,亦无权擅自命令丁道衡、龚元忠返回,当然也不能按照您的要求为其送去旅费,说到边境地区环境问题,阁下有权提出看法,不过我们在此郑重声明,本团团员自来新疆之日始,即全力避开此类问题。至于丁、龚二人应否返回乌鲁木齐由您决定,我们概不负责。阁下信中认为此事直接关系国家防务,这一点敬请放心,本团团员对此类问题概不通晓。

禁止一名学者在自己的国家进行科学考查,此事大概亘古未有。过去,甚至允许外国人来此旅行,如今,同胞欲作同类事情,却遭拒绝。阁下极力阻挠中国科学事业发展之用心,令人百思不解。所幸,中央政府影响日渐扩大,且新疆仍旧属于中国。我们认为,此事请中央政府决断为好,不论结果如何,本团将毫不犹豫地执行①。

收到来信后的第二天,金树仁即撤销了召回丁道衡的命令,允许他继续工作。徐炳昶强硬的态度暂时解决了丁道衡的考察危机。然而整个考查团在新疆的工作却还依然困难重重。

虽然在 1928 年 10 月至 1929 年 10 月期间,考查团很多团员在新疆的工作都遭到多方限制和阻止,但丁道衡在新疆考察受阻是其中很关键的一件事,可以说是科考团与金树仁之间矛盾激化的导火索。这让徐炳昶和斯文·赫定意识到当局并非只限制外国人在新疆考察,他们的受阻也并非只是"中国人憎恶洋人"这样简单的原因②。禁止中国人在自己的国家进行科学工作这种行为,不仅使作为中方团长的徐炳昶感到愤怒,同时彻底明白"新疆各政界要人始终不明科学为何物,他们始终不相信本团无政治上的企图"③,也清醒地认识到这些困难仅仅靠解释是解决不了的,金树仁真正的目的是要彻底终止考查团在新疆的工作,他需要想办法彻底解决考查团在新疆受阻的问题,否则考查团的命运未卜。因此,为了避免考查团工作陷入更大的困境,徐炳昶和斯文·赫定决定中止他们正在极力争取的罗布泊考察的重要计划,先回北京向"理事会"报告,然后赴南京取得国民政府的支持,争取延长在新疆工作期限,进而确保考察工作顺利进行。

事实证明,这一决策是极为正确的,后来发生的黄文弼赴喀什考察受阻事及"新疆全省教育会"对中国西北科学考查团的发难即为证明④。正是因为徐炳昶和斯文·赫定在这一关键时刻及时回去争取到国民政府的大力支持,才挽救了考查团在新疆的前途命运。即使

①　[瑞典]斯文·赫定《亚洲腹地探险八年(1927—1935)》,282 页。

②　[瑞典]斯文·赫定《亚洲腹地探险八年(1927—1935)》,281 页。

③　徐炳昶《西游日记》,241 页。

④　据黄文弼记载,黄文弼在 1928 年 12 月底亦在阿克苏受阻,被禁止赴喀什考察,经多次与新疆政府沟通,未果。直到 1929 年 3 月才准其取道塔里木河至于阗、且末一带考察。黄文弼《黄文弼蒙新考察日记(1927—1930)》,399 页。据新疆维吾尔自治区档案馆等编《中瑞西北科学考察档案史料》记载,新疆全省教育会自 1929 年 4 月就开始对中国西北科学考查团在新疆的考察进行多方污蔑、抵制,连续致电给国民政府请禁止中国西北科学考查团在新疆考察,此事直至 1929 年 10 月才得以解决。新疆维吾尔自治区档案馆等编《中瑞西北科学考察档案史料》,50、52、53、77 页。

在国民政府同意考查团在新疆考察期限延长两年并为此事致电新疆省政府后,新疆当局依然对考查团多方限制和约束,直到 1929 年 10 月金树仁才同意"该团在新团员饬属照旧保护继续,新来团员亦经饬卡一律放行"[①]。此时,考查团在新疆遇到的难题才得到解决。

二、丁道衡赴安鸠安矿区考察事

丁道衡到喀什后,欲赴安鸠安矿区考察,但计划再次受到当地政府的阻止。以下几份档案记录了事情的大概经过:

1. 袁复礼代斯文·赫定、徐炳昶为丁道衡拟往安鸠安矿区考查请放行事给金树仁的函[②]

德菴(庵)主席大人钧鉴:

敬启者。顷接敝团团员丁道衡来电,内有"喀区调查前蒙主席令准,现拟往安鸠安矿区调查,道署不许。请面请主席电令放行等语"。查,该团员专考地质,其中事项,以分析地层、采集化石藉可查明地层之期代及地球外面已经过之震动,关于研究地球之历史最为注重。按,考查地质者与考查矿产者不同,考查矿产者,须多费时日,查出矿产量多少、能否开办有效为宗旨;考查地质者,只考查此种或彼种矿产如何生成,即亦矿产之历史而已,至于矿量及其他行政上之手续,皆不查及。曾记民国九十年间,南京凤凰山曾有地质及矿产之考查(面积只六方里),其考地质者,七日即毕事;其考矿产二年半始毕,此其大较也。故,关于丁道衡在喀什考查地质事项,亦勿生疑问,多方赞助,则吾国以有限之人才可得有科学界之贡献。不然,遇本国人则阻之,遇外国人则放行,不啻自毁长城也。区区微意,敬为钧座陈之。尚请查核予允并电达喀什道尹,予以旅行自由为感。丁道衡自知小心,万不涉及行政上之范围也。

专此,敬颂

勋祺!

中国西北科学考查团　Sven Hedin　徐炳昶
袁复礼　代
二月二十日

2. 金树仁为准学术团员丁道衡赴安鸠安矿区考查事给喀什马行政长的电[③]

喀什马行政长鉴:

学术团员丁道衡拟赴安鸠安矿地工作,案前已电达阻止。兹该团函称该员前往该处纯系考查地质,于矿业无关,七日即可完毕。自应从权通融,准其停留半月前往

---

① 新疆维吾尔自治区档案馆等编《中瑞西北科学考察档案史料》,77 页。
② 新疆维吾尔自治区档案馆馆藏档案,档号:政 002-002-0716-014。
③ 新疆维吾尔自治区档案馆馆藏档案,档号:政 002-002-0716-003。

考查,以禅学术,仰即查照办理,并派安员随同监察,期满即令回喀为要。主席金
(树)(仁)。养。印。 廿五日发

3. 金树仁为学术团员丁道衡赴安鸠安矿区考查应放行事给西北科学考查团的公函①

迳复者:

来函具悉。贵团团员丁道衡拟赴安鸠安考查地质,即时限无几,应即电令喀什行
政长查照放行,以资赞助为要。此覆旅新西北科学考查团。

新疆省政府主席金(树)(仁)

廿五日发

此三份档案无年份,只落款 2 月 20 日、2 月 25 日。据徐炳昶、黄文弼、刘衍淮等团员
的考察日记所载,丁道衡与斯文·赫定等人一起于 1928 年 1 月 27 日到乌鲁木齐,4 月
12 日与詹蕃勋离乌市南行,1930 年 2 月 25 日丁道衡已于喀什回到乌鲁木齐,7 月 7 日与
黄文弼一起离乌取道塔城回京,此后再未来过新疆。可知此事应发生在 1929 年,即丁道
衡离开阿克苏到喀什后不久。

安鸠安,又名堪朱干、坎居干,地处康苏河入乌兰乌苏(克孜勒)河处,即今新疆乌恰县
康苏镇八一村周围区域②。康苏,现隶属克州,位于乌恰县西北 20 公里处,此处因地震频
发,地质断裂构造特点明显③。《新疆图志》记载,清末民初此地有安鸠安铜矿,附近区域有
丰富的铜、煤炭、石油等矿产④。今天的康苏镇也是南疆工业重镇,新中国成立后曾在这里
成立康苏矿区,发展煤炭生产;1950 年,中苏有色金属公司在这里兴建,开发附近的铜锌矿
产资源,为新中国的有色金属工业发展做出了突出贡献⑤。以康苏镇地质断裂构造的特点
及其丰富的矿产资源观之,我们大略可以窥见当时丁道衡坚持要去安鸠安矿区考察的缘
由,这里地质构造的特点和矿产资源的丰富与其研究方向极度吻合,尽管他后来发表的
《天山逆掩断层之研究》和《新疆矿产志略》中未明确记录"安鸠安"矿区的地质和矿产情
况,但当时丁道衡对此地的考察兴趣和目的是显而易见的,在这一地区的调查也应该为他
撰写《天山逆掩断层之研究》和《新疆矿产志略》报告提供了重要的数据参考。

从上述档案中的记载,可知丁道衡欲赴安鸠安矿区考察地质时,又受到喀什地方政府
阻止⑥,显然亦是执行省政府"前已电达阻止"的命令。虽然丁道衡上次自阿克苏赴喀什考察
事已经得到许可,但并不意味着此后的考察工作都会顺利,这次受阻事即是证明。同时,也充
分说明了徐炳昶果断决定中止考察计划、去南京寻求根本解决之道的预见性和正确性。

---

① 新疆维吾尔自治区档案馆馆藏档案,档号:政 002 - 002 - 0716 - 005。
② 钟兴麒《西域地名考录》,北京:国家图书馆出版社,2008 年,66 页。
③ 乌恰县地方志编纂委员会编《乌恰县志》,乌鲁木齐:新疆人民出版社,1995 年,68 页。
④ 朱玉麒等《新疆图志》整理本,上海:上海古籍出版社,2015 年,563 页。
⑤ 乌恰县地方志编纂委员会编《乌恰县志》,343 页。
⑥ 据《乌恰县志》记载,1929 年 2 月,乌恰属疏附县,隶属喀什行政区管辖。1954 年,克孜勒苏柯尔
克孜自治州成立,乌恰划归其管辖至今。乌恰县地方志编纂委员会编《乌恰县志》,2 页。

此时徐炳昶和斯文·赫定已离开新疆，团内事务交由袁复礼负责。袁复礼在给金树仁的函中，详细阐述了地质考察与矿产考察的目的和耗时不同，地质考察以分析地层和采集化石为主，并说明丁道衡的考察工作对科学之意义，亦再次强调"遇本国人则阻之、遇外国人则放行，不啻自毁长城也。"袁复礼的回函既客观地从专业角度阐明了丁道衡的工作性质及其对中国科学产生的贡献，又形象地表明了阻止"本国人"在此进行科学考察之危害。或许是袁复礼回函中简单明了、坦诚布公、推心置腹的解释说服了金树仁，亦或许是金树仁在跟考查团多次的交涉中也逐渐了解考查团的工作目的的确与政治无关，总之，这一次的交涉较之上次"由阿克苏赴喀什考察受阻事"相对容易。金树仁收到袁复礼来函后，即给喀什区行政长致电准予丁道衡前往考察"以禅学术"，同时函复考查团并称"以资赞助为要"。可见，此时金树仁对待考查团的态度已有所改变。

三、丁道衡赴美留学事

1930年9月，丁道衡结束在新疆的考察回到北京，继续在北京大学任教。1934年8月考取留学资格，以教学科研的成就获北京大学资助赴德国深造①。但以下两份档案记录了新疆省政府曾欲官费资遣其赴美国留学事宜：

1. 金树仁为邮务局秘书陈策、西北科学考查团团员丁道衡赴美国留学事致新疆驻京办公处鲁代表的公函②

迳启者：

新疆邮务局秘书陈策、西北学术考查团团员丁道衡，均系大学毕业生，对于英文、理化、数学各科造诣颇深。前曾请求本府以官费资遣美国留学银行、采油各科，将来毕业后，仍归新疆委用。当经本府批准以四年为度，自该员等由天津出发起开始拨汇，其回国路费俟毕业后再行核给。该员等现已由新首途，不久即到京平，如有请求协助之事，希即予以便利为荷。此致新疆驻京办公处鲁代表。金(树)(仁)九、五。

中华民国十九年九月五日

2. 新疆驻京办公处秘书鲁绍周为陈策、丁道衡留美学费事给金树仁的函③

敬呈者：

陈策留美学费每年准由天津拨汇中币三千元，以四年为度。丁道衡事同一律，每年准拨学费数目是否与陈策同数(批注：丁道衡学费有卷可查)，无案可查。兹就陈策学费洋数笼统言之，如不符合，请即批注发下，以便另办。此呈主席鉴核。秘书鲁绍周谨签 九、五。

---

① 姜刚杰《丁道衡传略》，62页。
② 新疆维吾尔自治区档案馆馆藏档案，档号：政002-003-0847-063。
③ 新疆维吾尔自治区档案馆馆藏档案，档号：政002-003-0847-006。

　　两件档案的时间都是1930年9月5日。第一件是金树仁给新疆驻京办公处秘书鲁绍周的公函,告知其新疆政府欲官费资遣赴美留学的陈策与丁道衡即将到京,请其协助予以便利。第二件是鲁绍周从北京寄给金树仁的信函,商讨丁道衡留学学费是否与陈策同数,并有金树仁批注:丁道衡学费有卷可查。可见此时丁道衡与陈策赴美留学事早已酝酿,已成定论。据上述档案的记载,1930年丁道衡考察结束回到乌鲁木齐后,曾与邮务局秘书陈策一起申请新疆政府资助赴美留学,金树仁也同意资助并以四年为期,学费每年三千中币。根据两人从事的工作可判断陈策应是学习"银行"相关学科,而丁道衡学习"采油"(此"采油"应当是指与地质矿产相关的学科)。如前所述,丁道衡最终并未赴美国留学,但从档案中我们可以看到,此时金树仁对待丁道衡的态度已发生了根本性转变,甚至想用官费资遣丁道衡赴美国学习,并要求其毕业后"仍归新疆委用"。那么,金树仁态度转变的原因是什么呢?下面这份档案的记载可以让我们略知一二:

　　　新疆省政府主席金树仁为丁道衡黄文弼由塔出卡回北平应行特加优待事致塔城黎行政长及巴克图卡詹连长、张稽查的密电①
　　塔城黎行政长鉴:
　　　海密并译转巴克图卡詹连长、张稽查均照。顷因西北科学考查团团员丁道衡业由本主席委充内地调查实业委员,同该团团员黄君文弼同行回北平。已于七月六日由省起身,俟抵塔并出卡时应行特加优待,黄君既结伴同行,亦应酌加优待也。特为密电达知,望即查照办理。主席金(树)(仁)。齐。印。

　　此件档案是1930年7月6日发出的金树仁给塔城行政长黎海如的密电,恰逢丁道衡与黄文弼拟于是日出发返京②,电文的目的是令黎行政长俟丁道衡抵塔并出卡时应行特加优待。这里有一个重要的信息:"西北科学考查团团员丁道衡业由本主席委充内地调查实业委员",这应该是金树仁在丁道衡拟出发当日即致密电给塔城行政长请其特加优待的直接原因,并称"黄君既结伴同行,亦应酌加优待也"。可知,此时丁道衡已答应金树仁所托回内地后为其调查实业,故受到特别的关照。委任其为内地调查实业委员与赴美国学习"采油",看起来似乎都应该与丁道衡所从事的地质矿产调查工作相关。从后来金树仁曾在新疆尝试整顿矿业、与德国合作开采石油、着手开采金矿石油等举措看③,金树仁应该是需要像丁道衡这样的专业人才来帮助他实现这些愿望,扭转财政困难的危机。

　　档案中还出现一个人物陈策,根据档案记载,陈策其人应是由北京赴新疆的邮务员④,

---

　　① 新疆维吾尔自治区档案馆馆藏档案,档号:政002-002-0997-007。
　　② 《黄文弼蒙新考察日记(1927—1930)》记载:"(1930年7月7日)本拟昨日首途,下午下雨,因事耽误,致迟一夜,今早动身。"556页。
　　③ 新疆社会科学院历史研究所著《新疆简史》,乌鲁木齐:新疆人民出版社,1997年,101、102页。
　　④ 据中国第二历史档案馆馆藏档案记载,1929年,邮政总局任命陈策到新疆邮区,等级为二等二级甲等邮务员。中国第二历史档案馆馆藏档案,档号:1-2213。

在新疆期间任邮局秘书长,于 1930 年 8 月 12 日离开乌鲁木齐取道塔城回内地,回去之前亦被金树仁委任赴南京调查工业委员①。丁道衡与陈策二人均被委任调查实业(工业)委员,这应无疑与二人同被资遣赴美留学有着必然的关联。从后来的档案记载看,陈策似乎亦未赴美留学,其回京后居北京王府井迎贤公寓,曾经于 1931 年 1 月在北京为新疆政府经斯文·赫定帮助向德华公司借款事给金树仁作担保人②。

从这里我们又得到一个信息,斯文·赫定曾经帮助金树仁政府向德华公司借款。此时,斯文·赫定正为考查团经费捉襟见肘而苦恼,随后即出发回到瑞典为考查团筹款③。在自己考察经费也十分紧张的时期,斯文·赫定依然同意帮助金树仁筹集善款,毫无疑问是为了考查团成员们在新疆的工作能够顺利进行。虽然此后有些队员的考察依然受到阻碍,如安博特被禁止绘制地图、斯文·赫定进入新疆的护照迟迟不肯发放等,但总体来说考查团在新疆的工作取得了不少进展。

自 1929 年 10 月金树仁同意考查团继续在新疆考查后,新疆政府与考查团之间的关系有所缓和。丁道衡于 1930 年 2 月 25 日回到乌鲁木齐后与金树仁有过怎样的交往,还有待进一步研究。从开始对丁道衡多方阻止到后来想要资遣他赴美留学并欲留其在新疆委用,这里面也许还有很多未知的原因,但此时的金树仁在一定程度上已经了解并接受了考查团在某些领域工作的重大价值和意义,这一点是毫无疑问的。

余　　论

以上通过新发现的档案史料,对丁道衡由阿克苏赴喀什考察受阻、赴安鸠安矿区考查、赴美留学三件事迹进行了钩沉,虽然仍难以对丁道衡新疆考察经历进行完整全面地还原,但在这些事迹的细节中可以大概了解其在新疆进行地质考察的情况及曲折的经历,对考查团在新疆面临的恶劣政治环境、遇到的阻碍及其与金树仁政府进行的艰难交涉等有更为清晰的还原,并带来新的启示。

如前所揭,丁道衡在新疆考察两年多时间里,工作并不是十分顺利,除需克服路途的艰难和自然环境的恶劣外,新疆政局的动荡、金树仁政府初期对考查团工作的多方限制等也使其在新疆的考察历经曲折。但他以坚韧和执着的精神克服重重困难,坚持完成了考察任务,取得了丰硕的成果。档案中记载其"经吐鲁番、库车至疏勒、英吉沙、蒲犁,沿途所测路线图计三十二方公里,又地质图、工作图若干幅,采集有海产化石、植物化石、昆虫化石、鱼化石等,矿

---

① 新疆维吾尔自治区档案馆馆藏档案,政 002 - 002 - 0758 - 028、外 001 - 002 - 0064 - 021、政 002 - 003 - 0847 - 001 中有相关记载。

② 新疆维吾尔自治区档案馆馆藏档案,政 002 - 002 - 1085 - 028、政 002 - 002 - 1085 - 029 中有相关记载。

③ [瑞典]斯文·赫定《亚洲腹地探险八年(1927—1935)》记载:"我们的财政状况已经到了捉襟见肘的地步,我必须回到瑞典为资金再作一番努力。"391 页。

石有铜、铁、铅、煤等,共计十五箱。以在蒙古白彦鄂博发现之铁矿及在疏勒发现之鱼化石为最佳"[1]。考察结束后丁道衡对调查数据详加研究,撰写发表了《天山逆掩断层之研究》《新疆矿产志略》等论文报告,对天山逆掩断层的分布区域、水平运动及发生时代等都加以研究,对新疆矿产资源概况作了较为全面的总结,并随文发表其绘制的地质矿产分布图、新疆考察路线图、矿区地质图和地质剖面图等,在专业领域做出了开创性的学术贡献。

他在新疆采集的地质材料和生物化石也为后来研究西北地质的学者提供了宝贵资料,如生物科学家秉志先生 1935 年在《中国动物学杂志》上发表的英文论文《新疆之四种化石昆虫》即是以丁道衡在吐鲁番采集的四种化石为研究对象。另外,他还将自己在新疆的见闻记录下来发表《蒙古新疆人民生活状况》《蒙新探险的生涯》等纪行文章,甚至在离开新疆之后的 1933 年还在《独立评论》发表《对于新疆乱事的一个紧急提议》一文,对马仲英与金树仁之间的战争发表看法提出建议,这些都成为后世了解中国西北科学考查团和蒙新地区当时社会历史和风俗的重要文献。

丁道衡在新疆的个人经历,可以说是中国西北科学考查团在新疆考察经历的略影,很多团员都经历了工作上的曲折、生活上的艰辛、意志上的考验。在当时那个军阀混战、政治动荡、自然环境恶劣的历史时期,中国西北科学考查团不畏艰险,勇敢地行进在动乱不堪的西北大地考查,并且在考古学、地质学、气象学、人类学等各方面都取得举世瞩目的成果,实在是来之不易。从金树仁对丁道衡态度的转变,我们也可以窥见科学工作的学术影响力和学术精神的感染力。在与金树仁频繁的交涉中,考查团不断地在向其说明科学工作的价值和意义,当"以禅学术""以资赞助为要"这样的表达出现在他的公文里时,即便其态度转变或许有其他政治经济军事等原因,此时他对考查团的工作已经有更为客观公正的认识也是不可否认的,考查团对他潜移默化的影响也是显而易见的。当然他更关注的是与经济密切相关的矿产资源,因为这有助于其兴办实业,这应该是他愿意官费资遣丁道衡赴美留学"采油"并请他毕业后回新疆委用的重要原因。其后来也的确在修筑公路、开采矿产等方面做了一些努力。由此可见,中国西北科考团新疆考察的影响和意义还值得我们进一步去探索和发现。

中国西北科学考查团的历史应该被完整地记录下来,考查团的每一个团员的经历都应该努力地去发现,这是一笔宝贵的精神财富。正如地质大学的王鸿祯教授在纪念袁复礼教授的"师道长存,功勋永在"一文中指出:"我们实在应该及时努力,搜集这些科学史上有意义的事迹和经历,使其不致沉没无闻。"[2]丁道衡在新疆考察的事迹和经历还有很多的未知,有待学界进一步发覆。

---

① 中国第二历史档案馆馆藏档案,档号:五(2)-451。

② 杨遵仪主编《桃李满天下——纪念袁复礼教授百年诞辰》,北京:中国地质大学出版社,1993 年,28—29 页。

风云前哨的岁月

韩纪良

新疆博尔塔拉蒙古自治州气象局

一、阿拉山口概况

我国新疆维吾尔自治区西北边境地区,博尔塔拉蒙古自治州与前苏联交界的边境线,阿拉套山与巴尔鲁克山之间的断凹处,是一个西北东南走向的峡口地带,东西宽五十余公里。中间是道不宽的深沟,散布着一些沼泽和隐泉,生长着一些芦苇、芨芨草等植物。两边是漫坡形的戈壁荒原,散布着稀疏的多年生梭梭。艾比湖在我国境内,阿拉库里湖在前苏联境内。

这个山口地区在古代是丝绸之路北线的主要通道。由于这个山口是北方冷空气南下的通道,地形造成的峡管作用,是全国有名的风口。我国气象部门为了天气预报和气候研究的需要,决定在山口选点建站。这里天气气象要素变化是上级气象台制作天气预报的主要参考依据。所以,阿拉山口气象站是重要的前哨站和指标站,从此就有了"风云前哨"的光荣称号。

二、建站前期各项准备

在山口建站选址,既要考虑天气要素的代表性,又要考虑交通、水源和职工生活的方便。经过勘查确定在戈壁和草滩交界处建房和观测场。1956 年夏季开始建土木结构房屋一座,共有 8 个单间。中间是走廊。观测场建在住房旁边 50 米的地方。好在近旁打出一口井,不深且水可以饮用。

基建完成后,业务人员和工人相继进站,共 5—6 人。1954 年开始正式工作。业务人员都具有观测通讯的技能。

业务项目是每日定时 4 次观测,即 2 点、8 点、14 点、20 点,一天分白天班、小夜班、大夜班。观测发报时间和全国各气象站是同步的,不能早测,也不能迟测。值班要有严格的时间观念。每次观测记录后立即编发报文,交给通讯员向上级气象台发报。发报机的供电是一台手摇发电机。夜间值班照明是带玻璃罩的煤油灯,观测记录时使用手电筒,几十年如一日。

随着业务量的增加,人员不断地轮换,地面观测和通讯发报就分离了,还增加了气球测风。

三、阿拉山口的气候环境

北半球上空的大气环流状况,在中纬度地区是西风带,自西向东绕地球流动,一切天气系统受它的引导,也多是自西向东或自北向东南移动的。如果北方的冷空气入侵新疆,山口就是它的主要通道。

阿拉山口的峡管地形,主要特点是出现大风。据气象观测记录统计,全年八级以上大风天气几乎占一半天数。冬夏温度是两个极端,夏季酷热,冬季严寒。夏季极端最高气温在 35 摄氏度,地面温度达 70 摄氏度;冬季最低气温可达零下 34 摄氏度,黄羊、野兔可被冻死。再加上降水又少,是典型的干旱气候。人们能长期工作生活在这里,要克服很多难以想象的困难。

四、气象职工的坚守与吃苦耐劳

戈壁滩上在边防站建立以前,气象站是唯一单位,全站职工最多时十二三个,最少时六七人。他们最主要的任务是每日定时观测发报,每天三班倒。每次定时观测都是和全国其他气象站同步的。气压、气温、湿度、风向、风速等气象要素是按规定时间观测,一分不差。因此,值班人员必须集中精力,一丝不苟,严格执行规范,不出差错,保证质量的观测、记录、发报。每个班次接班后,都要对上一班的记录进行复核,从而保证气象记录准确和完整。

这样重复的工作不是一天两天、一年两年,而是十几年,几十年如一日地进行着,时时刻刻完成上级交给的任务。要完成这样的任务,他们必须业务熟练,忠于职守,耐得住寂寞、受得了清苦的生活,克服遇到的各种困难。

1. 清苦的生活

气象站离县城 80—90 公里,面粉、蔬菜等生活必需品全靠一辆马车运输,每趟要 4 天时间,特别是夏天,刚运来的蔬菜很快就蔫了。长年只能多吃土豆、萝卜、白菜,肉食也不多,唯能保证温饱。好在是集体生活,一口锅里吃饭,供应紧张时只能全站一盘菜。基本没有大米供应,多是馍馍、面条、饼子。对南方来的同志来说,只能入乡随俗了。这样的情况坚持了十余年。

随着国家经济的好转和上级的重视和关怀,气象站加速了人员轮换,增派了业务人员,配备了新的交通工具,配发了劳保用品(皮大衣),职工的生活条件逐渐得到了改善。先后有三对夫妇有了小孩,我们称他们为"戈壁娃娃",他们是站长费永丰的女儿小红、韩纪良的女儿丫丫、陈富庭的儿子小胖子。这几个娃娃从出生到上小学之前,都是陪伴着他们的父母一起生活在戈壁荒原上,在严寒酷暑、强风暴雪中逐步成长。

艰苦的生活锻炼了人的意志,增强了战胜困难的信心,应该说我们的职工是好样的,不愧是"风云前哨"的战士。

2. 耐得住寂寞

气象站独立于戈壁荒原上,天天面对着戈壁远山,地理上与世隔绝。业务人员每天基本上是值班、吃饭、睡觉式的循环,没有娱乐活动。长年紧张的工作,单调的生活,只有孤独、寂寞伴随着大家。有时值班员忽然发现远处进山的方向有人影活动,通知大家共同察看,真是又惊又喜。喜的是看到人了;惊的是不知好人坏人,是牧民还是偷越国境者,全站都要提高警惕。

歇班的同志共同的消遣多是到附近的戈壁滩上散步,眺望远山和迷人的艾比湖,感叹一下古人的诗句:"隔断红尘两百里,白云梭梭两悠悠。"当然是改了内容的,借以舒畅胸怀。有时大家聚在一起,慷慨高歌,把所会的革命歌曲都唱一遍,直到尽兴为止。

3. 自力更生、克服困难、改善生活

(1)打柴

站上除了冬季取暖是由上级汽车送煤之外,其他季节的烧柴做饭,都是除值班人员外,集体出动,赶上马车到戈壁滩上拾取干死的梭梭当燃料。这些梭梭经过几十年生长,质地坚硬,非常耐烧。偌大的戈壁滩上梭梭虽然稀疏,但对于一个气象站用柴来说,还是取之不尽的。

(2)养牛

在气象站的东面浅凹草滩上,生长着以芨芨草为主的各种杂草,适合养牛。站领导向上级申请款项,购买了几头牛,放养在草滩上,到冬季杀一头,肉食就解决了。经过多年的繁殖,牛达十几头了。母牛生犊后,大家就学会了挤奶,从此大人小孩每天都有牛奶喝了,极大地改善了生活,增强了体质。

(3)种菜

当我们发现草滩上有碗口大的泉水时,也发现附近草丛土壤可以开垦出来,站长带领大家挖土翻地,编制防风障。足有一亩大的地方可以种菜。当年撒下种籽,种出白菜、萝卜、西红柿、南瓜等,有了可喜的收获。西红柿大大的、沙沙的、甜甜的,真是奇迹。从此,食堂有了蔬菜的补充。

(4)拖盐

当我们在进行民兵拉练,发现牧民说的红盐池,就在气象站东南方20公里的地方。盐池不大,约两亩左右,中间有卤水,四周都有几寸厚的结晶,盐的纯度很高,呈土红色,那是含有红色泥土形成的。随便装一袋,足够我们一年食用。据牧民说,这种盐还能治肚子

213

痛,每年冬天,塔城地区的牧民结伙来拖盐喂牛羊,红盐真是戈壁滩上的宝贝呀。

4. 战风斗雪

（1）大风追纸

平时的工作按部就班,能顺利完成。出现特殊情况也是有的。一次大风天气,值班员在完成 20 小时的观测后,要换下当天的日照纸（测定每天太阳照射时间）时,不慎脱手,记录纸被强风吹跑了。为了不丢记录,值班人员一边通知其他人,一边向着记录纸飘走的方向追击,在大家共同努力下,在 5—6 公里的地方找到记录纸,它是被野草挡住了。值班人员的努力保证了气象记录的完整。

（2）挖雪洞观测

有一年冬季 12 月份降了大雪后起了大风,出现了严重的暴风雪。由于值班房屋的阻挡,形成了高大的雪墙,封堵了值班室大门。这时正值夜间,离 2 点正点观测不足一小时,为保证观测的顺利,全站的其他人员共同掏挖雪洞,观测员通过雪洞到观测场观测记录,保证了按时发报,好几天雪墙才被挖掉。

如果仪器出了故障,风雪天爬风向杆也是常有的事。

5. "文革"中的集体坚守

（1）动乱的社会,不同的派别闹得人心慌慌,消息多是通过广播和探亲、出差人员传回站上的。大家各有看法,产生了不同的观点。但没有辩论,没有交锋,却有一个共识:气象站处在边境,是风云前哨,责任重大。气象测报工作绝不能停。为了国家交给的任务,必须完成,在"文革"十年中,全站同志团结一致,坚守岗位,在边防站的帮助下,克服了困难,圆满地完成了坚守的任务。

（2）"文革"期间,在各单位实行军管的时候,自治区气象局军管会给去汇报工作的同志一个建议:边境紧张,可以把气象站后撤,退到兵团的场部,听到这一消息,站上议论纷纷,集体讨论后,大多数同志不同意后撤,有几个理由:

一、撤至团场和不撤,才相差一百多公里,没有什么区别,真打起仗来都是前线。

二、撤站必须中断气象资料,无法补救。

三、"风云前哨"的任务将失去作用,在自己的国土上后撤就是向"苏修"示弱。

因此,决定绝不后撤,工作、生活一切照常。"风云前哨"的气象战士经受住了考验。"文革"后,我们受到了上级的表扬。

6. 军民联防守边卡

"文革"期间,苏联陈兵边境,不断挑衅。为了守好这个边防前哨,气象站和在同一山口地区的东西两边防站加强联系,在边防站的协助下,气象站成立了民兵班,县武装部为我们配发了枪支。组织拉练、训练射击,站岗放哨,三个单位被称为革命的"三家村",互相支援、互相帮助,建立了深厚的军民情谊,为守边作出了自己的贡献。几件突出的事例:

（1）半夜搜敌:在我国对越南自卫反击战期间,山口的草滩地区,经常出现信号弹射向夜空,我们判断有敌特活动。边防站组织搜捕,气象站派出民兵合围查找,最终未见敌特,只发现了信号自动发生器。我们的联合行动也震慑了敌人,以后未再出现信号弹的情况。

(2)抗议"苏修":在巴尔鲁克山边防战斗打响的时候,山口地区形势异常紧张。白天苏联的侦察飞机入侵我国境内,经过气象站上空。我们加强了警戒,随时向上级报告敌情。为表示抗议,气象站的几个同志灌好气球,写好标语:"打倒苏修、中国万岁。"利用东南风把球放出飘向苏联的边防站。我们的边防观察哨发现,当气球落在他们的地方时,苏联士兵如临大敌,多人围看不敢靠近,总算出了口恶气。

(3)发现间谍:为了补充业务人员,上级为站分配2名来自伊犁气象学校的毕业生,在实习期间,其中一名学员表现不很积极,不到一个月的时间,他突然在夜间越境外逃了。这是大事件,必须报告上级。气象站领导加强了爱国教育,为大家敲警钟。恰在第二年的夏季,牧民为站押来了一个逃犯,我们发现他就是我站失踪的观测员。我们通知了边防站,在问讯他为什么逃跑时,他说是因羡慕苏联生活,不想在气象站受苦。这次回来是受了指使,搜集情报,返回时必须通过山口,因找吃食和饮水,被牧民发现了。当然,他被送往县公安局处理了。

(4)军民友谊深厚:山口地区不论边防站还是气象站生活条件非常艰苦,春天我们种下的白菜收获了一大口袋,首先送给边防站,战士们很感动,虽然不多,却是我们的心意。当我们后勤供给困难时,边防站派战士为我们送来羊肉,改善了我们的伙食。节假日,如国庆节我们组织联欢,气象站同志自编舞蹈、歌曲、魔术等小节目,为战士们演出,虽然水平不高,但已是山口地区最好的节目了,活跃了生活,增强了友谊。

(5)学习针灸、治病救人:为克服缺医少药,防治小病,边防站组织了几个单位派人到边防站学习针灸,我代表气象站参加,学习七天。初步掌握了针灸知识。回站后我也一边工作,一边自学,在自己身上练习,虽不治大病,但在紧急情况下急救还是很管用的。我曾为职工针刺治好了腰痛,为职工穴位注射药物治疗头痛。还有一次,有个职工的娃娃因红枣卡住咽喉,不能呼吸,情况十分危急,我利用学会的急救知识,使娃娃卡住的枣核从食管顺了下去,孩子转危为安,至今娃娃的父母还十分感激我。

五、气象职工的付出

在天气气候恶劣、环境艰苦的边境线上,边防站的战士三四年都要轮换一批,不断有新战士补充。而气象站的职工虽然也有轮换,但是很慢,我和爱人都是业务人员,在阿站坚守了近十年,还有的同志甚至坚持了十三年之久,主要的青春年华都献给了国家的边境前哨。他们付出的代价是很大的。以我的亲身经历和所知事例很多,典型的都有事实可考。

1. 迟到的急救

20世纪60年代初,我还在州气象科工作,当时气象科刚成立,只有科长王义益和科员两人,星期一的上午,博州政府办公室转来自治区气象局发来的一封电报,电文中称阿拉山口气象站的一名职工突发急病昏迷不醒,需要派出医生去急救。当时科长尚未赴任,只有我来处理,带着电报请示州领导。州政府的领导很重视,随即指示州医院派医生前往急救。一位女医生姓张,是刚从大学毕业不久,由我陪同,坐一辆小车(州领导特批)上午出发行驶百余公里赶到气象站。当时站上职工见有小汽车来气象站很惊奇。当我把电报拿出来后,他们才知道三天前向上级的求救电报。而发病职工已逐渐回过神来,病情已好转,但大家还是感到上级还是关心重视的。只是因电报在转发的过程中遇到的单位多,时间又是周末到周日,给耽误了,看一下过程就清楚了。气象站发电报—自治区气象台报务室—台领导—局领导—转博州邮局—州政府办—州领导—指示州医院—医生等车出发—气象站。气象站到博州没电话,也无交通工具,职工生病急救怎么办,也是来不及的。这种情况很难改善。直到 70 年以后配备了一辆小汽车,才解决了问题。

2. 报务员刘立环之死

我站职工不分男女,平均每年只有一次去县城的机会,最多的是两次,每一个星期必须及时回站,否则值班人员排不下轮换班次。1971 年夏季一个大风天,报务员刘立环同志有急事必须去县上办理,只能骑马。上午他早早地一人骑马上路了,一天的路程,下午去到离县城还有 15 公里的时候,马因太累失前蹄,刘立环摔下马来,腿部破皮受伤,到州局后感觉不适,到医院做了消毒处理,医生和他自己都认为问题不大。可他第二天开始发烧昏迷,破伤风感染已经严重,抢救已来不及,最后变成败血症,不到三天就去世了,时年29 岁。他的爱人及不到一岁的儿子还在站上值班。全站为之震惊,我们失去了一个好同志,刘是广东人,家中父母无力前来。刘立环为了工作献出了年轻的生命。

3. 失子之痛

67 年入冬季节,我爱人杨桂兰怀孕 8 个多月,准备请假回乌市家中生产,当时站上人少,桂兰仍坚持值班,有时还要担任摇机员,身体很差。就在第二天坐马车回城的当天晚上,开始肚子阵痛。我没办法处理,只能请边防站医生帮忙。我把孕妇情况讲完,赵医生说:"肯定快要生了,不要离站,坐马车回城很危险,我马上过去。"就在赵医生过来不久,孕妇已经临产了。赵医生亲自接生,母子平安。因孩子不足月,孕妇营养跟不上,男孩很弱小,只有约两公斤多重。因为天冷,房间只有铁皮炉子烧火取暖,温度不够,我们又没准备,只用一个小棉被包裹,看到儿子睁开了眼,有了轻微的哭声,原以为问题不大,只要奶水有了就会好,不幸,原以为孩子睡觉了很安静,不想再次把孩子抱起时,发现已经没有了呼吸。

孩子刚来到这个世界,睁眼看了下,哭了一声就又离开了我们,第二天王副站长,帮助把孩子埋进戈壁滩上的探井。这个阿拉山口气象站的第二代永远与戈壁、梭梭融为了一体。

4. 姑娘为孕妇接生

业务人员杨振民调入本站后,他那个从河北家乡过来与其团聚的爱人,只能跟随着站上生活。她是家属,没有工作,不是本站职工。为减轻生活负担,他们只好自己起伙,生活仅能维持。妻子怀孕了,快要生产了,也没有条件去县卫生院生产。那是 1968 年的初夏,气象站大风天气增多,值班人少,杨无法请假去县上陪产。在预产期之前,杨的妻子突然要生了。怎么办？站上两个女同志束手无策。我爱人杨桂兰和未婚的高念萱帮助处理。而高这位姑娘，胆大心细，指挥着烧水、剪刀……竟然顺利地完成接生，而且母子平安。气象站又产生了一个未婚姑娘接生的奇迹。不过这种风险对于在阿拉山口站工作的人员也是难以避免的。

5. 女儿病重军医抢救

71年的夏天，我出差开会，爱人带着2岁的女儿丫丫，在站上值班，有天丫丫突然病了，痛哭不止，说肚子痛，发烧两天仍无好转，又不能离站，也无药品，更不知病因，只好求救边防站。边防站领导及时派医生赶来，经检查怀疑是痢疾，经边防站与军分区医生及时汇商，确定是血痢，病较重，要打针，补充水分。医生一直守护了14天，丫丫终于停止了便血，烧退了，蜡黄的脸有了红晕，孩子从死亡线上救回来了。我已经失去了一个儿子，妻子担心丫丫再出事，她在孩子重病期吃不下、睡不着，整个人已非常憔悴。

6. 戈壁娃娃的童年

气象站共有三个娃娃，两个女娃一个叫小红、一个叫丫丫，一个男娃叫小军。他们几个都是从出生后就只能跟着父母在戈壁荒原上，气象站就是他们童年所认识的人世间。他们平时只能在不大的小院里玩耍。他们看到的自然环境只有远山、戈壁、草滩。夏天只有梭梭和芨芨草的绿色，冬天就是茫茫雪原。他们没有玩具，没有零食。如果父母能从县城买来一些糖豆或饼干，他们会高兴得像得到宝贝一样。但他们还是很乐观。自懂事起，孩子们对天气变化也十分敏感，"刮风啦""下雨啦"，他们就会喊着告诉大人。他们知道天气变化是要观察记录的。

我们的"戈壁娃娃"，在那样的环境下，对大自然和人世间的认知太局限了，家长们都有点担心，比如我的女儿丫丫三四岁时第一次带她进城，当她看到路旁和村庄里的树木时，很惊讶，问妈妈为什么草长得那么高，那么大呀？她因为在站上从没见过树木，只知道芨芨草，她分不清草与树。一旦到了县城，她看到什么都新鲜，问这问那，恨不得都要弄清楚。孩子的求知欲望对于以后上学学习知识倒是一种动力。

我们的上级领导深知戈壁娃娃的状况，在他们将到上学年龄时，就及时对娃娃的父母进行轮换，再不能影响孩子们的前程了。

我的女儿丫丫离开气象站后，按时上学，她从小学到初中、高中，通过她刻苦的努力，顺利考入新疆大学。毕业后又考入西安的西北大学，攻读硕士、博士。如今已经是陕西师范大学的西北史学教授。当年的"戈壁娃娃"，终于成长为有用人才，足以告慰她童年的"风云前哨"故乡了。

六、入 党

自1966年调入阿站后，我还不是党员。由于我工作认真，积极负责，能严格执行业务规范，政治上坚定，领导希望我能申请加入组织。当时我自认为还不够党员条件，迟迟没写申请书。站长说申请以后接受考验,争取早日入党。我认真地写了申请书,平时对站上的业务管理更加尽心,处处以身作则。两年后经县委组织部的考查,1971 年 7 月 1 日,在党的生日这一天,组织上通知我,通过了我的申请,正式批准我加入共产党,而且是正式党员,没有预备期。这是当时唯一一个直接吸收的正式党员。从此,我有了政治生命,工作更加努力。在以后调入州气象台任台长、气象局业务科长、以至到任副局长、党组书记。我从来未忘记自己的党员身份,也曾被评为"优秀党员"。这是我生命历程中最有意义的事情。我认为人这一辈子,应该有信仰。相信党、跟党走是人生最应该走的道路。虽然党内有斗争、有腐败分子,但党的总路线是正确的,为人民服务,为国富强奋斗的初心是没有变的。我相信党一定会带领全国人民走向富裕,带领国家走向富强。

我是在阿站工作的十年中,唯一被吸收的党员。我入党前,只有站长和报务组长是党员,不能成立支部,离县委组织又远,对发展党员不方便,当成立了支部后,培养积极分子入党就比较及时了。(回忆录手稿由韩春进行电脑录入)

附:

《风云前哨的岁月》——父亲手稿之前后事

韩 香

从来没有想到父亲留下来的一份普通手稿有一天会收藏在新疆师范大学黄文弼中心特藏馆里,我不得不感叹这是冥冥之中的一种缘分。

我父亲韩纪良(1936—2021)是河南开封陈留镇人,自小聪明伶俐,读书认真。1955 年机缘巧合考上了中央气象局北京气象学校,1958 年毕业分配到新疆,先后在乌市老满城、伊犁、精河、阿拉山口、博乐等气象站工作,并担任过精河、阿拉山口气象站观测组长,1974 年后历任博州气象台副台长,气象科副科长、科长。1986 年体制改革时,父亲被任命为博尔塔拉蒙古自治州气象局副局长,1994 年任自治州气象局党组书记至 1996 年退休。父亲他们那一批人是新中国成立后新疆早期气象台站的开拓者和建设者,他和那个时期的所有来疆的气象工作者一样,把青春年华都奉献给了祖国边疆的气象事业。

1996 年前后,我父母相继退休后,组织安排他们在乌鲁木齐市居住,参加了房改,有了一套不错的住房。我们三个子女都参军、读大学等,随后各自成家,大哥韩江一家留在乌鲁木齐工作,妹妹韩春和我都在外地工作、生活。2019 年我母亲生病去世,父亲伤心不已,我把他接到西安和我们一起生活了近两年,期间经历了新冠疫情,虽有波折,好在都安然无恙。2021 年暑期父亲想回新疆看看,7 月底我带着儿子和妹妹全家陪他一起回去,打算冬天再接他来西安,没想到父亲于 9 月 24 日突发脑溢血去世,此行竟成永诀。

父亲一生爱党爱国、忠于职守,2021 年获得了党中央首次颁发的"光荣在党 50 年"纪念章。父亲生前回忆最多的是在阿拉山口气象站的日子。那里位于博州与前苏联交界的边境线,阿拉套山与巴尔鲁克山之间的断凹口处,由于这个山口是北方冷空气南下的通道,地形造成的峡管作用,成为全国有名的风口。我国气象部门为了天气预报和气候研究的需要,决定在山口选点建站,因为这里天气气象要素变化是上级气象台制作天气预报的主要参考依据,所以阿拉山口气象站是重要的前哨站和指标站,也是名副其实的"风云前哨"。我的父母在那里坚守了近十年,我就是出生在那里,一直到上小学年龄才随父母调回到了博州。阿拉山口气象站既是父母亲青春岁月的记忆,也是我童年的故乡。

我参加完父亲葬礼,回到西安。在整理父亲的遗物时,在他房间的一个抽屉里发现他用陕西师范大学信纸写的手稿,放在一个塑料文件夹里,其中有他平时写的诗作,更主要的就是一份关于阿拉山口工作的回忆手稿,他自己起名叫《风云前哨的岁月》。这份手稿记录了他和母亲及战友们在阿拉山口的工作生活经历,详细描述了阿拉山口建站经过,气象职工的坚守、吃苦耐劳和付出以及入党等方方面面情况。其中居然还提到我小时候的一件事:在三四岁时,他们带我第一次进城,当我看到路旁和村庄里的树木时,很惊讶,问妈妈为什么草长得那么高,那么大呀? 因为我从小在站上长大,从没见过树木,只知道芨芨草,分不清草与树。其实这件事他们后来经常和家人们提起,每每被当作一个笑谈,笑我没见过啥世面。没想到在手稿中他专门又写了这件事,不过这次父亲是这么说的:"……一旦到了县城,她看到什么都新鲜,问这问那,恨不得都要弄清楚。孩子的求知欲望对于以后上学学习知识倒是一种动力。"那一刻我突然明白了什么。

父亲 2019 年来西安时已经 83 岁了,但头脑清楚,记忆力极强,多年往事历历在目。我曾让他把他的人生经历记录下来,以后给儿女也是一份珍贵的回忆,稿纸也是我买给他的。他总说眼睛不好,写不下去(他有一只眼睛完全失明,平时用放大镜看书),而我那一阵忙于自己的书稿和其他琐事,也没在意。但没想到他居然真的写出了一份相对完整的回忆录,稿子有十七页,我妹妹后来全部打印下来,有近八千字,记录的就是在阿拉山口那段岁月,估计是在我上班期间他写下的。我不知道他写这段回忆录是为我还是为他自己,但我觉得更是他自己对那段难忘岁月的记录。父亲去世后,我哥哥找到一本父亲自己做的家珍本,里面除了有全家照片外,还有几页家庭记录,其中也提到了阿拉山口气象站。他说:"1966 年调到阿拉山口站,一直工作了近十个年头,工作累,生活艰苦,我们一生中最好的岁月献给了边疆的气象事业,我们无怨无悔。"

自 2020 年 3 月起,朱玉麒老师和他的团队在北大线上举办"袁复礼旧藏西北科考团摄影·新疆"等系列摄影展。我在朱老师的朋友圈里注意到里面有不少考查团成员开展气象工作的照片,开始慢慢了解到中国西北考查团的一些情况,考查团的郝德博士和四名北大气象生的一些气象活动不就是和后来我父母从事的工作一样啊! 里面的探空气球、测风仪、百叶箱……这些我实在是太熟悉了,小的时候天天接触这些。2020 年 9 月开学初我的博州老乡北大徐维焱博士路过西安时来我家,我俩还当着我父亲的面谈到考查团的气象活动,父亲对此也很好奇。2021 年西北大学拟举办"黄文弼与丝绸之路"学术研讨会,我也接到了会议邀请函,时值父亲过世后不久,我便打算写一下中国西北科学考查团和新疆近现代气象事业,里面也使用了我父亲手稿里的一些材料,算是告慰父母吧。然而由于疫情，这个会直到 2023 年 3 月才终于召开，我也汇报了我的论文：《风云历程：中瑞西北科学考查团与近现代新疆之气象事业》，后来这篇文章收到罗丰老师主编的《丝绸之路考古》第七辑，并于 2023 年 10 月正式出版。

我本以为这个事情也就告一段落，毕竟我不是做近代历史的，父亲的手稿我也打算有机会回新疆时送给阿拉山口气象局的站史馆。没想到 2023 年 7 月中旬接到朱玉麒老师电话，说新师大黄文弼中心徐玉娟老师要做考查团气象研究，想让我提供一些帮助。我提到手稿的事，朱老师马上建议我捐给新师大黄文弼特藏馆，做永久保存，我惊喜不已，这事很快一拍即合。刚好 2023 年 10 月 6—9 号新师大举办了"丝绸之路与中国西北科学考查团"学术研讨会，我也提交论文参会。在会上，朱老师、吴华峰老师在中国西北考查团后人捐赠仪式上也给我安排了一个捐赠环节，我把父亲的手稿亲手捐给了黄文弼中心，算是完成一件大事。几天后，吴华峰老师、徐玉娟老师就把手稿入藏黄文弼特藏馆照片发给了我，父亲的手稿和中国西北考查团北大气象生刘衍淮先生的日志放在一起。我的家人知道后也都非常激动，说父亲泉下有知，一定非常高兴。

后来朱老师嘱我多找找我父母亲留下来的和气象有关的材料，一并捐给黄文弼中心。我哥哥费了好大劲找到一些，其中最主要的就是一份 20 世纪 50 年代的气象观察记录，里面密密麻麻、整整齐齐、满满当当地记录着每一年每个月的气象观测数据，令人唏嘘不已。2023 年 11 月 15 日，我让在乌鲁木齐的哥嫂把这些材料连同我手里的一些老照片，又一并捐赠给了新师大黄文弼中心，捐赠那天，吴华峰老师亲自接待并领他们参观了特藏馆，我们家庭微信群里那天也特别热闹，都觉得这是一件无比有意义的事。

关于父亲手稿的故事就到这里。我们替父亲了却了一个心愿，我想这么做一定是他愿意看到的。我们兄妹几个聊天时觉得父亲是不是早就有预感他的东西会留下来，才细心留下这些记录？后来我想这其中一定有某些奇妙的缘分：作为普通人的父亲和中国西北考查团、北大气象生，和新师大黄文弼中心，还有朱老师的大手笔等，我觉得这些缘分的纽带就是气象，对气象事业的热爱使得他们联系在一起。

感谢朱玉麒老师、吴华峰老师、徐玉娟老师，感谢新师大黄文弼中心！也致敬每一个默默奉献的气象人，就像我在《风云历程：中瑞西北科学考查团与近现代新疆之气象事业》文章里提到的——"他们所做的一切，历史应该铭记"。

2023 年 12 月

新疆旧石器时代遗存的新发现及其源流

刘学堂

新疆师范大学历史与社会学学院

新疆旧石器时代文化的起源,不仅是新疆考古研究的重要问题,还对追溯史前时期东西方人群的接触和文化交流有关键的意义。至上个世纪下半叶,新疆地区的旧石器考古还只是一些零星的线索。1995 年,王炳华先生在《略说〈新疆文物考古新收获〉(代序)》中说,新疆史前时期旧石器考古有些线索,但尚未被学术界接受。新疆发现的大量细石器遗存"主要是新石器文化遗物"[1],年代在距今 4000—7000 年前后。1995 年,我国著名旧石器考古学家张森水先生,观摩了交河故城沟西台地采集的旧石器标本,认为"交河沟西石器地点,无论在石制品的风格和时代上,都与甘肃省境内(原作者笔误,实为宁夏银川平原,作者注)的水洞沟旧石器时代晚期遗址大体相当"[2],从此新疆旧石器考古步入科学研究的轨道。1997 年,王炳华先生指出,交河故城沟西台地旧石器的发现,是"旧石器时代晚期文化研究中一个不小的进步"[3]。进入二十世纪后,特别是最近十年以来,新疆文物考古研究所广泛与国内高校及其他研究机构合作,"考古中国"项目不断有重要的新发现,新疆文物考古事业快速发展,旧石器研究也不断取得新突破,使我们对新疆史前文化的起源及源流有了新的认识。

一、旧石器时代早期遗存的新发现及源流

新的考古发现表明,新疆地区石器时代遗存分为旧石器时代早期、晚期和新石器时代(细石器文化)三个阶段。新疆地区旧石器时代考古,须放在整个中国北方旧石器文化分

---

① 王炳华《略说〈新疆文物考古新收获〉(代序)》,载新疆文物考古所编《新疆文物考古新收获(1979—1989 年)》,乌鲁木齐:新疆人民出版社,1995 年,1 页。

② 张川《1990—1995 年新疆境内的旧石器调查工作与收获》,载新疆文物考古所等编《新疆文物考古新收获(续)》,乌鲁木齐:新疆人民出版社,1997 年,104 页。

③ 王炳华《略说二十世纪九十年代新疆考古(代序)》,载新疆文物考古所、新疆维吾尔自治区博物馆编《新疆文物考古新收获(续)1990—1996》,乌鲁木齐:新疆美术摄影出版社,1997 年,8 页。

布格局中去考察,才能对新疆地区旧石器文化的面貌、特征及其源流有比较清晰的认识。

中国旧石器时代早期石器的基本特征,可以概括为简单石核—石片石器工业类型。这一传统最早出现并形成于中国的华北地区,年代可以追溯到 200 余万年前,一直延续至数万年前的旧石器时代晚期[1]。英国旧石器研究专家格雷厄姆·克拉克(G. Clark)主要依据旧大陆西部和非洲的部分考古材料,将人类石器时代的石器技术划分为 5 个前后递进的演化模式,即模式 1 到模式 5,依次分别为奥杜威模式、阿舍利模式、莫斯特模式、石叶模式和细石器模式[2]。简单石核—石片技术属于克拉克概括的石器演化技术的 5 种技术模式中的模式 1[3]。很长时期内,新疆地区未发现或辨认出属于旧石器时代早期的遗存,克拉克的模式 1 遗存是否分布到新疆地区,人们不得而知。

(一)新疆旧石器时代早期遗存的新发现

2017—2018 年,王幼平等对克拉玛依市乌尔禾区进行了石器遗址调查,不仅发现了克拉克概括的石器技术模式 2(两面加工的手斧)和模式 4(石叶技术),还有模式 1 石器(砍砸器和石片),从石核和工具组合看,包含了砾石砍砸器、盘状石核、石叶石核等文化因素,年代可能跨越旧石器时代早期至晚期,甚至到了更晚的阶段[4]。吉木萨尔县小西沟遗址,位于吉木萨尔县境内广泉河右岸 3 级阶地上,距离河道大约 200 米。这一遗址调查的材料更为丰富。遗址地表分布有数量较多的石制品,包括石核、石片和砍砸器等。石制品主要集中于该遗址已发掘的墓坑周边,有的则出自外围被流水侵蚀形成的冲沟的沟底。2019—2020 年,王幼平等调查了小西沟遗址,寻找石制品的原生出土层位。该遗址地表以下有很浅的青铜时代文化堆积,青铜时代文化层之下是原生阶地堆积。这里发现的旧石器时代的石制品,应出自青铜时代地层之下的阶地堆积。推测是青铜时代的人们活动时,无意中从旧石器时代的地层中挖到了石制品,随手弃于当时地表。遗址周边长期经流水侵蚀,冲走埋藏石制品的旧石器时代的堆积,一些石制品便沉留在了沟底。分别取自探沟与遗址内部冲沟剖面的测年样品,经光释光方法测年的初步结果显示,该遗址青铜时代之下的阶地堆积形成于距今 10 万年以上[5]。小西沟石器组合以砾石为主要原料,加工技术简单原始,可归入旧石器技术模式 1,即简单石核—石片技术。小西沟遗址石器材料丰富,堆积保存状况较好。这一发现为在新疆地区探索的简单石核—石片技术产品的分布与源流提供了重要的线索。可以预测,随着新疆地区旧石器时代考古调查与研究工作的持续深入,应该会有更多属于旧石器时代早期模式 1 的石制品被辨识出来或有新的发现。仅就目前的考古发现,已经提供了确凿的证据,新疆地区人类活动的历史,至少可以追溯到 10 万年以

---

① 高星《关于"中国旧石器时代中期"的探讨》,《人类学学报》1999 年第 1 期。
② Grame Clark. *World Prehistory: A New Outline*. Cambridge University Press,1969.
③ 李锋《克拉克的"技术"模式与中国旧石器技术演化研究》,《考古》2017 年第 9 期。
④ 马宁、于建军、王幼平、何嘉宁《克拉玛依市乌尔禾区石器调查简报》,《古代文明》第 15 卷。
⑤ 王幼平《西部旧石器考古新进展及相关问题》,《史前考古》2023 年第 1 期。

前旧石器时代的早期。

（二）新疆旧石器时代早期遗存的源流

旧大陆的东方，以中国为代表，无论是石器形态类型学还是石器技术不同的范式，砍砸器和石片石器都是研究旧石器文化的基本材料。华北泥河湾盆地东缘的成圈沟遗址，发现了中国最早的石片石器，年代在距今 170 万年前后①。此后，中国北方的旧石器，一直是简单石核—石片工业技术传统，南方则是砾石工业传统，学术界将其高度概括为南、北主工业的二元结构，并有若干区域性的文化变体②。中国境内旧石器时代石器的总特征，多被认为属于雷厄姆·克拉克建构的模式 1。这种观点，虽然不同程度地受到人们的质疑③，但同时也表明，旧大陆东部在旧石器时代早期的一百多万年间，石器技术的发展是极为缓慢的。东亚以中国为核心广大区域，很长时间内保持有别于西方的旧石器时代文化特点，也经常被贴上"砍砸器传统""砾石石器传统""小石片石器传统""简单石核—石片工业"等标签。与非洲和欧亚大陆西部奥杜威—阿舍利—莫斯特—石叶—细石叶技术模式，有相对明显的、质的变化和替代，呈现出阶段性的发展规律相比，东亚的旧石器时代文化传统具有高度稳定、发展缓慢，阶段性变化不明显的总体趋势。虽然在局部短时地也出现过阿舍利、莫斯特、石叶等源于西方的文化元素，但均没有发展成为石器工业的主流④。所以，西方学者一般将中国乃至东亚的旧石器统而概之地归入"砍砸器传统"或"简单的石核—石片工业"系统⑤。新疆发现的旧石器时代早期的石制品类型及其源流的研究，将随着考古工作的持续展开而不断深入，吉木萨尔小西沟遗址数量较多的石核—石片石器，石核—石片技术，以及两面器技术的存在，对研究新疆地区旧石器时代早期文化有开拓性意义。新的考古发现表明，新疆地区旧石器时代早期的文化与整个中国北方地区保持着较强的一致性特征。

二十世纪八九十年代以来，吴新智先生论证东亚存在一条自直立人以来未间断的连续演化的主线，但也并非与外界完全隔绝，提出了"连续进化附带杂交"假说，认为旧石器时代东亚地区本土人群与外界人群也发生少量基因交流，这种混血的结果是族群融合，而非替代关系⑥。近年来，高星先生进一步论证了中国旧石器时代人类演化与文化发展上的"连续进化附带杂交"理论⑦。新疆位于中国的西北边缘，小西沟石制品的技术特点，不但

① 王幼平《华北晚更新世的石片石器》，《人类学学报》第 39 卷，2019 年第 4 期。
② 张森水《管窥新中国旧石器考古学的重大发展》，《人类学学报》1999 年第 3 期。
③ 李锋《克拉克的"技术"模式与中国旧石器技术演化研究》，《考古》2017 年第 9 期。
④ 高星《中华文明前溯》，《史前考古》2024 年第 1 期。
⑤ 高星《中国旧石器时代考古发现与研究》，载王巍主编《中国考古学百年史（1921—2021）》，北京：中国社会科学出版社，2022 年，135 页。
⑥ 吴新智《从中国晚期智人颅牙特征看中国现代人起源》，《人类学学报》1998 年第 4 期。
⑦ 高星《中华文明前溯》。

可以将新疆地区早期人类活动历史追溯到距今 10 万年以上,总体上与中国北方其他地区的旧石器文化建立起密切的关系,同时还可能为探索俄罗斯阿尔泰地区发现的丹尼索瓦人及石器技术与东亚地区的关系提供证据①。

二、新疆旧石器时代晚期遗存的新发现及源流

早在二十世纪末,考古工作者就在吐鲁番交故城沟西台地②、塔城地区布克赛尔县骆驼石等为代表的多处旧石器遗址点采集到旧石器时代晚期的石器标本,并形成了一些初步的认识③。近年来,吉木乃县通天洞遗址的发掘及新疆旧石器遗址调查工作不断深入,新疆旧石器时代晚期考古有了新的进展。

(一)新疆旧石器时代晚期遗存的新发现

2016 年开始,新疆文物考古研究所、北京大学考古文物博学院对吉木乃县托斯特乡阔依塔斯村东北一处花岗岩洞穴——通天洞遗址连续进行考古发掘,取得重要的学术进展。通天洞旧石器遗址位于准噶尔盆地北缘萨吾尔山北麓、额尔齐斯河南岸。从洞口到洞内皆有保存较为连续的晚更新世中期至全新世的堆积。洞穴遗址中的旧石器时代堆积中,共出土石制品 1259 件,动物化石 793 件,尺寸较小的石制品 2000 余件。石制器包括石核、石片、石叶、工具和断块等,以石片和工具占比最高。石核包括勒瓦娄哇石核、盘状石核和非定型石核。勒瓦娄哇石核数量不多,尺寸普遍较小。盘状石核,围绕台面一周剥片,尺寸相对较小。非定型石核指的是简单剥片石核,台面数量不等。石片包括简单剥片石片和勒瓦娄哇石片。石叶的长大于宽两倍以上,背面有整齐的背脊,两侧缘平行。工具在石制品中占比较高,以简单修理、形态不固定的非定型工具数量最多。形态明确的工具中,刮削器占绝对优势,其次是凹缺器、锯齿刃器和尖状器,端刮器、钻器、鸟喙状器等数量较少,其中尖状器又分为勒瓦娄哇尖状器、莫斯特尖状器和其他尖状器三类④。尤其是遗址的下部发现有技术特征鲜明的勒瓦娄哇—莫斯特文化石制品,已经引起了人们的高度关注。两个动物骨骼的碳十四年代测定结果为距今 45000 年前后(校正后)。洞穴内三个大致叠压在一起的火塘,反映通天洞居住者除了掌握娴熟的勒瓦娄哇技术和高效率使用石器原料的能力,他们可能还是同一人群,熟悉通天洞及附近环境,因而能够周期性使用这处天然的花岗岩岩厦。大量的食草类动物骨骼残块碎片提供的信息说明这个人群可能是以狩猎为生者⑤。通天洞旧石器时代遗址的发掘,为新疆地区旧石器时代的文化结构、发

---

①⑤ 王幼平《西部旧石器考古新进展及相关问题》。

② 张川《1990—1995 年新疆境内的旧石器调查工作与收获》,《新疆文物》2016 年第 4 期;新疆文物考古研究所《交河故城—1993、1994 年度考古发掘报告》,北京:东方出版社,1998 年。

③ 高星等《考古 2004 年新疆旧石器调查简报》,《人类学报》第 37 卷,2018 年第 4 期。

④ 新疆文物考古研究所、北京大学考古文博学院《新疆吉木乃县通天洞遗址》,《考古》2018 年 7 期。

展序列和文化渊源的研究提供了重要线索。

2017 年—2018 年,新疆文物考古研究所、北京大学中国考古学研究中心、北京大学考古文博学院在阿尔泰地区开展联合石器调查工作,在第三次普查的基础上,对北沙窝、臭水井、白石滩南、齐德哈仁、额德克、乔夏可拜进行石器调查,采集石制品 700 多件。通过对这些石器标本的分析看出,阿尔泰地区旧石器地点至少包括两种不同的石器工业类型:以勒瓦娄哇技法为突出特征的莫斯特工业和以压制法为主要技术的细石器工业。前者石制品尺寸普遍较大,多数长 5 厘米以上,部分大于 10 厘米。原料以安山岩等火成岩为主。工具组合中锯齿刃器最多,边刮器也较为常见,还有少量尺寸较大的手斧、手镐等大型尖状工具。阿尔泰地区采集的以勒瓦娄哇技法为特征的莫斯特工业产品,整体上可以与后面还要专门讲到的通天洞遗址第 6、第 7 层和骆驼石遗址的材料对比,属于旧石器时代中期到晚期较早阶段的遗存[①]。

(二) 新疆旧石器时代晚期石器的源流

旧石器时代的晚期,中国西北地区局部区域的石器技术,出现了明显的多元性特征,突出表现在根植于西方的莫斯特文化石器因素的发现。林圣龙先生认为,莫斯特文化石器因素在中国西北和北方地区发现,表明"与早期和中期相比,晚期工业出现了多元化发展的局面"[②]。张森水则提出,这种情况的出现"很可能是文化交流的结果"[③]。莫斯特文化因素,以勒瓦娄哇预制石器技术为代表。这些新的石器技术,相对于漫长的华北地区传统的简单石核—石片工业而言,石器制作方面突变性特征表现得十分明显。新考古发现与研究显示,以勒瓦娄哇石制技术为代表的莫斯特文化因素,首先出现在中国的阿尔泰地区,然后向东波及影响。在中国境内,时代最早的勒瓦娄哇技术遗存为新疆地区的吉木乃县的通天洞,继而是布克赛尔县的骆驼石、交河故城沟西台地及其他零星采集的遗址点。由新疆向东的发现,著名的遗址有 1923 年法国学者首先发现、历经 100 年断续发掘的宁夏水洞沟遗址,新世纪以来发现和陆续发掘的内蒙古东部东乌珠穆沁旗的金斯泰洞穴遗址,以及山西太原陵川塔水河遗址[④]、黑龙江十八站遗址[⑤]的零星发现等。

将以上新疆地区的旧石器时代晚期的重要发现,与中国北方其他地区的发现结合起来考察,中国西北地区旧石器时代晚期文化变化的趋势逐渐清晰起来。距今 5 万年左右,以北方边陲的通天洞、金斯太等为代表的遗存中开始出现莫斯特技术组合,距今 4 万年左右在水洞沟和尼阿底等遗址少量出现石叶技术组合,稍晚在长白山地区出现用黑曜岩制作的石叶、细石叶技术组合,显示中国旧石器文化经百万年以上的缓慢发展,开始出现阶

① 新疆文物考古研究所等《新疆阿勒泰地区 2017—2018 年石器调查报告》,《古代文明》第 14 卷。
② 林圣龙《中西方旧石器文化中的技术模式的比较》,《人类学学报》第 15 卷,1996 年第 1 期,12 页。
③ 张森水《中国北方旧石器工业的区域渐进与文化交流》,《人类学学报》1990 年第 4 期,329 页。
④ 杜水生《山西陵川塔水河遗址石制品研究》,《考古与文物》2007 年第 4 期。
⑤ 张晓凌、于汇历、高星《黑龙灌十八站遗址的新材料与年代》,《人类学学报》2006 年第 2 期。

段性的质变。

旧石器时代晚期,中国西北和北方出现的以勒瓦娄哇为代表的莫斯特文化新的石器类型,可以称为中国境内非华北传统的旧石器文化因素。这些文化因素明显存在一个自西向东、自北向南,时代由早到晚,遗存数量规模由多到少、由大到小,影响逐渐减弱的趋势。这些石器文化因素,波及到山西和黑龙江等地,时代至迟到了距今的二万年前①。目前为止,未见莫斯特文化因素从这些地区再继续南下的迹象。总的看来,中国西北和北方地区,出现的莫斯特文化这样的非当地传统的石器文化因素,未见与当地传统文化发生深度的融合,莫斯特文化在中国北方地区的影响十分有限,可能仅局限于中蒙边境和沿线的中西部地区②。近年来,在内蒙古赤峰三游洞、甘肃环县楼房子发现一些具有莫斯特文化因素的石制品,其主要特征是陡刃刮削器和叠层状疤的莫斯特刮削器,但未发现典型的勒瓦娄哇石器,可见前述勒瓦娄哇石器对中国北方的影响是有限的③。局限在西北和北方边疆局部区域的莫斯特文化,未改变中国旧石器文化的基体传统和整体面貌,也未发生过外来文化对当地传统文化的整体覆盖,或者说人群替换的情况④。旧石器时代晚期,主要出现在新疆和中国北方其他地区,源自西方的文化元素,放到整个东方旧石器文化长时段考察,亦然可以说是"昙花一现",表现出来的是东方古人类文化上的开放包容,东方人类对外来人群与文化的态度并非一概排斥,而是兼收并蓄,进而为现代人类的生存演化、文化多样化发展注入新的活力。不同人群迁徙互动、竞争互鉴,应该是旧石器时代中华大地人群繁衍、生存、融合、发展的主旋律,中华民族及其文明多元一体的远古根基就这样孕育、伸展并在后世变得根深叶茂⑤。旧石器时代晚期,多元石器文化格局的另一深层意义,在于这种变化虽然在中国北方和西北地区局部发现,其某种程度上预示着中国旧石器时代晚期人类的演化与技术的革新进入了一个新高潮发展的时期,甚至可以称为中国旧石器时代的革命,它对欧亚东方现代人类的起源与演变、东方人类体质特征的形成、石器文化的转型都产生不可估量的影响。

三、新石器时代遗存的新发现及源流

多年来,在新疆地区四十多处遗址点发现大量的细石器⑥,从时代范畴而言,它们大多属于新石器时代的遗存。这些细石器,因为多为考古调查时的地表采集品,研究者只能从类型学的角度分析材料,并推测其相对的年代和文化属性。通天洞遗址含细石器文化层的发现、塔什库尔干县库孜滚遗址和新疆哈密七角井遗址的调查试掘,使我们对新疆细石

---

① 邓聪《勒瓦娄哇在中国的去向》,《中国文物报》2012 年 5 月 25 日第 6 版。
②③ 杜水生《中国北方旧石器时代的文化交流与人群迁徙》,《边疆考古研究》第 30 辑。
④ 高星《中国旧石器时代考古发现与研究》。
⑤ 高星《中华文明前溯》。
⑥ 伊弟利斯·阿不都热苏勒《新疆地区细石器遗存》,《新疆文物》1993 年第 4 期。

器文化的特征、时代与源流的认识更为深入。

（一）细石器文化遗存的新发现

吉木乃县通天洞遗址的 T15152B 层,出土 11 件石制品,包括完整石片、断片、断块、1 件更新台面石片和 1 件细石器[①],这为研究新疆地区细石器的源流提供了重要的线索。

2018 年,新疆文物考古研究所、北京大学考古文博学院对新疆塔什库尔干县库孜滚遗址进行了发掘。这一遗址位于帕米尔高原东侧的库孜滚沟口,是塔什库尔干河谷至瓦罕走廊的必经之路。遗址面积达 50 平方公里。该遗址文化面貌单一,仅见分布于地表的大量石制品,共采集发掘各类石制品 661 件,少量石制品在原生地层。石制品的质地均为黑色片岩,包括大量简单剥片的石核、石片以及断块、残片等副产品,主要为石片类,其次为石叶、石片石叶、石核,工具较少见,有凹缺器、边刮器、锯齿刃器等。石叶多以窄体石核技法加工而成。另外是一些断块。类似的石制品在发掘区周围数十平方公里的范围内均可见到,库孜滚遗址应该是一处石器加工场,且是目前发现的国内同时期面积最大的此类聚落遗迹,当时人们在这里选择石料,制作石器,从事石器加工。同时,库孜沟口并非是他们长期居住的地方,人们只是在这一带寻找合适的石料,进行简单的剥片,再将这些初级产品,带回到他们的聚落中心,做进一步加工后,制作成型的工具。也是新疆地区目前发现的唯一有明确地层和年代的全新世早期露天遗址。光释光测年,距今 8000 多年[②]。

库孜滚遗址打制石器遗址中,发现的石叶和石核—石片的技术特征,与近年来在西藏高原腹地尼阿底遗址的同类制品相近,可能反映两者之间存在某种联系。遗憾的是,虽然在库孜滚遗址的发掘探方剖面上揭露出距今 3 万年前后的湖相地层,但石制品只发现于湖相堆积以上的全新世堆积中,光释光方法的测年结果仅为距今 8500 年左右。库孜滚遗址发现的石叶类遗存,从石器的技术与类型观察,它与同属高海拔地区的青藏高原腹地的尼阿底遗址有相似之处,都是利用板状毛坯从窄面剥取石叶,石叶尺寸也比较接近,组合中都存在大量的石核、石片产品。尼阿底遗址的年代在距今 3—4 万年的深海氧同位素 3 阶段晚期,与库孜滚遗址高洪积台地上漫滩相堆积（第 4 层）开始沉积的年代（距今约 3.2 万年）大致相当[③]。一方面考虑到剥蚀地貌区普遍存在不同时期的遗物在沉积物风化后重新堆积在同一个平面的现象[④];另一方面考虑到在更新世末到全新世初,帕米尔高原西侧存在以细石器为主的后旧石器（Epipaleolithic）阶段,年代在距今 8000—13000 年,高原西侧的考古学文化已经进入了全新阶段,由于地理上衔接与相邻的关系,它们之间应该

---

①　新疆文物考古研究所、北京大学考古文博学院《新疆吉木乃县通天洞遗址》。

②　新疆文物考古研究所、北京大学考古文博学院《新疆塔什库尔干县库孜滚遗址发掘简报》,《考古》2022 年第 9 期。

③　新疆文物考古研究所、北京大学考古文博学院《新疆塔什库尔干县库孜滚遗址发掘简报》。

④　Nelson N. C. , *Notes on the Archaeology of the Gobi Desert*, *American Anthropologist*（*New Series*）, vol. 28, pp. 305 - 308, 1926.

存在着更为密切的联系。库孜滚遗址与尼阿底遗址石器制法与形态相近,但两者的测年存在如此大的差距,这种矛盾情况出现的原因,一方面可能是库孜滚石器制造场的年代确实较晚,如同帕米尔高原西侧的发现那样,属于全新世早期;另外的可能是,库孜滚遗址与尼阿底石叶相近,也可能它们同属于更早的末次冰盛期之前的暖期遗存,即与库孜滚遗址下部的湖相堆积同期①。从类型学角度观察,库孜滚遗址与帕米尔西侧的细石器存在较大差异,这一方面可能与其石器加工场的性质有关,遗址石器未能完整反映当时的文化全貌;另一方面,库孜滚遗址是一处面积巨大的石器加工场,是在较长的时间形成的,库孜滚发现遗址范围内当有更早文化层存在的可能②。对该遗址的继续发掘与研究,将有助于解决这些疑问。

2019 年,考古工作还对新疆哈密七角井遗址进行了专门的考古调查,局部进行了试掘。此次的调查与试掘,采集石制品 847 件,类型包括简单剥片石核、石片、小石叶、细石叶生产相关产品、工具、断块残片五大类。七角井遗址一直以来被当作细石器遗址的典型代表,此次调查,明确发现有小石叶工业产品。工具有凹缺器、琢背刀、箭镞、锯齿刃器等。七角井遗址的石器工业具有明显特征,即原料方面选择性强,在地表有大量火山岩的情况下仅选用优质燧石岩块,并可能经过了热处理,剥片以石叶和细石叶为主,有加工双台面棱柱状小石叶石核和楔形石核的证据。七角井遗址是一处临时的打制石器场所,大量的副产品被留在原地,而修理好的石核、剥制的石叶等则被带到其他地点使用。七角井遗址的光释光测年为距今 1.1 万年左右③。

新疆地区发现的细石器,总体看来,阿尔泰山脉的细石器,石制品的尺寸普遍较小,多数在 3 厘米以下,原料仅见优质硅质岩和燧石。细石核以楔形为主,核身预制程度较高,石核利用率高,显示高超的修理技术。器物组合以边刮器、端刮器、锯齿刃器和凹缺器为主,兼有琢背器等④。阿尔泰地区采集的以压制技术为突出特点的小石叶—细石叶组合,在通天洞遗址第②层出现有类似产品发现⑤。阿尔泰地区额德克地点细石器遗址点,采集有陶片,这一组合的年代可能已经进入全新世⑥。

(二)细石器文化的源流

新疆地区发现的细石器遗存,从石器面貌和特征上看,总体属于中国北方细石器文化的传统。中国北方细石器技术体系的来源,也是一个有争论的学术问题。有学者认为它根植于华北此前的旧石器时代之中⑦。张森水先生则认为应该把目光转向西、北方向,寻

---

① 王幼平《西部旧石器考古新进展及相关问题》

② 新疆文物考古研究所、北京大学考古文博学院《新疆塔什库尔干县库孜滚遗址发掘简报》。

③ 冯玥等《新疆哈密七角井遗址 2019 年调查新发现》,《人类学学报》第 40 卷,2021 年第 6 期。

④⑥ 新疆文物考古研究所等《新疆阿勒泰地区 2017—2018 年石器调查报告》。

⑤ 新疆文物考古研究所、北京大学考古文博学院《新疆吉木乃县通天洞遗址》。

⑦ 李炎贤《中国旧石器时代晚期文化的划分》,《人类学学报》1993 年 3 期。

找这类新文化因素的源头①。

中国北方发现的细石器遗存,大体分为前后相继的四期,即萌芽期、扩散期、爆发期和衰落期。早期阶段遗存发现的范围集中在我国的华北地区,发现的细石叶类制品,具有石核预制、压制技术、连续生产的技术特点。此前,华北地区传统的石制技术是硬锤法直接剥片技术,而先进的细石叶的出现是突发的,尚难找到在该地区的源头。有学者判断,因为更新世晚期的气候波动,推动人群由西伯利亚向南的频繁迁徙,华北地区细石叶文化传统的突然出现,与这一大的历史背景有关。西西伯利亚人群向南迁徙的过程中,小型化、标准化的技术显示出更强的生态适应性,并愈发成熟,最终在纬度位置相对低、气候相对温暖的区域演变出典型的细石叶技术②。这样的研究思路值得重视。

七角井遗址发现两面修理的楔形石核,为典型的涌别技法产品③。即细石核的预制程序是首先两面加工出扁薄的两面器毛坯,其后在毛坯的长边纵向打击,打下一雪橇状削片,形成台面,然后在毛坯新形成的台面一端打下一鸡冠状小石叶,形成细石叶加工的工作面。此类石核末次冰川时期盛行于东北亚,至北美地区,即典型的楔形石核技术。在更新世末全新世初出现在新疆东部,也见于中亚干旱区西部的全新世早期遗址中④,它标志着内陆欧亚干旱区也受到了来自东部地区细石器技术的影响⑤。

结　语

旧石器时代中国自然环境相对稳定,人类可以从自然界那里获取取之不尽的动物与植物的生存资源,这被认为是旧石器时代石器技术保持稳定的一个重要因素⑥。中国地理位置相对封闭、独立,像是一个东向大海,北、西、南依大山的巨大盆地。早期直立人在欧亚大陆东部这一相对独立、生态良好的环境中生存繁衍。旧石器时代开始,虽有少量与周边人群的移入、迁出,但大规模移民很少发生;新来的小股人群只能融入主体人群中,其体质性状和文化特点偶有存留,但很快被同化吸收。于是这里便形成了富有区域特点、延绵

① 张森水《中国北方旧石器工业的区域渐进与文化交流》。

② 仪明洁《新疆北部旧石器时代遗存的年代及相关问题》,《西域研究》2019 年第 4 期。

③ 是一种独特的石器打制方法。即,选用片状素材,主要以两面加工技术预制薄片状细石核毛坯,继而打制出台面与剥片工作面,然后连续剥取细石叶。在日语里称为涌别技术(参看 Inizan M,Roche H,Tixier J,et al. *Technology of Knapped Stone*[M]. Meudon:CREP,1992:1-120)。

④ Brunet F. *The Technique of Pressure Knapping in Central Asia: Innovation or Diffusion?*[A]. *In*:*The Emergence of Pressure Blade Making: from Origin to Modern Experimentation*[C]. New York:Springer. 2012:307-328.

⑤ 冯玥等《新疆哈密七角井遗址 2019 年调查新发现》。

⑥ FINKEL M,BARKAI R. *Technological persistency following faunal stability during the Pleistocene:amodel for reconstructingPaleolithic adaptation strategies basedon mosaicevolution*[J/OL]. L'An thropologie,2021,125(1). https://doi.org/10.1016/j.anthro.2021.102839.

长久的古人群和古文化①。

新疆地区旧石器时代早期的居民,使用的石制工具有砍砸器和石片石器,与我国华北地区早就出现的简单石核—石叶传统一致,年代可能上溯至 10 万年前后,并且表明新疆地区最早生活的人群与中国华北地区人群之间存在着密切关系。到了旧石器时代晚期,随着亚洲东、西方人群在中亚北部草原的相遇、接触,东西文化交流的步履加快,石器类型出现了多元因素,突出表现在始源于欧洲,分布到中亚北部草原的莫斯特文化石器因素,在包括新疆在内的中国西北和北方地区的出现并与当地文化有了初步接触。整体上讲,中国的旧石器文化自成体系,连续发展,旧石器时代晚期,包括新疆在内中国西部和北部的其他局部区域,出现与西和北来旧石器文化接触现象②。但这种接触,没有改变中国旧石器时代始终延续下来的基本面貌,没有发生文化覆盖和人群替换的历史,显现出来的是早期阶段中国西北边疆区域文化对外来文化包容和创新。新石器时代新疆居民普遍使用的细石器,明显属于中国华北地区的细石器技术传统,是中国华北细石器文化向西、向南分布与影响的结果。新石器时代晚期、铜石并用时代、青铜时代,随着源于黄河流域的彩陶文化及以黍粟种植为代表的旱作农业,浪潮一样自东向西进入天山南北,新疆文化整体融入到了中国早期文化圈③。这一时期通过新疆与区域西来文化进行的文化互动更为频繁,形成了中国西北交互作用圈④。

① 高星《中华文明前溯》。
② 林圣龙《中西方旧石器文化中的技术模式的比较》。
③ 刘学堂《丝路彩陶天山卷》,西安:三秦出版社,2019 年。
④ 刘学堂《青铜时代中国西北交互作用圈》,《中华民族共同体研究》2023 年第 1 期。

新疆南疆史前的社会组织

王 博

新疆维吾尔自治区博物馆考古部

汉代的新疆,《汉书·西域传》称:"西域以孝武时始通,本三十六国,其后稍分至五十余,皆在匈奴之西,乌孙之南。南北有大山,中央有河,东西六千余里,南北千余里。东则接汉,厄以玉门、阳关,西则限以葱岭。"①从《汉书》叙述的西域地理环境上看,西域三十六国或五十余国皆分布在今新疆的南疆,从各国分布位置的记载上看,明显是受到了南疆地理环境河水的分布的影响,这一现象在新疆延续了很长的时间②。新疆的历史,自西汉司马迁的《史记·大宛列传》开始,有了较明确或较详细的关于地处今新疆于阗国、楼兰国、姑师国的文字记载。《史记·匈奴列传》又称:西汉前元四年(前176)匈奴冒顿单于给汉文帝的一封信,提到"定楼兰、乌孙、呼揭及其旁二十六国,皆以为匈奴"③。说明西汉时期西域三十六国已经出现。《西域通史》称:"史前时期的西域是指我国汉代以前直至远古时代的西域(新疆),因为在汉代以前西域基本上没有什么文献记载,纵有也是片言只语,扑朔迷离,故可称为史前时期。"④

分析研究新疆南疆汉代以前即史前的社会组织结构⑤,可以推测大体在什么年代、怎样的社会组织结构条件下出现了西域"本三十六国"的萌芽或者是始生。在新疆考古人的认识上,分析研究南疆史前社会组织结构的最好的考古材料自然是墓葬,以考古思维去分

① 《汉书》卷九六《西域传上》,北京:中华书局,1962年,3871页。

② 西域国的分布受到河水的分布的影响,如婼羌,"辟在西南,不当孔道。……西与且末接。随畜逐水草,不田作,仰鄯善、且末谷。山有铁,自作兵,后有弓、矛、服刀、剑、甲。西北至鄯善,乃当道云"。《汉书》卷九六《西域传上》,3875页。如鄯善,"西北去都护治所千七百八十五里,至山国千三百六十五里,西北至车师千八百九十里。地沙卤,少田,寄田仰谷旁国。国出玉,多葭苇、柽柳、胡桐、白草。民随畜牧逐水草,有驴马,多橐它"。《汉书》卷九六《西域传上》,3875—3876页。"逐水草"的水就是河水。

③ 《史记》卷一一〇《匈奴列传》,北京:中华书局,1982年,2896页。

④ 参见余太山主编《西域通史》,郑州:中州古籍出版社,1996年,注①,1页。

⑤ 余太山主编《西域通史》称:"史前时期的西域是指我国汉代以前直至远古时代的西域(新疆),因为在汉代以前西域基本上没有什么文献记载,纵有也是片言只语,扑朔迷离,故可称为史前时期。"注①,1页。

析研究墓葬埋葬的墓主人的组合变化是认识史前社会组织结构的基础。

一、南疆史前葬俗

在新疆南疆史前考古的墓葬发掘材料中,以小河、林雅、焉不拉克、洋海和扎滚鲁克等考古文化的墓葬信息较为全面、明晰。作为墓葬的葬俗,其内容比较多,本文主要分析研究的是墓葬墓主人的个体数量以及其之间的关系,在此基础上进行社会组织结构以及前西域三十六国形成年代的分析研究,自然是可以得到一个考古的科学认识。

1. 小河文化和林雅文化葬俗

小河文化的小河墓地和林雅文化的林雅墓地考古材料没有全面的发表,因此对他们的整体情况自然不是完全地了解。不过,从一些发掘者的行文中还是能了解到其社会组织结构的基本情况。此外,属于小河文化的古墓沟墓地的考古资料已全部发表,这样或许可以弥补资料上的一些缺陷,能清晰地认识到他们的社会组织结构。

小河文化的小河类型墓地,主要分布在罗布泊一带,考古发掘 167 座,年代在公元前 2200 年—前 1400 年间①即大体是内地中原的夏商时期(前 2070—前 1046)或者比后者的上限和下限上者偏早一些。小河文化的小河墓地的墓葬,大体上分作三种:一种是竖穴沙坑内置木棺,一墓一棺,木棺弧形或矩形,无底,棺上蒙盖牛皮或毛毯;一种是泥壳木棺;一种是木房式墓葬。小河文化的小河墓地,绝大多数墓葬是一墓一棺的单人葬,只有极个别的是两人合葬。

小河文化的古墓沟类型墓地发掘了 42 座墓葬,年代在距今 4000 年前后。墓葬分两类:一类,地表有 7 圈列木构成椭圆形圈,圈外置呈放射状排列的木桩,圈中是竖穴置木棺的墓,有 6 座,死者皆是男性;一类,竖穴内置木棺,在两端各立一根木柱,无底木棺弧形或矩形,有 36 座,死者有男、女、老幼等。墓葬以单人葬为主,有两座是合葬②。两座合葬墓:一是 79LQ2M30 墓,是两人合葬,皆是男性,一男性是老年③,一男性是成年;一是 79LQ2M41 墓,是三人合葬,也皆是壮年男性④。

林雅文化的林雅墓地分布在哈密市的天山北路地段,墓葬形制以长方形竖穴土坑和竖穴土坯室为主,发掘了 700 多座墓葬,年代在公元前 1900 至前 1300 年,发掘者称"以侧

---

① 参见《新疆通史》编辑委员会编《古墓沟》,乌鲁木齐:新疆人民出版社,2013 年;穆舜英《楼兰古尸的发现及其研究》,《楼兰文化研究论集》,乌鲁木齐:新疆人民出版社,1995 年,387 页;李文瑛《科技考古在小河文化研究中的应用》,《中国文物报文物考古周刊》2013 年 11 月 8 日。

② 《新疆通史》编辑委员会编《古墓沟》,166 页。

③ 《新疆通史》编辑委员会编《古墓沟》,125—129 页。

④ 《新疆通史》编辑委员会编《古墓沟》,150—157 页。

身屈肢的单人葬为主"[1]。

2. 焉不拉克文化葬俗

焉不拉克文化的发掘墓葬,主要分布在哈密地区,墓地有:五堡墓地、焉不拉克墓地、亚尔墓地和拜其尔墓地等。年代在公元前 1600—前 470 年[2]相当于内地中原的商西周春秋时期。焉不拉克文化发掘墓葬资料报道得比较全的是 1986 年发掘的焉不拉克墓地,发掘墓葬 76 座。

焉不拉克墓地的墓葬形制,有竖穴二层台、竖穴、土坯等三大类。焉不拉克墓地有 48 座单人葬墓,其中小孩就有 20 座;两个个体的合葬墓有 4 座,皆作男女各一人,其中的 2 座墓是夫妻合葬的可能性大一些[3]。3 个个体的合葬墓有 5 座,皆有成年以上的男女各一人,其中 86XHYM20 墓和 86XHYM68 墓,皆有成年男女各一人,同时还有一小孩,应该是较为典型的家庭葬墓。其他 3 座墓的 3 个个体年龄皆在成年以上,不过,不是 2 男 1 女便是 2 女 1 男,不排除是家庭葬的可能性。4 个个体的合葬墓 3 座,其中 86XHYM64 墓的 4 个个体,一 30—40 岁男性,2 女皆在成年以上,一 5 岁的小孩,应该是家庭葬。其余 4 个个体的 2 座墓葬皆作成年以上 2 男 2 女,不排除是家庭合葬墓的可能性。5 个个体合葬墓 3 座,其中 86XHYM40 墓,5 个个体中,一 14—15 岁的男性,3 女的一女是成年、一女是 20—25 岁、一女大于 45 岁,有一 3—4 岁的小孩。这座墓因有小孩和成年以上的女性合葬,所以,可以认为是家庭葬。5 个个体合葬的其他 2 座墓,皆有成年以上的男女的合葬,可以认为是家庭合葬的可能。6 个个体的合葬墓 3 座,其中 86XHYM66 墓,男 3、女 2、童 1,男女皆是成年以上。可以看作是家庭墓葬,其他 2 座墓皆有成年以上的男女,也可以看作存在夫妻合葬的可能性。7 个个体的合葬墓,有成年以上的男女个体合葬,不排除是家庭葬的可能。8—9 个个体合葬墓 2 座,皆有成年以上的男女个体,同时还有小孩,应该是家庭合葬。

这样一来,单人葬墓 48 座,占 63%;两人合葬至 9 人合葬的墓葬有 22 座,推测的家庭或存在夫妻合葬的可能性的墓,占 29%;此外,有 6 座不明埋葬个体年龄及性别的墓,占 8%。

---

① 吕恩国、常喜恩、王炳华《新疆青铜时代考古文化浅论》,宿白主编《苏秉琦与当代中国考古学》,北京:科学出版社出版,2001 年,333 页。

② 新疆维吾尔自治区文化厅文物处、新疆大学历史系文博干部专修班《哈密焉不拉克墓地发掘简报》,新疆文物考古研究所编《新疆文物考古新收获》(1979—1989),乌鲁木齐:新疆人民出版社,1995 年,52—87 页。焉不拉克墓地的发掘墓葬,发掘者根据 14C 测年数据以及墓葬情况,将其分作三期:第一期,公元前 1100 年;第二期,公元前 785 年;第三期,公元前 565 年。参新疆文物考古研究所《哈密五堡墓地 151、152 号墓葬》,《新疆文物》1992 年第 3 期,1—10 页;王炳华主编《新疆古尸——古代新疆居民及其文化》,乌鲁木齐:新疆人民出版社,2002 年,51—68 页。

③ 86XHYM4 墓,两人合葬,男约 25 岁、女 13—15 岁;86XHYM48 墓,两人合葬,皆男性,其一是男 30—35 岁,一是男约 25 岁。

3. 洋海文化葬俗

洋海文化墓葬主要分布在吐鲁番盆地以及与其相对应的北天山一带。洋海 1 号墓地是洋海文化最具代表性的墓地,考古发掘墓葬 218 座,其中 217 座墓葬属洋海文化,年代在公元前 1300—前 300 年中期,大体相当于内地中原的商西周春秋战国时期。洋海 1 号墓地合葬墓的 2 至 5 人葬墓有 70 座,占整个墓地发掘墓葬的三分之一,应该来说占到了不少的部分。2 个个体葬的墓 56 座,3 个个体葬的墓 11 座,4 个个体葬的墓 2 座,5 个个体葬的墓 1 座。其中合葬墓的两个个体的合葬墓有 56 座,占到了整个墓地发掘墓葬的 25%;三人葬 11 座,占整个墓地发掘墓葬的 5%;四人葬 2 座,占整个墓地发掘墓葬的 0.9%;5 人葬墓 1 座,占整个墓地发掘墓葬的 0.4%。这样一来,合葬墓的 70 座占发掘墓葬的 31%。也就是非合葬墓的单人葬墓占到了 69%,单人葬仍然占大多数。

有意思的是,两人合葬墓中的 39 座墓,都是存在青年、成年或壮年、中年的之间的男女合葬墓;存在男中年、女壮年,或男壮年、女中年;男女皆壮年,或男女皆中年的现象。这样的情况,一般在考古思维中会推测是夫妻合葬。不过,也有年龄相差比较大的,如 03SY1M58 墓,一次葬,有 A、B 两个个体,A 个体是壮年男性,B 个体是成年(20—30 岁)女性。虽然两个个体的年龄相差的大了一些,但在考古思维中不能排除他们是夫妻合葬的可能。

此外,三人合葬墓,如 03SY1M8 墓,二次葬,有 A、B、C 三个个体的头颅骨,其中 A 个体是中年男性,B 个体是未成年个体、C 个体是中年女性,这种情况也排除 A 和 C 个体是夫妻合葬的可能。四个个体合葬墓,如 03SY1M12 墓,二次葬,有 A、B、C、D 四个个体。其中 A 个体是中年男性、B 个体是中年男性、C 个体是中年男性、D 个体是壮年女性,这里面也不排除存在夫妻合葬的可能。五个个体的合葬墓 03SY1M25 墓,有 A、B、C、D、E 五个个体,其中 A 个体是青年女性、B 个体是青年女性、C 个体是青年男性、D 个体是成年女性、E 个体是成年女性。洋海文化的 1 号墓地,单人葬墓 141 座,占到了 65%;两个个体以上的合葬墓有 76 座,占 35%。

4. 扎滚鲁克文化葬俗

扎滚鲁克文化分布在塔克拉玛干沙漠南缘,以且末扎滚鲁克 1 号墓地发掘的 126 座墓是其代表,年代在公元前 800—前 300 年中期,大体相当于内地中原的春秋战国秦时期。

扎滚鲁克文化的墓葬形制,以长方形竖穴土坑墓为主,其次是单墓道竖穴棚架墓,还有长方形竖穴二层台墓和多室墓(一墓两室、一墓九室)。发掘的墓葬中,单人葬墓 31 座,占 24.6%;两人合葬墓 36 座,占 28.6%;三人合葬墓 17 座,占 13.5%;四人合葬墓 14 座,占 11.1%;5、6、7、9 人合葬墓 8 座,占 6%;丛葬墓 7 座。96QZ1M89 墓,丛葬 10 人,7 成人 3 小孩,性别不明。96QZ1M24 墓,丛葬 14 人,成年男性 4 人,成年女性 1 人,小孩 2 人,7 人性别不明。96QZ1M64 墓,17 人合葬,成人,性别不明。96QZ1M4 墓,丛葬 19 人,成年男性 7 人,成年女性 7 人,小孩 1 人,有 4 人性别不明。96QZ1M14 墓,丛葬 19 人,成人 4 男 11 女 2 小孩,2 人性别不明。98QZ1M154 墓,丛葬 26 人,成年男性 5 人,成年女性

12 人,小孩 7 人,2 人性别不明。96QZ1M44,33 人合葬,成人,性别不明,占 5.6%。此外,还有 13 座墓,占 10.3%,情况不明。

扎滚鲁克文化两人以上的合葬墓(两人合葬、三人合葬、四人合葬、五人合葬、六人合葬、七人合葬、九人合葬、丛葬)82 座,占 65.1%。

二、南疆史前考古文化的社会组织结构分析

新疆南疆地域辽阔,有着特殊的地理环境,使得其各不同环境中生活的史前居民的社会发展可能存在不平衡性,或者是区域的变化。不过,作为南疆这个区域来说,总是存在一种具有代表性特征的社会趋势,或许可以称作主流的社会发展趋势。这个主流社会发展趋势是新疆南疆社会发展的必然,也是社会发展的大趋势。这个主流社会的发展,在新疆做考古在考古思维的认识上,得从墓葬的葬俗上去探索,墓葬的埋葬情况无疑是能够反映这些信息的,让人们可以认识到其历史发展的必然轨迹,这也就是史前墓葬墓主人人员的变化所能反映的社会组织结构的实际。

1. 南疆史前考古文化的年代

在新疆考古的年代学上,小河文化和林雅文化,属于新疆青铜时代早期的考古文化。小河文化的年代在公元前 2200 年—前 1400 年,林雅文化的年代在公元前 1900 至前 1300 年,相对来说,这两个考古文化之间存在明显的年代的重叠现象,虽然他们之间存在分布上的区域有明显的差别,但不排除他们在新疆史前社会发展中的社会组织结构存在共性,也存在差异。焉不拉克文化,年代在公元前 1600—前 470 年,相对来说,属于新疆青铜时代中期至早期铁器时代的考古文化,其年代与小河文化和林雅文化也有重叠的时间,不过其下限延续的时间更长了一些,在分布地域上与林雅文化处在同一地域范围之内,或许我们可以认为焉不拉克文化与林雅文化之间的社会组织结构存在一定的延续,而与小河文化存在不同分布地域因素上的必然变化。洋海文化洋海古墓群中的一号墓地分布在吐鲁番盆地,发掘的墓葬中除极个别的墓葬外,绝大多数属洋海文化,年代在公元前 1300—前 300 年中期,相对来说,属于新疆青铜时代晚期至早期铁器时代的考古文化,洋海文化虽然与小河文化存在年代上的不衔接,但与林雅文化的年代存在一定的衔接,与焉不拉克文化存在年代上的重叠,同时又往前延续了一些,由于两地相对比较接近,或许可以认为其社会组织结构存在一定的延续或者是影响及变化。扎滚鲁克文化分布在塔克拉玛干沙漠南缘,年代在公元前 8—前 3 世纪中期,属于新疆早期铁器时代的考古文化,其年代与焉不拉克文化有些重叠,完全落入洋海文化后期的年代范围,虽然扎滚鲁克文化与洋海文化的分布地域相距较远,随着新疆南疆史前社会的发展,或许我们可以找到其社会组织结构存在一定的影响、延续或者是地域因素上不同考古文化现象上的变化。

新疆考古在讲述所谓的史前社会,是以汉代以前为界的,这个界线即是早期铁器时代与汉代之间的界。也就是说汉代"西域三十六国"时期居民社会组织结构与新疆早期铁器

时代的社会组织结构之间存在着一定的必然联系，也会存在一定的延续或者是变化。这样一来，新疆南疆史前的五个考古文化，在年代上将新疆南疆青铜时代至早期铁器时代到汉代"西域三十六国"的形成之间在年代上间接或直接地联系了起来，这对我们认识南疆史前社会组织结构的内在演化、延续或者是变化有了可靠的基础保障。

2. 南疆史前葬俗上的单人葬和合葬的变化

从史前五个考古文化葬俗的上可以看到：小河文化和林雅文化单人葬占绝大多数，在小河文化古墓沟类型仅有 2 座墓是合葬墓①，占到了发掘墓葬的 4.8％，从反映的合葬情况看，两人合葬或三人合葬都是同性合葬。如是，我们或许可以认为小河文化和林雅文化以单人葬为主，合葬有可能是同性的合葬②，这一点与社会组织结构有着密切的关系。焉不拉克文化，单人葬墓占 63％，两人以上的合葬占 29％。从这一统计数据可以看出，焉不拉克文化与小河文化、林雅文化存在明显的区别，反映的是社会组织结构发生了明显的变化。洋海文化，单人葬墓占 65％，两人以上的合葬墓占 35％。洋海文化在单人葬墓所占比例稍小于焉不拉克文化，不过两人以上的合葬墓明显高于焉不拉克文化。不容忽视的是，在统计的数据上，焉不拉克文化和洋海文化的单人葬与合葬所反映的社会组织结构上的共性还是比较明显。扎滚鲁克文化单人葬占 22％，两人以上的合葬占 68.3％。扎滚鲁克文化单人葬墓明显少于焉不拉克文化和洋海文化的单人葬墓，而两人以上的合葬墓上明显高于焉不拉克文化和洋海文化，这一现象反映了两人以上的合葬在新疆南疆史前社会越来越多，这不能不考虑与社会组织结构有着密切的关系。如果将扎滚鲁克文化与小河文化相比较，其社会组织结构发生了质的变化，这里面不排除新疆南前史前社会组织结构由非家庭葬俗逐渐走向了家庭合葬的葬俗。

新疆史前葬俗还存在丛葬，扎滚鲁克文化墓葬中发现了 7 座丛葬墓。其中 96QZ1M4 墓是 19 人，96QZ1M14 墓也是 19 人，96QZ1M24 墓是 14 人，96QZ1M44 墓是 33 人合葬，96QZ1M64 墓是 17 人，96QZ1M89 墓是 10 人，98QZ1M154 墓是 26 人合葬。

也就是说丛葬墓出现在早期铁器时代，扎滚鲁克文化丛葬墓的墓葬里个体最多的是 33 人，最少的也有 10 人。

3. 南疆史前葬俗合葬的家庭意义

在新疆史前考古文化葬俗的研究上，一般将有成年（包括青年）以上适婚年龄男女合葬的墓葬，推测存在夫妻关系的可能性；将有成年以上年龄的个体不论是男性还是女性与小孩合葬的墓葬，推测也具有家庭合葬的意义。也就是说，无论是夫妻合葬，还是成人与小孩的合葬，都具有家庭的意义，而且是家庭葬的代表性墓葬。

在《新疆洋海墓地》一书里，作者对洋海文化的社会组织有些认识，称："这时生活在洋海的人群虽然还处在原始社会后期，但婚姻和家庭形态已进入文明社会，这可能是以游牧

---

① 一般讲合葬是 2 人以上，至 9 人的合葬称"合葬"。而 10 人以上的合葬，我们称"丛葬"。

② 目前我们没有见到林雅文化和小河文化小河墓地的系统性资料。

经济为主导的社会形态所独有的形式,甚至完全有可能根本就没有族外婚这种形式而且是一夫一妻制。主要生产资料如畜群和草场由氏族公社公有,而一般生活资料如墓葬中那些常见的随葬品为小家庭所有。"①

　　焉不拉克文化葬俗出现了成年男女合葬的现象。其中的 86XHYM20 墓和86XHYM68 墓,皆有成年男女各一人,同时还有一小孩,应该是典型的家庭葬墓。在《新疆洋海墓地》一书里,作者对洋海文化的社会组织有些认识,称:"这时生活在洋海的人群虽然还处在原始社会后期,但婚姻和家庭形态已进入文明社会,这可能是以游牧经济为主导的社会形态所独有的形式,甚至完全有可能根本就没有族外婚这种形式而且是一夫一妻制。"②作者在这里提出了很重要的社会组织结构:一是婚姻和家庭形态已进入文明社会;一是可能根本没有族外婚;一是一夫一妻制。《新疆洋海墓地》作者所说的文明社会,指的或许是婚姻上的文明,从非婚姻家庭的葬俗走上了婚姻家庭的葬俗;作者的"没有族外婚"即"外婚制"③的夫妻合葬的家庭埋葬习俗,这是一个值得注意的问题;作者是根据洋海墓地合葬墓的情况得出"一夫一妻制"的结论,也是一个值得注意的问题。

　　南疆史前时期考古文化的集体,说是"族"可能不一定合适④。有没有外婚制,也值得注意。在韩康信、谭婧泽、李肖的《洋海墓地头骨研究报告》中,指出洋海早期即洋海文化出土的人骨骼的人种成分的研究上⑤,指出存在不同人种的居民,这一现象在焉不拉克文化墓葬中也有发现⑥。如五堡墓地 91HWM151 墓的 5 个个体,F 个体,中年女性;H 个体,成年女性;L 个体,中年女性;N 个体,中年男性;M 个体,中年男性。其中的 M 个体和 N 个体都是男性,M 个体倾向亚洲人种特征,N 个体倾向欧洲人种特征⑦。如果,我们认为成年男女在同一墓葬,不排除是夫妻葬的可能性。不过,存在不同人种特征居民的合葬,这一现象是新疆史前时期居民成分的一个重要特点,或可以认为是居民成分的复杂性,与"外婚制"没有关系;或可以认为与"外婚制"有着联系。如何认识这一问题,还须做进一步的分析研究。

　　洋海墓地的两人合葬墓,绝大多数是成年男女的合葬,推测是一夫一妻的合葬是正常

① 吐鲁番市文物局、新疆文物考古研究所、吐鲁番学研究院、吐鲁番博物馆编著《新疆洋海墓地》(中),北京:文物出版社,2019 年,604 页。

② 吐鲁番市文物局、新疆文物考古研究所、吐鲁番学研究院、吐鲁番博物馆编著《新疆洋海墓地》(中),604 页。

③ 《中国大百科全书·民族》,北京:中国大百科全书出版社,1986 年,444 页。

④ 钱伯泉编著《新疆民族史》(普及本),乌鲁木齐:新疆人民出版社,1996 年,7 页。

⑤ 韩康信、谭婧泽、李肖的《洋海墓地头骨研究报告》,吐鲁番市文物局、新疆文物考古研究所、吐鲁番学研究院、吐鲁番博物馆编著《新疆洋海墓地》(中),641—901 页。

⑥ 韩康信《新疆哈密焉不拉克古墓人骨种系成份之研究》,《考古学报》1990 年第 3 期,371—390 页;王博、崔静《1991 年五堡墓地 M151、M152 颅骨的人种学研究》,《新疆文物》1995 年第 1 期,28—43 页。

⑦ 研究者没有对女性个体进行人种成分的分析。

的认识。不过,也存在三人合葬、四人合葬、五人合葬的现象。三人合葬的情况,存在:03SY1M26 墓 3 人合葬,一男二女。男是青年 18—22 岁,一女是成年,一女是壮年 35—45 岁;03SY1M62 墓 3 人合葬,一男二女。男壮年 25—35 岁,一女是成年,一女是壮年 25—30 岁;03SY1M76 墓是 3 人合葬,二男一女。一男中年 35—45 岁,一男壮年,一女壮年 30—40 岁;03SY1M101 墓 3 人合葬,二男一女。一男中年,一男成年,一女壮年;03SY1M155 墓 3 人合葬,一男二女。男成年,二女皆成年;03SY1M167 墓 3 人合葬,二男一女。一男中年 30—45 岁,一男成年,一女成年。四人的合葬,存在:03SY1M12 墓 4 人合葬,三男一女。一男中年 40—55 岁,一男中年 40—45 岁,一男中年 40—45 岁,一女壮年 25—45 岁。五人的合葬,存在:03SY1M25 墓 5 人合葬,四女一男。男青年 20—25 岁,一女青年 18—25 岁,一女青年 17—22 岁,二女成年。

以考古思维,上面指出的无论是成年男女的三人合葬、四人合葬、五人合葬都是家庭的合葬。不过,认为只有一夫一妻制一种家庭形式是值得怀疑的。洋海文化夫妻家庭合葬墓的出现改变了居民社会关系和经济关系,在此基础上,自然也会影响到家庭的关系,产生了非一夫一妻制的婚姻关系,也是很正常的。

新疆史前墓葬的丛葬墓,其墓室或许可以称作是"公室"。在民族学中有"公房",称"公房,指一些民族未婚青年进行社交活动的公共房屋。由村寨或部落负责兴建,每寨有一所至几所"①。扎滚鲁克文化的丛葬墓,显示了居民的视死如生的观念。在墓葬上,应该不能认为是青年男女的社交活动公共场所,而应该是具有家庭或家族家庭意义上的丛葬。因为,96QZ1M4 墓、96QZ1M14 墓、96QZ1M24 墓、96QZ1M89 墓和 98QZ1M154 墓中,不仅有成年男女,而且还有小孩。扎滚鲁克文化丛葬的"公室",反映的是社会组织结构中存在家族家庭的意义。

4. 小河文化古墓沟类型墓葬的随葬品

王炳华先生在研究古墓沟墓地葬俗时,称:"从社会组织状况分析,虽属原始社会早期阶段,但社会成员间,对财富占有,实际上并不均平。"②又称:"我们的概念一直是,原始社会,人们是完全平等的。但古墓沟墓地展示的一些情形,开拓、深化了我们的视野。人们,都包、披毛线毯,但有细致、粗糙之别。有的人毛毯破了,反复织补;有的却较细致、密实,相对较好。缀连毛毯的可以有骨锥,也有随插可获的红柳杆。人们的物质生活既贫乏、又艰难。这是生产力低下的原始社会可以理解的场景。但是,聚落成员间,占有的财富并不均平。深楔在男子腹腔内的细石镞,还可以看到不同聚落间的矛盾、冲突。这些,都揭示了即使在原始社会,也有值得关注的并不平等、和谐的种种因素。"③《新疆洋海墓地》作者,称:"主要生产资料如畜群和草场由氏族公社公有,而一般生活资料如墓葬中那些常见的

---

① 《中国大百科全书·民族》,136 页。

② 《新疆通史》编辑委员会编《古墓沟》,170 页。

③ 《古墓沟墓地发掘资料,亟有助于原始社会史认识》,《新疆通史》编辑委员会编《古墓沟·序言四》,6 页。

随葬品为小家庭所有。"①

王炳华先生在这里说的不平等,是个体的随葬品占有的不平等。《新疆洋海墓地》作者称:"一般生活资料如墓葬中那些常见的随葬品为小家庭所有。"洋海文化的非家庭的单人葬墓占 69%,占到了大多数,所以随葬品是否能显示是"小家庭所有",还是"公社公有"是一个值得注意的问题。

一般来说,"财富"指的是具有价值的物品。如是,在小河文化古墓沟社会居民的生产或生活以及出现的随葬品之间的差别,可能不存在"财富"概念的意义,所以,应该也不存在"占有的财富并不均平"或"对财富占有,实际上并不均平"即对"财富"占有的"不均平"或"不平等"的意义。我们要认识所谓的"财富"即随葬品的"不均平"或"不平等",应该分析小河文化居民社会的生产方式的生产力以及生产工具和生产资料的所有制等。

小河文化古墓沟居民的生产力把自然物改造成为适合自己需要的物质资料,从王炳华先生提到的以及墓葬出土的物品:反映农业生产的有小麦;反映养畜业的有牛、羊以及乳酪;反映狩猎的有马鹿角锥、禽骨珠、旱獭类动物、鼬;反映捕鱼的有残网罟。反映手工艺方面的有:石器加工的打制细石器和磨制石器,还有纹石、玉珠、石人的制作等;木器加工的木棺、地表建筑木构件、木人、木锥、木盆、木槌、木碗、锯齿形刻木、尖木杯、人面像木雕、木桩、铣形木器、尖状木器等;骨角器加工的骨锥、骨珠、骨管、牛角器、牛角杯;草器加工的草篓、草把、簸箕状编织物、苇席、草绳 苇箭;皮加工的羊皮、绵羊皮、山羊皮、旱獭类动物皮、鼬皮、牛皮;毛织造有毛毯、毛布、毛绳;服装制作的毡帽、毛织帽、裘皮上衣、皮衣、外皮衣、皮鞋、毡靴、牛皮底鞋。此外,还有毛布制品的毛布囊、制毡、铜片加工等等②。

由这些随葬品可以看到,小河文化古墓沟类型居民生产方式生产力的物质资料的改造,内容是非常地丰富。首先在任何一个社会,都不可能让每一个个体都具有这样的全面的知识、经验和技能,如是,就应该存在一定的分工,小河文化古墓沟类型的社会分工,或许是居民的因人而异的自然分工。所谓自然分工就是以个体的喜好以及天赋技能形成的社会分工,或许是非固定形式的社会分工,我们可以称作"小河文化式分工"。居民可以存在所谓的个体的一技多能,多能应该是与其一技艺相适宜的多能。比如,狩猎者,除了对猎物习性的客观了解外,还有制作狩猎工具的能力。小河文化古墓沟类型有狩猎技能的猎人,狩猎可能是存在射猎,在狩猎工具的制作上,可能得会打制石镞,制作弓和箭。有毛织造技能的人,可能也存在服装制作的技能,制作不同材料的服装(毡帽、毛织帽、裘皮上衣、皮衣、外皮衣、皮鞋、毡靴、牛皮底鞋)。木器制作的木棺制作技能的人,也可以制作其他的木器(地表建筑木构件、木人、木锥、木盆、木槌、木碗、锯齿形刻木、尖木杯、人面像木雕、木桩、铣形木器、尖状木器)等等。自然这里面还存在其他一些相关的物品的制作,只

---

① 吐鲁番市文物局、新疆文物考古研究所、吐鲁番学研究院、吐鲁番博物馆编著《新疆洋海墓地》(中),604 页。

② 《古墓沟墓地发掘资料,亟有助于原始社会史认识》,《新疆通史》编辑委员会编《古墓沟·序言四》,153 页。

是不作为随葬品进入墓葬而已。

在小河文化居民的生产中,无疑是存在集体生产,农业生产是需要集体劳动的,因为新疆南疆的农业是灌溉农业,需要引水灌溉。狩猎中的大型动物捕捉,如马鹿的捕捉,可能也需要集体的狩猎。我们很难想象小河文化居民的个体有很强的生产能力,形成了脱离集体的自然的个体生产、生活,因为史前社会的生产也会受到生产关系的制约。

小河文化古墓沟类型居民的随葬品反映的社会现象,感觉不一定是墓主人个体的愿望,而可能是一种社会行为。在古墓沟类型墓葬里出土有一种称作"锯齿形刻木"的木器,一件称作"木器"的木器。王炳华先生怀疑,木器"或于抛掷、守猎有关"①? 我感觉,"锯齿形刻木"和"木器",可能是织造工具,"锯齿形刻木"可以称作"齿刃打纬木工具";"木器",可以称作"挑花木刀"。打纬木器和挑花木刀出自古墓沟类型古墓沟墓地 42 座墓的 7 座墓葬里,除 79LG2M12 墓和 79LG2M14 墓随葬了 2 件外,其他的墓都随葬了 1 件。墓主人有成年女性、成年男性和幼儿。"打纬木工具"和"挑花木刀",作为成人来说,可能是"小河文化式分工"的织造工,而对于《古墓沟》称作的婴幼儿即幼儿来说,说他(她)是织造工,就有点牵强了。我想,在小河文化的年代,小河居民的埋葬仪式是小河文化居民生活中具有很重要的、很强的宗教性的信仰意义的集体活动,随葬什么东西由现实的社会决定。

在前面提到小河文化居民随葬石人和木人的葬俗,出现在 42 座墓的 6 座墓葬里,也应该是反映了宗教性信仰意义的集体活动由现实社会所决定的。如果将这些现象作为社会"不平等""小家庭所有"都是可以进行再探讨的。

5. 南疆史前社会的组织结构

在涉及小河文化古墓沟墓地的单人葬时,王炳华先生称单人葬,"男女性墓葬,分置墓地不同地点,不见男女墓穴相邻的情形。而是男性墓、女性墓彼此相对集聚入葬。清楚表明,这时还没有出现比较稳定的个体家庭"。"由于并没有稳定的个体家庭,婴幼儿入葬处,也相对集中。未见出某一婴幼儿与某一特定女性相依相靠的情形"②。

王炳华先生提出的"这时还没有出现比较稳定的个体家庭"是非常有意义的。小河文化和林雅文化同属于南疆早期青铜时代的考古文化,墓葬的绝大多数是单人葬或以单人葬为主的葬俗。推测这一时期,新疆南疆的单人葬反映了其社会组织尚处在非家庭③状态下的葬俗,如是,小河文化存在的婚祭现象就不难理解了,其形式是:男性棺前竖桨形立木即女性的象征符号;女性棺前竖柱状立木即男性的象征符号。在新疆史前社会婚祭还会

---

① 《新疆通史》编辑委员会编《古墓沟》,18—19 页、56—57 页、61 页、66 页、73 页、77 页、135 页、153 页。79LG2M6 墓,随葬有锯齿形刻木(79LG2M6:1);79LG2M11 墓,随葬有锯齿形刻木(79LG2M11:8);79LG2M12 墓,随葬有两件锯齿形刻木,锯齿形刻木(79LG2M12:2)、锯齿形刻木(79LG2M12:8—1、2、3);79LG2M13 墓,随葬有锯齿形刻木(79LG2M13:7);79LG2M14 墓,锯齿形刻木(79LG2M14:3)、锯齿形刻木(79LG2M14:4);79LG2M35 墓,随葬有锯齿形刻木;9LG2M41 墓,随葬有木器(79LG2M41:9)。

② 《新疆通史》编辑委员会编《古墓沟》,170 页。

③ 《中国大百科全书·民族》,197—198 页。

有其他的一些形式,而小河文化婚祭的特有的这一种表现在墓葬的埋葬形式上,给人的感觉居民在婚姻上处在类似于群婚或者是对偶婚①的阶段,而在墓葬上则以婚祭来显示这一时期的社会组织即非家庭状态下的社会组织,这是新疆小河文化居民的特有的埋葬形式,显示出相同社会组织结构下的不同区域在婚祭上的形式的变化。

在涉及小河文化古墓沟墓地的成年人的男性两人合葬、三人合葬时,王炳华先生称"这两组男性,关系应该比较密切"。这里的关系密切应该指的是血缘关系,即血缘关系的比较密切。相似的埋葬情况在焉不拉克文化、扎滚鲁克文中也有发现:焉不拉克文化的86XHYM48墓是两人合葬,一男性是30—35岁,一男性是25岁左右,都是成年人;扎滚鲁克文化的98QZ1M120墓是两人合葬,皆是中年男性。同时,96QZ1M96墓的两人合葬,皆是成年女性。虽然在洋海文化的报导中我们没有找到同性成年合葬的墓葬,但这并不能否定血缘关系是构成南疆史前社会组织结构的主要因素。

此外,在古墓沟墓地墓葬中存在随葬石人和木人的葬俗,共是6座。79LQ2M3墓,墓主人是30岁左右的女性,随葬有木雕人像。人像置于墓主人脚端,近棺材室西壁,人体"大体轮廓:头圆形,细颈,自顶至颈,曾经细致修削。如今,虽有朽蚀,但痕迹仍然清楚。肩稍宽而向下渐收缩。前部微凸,背部为平面,未作刻划。底部圆形座。通高37.5厘米、头部圆径10厘米,颈部高5厘米,肩部至底座16厘米,底座高4.8厘米。如是造型,当为男性形象。与女性凸显胸、臀特征,判然有别"②。79LQ2M8墓,墓主人是老年男性,随葬有木人:"出土于墓穴沙室中部填沙中。出土时头、体已分离。通高55厘米,圆头、宽肩、细腰。只是粗具人体形象,性别并不明显。面部、通体均见深、宽裂痕,可见当年曾长时代在大气中暴露,或与曾经后期扰动"③。79LQ2M12墓,墓主人是老年女性,随葬有木雕女性像。女性像"通高57厘米。系用整段胡杨木为料。细致刻、刮、削,精工雕出女性形象(像)。通体涂红色,头戴尖顶帽,辫发,垂梳于脑后。面目修长,以墨线大略勾勒眉、眼、嘴,腰部收束,胸部凸显双乳,显示其女性特征"④。79LQ2M14墓,墓主人是婴幼儿,随葬有木人。木人"雕刻人体半身胸像。通高51厘米。长脸型,头戴尖顶高帽。尖帽到下颏17厘米。胸部平平"⑤。作者没有提到木人的性别。79LQ2M18墓,墓主人是中年女性,随葬有女性石人。石人"以扁平之白色大理岩条石,切割、磨平,微加雕琢,大略显示头、肩、胸、腰带。颈下三道(疫)弦纹,显示了项饰。乳房稍凸起,表示了女性特征。最重要的面部特征,未作刻划,仅以黑线四道与一道竖线相交,略示五官。通高27.5厘米、肩宽11厘米"⑥。79LQ2M20墓,墓主人是中年女性,随葬有女性木雕人像。木人"用金属工

① 《中国大百科全书·民族》,376页。

② 《新疆通史》编辑委员会编《古墓沟》,38页。

③ 《新疆通史》编辑委员会编《古墓沟》,25—26页。

④ 《新疆通史》编辑委员会编《古墓沟》,61页。

⑤ 《新疆通史》编辑委员会编《古墓沟》,75页。

⑥ 《新疆通史》编辑委员会编《古墓沟》,86页。

具,在一段长 46 厘米、10 厘米圆木上砍削加工成形。头部加工相当细致,对女性胸部、辫发、肥硕双腿着意进行了表现。小砍圆刃,刃宽 1.6 厘米,迹痕清楚。除右胸上部稍残损外,基本完好。通高 44.5 厘米。头型长圆、肩颈、颈部未予表现,胸部突显双乳下垂,腰部收缩,臀部、大腿,有意识扩张其肥硕,着力表现其女性特点。面部五官未予表现,脑后垂一绺辫状短发,肩背至腿部,均平面。通高 44.5 厘米、宽达 11 厘米。双乳垂长达 4 厘米"①。

其中 79LQ2M12 墓、79LQ2M18 墓和 79LQ2M20 墓等三座墓,墓主人皆是女性,随葬品的木人、石人也都是女性。

6 座墓葬的 6 尊人像,除 79LQ2M20 墓的女性木雕人像雕刻出了"肥硕双腿"外,其他的 5 尊木人、石人都没有雕刻出双腿。这 5 尊木人、石人的雕刻有一个共同的特点,雕刻了不同形状的臀部。

而 79LQ2M8 墓墓主人是老年男性,随葬木人,发掘者称"人体形像,性别不明显"。79LQ2M3 墓墓主人是 30 岁左右的女性,随葬木人,发掘者称"当为男性。与女性凸显胸、臀特征,判然有别"②。从 79LQ2M8 墓和 79LQ2M3 墓随葬的木人形像看,不排除 79LQ2M8 墓随葬的是男性木人:木人是粗具的人体形象,身部似作柱状。不排除 79LQ2M3 墓随葬的是女性木人,木人的头较大,颈比较明显,肩不是很宽,臀部明显宽于肩部,这与 79LQ2M20 墓的木人臀部宽于肩部比较相似。

小河文化的小河墓地,在一女性墓葬的随葬品中出现了一件典型的白色石权杖头,石质属大理石,直径 5 厘米。石权杖头,顾名思义,权即有权力的意思,杖有手杖的意思,权杖也就是握在手里的权力的象征物。在小河文化墓葬发现的这一件石权杖头,是在女性墓葬中发现的,或许可以认为小河文化居民处在母系社会。

权杖可能代表着小河文化的最高权力,或许是象征着氏族、部落的权力。新疆一些民族中还保留着部落这一集体,一般意义上的氏族和部落都是以血缘关系联系起来的集体,或许部落是血缘相近的氏族结合体的集体,氏族内部不通婚。如是,我们可以推测小河文化的居民集体应该是进入了部落集体的时期。可以推测是母系社会的部落的权杖头,小河文化本身至少可以分出两个类型一,即小河类型和古墓沟类型。或许可以以氏族集体的概念去认识他们。部落集体一旦出现,在很长的时间里都会存在于新疆居民的生活中,因为,今天我们做少数民族调查,还可以收集到一些民族的集体。我们称小河社会是小河式部落社会。

玉兹是哈萨克族最大的血缘关系集体的称呼,如 15 世纪至 19 世纪哈萨克汗国时期的大、中、小三个玉兹。1864 年《中俄勘分西北界约记》、1881 年《中俄伊犁条约》的中俄划界,生活在中国的哈萨克族有克烈、乃曼、瓦克、阿勒班、素宛等。也就是说,玉兹下一级血缘关系集体称呼作大部落(哈萨克语:阿曼),大部落下可以存在分支,如克烈部落的分支

---

① 《新疆通史》编辑委员会编《古墓沟》,90—94 页。
② 《新疆通史》编辑委员会编《古墓沟》,38 页。

有阿巴克克烈和阿夏马衣勒克烈两大支,生活在中国的主要是阿巴克克烈。大部落下的血缘集体是大氏族集体,如克烈部落有 12 个大氏族、乃曼部落有 9 个大氏族。大氏族里有小氏族,如生活在中国的乃曼部落是托勒克塔依大氏族,其内还有 4 个氏族。随着时间流逝,今天的居民可能会忘记玉兹的血缘集体的存在,有意思的是小氏族随着人数增多也可以形成部落,这就是血缘集体是存在发展、变化的①。

小河式部落社会生产方式的生产关系,可以推测是以血缘关系集体的早期部落制度下的生产关系。小河式部落,这一现象在新疆南疆延续了很长时间,或许是整个史前时期。

王炳华先生,在研究古墓沟墓地葬俗时,称"从社会组织状况分析,虽属原始社会早期阶段,但社会成员间,对财富占有,实际上并不均平"②。《新疆洋海墓地》作者称:"主要生产资料如畜群和草场由氏族公社公有,而一般生活资料如墓葬中那些常见的随葬品为小家庭所有。"③

我们感觉,新疆史前墓葬居民的随葬品,尽管存在件数的不同,但并没有明显地显示出"社会成员间,对财富占有,实际上并不均平"。如古墓沟墓地的 79LQ2M10 墓,老年男性,随葬品有骨质串珠、骨锥、铜片和纹石、琥珀珠饰。79LQ2M2 墓,婴儿,随葬品有小草篓、姜黄色平纹毛毯、木锥、高帮毛皮毡面鞋、羊皮、毡帽、玉珠。79LQ2M3 墓,30 岁左右的女性,随葬品有木雕人像、玉饰、骨串珠、草篓。79LQ2M11 墓,成年女性,随葬品有木盆、草篓、木锥、骨锥、麻黄枝小囊、苇箭及毛布囊、锯齿形刻木、毛线毯、短统皮鞋、圆木棰状物、毡帽。79LQ2M12 墓,老年女性,随葬品有木雕女性像、锯齿形刻木、木碗、草篓、木槌、草编簸箕、草篓、锯齿形刻木、牛角、尖底木杯、毛毯、骨管、麻黄枝包囊。79LQ2M18 墓,中年女性,随葬品有木碗、石人、残铜珠。79LQ2M20 墓,中年女性,随葬品有牛羊角、残木器、女性木雕人像、骨珠项链、小铜卷④。

古墓沟墓地,墓葬随葬品的不同,显示的或许是个体的生产状况。此外,家庭葬墓的随葬品,也没有明显地显示出是"小家庭所有"。如:03SY1M80 墓,两人合葬墓,A 个体是青年男性,B 个体是壮年女性;A 个体旁随葬有木梳、木桶、角镳、骨锥,B 个体旁随葬有木纺轮、木桶。03SY1M191 墓,两人合葬墓,A 个体是中年男性,B 个体是壮年女性;两人颅骨之葬有陶器底,A 个体旁随葬有复合弓,B 个体旁随葬有发辫。03SY1M198 墓,两人合葬,A 个体是成年女性,B 个体是中年女性;A 个体旁随葬有陶单耳杯、木纺轮、簸箕残片、木梳,B 个体旁随葬有复合弓。洋海文化墓葬家庭葬墓的随葬品,虽然可以认为是家庭所

① 苏北海著《哈萨克族文化史》,乌鲁木齐:新疆大学出版社,1989 年,33—34 页。

② 《新疆通史》编辑委员会编《古墓沟》,170 页。

③ 吐鲁番市文物局、新疆文物考古研究所、吐鲁番学研究院、吐鲁番博物馆编著《新疆洋海墓地》(中),604 页。

④ 《新疆通史》编辑委员会编《古墓沟》,30—32 页、34—35 页、53—59 页、61—68 页、86 页、90—94 页。

有,但更多的显示的是男女家庭分工的不同。

三、几点认识

通过对南疆史前考古文化葬俗的分析,有以下几点认识:

1. 在南疆的青铜时代,已经形成了以定居为主的农畜业经济为主的生产方式,这种生产方式不仅延续到了早期铁器时代,而且延续时间可能会更长。由于南疆的地理环境存在一些区域性的变化,自然环境的不同使得农畜业发展并不平衡,并且家畜的构成也不完全相同。这些现象对南疆婚姻现象的变化或是发展有着一定的影响。

2. 南疆史前考古文化墓葬的葬俗,反映了南疆史前居民葬俗的发展过程,分三个阶段:首先是由单人葬为主少有同性合葬的葬俗,发展到以成年男女或者是成人与小孩合葬的葬俗,再从成年男女或成人与小孩合葬的葬俗发展到丛葬的葬俗。也就是单人葬、两人至九人的合葬、十人以上的丛葬等三个阶段。这样的划分不排除存在有人的主观因素,不过,更重要的是考虑到它存在的社会自然发展的因素规律。

3. 南疆史前考古文化墓葬的葬俗,反映到南疆史前居民家庭观念的发展过程,也是可以分作三个阶段:由非家庭观念的单人葬或同性合葬,向家庭观念的夫妻合葬发展,再由家庭观念的夫妻合葬发展到家族观念的家族家庭葬。

这样的认识是上面材料的分析的结果,丛葬墓不仅在扎滚鲁克文化有发现,同时,作为家族观念的家族家庭葬在两汉时期的扎滚鲁克墓地、山普拉墓地也有发现。在两汉时期的扎滚鲁克墓地的丛葬墓,有 96QZ1M34 墓是 18 人合葬;96QZ1M65 墓是 16 人合葬,98QZ1M139 墓是 13 人合葬;98QZ1M147 墓是 24 人合葬;96QZ2M1 墓是 17 人合葬;96QZ2M2 墓是 27 人合葬等六座。在两汉时期的山普拉墓地的丛葬墓,有 92LS26 墓是 216 人合葬,84LS1M01 墓是 133 人合葬、84LS1M02 墓是 146 人合葬。山普拉墓地的丛葬墓,除了成年的男女之外,也有小孩,家族家庭葬的规模要比扎滚鲁文化的墓葬更大一些即人数更多一些。

4. 在南疆的史前居民的生活中,由墓葬来对死者进行安置,首先反映的是居民的灵魂不死的观念[①]。居民的灵魂不死的观念,是以祭的形式来表现的,男女的结合用祭的形式去表现,可以称作是婚祭,如是形成了居民祭形式下的婚姻制度。在新疆南疆史前文化的婚姻制度上,应该是经过两个发展阶段,即婚祭、夫妻婚即夫妻组成家庭的婚姻。今天新疆的考古资料显示,婚祭出现的年代在公元前 2200 年,婚祭结束的年代在公元前 1300 年前。家庭状态下的夫妻婚起始的年代在公元前 1300 年后,也就是说公元前 1300 年是婚祭和夫妻婚的年代分界线。

从南疆的这五个考古文化:推测在公元前 2200 年—前 1300 年间,南疆居民的社会组

---

① 任继愈主编《宗教词典》,上海:上海辞书出版社,1981 年,570 页。

织,处在非家庭状态下的婚祭葬俗,在公元前1300年后,出现了家庭状态下的夫妻合葬的葬俗,在公元前800年后出现了以家族丛葬的家庭的葬俗①。

5. 在古墓沟墓地墓葬存在的随葬石人和木人的葬俗,除了具有与婚祭相关的观念外,不排除居民们存在家庭和家族的始祖崇拜的观念②。

6. 在新疆南疆的历史上,中国史书明确记载了汉代的"西域三十六国",以考古思维研究西域三十六国形成的年代,可以称作"先西域三十六",即史前时期的"西域三十六国"。在新疆南疆出现"先西域三十六国",说明史前时期居民的分散集聚,无疑是受到生存环境以河流作条件的制约。而作为汉代人(班固)对"西域三十六国"的认识,也是建立在居民的分散集聚形式之上的。所以,"西域三十六"的形成:一是南疆发展受到了河水分布的制约,一是受到社会组织结构发展的影响。

通过以上的五种考古文化现象的分析,从社会组织结构上讲"先西域三十六国"起始的年代,应该在新疆史前考古的家族家庭观念形成时间,如是,其年代不排除在公元前800年间。对这一年代的认识,不仅要考虑"先西域三十六"与"西域三十六"的社会组织结构相适宜性上,同时,也要考虑两汉"西域三十六国"考古以及"前西域三十六国"的考古文化现象。扎滚鲁克文化无疑是其典型的"前西域三十六国"代表之一,或许能明确地说明"先西域三十六国"是建立在家族家庭社会组织基础上的。

在新疆南疆史前社会出现的丛葬墓这一葬制,类似的两汉时期山普拉墓地如此多的即216个个体的丛葬墓,目前在新疆南疆两汉以后的墓地考古发掘中不再有发现,这或许反映了新疆南疆社会组织结构发生了新的重大的变化,走向了新的夫妻合葬的家庭葬社会组织结构成为社会的主流。我想以《中国新疆山普拉》中对社会的组织的总结作结束:"山普拉墓葬群,早期的52座墓葬除1座情形不明外,小孩单人葬46座,合葬墓3座,其中84LS1M36墓是小孩合葬,丛葬墓4座。葬式的主要特点是:小孩与成人分葬,各有自己的墓穴。小孩或单人葬,或双人葬;成人以丛葬为主,初步统计92LS2M6墓人数达216人,84LS1M01墓是133人、84LS1M02墓是146人、92LS2M3墓是54人,埋葬的绝大多数是成人,另外,还发现两座成人的合葬墓,92LS2M1墓是6人,84LS1M15墓是5人,84LS1M15墓有情况比较特殊,暂不作讨论,92LS2M1墓也是成人葬的一种形式。初步可以认为,丛葬是当时社会的普遍现象,反映国家社会是建立在以家族为单元的亲属组织基础之上的,而不是一般的家庭单元。晚期的14座墓葬3座遭破坏严重,埋葬形式不完全清楚。剩余的11座墓:小孩单人葬5座,成人合葬墓2座,84LS1M50墓和3684LS1M05墓是单人葬,母子合葬2座。从中可以看出埋葬情况发生了明显变化,成人墓埋葬人数的数量在减少,说明这一时期仍然保留了家族合葬的遗痕,同时出现了夫妻及家庭近亲合葬的形式,由他们构成社会的基础组织。同时,母子合葬墓数量少,也能看出家庭组织亲属的

---

① 《中国大百科全书·民族》,198页。

② 任继愈主编《宗教词典》,99页。

一种社会关系,说明居民血缘观念是以母系为主的可能性。上面指出的社会现象不仅仅发生在于阗国,处于丝绸之路南道的其他国家也有类似的情况。分布在古且末国境内的扎滚鲁克墓葬群的发掘,与此反映的情况是非常相似的。"①

---

① 新疆维吾尔自治区博物馆、新疆文物考古研究所编著《中国新疆山普拉——古代于阗文明的揭示与研究》,乌鲁木齐:新疆人民出版社,2001 年,47 页。

镇番骆驼与骆驼客

——河西四郡之武威郡镇番卫对于丝绸之路和经略西域的意义

孙一然　　孙明远

福建龙岩学院 甘肃省民勤县地方志办公室

概　　论

（一）骆驼功

活跃在西域和中原的镇番骆驼和镇番骆驼客，是沿途各族群物资交流和文化交流的纽带，对于文明互鉴、民族团结、祖国统一作出了重大贡献。

兵马未动，粮草先行。不论冷兵器时代，还是热兵器时代，惨烈争夺和誓死保卫的是衣食、弹药的生产基地，而对峙地点却往往在遥远的边关或天险荒原，或者干脆设在第三方的领地，拼的是经济实力和保障能力。而保障能力，一半是产能，一半是运输。说到底，政治军事的对抗，打的是一个消耗战。

谁的产能大，谁的运力强，谁的人心齐，谁就能赢得战争。所以汉武帝把击败匈奴右方王将休屠王和浑邪王、右贤王，设置大汉王朝的武威郡、张掖郡等河西四郡，宣示武功军威，叫作"断匈奴右臂""张大汉之掖"。今天，河西走廊的张掖市和张义镇因此得名。明太祖派重兵长期驻扎在此屯田戍边，进而移民实边，镇压元朝残余势力骚扰作乱，叫作"镇番"。尽管这些地名有明显的历史局限性。

运输工具就是被誉为"沙漠之舟"的镇番骆驼；人才就是享誉亚欧大陆的镇番骆驼客；冶炼骆驼客的熔炉就是得天独厚的自然地理和自匈奴起到明朝的《养驼例》再到亘古传唱的《骆驼经》《骆驼号子》。

（二）《骆驼经》

镇番是丝绸之路和经略西域的物资生产补给地、运输工具"骆驼"的生产基地，是镇番骆驼客的培养基地。知名驼把式骆驼客不断涌现，不断被超越。镇番骆驼客杨中齐的《骆驼病防治》被国家教育部列为高等院校畜牧专业教材,《民勤骆驼客》被收入国家级非物质文化遗产名录,江湖上称之为《骆驼经》。镇番骆驼客或曰驼把式,区别于其他驼队的最大特点是,相当数量的人识文断字,或者愿意识文断字。"骆驼不可不养,诗书不可不读"是镇番老百姓的齐家守则。

(三)骆驼客

骆驼客和他们的使役对象骆驼,在长期的生活生产实践中,彼此已经合而为一,不分你我。已经人就是骆驼,骆驼就是人了。恶劣的环境,凶险的前途,让他们惺惺相惜,同甘苦共命运,形成了忠于使命、敢于牺牲、开拓创新、和衷共济、吃苦耐劳的骆驼客文化,为后世留下了一笔宝贵的精神遗产。在人类文明史上,树立起了一个独特的文化坐标——骆驼客。

一、镇番骆驼纪事

民勤,汉武威郡,唐白亭军,明镇番卫,清镇番县,民国、新中国民勤县,地处河西走廊东北部,石羊河流域下游,东西北三面被腾格里和巴丹吉林两大沙漠包围。特殊的自然环境和典型的温带大陆性沙漠气候,是骆驼生息繁衍的理想场所。《甘肃通志》记载:镇番"粮棉繁盛,驼羊成群"。

文字记载驯养役使骆驼最早的古代部族是我国的匈奴,匈奴右地的休屠王等领衔。汉武帝时期,匈奴是中原汉族政权最危险的敌人。骏马能历险,骆驼善负重,造就了匈奴人横扫亚欧大陆的铁骑。

张骞出使西域,马骑能人,驼载重礼,来回历时13年,向汉武帝提交了一份极为珍贵的考察报告,对于汉室贸易的发展和向西扩张势力具有非常重要的意义。此后汉朝先后两次远征匈奴,卫青和霍去病动用了3万峰骆驼、6万步兵、6000骑兵,两路夹击,大获全胜,"断匈奴右臂""张大汉之掖",设河西四郡——武威、张掖、酒泉、敦煌。武威郡驻武威县,就是现在的民勤县。一条与西域诸国的交通大动脉形成了。中原内地沿这条皇家官道出口进口的商品,以丝绸为最,这条路就被后世叫作"丝绸之路"。

公元前119年汉武帝派张骞第二次出使西域,使团300余人,骆驼500余峰,驮着大量金帛财物,与西域大部分国家建立了关系。由于"丝绸之路"的官方开通和保护,中原与西域的文化交流有了极大的发展。承担货运的骆驼客,很大一部分来自盛产骆驼的民勤。民勤是丝绸之路的枢纽型站点。

民勤的唐代墓葬中,有很多形象逼真、造型优美、色泽艳丽的唐三彩骆驼。唐三彩骆驼曲颈,昂头,刚毅,顽强,神态镇静,步履稳健,浑身洋溢着大唐气象。《镇番遗事历鉴》记载:"明成祖永乐十一年,始定《养驼例》。每五丁养一驼,三年增倍。凡五丁养二驼者,免应差,地亩征粮一半;五丁养五驼者,征粮皆免;一丁超养一驼者,按例奖赏。以故镇邑橐驼日有增加,不几年,其数至于十万计。"相传,明太祖朱元璋举行开国大典时,急需8匹白马作为瑞兽,但一时在全国挑选不出来,后从民勤骆驼中精选了9峰白骆驼。

民勤白骆驼因此戴上了"贡驼""皇驼"的桂冠。明代镇番卫进一步有所作为,官方主持在苏武山修建了苏武庙,每年在庙会上举行盛大的驼羊会,奖励驼事。因为明代中央政府的《养驼例》,本文把活跃在丝绸之路并且产生了深远影响的民勤骆驼和骆驼客叫作"镇番骆驼"。

在兰州黄河铁桥尚未开通之前,民勤一直是连接中原、华北、西北、以至于亚欧陆路的交通枢纽。20世纪70年代末,一些固守传统的蒙古人和民勤人,还在坚持使用骆驼作为交通工具。驼铃一直响到了20世纪80年代。

民勤骆驼队独领风骚,素有"大帮驼铃"之称。清代著名的史学家张澍的《橐驼曲》:"草豆为刍又食盐,镇番人惯走赶趁。载来纸布茶棉货,卸到泾阳又肃甘。"明末清初,茶商马合盛,由陕西移居民勤。原因就是相中了民勤的骆驼和骆驼客。镇番骆驼为马合盛蓄势腾飞奠定了基础,催生了后来参与历代中央政府军政大事的辉煌战绩。

1936年夏秋之交,《大公报》资深记者范长江,不远千里孤身一人深入内蒙额济纳、阿拉善两旗采访。在穿越腾格里沙漠时与马合盛包绥茶号大帮驼队不期而遇,一路上攀谈国事兵运、抗日大计。范长江敬佩他们的爱国义举,文章中称其是"真正的爱国主义"。1937年,民勤人民深明大义节衣缩食募捐黄金五千两支援抗日,官方委派神勇无敌的马合盛茶号的掌柜驼龙负责押送。黄金的香味引来了土匪、军阀、地头蛇,他们前堵后追,拦路抢劫,而绿林好汉则拔刀相助⋯⋯1991年,西安电影制片厂以此为题材,摄制发行了电影《骆驼神卦女》。1940年秋,于右任为国民政府监察院院长时,接见了在重庆求学的马禄程、王宜农、安兆恩、杨绮远等4位民勤籍学友。当学子们自报家门时,于公感慨地说:"甘肃是我的舅家,民勤有我的恩人。"于父落难,得到过民勤马合盛驼队的解救。

镇番骆驼客杨中齐,生于清朝,长于民国,出彩于新中国,被甘肃农业大学特聘为脱产教授,任教畜牧学,学术专著《骆驼病防治》被国家教育部列为高等院校畜牧学专业教材。

二、骆驼高高马合盛

民勤童谣:"骆驼骆驼高高,马家园里烧烧⋯⋯"马家园,即一代儒商马合盛在民勤的庄园苑圃。马合盛家族是陕西茂陵汉将马援的后裔。始祖居于山西洪洞县焦马店,家境清贫,开油坊卖油为生。由于为人忠厚老实,童叟无欺,方圆几百里都知道马家油坊的油质好、价格公道,生意很是兴隆。

相传有一日,一位白须老翁,身背一褡裢风尘仆仆来到马家油坊,主人热情招呼,让座,沏茶,让老人歇息。老翁说:"我不是买油的,是走亲戚路过这里,实在有点累,想把褡裢暂时寄存在油坊柜台上,过几日来取,不知掌柜能否帮忙?"掌柜满口答应,就把老翁的褡裢小心翼翼地收藏起来。光阴似箭,一晃数月,一日盘点财物,马掌柜看到老翁寄存的褡裢仍在原处,不见老翁来取,心中甚是纳闷:"究竟里面是什么东西?为什么数月不见老翁来取,打开看看!"又想:"不妥,随便翻别人东西是不道德的。"于是又原封不动地放在那里。

冬去春来,又是一年年关将至,扫房除尘,又翻出这个沉甸甸的褡裢。两年不见老翁来取,想必不是什么重要的东西吧,打开看看。解开褡裢,里面全是金元宝,还夹着一个发黄的字条,上写"乐善好施,天命所归"八个字。马氏将元宝收藏起来,用这笔资金继续经营油坊外,还养骆驼,开银号,家业不断兴旺起来。尔后复迁陕西,与有识之士设私塾,栽培人才,聘用专家,开办茶庄,生意遍布全国十三省。北京、西安、泾阳、兰州等地都增设了茶庄货栈,马家号称"百万富翁",俗称"马百万",是清朝末年康、曹、马三大护国员外郎之一。故事近于荒诞,但替天行道、乐善好施的马合盛因此发迹却在情理之中。

明末清初,为解决运茶工具,茶商马合盛西迁甘肃,定居民勤。依托水草丰茂的民勤牧场大量饲养骆驼,结交骆驼客。相传仅骆驼珍品——白骆驼就达三百多峰。

清雍年间,青海的罗卜藏丹津阴谋独立。川督年羹尧闻讯,飞草奏报。雍正授年为抚远将军,提督岳钟琪任奋威将军,参赞军备。年羹尧集精兵四万,由西宁、松藩、甘州(张掖)、疏勒四面夹击。岳钟琪率精兵四千,"乘春草未生时,捣其不备",大获全胜,青海始定。当时,军事紧急,辎重不及,而朝廷却因故无力支军。马氏急国家之急,减百姓之苦,自告奋勇唤河西、川陕所有马家驼队一律援军,解决了军用物资后勤运输保障,为讨伐罗卜藏丹津立下了"汗驼功劳"。雍正帝诏封年羹尧一等公,岳钟琪三等公。年岳受爵时,将马氏功绩奏明雍正,雍正亲书"永盛"二字赐予马氏。从此以后,马氏世家被誉为"马永盛"。

清道光二十年(1840),清廷在鸦片战争中失败,割地赔款,国库亏空,遂向全国富户摊派"战争捐款"。马氏茶庄义捐白银10万两,道光皇帝亲书一个"福"字中堂,佩以两幅金色龙条赐予马家。清光绪初年,左宗棠发兵西征,收复新疆,马家慷慨捐银10万两,出动骆驼数百峰,解决了西征的辎重运输问题。为此,左宗棠为马家写下一副对联,盖上左公大印。

八国联军入侵北京,慈禧太后挟光绪帝仓皇西逃。商务大臣张之洞筹办官米饷银向西安运送,因车马不足,一筹莫展。马合盛茶庄驻北京东家马香甫捐白银10万两,骆驼数百峰,保驾到西安。次年慈禧太后返回北京,特赐马香甫为护国员外郎,诰封资政大夫,并授黄马褂一件,夸奖说:"真不愧为一个大引商人!"同时光绪帝赐宫女两名与马香甫的两个儿子(长子马彤卿,次子马选生)联姻。民间因此传言,马永盛家娶了皇家的公主。

马合盛此次护驾的历史意义和文化价值,不仅仅在于保驾了慈禧和光绪,而是慧眼独具的马合盛东家马香甫从故宫抢出了《四库全书》等一批珍贵书籍,驼到了民勤,后存放在民勤一中图书馆,后《四库全书》等国宝级图书被征调到了兰州,现存于兰山公园国家图书馆。国宝《四库全书》因为镇番骆驼而免遭列强劫掠。

马氏后人马积馨在陕西安康任知县时,遭遇旱灾,百姓贫困交加,哀鸿遍野。马知县心急如焚,报请朝廷开仓赈灾,但御旨迟迟不下。马知县义无反顾,冒死开仓放粮。后来朝廷降罪,虽奏明缘由,但昏庸的清廷仍以罚代罪,马氏元气大伤。

1945年马玠璧任民勤中学校长,为民勤北街小学捐助了大量的办学经费、图书等,他将自有田地180余亩和城内房舍5院捐献地方政府,作为教育基金和校舍。1950年,马玠璧又将兰州中山路陶东春房院145间捐给三区(即城关区)政府,作为创办人民路小学(今酒泉路第一小学)基金,并参加筹建工作。1951年抗美援朝时,他将"合盛谦"茶号在兰州的家产,即南关什字路东、西北执行所至城关区粮食局铺面房屋及家中器物等,全数变卖,捐献飞机一架,支援抗美援朝。一时社会反响强烈,商人纷纷效仿,掀起了兰州抗美援朝高潮。后来又把民勤老家所有房地产全部捐献给当地政府,支援国家建设。

1950年,为了和平解放西藏,护送班禅大师从西宁起程返藏。甘肃省决定在民勤县征集骆驼3600峰,驼工360人。马合盛后裔马玠璧,积极承担征集骆驼和驼工的任务。他不辞辛苦,奔波于兰州与民勤之间,以永盛马氏族人的骆驼为主的3600峰民勤骆驼很快在西宁完成编队。1951年12月19日,班禅及其行辕近2000人,浩浩荡荡从西宁出发。先乘汽车到香日德后,转由驼队护送到达日喀则托什伦布寺。因山高路险、高山反应强烈,骆驼死伤甚多,两名驼工捐躯雪域。以马家骆驼为主的民勤驼队为护送班禅进藏作出了巨大的牺牲。

1953年为支援西藏经济建设民勤人民又为西藏运粮队贡献骆驼6000多峰。

一代儒商"马合盛"的后人为国家统一和经济建设作出了卓越贡献,捐款白银总计50万两以上,支援运输的骆驼5000峰以上。

三、列宁会见民勤骆驼队

辛亥革命后,中华民国初定,清王朝残余势力尚未肃清,国家建设百废待兴,投机分子蠢蠢欲动,国际形势亦暗亦明,国外政府对华关系谨慎暧昧,外交接触举棋不定。孙中山先生出于"联俄、联共、扶助工农"的战略思考,准备与邻邦苏联政府增进友谊,增强互信,决定精选上好茶叶,作为国礼,结交苏联政府。当时东三省局势混乱,散兵军阀、土匪流寇、间谍浪人伺机危害,通俄捷径阻断,东北国门紧闭。于是中山先生起用民勤骆驼队担此重任,重走丝绸路,续写新友谊。

使团主要由民勤驼把式和少量靖远籍骆工组成,民勤商会会长魏永堃担任总领队,配备随队向导、翻译和保镖。驼队分两路从西安和民勤装茶起程,在酒泉集中。骆驼数百峰,迤逦数里,浩浩荡荡,驼铃不绝于耳。使团从敦煌的阳关出发,进入南疆的罗布泊,步履楼兰古城,横渡塔里木激流,绕道到鄯善、巴里坤,越天山走奇台,从北疆再西行直达伊犁。进入苏联境内,过阿拉木图,沿高加索地区继续西行。因天寒地冻,草料供给困难,长途跋涉的骆驼疲乏体弱,不胜驮运,驼队遂将部分骆驼出售给高加索人,后与苏联地方政府协商,茶叶国礼改由汽车运输,直达莫斯科。

路途迢迢,在两年半的行程中,驼队风餐露宿,跋山涉水,酷暑放牧,严冬夜行,经历了雪崩峡断、狂飙卷人、匪盗偷袭、豺狼当道。驼队在国内，为地方百姓宣传国策；在友邦则传播友情。驼队沿途领略了锡伯族人百步穿杨的箭法，观赏了维吾尔族人诙谐幽默的驯驴技艺，感受了哈萨克人的高超马术，体悟了高加索人经商的诚信和待客的厚道。在美丽的异国草原，驼队表演了民勤驼术、曲子戏和博大精深的武术。

驼队到达莫斯科后，转达了孙中山先生对苏联领导人的问候和敬意，并将脚程和驮力全部赠予苏联政府，苏联官员非常高兴。驼把式受到了苏联政府官员的接待。更令人惊喜的是，使团驼队接到通知，苏联最高领导人列宁会同文武官员、中国领事要来看望他们。列宁热情地接见了驼队使团，并和与会人员合影留念。之后，加里宁宴请中国使团驼队，并组织队员参观了雄伟壮丽的苏联首都红场和克里姆林宫。以后的几天里，使团骆驼队在苏联政府的安排下，广泛接触苏联工商代表和社会各阶层人士。莫斯科郊外的晚上，友好的俄罗斯工商界朋友举行盛大的联欢晚会，高大的白桦、嫣红的篝火、美丽的俄罗斯姑娘、动人的萨克斯乐舞。使团驼队在苏联活动一月有余，带着苏联政府馈赠的珍贵礼物和队员们置办的俄货满载而归。

民勤骆驼队出使苏联带去的是中国茶叶，带来的是中苏两国兄弟般的情谊。大帮驼铃续写的不光是丝绸之路的繁盛，还为苏联共产党和中国国民党两国两党开启了友谊合作之门。

1950 年，魏永堃向土改工作队员展示了他们从苏联带来的华美的地毯、衣物、饰品等清一色俄国货和列宁跟他们的合影照，讲述了受到亲切接见的幸福情景。

四、驼队编码

（一）骆驼客等级与分工

一支驼队的骆驼客，按驾驭技术和旅途经验，分为领房子、骑马先生、锅头、水头、拉链子等。

领房子是驼队的首领，技术全面，经验丰富，文韬武略。总管驼队事务，负责货物交易。

骑马先生，顾名思义，骑马而不骑驼，地位仅次于领房子，负责联络、探路、寻找水源客栈等事务。锅头、水头，也叫"大头""二头"，负责牵拉驼队的头链、二链，保障驼队的生活起居。拉链子地位最低，负责拾粪、砍柴、值夜、放牧骆驼、骆驼牵引、物品装卸等任务。

（二）扎鼻棍

鼻棍选材以霸王为最，红柳次之，拐枣再次之。鼻棍长 20 厘米左右，大拇指粗细，一头较粗，削制成元宝形；一头细，削有细槽，驼缰系其上，名为鼻钥。扎时，绑住骆驼四肢，绊倒地上，一人骑压住驼头，用锥子刺穿鼻腔横格，再穿上鼻棍，绕好驼缰。锥子为丁字形,驼骨制作。

（三）骟骆驼

儿驼长至 3 岁以上,性功能趋于成熟,有时会为争夺母驼相互撕咬,导致伤残。因此,入冬开始,就对儿驼进行去势阉割。骟骆驼的方法有三种:一种是抽骟,割开骆驼卵胞,摘除睾丸,然后缝合伤口,再用熬制的花椒水清洗消毒。另一种是扎骟,从卵胞系子处扎住,割开卵胞,摘除睾丸,任其自然风干脱落。再一种是烫骟,用铁钳夹住卵胞系子,割掉睾丸,用烙铁烫住伤口,冰糖融化其上,再用熬制的花椒水清洗消毒。

（四）烫印

把铁制的烫铃烧红,在自家骆驼的屁股处烫上记号。各家各户烫铃的图案各不相同,有的是花,有的是字,有的是主人姓氏。茶商马合盛家的骆驼上都烫着一个"马"字。

（五）调骆驼

生驼长至 3 岁后,开始调训,使其熟悉各种技能。首先训练操卧。一人牵住缰绳往下拉压驼头,口中不断发出"操!操!"口令,一人用绳绊住前蹄,一人绊后蹄,用力拉绳,使骆驼卧倒。如此反反复复,直到骆驼听懂口令熟练操卧为止。接着是训练跟队。把即将投入使用的生驼拴在驼队后面,使其学会跟随驼队驮货行走的技巧。然后是训练骑乘。给生驼戴上笼头,拴上缰绳,披上鞯,挂上脚蹬,使其操下,驼把式骑上,把住缰绳使其行走。待熟悉骆驼脾性后,再用驼鞭抽打令其快跑。骑乘练习往往结合着驼运进行。

生驼经过扎鼻棍、去势,操卧、跟队、骑乘训练后,成为熟驼,就能上鞍子搭垛子,担任货运任务了。

（六）起场放场

寒露起场。将放牧休养了半年的骆驼,收拢,备案,喂料;将骆驼客召集起来,进行新一轮培训。一切准备就绪,装货启程。秋风冬雪,寒月严霜,大半年风餐露宿,长途跋涉。

来年谷雨放场。天气转暖,将使役半年的骆驼,解鞍卸架,放至优质草场,委派把式放牧养护。

（七）装货

起场之前,骆驼客把皮毛、土布、甘草、食盐、沙米、锁阳、苁蓉等货物,衣物、栽毛褥子、皮袄、毡帽、毡靴、帐篷等宿营设备,掐花布口袋、干粮、皮囊、水鳖等随行饮食设备,锅灶碗盏等等,用驼毛口袋和麻袋分装,再备好鞍子,分装于垛子上。筛子、筐子、簸箕、箬篮等编织器具,则用绳穿好,系到夹杆上,再用布遮盖,以免风吹日晒雨淋,影响成色。

（八）编队

民勤驼队的编队多采用奇数，7至11峰拉成一链，俗称"一把子"。数把子骆驼串联在一起，形成一支驼队。头驼驼背上披鞯，挂有铁制脚蹬，供驼把式骑乘，脖子下吊一铜制酒杯状炸铃子，铃声尖锐，起号令作用。尾驼架杆末吊铁制桶状驼铃，声音浑厚，与炸铃子遥相呼应，骆驼客以此来判断驼队的安全和完整。

（九）祭天

驼队外出送货是大事。出发前，在堂屋里供出马王爷，在路口上生两堆火，把式们牵着骆驼从火堆中间经过，祝福路途顺利，生意兴旺，平安归来。亲人们都来送行祝福。

五、驼道秘笈

（一）驼道线路

民勤驼队所走的路线，北至大库伦；东北经北衙门、包头、张家口至京津；东南经兰州、泾阳、西安到汉中、河南；西南经青海至西藏；西经哈密、乌鲁木齐，到西亚、东欧。行程往往数万里，往返数月至半年甚至两三年。干买卖的大户人家和商贾字号，用驼队往外发运本地土特产，贩来铜铁、棉花、丝绸、布匹、药材、木料及各种生产生活用品。有的就地卸货，有的转运到张掖、酒泉等地。除极少数驼户兼营商业，由自己商号销售外，大部分受雇于大商号，驼户只收运输费，俗称"脚钱"。还有的驼队受雇驮送家眷。旧时，民勤人大量移居新疆、河套等地，条件好的骑骆驼去，条件差的跟着驼队徒步而去。

（二）驼夫号子

驼队的路途是漫长的，寂寞的。为了激励斗志，为了排解相思，骆驼客唱起了《骆驼号子》：拉骆驼，走四方……酣畅淋漓，豪迈奔放。在草原大漠，千古回荡。民勤《骆驼号子》起源于明朝初年，先是驼夫自创自唱，以后不断与地方音乐交汇融合，到了清代逐渐形成体系。《骆驼号子》用民勤方言演唱，一般只有2至4句，中间加以衬词，反复咏叹。2017年10月，民勤《骆驼号子》入录甘肃省第四批非物质文化遗产代表性项目名录。

（三）大风天气辨识方向

沙漠里的天气变化无常，突然间的一场大风，就把前面的路刮得无影无踪，如果不能准确地辨识方向，驼队就会迷路。优秀的驼把式，会根据地貌、草木、骆驼粪便辨识方向。

（四）打踪找骆驼

驼队在野外行走，遇到中场休息、夜晚宿营，偶尔会有骆驼离群走失，这时，必须把骆驼寻找回来。找骆驼得有一套打踪的本领。经验丰富的驼把式往往也是打踪的高手,能分辨出不同骆驼的蹄印,还能通过蹄印判断出骆驼的体型高矮、肥瘦、负重情况。更有甚者,风沙过后几天,还能在沙地上找出骆驼踪迹。

(五) 吃要食

驼队的行进,神秘有序。譬如无论走多长时间的路,走多远的路,只要不停下来,骆驼是不撒尿的。所以驼把式会根据天气、骆驼饮水、行走路途远近等状况,选择合适的地段,让骆驼小憩撒尿,人也休整一下,吃些要食。要食平常是干粮,还有炒面。炒面,是把粮食、大豆等炒熟,用石磨磨成的熟面粉。炒面可加水搅成糊状喝,也可用芦管插入炒面袋子吸着干吃。

秋季,要食吃西瓜泡馍。西瓜从中间一打两半,红柳当筷子,搅开瓜瓤,馍馍在瓜碗里一按,开吃!野外吃西瓜有个讲究,吃完要把瓜碗倒扣在地上。后来的过路人如果断水,可暂借瓜碗里剩余的瓜水救急救命。

(六) 歇脚放牧

驼队行进途中,遇到好的草场,就会暂缓旅程,让骆驼吃草,补充体力。这时要解开链子,让骆驼自由行走吃草。为防止骆驼跑远,要绊住骆驼前蹄,缰绳拴在架杆上。此时,人不卸甲,马不解鞍。

(七) 寻找水源

有经验的驼把式会寻找大沙窝,一般来讲,大的沙窝下面就有水源。或者在有芦草的地方寻找水源。再就是放开有经验的老骆驼,跟随老骆驼寻找。老骆驼可以闻到十多里外的水源。

(八) 治疗疾病

骆驼在走货途中,往往会由于水土不服、气候变化等情况出现拉稀、腹胀等症状。成熟骆驼客是具备疾病预防治疗技术的。一般采用针灸、放血、药物疗法。

火针,是用棉花蘸香油在骆驼肛门、大腿等处揉捏擦拭几下,再用烧烫的火针扎相关穴位,刺激骆驼产生抗体。米针,直接在骆驼脖子、眼窝、屁股、大腿等穴位处扎,使经络畅通。放血,把骆驼头挨地上,脚踩住缰绳,用锥子在驼头后脖颈处刺入,血呈喷溅状喷出,一两分钟后,抬起驼头,血即止住。药物主要是大黄、甘草等。把药物碾成粉末加入水中,绑住骆驼四肢,用长嘴壶从口中灌入。或者在骆驼极度口渴时,把药物粉末倒入水槽,迫使骆驼喝下。

(九) 上水

海子吃水。巴丹吉林和腾格里沙漠里,有海子。遇到海子,就要给骆驼上水。土井上水。驼道上,有许多窝铺,窝铺上有水井。上水要交钱。骆驼客和窝铺主人按人数驼数计费。支付方式一般是一碗黄米几个干粮或其他生活物资。骆驼吃水,人用水囊和水鳖装水。

(十) 盖井立照子

如果水井上没有主人,骆驼客就自己取水。取完水,有件事必须做,那就是盖井。井盖上还要压上石块,石块中间插上草标,形成一个标记,好让后来的驼队看到水井,方便取水。这叫"立照子"。

(十一) 惊贼打贼

一般驼队的领房子和先生都会一些文武功夫,可以应对贼人,保护驼队安全。大户商号的驼队,如果运送贵重物品,往往会雇用专业的镖师。明清时期,民勤武师曹振清、大侠任毛头,都是有名的"驼镖"。当然,正常情况下,先生或者东家,需要提前孝敬一些重要的官人和贼人,受过香火的兵和匪,大老远见到标志听到特殊驼铃声,是不会来骚扰的。小小毛贼,听到大户家的驼队,也会闻声而避。

(十二) 夜晚宿营

驼队常走熟路,在有窝铺井道的地方,卸垛子,绊骆驼,搭帐篷,起锅灶,拾柴禾,一切有条不紊。搭好帐篷,铺上栽毛褥子,铺盖一拉就可以休息。带火镉子时,把锅放在上面,下面塞柴点火就行。没带的时候,就近在沙土堆上掏个锅灶。天气晴朗,锅灶就搭在帐篷外,如果刮风下雪,就安在帐篷里。

驼队的饭食很简单,一般是"滚水大煮面""黄米干饭"。挖一碗面,丢点盐,倒些水,和好,饧一会儿,在刀板上一推,一拉,下到锅里,煮一阵子,就能吃了。如果带着油泼辣子和咸菜,一碗油泼辣子拉面就绝了。在沙窝上一坐,一蹲,埋头大吃,那滋味,那享受,就是神仙了。羊肉蛋子黄米干饭,则是骆驼客最奢侈的美食,滋润、耐饥而且养精神。吃过饭,驼夫们拉拉家常喧喧谎,商量一下明天的活生。老驼客给小驼夫讲一些骆驼事、骆驼经,吼号子,唱小曲,行酒令,其乐无穷。

风大了,雪大了,赶不到站点,也要就地宿营。风雪宿营讲究技巧,骆驼须头尾相连,操卧成一个圆圈,驼夫们在圈内紧靠骆驼,利用骆驼的躯体遮风挡沙。雪天,则在骆驼脖子下面铺上栽毛褥子,人躺在褥子上,上面利用骆驼的脖子和嗉毛盖住身体,人和骆驼浑然一体。如果这个地方有狼,操卧骆驼时,要把骆驼操成一圈,屁股朝内,头朝外。一则骆驼防狼打狼采取"毒液喷射"的方式,二则狼攻击骆驼是掏肛。

(十三) 续火

野外行走,有个规矩,做完饭后的火种不得毁灭,要在余火上堆上干透的骆驼粪,可使火种维持三五日不灭,行路人至此,可拨开火堆继续取暖做饭,临行时再续上。毕竟,那个时代没有火柴打火机,取火,用的是火镰火石,非常不易。

(十四) 到场

驼队安全到场,要宰羊庆贺。站头迎接骆驼客最好的方式就是大锅羊肉。计算着驼队到达的日子,大羯羊一大早就宰好了,煮好肉,备好酒,只等着远方的人儿上座。

驼队安全到场,天大地大。大的铁锅,大块的肉,大碗的酒……

骆驼客们,有的高歌,有的大哭,有的傻笑……

千里迢迢,九九八十一难,终于到站了!

六、骆驼客传奇

(一) 天爷亮得了,起来上垛子!

"天爷亮得了,赶紧起,起来上垛子!"

沙漠绿洲的傍晚,夕阳艳丽。98 岁的老太爷孙得正坐在热炕上,又说了一句突兀的昏话。身后搂着他喂饭的已经年逾花甲的儿子,习以为常,并不在意。九十岁以后,老父亲不分白天黑夜,也不管你有人没人,经常会突兀地来上这么一句昏话。

话,是昏话,却是老太爷孙得正临终前也还惦记着要大家赶紧去做的事情。他从少年时代起就开始拉骆驼挣脚钱,一辈子拉骆驼走南闯北,跑过不少地方,有过许多经历。除非亲身经历,没有人能够理解他对骆驼的感情,没有人能够理解他对那段在沙漠、戈壁、城市、窝铺、回回、蒙人、黄番、黑番之间,来往穿梭的岁月的魂牵梦绕。

2018 年 2 月 2 日,当笔者怀着对骆驼客文化的痴迷,对百岁老人的崇敬,再次来到甘肃省民勤县泉山镇复明村拜访老太爷孙得正的时候,他已处于弥留之际,再也没法酣畅淋漓地宣讲他在路上的经历了。他的儿子,一边喂百岁老父吃饭,一边说:"来得迟了,你们……"

孙得正和众多民勤骆驼客一样,默默无闻、轰轰烈烈地走完了自己的一生。他们年轻时在西北的山川之间,或近或远地联结着西北各个地方、各方民族,催动着这里的文化交融。然而很令人惋惜的是,这些骆驼客们并没有得到足够的文化关注,他们中的大多数人都在晚年的时候,带着他们对于岁月的全部记忆和独到的理解,去了另一个世界;而在弥留之际还反复警示后人马上要做的事情和必须注意的事项,却大多被当作昏话,一笑了之。

清朝和民国时期的西北,像孙得正这样从小就去放骆驼、拉驼队的民勤人很多,好多人甚至因拉骆驼而留居新疆、内蒙古、宁夏、青海,回到民勤的骆驼客,生活中也往往沉淀着不同文化的印记。孙得正家里有各种稀奇古怪的东西,他会做蒙古的棋蛋子(一种蒙族

257

民间油炸面食),他讲故事时会突然插上一句蒙古话或回回话,甚至番子话。老太爷孙得正能把听众不知不觉地带到那段充满了传奇色彩的丝路古道上。

(二) 大帮响铃"民勤人"

《史记》记载了匈奴人的奇畜"橐驼",《居延汉简》记载,西汉末年在居延屯田的汉人也开始饲养骆驼。后来西北地区的农耕民族在与游牧民族的交往中也学会了役使骆驼。大致在唐朝时,西北地区已经有了供驼队使用的站头。

民勤县古称镇番,是内地通往青藏高原、蒙古高原以及西域的重要交通枢纽,所以其地位历来被内地的茶商、盐商、皮毛商人、百货杂商、牲口贩子所看重,民勤自然就成为了茶马互市的重要站头。

几个或者几十个把子,长途跋涉,利润丰厚;另外一种是小户人家自发组团的,家中有一两峰骆驼的就近组团,结成把子,给附近的盐场和煤矿驮运货物,除了赚一点脚钱以外,还可以在城市或站头做一些便当交易,养家糊口。民勤大帮驼队大帮响铃,有自己独特的组织形式,内部分工明确。一把子一般由七峰骆驼组成,每个骆驼能驮三百斤左右的货物。每个把式拉一个把子,把子也叫链子,十几个或几十个把子,构成一个大帮。每个大帮还配有掌柜子、骑马先生、锅头、水头、拳棒手等管理人员和安保人员,一个大帮响铃往往有一百多峰甚至几百峰骆驼。西北茶商马合盛商号的驼队,有时候六七十把子骆驼同时起场,四五百峰骆驼,一串串首尾相应地排开来,长达十里,驼铃叮咚,红尘滚滚,蔚为壮观!

但是,从迪化驮运炸弹到兰州的大帮响铃,那可又是另一番不敢轻易言说的景象。

掌柜子,又叫领房子。大帮驼队大帮响铃的掌柜子受雇于商号东家,相当于东家的代理人。这样的人经验丰富,门路广,又精通商业往来的各类应酬。马合盛家就曾雇用精明能干的落第文人桑培荣担任掌柜子。有的掌柜子甚至还精通拳术。掌柜子和商号的关系既是雇佣关系,有时也是合作关系。尤其在商号货物太多而骆驼数量有限的时候,掌柜子可以代表东家雇用其他把子甚至大帮响铃入伙,所得的红利由掌柜子和临时参与的人员协商分配。每个掌柜子都有一个助手,称做骑马先生。骑马先生除了负责保障驼队前后成员的联系畅通外,还要负责探路、寻找水源、联络客栈等事务。在民族地区活动时,驼帮里还必须配备能通译的人才,一个成功的骑马先生或掌柜子往往也同时掌握一种或几种民族语言。五六个或七八个把子分作一个作业单元,各作业单元的负责人叫二掌柜,或者二房子。大帮响铃里面负责后勤保障的人有两个,一个专管驼队的用水,另一个管锅灶食品,并保障驼队的生活起居。负责拉骆驼、装卸货物的人称为链子,也叫把式。链子除了负责拉骆驼、装卸货物以外,还要在到了站头歇站时放骆驼,砍柴,做饭,值夜,这些活都由把式们轮流坐庄,一作一息一轮换。规模小一点的商号驼队相当于驼帮里的一个作业单元,分工并不明细,八九个人,五六十峰骆驼,说走就走,起作便捷迅速。

许多老道的东家、掌柜子、驼把式都和政府军队里的人有往来,甚至跑一些与官方有关的运输。民国时期民勤商会的会长魏永堃就曾受孙中山的委托,动用民勤驼队,将上好的茶叶作为国礼送到苏联,联俄联共,并且得到了列宁的接见。

民勤的骆驼队,还经营短途运输,主要货物是盐,因为盐的成本很低,路上也很少遇到强盗和军队,而且阿拉善周边地广人稀,沙漠上很少有战事发生。短途运盐的驼队都是拥有少量骆驼的几家子人临时组团的,结成一个或者几个把子,一起赚点脚钱养家糊口。这样的驼队只是一种临时而松散的合作关系,组织并不严谨,也没有明细的分工。当时民勤附近的运盐路线主要是从雅布赖盐池(今内蒙古自治区阿拉善右旗雅布赖镇)出来的。向西走,则是从雅布赖盐池出发过红砂岗,经下四分到河西堡;从东边走的路线是雅布赖—黄蒿井—茇茇槽—青土湖—民勤,再从民勤转运到宁夏中卫的盐仓。另外还有一条从北方的吉兰泰盐池运盐到现在的宁夏中卫的线路。

这种短途驼队运输,是民勤老家的骆驼客的主要生存形式,并且一直持续到了 20 世纪 60 年代中后期。

(三) 小厮不吃十年闲饭

民国初年的河西走廊,民生凋敝,百业萧条。石羊河流域的民众,往往为水权而争执,械斗不断。地处下游的民勤,境况更惨,许多人不得不奔走在沙漠水草之间以养骆驼拉骆驼为生。

小厮不吃十年闲饭。孙得正十三岁时,家里打发他出门自己讨生活,免得留在家里吃闲饭或者饿死。在当时,十三岁已经算是"够着饭碗了"。他先去民勤县和内蒙古阿拉善交界的北山给汉人东家放羊,放骆驼,有时也给蒙古东家放。北山的民勤人和蒙古人往来密切,放羊放骆驼经常在一起搭伙,当然有时候也免不了起纠纷。北山的民勤牧民在文化上也多受蒙古族文化的影响,很多人兼通蒙汉双语。孙得正在北山放牧的那段时间里学得蒙古族语言和蒙古族风俗。十六岁的时候,孙得正被本县的严家商号看准,先放骆驼,后拉骆驼,然后成了东家的合伙人。驼队起场他就当链子把式的助手,驼队放场就赶骆驼进山放骆驼。

西北地区的地方话习惯把精于某种职业的人称做把式。赶大车的人叫车把式、拉骆驼的则叫驼把式。孙得正在十六岁时给严家商号的驼把式打下手,十八岁时开始独立拉骆驼,正式出师。他带领驼队走南闯北,走北线去过王爷府、包头、绥远、张家口、北平、天津卫,向西去过西宁、玉门、敦煌、新疆等地方,向南走过河州、兰州和陕西、湖北,是一位经验富足、有胆有识、能文能武的老江湖。

驼队在路上有时会遇到不同的强盗,熟悉规矩的人知道如何应对。如遇到蒙古的强盗时,把式上前搭话一般都称对方为"把头"。把头,是"巴图尔"的音译,蒙古语英雄的意思;遇到回回强盗搭话时,就说"我们是阿拉的好人";遇到汉人的强盗则说强盗的专用黑话。那个时候的掌柜子、驼把式,必须社会交际面很广,能力很强,广度和强度至少能维护驼队行进的安全。因此许多驼把式往往和政界、商界、匪界、军界一定层次的人有不同程度的交往,同样也了解许多族群的文化民俗。他们经常出入不同的文化之中,跨越地域、文化和社会的边界,身上具备混合的文化气质和丰富的社会阅历。

那个时代,河西战事不断。骆驼客们的消息必须灵通,哪条路上将要打仗,哪条路上现在换了谁的人,哪条路什么时候能走,什么时候能绕开,得绕开,往往需要提前知道。但有时候军队也会强行征用驼队,做军事运输。总之,遇到战争,商号就遭了殃了,马合盛茶庄的生意就败在了日本鬼子兵上。

老太爷孙得正曾经接过一单军需,从迪化驮了一批炮弹到兰州。他讲到炮弹时会反复说:"那些炮弹,盛世才给的,全叫蒋介石使唤掉了!"那神情或是惋惜,或是恐惧,或是羡慕,或是炫耀,令人难测。

新中国成立后不久,严家的商号响应号召公私合营了,驼队也随之"入社"。孙得正回到了原来放牧的地方和蒙古人一起放牧去了,又过了几年才返回民勤老家。当时生产队里骆驼很少,拉不起把子,因此孙得正从此再也没有拉过骆驼。一辈子和牛羊骆驼打交道的孙得正不会种地,所以他重操旧业,一直给村集体放牧牛羊。

(四) 大靖土门子

18 岁那年,孙得正担任了严家商号的驼把式。严家是民勤人,商号开在了甘肃省古浪县的大靖镇。当时的大靖处在北上宁夏川、南下秦陇的商路交通枢纽上,同时大靖也是关陇、四川等地的商队北上蒙古和西进新疆的重要停靠重镇。另外,阿拉善高原周边的盐运线路也多路过大靖。这个坐落在长城下的小镇子,在今天看来,只是一个乡镇政府的所在地,但在当时却是个商旅云集、店铺林立的繁华都会,蒙藏回汉驼队络绎不绝,驼铃声昼夜不息,军阀土匪神秘出没。因此,甘青宁一带的民间一直流传着"要想挣银子,走一趟大靖土门子"的谚语。

大靖,被民间褒誉为"小北京",繁华,富庶,南北各民族文化的交融、茶马互市的车水马龙,天天在这里隆重上演。这个著名的西部商贸重镇的式微,是兰州黄河铁桥、兰新铁路公路建成以后的事情,这是现代化交通运输的成就,是时代的进步。

从大靖出发的驼路四通八达,每次驮运的货物不同,目的地不一样,所走线路也不同。东去宁夏的驼路过永靖,走营盘水,到中卫、银川,沿贺兰山东侧北上包头、绥远;南下关陇的一条东去,沿泾河南下;一条直接从大靖出发,顺庄浪河南下到达兰州、河州等地。北上阿拉善的运盐道路主要通往雅布赖盐池或者吉兰泰盐池。而进新疆的道路大多走甘凉大道过星星峡,或者北上阿拉善经额济纳到巴里坤,过木垒、奇台,通往北疆各地。贺兰山西侧也有经过沙漠连接阿拉善北衙门定远营(今阿拉善左旗)的驼路。

在大靖活动的骆驼队,回回帮、蒙古帮、山西帮、绥远帮各有各的传统。

"回回家的骆驼一把子十五个,条件比我们好多了!"孙得正每次聊起驼队都要讲各帮骆驼队的特点。蒙古帮、回回帮和绥远帮的骆驼都是一把十五个,大帮驼队多得很。尤其蒙古的骆驼队总会留出一只骆驼不驮货物,专供先生乘骑。驼路上的民勤驼队和其他驼队很少打交道,大家各有各的习惯路线,也都因为语言、生活习惯的不同而各自为阵。回回驼队和蒙古驼队习惯在太阳落山的时候出发上路,第二日天亮时卸垛子休息。而民勤的骆驼队则在早晨起来,吃过要食出发,到太阳落山的时候赶到站头上歇息。

商号的驼队一般是大帮骆驼,这样的出行绝对是非常重要的大事,尤其走长途运输时,一去就是半年,跋山涉水,凶险四伏。因此驼队出发之前,东家、掌柜子、驼把式一般要主持举行隆重的祭驼起场仪式,主要祭祀对象为马王爷、土地爷、列祖列宗和驼神。

马王爷真有其人,是民勤县蔡旗堡人,叫金日磾,是一位匈奴王爷的太子。因为识破刺客救驾汉武帝成功,而被传说长有能预知祸福、识别忠奸的第三只眼。在骆驼客这里,被当作了驼路上的保护神。骆驼客在掌柜子的带领下,给马王爷金日磾上香化表,三拜九叩,祈求保佑一路平安。驼把式们会将牲羊的牲血涂抹在骆驼上和货物上,驱邪避祟。清末和民国时期的驼路上兵乱匪患频发,甚至兵匪一家,商号的骆驼队在出发之前还必须支付给军队或寨头上一些保护费才敢放心上路。

一个合格的驼把式不但要有很好的身体素质,而且还要会预测天气,会寻找水源,会在遭遇了沙尘暴黑风暴导致迷路的情况下为驼队指点迷津。驼队的日程安排是由水源和草地的远近所决定的,驼路上的站点到站点之间的距离一般为七十里左右。以民勤城到新疆哈密的驼路为例,以华里计数,民勤城 60 里小井子村、60 里红果井子、70 里碾盘沟、70 里茨井子、80 里红柳窝子、60 里大红沙沟、70 里大车场、70 里大红山、80 里狼娃山、80 里刺窝井、60 里花墙子、40 里深沟、70 里石泉子、70 里鸳鸯池、70 里梧桐墩、60 里戈壁、60 里疙瘩井、70 里花海子、60 里四墩门、40 里黄花营、60 里蘑菇滩、40 里桥湾、90 里黄泉岗、90 里尖山子、70 里刺窝泉、80 里长流水、70 里庙庙井、40 里罗家井、60 里戈壁、60 里吴腊峡、60 里黄羊泉、60 里野马泉、90 里迭水、70 里戈壁、70 里二宫、70 里疙瘩井子、70 里黄芦岗、50 里新庄子、70 里哈密。在去新疆哈密的路上要路经三片戈壁滩(第一处在疏勒河东岸金塔县中东镇到玉门市花海镇之间、第二处为星星峡以东到马鬃山之间的一百二戈壁、第三处在哈密市伊州区沁城乡二宫村以东 35 公里处到野马泉之间),赶不到这些站,或者迷失了方向,只能露宿野外,幕天席地。

其实,骆驼客露宿野外、幕天席地,是大帮响铃把式们的生活常态。有入户进屋住宿需要的,只是那些独行人或没有能力装备帐篷和皮毛被褥的小把子和独链子。

沙漠戈壁的驼路上会有一些窝铺。所谓窝铺,就是既缺乏农牧业生产资料,又缺乏生活来源的贫穷人家,在有水源的地方搭建的简单房屋,可以用来为过往的驼客脚夫提供人畜饮水,服务费也极其简单,简单得让人心酸。商旅在窝铺上饮牲口,放牲口,生火做饭吃,饭熟了,头一碗饭,作为服务费要奉献给窝铺主人,叫作锅头饭。行路商旅一般很讲信用,即便路过暂时无人"看管收费"的窝铺,也会在驼队临走之时留下一碗米或一碗面。在窝铺上露营的骆驼队在驼队离开之时也会将用过的火烬保存起来,插上标志供后来者使用。这些规矩西北的商旅人所共知,约定俗成,能约束不同宗教信仰的人群。蒙古驼队敬火神,汉人驼队信守出发前在马王爷跟前的盟誓祈祷,回回们则记着穆斯林的善功……拉骆驼走四方,民勤的汉人遇到蒙古人的敖包,把式们会往敖包上垒上一块石头,相信可以添子添孙,添福添寿。民勤的驼把式中间还保留着不能朝着敖包小便的禁忌。骆驼客们对这些少数民族文化都耳熟能详,甚至许多敖包作为地标后,还出现了"王家鄂博""李家鄂博"等汉蒙文化结合命名地名的文化现象。

大靖土门子,有很多店家。店家设有供商旅入户住宿的热炕、进屋做饭的灶台、生火取暖的烧柴。这样的店家,相当于现在的星级酒店,掌柜子、领房子到了这样的城镇,就可以暂时告别帐篷,入住店家,享受把式们可望不可即的奢侈,甚至其他服务。

(五)驼铃叮咚 花雨生金

随着汽车、火车等现代化运输工具的进入,骆驼的交通运输地位已经不再,响彻丝绸之路的大帮响铃已渐去渐远,然而骆驼客文化却深深地植根于祖国的北部疆域,激励着数以万计的口内口外的才俊,前赴后继,或谋生逃难,或创业淘金。金色骆驼链子和金色的丝绸之路,地域的互动,人群的交往,不但被曾经的亲历者津津乐道,而且也无声地影响着人们的外在环境、选择机制以及族群交往意识。

旧时的民勤,很多人跟随驼队出去,谋求发展;很多人沿着骆驼粪标记在沙漠戈壁上的"生命线",逃荒蒙古、河套、新疆。他们有的和蒙古人、藏人、回回人通婚,生活习俗受多民族文化的影响,已经不具备明显的族群界限。1950年,民勤的骆驼队参与护送班禅入藏,好多人在返程时就留在了青海。

生活习惯深受牧区文化影响的八十四岁的骆驼客丁爷,总是对蒙古的奶制品和棋蛋子赞不绝口。然而他经常吃蒙古食品的地方却不是蒙古人家,而是他住在呼兰呼庙的民勤汉人姨父家。"我的姨父,土改时,蒙古人当的彼是汉人,汉人当的彼是蒙古人。"丁爷说。

驼路上的骆驼客们经常出入民族地区,对人群、文化的理解并不封闭。行走在长城内外的骆驼客们,相互欣赏着对方的人格魅力。说到回族的时候,老太爷孙得正赞不绝口,全无一些人概念上的陈见和偏见。提及蒙古人,老太爷孙得正更是感慨万千,每次宣讲,他都会讲他年轻时候与蒙古人的一次交道。当年孙得正从蒙古地方准备回家的时候,雇主给了他一头母牛犊作为工钱。孙得正考虑到家乡正在入社,就想给自己留点私财。于是将自己的牛犊寄养在蒙古族兄弟家中。几年以后,家乡有知情者检举说孙得正藏有私财在内蒙古那边。于是队里派人和孙得正去阿拉善盟的蒙古族兄弟家里邀牛。不料对方一下指认了七头牛交给了他。原来孙得正一去几年,自己的牛犊几年内母生女,女又生子,生出了八头牛来!蒙古兄弟把母牛连同五头小牛都看作是孙得正应得的财产移交于他。孙得正每次讲到这个故事都会陷入对往事的沉思中,赞叹蒙古人的厚道仁义。

二十世纪七十年代以后,驼队运输已经在古丝绸之路消失了。然而在古老驼路上定居下来的移民与故乡的联系却日益增强,曾经的驼路变成了人们走出家园闯世界的黄金航线。

（六）千秋万岁骆驼客

百岁老人孙得正，喜欢讲骆驼，喜欢讲包绥大路，喜欢讲迪化口外，喜欢讲陕西泾阳马合盛的茶，喜欢讲雅布赖王爷府的盐，有时也讲蒋介石的炸弹，讲盛世才的洋枪，讲骑五师的马刀，讲西路军的热血……他忘情讲述的时候，旁人无法插话，让人感觉从他嘴里喷薄而出的，不是故事，而是散落在空旷寂寥的戈壁滩上的无法数得清的骆驼把子，瞬间聚集到一起，熙熙攘攘，挤挤挨挨，破城而入，让听众躲闪不及。

"天爷亮得了，赶紧起，起来上垛子……"老太爷孙得正说昏话的时候，意识已经时而模糊，时而清醒。当时的天色正好是日落时分。老太爷孙得正已经无法准确判断天爷是将要黑呢，还是将要亮，但是，他刻骨铭心的概念是：天爷还没亮的时候，必须上好垛子，才能顺利到达下一个站头！在我们最后一次拜访老太爷孙得正20天之后的傍晚，他突然斩钉截铁地念出了那句永恒的咒语："天爷亮得了，赶紧起，起来上垛子!"然后，驾驼飞升，溘然长眠。

新时代下的河西，恰逢骆驼客精神、骆驼客文化复兴的机缘。国家提出了"一带一路"建设的倡议以后，河西走廊这个曾经沟通东西、连接南北的重要孔道再次引起了人们的注视。我们可以充满希望地说：曾经的骆驼客文化，一定会通过某种方式涅槃重生，发挥经济的、政治的作用；曾经活跃在甘凉大道、大靖土门、包绥大路、中卫渡口的骆驼客们，为那个时代创造的辉煌，也必定会在他们的后辈那里再次复兴！

大帮响铃长城西，千秋万岁骆驼客。晨曦中，那承载岁月记忆的丝路古道上，打垛前行的，是前辈的驼铃与热血；风驰电掣的，是后生的高铁飞机和网络哈达。

论汉代丝绸之路贸易的总体特征[*]

裴成国

西北大学历史学院

汉唐时期丝绸之路贸易的形态不是一成不变的,经历了明显的变化。这种变化和中原政权的国力及外交政策有关系,与中原及西域蚕桑丝织业的发展情况有关系,也与商人群体有关系。本文尝试对汉代丝绸之路贸易的总体特征作一论述。

一

近年丝绸之路的研究成果不断涌现,学界也不断有学者对丝绸之路的基本内涵进行界定,如荣新江《丝绸之路就是一条"丝绸"之路》,强调丝绸的输出贸易是丝绸之路的基本内涵[①]。尽管丝绸的向外输出早在前秦时期已经开始[②],但汉代无疑是一个重要的时代。一方面丝绸之路的全线贯通始于西汉武帝时期张骞的凿空西域,另一方面汉朝确立了明确的外交政策并建立起了对西域广大地区的朝贡体制,两方面的因素导致汉代开始丝绸向外输出的规模远超先秦时期。就丝绸的输出而言,汉代的朝贡贸易乃是最主要的方式。

关于汉代的丝绸之路贸易,李明伟主编《丝绸之路贸易研究》指出河西四郡的设置以及对河西的开发对贸易走廊的形成在人力和物力上提供了保证;西域都护府的设置保护了中西商路的畅通和发展[③]。研究汉代边疆经略的学者都注意到一个突出的现象,即汉朝

---

[*] 本文系国家社会科学研究基金一般项目"汉唐时期丝绸之路交易货币研究"(项目编号:19BZS145)成果之一。

[①] 荣新江《丝绸之路就是一条"丝绸"之路》,赵丰主编《丝绸之路:起源、传播与交流》,杭州:浙江大学出版社,2015年,16—22页。

[②] 林梅村《张骞通西域以前的丝绸之路》,孟宪实、朱玉麒主编《探索西域文明——王炳华先生八十华诞祝寿论文集》,上海:中西书局,2017年,166—176页。

[③] 李明伟主编《丝绸之路贸易研究》,乌鲁木齐:新疆人民出版社,2010年,29、35页。第一版名为《丝绸之路贸易史》,兰州:甘肃人民出版社,1997年。

把"赂遗""厚赂"作为一种重要的手段,在西域和西南夷方向上都有使用①。余英时以《汉代的贸易与扩张》为题研究了汉代的经济政策与外交政策间的关系,皇帝的礼物与胡族的纳贡之间的交换被称为"通贡贸易";扩张包括从最具体意义上的领土扩张到最抽象意义上的文化扩张——中国对境外异族的文化渗透(使之中国化)。作者的核心观点是:贸易为扩张铺平了道路,扩张为贸易开辟机会。余英时旨在从宏观上揭示贸易与扩张之间的关系,其中的贸易即主要是指朝贡贸易。早在武帝时,汉已确定了"赂遗设利"使西域诸国来朝的方针,其根据是诸国"贵汉财物",实质是利用中原经济、文化较西域先进而产生的强大吸引力②。

殷晴《丝绸之路与西域经济》指出,西汉时期汉朝使者出使西域时,"赍金币帛直数千巨万"或赏赐"绮绣杂缯琦珍凡数千万",汉使者携带大批黄金采缯作为馈赠,并以之换取当地生产的粮食及其他物品。在丝绸之路长途贸易中,东西方国家都要输出黄金以换取自身需要的物品。长期交往中,巨额黄金落入谁手? 主要的受益者有可能是垄断中继贸易的安息等国及塔里木盆地的绿洲城国。在统一安定的社会条件下,中西贸易热潮持续升温,塔里木诸绿洲城国伴同中亚、西亚的使者、商旅至中原活动并从事贡赐贸易,西域及徼外地区打着"奉献""朝贡"旗号的商队也不绝于途③。余太山指出中原生产的丝绸和其他丝织品不仅传到西域,为西域人使用,往往还由西域人转手传入中亚其他地区和欧洲④。余太山指出与帕米尔高原以西的罽宾、乌弋山离、高驸国等大多从事经商活动相比,"有关塔里木盆地诸国商贸活动的报道特别稀少""似乎当时商品经济尚未发达"⑤。王子今则根据其他史料中提到的"西域诸国胡客""贾胡""西域贾胡"的材料认为(余太山)"这样的判断略微失之于保守",西域诸国可能更突出地体现出"商业化倾向"⑥。

秦汉时期非常活跃的匈奴在丝绸之路贸易中担当什么样的角色呢? 马长寿指出:"天山南北路和昆仑山北麓,自古是中亚、南亚和东亚间商业交通要道,匈奴在其间设关卡,收商税,护送旅客,担保过山,都可以受到不少的报酬……"⑦王子今同意马长寿的观点,进一步指出"在物产丰足、商业繁盛的西域地方,匈奴以军事强权剥夺其'商业利润'的可能性,应是没有疑义的"⑧。匈奴在西域设置僮仆都尉,"赋税诸国,取富给焉"属于经济掠夺行为,但并非匈奴对汉地通常施行的突发式或季节式的掠夺,而具有了制度化的性质。匈奴

---

① 余太山《两汉魏晋南北朝与西域关系史研究》,北京:商务印书馆,2011 年,75—76、132 页;李大龙《汉代中国边疆史》,哈尔滨:黑龙江教育出版社,2014 年,59—60、100 页。
② 余英时著,邬文玲等译《汉代的贸易与扩张》,上海:上海古籍出版社,2005 年。
③ 殷晴《丝绸之路与西域经济——十二世纪前新疆开发史稿》,北京:中华书局,2007 年,104—113 页。
④ 余太山主编《西域通史》,郑州:中州古籍出版社,2003 年,76 页。
⑤ 余太山《两汉魏晋南北朝正史西域传研究》,154—157 页。
⑥ 王子今《匈奴经营西域研究》,北京:中国社会科学出版社,2016 年,106—109 页。
⑦ 马长寿《北狄与匈奴》,北京:生活·读书·新知三联书店,1962 年,32 页。
⑧ 王子今《匈奴经营西域研究》,108 页。

"赋税诸国"除得到农产品外,也应当取得矿产、手工业制品和其他物产。至于有些学者指出的匈奴与西域各族发生过交换,可能尚缺乏依据①。

汉代的边疆地区也设置了关市,北部边疆和河西地区从汉文帝时期就有关市,《后汉书》描绘的"姑臧称为富邑,通货羌、胡,市日四合",应当就是关市贸易的发达使得地方富足的例证;同时汉朝对汉、匈的物资交往有严格的关禁制度,民间贸易中对铁制农具等物资的销售也有相关机构施行严格管理②,不过丝绸不在违禁物品的范围之内。

在西域以西的西亚和印度两汉时期也发生了重要变化。杨巨平、王三三指出丝绸之路的全线贯通与欧亚大陆西半部的安息(帕提亚)以及罗马都息息相关。"从时间上看,帕提亚由王国发展为帝国与丝绸之路全线贯通大体相当。随着帕提亚崛起为以伊朗高原为中心的帝国,丝绸之路也逐渐发展为这一时期最重要的国际贸易路线。……从汉文史籍和古典作家的记载看,丝绸之路全线贯通以后,汉与西域诸国,以及罗马与东方,尤其是与印度、帕提亚之间的贸易逐渐发展扩大。……在罗马、帕提亚与汉帝国构成的贸易体系中,帕提亚主要扮演了中转商的历史角色。"③公元前 115 年,汉帝国的使臣与帕提亚的官方代表取得了联系,丝绸之路上最主要的两个大国确立了直接的外交关系。《史记》和《后汉书》关于帕提亚通汉的记载共有四条,西汉时期有公元前 110 年一次,东汉时期有公元87 年、94 年和 101 年三次。但从近代考古发现来推测,汉帝国与帕提亚帝国的交往可能要更为广泛和深入。正是由于丝绸之路上这两大帝国直接交往关系的确立,丝绸之路才得以在公元前后延伸至地中海世界④。公元 1 世纪,由于贵霜在帕提亚帝国东境的崛起,从河中撒马尔罕至木鹿而入帕提亚的贸易路线发生了改变。贵霜的介入直接削减了帕提亚境内的贸易量,从而造成了帕提亚帝国东部贸易陷入低潮。"自公元 2 世纪起,尤其是在公元 162—165 年间的帕提亚人战争之后,越来越多的中国丝绸被印度人通过海路带到了罗马。经过帕提亚的昂贵陆路通道就这样被逐渐避开了。"罗马与印度海上贸易关系的确立,极大地削弱了帕提亚的陆路贸易量⑤。由杨巨平、王三三的研究可知,汉朝与安息的陆路和海路贸易在四百年间经历了变化,受到中间的政权如印度和贵霜的影响。他们的研究没有涉及西域,西域地区的绿洲王国在汉朝的丝绸输入到安息的过程中发挥怎样的作用,没有被具体论及。张爽、薛海波《丝路视域下拜占庭、中介民族与中国关系研究》指出匈奴从汉朝获得的大量丝绸,匈奴将之当成贸易品卖给西域诸国,换取铁、兵器、粮食等游牧经济无法生产、必需的生产生活物资⑥。大量丝绸又被善于经商的西域商人,当作稀

① 王子今《匈奴经营西域研究》,257—258 页。
② 王子今、李禹阶《汉代北边的"关市"》,《中国边疆史地研究》2007 年第 3 期,24—29 页。
③ 杨巨平主编《古国文明与丝绸之路》第二章《帕提亚帝国与丝绸之路》(王三三执笔),北京:中国社会科学出版社,2021 年,74 页。
④ 杨巨平主编《古国文明与丝绸之路》第二章《帕提亚帝国与丝绸之路》(王三三执笔),68 页。
⑤ 杨巨平主编《古国文明与丝绸之路》第二章《帕提亚帝国与丝绸之路》(王三三执笔),82—83 页。
⑥ 如前文所述,王子今在这一问题上持谨慎态度。

有的贵重物资,辗转贩卖到西亚波斯。汉武帝灭南越的统一战争,成为推动中国内地丝绸进入南海贸易体系,促使南海贸易范围扩大至印度半岛,南海贸易圈与印度洋、阿拉伯海贸易体系相连接的重要原因。蜀地丝绸进入南海贸易网络之中,印度遂成为向罗马输出丝绸的中转站①。

以上前人研究成果内容丰富,基本揭示了汉代对外贸易的总体情形,但观点的分歧和尚不明确的地方也还存在,尤其是如何从总体上把握汉代丝绸之路贸易的总体特征以及与后代相比有什么特点,还有待做出进一步的说明。

二

以下先从汉代最强大的边疆族群政权——匈奴的盛衰来看汉代对外关系的两个阶段。

汉代的对外关系依据匈奴的势力盛衰可以分为两个阶段,第一个阶段是汉初直到公元前 51 年呼韩邪单于投降汉朝,匈奴是汉朝最大的边患,通过与汉朝的和亲体制从汉朝获得大量丝绸,同时统治西域。第二个阶段是公元前 51 年之后,南匈奴加入汉朝的朝贡体制之中,和西域国家一起成为汉朝的朝贡国。在第一个阶段汉匈之间维系的和亲体制使得匈奴获得了大量的粮食、酒和丝绸。至于其中丝绸的去向,学界目前存在不同意见。有学者认为当时的匈奴贵族在进行丝绸贸易,还对匈奴贵族向西方贩运丝绸的道路进行了分析,王子今认为这些论说,现在看来似乎缺乏确切的史料的支持②,如果结合当时欧亚大陆丝绸之路贸易的总体情况,尤其是当时汉朝是丝绸之路唯一的丝绸货物来源,而安息和罗马对丝绸都有迫切的需求,匈奴将得之于汉朝的大量丝绸在自身消费之外向西贩卖应该是没有问题的。另外,匈奴获得的丝绸有没有与当时的西域进行交换和贸易,这关系到西域丝绸来源的问题。林幹认为有可能,但论述中两处表述一处表示肯定,一处表示推测,存在矛盾,王子今也已经指出③,究其原因还在于没有直接的史料证据可以证明,难以得出确定的结论。我们目前找不到两汉时期西域诸国与匈奴进行贸易的直接证据;相反,史籍记载匈奴设置"僮仆都尉"对西域各国征收赋税,如果征收赋税可以解决问题,可能交换和贸易也就没有必要。在第二阶段,汉朝回赐匈奴的丝绸从公元前 51 年的锦绣缯帛6000 匹、絮 8000 斤,到公元前 1 年增长到锦绣缯帛 30000 匹、絮 30000 斤,锦绣缯帛增长5 倍,絮增长近 4 倍④。由朝贡的途径获得丝绸数量显然在稳步增长。从汉朝获得的不断增加的丝绸,匈奴在自己消费之外,能够获得最大经济回报的做法就是向西售卖给安息。

① 张爽、薛海波《丝路视域下拜占庭、中介民族与中国关系研究》,北京:中国社会科学出版社,2022 年,25—30 页。
②③ 王子今《匈奴经营西域研究》,258 页。
④ 数据主要来自《汉书》卷九四下《匈奴传》下;参阅余英时著,邬文玲等译《汉代的贸易与扩张》,47—48 页。

总体而言,不管第一阶段,还是第二阶段,匈奴从汉朝都能获得大量丝绸,经由匈奴向西输出的丝绸是当时西亚安息等国丝绸货源的重要来源[1]。至于匈奴与西域绿洲国家的交换和贸易则难以找到史料上的证据。

值得一提的是,西汉时期匈奴设置僮仆都尉向西域诸国征收赋税,应主要以农产品为主,可能还包括矿产、手工业制品和其他物产,鉴于当时的西域并不掌握养蚕缫丝的技术,匈奴应不会直接向西域征收丝绸。东汉初,匈奴听说于阗王广德灭莎车,遣五将发焉耆、尉黎、龟兹十五国兵三万余人围于阗,广德乞降,以其太子为质,约岁给罽絮[2]。于阗有毛纺织业,可以织罽,但絮从何来?如果要每年贡送,必须有稳定的来源才行,通过朝贡贸易获得汉朝的丝绸应是最主要的途径。由此可知,特定时期匈奴的丝绸还有西域绿洲国家这一来源,当然也是间接得自汉朝。

至于汉朝与西域的关系实际上与汉匈关系基本同步,也分为两个阶段。第一阶段是汉匈对抗时期,西域从属于匈奴;第二阶段是匈奴呼韩邪单于投降汉朝之后,西域也加入藩属体制之内。在第一阶段,西域诸国贪图汉朝的财物,不肯供应汉朝使者和军队。张骞第二次出使时,"赍金币帛直数千巨万"随行来解决沿途使团的供应问题,其中的"帛"代表的丝绸会流入西域。《汉书》载"及至汉使,非出币帛不得食,不市畜不得骑用。所以然者,远汉,而汉多财物,故必市乃得所欲。"[3]在这一阶段,西域绿洲国家与汉朝确实存在交换和贸易关系,西域绿洲国家的商业贸易亦应有所发展。在第二阶段西域诸国加入汉朝的藩属体制之后,朝贡并获得回赐即成为西域国家的义务及权利,获得的丝绸数量也应当更大。在匈奴加入汉朝的朝贡体制之后,不仅自己向汉朝朝贡,还利用机会为西域诸国商胡争取朝贡的权力。《后汉书》卷八九《南匈奴列传》:"(建武)二十八年(52),北匈奴复遣使诣阙,贡马及裘,更乞和亲,并请音乐,又求率西域诸国胡客与俱献见。"[4]当时汉光武帝尚未向西域派遣都护,莎车王贤称霸西域,西域诸国与汉朝的藩属体制尚未恢复,西域绿洲诸国还没有直接向汉朝朝贡的资格。北匈奴遣使贡献捎带"西域诸国胡客"必定出于西域胡客的请求,而胡客汲汲于向汉朝朝贡,可见当时朝贡回赐应当仍然利益可观[5]。由此可见至东汉时期朝贡贸易仍然是胡客最为青睐的贸易方式。班超经营西域时,"超遂发龟

---

① 王子今指出:"可以推想,匈奴得到超出实际消费需要数额的'锦绣缯帛'和'絮',是可以通过转输交易的方式获得更大利益的。""当时匈奴贵族向西方贩运'、'丝绸'的现象,货源有可能包括汉王朝'礼赐'的高级纺织品。"王子今《汉代丝绸之路文化史》,兰州:甘肃教育出版社,2023 年,24 页。王子今此处的观点与之前《匈奴经营西域研究》中的表述有较明显的矛盾。因为直接证据的缺乏,学者的判断和认识出现变化,也属情理之中。

② 《后汉书》卷八八《西域传》,北京:中华书局,1965 年,2926 页。

③ 《史记》卷一二三《大宛列传》,中华书局,1959 年,3173 页。

④ 《后汉书》卷八九《南匈奴传》,2946 页。

⑤ 王子今指出"这些'胡客'可能与前引杜钦言'奉献者皆行贾贱人,欲通货市买,以献为名'情形类似",《汉代丝绸之路文化史》,256 页。

兹、鄯善等八国兵合七万人,及吏士贾客千四百人讨焉耆"①,此段文字中出现的"贾客"应当是龟兹、鄯善两国所有,也是少见的直接反映西域绿洲国家商业情况的资料,这些"贾客"之所以积极协助班超,应当也是为自己的商业利益考虑,因班超经营西域复通之后,西域商贾向汉朝进行朝贡贸易自然就更为便利。

东汉经营西域经历了"三通三绝",新莽时期(8—23)西域不通到永平十六年(73)班超始通,但实际上西域与东汉的联系以及以朝贡形式进行的贸易交流远远早于永平十六年。建武五年(29)河西大将军窦融承制立康为汉莎车建功怀德王、西域大都尉,五十五国皆属焉。建武十四年(38)莎车王贤与鄯善王安并遣使诣阙贡献;十七年(41),贤复遣使奉献,请都护,光武帝乃因其使,赐贤西域都护印及车旗黄金锦绣。二十一年(45)冬,车师前王、鄯善、焉耆等十八国俱遣子入侍,献其珍宝②。以上西域诸国向东汉的朝贡活动都在班超通西域之前,尽管政治意义都很突出,经济意义也不容否认。可见即使在东汉恢复在西域设置都护之前,官方的朝贡及遣使一直存在,汉朝的回赐当中,丝绸尤其高等级的锦绣都是重要的内容,对西域国家而言,也是重要的经济收益。

基于史料中康居、罽宾等国家的典型例证,前人已经明确指出西域国家的使者、商旅打着"朝贡""奉献"的旗号从事贡赐贸易的史实。实际上当时奉使或经营西域的官员如傅介子、班超、梁讽等人也把赏赐作为有效的干预手段。公元前 77 年,傅介子就是"扬言以赐外国为名"和"诈其王欲赐之"作为幌子诱骗楼兰王并行刺成功的。班超"乃使使多赍锦帛遗月氏王,令晓示康居王,康居王乃罢兵"③,(六年秋)班超遣人告谕焉耆、尉犁、危须三国曰"都护来者,欲镇抚三国。即欲改过向善,宜遣大人来迎,当赏赐王侯以下,事毕即还。今赐王彩五百匹"④。永元元年(89)车骑将军窦宪出征匈奴,除(梁)讽为军司马,令先赍金帛使北单于,宣国威德,其归附者万余人"⑤。上举三例傅介子、班超、梁讽分别涉及楼兰、月氏、焉耆、北匈奴等大国,所赠送和赏赐的"锦帛""彩"和"金帛"都在当时的军事活动中发挥了重大作用,而之所以每次都能收到好的效果最主要的还是与当时西域和北匈奴对汉朝的丝绸为代表的财物的渴求有关。这些西域官员的赠送赏赐活动不同于汉朝和匈奴及西域国家之间的朝贡贸易,但却也是当时丝绸流入匈奴和西域的重要途径,无疑又进一步增加了流入西域的丝绸的总量。

西域诸国和两汉政权维系了稳定的藩属体系,不论是藩属体系稳定存在的时期,还是东汉初期藩属体系尚未恢复的时期;不论是朝贡贸易的回赐,还是汉朝官员作为干预手段进行的赏赐行为,都使得丝绸得以大量流入西域。

黎虎先生指出"汉与西域外交关系的发展,是双方主要在政治上具有相需性的结果;

---

①④ 《后汉书》卷四七《班梁列传》,1581 页。

② 《后汉书》卷八八《西域传》,2923—2924 页。

③ 《后汉书》卷四七《班梁列传》,1579 页。

⑤ 《后汉书》卷四·七《班梁列传》,1591 页。

汉与西域的互市发展,是双方主要在经济上具有相需性的结果"①。其中提到的汉与西域间的"互市"似乎缺乏史料的支撑②。

三

就古代中国对外交往的模式而言,汉代是一个奠基的阶段。关于如何把握汉代与周边国家和政权之间的关系问题上,学界有不同的意见。一部分学者使用了朝贡体制的概念,另一部分学者使用了藩属体制的提法。前一种观点强调经济关系,后一种观点则强调政治联系。如何看待这些观点上的分歧,是一个重要的问题。

首先应该注意到与汉朝交往的西域国家,范围很广,按照《后汉书》的分类,"纳质内属"和"重译贡献"两类国家是不同的。这两个词本身也包含不同的含义,前者偏重政治联系,后者偏重经济联系。实际上,周伟洲先生在《唐朝与南海诸国通贡关系研究》中即指出,"政治上附属于当时的中国封建王朝的,他们的朝贡有政治依附关系的性质,但是一部分距中国遥远的外国遣使,与中国没有政治上的臣属关系,其朝贡实质上属于一种贸易和交流的性质"①。正如一些学者讨论唐代的外臣地区时区分为"有贡无封"者和"有贡有封"者②,汉代也类似,和汉朝有朝贡关系的国家存在"不属都护"和属都护管辖两类③,前者即是仅存在经济联系而无臣属关系的。所以和汉朝建立藩属关系的国家显然比向汉朝朝贡的国家要少,就总体而言,朝贡则是两类国家都存在的经济行为。所以就汉代对外交往的模式而言,朝贡体制的概念涵盖面更宽,适用的国家更多。

西域都护管辖的国家确实与汉朝存在藩属关系,这一点毋庸置疑。汉朝维系与西域国家关系的方式,既有政治上的措施,也有经济上的措施。西域国家所得既有稳定的外部环境,文化上的学习机会,也有经济上朝贡贸易的回赐。只强调经济关系是不恰当的,但重译贡献的国家最看重的确实是贸易关系以及商业上的回报。如果把两类国家都合并考虑,那么可以说,当时朝贡贸易确实是对外关系中非常重要的内容,丝绸输出的很大原因与朝贡贸易有关。

如果和后代的情况相比,汉代的对外交往中之所以以丝绸为代表的产品对西域国家很有吸引力并且实际上成为维系与西域国家关系的手段之一,非常重要的原因是汉代的时候中原和内地是世界上唯一能够养蚕缫丝的地区,就连西域地区也尚未掌握这

---

① 黎虎《汉代外交体制研究》,北京:商务印书馆,2014 年,656 页。
② 《汉书·西域传》中记载的唯一有"市列"的塔里木盆地绿洲国家是疏勒,疏勒在塔里木盆地西南,显然不可能是汉朝与塔里木盆地绿洲国家互市的场所,只能是受到帕米尔高原以西罽宾、乌弋山离等商贸发达的国家的影响并与这些国家进行商业贸易的场所。
① 周伟洲《唐朝与南海诸国通贡关系研究》,《中国史研究》2002 年第 3 期。
② 高明士《东亚古代的政治与教育》上篇叁《羁縻府州制度》,喜玛拉雅基金会,2004 年,62—63 页。
③ 《汉书·西域传》中凡不属都护的国家都有明确说明,不加说明的国家都是属都护管辖的。

一技术①。可以说当时汉代的中原和内地是丝绸之路上丝绸输出的唯一来源,丝绸成为最具代表性的商品。所以也才会出现河西居延地区的戍卒贳卖衣财物的情况,即戍卒因"贪利"而将自身的成衣或衣料或成匹的丝织品出售②。即便是属都护管辖的纳质内属的西域国家,因为丝绸来源的唯一性以及他们自身无法生产丝绸,客观上对汉朝会产生基于获取丝绸为目的的经济上的依赖性。正是因为丝绸的贸易对帕提亚意义重大,所以帕提亚才会对汉朝的使者殷勤备至。"武帝始遣使至安息,王令将将二万骑迎于东界。东界去王都数千里,行比至,过数十城"③这种殷勤接待背后都是经济利益在发挥作用,因为汉朝使者会带来帕提亚所渴望的丝绸。

四

汉代自张骞凿空西域,丝绸之路实现了全线贯通。汉初开始对匈奴,武帝时期开始对西域和西南夷都实际上执行了"厚赂"的外交方针,而三个区域的政权正是一般意义上的草原丝绸之路、绿洲丝绸之路和西南丝绸之路的必经之地,由此不难想见汉代丝绸的向外输出的规模远超前代。汉武帝时期灭南越,推动中国内地丝绸进入南海贸易体系,促使南海贸易范围扩大至印度半岛,无疑又增加了丝绸外销的第四条路径,即海上丝绸之路。和丝绸向外输出的途径增多和规模增大相比,丝绸的来源却仅限汉朝自身,相比欧亚大陆的广阔消费市场,丝绸来源的单一是显而易见的。为经济利益考虑,与汉朝地缘最近的匈奴和西域国家如何获得汉朝的丝绸成为当时的重大问题。匈奴在强盛之时,凭借军事上的优势通过双方间的和亲体制可以稳定地获得丝绸,西域绿洲国家在汉朝使团和军队过境时也通过对等贸易方式可以获得汉朝的丝绸。随着汉朝军事战争的胜利,匈奴投降汉朝,西域绿洲国家和南匈奴一起成为汉朝的藩属国家,获得了向汉朝朝贡以取得丝绸回赐的新机遇。对西域绿洲国家而言,朝贡贸易不仅获利丰厚,并且可以获得在西域境内及河西走廊地区的沿途供应和接待,无疑是最优的选择。和关市贸易相比,朝贡贸易的回赐往往数量很大,且多属高等级丝织品,价值更大,转售之后利润更高。这就导致了原本不属都护的康居和罽宾等国,原本并非官方使节的贫困子弟或商旅都打着朝贡使团的旗号向汉朝朝贡,以求获得丝绸。

除朝贡贸易之外,关市贸易在汉代的存在是大量史实可以证明的。尽管关市贸易和朝贡贸易的丝绸输出量无法用量化的方式进行比较,但在两种贸易方式并存的情况下,西域绿洲国家对汉朝丝绸的渴求仍然是非常强烈的。居延汉简有纪年的汉宣帝元康、甘露年间的简显示有戍卒于行道贳卖衣物的情况,尽管参与的主体是一般吏民,但出发点却是"贪利",除成

① 刘文锁《论丝绸技术的传播》,余太山主编《欧亚学刊》第4辑,北京:中华书局,2004年;收入作者《新疆考古论稿》,北京:商务印书馆,2022年,29—43页。
② 王子今《汉代河西市场的织品》,作者《汉代丝绸之路文化史》,137—158页。
③ 《汉书》卷九六上《西域传上》,北京:中华书局,1962年,3890页。

衣之外,作为衣料的成匹的织物也成为买卖对象,王子今提示这种行为与张骞凿空之初"妄言无行之徒皆争效之。其使皆贫人子,私县官赍物,欲贱市以私其利外国"①情形类似②,都是为求利而捎带货物异地出售以求高价。成衣的买卖或许可供戍卒自己穿着之用,成匹的织物的买卖则不仅增加了本地市场的货源最终也必然流入国际市场。这种丝路贸易的特殊形式的存在凸显了当时丝绸商品的紧俏,也从侧面透露出丝绸交易蕴含的可观经济利益。

汉朝作为古代中国对外交往政策确立的初期,存在不够成熟的地方也在情理之中。东汉时期班超之子班勇请在西域复置西域副校尉,太尉属毛轸说"今若置校尉,则西域骆驿遣使,求索无厌,与之则费难供,不与则失其心"③,谈到的就是复置校尉之后西域绿洲国家会以朝贡形式向汉朝求取巨额回赐,这会成为汉朝的沉重负担。在汉朝"厚赂"的外交政策之下形成的朝贡贸易的热潮为汉朝赢得了国际声誉和稳定的藩属国,但存在的显著缺陷又决定了它需要被修正和调整,在经历了魏晋南北朝的三百多年分裂之后重新统一的隋唐才重新确立了新的政策。

就汉唐时期丝绸之路的商旅而言,尽管主体可能不尽相同,但"贾胡""商胡"可以说是他们共同的名字。相比较魏晋南北朝以后商胡的活跃,汉代商胡的具体情形则似乎模糊不清。给人印象最深刻的要数《汉书》"奉献者皆行贾贱人,欲通货市买,以献为名"④和《后汉书》"商胡贩客,日款于塞下"⑤两句。以"款塞"来描述商胡贩客的贸易行为,正是点明了商胡贩客也采用朝贡贸易的形式开展贸易的史实,无疑非常贴切。不管是官方的朝贡使者,还是商胡贩客都优先采用朝贡贸易的形式开展贸易活动,这是汉代特有的现象,也可以视为汉代丝绸之路贸易的主导形式。

---

① 《史记》卷一二三《大宛列传》,北京:中华书局,2014 年,3849 页。

② 王子今《汉代河西市场的织品》,《汉代丝绸之路文化史》,142—146 页。

③ 《后汉书》卷四七《班梁列传》,1588—1589 页。

④ 《汉书》卷九六上《西域传上》,3886 页。

⑤ 《后汉书》卷八八《西域传》,2931 页。

敦煌北朝壁画乐器数据简析

解婷婷

青岛大学文学院

现今关于北朝乐器的研究已经有不少优秀成果,集中或散见于各著作文章中,如牛龙菲《敦煌壁画乐史资料总录与研究》、《中国音乐文物大系》系列、郑岩《魏晋南北朝壁画墓研究》、刘晓伟《北朝墓葬音乐文化研究》、汪雪《敦煌莫高窟壁画乐舞图式研究》、吴巧云《大同云冈石窟乐器图像的统计与再校订》等[①],内容丰富多彩。本文在这些成果的基础上对敦煌北朝壁画中出现的乐器以及中原乐器的传播进行简要梳理分析。由于文物保存程度有限,本文只能对迄今可见壁画进行统计分析,或许无法真正获悉历史全貌,仅可窥见一斑。

牛龙菲《敦煌壁画乐史资料总录与研究》一书将敦煌北朝壁画乐器按北凉、北魏、西魏、北周四朝代进行区分,统计了不同朝代各窟乐器出现的名目和数目。樊锦诗等学者《敦煌莫高窟北朝洞窟的分期》一文将北朝洞窟分为四期,与牛书参看,其中:第一期属北凉时期(约 421—439),即牛书之北凉,第二期属北魏中期(约 465—500),即牛书北魏前半部分,第三期属北魏孝昌元年以前至西魏大统十一年(约 525—545),即东阳王元荣统治时期,在牛书中此分属北魏和西魏,第四期属西魏大统十一年至隋开皇四年(约 545—585),即牛书之北周。本文以牛书数据为主,略作订改,并根据《分期》一文将此时乐器重分为四期,进行梳理分析。

首先是四期乐器的整体分布情况统计(见表1 北朝乐器分布统计表)[②]:

---

① 牛龙菲《敦煌壁画乐史资料总录与研究》,兰州:敦煌文艺出版社,1996 年;郑岩《魏晋南北朝壁画墓研究》,北京:文物出版社,2016 年;刘晓伟《北朝墓葬音乐文化研究》,中央民族大学博士学位论文,2016 年;汪雪《敦煌莫高窟壁画乐舞图式研究》,兰州大学博士学位论文,2022 年;吴巧云《大同云冈石窟乐器图像的统计与再校订》,《交响》2015 年 6 月第 2 期。

② 根据牛龙菲《敦煌壁画乐史资料总录与研究》上卷《敦煌莫高窟壁画乐史资料总录》北朝部分、《敦煌莫高窟壁画乐器资料分期统计表》、樊锦诗等《敦煌莫高窟北朝洞窟的分期》。牛龙菲《敦煌壁画乐史资料总录与研究》,4—34 页、255—257 页。樊锦诗等《敦煌莫高窟北朝洞窟的分期》,敦煌研究院编《敦煌莫高窟》第一册,北京:文物出版社,2011 年,185 页。

表 1　北朝乐器分布统计表

	弹拨乐						特殊	吹管乐							打击乐														总数
	琵琶			箜篌			筝	横吹	竖吹							鼓										铜钹铜铙	悬磬	小金铃	不详	
	秦汉琵琶	曲项琵琶	阮咸琵琶	凤首箜篌	竖箜篌	卧箜篌	筝	横吹	角	排箫	筚篥	长笛	笙	法螺	腰鼓	担鼓	羯鼓	鸡娄鼓	拍击鼓	行鼓	毛员鼓	都昙鼓	雷公鼓	鼗鼓	铜钹铜铙	悬磬	小金铃	不详	
一期	2	2						1	2					1	1										1			1	11
二期	5	10	7	2	1			21		3	3	5	2	4	9	1	1	1	2	2					1				82
三期	5	8	5	6	3		1	24	2	6	6	6	2	10	12	1	1	1	2	9	1	1	3		3	2		1	125
四期	17	25	11	8	27	2	6	22		15	6	7	14	4	12	2	1			1				2	2	2	1	6	196

本表每表乐器排序按首现顺序。表中北魏总数为本书原表121,实际按原表统计为126,据《资料总录》北凉部分,北凉不详乐器1件为吹管乐器。表中有部分为牛书疑似乐器:北魏排箫、筚篥、筚篥各一件,长笛两件,铜钹各一件。西魏筚篥、铜铙筚篥,铜铙各一件。北周筚篥第三件、长笛各一件。另北周原表疑接似归类,为牛车上饰物,与乐彝无关,因此去除。总数去除,总数由原表197戌为196。

274

北朝出现乐器的四期洞窟第一期为第 268、272、275 窟,共 3 窟;第二期为第 259、254、251、257、263、260 窟,共 6 窟;第三期为第 437、435、431、248 和 249、288、285 窟,共 7 窟(牛书中前 4 窟划归北魏,后 3 窟划归西魏);第四期为第 461、438、439、428、430、290、442、294、296、297、299、301 窟,共 12 窟。

北朝乐器类别于各时期分布及其占比情况如下表 2、表 3、表 4:

表 2　北朝各期乐器类别分布

	乐器总数	弹拨	吹管	打击	不详
一期	11	4	5	2	
二期	80	27	38	15	
三期	125	35	57	32	1
四期	196	101	70	19	6
总数	412	167	170	68	7

表 3　北朝各类乐器总数占比图表

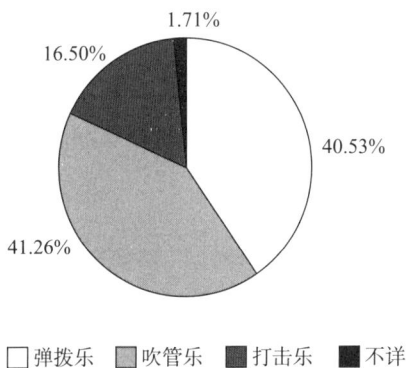

1.71%
16.50%
40.53%
41.26%

□弹拨乐　■吹管乐　■打击乐　■不详

表 4　北朝各期乐器类型分布百分比

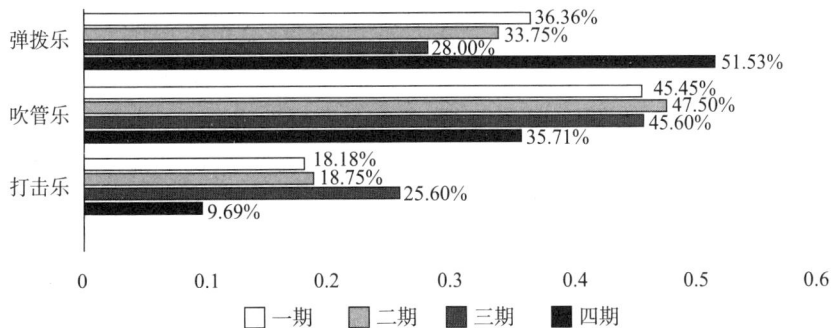

弹拨乐 36.36% 33.75% 28.00% 51.53%
吹管乐 45.45% 47.50% 45.60% 35.71%
打击乐 18.18% 18.75% 25.60% 9.69%

□一期　■二期　■三期　■四期

由以上三表可见,整个北朝壁画乐器中吹管乐出现的次数最多,其次是弹拨乐,最少的是打击乐。其中一期到三期吹管乐器总体占比变化不大,在 45％—48％之间,二期占比最多。第四期弹拨乐后来居上,超过了本期乐器总数的一半,成为占比最多的乐器。各分期乐器占比图见以下表 5、表 6、表 7、表 8①:

表 5　一期

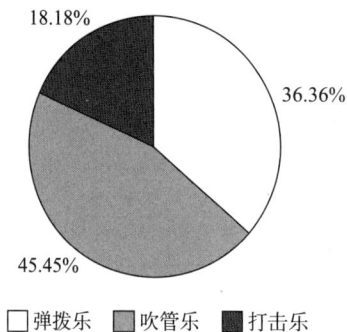

18.18%
36.36%
45.45%

□弹拨乐　▨吹管乐　■打击乐

表 6　二期

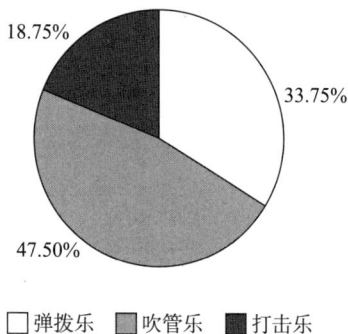

18.75%
33.75%
47.50%

□弹拨乐　▨吹管乐　■打击乐

表 7　三期

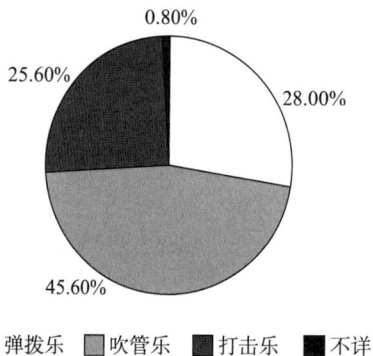

0.80%
25.60%
28.00%
45.60%

□弹拨乐　▨吹管乐　■打击乐　■不详

表 8　四期

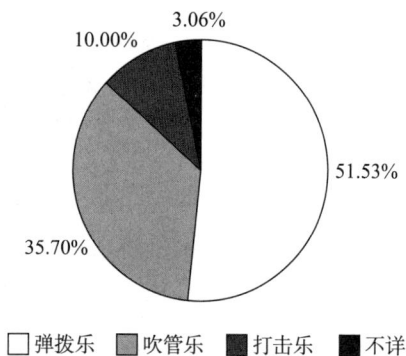

3.06%
10.00%
51.53%
35.70%

□弹拨乐　▨吹管乐　■打击乐　■不详

四期乐器的器型总体上十分鲜明地体现了北朝民族“马上乐”的特点。其中一期共出现 11 件乐器,虽然吹管类总体占比最大,但单类乐器中琵琶类最多,直项、曲项各 2 件,占总数的 36.36％。二期共 80 件乐器,单类中排名第一的同样是琵琶类,共 22 件,占总数的 27.5％,第二是横吹 21 件,占总数的 26.25％,第三是腰鼓类 9 件,占比 11.25％。三期共 125 件乐器,第一是琵琶类 25 件,占比 20％,第二是横吹类 24 件,占比 19.2％,第三是腰鼓类 12 件,占比 9.6％。四期共 196 件乐器,第一是琵琶类共 58 件,占比 29.59％,第二是箜篌类共 37 件,占比 18.88％,第三是横吹类 22 件,11.24％。可见琵琶类乐器是北朝敦煌壁画最爱展现的乐器,其次是横吹,再次是腰鼓,箜篌在第四期后来居上,打破了以往前三名弹拨、吹管、打击乐均占的平衡。

① 表 7 打击乐应为 25.60％。

琵琶在此时成为自上而下各阶层人士所深爱的乐器,擅弹琵琶的人中既有奴仆,如《北史》载北魏末年卢道虔家奴"在马上弹琵琶,道虔闻之,杖奴一百"[①],亦有帝王,如《周书》载北周灭北齐后,萧岿来朝见,"及酒酣,高祖又命琵琶自弹之,仍谓岿曰:'当为梁主尽欢。'"[②]箜篌也备受人喜爱。如《洛阳伽蓝记》载高阳王雍有"美人徐月华,善弹箜篌,能为《明妃出塞》之曲歌,闻者莫不动容。永安中,与卫将军原士康为侧室,宅近青阳门。徐鼓箜篌而歌,哀声入云,行路听者,俄而成市"[③]。

在琳琅满目的乐器中,中原乐器的出现尤其引人注意,统计各期壁画中的中原乐器出现情况(因为不少鼓类的缘起有诸多争议,所以在此暂不统计):

表 9　北朝各期壁画中原乐器分布情况

	弹拨		吹管			打击	总数
	阮咸	筝	长笛	排箫	笙	悬磬	
一期							0
二期			5	4	2		11
三期	7	1	6	6	2	2	24
四期	5	6	7	15	14		47
总数	12	7	18	25	18	2	82

表 10　北朝各期壁画中原乐器(除去打击乐器)分布百分比

	乐器总数	中原乐器	百分比
一期	9	0	0
二期	65	11	16.92
三期	93	24	25.81
四期	177	47	26.55
总数	344	82	23.84

四期中的两类中原乐器分布情况为:一期无;二期有长笛 5,排箫 4,笙 2,共 11 件,占比 16.92%,皆为吹管乐;三期有阮咸 7,筝 1,长笛 6,排箫 6,笙 2,悬磬 2,共 24 件,占比 25.81%,其中 14 件吹管乐,8 件弹拨乐,还有中原雅乐特有的打击乐悬磬 2 件;四期有阮咸 5,筝 6,长笛 7,排箫 15,笙 14,共 47 件,占比 26.55%,其中 26 件吹管乐,11 件弹拨乐。总体吹管乐器最多,弹拨乐处于增加态势。其中筝和悬磬的增加向人们展示了除"马上

---

① 李延寿《北史》卷三十《卢玄传附卢道虔传》,北京:中华书局,1974 年,1078 页。
② 令狐德棻《周书》卷四八《萧岿列传》,北京:中华书局,1971 年,2462 页。
③ 杨勇校笺《洛阳伽蓝记校笺》,北京:中华书局,2006 年,156 页。

乐"之外,中原文化流行的坐部伎乐与北方乐舞逐渐融合的过程。

在四期洞窟分布中,二期有 254、251 两窟出现中原乐器,占这期洞窟总数的 25%;三期有 437、431、248、249、288、285 六个窟出现中原乐器,占总数的 66.67%,这其中在牛书中划分为西魏的 249、288、285 三窟中皆有中原乐器出现;四期 15 个窟中有 13 个窟出现中原乐器,只有 439、442 两窟没有,占比 86.67%。

不论从窟数还是洞窟中出现的乐器数看,北朝壁画总体呈现的中原乐器数量和频率越来越高,由此可见南北文化交通带来的影响。这其中第三期的转折尤为瞩目,在窟数上它只比二期多保留了一个窟,乐器总数却增加了 45 件,其中中原乐器增加 11 件,乐器种类新增了阮咸、筝、悬磬三种,从任何方面看都比前代丰富许多,究其原因乃在于北魏汉化改制和元荣驻敦煌。

从历史上看,首次出现中原乐器的第二期洞窟基本属于北魏孝文帝在位期间。北魏太武帝拓跋焘占据敦煌后"于郡设敦煌镇"(《元和郡县图志》卷四〇沙州条)。《魏书》载:"世祖破赫连昌,获古雅乐,及平凉州,得其伶人、器并择而存之。后通西域,又以悦般国歌舞设于乐署。"所谓"古雅乐"即中原音乐。后"高宗、显祖无所改作。诸帝意在经营,不以声律为奢,古乐音制,罕复传习,旧工更尽,声曲多亡"[1]。孝文帝即位后,先是由冯太后进行了一系列改革。冯太后倾心传统中原礼乐文明,于公元 487 年春下令:"先王作乐,所以和风改俗,非雅曲正声不宜庭奏。可集新旧乐章,参探音律,除去新声不典之曲,裨增钟县铿锵之韵。"[2]金石钟磬是八音重器,是雅乐中地位最高的乐器。这段令辞将先王之乐和新声作对比,提出雅乐"和风改俗"的重要功用,所用全是中原乐制的一套话语系统。

孝文帝亲政后,继承冯太后大刀阔斧地实行汉化改制,其中乐制也被纳入重要一环,"太和初,高祖垂心雅古,务正音声。时司乐上书,典章有阙,求集中秘群官议定其事,并访吏民,有能体解古乐者,与之修广器数,甄立名品,以谐八音。诏可。虽经众议,于是卒无洞晓声律者,乐部不能立,其事弥缺。然方乐之制及四夷歌舞,稍增立于太乐。金石羽旄之节,为壮丽于往时矣。"[3]此后孝文帝于太和十五年、十六年连下两道诏令:

> 十五年(笔者按:公元 491)冬,高祖诏曰:乐者所以动天地,感神祇,调阴阳,通人鬼。故能关山川之风,以播德于无外。由此言之,治用大矣。逮乎末俗陵迟,正声顿废,多好郑卫之音以悦耳目,故使乐章散缺,伶官失守。今方釐革时弊,稽古复礼,庶令乐正雅颂,各得其宜。今置乐官,实须任职,不得仍令滥吹也。

> 十六年(笔者按:公元 492)春,又诏曰:礼乐之道,自古所先,故圣王作乐以和中,制礼以防外。然音声之用,其致远矣,所以通感人神,移风易俗。……自魏室之兴,太祖之世尊崇古式,旧典无坠。但干戈仍用,文教未淳,故令司乐失治定之雅音,习不典之繁曲。比太乐奏其职司,求与中书参议。览其所请,愧感兼怀。然心丧在躬,未忍

---

① ③　魏收《魏书》卷一〇九《乐志》,北京:中华书局,1974 年,2828 页。

②　《魏书》卷一〇九《乐志》,2829 页。

闻此。但礼乐事大,乃为化之本,自非通博之才,莫能措意。中书监高间器识详富,志量明允,每间陈奏乐典,颇识音律,可令与太乐详采古今,以备兹典。其内外有堪此用者,任其参议也[①]。

诏中关于乐教乐治的认识是自先秦以来中原典籍中频繁出现的内容。如《尚书·舜典》:"八音克谐,无相夺伦,神人以和。"《周礼·春官·大司月》:"以乐舞教国子……以致鬼神示,以和邦国,以谐万民,以安宾客,以说远人,以作动物。"等。其中"动天地,感神祇"二句直接承自《诗大序》:"治世之音安以乐,其政和;乱世之音怨以怒,其政乖;亡国之音哀以思,其民刚。故正得失,动天地,感鬼神,莫近于诗。"[②]而《诗大序》这段话对治世到亡国之音的表述与《乐记》中"声音之道,与政通矣"的一段论述几乎一致[③]。诏令"自魏室之兴"一段叙述与《宋书·乐志》记载也相吻合:"汉末大乱,众乐沦缺。魏武平荆州,获杜夔……使创定雅乐",至典午南渡,"'旧京荒废,今既散亡,音韵曲折,又无识者,则于今难以意言。'于时以无雅乐器及伶人,省太乐并鼓吹令"[④]。

宣武时期,北魏雅乐继续发展,永平二年秋,诏刘芳及朝之儒学,"准依《周礼》更造乐器"。时有七人"颇解雅乐正声,八佾文、武二舞,钟声、管弦、登歌声调,芳皆请令教习,参取是非。……"而此时南朝新声迭起,虽有刘宋文帝和孝武帝朝廷乐议,也无法阻止雅乐的愈渐衰微,郭茂倩《乐府诗集》卷六十一《杂曲歌辞序》:"自晋迁江左,下逮隋、唐,德泽浸微,风化不竞,去圣逾远,繁音日滋。艳曲兴于南朝,胡音生于北俗。哀淫靡曼之辞,迭作并起,流而忘反,以至陵夷。原其所由,盖不能制雅乐以相变,大抵多溺于郑、卫,由是新声炽而雅音废矣。……所谓烦手淫声,争新怨衰,此又新声之弊也。"[⑤]此一时期面对雅乐的丧乱,南北双方对待中原雅乐的态度差异巨大。

北魏不仅积极吸收中原旧声,对其时流行的新声也颇为喜爱,《魏书·乐志》又载:"初高祖讨淮、汉,世宗定寿春,收其声伎,江左所传中原旧曲,《明君》《圣主》《公莫》《白鸠》之属,及江南吴歌、荆楚西声,总谓之清商。"[⑥]这一时期北魏吸收中原音乐之胜,以乐器观之,云冈石窟特别有代表性[⑦]。相对来说处于更西北的敦煌,其中原乐器的传入要明显晚于云冈一个时期。

魏文帝于太和十七年迁都洛阳,其对音乐的改制为后来中原音乐传入敦煌打下了重要基础。明帝时期敦煌罢镇立瓜州,东阳王元荣被委任瓜州刺史,于孝昌元年(525)由洛阳进驻敦煌,为敦煌带来了丰富璀璨的中原文明。元荣家族对敦煌的统制直到西魏文帝

---

① 《魏书》卷一○九《乐志》,2829 页。

② 嘉庆刊本《诗经正义》,北京:中华书局,2009 年,564 页。

③ 嘉庆刊本《礼记正义》卷三七《乐记》,北京:中华书局,2009 年,3311 页。

④ 沈约《宋书》卷十九《乐志》,北京:中华书局,1974 年,534、540 页。

⑤ 郭茂倩《乐府诗集》,北京:中华书局,1979 年,994 页。

⑥ 《魏书》卷一○九《乐志》,2843 页。

⑦ 吴巧云《大同云冈石窟乐器图像的统计与再校订》,《交响》2015 年第 2 期。

大统八年(542),是为"建平、东阳弘其迹"(敦煌遗书 P2551 号《李君莫高窟佛龛碑并序》)。《洛阳伽蓝记》载北魏洛阳乐舞之繁荣:"自汉晋以来,诸王豪侈未之有也。出则鸣驺御道,文物成行,铙吹响发,笳声哀转。入则歌姬舞女,击筑吹笙,丝管迭奏,连宵尽日。其竹林鱼池,侔于禁苑,芳草如积,珍木连阴。"①可以想见,这些都随着元荣的进驻而一起被带到了敦煌。这一时期敦煌的洞窟艺术出现了与前代不同的新题材和表现形式,比如人物面相呈瘦骨清像式,衣着褒衣博带,男供养人"头戴筒形纱质笼冠或通天冠,身穿曲颈深衣袍",女供养人穿袿衣,"间色裙襦,腰围蔽膝,足穿笏头履"等等②,这些都是南朝文化影响北朝的展现,其艺术的新变与第三期中原乐器在壁画上的繁荣足以互相映照。

乐器的交通体现了乐舞的交通,同时也影响着这一时期歌诗的发展,如上文所引《洛阳伽蓝记》徐月华箜篌作歌。又《魏书·乐志》载北魏对江左清商曲的积极吸纳,必然伴随相关中原伴奏乐器的传入,中原乐器反过来又影响北朝歌诗,如梁鼓角横吹曲两组《折杨柳枝歌》其一,相似的文本都描写了吹长笛的情境:"上马不捉鞭,反拗杨柳枝。蹀座吹长笛,愁杀行客儿。""上马不捉鞭,反拗杨柳枝。下马吹长笛,愁杀行客儿。"长笛因其形制轻巧,适合在马上演奏,所以成为北地最受欢迎的中原乐器之一。关于这一时期乐器与歌诗的关系研究值得继续深入探讨。

① 杨勇校笺《洛阳伽蓝记校笺》,156 页。
② 樊锦诗等《敦煌莫高窟北朝洞窟的分期》,敦煌文物研究所编《敦煌莫高窟》第一册,192—194 页。

清代边兵反诬哈萨克汗国越境盗马案始末[*]

——以满文寄信档中永贵、舒赫德任职新疆时期为中心

孙文杰

新疆师范大学中国语言文学学院暨西域文史研究中心

　　清朝统一新疆后,随着明瑞、阿桂等多任伊犁将军先后持续实施屯田、通商等一系列的措施,天山北路经济境况得到快速的恢复与发展,游牧环境亦较好于哈萨克汗国境内。而哈萨克汗国为能在伊犁地区经济发展中获益,曾反复越境游牧,致使清政府陷入屡驱屡扰、屡扰屡驱的无限犯困之中。对此,第二任伊犁将军阿桂曾制定章程,允许境外哈萨克于冬季来境游牧,但在必须接受清政府管理的同时,亦必须照章纳税。这对伊犁地区的经济发展乃至中国西北边境的稳定,都有着毫无疑问的积极意义①。其后,由于大量境外哈萨克民众蜂拥至伊犁地区游牧,又出现了清朝卡伦兵丁盗取其马匹后又诬陷其盗马事。幸运的是,清廷很快查明此次事件真相,及时消除了边境隐患②。但因为彼时的清政府仅仅惩处了相关当事人,而没有制定相应的章程约束相关行为,以致在随后永贵、舒赫德任职伊犁将军期间,再次频繁发生类似事件,不仅致使多位边疆大臣牵涉其中,更是几乎引发中国西北边境动荡。

　　有关此案,无论是传统文献如《清国史》《国朝耆献类征初编》《啸亭杂录》等,还是新疆地方文献如《西陲总统事略》《新疆图志》《伊江汇览》等,对此亦均无只言片语。即使是对此事描摹最为详细之《清实录》,亦仅有几则片段记载,让人不知所终。传世文献记载的缺失,以致前贤时彦有关该案的相关研究仍有待进一步发覆③。

---

　　* 本文系 2021 年度国家社会科学基金重点项目"从满文寄信档看清代中期回疆总理大臣对天山南路的治理与认识研究"(项目编号:21AZS004)阶段性成果之一。

　　① 详见拙文《清代对哈萨克汗国的马匹贸易与越境游牧管理——以满文寄信档中阿桂任职新疆时期为中心》,《社会科学战线》2018 年第 5 期,144—150 页。

　　② 《寄谕定边左副将军成衮扎布等著将盗哈萨克马匹官兵解至卡伦惩办》,中国第一历史档案馆编《乾隆朝满文寄信档译编》第 8 册,长沙:岳麓书社,2011 年,648 页。

　　③ 目前,学界前贤有关永贵的专题论著,仅有武红薇《伊犁将军永贵经营新疆事略》,《伊犁师范学院学报》2004 年第 2 期,19—22 页,主要依据《清实录》《清史稿》等探讨永贵在清政府统一新疆、开展屯田、整顿吏治等方面的贡献,仅依据《清实录》简略论及厄鲁特兵反诬哈萨克盗马事。有关舒赫德(转下页)

而近年具有"与汉文文献不相重复之特点"的满文寄信档的编译出版[①],则为我们提供了大量相关原始档案。这些资料的编译出版,不仅丰富了永贵、舒赫德更多的西域宦绩细节,也为当今学界研究那段历史提供了新的视角。本文拟在满文寄信档等清代稀见史料的基础上并参考《清实录》等传统文献,来探讨清代境外哈萨克"越境盗马案"始末,并兼及清政府对新疆的管理与认识。

一、清代边兵反诬哈萨克汗国越境盗马案的发生

乾隆三十四年四月初五日,时任雅尔参赞大臣巴尔品密奏清廷:"哈萨克鄂罗木拜等十几贼入卡伦伤人盗马,将其执解前来讯毕。其拒捕伙贼哈萨克鄂罗木拜等,分别拟以枷号三个月、两个月后重杖;其尚未拿获之哈萨克,行文阿布勒比斯严加治罪。"[②]对此,乾隆皇帝极为不满,他认为驻边官员办理涉外案件时,需严之又严方可肃清地方。况且,乾隆三十三年清朝卡伦去年就曾出现卡伦士兵偷盗境外哈萨克人马匹事,已将涉案官兵分别正法治罪,现鄂罗木拜等人不仅越境盗马、拒捕,而且还追伤巡查兵丁,较去岁清兵盗哈萨克马之罪更重。但巴尔品仅仅给予枷号了事,殊属非是,必导致哈萨克无所敬畏,今后定将盗案不断。由于乾隆帝认为"(巴尔品)自己沽名而未杀贼,朕反而交伊等杀之耶",事已至此,只好在严厉申饬巴尔品的同时,晓谕哈萨克比阿不勒比斯今后务必约束部众,严禁再次发生偷盗事件。

乾隆三十四年七月十三日,就在清政府以为此事已了结之时,巴尔品上奏清廷:"从前拿获盗马哈萨克鄂罗木拜等八人,枷号监禁。于六月初十日,弃枷将房后墙掏孔以出,逾越外墙,从西门登城台阶栅栏门跳入登城,从西北隅顺绳滑下逃脱,故将看守官兵揭参,交部从重治罪。"[③]对此,乾隆皇帝大为骇异,他认为拿获锁禁之人理应交于官兵严加看守,现鄂罗木拜等八人竟能同时全部脱枷而逃,实属不该,当即下令一面革去巴尔品副都统衔,拔去顶戴花翎,罚养廉银五分之四,仍留雅尔赎罪效力;一面命巴尔品选派优良官兵全力

（接上页）的相关研究,主要有聂红萍《舒赫德与新疆》,《西域研究》2000 年第 1 期,68—76 页,主要依据传统文献讨论舒赫德在平准战争、平定大小和卓叛乱和经略回部、安置土尔扈特部及经理伊犁等军政经济建设中的活动;武红薇《乾隆时期伊犁将军舒赫德新疆事迹的述评》,《石河子大学学报》2005 年第 1 期,14—17 页,主要在《清实录》等文献的基础上,探讨舒赫德在清政府统一新疆、土尔扈特东归中的贡献;竹效民《论伊犁将军舒赫德》,《西域研究》2005 年第 2 期,47—50 页,主要依据传统文献探讨舒赫德在办理新疆军务、伊犁回屯等方面的贡献。

① 王小红《乾隆朝满文寄信档译编·前言》,中国第一历史档案馆编《乾隆朝满文寄信档译编》第 1 册,4 页。

② 《寄雅尔参赞大臣巴尔品等申饬未能严办盗马之哈萨克事》,中国第一历史档案馆编《乾隆朝满文寄信档译编》第 8 册,697 页。

③ 《寄谕署伊犁将军永贵等巴尔品缘情革去副都统衔》,中国第一历史档案馆编《乾隆朝满文寄信档译编》第 8 册,711 页。

缉拿鄂罗木拜等八人。至于雅尔领队大臣扎隆阿,乾隆认为其刚到任不久,着加恩留任,但罚养廉银二年。

而戴罪立功的巴尔品或许是因为急于脱罪,为尽快缉拿鄂罗木拜等人,派官兵将逃犯鄂托里之侄玛尔噶拜、额森克勒底、杜尔伯特之妻孥及其鄂托克之阿哈拉克齐纳喇巴图、哈尔门图、巴尔哈纳之通事额色木喇特等拿解看守。乾隆皇帝认为,玛尔噶拜等皆系境外入内游牧之人,与鄂罗木拜案无关,加恩放还后命其代为捉拿鄂罗木拜等人即可。至于鄂罗木拜等八人,如果确定他们逃往哈萨克汗国境内,派人向其汗阿布勒比斯索要,抑或派兵前往捉拿均可①。

巴尔品派员与哈萨克汗阿不勒比斯交涉后,阿布勒比斯派其子卓勒齐与图衣希告知:仅能将图伯特一人交予清政府,其余七人,需待阿布勒比斯亲往塔尔巴哈台面谈时大臣另作商议。面对此等情形,巴尔品并未将图伯特收押,仍交卓勒齐带回。但图希衣临行前私下告称:阿布勒比斯原欲将鄂罗木拜等八人一起交还,但因多有异议,妄加争论,故才未给。据此,乾隆帝决定暂勿将玛尔噶拜等人交予哈萨克,照常看守,待阿布勒比斯将鄂罗木拜等八人遣送后再予给还②。

随后的《清实录》记载了该案僵持阶段的片段:"永贵奏,阿布勒比斯遣头目阿克塔木拜尔底前来,恳请将雅尔看守之逃犯家属释回,伊等即踪缉逃犯解送,永贵即准其所请,随将逃犯家属交其带回。"③而满文寄信档则展现了乾隆皇帝的真实态度:"永贵柔懦,竟惧怕哈萨克。巴尔品前办虽属糊涂,其后仍有爽快办理之情。"④乾隆认为,无论是永贵还是巴尔品,均不适合再办此案,遂即命时任乌什参赞大臣舒赫德速赴伊犁秉公专办此案。

或许是乾隆皇帝命舒赫德专门前来办案,让永贵感受到了压力,很快上奏:"哈萨克阿克塔木拜尔底言辞内,又有参赞大臣牧厂之语。"⑤经军机大臣等查阅巴尔品奏折原件,内称"被盗者为巴尔品之马三匹、兵丁之马二十余匹"。乾隆皇帝认为,如果此言属实,则兵丁之马尚属官马;倘不属实,皆为巴尔品之马冒充兵丁之马,则断然不可,已属边界滋事,当即将巴尔品从重正法治罪。至此,该案开始稍显端倪。深知边疆无小事的乾隆皇帝急命舒赫德务必秉公办理,不可丝毫偏袒。

① 《寄谕署伊犁将军永贵等巴尔品缘情革去副都统衔》,中国第一历史档案馆编《乾隆朝满文寄信档译编》第 8 册,712 页。

② 《寄谕雅尔办事大臣巴尔品等著现被看守之哈萨克人暂不给还》,中国第一历史档案馆编《乾隆朝满文寄信档译编》第 8 册,721 页。

③ 《高宗纯皇帝实录》卷 841,北京:中华书局,1986 年,233 页。

④ 《寄谕署伊犁将军永贵著会同舒赫德办理哈萨克逃人事件》,中国第一历史档案馆编《乾隆朝满文寄信档译编》第 8 册,723 页。

⑤ 《寄谕乌什参赞大臣舒赫德会同永贵等办理索要逃脱之哈萨克事》,中国第一历史档案馆编《乾隆朝满文寄信档译编》第 8 册,725 页。

二、清政府对雅尔边兵反诬哈萨克汗国越境盗马案的鞫办

据《清实录》所载,乾隆皇帝对该案的重视,让永贵不得不迅速据实上奏:

> 阿克塔木拜尔底禀称,因内地人由哈萨克驱马四十余匹,哈萨克等追赶夺回,逾二日,内地人驱马二十余匹,弃在哈萨克地方,第二日,又有七十余人往哈萨克驱(取)马千余匹,经追赶始给回九百余匹①。

乾隆认为,此虽系哈萨克人一面之词,但边境盗案事关重大,必须彻底根究。如确系巴尔品放纵属下滋事,则应将巴尔品从重治罪。随后的满文寄信档显示,此时的乾隆皇帝仅认为也许清兵从中作弊,但境外哈萨克人盗马之事属实,使命舒赫德晓谕阿布勒比斯:务必约束属人,严禁为盗。不仅参赞大臣之马,即兵丁之马,亦不可偷盗②。但就在舒赫德、永贵次第开展查案之际,巴尔品派协领常德率官兵前往哈萨克游牧地缉拿鄂罗木拜等八人。按清制,内陆各省缉拿逃犯当下未获者,亦不过咨行查拿而已,从无派兵到处缉拿之例。此时的乾隆帝认为,巴尔品竟派兵深入哈萨克游牧地缉拿鄂罗木拜等八人,这一方面可能会引致边衅,另一方面若访查不获则会招致境外哈萨克人讥笑,显系巴尔品惊恐下之妄为,殊属不成事体,必须将兵丁即行撤回③。但为不致滋生边境事端,乾隆帝在命舒赫德会同永贵迅速办案的同时,亦命永贵向阿布勒比斯通报此事来龙去脉。

此后,乾隆皇帝愈想愈觉得巴尔品派兵深入哈萨克游牧地缉拿逃犯殊属非是,其中必有异情:

> 哈萨克等倘从我处抢劫而去,抑或反叛,其不候旨即发兵往征均可。此八贼均系在巴尔品等处锁禁之人,系因疏懈逃逸,不过咨行阿布勒比斯查拿解来而已,断不致发兵哈萨克游牧内查拿④。

乾隆皇帝认为:之前,永贵已奏雅尔卡伦士兵曾盗取境外哈萨克人马匹,在未能得逞后又诬赖境外哈萨克人驱马前来;此外,又有"参赞大臣牧厂"之语。此虽系境外哈萨克人一面之言,不能全信,但由于地处边境,兹事体大,需查明真相方可消除隐患。若巴尔品确有此等情弊,则应立将巴尔品从重治罪;抑或巴尔品属下滋事进而蒙骗巴尔品,亦未可定。遂命舒赫德将巴尔品有无情弊等项务必彻底查明,秉公究办。但此时的乾隆皇帝认为"巴

---

① 《高宗纯皇帝实录》卷八四一,237 页。

② 《寄谕乌什参赞大臣舒赫德著妥善查办哈萨克盗马事》,中国第一历史档案馆编《乾隆朝满文寄信档译编》第 8 册,726 页。

③ 《寄谕乌什参赞大臣舒赫德将官兵赴哈萨克游牧访查逃人事查明办理》,中国第一历史档案馆编《乾隆朝满文寄信档译编》第 8 册,727 页。

④ 《寄谕乌什参赞大臣舒赫德著查明巴尔品办理逃人案有无情弊》,中国第一历史档案馆编《乾隆朝满文寄信档译编》第 8 册,729 页。

尔品自到雅尔以来,办事多谬,于边疆无益"①,已不适合再担任雅尔参赞大臣,遂命安泰前往雅尔办事。但巴尔品仍留雅尔,在笔帖式上效力赎罪。

关于此案鞫审结果,《清实录》仅有简略描述:"此案牧场人等往盗哈萨克马匹,受伤后,反将雅尔牧群驱往图赖,情殊可恶。"②而满文寄信档则保存了该案更多的历史细节与动态过程。就在舒赫德刚刚会见阿布勒比斯准备开展查案之际,永贵即将早已查明之该案详情上奏清廷:

> 前哈萨克等偷盗雅尔马群一案,经访查,闻有议论:巴尔品牧群人去偷哈萨克等之马匹属实。牧群人等禀报时,隐瞒被哈萨克枪击之霍托拉等二人之名。遂传讯霍托拉、杭安,据供称:起初与巴尔品牧群人鞑克等数人合伙,同去偷盗哈萨克马匹,被哈萨克等追逐相战,有人受伤,因惧怕参赞大臣知后治罪,经共商议,索性赶参赞大臣马群弃于哈萨克牧场,以诬赖哈萨克,假词谎报。随即传讯伊等同伙内数人问之,亦皆供称去盗哈萨克马匹,设计诬赖者属实③。

接奏后乾隆皇帝才明白:雅尔卡伦士兵不仅伙同偷盗境外哈萨克人马匹,而且在事后共同设计诬赖境外哈萨克人,属实。其实,永贵早已查明真相,但为袒护巴尔品等人,一直隐瞒不报。之所以在舒赫德开始查案后才呈报真相,实出于惧怕舒赫德查出原委后捷足先奏,实属不堪。至于巴尔品,乾隆皇帝认为其在办案之初即使被属下蒙骗,但在办案过程中多次与境外哈萨克人交涉,哪怕境外哈萨克人没把事情原由陈诉清晰,也应该鞫问属下人等揆情度理,巴尔品未能预先办明,显然是偏护属下,进而诬赖境外哈萨克人。乾隆认为只要秉公办事,据实审明真相,境外哈萨克人才能心服,边疆才能安定。基于此,乾隆帝命舒赫德务必彻底查明真相:"牧马人等若去盗哈萨克马匹、诬赖哈萨克者属实,则即明白晓谕哈萨克等,将首犯当哈萨克人前法办示众。"④

此后,根据乾隆皇帝的指示,舒赫德、永贵、阿布勒比斯共同鞫审出结果:

> 巴尔品牧群人等往盗哈萨克马匹时,被哈萨克追逐相战受伤,故共同商议驱巴尔品之马群,弃于哈萨克游牧诬赖等事,皆已审出无疑。但哈萨克之喀喇什等何以招认盗我马匹,此情巴尔品等究竟知否之处,皆应查问切实,故带应质讯之人于十月十六日起程前往塔尔巴哈台⑤。

---

① 《高宗纯皇帝实录》卷八四三,257页。

② 《高宗纯皇帝实录》卷八四六,332页。

③ 《寄谕乌什参赞大臣舒赫德等著彻查偷盗哈萨克马匹事》,中国第一历史档案馆编《乾隆朝满文寄信档译编》第8册,729页。

④ 《寄谕乌什参赞大臣舒赫德等著彻查偷盗哈萨克马匹事》,中国第一历史档案馆编《乾隆朝满文寄信档译编》第9册,503页。

⑤ 《寄谕乌什参赞大臣舒赫德等著审理哈萨克盗马一案务必秉公办理》,中国第一历史档案馆编《乾隆朝满文寄信档译编》第9册,510页。

至此,巴尔品属下士兵盗取境外哈萨克人马匹以致受伤后,又将巴尔品马群弃于境外哈萨克之地以为诋赖,显系无疑。但乾隆仍然认为,此事巴尔品起初或不知情,但此后偏袒属下,责以境外哈萨克人,亦无疑议。但舒赫德所称"此情巴尔品等究竟知否之处,皆应查问切实",显系为巴尔品预留地步企图代其开脱之言。因此,乾隆再次命令舒赫德:"到达塔尔巴哈台质审此案时,务必秉公办理。若稍有庇护隐瞒,一旦被查出后,朕必将伊等一并治罪。"

随后,舒赫德在塔尔巴哈台查明之前会审结果均属事实。喀喇什等人之所以愿意承认盗马,是因为阿布勒比斯父亲阿布勒班毕特新丧,境外哈萨克人不想额外生事,故让喀喇什招认了事。而公平的审案结果,也让阿布勒比斯心悦诚服,很快即遣其子卓勒齐将鄂罗木拜等八逃犯解送至塔尔巴哈台,交予舒赫德处置①。

依据满文寄信档中巴尔品、永贵、舒赫德等人的先后鞫审,我们可以看到有关该案的更多历史细节与完整过程:先是,巴尔品属下霍托拉、杭安伙同鞯克等人前往哈萨克盗马四十余匹,但被境外哈萨克人发现,在追击过程中,霍托拉、杭安二人受伤,马匹亦被境外哈萨克人追赶夺回。但鞯克等人惧怕参赞大臣巴尔品查明后治罪,在隐瞒霍托拉等人受伤的情形下,于二日后驱官马二十匹弃置于境外哈萨克牧场,随后又再次驱官马千余匹弃置境外哈萨克牧场,反诬境外哈萨克人越界盗马,假词谎报。其后,不明真相的巴尔品误以为追击霍托拉等盗马人之鄂罗木拜等八人越境盗马,遂将其抓获,定于枷号示众后重杖了结,并将此上奏清廷。此时的乾隆皇帝坚信此案乃哈萨克越境盗马,尽管对处理结果不满,但事已至此,只好在严厉申饬巴尔品的同时,晓谕哈萨克比阿不勒比斯今后务必约束部众,严禁再次发生越境偷盗事件。

但就在清政府以为此事已经了结之际,鄂罗木拜等八人弃枷穿墙逃走。乾隆帝再次坚信哈萨克人越境盗马,将失职的巴尔品革职留任,命其全力缉拿鄂罗木拜等人。而戴罪立功的巴尔品为尽快抓获逃犯,将逃人鄂托里之侄玛尔噶拜、额森克勒底、杜尔伯特之妻孥及其鄂克之阿哈拉克齐纳喇巴图、哈尔门图、巴尔哈纳之通事额色木喇特等拿解看守。由于此后与境外哈萨克交涉的过程中,阿布勒比斯仅答应交还图伯特一人,这让原本欲将无关之人交还境外哈萨克的乾隆皇帝不满,遂决定暂扣玛尔噶拜等人。但当阿布勒比斯遣头目阿克塔木拜尔底向时任伊犁将军永贵请求将逃犯家属释回时,早已查知巴尔品属人反诬哈萨克越境盗马真相的永贵当即准其所请。这让坚信境外哈萨克越境盗马的乾隆皇帝大为不满,认为永贵过于柔懦,又命时任乌什参赞大臣的舒赫德前来伊犁专办此案。但此时阿克塔木拜尔底所言"参赞大臣牧厂"之语,让乾隆觉得巴尔品或许曾于边界滋事,要求舒赫德不得偏袒,务必秉公查办。

舒赫德的到来,让早已查明真相的永贵感受到了压力,上奏清廷"阿克塔木拜尔底禀

---

① 《寄谕署伊犁将军永贵等著秉公办理哈萨克盗马案》,中国第一历史档案馆编《乾隆朝满文寄信档译编》第9册,512页。

称,巴尔品属人盗马属实"。乾隆皇帝虽仍然认为此系哈萨克人的一面之词,但边境盗案事关重大,必须彻底根究。而此时急于摆脱罪名的巴尔品派兵深入哈萨克游牧地缉拿逃犯之举,让乾隆皇帝开始怀疑境外哈萨克越界盗马真伪,遂命舒赫德加紧鞫办。这一切均让早已明知该案真相的永贵更加紧张,随即将"巴尔品牧群人等往盗哈萨克马匹时,被哈萨克追逐相战受伤,故共同商议驱巴尔品之马群,弃于哈萨克游牧讹赖"真相上奏。

三、清政府对雅尔边兵反诬哈萨克汗国越境盗马案的处置及其影响

该案查明后,永贵、舒赫德依据《大清律例》向朝廷提出处理建议:

> 审明牧场之兵偷盗哈萨克马匹反诬哈萨克一案,巴尔品始终被人欺骗,随意审办,理应正法。拟将巴尔品解往伊犁候旨。扎隆阿虽到塔尔巴哈台不久,但此一案自始至终伊皆经历,且随声符合巴尔品,请将扎隆阿交部严加治罪。其起意偷盗哈萨克马匹之贼厄鲁特翰克、起谋驱马弃于哈萨克地方讹赖之察哈尔委领催罗布藏车凌已正法;跟随罗布藏车凌之杭安等人,分别重惩发配;所逃哈萨克图伯特,已照卓勒齐所请交其带去,由阿布勒比斯治罪①。

对此,乾隆皇帝认为将翰克、罗布藏车凌在境外哈萨克地方正法示众,所办甚是。但由于鄂罗木拜、图伯特等人是在雅尔拘禁时私逃,有逃逸之罪,此时将他们交于卓勒齐,未免过于姑息,应在责惩示儆后再交卓勒齐带回。否则,虽卓勒齐承诺带回后予以治罪,但又何以得知其返回境外哈萨克后治罪与否?至于巴尔品,如若有意欺骗,则应正法,今审明此案,巴尔品尚不承认有意行骗,乃为属人所欺,颟顸了事是实,著宽免正法,于伊犁地方永行枷号,以为各地办事大臣之戒。扎隆阿始终逢迎巴尔品,殊属糊涂,著交部议罪。而永贵在查出此案实情后,应一面参劾巴尔品,一面彻底查办。但其先是姑息观望,不即具奏,后又游辞巧饰以图逃罪,殊属非是,著交部严加查议。

随后的《清实录》记载了有关扎隆阿、永贵的最终处理决定:"扎隆阿著革去副都统衔,仍留塔尔巴哈台,自备资斧,效力赎罪,永贵著降三级调用。"②但仅在半年之后,永贵即得以重新启用:"永贵自署理伊犁将军以来,并未实心任事,所办哈萨克马匹一案,伊明知巴尔品被人蒙蔽,乃隐忍不奏,经朕降旨询问,始行奏闻……自应即予革职,但永贵平日尚属谨慎,不至竟当废弃。永贵著加恩补授都察院左都御史,革职留任,效力行走,不准戴用翎顶。"③

---

① 《寄谕参赞大臣舒赫德等将偷盗哈萨克马匹案内所涉官员严惩治罪》,中国第一历史档案馆编《乾隆朝满文寄信档译编》第9册,518页。
② 《高宗纯皇帝实录》卷八四八,360页。
③ 《高宗纯皇帝实录》卷八五八,491页。

尽管该案得以迅速查明真相,涉案官员、兵丁亦各自得到相应处置,但由于此时的清政府没能抓住该案机遇制定相关章程,仍以内陆律法约束新疆边兵偷盗境外马匹的行为。而哈萨克汗国此后照例于每年秋冬之季携大量马匹至伊犁地区游牧,照章纳税,在盗马的巨大利益诱惑之下,雅尔边兵仍不时发生盗马之行。仅在随后的乾隆三十六年十月,哈萨克卓勒齐报呈:"图尔图勒鄂托克哈萨克铁利布等丢失马三十余匹,又丢失二十余匹。又哈萨克章克希丢失马八十余匹,拜尼沿路拦截,又见百余马匹踪迹。观之,皆由马尼图察托辉卡伦交界处而入,请代为查之。"①此案经舒赫德查讯,均为雅尔厄鲁特边兵所为。乾隆皇帝此时仍按照内陆法律将主谋之人正法,将其余盗马人按厄鲁特律"打断腿永世致残",使其不能再行盗马之事,而未能命人制定相关适宜章程,进而断绝盗马案的再次发生。

但由于缺乏相应的专门法律保障,在庞大的利益诱惑下,此后仍然多次发生雅尔边兵盗马案,以致境外哈萨克人不敢再与清政府贸易马匹,进而严重影响到了新疆兵丁驻防、屯田所需之马。为解决这一问题,清政府甚至于乾隆三十七年正月明令厄鲁特、土尔扈特人不得途经境外哈萨克地,但仍于事无补。直至同治新疆民变时,雅尔边兵盗马案仍不时发生。而这一切,又均对中国西北边境的安全与稳定、经济的恢复与发展都产生了极其不利的影响,乃至对清政府在新疆治理与统治的根基都增添了诸多不稳定因素。

如前所揭,有关永贵、舒赫德在清代境外哈萨克"越界盗马案"中的历史细节,无论是传统文献《清国史》《啸亭杂录》还是新疆地方文献如《西陲总统事略》《伊江汇览》,均只字未提,《清史稿·舒赫德传》《清史列传·舒赫德传》又未着一墨②,《清史稿·永贵传》对其有关此事的记载仅有:"坐厄鲁特兵盗哈萨克马转诬哈萨克,办事大臣巴尔品断狱未得其实,永贵论劾。"③《清史列传·永贵传》只有"厄鲁特有放马兵盗哈萨克马,转诬哈萨克一案,办事大臣巴尔品为人蒙蔽,任意审断。至是,奏请治罪。上以永贵既查出此案情节,不即参奏根究,饰词卸罪,殊属取巧,交部严议"的简略描述④。即使是记载该案最为详细之《清实录》,亦属片段描述,让人不明所以,莫知所从。

而通过对满文寄信档等新见史料的发掘与爬梳,不仅可以补充《清实录》《清史稿》等传统文献相关记载的缺失、纠正个别的细节错误,填补传统文献资料对永贵、舒赫德新疆宦绩记载的相关空白,更是可以勾画出永贵、舒赫德任职新疆时的多维详情,并可就此扩展至清政府治理与经营新疆历史经验与教训的讨论。

① 《寄谕伊犁将军舒赫德等著将盗窃哈萨克马匹事严加查办具奏》,中国第一历史档案馆编《乾隆朝满文寄信档译编》第 9 册,608 页。
② 详见赵尔巽《清史稿》,北京:中华书局,1977 年,10682—10678 页;王钟翰《清史列传》,北京:中华书局,1987 年,1516—1529 页。
③ 赵尔巽《清史稿》,10764 页。
④ 王钟翰《清史列传》,1585 页。

晚清至民国时期京新商路的历史考察

赵丽君

新疆师范大学历史与社会学院

本文所指的京新商路，包括北京、天津沿线，以及归化、绥远、宁夏、甘肃、新疆等商业团队经过的区域。驼运是清代至民国时期新疆与京津地区的主要贸易运输方式，特别是对于北方贸易枢纽的归绥地区而言，驼运业一直占据着主导地位。此前已经有研究者对草原地区以及西北地区的驼运行业进行了研究[1]。还有学者对回族驼运组织的内部结构进行了深入考察[2]。也有对新绥公路进行专门研究的成果[3]，及以西北物产如皮毛为研究对象的相关论文[4]。这些文章已经对清朝至民国时期京津—绥远、包头—新疆的商路运输做了很多有益的探讨，但该时期商路贸易的一些细节问题，如具体站点、购销方式仍然有可资发掘之处，故不揣谫陋，特撰此文，以求各位专家指正。

一、京津至新疆迪化的具体站点

《新疆图志》记载：

---

[1] 黄丽生《由军事征掠到城市贸易：内蒙古归绥地区的社会经济变迁（14 世纪中至 20 世纪初）》，台北：中国台湾师范大学历史研究所专刊，1995 年；许檀《清代山西归化城的商业》，《文史哲》2009 年第 4 期；程俊《归绥地区回民研究（1632—1937）》，内蒙古大学 2014 年博士学位论文。

[2] 王平《新疆回族驼运业的调查与研究》，《回族研究》2006 年第 3 期；佘建明、袁纣卫《绥远回族商帮的内部结构》，《回族研究》2006 年第 4 期；马维新《近代呼和浩特回族驼运的历史考察》，《回族研究》2019 年第 2 期。

[3] 许建英《泰克曼笔下的新绥汽车线路及蒙古人》，《西部蒙古论坛》2011 年第 1 期；方光华、梁严冰《抗战前后国民政府的西北建设战略》，《南开学报》2014 年第 3 期；杨洪、朱小秋《试论西北近代交通建设》，《西北大学学报》1994 年第 4 期等。

[4] 樊如森《天津开埠后的皮毛运销系统》，《中国历史地理论丛》2001 年第 1 期；渠占辉《近代中国西北地区的羊毛出口贸易》，《南开学报》2004 年第 3 期；（美）詹姆斯·艾·米尔沃德《1880—1909 年回族商人与中国边境地区的羊毛贸易》，《甘肃民族研究》1989 年第 4 期；黄正林《近代西北皮毛产地及流通市场研究》2007 年第 3 期等。

　　然迪化不居要衝，惟古城绾毂其口，处四塞之地。其东自嘉峪关趋哈密为一路，秦、陇、湘、鄂、豫、蜀商人多出焉。其东北自归化趋蒙古为一路，燕、晋商人多出焉。自古城分道，西北往科布多为通前后营路，外蒙古每岁一至，秋糴麦谷，并输氆氌裘皮草，易缯帛而归。又循天山而北，为北路，取道绥来以达伊犁、塔城。循天山而南，为南路，取道吐鲁番以达疏勒、和阗。故古城商务，于新疆为中枢，南北商货悉自此转输，廛市之盛，为边塞第一。关内绸缎、茶纸、磁漆、竹木之器，逾陇阪而至。车马烦顿，釐税重困，商贩恒以为累苦不偿其劳费。是以燕、晋商人多联接驼队，从归化城沿蒙古草地以趋古城，长途平坦，无盗贼之害、征榷之烦，其至常以夏五月，秋八月为期，岁运腹地诸省工产及东西洋之商品，其值逾二、三百万。大率自秦陇输入者居什三、四，自归绥输入者居什之六、七。而私运漏货不在此数①。

　　通过这条史料可以看出，古城在当时新疆的商业中心地位是很牢固的，它也是沟通南北疆贸易的重要中转站，此期的迪化在商业地位上都不如古城。

　　陈赓雅记述京新道路时，指出沿途"惟武功坝，坡度甚高，百灵庙、海雅阿马图、赛虎顿、黑沙图等地，多有软沙沙河；麦棱根等地多芨芨草墩；察汗典礼俗、克克陶赖盖等地，多山谷沟洼。克克陶赖盖西行，水甚缺乏，味且苦涩，车行较难，但皆可以人力克服之"②。特别说明了这条道路上需要注意的地方，为商队的行走提供了帮助。陈赓雅还曾进一步记述：

　　赴新路线，最便捷者，为由京乘飞机，经西安、兰州、哈密到迪化（今乌鲁木齐市），需时三日，费约二千元。次为由平赴绥，乘新绥长途汽车，经乌兰爱里根、哈密、古城子，而抵迪化，全线共长计五千九百八十华里（二千九百十七公里），需时十四天，费三百三十五元，食宿由车供给。此道原为商道，所过尽硬隔壁，偶有轻沙，亦易设法，路平好行，改修公路。颇为适当。骆驼运行，至少七十余日，沿途取给困难，所费自较车运为廉。第三路线，取道西伯利亚铁路，目前不能由东北直去，须搭轮经日本（**因津直开海参崴之轮船甚少**）转海参崴，便搭火车，至阿伊姑斯，换乘汽车，入塔城而达迪化，需时四十余日，费在四百元以上。第四路线，即由陇海路，经陕、甘、哈密，而达迪化，需时八十余日。由哈密至迪化一段，不乘汽车，驼运步行，须二十日。冬春两季，气候严寒，则由天山南路，经鄯善、吐鲁番，夏秋则由天山北路，过木垒河、奇台而达迪化③。

　　对进出新疆的五条道路做了简要的总结，包括到达新疆的时间、车费，沿途经过主要站点等，不但反映了中原至新疆交通所采取的主要线路，更反映了在国家贫弱、交通落后的社会背景之下，我国国民不得不借道日本和俄国前往新疆。和陈赓雅所述类似，民国时

① 王树枏等纂修，朱玉麒等整理《新疆图志》卷 29"实业二"，上海：上海古籍出版社，2017 年，578 页。

② 陈赓雅《西北视察记》，兰州：甘肃人民出版社，2002 年，39 页。

③ 陈赓雅《西北视察记》，22 页。

期不少著作中都对京津地区至新疆的总体线路做了比较分析，这与现今京津地区前往新疆的航空、铁路、公路的线路基本一致。但是这些著作对当时驼运经过的具体站点大多语焉不详，惟吴绍璘《新疆概观》的记述相对比较具体：

> 奇台—绥远（即蒙古大草地）东行（90 三个庄子 100 芨芨湖 90 黑山头 90 卧龙居70 菜子地 70 锅底山 60 娟金 70 白墩子 70 天生圈 80 三塘湖）七百九十里三塘湖，北达乌里雅苏台。南至哈密镇西，折东北行（90 木炭窑子 110 老爷庙 90 乾湖子 50 柳树泉）三百四十里柳树泉，越那林努鲁山入蒙古境（70 哈达图 60 扎木闪丹 70 哈拉笛灵 70 什拉胡力苏 40 老农鄂博 95 用惠 130 夹拉盂 60 红漳尔 60 甲罕莫多 45 小驼类70 夹干胡图 60 束红图口子 60 西尼乌苏 60 赛胡同 70 白沿鄂博 70 胡同鄂博 70 察罕部落 70 察罕桃里克）一千二百三十里察罕桃里克，北行可至推台。在东赴库伦，西达乌里雅苏台，折向东南行（70 哈喇尼丁 80 毛敦鄂博 60 布克提 70 玉石凹 70 沙拉束力古 70 红谷岭 80 哈拉不克 70 土不齐 80 谷庆 70 巴尔且 70 乌拉胡同 60 耳得泥不拉70 驼类 70 乌拉鄂博 70 甲干图 70 巴尔庆）一千一百三十里巴尔庆，地近绥远省。复东南行（70 赛林胡同 80 不冻冒同 70 哈暮口子 60 白沿善丹 70 哈巴湖 70 爱力索胡同60 木雷古勒 70 乌泥乌苏 60 哈喇桃力克 60 瓦窑 70 信儿冲兔 50 海德兔 60 白沿部落50 石简板 60 大赫太 50 乌拉胡同 50 和梁梁 60 云动林沟 70 包头镇）一千一百九十里包头镇（70 圆图 60 三卜树尔 60 桃素好 70 二道河 60 北斜齐 90 归化）四百十里归化城。此线共长五千另九十里[①]。

这条史料所载由奇台前往绥远的站点，就目前来看是最为清晰的。不仅对于商业往来，乃至对中原和边疆的双向人口流动、物资转运等方面的考察都具有很大借鉴意义。

除此之外，选择走陕甘这条线路的，其路途具体站点包括：

> 安西门外十二站，名叫黑沙漠，四窑、红柳园、大泉、马兰井、猩猩峡（猩猩峡乃是和新疆交界的山口）、喇嘛庙、沙泉、苦水井、鸽子屯、长流水、甜水井、黄芦冈，然后到了哈密。三站、鸭子泉、七角井，到了此处，路分两条，一条到吐鲁番，到了天山的山麓，山口，到了大石头、木垒河、经过奇台到了古城，这里不像哈密四围有肥地，但是城里的买卖很好，铺子里买卖各色的货物。有裁缝使用胜家公司的缝纫机，也有照相馆和钟表铺。因为这里有往北京的大路。从那里到靠黄河的包头镇、归化厅，有四千五百里。用骆驼得走三五个月。但是因为现在有内乱，这条路就断绝了。听说在1914 年欧战以前，英、德的货物很是畅销这一带，但是因为欧战一起，日、俄两国的货物就畅销了。从古城出发，顺着天山走，到了七亩沙，然后到了迪化[②]。

---

① 吴绍璘《新疆概观》，南京：仁声印书局，民国二十二年，174—175 页；另据谢彬《新疆游记》记载驼道里程数为五千一百里，此处谢彬所载里程数准确。

② Mildred Ccble Francesca French 著，季理斐意译《西北边荒布道记》，《边疆史地文献初编·西北边疆》第一辑第 24 册，北京：中央编译出版社，2011 年，337　360 页。

从这段史料来看,这个外国传教士所走过的从安西前往新疆的道路,和当今由甘肃前往新疆地区的铁路基本相同。在这里他还指出了古城当时的贸易繁荣,一战前英德货物畅销,一战之后俄日货物开始畅销,从侧面反映了国际战争局势对新疆地区贸易的影响。

总之,陕甘路的主要线路是从安西到白墩子(也叫台墩子)、红柳园、三个泉、大泉子,再到马连井,然后到星星峡,过沙泉,赴关帝庙山,到苦水,过烟墩,然后过长流水、黄芦冈,到哈密①。而从天津到迪化,据《新疆纪游》记载:"也可走假道西伯利亚、满洲里不通,绕道海参崴。又从海参崴到达日本神户,途中经过朝鲜海峡,经过苏联领事馆批准,到达伯力、柏卡勒夫,由此换车到海兰泡,后又到莫各查车站。上乌金斯克、依兰库斯克,到赤塔。乌金斯克、新西比利亚车站、阿尔泰车站、爱古斯、阿拉木图,转西而塔什干,到巴克图(又称苇塘子),此地有汽车六十余辆,载新疆物产,如皮毛、棉花等,然后到塔城,由天津出发,行二十四日,经日本、苏联两国,始复重履国土。"②由此可以看出,民国时期的国内交通很不发达,前往新疆的交通条件非常差,这时期的国民政府对新疆交通缺乏关注及投入资金不足,导致中原与新疆的交往比较受限。

考察察哈尔与绥远、归化的交通,其焦点凡二:东为张家口,西为归绥。……至于归绥,向北可由红格尔图以通蒙古高地之西北部,如唐努乌梁海以及科布多等地。西向可沿黄河通后套平原,然后再南向通宁夏,西折通甘凉水草地及西域诸地,以与昔之氐羌发生关系。东向或通兴和,或东南向过杀虎口等地以通大同,南向路线甚多,可通古之河南地,与古之秦晋亦易发生关系。凡此诸线,在平绥铁路未完成以前,皆游牧集团与农耕集团交通之动脉也③。俄国人也指出,"归化城之所以具有特别重要的意义,从来就不是由于本地的贸易,而是由于这个城市对中国与其塞外的各个领地进行贸易的所有商品来说,是个极为重要的转运站和存放货物的地方"④。包头"右引河套,左扼大青山麓,南蔽云中长城,北走新疆蒙部,为秦胜州、汉五原故境。水陆冲要,舟车毕萃,实塞外一大巨镇"⑤。

1909 年京张铁路通车,1923 年铁路延伸到包头,京津地区通过铁路网把北方地区与东部沿海地带联系起来,包头的地位显得更加重要。《绥远通志稿》记载:

归、萨、丰、包、托五县,回族商人亦占百分之六、七,多数事牙侩、屠宰、酒贩各业。而在归绥市则有经营西北诸营路商运者,此业者以西营帮为盛,皆由新疆而成土著者,今则营部一蹶不振,回帮乃取而代之,其中曹姓且为今日唯一之巨商焉⑥。

走新疆古城、伊犁、塔尔巴哈台、乌鲁木齐等地为西路。《绥远通志稿》对沿路站名、里

① [日]日野强著,华立译《伊犁纪行》,哈尔滨:黑龙江教育出版社,2006 年,92—96 页。
② 吴蔼宸《新疆纪游》,转引自《边疆史地文献初编·西北边疆》第一辑第 12 册,153—165 页。
③ 陈增敏《察级之历史地理概观》,《禹贡半月刊》第七卷第 8、9 合期,1937 年,第 6 页。
④ [俄]阿·马·波兹德涅耶夫《蒙古及蒙古人》第 2 卷,张梦玲等译,呼和浩特:内蒙古人民出版社,1983 年,92 页。
⑤ 绥远通志馆编纂《绥远通志稿》第 2 册,呼和浩特:内蒙古人民出版社,2007 年,418—419 页。
⑥ 绥远通志馆编纂《绥远通志稿》第 3 册,615 页。

程表、饮水等详细情况作了记载,此路又被称为"大西路",途经呼和浩特、外蒙、新疆古城子,共计 72 站,5430 里[①]。商队东道"自奇台东行,经三塘湖东入蒙古至绥远、陕西、山西,骆驼运输商货,每遵此路"[②]。

1927 年中国西北科学科学考查团至新疆的路线,为了解沿途情况提供了详细的记录:考查团从北京西直门火车站出发,经过张家口,过大青山到绥远省省会归化(即今呼和浩特),然后到包头,过龚库都克村,到了阴山脚下,沿昆都河驻扎在五分子村,到鄂博店村宿营,然后在红瓦子公宗宿营,到达卡究不远处靠近巴音布鲁克草场宿营,5 月 25 日紧挨着亚不干河扎营,5 月 27 日在胡济图河边扎营(该处为 8 号营地),属于茂明安,该地西临喀尔喀右翼旗,东接乌拉特旗,此处为探险队三路人马汇齐的地点。5 月 31 日,一队考察队员前往百灵庙进行考察,从胡济图河出发,在洋白石河左岸驻扎安营,经过茂明安和东公旗之间的一个税站,穿过六大股,到达亚特林顿河附近平原扎营,距离布堪顿神庙 3—4 公里,过卡丁盖尔,扎营熔岩山,右侧山谷里距离西勒厅若尔寺庙很近,10 公里外有个小庙,名叫海卢坦,到达 13 号营地,从 13 号营地出发,过因吉尔小庙,过孔浩尔鄂博,过道西林寺庙,在哈萨图扎扎营,后踏上盘陀路,在莫古奇克隘道峡谷的草地扎营,经过磅宾寺庙旁边,过老虎谷在"方井"之地扎营,过达乌兰及草井,到达喀拉吐罗贡宿营,然后到达三德庙,据说它是归化到噶顺淖尔的中间站。至此,从包头到这里,已经走了 473.7 公里,离额济纳河还有 420 公里的路程,后来将营地移到了寺院边上,在小考布林湖边宿营,后在塔林库夏特宿营,经过乌林库夏特,继续走通向新疆的盘陀路,经过乌拉特大公与阿拉善的分界,过白草湖到巴音毛道路边土房子,到图孔敏寺庙的脚下扎营,在西尼乌苏才扎营后,后到察罕特列苏,后到 29 号营地,后在亚加林乌苏宿营,经过距离西南方向 10 华里外撒赞寺庙的旁边,然后在乌兰吐罗该,也叫红头的地方扎了营。

离 31 号营地不远,考查团发现 3 辆汽车的车轮印,后来驼队在萨拉库卢斯(即黄芦苇)宿营,在喀拉扎格(意为黑梭梭树)附近扎营,在乌克托考井边宿营,过撒拉库鲁迪井,在黄沙地前队营地宿营,然后在 35 号营地宿营,过温音乌苏井(即牛水),在登金库都克扎营,继而在奥郎图莱扎营(即白杨林子),过阿尔先鄂博,在撒拉布伦附近的苏苤井边扎营,然后在 41 号营地扎营,在撒拉扎格(黄梭梭)宿营,在苏宾布鲁克营地(43 号营地)宿营,后在苏苤扎格井宿营,在平川井旁扎营,在此处有塔(可能为汉朝遗迹),名为布鲁松切(灰塔),在喀拉浩特(黑城)附近的清真寺旁边扎营,在 48 号营地宿营,9 月 28 日到达额济纳河的河边(松杜尔扎)宿营,派人去毛目镇买东西为队伍补充给养,在吉林公帕小庙宿营,此处离土尔扈特王爷的宅邸和衙门不远,到达索古淖尔湖上泛舟考察,后又从噶顺淖尔回转松杜尔,在 50 号营地宿营。跨过古烽燧遗址后,分别在沙丘边、图莱布鲁克、达克沙拉贺鲁孙(黄芦苇地)宿营,后又在一口井旁扎营(54 号营地),11 月 15 日在荒僻地带扎营,

① 绥远通志馆编纂《绥远通志稿》第 10 册,109—171 页。
② 杨刚毅《新疆问题讲话》,武定:同文印刷社,民国二十四年,19 页。

在谢别斯廷扎营,到 59 号营地后在艾肯河绿洲扎营,派人到大石头村购买食品在干河沟扎营,在环绕黑色山包的谷地里扎营,在山嘴处的雪地扎营,在 68 号营地扎营,小白杨林旁扎营,被称之为察罕布嘎逊,在撒拉库鲁逊(黄苇子地)扎营,在 72 号营地(布尔根布鲁克)扎营休息,到 74 号营地扎营,到 75 号营地(谢别斯廷泉旁边),过了圣诞,到了 1928 年,困在该地 24 天,在乌兰布拉克宿营。

考查团的华志小队 11 月 11 日到达新疆边界,11 月 21 日到达哈密,11 月 27 日出发赶往乌鲁木齐,继续西行,接近哈尔里克山脉,后到庙儿沟。坐马车到碱泉子、黄芦岗宿营,然后到达哈密,拜访沙木胡苏特王爷。2 月 4 日,用 8 辆马拉木轮车前往乌鲁木齐,过头堡,过二堡,在三堡宿营,在塔兰奇村住宿,然后在墩村住宿,过九道沟,进入天山,夜宿一碗泉,住宿车轱辘泉,过七角井子,过东盐池,宿营西盐池,宿营土墩子,过七克台村,住宿辟展(鄯善)客店,过连木沁,然后胜金口,过伯孜克里克千佛洞遗址旁的山谷,然后到达吐鲁番宿营,然后在坑坑村住宿,然后在三泉子宿营,然后宿营达坂城村,然后宿营柴窝堡,夜宿芨芨槽子村,然后到达乌鲁木齐[1]。

当时的驼运道路有两条:"一条从津、京发货路经绥远,大坝、武川县,百灵庙,再经过大西路草地到新疆奇台,然后经过吉木萨尔来到迪化(乌鲁木齐)。一条是从津、京出发至绥远,经武川县、百灵庙、山丹庙、黑沙土、白岩牡丹,再经过包头、宁夏、甘肃的边境,过马鬃山、老爷庙、二里子河、酒泉,出嘉峪关进入新疆,然后由星星峡、苦水、烟墩、哈密、七角井、大石头、木垒、奇台到迪化。这样全程需经过 3 个多月。"[2]从驼运路线来看,当时货物运输时间花费比较长,这应当也是后期驼运被汽车乃至火车取代的重要原因,这对于商人来说是比较关键的问题。据民国方志的记载,当时归绥到新疆的道路情况如下(表一):

表 1　归绥至新疆道里一览表[3]

路别	起讫	里数	备 注
北路	归绥至古城	六千余里	此路俗称蒙古草地,亦曰后山路,分大小西路。小西路经武川百灵庙等处,大西路经武川瓦窑等处,俱至哈喇牛墩,两路合而为一。再西北而抵古城,沿途水草充足。大西路路程短而站口大,中段红果(挽?)等处有流沙。小西路路程长而站口小,而水草亦较丰。又西路自瓦窑分支,经保尔汗等地可达包头。此路经过外蒙,自外蒙独立后已不通行。

①　[瑞典]斯文·赫定著,徐十周、王安洪、王安江译《亚洲腹地探险八年 1927—1935》,乌鲁木齐:新疆人民出版社,1992 年,9—217 页。

②　李富《乌鲁木齐的货栈业》,乌鲁木齐市政协学习文史委员会编《百年乌鲁木齐(经济编)》,乌鲁木齐:新疆人民出版总社、新疆人民出版社,2013 年,290 页。原载 1986 年《乌鲁木齐文史资料》第 12 辑。

③　郑裕孚纂、郑植昌修《归绥县志》,据民国二十四年铅印本影印,《中国方志丛书》"塞北丛书·第十号",台北:成文出版社,1968 年,264 页。

续表

路别	起讫	里数	备 注
中路	归绥至迪化	六千余里	自归绥经武川至百灵庙,分前后两路,至五尼五素分为两路,俱至合勒梦台合为一路。抵明水,即前后路会合处也。后路经土坝等处亦达明水,两路至明水会合后,又分前后路,俱西行而至古城,再经三十里堡等处抵迪化。此路沿外蒙与宁夏、甘肃边界而行,骆驼、汽车俱取道于此。自归绥起以驼运货,须七十日,空驼约四十日,汽车则十二三日可达。
南路	归绥至迪化	七千里	自归绥至包头、宁夏、兰州、凉州等地而达古城。古城至迪化路程与中路同,此路行经宁甘两省,历程稍远,且驼行沿途无草可食,故仅车马取道于此。其绥远至兰州一段,则商贾不绝于途。

在杨增新主新期间,新疆和内地的运输线,"一条是通往陕甘、大多用牛马骡车,需时至少两三个月;一条是通往京绥,主要是驼运,行途需七八十日。在这两条路线中,商贾多取道外蒙古,其货驼运远至绥远或包头,然后经京绥铁路至天津。自民国十年(1921)外蒙古发生事变以后,此路即告断绝。尽管如此,新疆至绥远的商业往来,尚能维持现状,甚至在民国十四年(1925)以后,驼运营业还一度呈现繁荣景象"①。

二、商路货物种类及数量

内地各处运销的货物种类丰富。湖南运销新疆的有:茶叶、湘绣、毛笔、豆豉、盐姜、药品等。京津地区运销新疆的有:百货、五金、轻工业民用商品和各种机器零件。糕点、醋酱、海味、呢绒绸缎、服装鞋帽、日用化妆品、文具五金、钟表手表、唱机唱片、照相器材、戏衣乐器、针纺织品、海味罐头、纸烟、鞋袜、纸张、民族用品等,其中半系洋货。来自内地货物的还有:布匹、绸缎、烟酒、百货、五金、汽车配件等。

新疆本地货物外运种类包括:羊毛、驼毛、皮张、革皮肠衣、棉花、中药材及其他土特产品。鹿茸、贝母、麝香、甘草、大黄、南疆大布、口袋、地毯、褡裢、库车羔皮筒、各种山货;新疆的青货也在市面和内地出现,品种有:吐鲁番的葡萄,哈密的瓜,库尔勒香梨,伊犁的苹果,南疆阿图什的无花果、喀什和和田的石榴,喀什、库尔勒和库车等地的杏子;干货有:桃干、杏干、瓜干、葡萄干、白果、核桃、红枣、沙枣、瓜子等。

据《伊犁纪行》记载:"哈密商业比较发达,而且商业实权全归缠回商人所有。俄商(来自喀山的回教徒)开店的有四家,店头陈列的货物无一不是俄国货,以绸布(唐贡缎、毛贡缎、印花布等)、锅、煲、茶壶、水罐、茶碗、毯子、洋蜡、火柴等为主,其价格大抵印花布每尺银七分、唐贡缎每尺银一钱、毛贡缎每尺银一钱三分、洋蜡六只装三钱五分,水罐一个一两、洋火一包一钱,我国(作者按:日本)的货物只见到洋火和平纹细棉布一尺一钱,洋火也

---

① 陈慧生、陈超《民国新疆史》,乌鲁木齐:新疆人民出版社,1999 年,168 页。

是一包一钱"①。这反映了该时期新疆哈密地区受国外商业的影响很大,新疆到处充斥着洋货,其中尤以俄国和日本货为多。

从俄国交易来的货物主要有:煤油、火柴、布匹、方块糖、砂糖、水桶、盆子、玻璃、铁皮、铁、陶瓷器皿等工业品运来新疆出售。出售给俄国的货物有:羊毛经清洗加工后加盖印章运往俄国,还有棉花,同时还有活的马、牛、羊卖给俄国人。

西行的商队"一般都带着茶叶、布匹以及殖民地的产品等物,而东去的商队驮得多是动物皮毛、草编制品、葡萄干和其他干果等"②。民国时期,"归绥运输的货物以小麦、胡麻、大麦、杂粮及蒙、新、甘、青、宁等地的皮货为主。皮货及粮食为归化和绥远主要销售的商货"③。这些货物从新疆、河西产地用骆驼运输,经过北草地到达包头。这条运输线是抗战前西北皮毛的主要通道,在包头汇合后,皮毛经过简单的加工处理后再通过铁路运往天津。且"内外各大商均派员常驻该地,设立商行栈房,故市面繁盛,其交易货物以皮货、牲畜、布匹为大宗"④。"在较好年份,绥远地区对外输出的畜牧产品总额可达九十七万九千三百九十吨,由于库伦独立,蒙地不靖,交通滞塞,困难之影响,就输出额减至十九万三千四百吨"⑤。

据记载:"1930—1932 年,每年从新疆、甘肃、宁夏、青海运入归化城,然后转运平津内地的皮张多达 170 万张,羊驼绒、毛等达 2061 万斤,各种药材达 422 万斤,其中仅新疆运归化转运内地的货物每年即 282 吨,而由天津运来归化然后转运西北地区的货物每年达 272 吨。"⑥就运输货物的种类来看,以新疆本地特产居多,其中药材的买卖很多史料未曾反映过,其实在新疆方志的记载中,新疆的药材品种多且齐全。

绥远地区还存在不少以运输新疆货物为主的商业组织,如"新疆社,系代表走西路驼户的组织。由于经营规模、经营路线、经营水平等不同,形成了以曹家'德厚堂'、马家'福恒元'、杨家'福喜堂'、王家'兴盛恒'、孙家'和盛公'等为代表组成的走新疆路线的新疆社"⑦。这在一定程度上反映了新疆和绥远地区商业上交往交流的过程。

三、货物经营方式与运费

在京新商路上,货物的经营方式以代购代销为主。货主有时派人将货物押送而来,有

---

① [日]日野强著,华立译《伊犁纪行》,99 页。
② [瑞典]斯文·赫定著,徐十周、王安洪、王安江译《亚洲腹地探险八年 1927—1935》,87 页。
③ 纪霭士《察哈尔与绥远》,上海:文化建设月刊社,1937 年,49 页。
④ 丁君匋《今日的绥远》,上海:三江书店,1937 年,15 页。
⑤ 德园《蒙古羊毛之输出》,《中华实业界》1914 年第 10 期,其中输出的主要国家为美国 896990 吨,日本 4170 吨,俄国 18870 吨,英国 15540 吨,德国 3700 吨,中国内地 93980 吨。
⑥ 呼和浩特市回民区政协编《呼和浩特回族史》,呼和浩特:内蒙古人民出版社,1994 年,120 页。
⑦ 佘建明、袁纣卫《绥远回族商帮的内部结构》,《回族研究》2006 年第 4 期。

时不来人,仅由承运货物的商车将货物和清单交予货栈主,栈主照清单收讫货物,写一回执由承运人带回。然后由栈方的人派人多方联系买主,交易成功,货物售出,按货价收取百分之三的手续费,其余货款全部汇给货主。存货不存款,立定一两黄金合 10 块砖茶、10 匹"青蛙"牌咔叽布、12 匹线哔叽、70 米金丝绒货物标准价格;还有一种独特的经营方式是:一是货栈的货物可以赊账,不论你需要多少种货,货价若干,只要有一个保人(他对保人的条件比较高:第一,要有家有户;第二要有固定的职业;第三,收入可值保货的 2—3 倍,第四,与被保人有一定的亲友关系),就可以将货如数给他,直到把所赊的货物全部售完,方可归还,取百分之五的佣钱,要比一般的货栈高百分之二。

运费情况,据《西北丛编》记载:"由奇台至绥远,乘坐 2 人的骆驼车,脚价 350 两省票(类似于轿车),如果自备车辆,价银则 200 余两。人乘骆驼者,一峰百十两,货驼价银 30—50 两,骆驼货运量 200 公斤。"[1]新绥线(汽车线路):由绥至哈,约须十一二日,客票每人约二百七八十元。曾经带领西北科学考查团穿越此路的斯文·赫定也记载:"第二天一早起来我们发现,这只驼队大约有 1200 峰骆驼和 90 多个人。他们从归化来,去古城和巴里坤,去这两个地方,在较长的一段都要行进在通往哈密的路上,这只大商队约代表不同的 50 家公司,其中最有名的是归化的一家大公司泰清号的驼队,这些公司联合起来,用租来的骆驼运送货物。骆驼的主人大约有 7 家,租 1 峰要花 150—200 块钱。他们运的主要是布匹、茶叶、香烟和日用杂品。"[2]可见边疆和中原地区的经济往来是非常密切的,这种交往并不因交通条件的恶劣而减少,可以说是古代丝绸之路在清至民国时期的延续。

另据新疆维吾尔自治区档案馆的相关档案记述:"将驼毛羊毛运奇台。……驼户系绥远三义店,于民国二十六年阴历七月间包运同泰兴祥记驼毛 33 包,羊毛 37 包,共 70 包,作 35 驮运至绥远,每驮脚力票银 13 万两,共合票银 455 万两,所有脚力除由迪化运至木垒河一段应需票银 105 万两,下欠票银 350 万两。"[3]就这件档案来看,1937 年间新疆外运的物品多为本地的物产,人力成本在整个商业运输过程中较高,且当时新疆的物价较为高昂。

结　　论

本文对京新商路路线、货物种类以及经营方式和运费等问题进行了历史考察。从路线来看,晚清到民国时期的京津到新疆路线,呈现多样化的趋势,这既是中国早期商业组织探察的历史结果,也与进入近代以来京张等铁路的开通密切相关,体现了晚清到民国时期商业及社会团体对中国内地与边疆交通路线的探索精神,这为建国后新疆与内地各条

---

① 陈慧生、陈超《民国新疆史》,169 页。

② [瑞典]斯文·赫定著,徐十周、王安洪、王安江译《亚洲腹地探险八年 1927—1935》,163 页。

③ 新疆维吾尔自治区档案馆藏《同泰兴查封卷》天字 5 号,00043 页,此处票币与大洋的兑换比例是:系以票币 1450 两,折合大洋 1 元。

线路的开通打下了良好的基础。货物的种类与数量,既反映了该时期内地与新疆之间经济的相互交流,社会人际关系的交往,民族关系的交融,也反映了在半殖民地半封建社会下的中国经济对世界资本主义经济体系的依附性。经营方式说明新疆商户在销售货物时灵活性与原则性兼具,至于运费问题,则展现出不同运输方式下的费用差异,也预示了现代交通体系对传统商路的影响与冲击。

北凉译经与高昌佛教

武海龙

敦煌研究院编辑部

魏晋南北朝时期的河西地区,由于远离中原战乱,迎来了飞速发展,正如陈寅恪在《隋唐制度渊源略论稿》中论及,"秩序安定,经济丰饶,既为中州人士避难之地,复是流民移徙之区"①。由于中原人口大量流向河西,中原文化也随之在河西繁荣起来,当时河西社会文化在各个方面都呈现出蓬勃兴盛的状况。仅就佛教而言,在十六国时期,佛教在中原地区已经普遍流传开来,而河西地区则是在前凉后期,出现了较有规模的译经弘法活动。但在前秦和后秦时,河西地区又陆续出现了后凉、南凉、西凉、北凉割土分治的局面,出现了政治形式与社会秩序动荡混乱的局面,加之有些统治者并不礼敬佛教,这一时期佛教在河西的发展并不明朗。直至北凉政权的建立,其统治者卢水胡沮渠氏笃信佛法,醉心于佛经翻译,开窟建寺等敬佛活动,风气所及,佛教在民间也开始流行起来。这使得河西的佛教相当盛行,北凉佛教不但影响了中国的佛教艺术,更重要的是在中国思想史、哲学史方面影响深远,具有划时代的意义。

北凉政权的实际建立者是河西地区卢水胡首领沮渠蒙逊。这支卢水胡最初的活动在今甘肃河西走廊的张掖一带。此后不久,沮渠蒙逊便西进、南下,攻略西凉、南凉,逐渐扩大了势力范围,进而占据了整个河西。412年,沮渠蒙逊将都城从张掖迁到姑臧(今甘肃省武威市),这时达到了北凉的全盛时期。沮渠蒙逊死后,其子沮渠牧犍(沮渠茂虔)继位,这时鲜卑族拓跋氏的北魏已开始兴盛起来,逐渐统一中原地区,并开始向西进军,谋取河西地区。439年,北魏太武帝亲率大军攻下了姑臧,北凉政权遂告灭亡。姑臧沦陷后,北凉余部西奔高昌,仍以高昌王自居。沮渠蒙逊子沮渠无讳、沮渠安周统治高昌近二十年。而高昌佛教迎来发展便是在北凉残余势力统治高昌这一阶段。

北凉佛教的兴盛,仅就佛教译经来看,北凉时期翻译的佛经高达数十部,这在中国佛教史上,对一个地方割据势力而言,是难以想象的。由于北凉统治者的大力提倡,在当时河西的姑臧、敦煌、张掖、高昌等地译经高僧人数颇多,像道龚、昙无谶、法众、沮渠京声等

---

① 陈寅恪《隋唐制度渊源略论稿》,北京:商务印书馆,2011年,30页。

人皆是,可谓译经人才济济。除译经外北凉统治者还热衷于石窟的开凿,河西地区的武威、张掖、敦煌、高昌等地都保存有北凉时期开凿的洞窟,此外在酒泉、敦煌、吐鲁番等地还发现有十余座北凉石塔,其佛教之盛由此可见一斑。

一、北凉佛教兴盛的表现

如果仅从时间上看,北凉统治河西前后不过四十余年,如将北凉残余势力统治高昌时间算上[①],也不过六十余年,但就是这仅仅六十年的时间,北凉的佛经翻译事业还是取得了中国佛教史上令人瞩目的成绩。

沮渠氏虽为卢水胡出身,但其汉化程度很高,特别是沮渠蒙逊史书称其"博涉群史,颇晓天文,雄烈有英略,滑稽善权变"[②]。在十六国时期的各个政权首领中,也是极为突出的人物。其子沮渠牧犍亦"聪颖好学,和雅有度量"[③],虽然他的文治武功远逊于其父,但牧犍对文化方面是十分看重的。

沮渠蒙逊所建立的北凉,虽为胡族所创,但实际上是一个高度重视汉文化的"胡汉合流"的政权。其所依靠的军事力量来自"胡人",但其治理上却依靠了许多汉族文人。史书载其对有才能的人"旧臣有才望者,咸礼而用之"[④]。如阚骃"博通经传"被蒙逊拜为秘书考课郎中[⑤];牧犍因刘昞学识渊博,尊其为国师,又令索敞、阴兴为助教,使国中上下皆从而受教[⑥]。不仅如此,他们还将目光投向了当时汉文化兴盛的南方地区。如刘宋元嘉三年(426),蒙逊子沮渠兴国就派遣使臣到宋请《周易》及子、集书合 475 卷,沮渠蒙逊甚至亲自写信给刘宋司徒王弘,要求替他寻找干宝的《搜神记》,王弘请人抄写后送去[⑦]。而牧犍还赠送刘宋 154 卷典籍,包括有《甲寅元历》《周髀》,以及刘昞的《凉书》《敦煌实录》,阚骃的《十三州志》,魏晋时期著名历法学家杨伟的《乘丘先生传》《时务论》,前秦名臣谢艾的《谢艾集》等书。同时牧犍还请求刘宋为自己抄写晋、赵居注和其他杂书数十种,宋文帝都一一应允,命人抄写后送去北凉[⑧]。这是历史上北凉统治者沮渠蒙逊父子对中国传统文化的热情态度。

---

① 虽然公元 439 年,北魏灭北凉,北凉残余势力西奔高昌,北魏基本完成了北方统一,北凉残余势力占据高昌近 20 年,仍以凉王自居,且高昌地区已有"高昌国"之雏形,学界也有观点认为高昌国时期应从北凉残余势力进驻高昌算起,笔者也认同这一观点,将沮渠氏残部统治高昌时期划入高昌国时期。

② [北魏]崔鸿撰,(清)汤球辑补,聂溦萌、罗新、华喆点校《十六国春秋辑补》卷九五《北凉录一》,北京:中华书局,2023 年,1053 页。

③ [北魏]崔鸿撰,(清)汤球辑补,聂溦萌、罗新、华喆点校《十六国春秋辑补》卷九七《北凉录三》,1077 页。

④ 《资治通鉴》卷一一九,北京:中华书局,1956 年,3798 页。

⑤ 《魏书》卷五二《阚骃传》,北京:中华书局,2018 年,1274 页。

⑥ 《魏书》卷五二《刘昞传》,1275 页。

⑦ 王仲荦《魏晋南北朝史》,上海:上海人民出版社,2016 年第 2 版,289 页。

⑧ 《宋书》卷九八《氐胡传》,北京:中华书局,2018 年,2651 页。

十六国时期的胡族政权,其封建化程度往往就体现在其汉化程度。从北凉政权对本地大儒的重视及对中国传统文化的熟悉和渴求就可以看出,北凉封建化程度是远高于当时与之并存对立的南凉、西秦等①。正是北凉统治者这种对先进文化的渴求态度,沮渠蒙逊父子能快速地接受佛教也就不足为奇了。此外作为统治者,沮渠氏也看到了佛教在治国安邦中的作用。因此在沮渠氏统治河西时期,经济发展,政治稳定,为北凉大规模翻译佛经提供了基础。

二、高昌所见北凉译经

北凉译经见于中国历代经录,但各经录记载稍有差异。据《开元释教录》记载:

> 北凉,沮渠氏,初都张掖,后徙姑臧。自蒙逊永安元年(401)辛丑至茂虔永和七年(439),凡经二主三十九年。淄素九人,所出经、律、论等,并新旧集失译诸经,总八十二部合三百一十一卷②。

其中有"二十五部二百九卷现在,五十七部一百二卷阙本",可见北凉译经在唐代智昇时流传下来的只是甚少一部分。

根据杜斗城教授统计现在能见到的北凉译经有34部,除了沮渠京声的部分译经是在南朝刘宋完成之外,绝大部分是北凉译经③。如仅从译经数量比较,北朝"十六国时期"只有后秦译经数量上可以与之相比。而北凉众多译经高僧中译经数量最多,对高昌佛教影响最大当首推昙无谶译经。

(一)昙无谶译经

昙无谶或云昙摩谶,为梵语音译。中天竺人,十岁开始学经,能每日诵经万余言。他本学小乘,后遇白头禅师,改习大乘,开始随白头研习《涅槃经》。二十岁时,昙无谶译经熟悉大小乘经典六万余颂。之后他带着《大般涅槃经》《菩萨戒经》前往龟兹,但龟兹盛行小乘,对昙无谶的大乘不感兴趣,他只能继续向东至敦煌。后在北凉玄始十年,沮渠蒙逊占领敦煌后将其迎请至姑臧,开始了他在北凉的译经弘法事业。昙无谶的译经保留下来的有12部,尤其是其所译《涅槃经》对中国佛教产生了巨大影响。

北凉时期昙无谶所译十二部佛经为:《大般涅槃经》《金光明经》《大方广三戒经》《大方等无想经》《大方等大集经》《腹中女听经》《佛所行赞》《悲华经》《文陀竭王经》《菩萨地持经》《菩萨戒本》《优婆塞戒经》,但《佛所行赞》《文陀竭王经》《腹中女听经》这三部佛经在目前吐鲁番出土汉文佛教典籍中还并未发现,现仅就吐鲁番出土汉文佛教典籍中见到的昙

① 杜斗城《北凉佛教研究》,台北:新文丰出版公司,1998年,3页。
② (唐)智昇撰,富世平点校:《开元释教录》卷四,北京:中华书局,2023年,264页。
③ 杜斗城《北凉佛教研究》,7页。

无谶译经展开论述。

《大般涅槃经》（四十卷），亦称《大本涅槃经》，简称《涅槃经》，现收于《大正藏》第十二册涅槃部。该经是早期传入中土，并对中国佛教发展产生重大影响的一部佛教典籍。该经的同本异译有：东汉支娄迦谶译《梵般泥洹经》（二卷）；三国魏安法贤译《佛说方等泥洹》；三国吴支谦译《大般泥洹经》，皆已亡佚。

涅槃经传入中土前，中土的涅槃经的传译分为"大乘""小乘"，大乘涅槃经是由《长阿含经》中的《游行经》演变而来，该经主讲释迦晚年言行，而大乘涅槃经主要以发挥教义为目的。小乘涅槃在中土的传译有：西晋帛法祖译《佛般泥洹经》（二卷），东晋法显译《大般涅槃经》（三卷），《般泥洹经》（二卷），这三种小乘涅槃经在中土无多大影响。而对中土佛教产生巨大影响的涅槃类就仅有昙无谶所译的《大般涅槃经》。

该经的"前分"十卷是昙无谶自己带到龟兹的，"后分"是他又回到于阗寻到的[①]。可知该经并非一次传入中土，该经于北凉玄始十年（421）译出，共四十卷，分为《寿命》《金刚品》《名字功德》《如来性》《一切大众所闻》《现病》《圣行》《梵行》《婴儿行》《光明遍照高贵德菩萨》《狮子吼菩萨》《侨陈如菩萨》十三品。译成之后不久该经又传入南方，当时法显所译《泥洹经》是南方涅槃佛性学所依据的主要经典，由于该经存在缺陷，主张一阐提不具佛性，不能成佛，受到了当时罗什弟子竺道生的质疑。昙无谶四十卷《大般涅槃经》译出后传入南方，谢灵运、慧观等依法显六卷本《泥洹经》删定为三十六卷，称为南本《大般涅槃经》。从此《涅槃经》广为流传，涅槃学说兴盛一时。

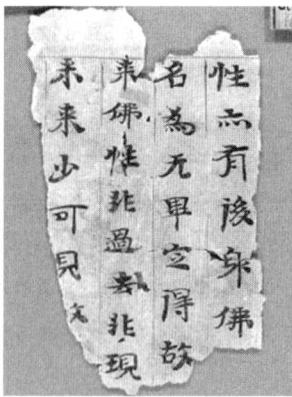

图 1 德藏（T Ⅲ M 173, 129）《大般涅槃经》卷三十五残片，时代不明，木头沟出土引自 IDP[②]

该经主要宣说如来常住，说佛涅槃非灰身灭智，佛今呈现入灭相，但佛身常住不灭。大般涅槃便是真"我"，就是如来藏、真解脱、佛性、如来。名字虽异，理实无二。佛性具有常、乐、我、净"四德"，亦具常、恒、安、清凉、不老不死、无垢、快乐之"八味"。显示一切众生，皆有佛性，一阐提、辟支、声闻皆得成大觉。广说与涅槃相关的一切菩萨法义。该经义理丰富，与部派佛教大众部义《般若经》《法华经》《华严经》多有契合或相近之处。因此历代佛教各派均以此经为常住教或常住宗，被认为是佛陀最后最高之教说。

该经目前在吐鲁番出土汉文佛教典籍中所见数量极多，有 3609 件（号），仅次于《法华经》残片数量，为第二多之佛经。该经在高昌地区流传皆是北本《涅槃》，该经在高昌传抄时间跨度极大，可见该经在高昌佛教中有着重要地位（图 1）。

---

① 《出三藏记集》卷八记载"初分"十卷五品是"东方道人智猛从天竺将来"高昌者，六品以后是胡道人从敦煌送到姑臧的。见（梁）僧祐撰，苏晋仁等点校《出三藏记集》卷八，北京：中华书局，1995 年，315 页。

② 编者按：IDP 系国际敦煌项目 International Dunhuang Project 简称。

《金光明经》(四卷),历代经录皆载,现收于《大正藏》第四册经集部。该经自昙无谶译出之后,又有南朝梁真谛、北周阇那崛多、唐义净进行了翻译。隋释宝贵还依据昙无谶本、真谛本、义净本,成《合部金光明经》。以上译本现仅存昙无谶本、释宝贵本,义净本,其余皆亡佚。

该经开篇便自诩为"众经之王",其重要性可想而知。该经主要宣讲"护国护法思想",诵持此经可以包治百病,能获得无尽好处。特别是其护国思想,主要体现在该经"四天王品"中,四天王不仅是护法神,还是护持、传播《金光明经》的使者,"能说正法、修持正法、以法治世",可充当现实世界统治者的护法,因此受到了统治者的青睐,这也是北凉统治者主张翻译该经的一个重要原因。

该经宣说主要现实世界统治者尊崇佛教,护持佛法,供养僧众,此外该经还规范了统治者的一系列行为,只有做到这些才能受到四天王的护持。反之国家便会出现种种灾祸,国家动荡。现实统治者最害怕自己的统治覆灭,该经正是利用了这一心理,突出了"护国护法"的"四天王"的威力。但"四天王"的"种种神迹"必须得依现实统治者才能得以实现,实际是换取"人王"的护法。现实统治者利用手中的政治、经济力量护持佛教发展。《金光明经》把国王作为现实佛教的护法,实际是反映佛教在发展过程中向统治集团靠拢,希望得到统治者的支持庇护,政治色彩比较浓厚。

该经目前在吐鲁番出土汉文佛教文献数量不少,有488件(号),且抄写时代较早,昙无谶在河西译出该经后不久便传入到高昌地区,特别是在高昌国时期,得到了高昌王的重视,吐鲁番出土有高昌王所供养的该经残片,该经在高昌的流传主要还是受到"护国思想"的影响,统治者出于统治得以长久的需要而出资供养(图2)。

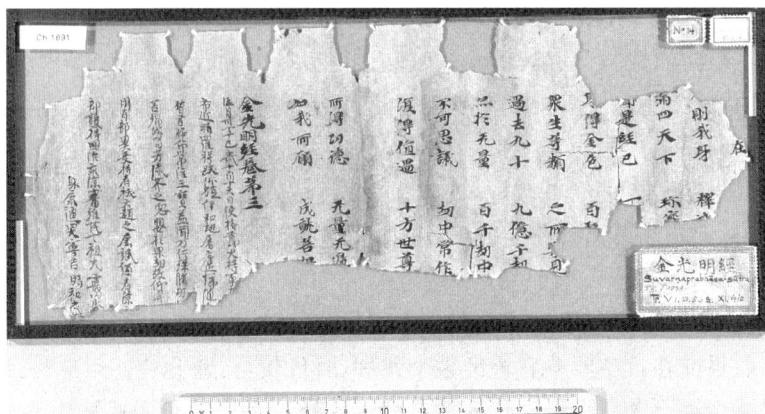

图2　德藏(T II T 1008)《金光明经》卷三残片 吐峪沟出土 6 世纪　引自 IDP

《大方广三戒经》(三卷),亦称《三戒经》,历代经录有载,现收于《大正藏》第三册宝积部。该经同本异译有唐菩提流支译《大宝积经·三律会》。《大方广三戒经》通过佛与迦叶的问答,说菩萨种种应作、不应作之法,各演说三戒,亦名说菩萨禁戒,也名说集一切佛法,在家出家菩萨修行成就或退失菩提法门①。

该经目前在吐鲁番出土汉文佛教典籍中仅见有 1 件(号),该经在古代高昌地区传抄不甚广泛。

《大方等大集经》(三十卷),亦称《大集经》,历代经录有载,现收于《大正藏》第十三册大集部,现所收为广本六十卷。汤用彤先生认为将其命名为"合经",释为同本异译之经论。现收该经分为十七分、六十卷,其中昙无谶译第一至第十一分二十六卷,第十三分三卷。"大方等"为大乘佛经通称,取大众会集、诸法聚集之名,因称《大集经》。唐智昇将其列为大乘五大部经之一,为大集部经典的总集。

该经广说大乘法义,宣说中观实相,对大乘佛教诸多法门中大波罗蜜法,诸法性空思想,阐述详细。该经通过演说禅法,叙述了大量因缘故事,涉及密宗教义,阐述了陀罗尼及梵天等诸护法之理。该经密教色彩十分浓厚,又谈及佛教末法思想,因此隋代信行以此为基础建立三阶教。唐代道绰则以此宣传净土思想,对中国佛教影响较大。

该经目前在吐鲁番出土汉文佛教典籍中可见 145 件(号),是高昌地区大集部经典中数量最多的佛经,出土地较多,吐峪沟、高昌故城、木头沟等佛教遗址均有所发现,可见该经在高昌地区传抄较为广泛,但该经属于"合经",昙无谶所译只有三十卷,因此高昌地区发现的该经残片哪些属于昙无谶所译还需要仔细甄别。

《大方等无想经》(六卷),历代经录皆载,现收于《大正藏》第十二册涅槃部。该经凡三十七品,增长健度品谓:"如是经典,凡有三名,一名大云,二名大般涅槃,三名无想。大云密藏菩萨所问,故名《大云》;如来常往,无有涅槃者,一切众生,悉有佛性,故名《大涅槃经》;受持读诵是经典,断一切想,故名《无想》"②,因此该经亦称《大方等大云经》。

该经主要宣讲"常、乐、我、净",实践上强调"断一切想",因此该经从性质上看属于涅槃类经典。但该经与《大方等大集经》一样,在讲述鬼神方面极为杂乱。

该经目前在吐鲁番出土汉文佛教典籍中仅可见 1 件(号),可知该经在高昌地区传抄不甚广泛。

《悲华经》(十卷),历代经录有载,现收入《大正藏》第三册本缘部。该经分为《转法轮品》《陀罗尼品》《大施品》《诸菩萨受戒记》《檀波罗蜜品》《入定三昧品》等六品,主要宣说阿弥陀佛成佛的经过。

该经目前在吐鲁番出土汉文佛教典籍中可见 48 件(号),该经昙无谶译出不久之后便传入高昌地区,目前在日本收藏有该经数个残片,时代较早,皆为六朝时期写经。

《菩萨地持经》(十卷),该经历代经录有载。此经是昙无谶所译戒律中部头最大者,相当于《瑜伽师地论》中《菩萨地》之别译,该经现收于《大正藏》第三十册瑜伽部。该经在昙无谶所译《大方等大集经》已著录,此经是由《十地论》中辑出,主要阐释菩萨种姓、修行和

---

① 刘保金《中国佛典通论》,石家庄:河北教育出版社,1997 年,226 页。

② (北凉)昙无谶《大方等无想经》卷五,《大正藏》第 12 册,1099 页上。

得果。先说菩萨所学之法，以此所学之法而发菩提心。

该经目前在吐鲁番出土汉文佛教典籍中可见 61 件（号），根据字体该经在吐鲁番传抄时间较早，约 5—6 世纪（图 3）。

图 3　大谷收集品《菩萨地持经》卷五残片，哈拉和卓出土　引自《西域考古图谱》佛典附录 7－1

《菩萨戒本》（一卷），亦称《聚戒本》《菩萨戒本经》，为了与唐代玄奘所译的《菩萨戒本》相区别，又称为《地持戒本》。该戒本历代经录皆载，现收入《大正藏》第二十四册律部。该经的同本异译有：刘宋求那跋摩译《菩萨善戒经》（一卷）；失译《优婆塞五戒威仪经》（一卷）；唐玄奘译《菩萨戒本》（一卷）。

该戒本主要宣说菩萨戒相，举例四种重戒以及多种轻戒。贪图利益，诋毁他人，自有财物，性坚惜故，贫苦众生，无所依靠，索求无度，不起慈悲等，视为违反重戒；不供养、赞叹、信念不供养佛、法、僧三宝，贪钱财，不恭敬上座等视为轻戒。

该经在吐鲁番出土汉文佛教典籍中目前仅见 3 件，是数量较少的律部文献。可知该戒本在吐鲁番传抄不甚流行。

《优婆塞戒经》（七卷），历代经录有载，现收于《大正藏》第二十四册律部。优婆塞为梵文音译，是清信士、近善男等。在佛教中指亲近皈依三宝，接受五戒的居家男信徒，也可泛指一切在家的佛教男信徒。该戒本实际就是在家男居士需遵守的戒律。该戒本是其他戒本的基础，是佛教为了适应在家信众而制作的。详细指引了一个佛教的初信者应该遵守的规则，对优婆塞提出了很高的具体要求，是大乘戒律中最难者。

《优婆塞戒经》《菩萨地持经》《菩萨戒本》是昙无谶所译的三部大乘戒律,但三个戒本分属于两个部分:《菩萨地持经》《菩萨戒本》属于一类,《优婆塞戒经》属于另一类。最重要的区别就是受戒对象的不同,后者范围相对较窄,仅限于在家男居士——优婆塞①。

该戒本目前在吐鲁番出土汉文佛教典籍中可见 33 件(号),数量较僧人需遵守的戒律少很多,该戒本传入吐鲁番时间较早,且传抄时间较长,历史上高昌是一个佛教兴盛之地,该戒本最为规范,当地在家信众的行为准则一直得以传抄流行。吐鲁番出土的一件"北凉承阳三年(427)四月世子大且渠兴国供养《优婆塞戒经》卷第七题记",便是最好证明(图 4)。

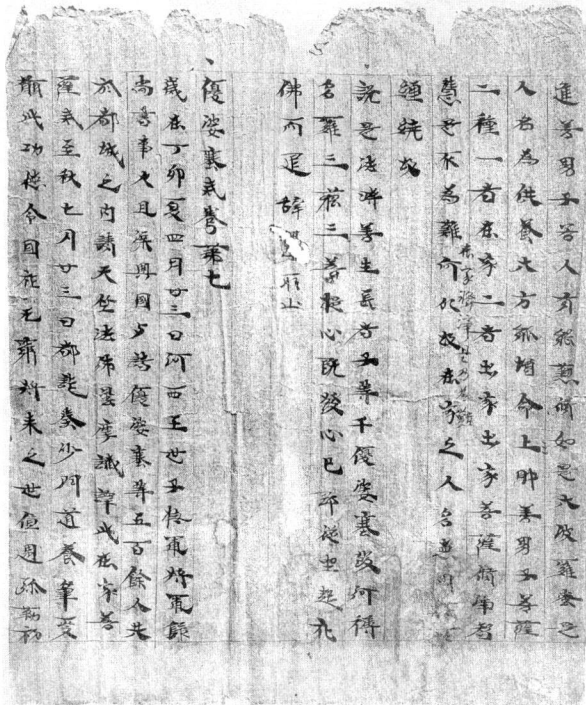

图 4　日本京都国立博物馆藏《优婆塞戒经》卷第七题记,5 世纪　引自《西域考古图谱》附录佛典 18

(二) 沮渠京声译经

沮渠京声,正史无传,相关事迹记载最为详尽的是附在《高僧传》卷二《昙无谶传》之后的材料。沮渠京声为蒙逊从弟,为安阳侯,为北凉贵族,自幼聪慧,博闻强记,涉猎广泛。昙无谶到河西之后,弘扬佛法,京生受其影响,开始信奉佛教,并去当时西域大乘佛教中心于阗求法,跟随天竺著名禅师佛陀斯那学习禅法。返回河西途经高昌时得到《弥勒》《观

---

①　杜斗城《河西佛教史》,北京:中国社会科学出版社,2009 年,124 页。

音》二经各一卷,后京生译出《禅要》等经,北凉灭亡后,京生南奔入宋,于宋译出《弥勒》《观音》二观经,《佛父般泥洹经》一卷。历代经录所载京生译经,大部分是完成于南朝,但将其划归到"北凉译经"中,不仅因为他是北凉王族,更是因为他的佛教活动和译经在入宋之前就有了一定基础,并且他在刘宋的译经很可能是在河西完成了一部分。沮渠京生一共译经 15 部,且都比较短小,现在吐鲁番可见的有:

《旃陀越国王经》(一卷),现收于《大正藏》第十四册经集部,题"宋居士沮渠京声译"。该经主要通过一个因缘故事,讲述国王"奉五戒、行十善归命三尊"等。

该经目前在吐鲁番出土汉文佛教典籍中仅见有 1 件(号),可见该经在吐鲁番传抄不甚广泛。

《治禅病秘要法》(二卷),现收于《大正藏》第十五册经集部,题"宋居士沮渠京声译"。其他本《大藏经》"宋居士"记作"北凉世安阳侯"。《大正藏》尾题"河西王从弟,优婆塞大沮渠安阳侯,于于阗国衢摩帝大寺金刚阿练若处,天竺比丘大乘沙门佛陀斯那,其人天才特拔,国中独步,口通半亿偈,兼明禅法,内外综博,无籍不练,故世人咸曰:'人中师子'。沮渠亲面禀受,忆诵无滞,以孝建二年(455)九月八日于竹园精舍书出此经,至其月二十五日讫"①。

该经主要宣说佛陀为舍利弗与阿难解释,如何面对修禅时面临的种种诱惑,以及发狂后如何解救之法。该经针对初学修禅者在修行时出现的偏差、癫狂等情况,分析了病因,还介绍了治疗方法。这些方法还是有一定的可取之处。治疗方法除了"服酥蜜及阿犁勒"外,还要心系一处,观想他物,通过注意力的转移,使陷入癫狂的修行者冷静下来。

修禅是佛教重要的修行方法,佛教一开始传入中国,西域禅师就接踵而至,至魏晋南朝时,禅风大行于中国,而以北方更盛,然在北方地区,河西又更为突出,故《治禅病秘要法》由北凉沮渠京声译出就理所当然②。该经目前在吐鲁番出土汉文佛教典籍中仅见有 5 件(号),可见该经在古代高昌传抄并不广泛。

《观弥勒菩萨上生兜率天经》(一卷),亦称《上生经》《弥勒上生经》。历代经录有载,该经现收于《大正藏》第十四册经集部,题"宋居士沮渠京声译"。

该经主要叙述了出生于婆罗门的弥勒,从佛受记,为佛弟子,先佛入灭后入弥勒净土(兜率天)。并在经内描绘了兜率天宫的种种美妙,诸多乐事。只要世间信众持戒修行,并诵念弥勒名号,死后便可入弥勒净土。该经是"弥勒六部经"之一,为弥勒净土信仰者信奉,是净土信仰所尊奉的主要经典之一。

该经目前在吐鲁番出土汉文佛教典籍中可见 16 件(号),在高昌地区净土类经典中数量不多,根据目前所见该经图版,该经的抄写多集中于 8 世纪之后,应该是唐西州时期净土信仰在高昌流行之后,该经在当地的传抄有所增加(图 5)。

① (北凉)沮渠京声《治禅病秘要法》卷下,《大正藏》第 15 册,342 页中。
② 杜斗城《河西佛教史》,144 页。

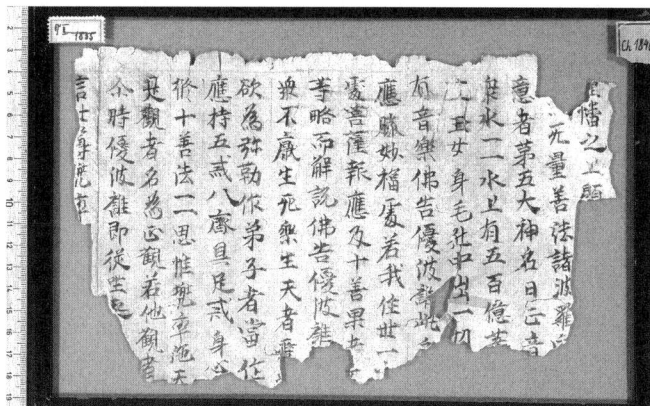

图 5　德藏(T II 1835)《佛说观弥勒菩萨上生兜率天经》残片,9—10 世纪,吐峪沟出土　引自 IDP

《谏王经》(一卷),历代经录有载,现收于《大正藏》第十四册经集部,题"安阳侯沮渠京声译"。

大乘佛教中有许多以国王为主要说法对象的佛经,《谏王经》便是其中的典型代表。该经主要说国王治理国家的方法,"王治当以正法,无失节度,常以慈心养育人民"①,忠告国王一定要善于纳谏,忠言逆耳,否则就要受地狱之苦。

该经目前在吐鲁番出土汉文佛教典籍中仅见有 1 件(号),可知该经在古代高昌传抄不甚广泛。

以上为北凉沮渠京声译经,其所译 15 部经典,目前在吐鲁番仅见 4 部,这一数字可能后续会有所增加,但从译经数量及出土残片数量来看,虽然沮渠京声译经在高昌地区并未产生多大影响,但其作为北凉王族翻译佛经,还是表明了北凉译经事业的发达。

(三) 法盛、法众等人译经

北凉译经除了昙无谶、沮渠京声外,还有浮陀跋摩、道泰、法众、法盛等人的译经,但他们的译经在高昌流传不广,有些不见于吐鲁番出土汉文佛教典籍,下面介绍几种北凉时期翻译自高昌的译经:

《菩萨投身饴饿虎起塔因缘经》(一卷),历代经录有载,现收于《大正藏》第三册本缘部,卷首提"北凉高昌国沙门法盛译"②。"舍身饲虎"是佛经中常见题材,属于佛本生故事,这一题材在佛教中主要分为两个系统:一是摩诃萨埵太子舍身饲虎,二是旃檀摩提太子舍身饲虎。旃檀摩提太子舍身饲虎较摩诃萨埵太子舍身饲虎情节更加复杂。该经中说旃檀摩提太子舍身前发誓以肉血救饿虎,余舍利骨,父母收敛后起塔。信众于此塔出供养,可消除灾病。

---

① (刘宋)沮渠京声《谏王经》,《大正藏》第 14 册,785 页下。

② (北凉)法盛《菩萨投身饴饿虎起塔因缘经》,《大正藏》第 3 册,424 页中。

该经目前在吐鲁番出土汉文文献中并无发现,虽然该经在高昌译出,但可见该经在当地并不流行。

《方等檀特尼经》(四卷),亦称《方等陀罗尼经》《大方等陀罗尼经》,历代经录有载,现收于《大正藏》第二十一册密教部,卷首题"北凉沙门法众于高昌郡译"。该经宣说方等三昧法规,但听佛宣说的不是众弟子,而是文殊菩萨,因此该经在《大正藏》中入密教部。

该经讲旃檀国国王与其弟利用佛法感化王子,最后王子们皈依佛教,可以看出该经主旨是国王对佛教的态度,以及国王后代对佛教的态度,只有国王世世代代护持佛法,才能使佛法永存。

该经目前在吐鲁番出土汉文文献中并无发现,虽然该经也是在高昌译出,但可见该经在当地并不流行。

《贤愚经》(十三卷),历代经录有载,现收于《大正藏》第四册本缘部,卷首题"元魏凉州沙门慧觉在高昌郡译"①。据《出三藏记集》记载"宋文帝时,凉州沙门释昙学、威德于于阗国得此经胡本,于高昌郡译出"②。该书卷九载"河西沙门释昙学、威德等,……还至高昌,乃集为一部。……元嘉二十二年(445),岁在乙酉,始集此经"③。关于该经的译出时间历代经录皆载为445年,通过隆莲法师、方广锠考证,可能是元嘉十二年(435)④,杜斗城教授也持此观点,并认为如果是元嘉二十二年,北凉已为北魏所灭,凉州城被攻破,僧人东奔西走,此时在河西已经不具备《贤愚经》翻译的条件,如真是元嘉二十二年所译,这一时期高昌也是在北凉余部占据高昌时期,仍属于北凉译经⑤。

该经收于本缘部,"本缘"指释迦成佛之前的各类因缘。《贤愚经》就是以佛前生的故事——佛本生故事为主,通过这些故事来宣讲佛法。这些故事主要还是以国王或转轮王故事为主,这些君主都是以护持佛法的正面形象出现的,带有很强的政治倾向。

该经目前在吐鲁番出土汉文佛教典籍中可见47件,抄写时代较早,大约在5—6世纪,应该是该经译出不久后传入高昌地区,并有传抄(图6)。

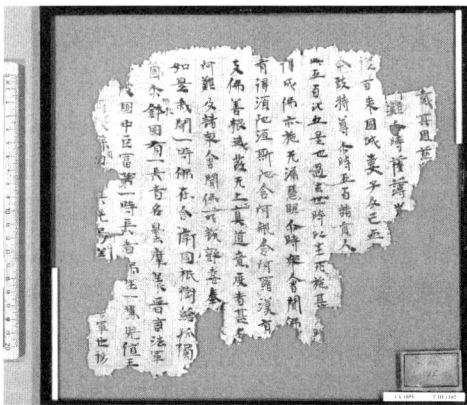

图6　德藏(T Ⅲ 1102)《贤愚经》卷六残片,吐峪沟出土,5—6世纪　引自IDP

①　(元魏)慧觉《贤愚经》卷一,《大正藏》第4册,349页上。

②　(梁)僧祐撰,苏晋仁等点校《出三藏记集》卷二,59页。

③　(梁)僧祐撰,苏晋仁等点校《出三藏记集》卷九,第351页。

④　详见隆莲《贤愚经》,中国佛教学会编《中国佛教》(三),北京:东方出版社,1989年;方广锠《佛教典籍百问》,北京:今日中国出版社,1992年,30页。

⑤　杜斗城《河西佛教史》,135页。

三、北凉译经对高昌佛教的影响

魏晋南北朝时期,是中国佛教快速发展时期,译经事业也是在这一时期达到顶峰,重要的佛教典籍也大都在此阶段传入中土并翻译出来,北凉这个地方割据政权,虽然仅立国三四十年,但在中国佛教史上却有着至关重要的地位,中国佛教史上著名的翻译家昙无谶在这一时期成就其翻译事业的。综上统计可以看出北凉译经中对高昌佛教影响巨大的是昙无谶所译佛经。通过对吐鲁番出土汉文佛教典籍的统计,可以看出,北凉译经中昙无谶译经在高昌占据着绝对主导地位。

魏晋南北朝时期,是中国社会大变革时期,这一变革体现在方方面面,在宗教文化领域中则是表现为佛教的飞速发展,而译经则是其中一项重要内容。魏晋南北朝的北方"十六国时代"北方的胡族政权由于没有中原儒家文化的束缚,加之佛教为外族文化,对着这些自身没有系统性宗教理论的胡族来说,佛教更容易被他们所接受。因此在这些胡族创立的政权中佛教得以飞速发展也就不足为奇了。

两汉时期,佛教初传中土,初来中土的高僧像安世高、支娄迦谶等人,还与当时中原王朝的统治者并未建立任何联系,这主要还是因为此为佛教初传中土,还未在朝堂产生什么影响,因此他们的译经事业得不到统治者的支持也在情理之中。

这种局面直到三国时期才开始有所转变,佛的译经事业和统治者产生联系,始于三国时期的孙吴政权。当时孙权初立佛寺,康僧会在该寺中译出《六度集经》等经典[1]。孙权又听康僧会讲述阿育王弘扬佛法事迹,孙权开始效法阿育王,起塔立寺,江左佛法由此大盛。

三国之后的西晋时期,虽然曾维持一段短暂的统一时期,但这个时期的统治基础是士族阶级,他们在文化上是以谈玄为主要特征。虽然这一时期也有竺法护高僧翻译佛经,吐鲁番也曾发现有竺法护所译《诸佛要集经》残片,但还未曾有西晋最高统治者利用佛教,参与译经事业其中的证据。西晋王朝短祚,立国不久便爆发了"八王之乱",之后又被当时强大的胡人乘虚而入,在中国北方进入了"五胡十六国"时代。这一时期虽被称为中国历史上的黑暗时代,但这一时期却是中国历史上一个民族大融合、各种文化交流交融的时代。这些胡人所建立的政权建立后不久便迅速汉化,走上封建化道路。这些少数民族统治者为了维护自己的统治,出自个人的好恶,不久便大都接受了从西方传来的佛教。因为这一外来宗教并未有本土儒教那么强烈的"伦理观念",佛教中宣传的许多护国思想、转轮王思想对这些胡人统治者有着强烈的吸引力,特别是为他们尚武好杀、伦理观念单薄的行为找到了理论支撑。而在"五胡十六国"时代诸胡人政权中以后赵、前秦、后秦及北凉等政权最为崇佛,由于这些统治者的大力支持,西来的这些胡僧也主动向他们靠拢,希望得到他们

---

① (梁)慧皎撰,富世平点校《高僧传》卷一《魏吴建业建初寺康僧会》,21 页。

的庇护以便弘扬佛法,二者之间形成了相互合作、相互利用的关系。而这些胡人政权中对古代高昌佛教影响最为深远的就是后秦与北凉。

前期苻坚便是一个崇佛甚深的君主,如他对佛图澄弟子道安的重视,对他译经事业的支持。道安在长安主持僧团、译场翻译了14部佛典138卷百万余言,由于苻坚坚持攻打东晋,淝水之战后前秦瓦解,前秦崇佛活动便告结束,虽然时间不长,但对后续政权的影响却十分深远。接替前秦定都长安的后秦,崇佛较前秦更甚。后秦之后最为崇佛的便是北凉,且北凉较前代崇佛又有一个更为明显的特点,那就是佛教与政治的结合。关于这一点在北凉的译经中表现得尤为明显。

佛教传入中土后,胡僧带着佛经沿丝绸之路来华弘扬佛法,为了弘扬佛法这些胡语佛经翻译成汉文便是第一步,但当时这些刚入中土的胡僧在翻译佛经时目的性并不是很强,可到了北凉时期这种情况发生了转变。北凉统治者想利用佛教,希望佛教为其所用,甚至使之成为北凉统治思想,胡僧则是利用这些统治者这种心理,努力迎合他们,而译经是其中最直接、最有效的方式。北凉译经主要以涅槃系佛经为主,宣讲"护法""护国"思想。

"护法"就是"护持佛法",佛经里对"护法"的解释根据具体情况有所不同,保护佛与菩萨等弘扬的正法,可称"护法",护持自己所奉佛法也可称"护法",称之为"护法者"的既可以是天神帝释,也可以是世间人王、百姓[1]。佛教经典中有许多国王毁佛与护佛的记载,佛教经典中把这些护法的国王称为"转轮王"或"护法王",佛教往往把弘扬佛法的事业寄托在这些"护法王"上。而中土儒家也有"圣王"一说,同佛教的"转轮王"一样,要求也是非常高的,儒家要求帝王严以修身以治理百姓,是基于"人治"的:要求帝王首先要修己,有崇高的德行,其次要广济天下,勤政爱民。这一点儒、佛二家是一致的,不过佛教要求帝王奉行"五戒""十善",要求帝王亲贤臣、远小人等。佛教典籍中记载的"转轮王"就是佛教最理想的君主,转轮王治理下的国家,人民安居乐业,佛教也可在其庇护下发扬光大。

正是基于此,这些来到中土的胡僧就想在世俗社会中找寻统治者来护持佛法,僧人们向世俗国王宣讲佛法,来教化和影响统治者,使他们的行为符合佛教要求。但想要国王护持佛法,并非僧人们一厢情愿的事情,只有佛教思想符合统治者的需要,他们才会护持佛教。而这些僧人必须首先使这些统治者信服他们的主张,十六国时期的佛图澄、道安、鸠摩罗什皆是这样的人物,他们被皆当时的统治者石虎、苻坚、姚兴等人奉为国师。他们通过自己的努力,使这些统治者近亲佛教,信仰佛教,统治者们利用他们的政治、经济力量来弘扬佛教。

而北凉的沮渠蒙逊最为倚重的僧人是昙无谶,昙无谶被蒙逊尊奉为师,大小政事不能决断时也经常问计于昙无谶[2],由此可见沮渠蒙逊对昙无谶的重视,蒙逊接受昙无谶的主张弘扬佛教,并按照昙无谶所讲大力弘扬"转轮王"思想。昙无谶也积极为其构建理论基

---

① 杜斗城《河西佛教史》,155页。
② (梁)慧皎撰,富世平点校《高僧传》卷二《晋河西昙无谶》,85—86页。

础,翻译了一系列宣讲"护法"思想的佛经。昙无谶所译的《金光明经》《方等大集经》《大方等无想经》《悲华经》都是强调护法思想的经典,特别是《菩萨戒本》的译出,经中将受戒的范围包括了国王在内的一切信众,这使得后世帝王也热衷于此戒本。昙无谶翻译这些佛经的目的非常明确,就是利用这种方法教化、劝诱北凉统治者供养三宝,护持佛教,这是他的最高理想。不久之后北凉便被北魏攻灭,昙无谶的理想还未得以实现,但昙无谶等人的译经却在河西以及高昌产生了重要影响。

姑臧被攻破之后,面对北魏的步步紧逼,沮渠无讳率领部下一路向西败退,于太平真君三年(442)九月攻占了高昌,沮渠无讳在此称王一年后病卒,沮渠安周夺无讳子乾寿王位称王,安周王高昌近 20 年,佛教在这一时期得到了快速发展。

高昌地处古丝绸之路要冲,为西域门户,佛教传入中土时便在此处留下了重要印记。北凉统治高昌之后,高昌佛教较前代更为兴盛。前文提及高昌郡沙门法众在高昌译出《方等檀特陀罗尼经》四卷[①],《出三藏记集》卷九载,刘宋元嘉十二年,河西沙门昙学、威德等八僧还曾在高昌集成《贤愚经》[②]。这时的高昌虽然地狭人寡,但是已然有译经工作在进行。

沮渠安周在高昌统治的二十年,由于统治者的大力提倡,开窟建寺,抄写供养佛经,这点在吐鲁番出土文物中早已得到了证明。20 世纪初,德国人格伦威德尔在高昌城的寺院废墟中发现了《大且渠安周造寺功德碑》,此碑后收藏于柏林民族博物馆,不幸的是该碑毁于二战,仅有拓本流传,碑文详细记载了沮渠安周在高昌城造寺造碑等事,该寺的修建督造等事皆是按照沮渠安周的意图进行的。此外,在吐鲁番还出土了多件由沮渠安周出资抄写供养的佛经,北凉统治者的以上崇佛行为,对高昌佛教的发展产生了持续的影响,使得高昌佛教由此兴盛并延续千年之久。

---

① 关于《方等檀特陀罗尼经》译出地点各经录记载略不同,《历代三宝记》卷九载此经为法众"于张掖为河西王沮渠氏译",《开元释教录》卷四载"沙门释法众,高昌郡人,亦以永安年中,与张掖为河西王蒙逊译《大方等陀罗尼经》一部",虽然上述记载不尽相同,但法众为高昌郡人当无疑,标明这一时期高昌已有僧人译经了。

② (梁)僧祐撰,苏晋仁等点校《出三藏记集》卷九,351 页。

新疆尉犁县克亚克库都克烽燧遗址出土《孝经注》残叶跋*

王旭送　　胡兴军

新疆社会科学院历史研究院　　新疆文物考古研究所

2019—2020 年，新疆维吾尔自治区文物考古研究所对尉犁县克亚克库都克烽燧遗址进行了考古发掘，出土的唐代纸文书和木牍总数超过 700 件。根据出土的纸文书、木简、钱币等遗物所带有的纪年，及对烽燧本体、灰堆等遗迹所采集碳十四样本的检测分析，克亚克库都克烽燧修筑年代为唐代①。在出土文书中有一件《孝经注》残叶，左、右、下边残损，仅剩中间五行，每行字数不等。此残片字数虽不多，但吉光片羽，弥足珍贵。本文拟对这件《孝经注》残叶及其相关问题略作探讨。

一、关于克亚克库都克烽燧遗址出土《孝经注》残叶

克亚克库都克烽燧遗址出土的这件《孝经注》残叶，上端相对完整，下端残缺，经文用大字，注文用双行小字，凡五行，四十四言。残叶白文部分为《孝经·诸侯章第三》的部分内容，唯章题与传世《孝经》章题略有不同，注文在《诸侯章第三》白文之右，应为《天子章第二》相关白文之注。故，这件文书当为《孝经注》残叶。现录文如下：

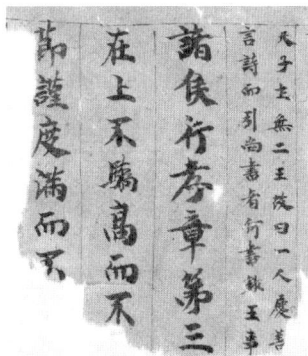

> 天子，土无二王，故曰一人。庆，善……
> 言《诗》而引《尚书》者何？《书》录王事……
> 诸侯行孝章第三
> 在上不骄，高而不……
> 节谨度，满而不……

这件《孝经注》残叶中的注文，不见于传世文献，笔者查诸

---

* 本文系"天山英才"培养计划、哲学社会科学人才和新疆文化名家项目（项目编号：2023WHMJ010）成果之一。

① 胡兴军等《新疆尉犁县克亚克库都克唐代烽燧遗址》，《考古》2021 年第 8 期，43 页。

敦煌文献,发现敦煌 P.3428 号(Pelliot chinois 3428)文献所载相关内容与之高度相似。兹据国际敦煌项目(IDP)网站所载图片及许建平先生的录文,移录 P.3428 号文献相关内容如下:

> 天子。土无二王,故曰一人。庆,善也。赖(赖),蒙也。……者何?《尚书》……也。

诸侯章第三

> ……诸侯在人上,故言在上。敬上爱下,谓之不骄,是居高位而不危殆也。制节谨度,满而不溢①。

以上笔者胪列的两段内容相似的文献,只有两点不同之处:注文言《尚书》时,克亚克库都克烽燧遗址出土《孝经注》残叶云"《书》录王事",而 P.3428 号文献则云"《尚书》录王事"②。在古代写本时期,经书的流传全靠人工抄写,费力费时,出现各种讹误在所难免,两者间出现个别文字的分歧可想而知;第三章的章题不同,克亚克库都克烽燧遗址出土《孝经注》残叶谓"诸侯行孝章第三",而 P.3428 号文献则采用传统的章题"诸侯章第三",有关此问题下文将详细论述。可见,克亚克库都克烽燧遗址出土《孝经注》残叶与 P.3428 号文献当为同一书。

据 P.3428 号文献,我们可以推知,克亚克库都克烽燧遗址出土《孝经注》残叶行一前当为《孝经·天子章第二》白文"《甫刑》云:'一人有庆,兆人赖之'"之注文:"《甫刑》,《尚书》篇名。云,言也。一人。"

《孝经》有古、今文二本,郑玄注今文,孔安国注古文。自汉至唐,为之作注者甚夥,刑昺云:"自西汉及魏,历晋、宋、齐、梁,注解之者迨及百家,至有唐之初,虽备存秘府,而简编多有残缺。"③唐玄宗亦云:"近观《孝经》旧注,踳驳尤甚。至于迹相祖述,殆且百家。业擅专门,犹将十室。"④克亚克库都克烽燧遗址出土的这件《孝经注》残叶究竟是何人所注呢?敦煌 P.3428 号文献为我们提供了答案。

关于 P.3428 号文献,王重民编《敦煌劫经录》云:"孝经残卷(郑玄注存第二至十四章开端)。"⑤施萍婷主撰稿的《敦煌遗书总目索引新编》则云:"孝经一卷(尾题),郑玄注。"并附说明:"存第二至十四章开端,现将 P.3428 与 P.2674 粘和,全卷完整,尾题孝经一卷。"⑥可知,P.3428 号文献当为《孝经》郑玄注(以下均简称《孝经郑注》)的残卷,则克亚克

---

① 许建平《敦煌经部文献合集》第四册,北京:中华书局,2008 年,1927 页。

② "录王事"系笔者对两件文献比勘后所加。

③ 邢昺《孝经注疏序》,唐玄宗注,宋邢昺疏《孝经注疏》,(清)阮元校刻《十三经注疏》(清嘉庆刊本),中华书局:2009 年,5518 页。

④ 唐玄宗《孝经注序》,唐玄宗注,宋邢昺疏《孝经注疏》,(清)阮元校刻《十三经注疏》(清嘉庆刊本),5521 页。

⑤ 商务印书馆编《敦煌遗书总目索引》,北京:商务印书馆,1962 年,287 页。

⑥ 施萍婷主撰稿,邰惠莉助编,敦煌研究院编《敦煌遗书总目索引新编》,北京:中华书局,2000 年,282 页。

库都克烽燧遗址出土《孝经注》残叶亦应为《孝经郑注》残叶。

在施萍婷之前，日本学者林秀一于1935年发表《补订敦煌出土孝经郑注》一文，对P.3428与P.2674两卷各自起讫进行了说明，并对两者进行了缀合，应为将P.3428与P.2674缀合的第一人①。郑玄《孝经注》废于唐，亡于五季，P.3428与P.2674缀合后，虽非完璧，但是后人已能窥见郑注的四分之三。

此外，我们还可以从克亚克库都克烽燧遗址出土《孝经注》所残存的只言词组中窥见其为郑玄注的证据。如，克亚克库都克烽燧遗址出土《孝经注》残叶云："言诗而引《尚书》者何？《书》录王事……"。邢昺疏《孝经·天子章》"《甫刑》云：'一人有庆，兆民赖之'"引郑玄注云："以《书》录王事，故证《天子》之章。"②很明显，邢昺疏所引郑玄注中的这句话即是克亚克库都克烽燧遗址出土《孝经注》残叶之注，只是邢昺没有直引，而是用自己的语言略加变通而已。

20世纪初发现的敦煌遗书中有不少儒家经籍写卷，在残存的30余件《孝经》文献中，竟赫然发现了10余件《孝经》白文及郑玄《序》《注》，这为《孝经郑注》的恢复提供了最原始且相对完整的祖本。以此为依据，日本学人林秀一、中国学人陈铁凡、许建平、郭金鸿等分别进行了校、补录，使得《孝经郑注》更接近原貌③。但是，由于敦煌遗书部分章句残泐，以至于我们无法窥见其原貌，后人遂参考相关传世文献进行了补录，但是见仁见智。如《孝经·天子章第二》白文"《甫刑》云：'一人有庆，兆人赖（赖）之'"，P.3428《孝经郑注》有残泐，林秀一先生的复原是：

> 甫刑，尚书篇名。云，言也。一人，天子，土无二王，故□一人，亿万曰兆，天子曰兆民，诸侯曰万民（人），赖，蒙也。天子为善，天下皆赖之。……者何，尚书以录王事，故证天子之章，以为引类得像也④。

陈铁凡先生的复原是：

> 甫刑尚书篇名。云言也。一人谓天子。土无二王故云一人。庆善也。赖蒙（也）。亿万曰兆天子曰兆民诸侯曰万民。天子为善天下皆赖之。……者何尚书以录王事故证天子之章。以为引譬连类引类得像也⑤。

郭金鸿先生的复原是：

① ［日］林秀一《补订敦煌出土孝经郑注》，《书志学》4卷1号，1935年，62页。

② 《孝经注疏》，5528页。

③ 林秀一著，陆明波、刁小龙译《敦煌遗书〈孝经〉郑注复原研究》，《中国典籍与文化论丛》第15辑，南京：凤凰出版社，2013年，87—115页；陈铁凡《孝经郑注校证》，台北："国立"编译馆，1987年；许建平《敦煌经部文献合集》第四册《群经类孝经之属》，北京：中华书局，2008年；郭金鸿《〈孝经〉郑玄注汇校》，北京：中国社会科学院出版社，2021年。

④ 《敦煌遗书〈孝经〉郑注复原研究》，91页。

⑤ 《孝经郑注校证》，20—24页。

《甫刑》,《尚书》篇名。云,言也。引譬连类,引类得象。《书》录王事,故证天子之章。一人,谓天子。赖,蒙也。亿万曰兆。天子曰兆民,诸侯曰万民。天子为善,天下皆赖之。……者何《尚书》以疏录王事,故证天子之章①。

许建平先生对 P.3428 号《孝经郑注》的校录是:

《甫刑》,《尚书》篇名。云,言也。一人,天子。土无二王,故言一人。庆,善也。赖(赖),蒙也。……者何?《尚书》……像也②。

笔者通过查阅 IDP 国际敦煌项目网站刊载的 P.3428 号《孝经郑注》彩版影印件发现,《孝经郑注》中并没有"引譬连类,引类得象""亿万曰兆。天子曰兆民,诸侯曰万民"等内容。至于"者何?《尚书》"前面所阙内容,尚无人补充。"者何?《尚书》"后面所阙内容,上述三人意见基本一致,即补"尚书以录王事,故证天子之章",或加上"以为引类得像也"等语。"者何?《尚书》"前面所阙内容为何? 学界对"者何?《尚书》"后面所补内容是否为郑玄注之原貌,克亚克库都克烽燧遗址出土《孝经注》残叶较好地解决了这一问题。根据残叶,"者何?《尚书》"前面所阙内容应为"言诗而引《尚书》",其后内容应为"录王事(也)",无"故证天子之章"之语。

现据敦煌 P.3428 号《孝经郑注》,对克亚克库都克出土《孝经注》残叶下半部残缺内容进行补录,复原如下:

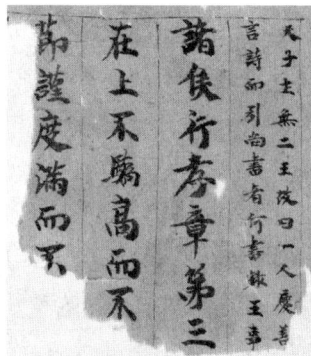

也赖蒙也

也

危諸侯在人上故言在上敬上愛下制謂之不驕是居高位而不危殆也

溢費用約儉謂之制節慎行禮法 高而謂之謹度無禮為驕,奢泰為溢

二、《孝经》章题的再认识

关于《孝经》章题,宋人邢昺云:"《孝经》遭秦坑焚之后,为河间颜芝所藏,初除挟书之律,芝子贞始出之。长孙氏及江翁、后仓、翼奉、张禹等所说皆十八章。及鲁恭王坏孔子宅,得古文二十二章,孔安国作传。刘向校经籍,比量二本,除其烦惑,以十八章为定,而不列名。"③明确提出,刘向校《孝经》时,《孝经》尚无章题。明人吕维祺《孝经本义》卷一云:"卷帙既多,不得不分章次。但题名,非古也。"④近人吴承仕先生持相同观点,认为"颜注汉

---

① 《〈孝经〉郑玄注汇校》,13—14 页。
② 许建平《敦煌经部文献合集》第四册《群经类孝经之属》,1927 页。
③ 《孝经注疏》,第 5525 页。
④ (明)吕维祺《孝经本义》卷一,上海:商务印书馆,1939 年,3 页。

书引刘云庶人章、曾子敢问章者,盖刘向摘取章中文句以便称说,非别作章名如'开宗明义'、'圣治'、'感应'之等也。然则章名何自昉乎"①? 现代学者舒大刚先生则认为,东汉末年郑玄注的《今文孝经》,每章都有章题,刘向、陈寿、葛洪、皇侃、萧子显、姚士廉、陆德明等人著书,引列《孝经》章题,都是历史的实录,《孝经》章题必不是唐玄宗钦定的。② 孰是孰非,克亚克库都克烽燧遗址出土的《孝经注》残叶,有助于我们对这一问题进一步审视。

　　唐玄宗亲自作序,元行冲作疏,邢昺广之为正义的《孝经注疏》是迄今为止最流行的一部《孝经》,其所采用的章题应是当时最为流行的章题。敦煌所出《孝经》文献,其章题大多与《孝经注疏》一致。如 P.3698 号《孝经》,存郑玄《孝经序》《孝经》大部分白文及全部章题,首题"孝经一卷并序",尾题"孝经一卷",尾题后残存"己亥年十二月七"题字一行,其章题与《孝经注疏》完全一致③。据研究,"己亥年"为后晋天福四年(939)④。其他如 P.3416⑤、P.2545⑥、P.3369⑦、P.4775⑧、S.1386⑨、S.707⑩、Dx838⑪、Dx1318⑫ 等,其章题均与《孝经注疏》完全一致。

　　但是我们也看到,还有不少敦煌《孝经》文献之章题与《孝经注疏》不同。如 S.9956《孝经》白文第七章的章题为"三才行孝章七",较《孝经注疏》的章题"三才章第七"多出"行孝"二字。S.5821《孝经》白文第八章的章题为"孝治行孝 章八",较《孝经注疏》的章题"孝治章第八"同样多出"行孝"二字。许建平先生对两件文献进行了局部缀合,并定名为《孝经(士行孝—圣治)》⑬。克亚克库都克烽燧遗址出土的《孝经注》残叶,其第三章的章题为"诸侯行孝章第三",较《孝经注疏》的章题"诸侯章第三"同样多出"行孝"二字。

① (唐)陆德明撰,吴承仕疏证,张力伟点校《经典释文序录疏证》,北京:中华书局,119页。

② 舒大刚《〈孝经〉章题始于玄宗说"驳议》,舒大刚著,尤潇潇编:《〈孝经〉论衡——百善之先,群经之统》,福州:福建人民出版社,2018年,41—54页。

③ 上海古籍出版社、法国国家图书馆编《法国国家图书馆藏敦煌西域文献》第二十六册,上海:上海古籍出版社,2002年,353—356页。

④ 沙知《敦煌契约文书辑校》,南京:江苏古籍出版社,1998年,542页。

⑤ 上海古籍出版社、法国国家图书馆编《法国国家图书馆藏敦煌西域文献》第二十四册,上海:上海古籍出版社,2002年,137—138页。

⑥ 上海古籍出版社、法国国家图书馆编《法国国家图书馆藏敦煌西域文献》第十五册,上海:上海古籍出版社,2001年,259—260页。

⑦ 上海古籍出版社、法国国家图书馆编《法国国家图书馆藏敦煌西域文献》第二十三册,上海:上海古籍出版社,2002年,360—3662页。

⑧ 上海古籍出版社、法国国家图书馆编《法国国家图书馆藏敦煌西域文献》第三十三四册,上海:上海古籍出版社,2004年,168页。

⑨ 《英藏敦煌文献》(汉文佛经以外部分)第三卷,1—3页。

⑩ 《英藏敦煌文献》(汉文佛经以外部分)第二卷,122—123页。

⑪ 黄永武主编《敦煌宝藏》第一百四十册,台北:新文丰出版公司,1986年,781—783页。

⑫ 黄永武主编《敦煌宝藏》第一百四十册,800页。

⑬ 许建平《敦煌经部文献合集》第四册《群经类孝经之属》,1888页。

在敦煌《孝经》文献中,还有的版本在章题命名上相对混乱。如 S. 6165《孝经》白文,其第十四章的章题为"广扬名行孝章第十四",较《孝经注疏》的章题"广扬名章第十四"同样多出"行孝"二字。但是其第十七章章题为"事君章第十七",十八章章题为"丧亲章第十八"①,与《孝经注疏》的章题又完全一致。

对于《孝经》章题命名上的这种混乱的现象,舒大刚先生认为,"都是因人因地各有所异,随意性也很大"②,实际情况可能并非如此。以上引 S. 9956 和 S. 5821 为例,两者的章题较《孝经注疏》的章题均多出"行孝"二字,这是否为地方儒者率意而为呢? 克亚克库都克烽燧遗址出土的《孝经注》残叶,其章题亦多出"行孝"二字,恰恰与 S. 9956、S. 5821 章题的命名方式一致,说明这种章题的命名方式不是率意而为,而是当时流行的一种《孝经》章题命名方式。因此,笔者还是倾向认为东汉末年郑玄注《今文孝经》时并无章题。

三、北宋时期日本僧人进献《孝经郑注》时间问题再讨论

通过克亚克库都克烽燧遗址出土的《孝经注》残叶及敦煌 P. 3428 号《孝经郑注》可知,《孝经郑注》将"一人有庆,兆民赖之"中"一人"释为"天子"。《群书治要》所载与之相同,其卷九《孝经》载:"吕刑云:'一人有庆,兆民赖之。'吕刑,尚书篇名。一人,谓天子。天子为善,天下皆赖之。"③据研究,《隋书·经籍志》是"魏征做秘书监兼领五代史的时候修成的"④,《隋书·经籍志》正文著录的图书基本上是唐初的现实藏书⑤。同一时期魏征、虞世南、褚遂良等人奉敕辑录经史诸子有关治道政术者编纂而成的《群书治要》,汇集了六十八部唐代前期典籍的节本,其数据源应是贞观初年秘府所存的善本。《隋书·经籍志》载:"孝经一卷郑氏注。梁有马融、郑众注孝经二卷,亡。"⑥故《群书治要》所辑录之《孝经注》当为郑玄注。可见,郑玄将《孝经》"一人有庆,兆民赖之"中的"一人"释为"天子"。

此外,敦煌所出 S. 6177 号佚名《孝经注》在对"一人有庆,兆民赖之"中"一人"作注时亦云"一人谓天子"⑦。许建平、陈铁凡先生将 S. 6177 号和 P. 3378 号文献进行了缀合。许建平先生根据"底卷'但'字缺笔而'且'则不缺笔",认为此卷之抄写应不早于睿宗时期⑧。可见,将"一人"为"天子"应是隋唐时期儒者的通识。

但是,宋代刑昺奉诏撰《孝经正义》时,对《天子章》中"一人"的解释却有了不同的说

①　《英藏敦煌文献》(汉文佛经以外部分)第十卷,118 页。

②　舒大刚《邢昺"〈孝经〉章题始于玄宗说"驳议》,舒大刚著,尤潇潇编:《〈孝经〉论衡——百善之先,群经之统》,53 页。

③　(唐)魏征等撰,沈锡麟整理《群书治要》,北京:中华书局,2014 年,111 页。

④　王重民《中国目录学史论丛》,北京:中华书局,1984 年,89 页。

⑤　金光一《〈群书治要〉研究》,复旦大学博士学位论文,2010 年,25 页。

⑥　(唐)魏征等《隋书》卷三二《经籍一》,北京:中华书局,1973 年,934 页。

⑦　许建平《敦煌经部文献合集》第四册《群经类孝经之属》,1964 页。

⑧　许建平《敦煌经部文献合集》第四册《群经类孝经之属》,1962 页。

法:"一人,天子也。依《孔传》也。"①明明《孝经郑注》亦将"一人"解释为"天子",为何《孝经正义》偏偏认为"一人,天子也。依《孔传》也"?

首先,今本《孝经注疏》之疏文系北宋儒臣邢昺据元行冲本增损而定。《玉海》载:"(北宋)至道二年(996),判监李至请命李沆、杜镐等校定周礼、仪礼、谷梁传疏及别纂孝经、论语正义,从之。梁皇侃为论语义疏,援引不经,词意浅陋。咸平三年三月癸巳,命祭酒邢昺代领其事,杜镐、舒雅、利瓦伊、孙奭、李慕清、王焕、崔偓佺、刘士元预其事。凡贾公彦周礼、仪礼疏各五十卷,公羊疏三十卷,杨士勋谷梁疏十二卷,皆校旧本而成之。孝经取元行冲疏,论语取梁皇侃疏,尔雅取孙炎、高琏疏,约而修之,又二十三卷。"②《崇文总目》亦云:"孝经正义三卷,邢昺撰。初,世传元行冲疏外,余家尚多,皆浅近不足取。咸平中,昺等奉诏据元氏本而增损焉。"③则,邢昺对《孝经·天子章》中"一人"的解释是否沿袭唐代元行冲之说法呢? 答案是否定的,因为元行冲等撰《御注孝经疏》时,《孝经》郑注、孔传俱存,均能看到,元行冲等不可能犯如此低下之错误。唯一合理的解释是,因郑注、孔传对"一人"的解释相同,故《御注孝经疏》对"一人"作注疏时并没有特别指出其依据。而邢昺撰《孝经正义》时除了参阅《御注孝经疏》之外,应该是只看到了《孝经孔传》,而没有看到《孝经郑注》。故云"一人,天子也。依《孔传》也"。对此,我们需要对《孝经郑注》在五代、北宋时期流传的相关问题进行重新审视。

唐初天下一统,唐太宗命孔颖达等撰《五经正义》一百八十卷,经学随之统一,但《孝经》仍今、古别行。唐玄宗时,在郑注与孔传的基础上,杂采其他各家旧解,自注《孝经》,诏天下家藏,并刻石颁行天下,郑注、孔传渐至浸微。五代天下大乱,郑注、孔传皆亡。

后周显德六年(959)八月壬寅,"高丽国遣使朝贡,兼进别序孝经一卷、越王孝经新义一卷、皇灵孝经一卷、孝经雌图三卷"④。《旧五代史考异》引《文昌杂录》云:"别序者,记孔子所生及弟子从学之事。新义者,以越王为问目,释疏文之义。皇灵者,止说延年避灾之事及符文,乃道书也。雌图者,止说日之环晕,星之彗字,亦非奇书。又,孝经雌图三卷,欧阳史作一卷。"⑤也即,五代后周时高丽国所献之书中并无《孝经郑注》。但是《宋三朝艺文志》却有不同的观点:"五代以来,孔、郑二注皆亡,周显德末,新罗献《别序孝经》,即郑注者。"⑥认为,五代后期新罗所献《别序孝经》即郑注。对此,舒大刚先生《迷雾浓云:

① 《孝经注疏》,5527 页。
② (宋)王应麟撰,武秀成、赵庶洋校证《玉海艺文校证》卷七《孝经·咸平孝经论语正义》,南京:凤凰出版社,2013 年,328—329 页。
③ (宋)王应麟撰,武秀成、赵庶洋校证《玉海艺文校证》卷七《孝经·咸平孝经论语正义》,329 页;《崇文总目》卷一,上海:商务印书馆,1937 年,30 页。
④⑤ (宋)薛居正等撰《旧五代史》卷一二〇《周书十一·恭帝纪》,1595 页。
⑥ (元)马端临《文献通考》卷一八五《经籍考十二·孝经》,5440 页。

〈孝经郑注〉真伪讨论之回顾》进行了辨析,指出新罗所献《别序孝经》非《孝经郑注》[①],所论甚确。

宋太宗雍熙元年(984),"日本国僧奝然与其徒五六人浮海而至,献铜器十余事,并本国《职员今》《王年代纪》各一卷"[②]。"奝然之来,复得《孝经》一卷、《越王孝经新义第十五》一卷,皆金缕红罗标,水晶为轴。《孝经》即郑氏注者。越王者,乃唐太宗子越王贞;新义者,记室参军任希古等撰也。"[③]根据《宋史》的这一记载,雍熙元年宋朝已经有了《孝经郑注》一书。宋代官修书目《崇文总目》的记载与之有所不同。其"孝经类"著录《孝经》一卷,云:"郑康成注。先儒多疑其书,唯晋孙昶集解以此注为优,请与孔注并行,诏可。今太学所立陆德明释文与此相应。五代兵兴,中原久逸其书,咸平中,日本僧以此书来献,议藏秘府。"[④]《崇文总目》同样认为,北宋时《孝经郑注》由日本僧人传至我国,但是传入时间定在咸平年间,与《宋史》所载雍熙元年相抵牾。顾永新先生认为雍熙元年日本国僧奝然献《孝经郑注》为真,"咸平六年(1003)日本僧寂昭等到达中国,巡游天台。并在第二年(景德元年)谒见宋真宗,受到优待。而宋仁宗庆历元年(1041)完成的《崇文总目》即把二者混为一谈,故有咸平中进书的记载"[⑤]。

对于北宋时期日本僧人进献《孝经郑注》一事的两种说法,如果从邢昺对《天子章》中"一人"解释的角度去审视,笔者还是支持《崇文总目》的观点。邢昺撰《孝经正义》的时间,上引《玉海》记载为咸平三年(1000)。《宋史》记载与之类同:咸平二年,"始置翰林侍讲学士,以昺为之。受诏与杜镐、舒雅、孙奭、李慕清、崔偓佺等校定周礼、仪礼、公羊谷梁春秋传、孝经、论语、尔雅义疏,及成,并加阶勋。俄为淮南、两浙巡抚使。"[⑥]倘若雍熙元年(984)日本僧人奝然入宋进献《孝经郑注》,邢昺撰《孝经正义》时应该可以看到,断然不会将"一人"即"天子"的解释归功于孔传。

当然,《崇文总目》云"咸平中"日本僧人进献《孝经郑注》,时间过于笼统。咸平为宋真宗年号(998—1003),凡六年,而邢昺撰《孝经正义》的时间在咸平三年。则《崇文总目》所云日本僧人进献《孝经》郑注更为具体的时间当为咸平三年《孝经正义》撰成后至咸平六年。

---

① 舒大刚《迷雾浓云:〈孝经郑注〉真伪讨论之回顾》,刘大钧主编《郑学丛论》,上海:上海科学技术文献出版社,2013年,300页。

② (元)脱脱等《宋史》卷四九一《外国七·日本国》,北京:中华书局,1985年,14131页。

③ (元)脱脱等《宋史》卷四九一《外国七·日本国》,14135页。

④ (宋)王尧臣等《崇文总目》,上海:商务印书馆,1937年,30页。

⑤ 顾永新《〈孝经郑注〉回传中国考》,《文献》2004年第3期,221页;舒大刚先生亦持相同观点,见氏著《中国孝经学史》,福州:福建人民出版社,2013年,466页注4。

⑥ 《宋史》卷四三一《邢昺传》,12798页。

国家图书馆藏回鹘文韵文研究

阿依达尔·米尔卡马力

新疆大学中国语言文学学院

导　　论

回鹘佛教徒钟情于韵文,留下了很多佛教类韵文诗歌,其中不乏大部头韵文,亦有各别残片,在国外分藏在伦敦、柏林、圣彼得堡、京都等地,先后由阿拉特(Arat. R. R)[①]、庄垣内正弘[②]、茨默(Peter Zieme)[③]等学者研究刊布。近期,我国学者对已刊布文献进行了重新评估,同时也刊布了若干新发现韵文文献[④]。回鹘文韵文在国内的收藏地主要集中在国家图书馆[⑤]、

[①]　阿拉提研究了大英图书馆收藏编号为 Or. 8212/108 的韵文文献,其中收录了安藏、必兰纳识里(Prajnā-śri)、智全(čisön)等人撰写的诗歌,其后安藏的诗歌关系到《华严经》。Raşıd. R. Arat, *Eski Türk Şiiri*, Ankara, 1991.

[②]　Shōgaito Masahiro, *A Study of the Uygur Fragments in the Nakamura Fusetsu Collection*, *Tōyō Gakuhō* 61, 1~2, 1979, pp. 1—29;(日)庄垣内正弘《観音経に相応しい三篇の〈Avadāna〉及び〈阿含経〉について. ウイグル語ウイグル語文献の研究Ⅰ》,神戸市外国語大学研究所,1982.

[③]　Peter Zieme, *Buddhistische Stabreimdichtungen der Uiguren*, Berliner Turfantexte ⅩⅢ, Berlin, 1985; Peter Zieme, *Die Stabreimtexte der Uiguren von Turfan und Dunhuang-Studien zur Alttürkischen Dichtung*, Budapest, 1991.

[④]　阿不都热西提·亚库甫《古代维吾尔语赞美诗和描写性韵文的语文学研究》,上海:上海古籍出版社,2015 年;张铁山《古代维吾尔语诗体故事、忏悔文及碑铭研究》,上海:上海古籍出版社,2015 年;阿依达尔·米尔卡马力《回鹘文诗体注疏和新发现敦煌本韵文研究》,上海:上海古籍出版社,2015 年;热孜亚·努日《巴黎藏回鹘文诗体般若文献研究》,上海:上海古籍出版社,2015 年。

[⑤]　《国家图书馆藏敦煌遗书》刊布的回鹘文图版中,BD15370 和 BD15375 为韵文文献,其中前者共 244 行,关系《广大发愿颂》,以上两个韵文皆涉及佛教内容,已经研究刊布,本文不做赘述。见 Peter Zieme, "Toyın körklüg": *An Old Uigur Buddha Poem*, 内陸アジア言語の研究, 第 28 号, p. 7 - 37.

北京大学图书馆①、中国文化遗产研究院②、敦煌研究院③等地。

　　回鹘文佛教韵文中，部分韵文可追溯其汉文原典，不过即便如此，这部分韵文也应被看作是在汉文经典基础上的再创作。就其原因，回鹘文韵文需考虑头韵、脚韵、音节数目等因素，故与汉文原文一一对应既无可能。从这一点讲，将《华严经》颂文译成回鹘语的安藏，在相关跋文中并没有使用 aγdarmıš 或 ävirmiš "翻译"等词，而采用了"入韵"的说法：samantabadre bodisatav-nıng yorıγ qut qolunmaq-ınga tayanıp qolutı antsang qalım kavšı qošuγ-qa intürmiš šlok taqšut. "依靠'普贤菩萨行愿品'，我佛奴翰林学士安藏编入押韵诗的偈文。"④从这一点考虑，强调拘泥于原文的《俱舍论》《阿含经》等经典在翻译颂文时皆采用散文的方式与原文达到一一对应。将《华严经》颂文尝试入韵的安藏，在正式翻译《华严经》时为了达到忠实原文的目的，也用散文形式处理了汉文《华严经》中的颂偈。

　　回鹘佛教韵文中的另一类韵文属原创性撰写韵文。此类韵文与某一佛教经典有关，或为跋文或为愿文或为忏悔文，一般为四言诗，采用收尾同韵，其重要特点为引出施主而采用的引导语。这些引导语有 kim ol"（被赐福者为）……"、ančulayu oq ymä kim ol"（如此被赐福者）为……"等，当然也有一些梵语的引导语 Omsvastisiddham"吉祥！"及其回鹘语对等词 Ad mangal bolzun⑤！

　　固定套语是回鹘题跋的常用手段，即某一诗歌中的一些语句作为固定套语会用在另一诗歌当中。可能的情况是，两种诗歌出自同一组人手中或相互关联，也有可能是回鹘人曾收集这样的固定语句作为诗歌的套语。这里仅举两个例子：

　　莫高窟北区第 464 窟出土韵文中的各别语句与茨默教授（Peter Zieme）研究的《观世音菩萨陀罗尼经》韵文类跋文和《金光明最胜王经》有较为接近的表现：

---

　　①　北京大学图书馆收藏回鹘文韵文由阿不都热西提·亚库甫刊布。见 Yakup, Abdurishid, *Two Alliterative Uighur Poems from Dunhuang*，言語学研究 1999 第 17—18 号，1—25 页。

　　②　中国文化遗产研究院藏回鹘文文献 xj 222—0661.9 由张铁山和茨默考证，是一件关系高昌回鹘史的佛教类备忘录，虽有散文写成，但时见韵文诗句。详见 Zang, Tieshan, Peter Zieme, *A Memorandum about the king of the On Uygur and his realm*，Acta Orientalia Academiae Scientiarum Hung. 2011(2), pp. 129 - 159.

　　③　敦煌研究院于 1988 年至 1995 年间对敦煌莫高窟北区石窟进行的发掘工作中出土了若干回鹘文韵文诗，如 B131:2、B157:20、B464:65、B464:139 等。近期，茨默教授研究刊布了韵文文献 B464:67，详见皮特·茨默《解读敦煌文献 B464:67 之回鹘文诗歌》，《敦煌研究》2017 年第 1 期，31—34 页。对于莫高窟北区出土回鹘文韵文，笔者将另撰文讨论，本文不作赘述。

　　④　阿依达尔·米尔卡马力《回鹘文诗体注疏和新发现敦煌本韵文研究》，82 页。

　　⑤　茨默（Peter Zieme）《佛教与回鹘社会》，北京：民族出版社，2007 年，86 页。

例子 A： B464：65（正）第 3—4 行	BTTⅩⅢ.22.15—16
［yarlıγıng］nilakant-nı sözläyür-m（ä）n bolzun yal［barmıš ötüg］ki-yämin äšidip manga käling	**yrlïγïng ńalaknt-nï sözläyür**［ ］ **yalbarmïš ödüg-kiyäm-ni äšid［ip］manga** yašuq-［umın］bošuyu kišanti bošuγ bi-［rgil］ yapa［otγ］uraq tanuq-layïn säning uγu［ ］①
例子 B： B464：139（正）第 7—9 行：	AYS
üzgän yaγmur üsdür［ti ］ üzüksüz aqar qudulur	ägsümäz čoγï yalïnï asïlïp özi yaši üstälür yir tatïγï küčätip ürüg ürgüt üstälür **özgän yaγmur üdinčä üstürti qodï tökülür** qamaγ tängrilär quvraγï yumγï bir täg sävinür （C. Kaya，p. 230）.

从以上例子可以看出，借用这类套用句型可以完全拷贝（如例子 A），也可以在其基础上进行适当润色修改。如例子 B 中，虽拷贝了第一句，但第二句的 qodï tökülür"向下流淌"被修改为 üzüksüz aqar qudulur"不间断往下倾倒"。

一、国家图书馆藏回鹘文韵文

除以上提及的 BD15370 和 BD15375 外，国家图书馆尚收藏回鹘文韵文有五件，其中一件编号为 GT 15—64，属"劝请"类韵文，在贝叶纸上楷书体书写，共 46 行，与柏林藏回鹘文残片 Ch/U6005verso＋Ch/U6411verso 平行，可互补所缺，故笔者将另撰文讨论，其余四件韵文具体如下：

文献 A 编号 GT 15—21，粗笔，草体，尺寸为 17.5×10 厘米，字迹较为潦草，书写在黄色纸张上，共 5 行，第五行仅有两个词，且残缺，各句连写，但用标"点"区分。从内容上看，属 t 字韵文诗，即四行诗中的所有词语皆以 t 字开头；

文献 B 编号 GT 15—29，印刻本，上下有黑色细条边栏，左侧有粗条黑色竖栏和汉文数字"十"，显然是该文献的页码，尺寸为 13.5 厘米 * 10 厘米，以 ya 和 ö 押首韵的四行诗组成，每行标单冒号"："，一段标双冒号"：："，但以 ö 押首韵的后一诗句后两行残缺；

文献 C 编号 GT 15—33—01，印刻本，上下有黑色细条边栏，以 a 和 ä 押首韵的四行诗组成，每行标单冒号"："，一段标双冒号"：："，但以 a 押首韵的前一诗句前两行残缺。从印刻、上下边栏、标点符号等看，应与文献 B 同一来源；

文献 D 编号 GT 15—33—02，印刻本，上下边栏、尺寸、行数等与编号 GT 15—33—01 同，其编号也与 GT 15—33—01 相同。从纸张的残缺情况看，并非是一件文书的正背

---

① 详见 Zieme，P.，*Buddhistische Stabreimdichtungen der Uiguren*. Berliner Turfantexte ⅩⅢ，Berlin，1985，p. 131.

面,但应是同一个折叠本。该文献并非韵文,应是与编号 GT 15—33—01 有关的跋文。

以上四个韵文中,仅文献 A 为草体书写的写本,文字亦较为潦草,从 tükäl tängri "佛"、tolu tuymaq"圆觉",文献 D 中的 qonši-im"观世音"等词语看,应该是属于佛教类诗歌。该韵文的最大特色是采用了 t 字首韵。与其他诗歌仅采用每句第一个词押韵不同,该韵文四词组一句,每一个词皆以 t 字开头。此种韵律方式在回鹘文文学作品中实为罕见,在回鹘佛教文献,乃至文学史都具有重要意义①。文献 B、C、D 为刻印本,其中 D 没有首韵特征,应为与 B、D 有关的跋文。其实,回鹘文刻本类韵文皆为有关印刷体佛教文献的跋文。在元代,回鹘人开始在大都、杭州等地印刷佛经,其中多数属于密教经典,应该得到了皇室成员和地方高官的资助。比如,《大乘无量寿经》《佛顶尊胜陀罗尼经》曾印刷 110 部(跋文 U 345),《佛说大白伞盖总持陀罗尼》印刷一万部(跋文 U 4292)。这些文献印刷时会同时印刻其跋文,且一般会附印相关赞美诗、愿文等。本文探讨的文献 B、C 极有可能是此种附在佛典前后的佛教韵文诗。

此外,另一个信息也值得关注。在莫高窟北区石窟出土回鹘文文献中曾出土一件刻本 B464:141。阿不都热西提·亚库甫曾考证其内容,其试读如下:

a[n]tsang baxši qošmïš taqšut-ï-nïng üṭiki tört 安亭四。凡一千二百八十八颂②。

茨默教授最近强调了该文献的重要性。以他计算,按照一颂四行来计算,安藏所撰写韵文行数可达到 5000 余行③。安藏作为翻译家,官职达到翰林学士,曾奉阿里不哥之命将《华严经》从汉文译成回鹘文,深得元世祖重用,参加《至元法宝勘同总录》。根据程文海之《雪楼集》卷九之"秦国文靖公神道碑",至元三十年(1293)安藏去世时,根据皇帝之命,整理其遗书,发现诗歌偈赞颂杂文数十卷。皇帝命将这些遗物木版印刷,以广为流传,延祐二年(1315)追为靖国公④,故也不能否认刻本类韵文诗为安藏遗物的可能性。

下面是对以上文献的拉丁字母转写、汉文译文和注释。转写中,括号[　]表示原写本之残缺之处,括号内的内容为笔者根据上下文进行的补正,斜体字表示原文中该字不易辨认。

① 柏林藏回鹘文韵文文献仅见一种此类韵文,编号为 U5882、Mainz804,内容属哲理类箴言,由茨默(Peter Zieme)教授刊布。见 Zieme, *Buddhistische Stabreimdichtungen der Uiguren*, Berliner Turfantexte ⅩⅢ, Berlin,1985,pp. 112 - 114.

② Yakup, Abdurishid, *Uighurica from the Northern Grottoes of Dunhuang*. In: *Studies on Eurasian Languages. Festschrift in honour of Professor Masahiro Shōgaito's Retirement*. Kyoto: Nakanishi, 2006, p. 8.

③ Zieme, Peter, *Some Notes on Multicultural Elites in the Mongol Impire (Yuan)*,《中国中古史研究》第三卷, 2020 年,95—96 页。

④ 阿依达尔·米尔卡马力《安藏与回鹘文〈华严经〉》,《西域研究》2013 年第 3 期,83 页。

二、拉丁字母转写及译文

文献 A(GT 15—21)

01 01 tolp törü tüpin tiläyü．törügmä tïnl(ï)γ t[   ]

02 02 tolu tuymaq täringin tüzgärü．tükäl t[ängri   ] tängläyü

03 03 taγ-tïn tömänkä tayqïp．tätrü t[   ]

04 04 t(a)n taγ tavranïp．t(a)n taqšut taqšur[ïp   ]

05 05 taqšu[

译文:01)愿佛法能得到圆满,所生众生……,2)具足觉悟的诸佛,探寻圆觉(之法)的深意,3)从山中向下滑落……,在邪(道)……,4—5)在……(之路)精进,时常诵读(佛经)……。

文献 B(GT 15—29)

页眉:十

06 01 yaγï yavalturγu-luq：

07 02 yana abišik bergülük：

08 03 yang kep mani üz-ikdin：

09 04 y(a)rp otγuraq bululur：：

10 05 öngi öngi tïnl(ï)γ-ïγ：

11 06 ögin ängiṭtürgü-tä：

译文:6)其敌人需要被降伏,7)并应给予灌顶,8)以摩尼字的式样,9)得到坚定的(结果)。10)让种种的众生,11)在屈从礼赞其母时,……

文献 C(15—33—01)

12 01 anča yada bertäči：

13 02 ata qang män bolayïn：：

14 03 äng äšnu-ča ooṃ üz-ik：

15 04 ärdini täg maṇi üz-ik：

16 05 ärdük täg čïn padme üz-ik：

17 06 [ärt]inčü-si hung üz-ik：：

译文:12)我愿成为那个,13)无限奉献的父亲,14)首先是 ooṃ 唵字,15)(然后是)如宝珠的 mani 嘛呢字,16)如实如真的 padme 叭咪字,17)最后的 hung 吽字。

文献 D(15—33—02)

18 01 baxšï bašlap üč ärdini-lär-kä

19 02 üč qata ïnaγ tägingü ol：

20 03 anta basa alqu tïnl(ï)γ-lar-nïng

21 04 asïγ-luqï üčün：burxan qutïn

22 05 bulayïn：burxan qutïn bulγu

23 06 üčün qonši-im bodistv-ning dyan

译文：18—19）望［　　］上师带头敬礼三宝于三回；20—22）又，望我为所有众生之利益获得佛果。22—23）为获得佛果，在观世音菩萨之禅定……

三、注　释

01 tolp törü：tolp 表示"所有"之意，在回鹘文佛教韵文中有对应"诸"的例子，故这里的 tolp törü 可译为"诸法"。tüp：意为"最深处"，但回鹘文佛教文献中可作为"佛法"的例子。如：

töz tüp tayšïng kertü nomuγ töpü-tä eltinü：törü-sinčä til-tä söz-läp köngül-tä tutz-un-lar：：

以大乘正法作为引领，按法演说，总持于心①。

在回鹘文《华严经》中，tolp tüp 有修饰 bilgä bilig"智慧"的例子：

在耿世民刊布《八十华严·净行品》（卷 14）如：ämgäklig örlä ṭïrlmäk-lig kiši-lärig （kör）tük-tä qamaγ tïnl（ï）γ oγlan-ï tolp tüp bilgä biligig bulup qamaγ（ämgäk-lärig）tarγarzun-lar öčürzün-lär "当愿众生，入真实慧，永无病恼"②。该行第二个 törü-为动词，意为"出生"，有与 tuγ-连用的例子：

üd eniš-intä üẕlünčü nom-ta tugmïš törümiš"由寂时和末法所生的"（Yakup 2006，p. 24）。

02 tolu tuymaq：意为"圆满觉悟"。此外，《圆觉经》在回鹘文跋文和韵文中亦简化为 tolu tuymaq sudur，其全称为 uluγ bulung yïngaq sayuq-ï king alqïγ tolu tuymaq atlïγ sudur③。**tüzgär-**：意为"审查""查实"：tüzgär-sär olarnïng töz köngülin"それらの本意を糺せば"。根据伦敦藏《阿毗达磨俱舍论实义疏》原文注释，tüzgär-可用的替换选项有 čïnγar 和 tüpkär-④。čïnγar-在《阿毗达磨俱舍论实义疏实义疏》中对应"审"：čïnγarmaγuluq adïrtïn"不审差异"⑤。**tükäl t［ängri］**：tükäl 指全部，后续词残缺，只见一个 t 字。考虑到"全智"一词，以及 tükäl 的同义词 tolp 在《华严经》诗歌中与 tüzün 连用表示"佛"，故残缺部分修正为 t［ängri］。

---

① 阿依达尔·米尔卡马力《回鹘文诗体注疏和新发现敦煌本韵文研究》，141 页。
② 耿世民《回鹘文〈八十华严〉残经研究》，《民族语文》1986 年第 3 期，62 页。
③ 阿依达尔·米尔卡马力《回鹘文诗体注疏和新发现敦煌本韵文研究》，183 页。
④ ［日］庄垣内正弘《ウイグル文アビダルマ論書の文献学的研究》，京都：松香堂，2008 年，242 页。
⑤ ［日］庄垣内正弘《ウイグル文アビダルマ論書の文献学的研究》，542 页。

03 tayqï-：Cf. Kaz. tayqï-"摔下"。**tätrü**："邪"，根据文意，其后的词无外乎 tärs"邪"或 törü"法"。

04 t(a)n taγ：该二词用圆圈表示删除；**tavran-**：有与 qatïγlan-连用，对应"精进"，也有对应"行"字的例子：qaltï aqïγsïz tavranmaqlar ärür"谓无漏行"①。**t(a)n**：应为"但"字的音译，表示"唯一""只有"②。根据笔者考察，傅斯年图书馆藏回鹘文《华严经》中有 tan 对应"但"字的例子：tan sav tänginčä："但有语"（《光明觉品》188171.3A）。tan 在回鹘文文献中也有"檀"的音译的例子，也有与 yïd 一起对应"香"字的情况，但不对本韵文意。

07 äbišik ber-：< Skt. abhiṣeka "灌顶"，诸佛用智水灌顶，寓意证明受职法王。

08 yang kep：在回鹘文文献中有 yang kep 连用的例子，意为"模式""样式"（Wilkens，p. 862）；**mani**：< Skt. maṇi"宝珠、摩尼、摩尼珠"。

11 ängit-：意为"屈从""礼赞"。有与 töngüd-连用的例子：tiltäki qïlïnč üzä ängid-mäk töngüd-mäk yenik ärür"口业底屈者轻"③。

13 ärdük：意为"所谓的"，在回鹘文文献中经常修饰 čïn bilgä bilig"真实智慧"、čïnžu töz"真如性"④。

14—17 oom mani padme hung："六字箴言"，梵语为 oṃ maṇi padme hūṃ 的音译，汉文佛典中的咒文为"唵嘛呢叭咪吽"。本文中 oom mani padme hung 四词分散至韵文中的四句中，并给予不同的阐释。oom 和 hung 的修饰语为"第一"和"最后"，mani"摩尼宝珠"的修饰语为 ärdini"珠宝"，padme < Skt. padma"莲花"的修饰语为 čïn"真"。

17 ［ärt］inčü：hung 字的修饰语，意为"最后"，应为 ärtinč 的另一变体形式，该形式未见于以往的回鹘文文献中，其否定形式 ärtinčsiz 常与 tükätinčsiz 连用⑤。

19 ïnaγ tägingü ol：ïnaγ 有与 umuγ 连用对应"救"的例子：tïnlγlar anta čomrulup badïp umuγ-sïz ïnaγ-sïz bolmïšqa"众生于中沦没无救"⑥，但其词根为 ïnan-(< ＊ïna-)，表示"信仰"，ïnaγ 为其名词形式。在柏林藏回鹘文《华严经》韵文中(U 4829 - 3)中出现了较为接近的表述 ïnanu täginürmän"我救度（自己）"。该文中有 üč ärdinilärkä üč qata"为三宝……三次"等语，本文将 ïnaγ tägingü ol 译为"供养""敬礼"。

23 qonši-im：汉语"观世音"的音译词。

---

① ［日］庄垣内正弘《ウイグル文アビダルマ論書の文献学的研究》，656 页。

② ［日］中村元《佛教語大辞典》，东京：东京书籍，1981 年，938 页。

③ ［日］庄垣内正弘《ウイグル文アビダルマ論書の文献学的研究》，502 页。

④ Wilkens, Jens. *Handwörterbuch des Altuigurischen: Altuigurisch - Deutsch - Türkisch*, GöttingenUniversitätsverlag, Göttingen, 2021, pp. 120 - 121.

⑤ Wilkens, Jens. *Handwörterbuch des Altuigurischen: Altuigurisch - Deutsch - Türkisch*, p. 120.

⑥ ［日］庄垣内正弘《ウイグル文アビダルマ論書の文献学的研究》，549 页。

岑参西域诗四首解读

胡可先

浙江大学文学院

  岑参是唐代著名诗人,一生中两次从军边塞,先入安西节度使高仙芝幕府僚佐,后入安西北庭节度使封常清幕,创作了大量的边塞诗,成为边塞诗派的代表诗人。他的诗歌流传广泛,既有《岑嘉州集》集中编集,又有各种渠道的传播,比如敦煌文献所见岑诗较多。今选择岑诗四首加以解读,包括《敦煌太首后庭歌》《玉门关盖将军歌》《苜蓿烽寄家人》《优钵罗花歌》。俄藏敦煌文献所载岑参诗三首《敦煌太首后庭歌》《玉门关盖将军歌》《苜蓿烽寄家人》三首,应是同一钞卷拼合。徐俊《敦煌诗集残卷辑考》卷中云:"《玉门关盖将军歌》……以下三诗见俄藏 дx.一三六〇、二九七四拼合卷。原卷首残,失题。此诗又见《唐诗纪事》卷二三、《全唐诗》卷一九九,题及诗中阙文据《全唐诗》补。"[①]这三首诗据同卷拼合,从内容看,其作时作地都具有一定的关联。因为徐俊先生已经做了系统的整理,故而本文对于这三首诗的文本,取资于徐俊先生整理者较多。

一、《玉门关盖将军歌》

  盖将军,真丈夫。行年三十执金吾,身长七尺颇有须。玉门关城迥且孤,黄沙万里白草枯,南邻犬戎北接胡。将军到来备不虞,五千甲兵胆力粗,军中无事但欢娱。暖屋绣帘红地炉,织成壁衣花氍毹,灯前侍婢泻玉壶。金铛乱点野酡酥,紫绂金章左右趋,问著只是苍头奴。美人一双闲且都,朱唇翠眉映明矑,清歌一曲世所无。今日喜闻凤将雏,可怜绝胜秦罗敷,使君五马谩踟蹰。野草绣窠紫罗襦,红牙缕马对樗蒱。玉盘纤手撒作卢,众中夸道不曾输。枥上昂昂皆骏驹,桃花叱拨价最殊。骑将猎向城南隅,腊日射杀千年狐。我来塞外按边储,为君取醉酒剩沽。醉争酒盏相喧呼,忽忆咸阳旧酒徒。

  这里的"盖将军"有盖嘉运与盖庭伦两说。传世本《岑参集》有眉注:"盖嘉运也,时为

---

① 徐俊《敦煌诗集残卷辑考》,北京:中华书局,2000 年,481 页。

328

节度使。"然此与史实不合。闻一多《岑嘉州系年考证》以为是盖庭伦,陈铁民、侯忠义《岑参集校注》、廖立《岑嘉州诗笺注》均赞同闻说。诗应作于天宝十四载冬天。玉门关,汉唐地点有所不同。汉玉门关在今甘肃敦煌西北小方盘城,唐玉门关在今安西县东双塔堡附近。诗题之"盖将军",诗集原注云:"盖嘉运也,时为节度使。"据闻一多先生《岑嘉州诗系年考证》以为是盖庭伦。而闻先生将此诗系于至德元载腊日。陈铁民《岑参集校注》以为此诗作于天宝十四载冬,盖庭伦此年在玉门关,元载亦或为河西兵马使,因而至武威。李正宇作《岑参〈玉门关盖将军歌〉时地史事考》①,考证作于天宝十四载腊日后不久,地点是汉玉门故关。是岑参结束播仙之役兵站善后事宜而专程来到故玉门关(唐西关镇)而作。这首诗应该是作于天宝十四载岑参在安西摄监察御史领伊西北庭度支副使时赴玉门关、敦煌等地按边储之作。因诗中有"我来塞外按边储"语,与岑参作为"伊西北庭度支副使"的身份吻合。对于这首诗,我们从人物、筵席和博戏三个层次来分析。

人物

这首诗是写人之作,与《敦煌太守后庭歌》的写法总体上有一致之处。诗以"真丈夫"领起全篇,开头四句从实处着笔,写出盖将军的年龄、身份与形貌。年龄是三十,身份是曾为执金吾。执金吾是汉代官名,指率禁兵保卫京城和宫城的官员。唐代十六卫中有金吾卫,盖本于汉官。形貌则是身长七尺而且有须,这里称赞其体貌魁伟。三句合起来看,"真丈夫"的形象就拔起而起。"玉门关城"三句是写玉门关作为边境要冲之重要,因其南邻犬戎之地,北接胡地民族,属于边疆要塞,这里也突出了盖将军是受到重用的将领。"将军到来"三句是说盖将军重视边防,威武四夷,故边境安然,军中无事,可以轻松娱乐。中间十六句是描写盖将军招待岑参饮筵的场面。"枥上昂昂"四句描写盖将军厩马的名贵,因为是名马,故而能够在冬日打猎之时射杀千年野狐。"我来塞外"四句归结到作者按边塞外,与盖将军把酒言欢的气氛,从中也透露出对于盖将军的感谢之意。全诗将繁盛安定时期的边塞将军生活的情状细致生动地表现出来,不仅艺术表现方面栩栩如生,而且有助于我们对盛唐时期的边塞生活的进一步认识。

在描写盖将军时,有两点值得注意:一是对于"汗血马"的描写,诗中"桃花叱拨价最殊",就是汗血马的一种。宋李石《续博物志》卷四:"天宝中,大宛进汗血马六匹:一曰红叱拨,二曰紫叱拨,三曰青叱拨,四曰黄叱拨,五曰丁香叱拨,六曰桃花叱拨。"②汗血马是产于大宛的名贵马种。《史记·大宛列传》:"得乌孙马好,名曰'天马'。及得大宛汗血马,益壮,更名乌孙马曰'西极',名大宛马曰'天马'云。"③《汉书·武帝纪》:"(太初)四年春,贰师将军广利斩大宛王首,获汗血马来。"颜师古注引应劭曰:"大宛旧有天马种,蹋石汗血,汗

① 《庆贺饶宗颐先生九十五华诞敦煌学国际学术研讨会论文集》,北京:中华书局,2012 年,871—882 页。

② (宋)李石《续博物志》卷四,《景印文渊阁四库全书》第 1047 册,949 页。

③ (汉)司马迁《史记·大宛列传》,北京:中华书局,1982 年,3170 页。

从前肩髆出,如血。号一日千里。"①写汗血马实际上是衬托盖将军的威武。二是运用"苍头奴"的典故。《汉书·霍光传》记载:"使苍头奴上朝谒。"②注:"文颖曰:'朝当用谒,不自行而令奴上谒者也。'"师古注:"上谒若今参见尊贵而通名也。"③这里用霍光使"苍头奴"见皇帝的典故表现的是霍光地位的崇高和权势的显赫,以此作为盖将军的比照。

筵席

这首诗是写岑参出使至玉门关受到盖将军设宴款待,岑参感激之下写下的诗篇。故而诗中"暖屋绣帘红地炉"以下十六句都是描写宴饮的场面。而且分为五层:第一层"暖屋绣帘"三句描写饮筵的环境,铺陈盖将军居处的室内陈设:锦绣帘枕与红色地炉,编织的壁衣和豪华的地毯,使得屋内暖意融融,主人就在这样的环境中饮酒享乐。第二层"金铛乱点"三句描写盖将军居处饮宴服务人员的情况:侍奉人员为豪华的饮宴左右繁忙,他们身着紫绫官服,而实际担任侍从之事,说明侍从人中品位之高。而"野酡酥",应即野外所猎骆驼制成的"酥酡",《法苑珠林》卷九三:"诸天有以珠器而饮酒者,受用酥酡之食,色触香味,皆悉具足。"④这是说明筵席上菜肴之精美。第三层"美人一双"十句是对饮筵歌妓的特写:"闲且都"指闲雅雍容的姿态,表现歌妓仪容美丽姣好,"凤将雏"本为吴声十曲之一,古乐府所言"凤凰鸣啾啾,一母将九雏"⑤,这里指歌声悦耳动听。第四层"可怜绝胜秦罗敷"二句描写盖将军赞叹,这里运用秦罗敷的典故,通过类比以突出饮筵人物之美。第五层"野草绣窠紫罗襦"四句是通过博戏以描写酒宴上佐欢娱乐的场面,"野草绣窠"是玉门关这次筵席上舞女的特殊妆饰,据唐人崔令钦《教坊记》:"《圣寿乐》,舞衣上皆绣一大窠,皆随其衣本色。若短汗衫者以笼之,所以藏绣窠也。"⑥绣窠是绣在衬衫上的团花,而岑参诗所描写的"绣窠"是由野草做成的,这样就更表现了玉门关在唐代属于边地的色彩。

博戏

这首诗与《敦煌太守后庭歌》一样,写到了博戏:"红牙缕马对樗蒲,玉盘纤手撒作卢,众中夸道不曾输。"这是一种称"樗蒲"的掷卢游戏,据唐李肇《唐国史补》记载:"洛阳令崔师本,又好为古之樗蒲。其法:三分其子三百六十,限以二关,人执六马,其骰五枚,分上为黑,下为白。黑者刻二为犊,白者刻二为雉。掷之全黑乃为卢,其采十六;二雉三黑为雉,其采十四;二犊三白为犊,其采十;全白为白,其采八:四者贵采也。开为十二,塞为十一,塔为五,秃为四,撅为三,枭为二:六者杂采也。贵采得连掷,得打马,得过关,余采则否。

① (汉)班固《汉书》卷六,北京:中华书局,1962 年,202 页。
② (汉)班固《汉书》卷六八,2950 页。
③ (汉)班固《汉书》卷六八,2951 页。
④ 周叔迦、苏晋仁《法苑珠林校注》卷九三,北京:中华书局,2003 年,2689 页。
⑤ 逯钦立辑校《先秦汉魏晋南北朝诗》卷九,北京:中华书局,1983 年,上册,267 页。
⑥ 任半塘《教坊记笺订》,上海:中华书局上海编辑所,1962 年,30 页。

新加进九退六两采。"①岑参诗说筵席上美人伸出纤柔的酥手在玉盘里掷下五木都是黑色的"卢",大获全胜,因此获得在场诸人的夸赞和奖赏。这样也将欢宴的场面推向高潮。

这首诗是柏梁体,句句用韵。但节奏却富于变化,诗句以三句一顿为主,间插以两句一顿,一气贯下,节奏明快,而且抑扬顿挫,错落有致,这样的形式表现,堪与岑参的另一首诗《走马川行奉送封大夫出师西征》媲美。

二、《敦煌马太守后亭(庭)歌》

> 敦煌太守才且贤,郡中无事高枕眠。太守到来山出泉,黄沙碛里人种田。敦煌耆旧鬓皓然,愿留太守更五年。城头月出星满天,曲房置酒张锦筵。美人红妆色正鲜,侧垂高髻插金钿。醉坐藏钩红烛前,不知钩在若个边。为君手把珊瑚鞭,射得半段黄金钱,此中乐事亦已偏。

这首诗传世的岑参集和敦煌诗集残卷中都有记载,敦煌本题作《敦煌马太守后亭歌》。徐俊《敦煌诗集残卷辑考》云:"此诗见《全唐诗》卷一九九,题作《敦煌太守后庭歌》。原卷残存五行,诗句与《全唐诗》相较,多有倒舛,不宜依传本校改。"②故以上诗题据敦煌写本,而诗的文字则根据《全唐诗》录入。"马太守"是谁,根据现有资料尚难以确考。这首诗应该是作于天宝十四载岑参在安西摄监察御史领伊西北庭度支副使时赴玉门关、敦煌等地按边储之作。

这首诗从一个侧面表现了盛唐时期敦煌的繁荣局面。我们仍然通过人物、锦筵、博戏三个方面来考察。

人物

这首诗所描写的人物是敦煌太守,诗共十四句,前六句描写敦煌太守的贤能,既才且贤,使得敦煌郡内平安无事,故而高枕无忧。不仅如此,太守到来后,山中泉水涌出,沙碛也能种田。以至于当地耆旧父老,希望太守能够多做一些时间,最好能够连任五年。第七至第十五句重点描写太守后庭的情况。敦煌太守招待出使西域的岑参等人,在城头月出、繁星满天的大好时节,置酒张筵,并且为岑参安排了专场游戏表演,颜色靓丽的美女侧垂妆扮时尚的高髻,与岑参等人进行着藏钩的游戏,直到极欢而散。

这里值得注意的是唐代制度和人物的关系,诗有"敦煌耆旧鬓皓然,愿留太守更五年"句,是说敦煌耆旧希望太守在敦煌要达到五年的期限。这里特别拈出"敦煌耆旧",在人物的选取方面很有代表性,因为耆旧们资历深厚,阅历丰富,饱经沧桑,由他们的肯定,就更能彰显太守在当地的威望。这样也就突出了诗歌首句表现的"才且贤"的主旨。

---

① (唐)李肇《唐国史补》卷下,上海:上海古籍出版社,1979 年,61—62 页。

② 徐俊《敦煌诗集残卷辑考》,482 页。

这两句可以印证的是唐玄宗开元、天宝时期的官制。唐代在开元以前,州郡长官任期较短,而在开元以后至少四考为满。《唐会要》卷六八载:中宗景龙二年,"御史中丞卢怀慎上疏曰:'臣窃见比来州牧上佐等,在任多者一二年,少者三五月,遂即迁改。不论课最,争求冒进,不顾廉耻,亦何暇为陛下宣风布化,求瘝恤民哉!户口所以流散,仓库所以空虚,百姓所以凋弊,日更滋甚,职为此也。……臣请望诸州都督刺史上佐等,在任未经四考已上,不许迁除。察其课效尤异者,或锡以车裘,或就加禄秩,或降使临问,并玺书慰勉。'"①是自中宗景龙二年之后,州牧及上佐要经四考才能迁转,四考即首尾五年。故岑参诗借敦煌耆旧之口,表现对太守在敦煌至少任满五年的期待。

锦筵

这首诗的重点不仅是敦煌太守的描写,而重要的是描写太守的后庭,而这后庭又是通过"锦筵"即招待作者的宴会表现的。"锦筵"的外部环境是城头月出,繁星满天;内部环境是"曲房"。而在锦筵之上,又突出了"美人"的妆饰:"美人红妆色正鲜,侧垂高髻插金钿。"这里的"美人""红妆""高髻""金钿"都是为了衬托"锦筵"而设的。

这里特别值得注意的是"红妆""高髻"与"金钿",这些妆饰本来是秦汉宫中女子的妆饰,到了隋唐时期,不仅宫廷崇尚,地方也效之。据唐宇文氏《妆台记》所载:"始皇宫中悉好神仙之术,乃梳神仙髻,皆红妆翠眉,汉宫尚之。后有迎春髻、垂云髻,时亦相尚。"②"隋文宫中梳九真髻,红妆谓之桃花面,插翠翘桃华搔头,帖五色花子。炀帝令宫人梳迎唐八鬟髻。插翡翠钗子作日妆,又令梳翻荷鬟,作啼妆,坐愁髻,作红妆。唐武德中,宫中梳半翻髻,又梳反绾髻、乐游髻,即水精殿名也。开元中,梳双鬟、望仙髻及回鹘髻。贵妃作愁来髻。贞元中,梳归顺髻,帖五色花子,又有闹扫妆髻。"③这段文字记载可以看出,从秦汉到隋唐的妆饰中,髻的样式非常繁富。

我们再进一步考察,唐代妇女更注重"高髻"。"高髻"是高耸的发髻。唐人重严妆,故蓄长发,留高髻,使得头上可以承载着较多的发饰。这也是受宫中妆饰的影响,《大唐新语》卷二《极谏》云:"俗尚高髻,是宫中所化也。"④《酉阳杂俎》卷八:"房孺复妻崔氏,性忌,左右婢不得浓妆高髻。"⑤故知是当时流行的时尚妆饰,因为过于特别,故到了中唐时期,受到官僚们的抵制。王涯《准敕详度诸司制度条件奏》云:"妇人高髻险妆,去眉开额,甚乖风俗,颇坏常仪,费用金银,过为首饰,并请禁断。"⑥我们在唐诗当中可以找出很多例证可以

---

① (宋)王溥《唐会要》卷六八,上海:上海古籍出版社,1991 年,1419 页。
② (唐)宇文士及《妆台记》,《香艳丛书》三集卷一,北京:人民文学出版社,1992 年,635 页。
③ (唐)宇文士及《妆台记》,《香艳丛书》三集卷一,636 页。
④ (唐)刘肃《大唐新语》卷二,北京:中华书局,1984 年,21 页。
⑤ 许逸民《酉阳杂俎校笺》卷八,北京:中华书局,2015 年,636 页。
⑥ (清)董诰《全唐文》卷四四八,北京:中华书局,1983 年,4579 页。

与岑参这首诗比照:刘禹锡《赠李司空妓》:"高髻云鬟宫样妆,春风一曲杜韦娘。"①杨敬之《客思吟》:"细腰沈赵女,高髻唱蛮姬。"②万楚《茱萸女》:"插花向高髻,结子置长裾。"③程长文《狱中书情上使君》:"妾家本住鄱阳曲,一片贞心比孤竹。……高髻不梳云已散,蛾眉罢埽月仍新。"④孟简《咏欧阳行周事》:"高髻若黄鹂,危鬟如玉蝉。"⑤寒山《诗》:"洛阳多女儿,春日逞华丽。共折路边花,各持插高髻。髻高花匼匝,人见皆睥睨。"⑥牛峤《女冠子》词:"绿云高髻,点翠匀红时世。"⑦我们再归结到岑参这首诗,他把陪酒女描写得异常艳美,就是要突出敦煌太守后庭饮宴的赏心乐事,为最后一句"此中乐事亦已偏"张本。

至于"金钿",是把金属宝石等镶嵌在器物上作装饰称钿,唐时的女性对于钿饰有着特殊的喜爱。在敦煌壁画中,各种花式的钿饰不胜枚举,为今人留下了丰富的时代审美线索。唐张萱《捣练图》中,一位宫廷妇女头上间隔开来贴了五枚梅花状钿花。英国博物馆藏《引路菩萨图》中的女供养人,高高的髻上左右对称嵌着八枚菱形金钿。五代顾闳中《韩熙载夜宴图》,乐妓头上皆有点缀着翠饰的金钿,与西安出土的金蔓草花饰实物非常相似。唐诗当中经常出现"金钿"的描写,可以与岑参此诗相印证:长孙无忌《新曲二首》"玉珮金钿随步远,云罗雾縠逐风轻"⑧,张文规《湖州贡焙新茶》诗"牡丹花笑金钿动,传奏吴兴紫笋来"⑨,皆将静物做动态描写,美人婉转轻盈的体态与莞尔一笑的神态呼之欲出;陆龟蒙《引泉诗》"岚盘百万髻,上插黄金钿"⑩,铺陈了贵族妇女高髻金钿下的华丽场面;韩翃《赠别太常李博士兼寄两省旧游》诗"玉镫初回酸枣馆,金钿正舞石榴裙"⑪,王建《田侍中宴席》诗"整顿舞衣呈玉腕,动摇歌扇露金钿"⑫,歌咏舞妓佩戴的金钿,烘托出华贵祥和的气氛;戎昱《送零陵妓》诗"宝钿香蛾翡翠裙"⑬,李珣《西溪子》词"金缕翠钿浮动"⑭,则将金钿与装饰配搭,使妇女的情致更加鲜明。

---

① (清)彭定求《全唐诗》卷三六五,北京:中华书局,1960 年,4121 页。

② (清)彭定求《全唐诗》卷四七九,5450 页。

③ (清)彭定求《全唐诗》卷一四五,1468 页。

④ (清)彭定求《全唐诗》卷一九九,8997 页。

⑤ (清)彭定求《全唐诗》卷四七三,5369 页。

⑥ (清)彭定求《全唐诗》卷八〇六,9070 页。

⑦ (清)彭定求《全唐诗》卷八九二,10080 页。

⑧ (清)彭定求《全唐诗》卷三〇,433 页。

⑨ (清)彭定求《全唐诗》卷三六六,4134 页。

⑩ (清)彭定求《全唐诗》卷六一九,7131 页。

⑪ (清)彭定求《全唐诗》卷二四三,2734 页。

⑫ (清)彭定求《全唐诗》卷三〇〇,3415 页。

⑬ (清)彭定求《全唐诗》卷二七〇,3022 页。

⑭ (清)彭定求《全唐诗》卷八九六,10119 页。

博戏

这首诗的另一个重要表现就是对于博戏的描写，以表现后庭饮宴的欢乐气氛。这种博戏就是"藏钩射覆"，即"醉坐藏钩红烛前，不知钩在若个边。为君手把珊瑚鞭，射得半段黄金钱，此中乐事亦已偏"。诗人酒醉之时，筵席上举行"藏钩"游戏，以上五句是按时间顺序写藏钩与射覆的过程。前两句写"藏钩"，是筵席上他人的活动；后三句写自己，是筵席上诗人的活动。前两句是写藏好钩，后三句是写猜到钩。猜钩的过程是岑参手里握着珊瑚之鞭，指着藏于容器之下的"黄金钱"，因为猜中覆物而心情愉快，也把敦煌太守后庭筵席的热闹场面推向极致。

"藏钩"游戏由来已久，旧说以为起于汉武帝钩弋夫人。《艺文类聚》卷七四辛氏《三秦记》云："昭帝母钩弋夫人手拳而有国色，先帝宠之，世人藏钩法此也。"①又引周处《风土记》："藏钩之戏，分为二曹，以效胜负。若人偶则敌对，人奇则奇人为游附，或属上曹，或属下曹，名为'飞鸟'，以齐二曹人数。一钩藏在数手中，曹人当射知所在，一藏为一筹，三藏为一都。"②"藏钩"与"射覆"相连，实际上是猜物游戏，是把某件物品藏在容器之下，这是在汉代已经流行的博戏，《汉书·东方朔传》："上尝使诸数家射覆。"颜师古注曰："于覆器之下而置诸物，令暗射之，故云射覆。"③而到了后代则发展成为一种酒令。俞敦培《酒令丛钞·古令》云："今酒座所谓射覆，又名射雕覆者，殊不类此。法以上一字为雕，下一字为覆。设注意'酒'字，则言'浆'字、'春'字使人射之。盖春酒，酒浆也。"④这种酒令与唐以前的游戏大概并不属于一种类型。在这首诗中，"藏钩"与"射覆"成为一个猜物游戏的两个阶段。

唐诗中表现藏钩者有数处，张说《赠崔二安平公乐世词》："十五红妆侍绮楼，朝承握槊夜藏钩。"⑤李白《宫中行乐词》："更怜花月夜，宫女笑藏钩。"⑥花蕊夫人《宫词》："管弦声急满龙池，宫女藏钩夜宴时。"⑦而将"藏钩"与"射覆"合在一起描写者，除了岑参此诗外，还有李商隐《无题二首》中的名句："隔座送钩春酒暖，分曹射覆蜡灯红。"⑧

以上三个层面的描写着重从空间层面表现酒筵的气氛，突出了敦煌太守后庭的人物，从而进一步突出敦煌太守的能政致使乐事连连。而在空间描写时非常注重时间顺序，如写酒筵则先写筵前的环境，筵上的热烈气氛和醉后的快乐心情。

---

① （唐）欧阳询《艺文类聚》卷七四，上海：上海古籍出版社，1982 年，1280 页。

② （唐）欧阳询《艺文类聚》卷七四，1280 页。

③ （汉）班固《汉书》卷六五，843 页。

④ （清）俞敦培《酒令丛钞》，《丛书集成三编》第 30 册，台北：新文丰出版公司，1985 年，214 页。

⑤ （清）彭定求《全唐诗》卷八六，941 页。

⑥ （清）彭定求《全唐诗》卷一六四，1702 页。

⑦ （清）彭定求《全唐诗》卷七九八，8975 页。

⑧ （清）彭定求《全唐诗》卷五三九，6163 页。

作为歌行体七言古诗,这首诗在形式上也很有特色,主要是句句用韵,主体是两句一个句群,意象密集,而最后是三句一个句群,出人意表,既以后庭欢乐气氛以照应开头的"敦煌太守才且贤",使得题意更加显豁。在这首诗中,句意结构与押韵结构同步变化,做到转换自如又气脉连贯,章法谨严。这种句句用韵,二句句群与三句句群结合的铺排,实质上是岑参诗歌一种新奇的构造。

三、《苜蓿烽寄家人》

苜蓿峰边逢立春,胡芦河上泪沾巾。闺中只是空相忆,不见沙场愁杀人。

诗见俄藏 дx. 一三六〇、二九七四拼合卷。徐俊《敦煌诗集残卷辑考》云:"此诗见《才调集》卷七、《全唐诗》卷二〇一,题及阙文据补。"[1]按,"苜蓿峰"今传本《岑参集》作"苜蓿烽",是。黄文弼《吐鲁番考古记》载有《伊吾军屯田残籍》云:"□远…界……五十亩种豆一十二……检校健儿集思顺……三亩种豆廿亩种麦检校健儿成公洪福……田□水浇溉……军界……亩苜蓿烽地五亩近屯……都罗两烽共五亩……烽铺近屯即侵屯。"[2]

有关这首诗的作年,学界颇有争议,王素《吐鲁番文书中有关岑参的一些资料》云:"岑参第一次出塞时曾作《题苜蓿烽寄家人》诗有首二句为:'苜蓿烽边逢立春,胡芦河上泪沾巾。'陈铁民、侯忠义先生据《新唐书·地理志七》记安西于阗境有胡芦河,于阗即今新疆乌什县,胡芦河为阿克苏河支流托什罕河,谓苜蓿烽'当在胡芦河附近',断言岑参'在安西任职期间,行迹远及今新疆阿克苏地区'。按黄文弼《吐鲁番考古记》载《伊吾军屯田残籍》中有'苜蓿烽',伊吾军在伊州蒲类海西北,则苜蓿烽无论如何也应在伊州境内。伊州正当丝绸北路,为出入边塞之要道,此诗应为岑参出入边塞经伊州时所作。诗中胡芦河也应为伊州及其附近河名,不应是当时于阗境的胡芦河。也就是说,岑参在安西任职期间,行迹并不一定远及今新疆阿克苏地区。"[3]认为是岑参第一次出塞之作,时当天宝八载。而廖立《岑嘉州诗笺注》卷七云:"按《玉关寄长安李主簿》诗有'况复明朝是岁除'句,则与苜蓿烽诗必作于同年,为'按边储'而至玉关者,在天宝十四载。……苜蓿烽诗有立春,寄长安主簿诗有岁除。天宝十四载立春在十二月二十四日,阳历公元七五六年一月三十日,岁除为阳历二月四日,则知岑参先至苜蓿烽,继而进至玉关也。"[4]则诗应作于天宝十四载。

苜蓿烽是唐代玉门关外五烽之一,是关西第一烽。明杨慎《升庵诗话》卷一一《瓠芦河苜蓿烽》条云:"岑参《寒上》诗:'苜蓿烽边逢立春,瓠芦河上泪沾巾。'《西域记》云:'塞外无驿邮,往往以烽代驿。玉门关外有五烽,苜蓿烽其一也。'又云:'葫芦洒下广上狭,洄波甚

① 徐俊《敦煌诗集残卷辑考》,482 页。
② 黄文弼《吐鲁番考古记》,北京:中国科学院印行,1954 年,41 页。
③ 王素《吐鲁番文书中有关岑参的一些资料》,《文史》第 36 辑,北京:中华书局,1992 年,198 页。
④ 廖立《岑嘉州诗笺注》卷七,北京:中华书局,2004 年,757 页。

急,深不可渡。上置玉门关,即西境之咽喉也。'"①而检核今本《大唐西域记》并无"苴蓿烽其一也"之句。其具体地点尚有争议,但在玉门关附近,靠近葫芦河,应该是可以确定的。

葫芦河,即流经玉门关、安西县等地的疏勒河,是通往西域的咽喉之地,唐僧慧立《大慈恩寺三藏法师传》卷一:"法师因访西路,或有报云,从此(按即瓜州)北行五十里有瓠𮚀河,下广上狭,洄波甚急,深不可渡,上置玉门关,路必由之,即西境之襟喉也。关外西北又有五烽,候望者居之,各相去百里,中无水草。五烽之外即莫贺延碛,伊吾国境。"②"苴蓿烽"作为关外五烽的第一峰,离葫芦河最近,则亦当是玉门关不远处。

岑参这首诗首二句即抒写远离家乡、途经玉门关时的感受。西行所见,第一是雄奇瑰伟的苴蓿烽,与中原景象绝异,第二是深不可渡的葫芦河,望之耸然。由此引入后二句的兴感,以闺中相忆的想像与沙场肃杀的现实对比,对面落笔,既见怀乡心切,愁情满腹,又是直率自然,体现盛唐时期爽朗净劲的诗风。

四、《优钵罗花歌》

岑参从军西域时所作《优钵罗花歌》云:"白山南,赤山北。其间有花人不识,绿茎碧叶好颜色。叶六瓣,花九房。夜掩朝开多异香,何不生彼中国兮生西方。移根在庭,媚我公堂。耻与众草之为伍,何亭亭而独芳。何不为人之所赏兮,深山穷谷委严霜。吾窃悲阳关道路长,曾不得献于君王。"诗前有序,序中"天宝景申岁"③为天宝十五载,是时岑参为大理评事,摄监察御史,领伊西北庭支度副使,居于北庭。

北庭是古代西域的著名城市,汉代是车师后国王庭所在地,唐代在此设立庭州,为北庭都护府治所。北庭遗址即今新疆维吾尔自治区吉木萨尔县境内的北庭故城。北庭公元四世纪以后为鲜卑别部统治,建柔然国。公元 555 年,为突厥所灭。突厥于此建立了可汗浮图城,以控制西域的东西两部。唐太宗贞观十四年,因为讨伐高昌胜利,唐王朝就在可汗浮图城建立了庭州,同时在伊吾建立了伊州,在高昌建立了西州。从此,北庭成为唐代疆域的一部分。

岑参是盛唐时期的著名诗人,他有两次出塞的经历,这首诗是其第二次出塞时所作。岑参于天宝十三载四月,受封常清辟为北庭节度判官,夏日至北庭。其时经历了封常清西征阿布思余部及破播仙之役,写下了《走马川行奉送出师西征》等著名诗作。天宝十四载安史之乱起,封常清十一月被召至长安以抵抗安禄山,十二月兵败被斩于潼关。岑参仍然留在北庭,并为伊西北庭支度副使。这时有交河小吏献上优钵罗花,岑参有感而发,作了

---

① (明)杨慎《升庵诗话》卷一一,《历代诗话续编》,北京:中华书局,1983 年,855—856 页。

② (唐)慧立《大慈恩寺三藏法师传》卷一,北京:中华书局,2004 年,12 页。

③ "景申"别本或作"庚申"。按,瞿镛《铁琴铜剑楼藏书目录》卷一九云:"案景申即丙申,唐人讳丙为景,是为十五载,七月肃宗改元至德,七月以前犹是天宝纪年,岂是作于是年。别本改景为庚,不知天宝无庚申也。"

《优钵罗花歌》。诗前有序,交代了作诗的缘起:

> 参尝读佛经,闻有优钵罗花,目所未见。天宝景申岁,参忝大理评事,摄监察御史,领伊西北庭度支副使。自公多暇,乃于府庭内栽树种药,为山凿池,婆娑乎其间,足以寄傲。交河小吏有献此花者,云得之于天山之南。其状异于众草,势龍嵷如冠弁。嶷然上耸,生不傍引,攒花中折,骈叶外包,异香腾风,秀色媚景。因赏而叹曰:"尔不生于中土,僻在遐裔,使牡丹价重,芙蓉誉高,惜哉!"夫天地无私,阴阳无偏,各遂其生,自物厥性。岂以偏地而不生乎,岂以无人而不芳乎?适此花不遭小吏,终委诸山谷,亦何异怀才之士,未会明主,摈于林薮耶!因感而为歌。

需要说明的是,序中的"度支"为"支度"之误。闻一多《岑嘉州系年考证》云:"户部郎官称度支,各道节度使属僚之判官当称支度,二名不相混……岑参《优钵罗花歌》称'度支副使',必传写误倒。"①

这首诗是描写新疆风物的佳作。唐释慧苑《慧苑音义》卷上云:"优钵罗,具正云尼罗乌钵罗。尼罗者,此云青;乌钵罗者,花号也。其叶狭长,近下小圆,向上渐尖,佛眼似之,经多为喻。其花茎似藕,稍有刺也。"优钵罗是印度梵语的音译,即是"青莲花"。优钵罗花在汉语中的称谓就是雪莲。因为雪莲花洁净幽清,秀色异香,孤高脱俗,故佛经中常取以喻佛,因而"优钵罗"和雪莲花就与佛教联系在一起。如《法华经·妙音菩萨品》:"菩萨目如广大青莲花叶。"《法华经·随喜功德品》:"以是清静鼻根,闻于三千大千世界上下内外种种诸香:沈曼那华香、阇提华香、茉莉华香、瞻葡华香、菠萝华香、赤莲花香、青莲华香、白莲华香。"这样的诸种名花,就组成了绚丽多姿佛国境界,而青莲花在《法华经》中又经常比喻佛的慧眼,在诸花中更引人注目。清人赵学敏《本草纲目拾遗》卷七"雪荷花"条云:"产伊犁西北及金川等处大寒之地,积雪春夏不散,雪间有草,类荷花,独茎亭亭,雪间可爱。"②"予甥屠涧南自哈密回,带有雪荷花,因访其功效,据言其地有天山,冬夏积雪,雪中有莲,以产天山峰顶者为第一,但不可多得,山腰次之。"③雪莲茎粗厚,茎周长出十多片嫩绿的长圆形叶片,并散发出特异的香味。每年七八月开花,花的外围有多瓣玉白色或淡绿色的半透明苞片。岑参的诗序以佛经领起:"参尝读佛经,闻有优钵罗花,目所未见。"接着叙述此花的来源:"交河小吏有献此花者,云得之于天山之南。"进而描述此花的形状:"其状异于众草,势龍嵷如冠弁。嶷然上耸,生不傍引,攒花中折,骈叶外包,异香腾风,秀色媚景。"由奇异的形状引发诗人对于此花的赏叹:"尔不生于中土,僻在遐裔,使牡丹价重,芙蓉誉高,惜哉!"由感慨而进入议论:"夫天地无私,阴阳无偏,各遂其生,自物厥性,岂以偏地而不生乎,岂以无人而不芳乎?"说明雪莲花具有与天地俱生的独立性、稳定性和恒久性。这也是象征着岑参所追求的个人品格。岑参与雪莲花一样,既不因为生于僻境而失

---

① 闻一多《岑嘉州系年考证》,《唐诗杂论》,上海:上海古籍出版社,1998年,130页。
② 赵学敏《本草纲目拾遗》卷七,北京:人民卫生出版社,1983年,249页。
③ 赵学敏《本草纲目拾遗》卷七,250页。

去光泽,也不因为无人欣赏而失去芬芳。这是花的自然特征,也是岑参的自然秉性。因此,"自物厥性"就成为诗序的核心。"适此花不遭小吏,终委诸山谷,亦何异怀才之士,未会明主,摈于林薮邪!因感而为歌。"最后将怀才不遇之意直接点出,由状物而抒情也恰到好处。

诗用歌行体,三至八言杂用,语言的变化与雪莲的奇异形状相匹配,句式长短参差,意韵铿锵悠长,起到了相得益彰的效果。宋人许顗《彦周诗话》云:"岑参亦自成一家,盖尝从封常清军,其记西域异事甚多。如《优钵罗花歌》《热海行》,古今传记所不载者也。"[①]诗从佛经入手,就蕴涵着此花的神秘性与奇异性。雪莲花生于高山雪线附近的岩缝、石壁和冰磺砾石滩中,西域地区也常常把雪莲花想像为神山圣域里的小佛像,是瑶池王母到天池沐浴时由仙女们撒下来的琼花,洁净无尘,吉祥崇高。据《穆天子传》所载,周穆王乘马车向西王母求长生不死之药,西王母即以天山雪赠之。这样的神话传说也非常美妙动人。

诗的开头四句点明雪莲花生长的地点是"白山南,赤山北",白山是哈密、吐鲁番以北一带的天山山脉,汉时称为白山,因长年有积雪覆盖,故以为名。赤山即赤石山,在白山南七十里。《北史·高昌传》:"北有赤石山,山北七十里有贪汗山。夏有积雪。"[②]因为处于深山,故而"其间有花人不识,绿茎碧叶好颜色"。接着从多重层面描述雪莲花:描写其形,突出其六瓣之叶,九房之花;描写其味,突出其异香;描写其稀有,而感叹"何不生彼中国今生西方"。重点突出其颜色"绿茎碧叶",形状是六瓣之叶,九房之花。开花的时间在清晨,散发的气味是异香。然后描写其被移种到北庭使府公堂的情况,花使公堂增媚,因其高洁而耻与众草为伍,而亭亭玉立,独自芬芳。最后感叹这样的花而不被人们所赏,只是生于深山幽谷而委质于严霜,为其命感到不平,而自己想带回中原以奉献给君王,但又阳关路远,道路攸长,终究还是有所遗憾。

全诗以花自喻,花之出于深山,清高、峻洁、坚韧、明净,象征诗人之品质;花之出于幽谷,委质严霜,象征诗人之怀才不遇;花之远在西陲,无法献于君王,象征诗人之远戍边塞,仰慕朝廷而进身无望。但整个诗歌并不消沉,而是将深厚的感情蕴藏于雪莲花的描绘之中,表现出高洁的情怀与积极的追求。诗的后九句用骚体,本于《楚辞·悲回风》"兰茞幽而独芳"之意。这种杂言体诗歌,体式与抒情也结合在一起。其中"吾窃悲阳关道路长"是八字长句,用来表现阳关道路的长远。这样的写景摹物,颇为灵活。诗歌句法变化多端,长短不拘,物与我合而为一,成为唐代吟咏边塞风物的标志性作品。

与岑参诗相印证,清人纪昀《阅微草堂笔记》卷三《滦阳消夏录》记载其流放新疆时所见到的雪莲:"塞外有雪莲,生崇山积雪中,状如今之洋菊,名以莲耳。其生必双,雄者差大,雌者小。然不并生,亦不同根,相去必一两丈。见其一,再觅其一,无不得者。盖如菟丝茯苓,一气所化,气相属也。凡望见此花,默往探之则获。如指以相告,则缩入雪中,杳

---

① (清)何文焕《历代诗话》,北京:中华书局,1981 年,391 页。

② (唐)李延寿《北史》卷九七,北京:中华书局,1974 年,3212 页。

无痕迹。即斫雪求之亦不获。草木有知，理不可解。土人曰，山神惜之。其或然欤？此花生极寒之地，而性极热。盖二气有偏胜，无偏绝，积阴外凝，则纯阳内结。"①与岑参一样，写出了有感情有知觉的雪莲，也表现出阴阳均调、万物乃生的辩证之理。宋人叶茵也有《优钵罗花》云："九房六瓣瑞天山，香色清严入坐寒。不悟岑参题品意，后人祇作佛花看。"②清人祁韵士《西陲竹枝词一百首》之六三《雪莲》云："勎劳冰崖路万千，奇葩忽睹雪中莲。一枝应折仙人手，岂向污泥较色鲜。"第二句后自注："花瓣淡黄色，多肋（筋）而微，中丛绿蕊。然余所见，非其鲜者。"③这些诗作，或描写雪莲的绰约姿态，或比喻自己的人格精神，与岑参诗歌并读，也可以加深对于《优钵罗花歌》的理解。

结　语

选取岑参这四首诗进行解读，是因为相互之间具有一定的关联，这不仅仅因为前面三首同出于俄藏敦煌文书的同一抄卷，还在于它们之间具有时间、空间与表现上的关联：就时间关联而言，因《玉门关盖将军歌》中有"我来塞外按边储"语，与岑参《优钵罗花歌》"天宝景申岁，参忝大理评事、摄监察御史，领伊西北庭度支副使"的官职吻合。诗序说"天宝景申岁"（十五年）是指此年之前就已在任，故而这四首诗应该是作于天宝十四载岑参在安西摄监察御史领伊西北庭度支副使时赴玉门关、敦煌等地按边储之作。就空间关联而言，岑参执行"按边储"任务，所莅之地在玉门关附近，故而敦煌写卷三首诗的"玉门关""敦煌""苜蓿烽"应该是较为接近的地方，一种说法是"玉门关"就在敦煌西北的小方盘城，而"苜蓿烽"是出了玉门关之后的第一烽，三者在地域空间方面具有密切的关联。就表现关联而言，《玉门关盖将军歌》是写按边储时至玉门关受到了盖将军的款待而感激之情，诗从人物、锦筵、博戏三个方面来表现；《敦煌太守后庭歌》是写按边储时至敦煌受到马太守的款待，诗也从人物、筵席、博戏三个方面来表现；《苜蓿烽寄家人》诗与上面两首诗稍有不同，基于所赠与的对象不同，因是寄家人，故而所表现的是思乡情绪，但我们从另一个角度分析，即岑参由北庭按边储来到了苜蓿，其方向是由西向东，离家越来越近的，而这一次是要完成公事，并不是东归故乡，故而出使之时东行而不能东归，思乡之情怀更切；《优钵罗花歌》也是岑参第二次出塞时所作，而重在描写边塞风物，其在时间、空间与表现手法上，也都具有共同之处。

---

① （清）纪昀《阅微草堂笔记》卷三，上海：上海古籍出版社，1980年，50页。

② 《全宋诗》卷三一八八，北京：北京大学出版社，1998年，38251页。

③ （清）祁韵士《西陲要略》附《西陲竹枝词》，《大唐创业起居注》外七种，上海：上海古籍出版社，2016年，370页。

马祖常"同韵"诗说价值论

宋晓云　　王喜娟

新疆师范大学中国语言文学学院暨西域文史研究中心

公元1206年的斡难河畔,铁木真被蒙古各部共推为成吉思汗,影响后世深远的大蒙古国建立。随后,他带领其子孙不断向四面开疆拓土,众多民族的人员亦加入其中,如后来被划分入"汉人"行列的契丹人耶律楚材、汉族人刘仲禄、丘处机及其弟子等,他们共同促进了大蒙古国政治、经济、文化等的发展。半个世纪后的1260年,铁木真之孙忽必烈继承汗位,十一年后改国号为"大元",1279年灭南宋,建立了统一的元政权。相较于我国历史上其他大一统王朝,尽管元政权存世的时间并不算久长,但它在文学艺术方面却同样取得了令人瞩目的成就,不但有被视为元代文学代表的杂剧[①],还有被称为"最好的抒情诗"的散曲[②],且有被认为"去唐却近"的"元诗"[③]。此外,元代诗歌理论与批评,亦独具特色,其中的"同韵"诗学主张,即是元代诗学中独具魅力瑰宝之一。

一、"同韵"诗学的提出者马祖常及其家世

尽管"同韵"之说,是元代诗歌理论与批评领域一个颇具意味的命题,但它另一个更值得被关注、被肯定的瞩目之处,则是其首创者马祖常为一位色目后裔,一位多元民族文化交往、交流、交融的环境中成长起来的少数族裔诗学家。

元统一全国的1297年,马祖常降生在一户具有浓郁"华化"[④]传统的西域雍古部裔家庭。其父马润善于写作"华人所独有"之诗歌,是元时西域"基督教世家之中国诗人"[⑤]之一,著有诗集《樵隐集》。马润任光州监时,全家落籍光州,后发展成为光州著名家族之一。光州任职期间,马润恪尽职守,孜孜不倦地"劝农桑,节赋敛",兴办学校,推行儒学,使百姓

---

① 　王国维《宋元戏曲史序》,王国维著《宋元戏曲史》,上海:华东师范大学出版社,1995年,1页。

② 　郑振铎《元代的散曲》,郑振铎著,四元编《郑振铎集》,北京:中国华侨出版社,2018年,718页。

③ 　(明)李东阳《麓堂诗话》,丁福保辑《历代诗话续编》(下),北京:中华书局,1983年,1371页。

④ 　参见陈垣撰,陈志超导读《元西域人华化考》,上海:上海古籍出版社,2000年。

⑤ 　陈垣撰,陈志超导读《元西域人华化考》,3、65页。

"始知以儒自重"①,深受当地人们的爱戴。他还效仿汉代大司农朱邑死葬桐乡的做法,遗命自己逝后葬于光州。而马润之父马世昌(马祖常之祖)曾任过尚书省左右司的郎中一职,他不吝"倾资粟,结俊彦",导致"家日困落",而"子孙益用儒自振"②。马世昌之父月合乃(有译月忽难,马祖常之曾祖),实是开马祖常家族重视中原儒学文化风气之先者。他在1252年"料民丁于中原"时,就对儒者以特殊关照"凡业儒者",只要"试通一经"就可以"不同编户,著为令甲",在实践中开创了元代免儒人丁税的做法"儒人免丁者,实月合乃始之"③。月合乃之父习礼吉思(一译锡礼吉思,即马庆祥,马祖常之高祖),曾任金朝的凤翔兵马都判官,他能够"举贤才,修军政,兴利除害",当"民既苏息"时,又"立学以教",使"四方流寓之士多归焉"④。因其官职中有"马"字,故马祖常家族以马为姓。

在成长过程中,马祖常身上很早就显示出家族"华化"余泽的影响。他年少时就倾慕古学,喜爱三代两汉时期的书籍;六七岁时就知读书,以至于岁时拜贺,长者所赐之钱都用来买书了;十岁时,随马润宦游仪真,遇到火灾,他为免"惊长者",敢于"解衣沃水扑灭";未冠时,蜀地大儒张翚在仪真讲学,他勇于"质疑经史疑义数十"。元仁宗延祐元年(1314)因"思致真儒丕变治化"而"辟诏贡举",马祖常与弟马祖孝一起参加乡试,为第一名;后会试礼部时,仍中第一;廷试时,又中"第二甲第一"而"名动京师"⑤。进入仕途后,他由应奉翰林文字起家,累官至御史中丞,历仕仁宗、英宗、泰定帝、文宗、惠宗等数朝。任职期间,马祖常直言敢谏、荐贤举能、不畏权贵,严格以儒家思想文化中的廉吏、良吏、循吏的标准来要求规范自己。例如,他因上书弹劾奸相铁木迭儿而招致铁木迭儿的打击报复,一度被逼辞官归隐,但复出后仍然初心不改,坚持兴利革弊。马祖常一生位居清要,在政坛与诗坛均有良好的地位与影响,于1338年去世,谥"文贞",有汉语诗文集《石田先生文集》,或称《石田文集》。

二、"同韵"诗学的提出、内涵及其现实文化背景

"同韵"诗论原文献,并不见载于马祖常的《石田文集》,而是见于旧题元人范德机所撰诗话之作《木天禁语》(又名《范梈德机述江左第一诗法》)。是作于"音节"部,开篇即言"马御史云",此"马御史",就是指马祖常,前文已经言及他官至元惠宗时的"御史中丞",时人

---

① 李叔毅《石田先生文集前言》,李叔毅、傅瑛点校《石田先生文集》,郑州:中州古籍出版社,1991年,1,2页。

② (元)袁桷《漳州路同知朝列大夫赠汴梁路同知骑都尉开封郡伯马公神道碑铭》,李叔毅、傅瑛点校《石田先生文集》,291页。

③ 李叔毅、傅瑛点校《石田先生文集》,289页。

④ (元)黄溍《马氏族谱》,李叔毅、傅瑛点校《石田先生文集》,294页。

⑤ (元)苏天爵《元故资德大夫御史中丞赠摅忠宣宪协正功臣魏郡马文贞公墓志铭》,李叔毅、傅瑛点校《石田先生文集》卷十三,297—298页。

往往以其官职尊称他。

据《木天禁语》载，马祖常坚定而明确地指出"东夷、西戎、南蛮、北狄"等少数民族，因为所处地域偏远，地理空间上的相互隔绝，造成其语言间缺少交流，往往各自为阵、孤独发展，任何一方都难以理解对方之语。故而，他们的语言都属于"偏气之语"。唯有"中原汉音"，因产生发展于天地之"中"，具有通行四方的无可替代的能力与优势，受到四方人们的欢迎。所以，他认为一旦采用中原音韵，就具有了非凡的价值与功能："诗中宜用中原之韵，则便官样不凡。"[①]

马祖常的"同韵"诗论，其核心就是追求诗歌审美的"官样不凡"。"官样不凡"，意谓非比寻常的富丽典雅、雅致美丽。"官样不凡"，意谓非比寻常的富丽典雅、雅致美丽。马祖常"同韵"诗论的核心，就是要求诗人所创作出来的诗歌作品一定要符合"官样不凡"的审美要求，即富丽典雅、雅致美丽。而衡量诗歌"官样不凡"的重要标准就是音韵响亮与否在马祖常看来，诗歌能否达到"官样不凡"的要求，其决定性的制约因素就是音韵是否响亮。

为此，他明明确确地反对诗歌创作时大量使用声韵低沉或冷僻的字来押韵的做法，认为过多使用声韵低沉或冷僻字进行押韵，容易使诗作陷入音韵低沉压抑之"哑韵"之境，进而影响人的心绪、情感。其实，这些见解背后，是马祖常已经意识到诗歌作为文学作品，其艺术形式的好与坏，会影响其审美力量的发挥。至于，如何能够确保所创作出来的诗歌作品音韵响亮，令其保持住"官样不凡"的样貌？在马祖常看来，最好的做法，就是写作诗歌作品时，尽量采用"中原音韵"。换言之，即是使用汉语言文字进行诗歌创作，采用汉语言文字之中原地区的读音作为诗歌押韵的标的。简而言之，马祖常是把中原汉语言文字的读音，视作诗歌韵律响亮与否的衡量标准，而且他还特别具体指出：诗人创作时要尽量避开使用"五支""二十四咸"之韵部的文字。

表面看来，马祖常对于"同韵"的看法，只是他对诗歌创作问题所提出的理论诉求，但它在某种层面，对于推动汉语言文字在元代社会的推广、传播与盛行无疑具有重要的作用。就特定意义而言，马祖常的提法与做法，相当于立足于诗歌创作层面，既把汉语文字当作一种通行语言文字向元代社会推广，又将汉语言文字的中原读音当作标准的语音向元代社会推广。在当时蒙古语为元代"国语"的社会时代，作为色目人的马祖常，实在是勇气可嘉。当然，此种诗论的提出，于马祖常而言，并非是其个人一朝一夕的所思所想，而是有一定的家庭与社会文化的背景。

马祖常所生活的元代，是由蒙古族掌握统治权柄的全国统一性王朝，且其疆域广大到空前绝后。在时人心中，即使是汉、隋、唐、宋最为强盛时，它们的疆域也"咸不逮元"[②]，根

---

① （元）范德机《木天禁语》，张健编《元代诗法校考》，北京：北京大学出版社，2001 年，178 页。《木天禁语》所载"同韵"诗论完整说法为："马御史云：'东夷、西戎、南蛮、北狄，四方偏气之语，不相通晓，互相憎恶。惟中原汉音，四方可以通行，四方之人，皆喜于习说。盖中原天地之中，得气之正，声音散布，各能相入。是以诗中宜用中原之韵，则便官样不凡。押韵不可用哑韵，如五支、二十四咸，哑韵也。'"

② （明）宋濂等撰《元史》，北京：中华书局，1976 年，1345 页。

本无法与之相比。在如此广袤的疆域内,民族之间的交往非常活跃,众多少数民族人员由边地向汉文化腹地迁移。经过一定时期与汉文化腹地居民交往与交流,不可避免地会受到汉文化的濡染,熟谙其文化,熟悉其语言,乃至少数族裔作家们能够熟练地使用汉语文字,进行创作传统的文学作品的写作。他们不但在与汉族作家往来赠答中,以汉语文学作品相互交往交流,即使是在少数族裔作家中,也很普遍地会以汉语文学作品相酬唱。如元统三年(1335),巎巎作诗赠别好友高纳麟云:

> 鹦鹉洲边明月,凤凰台上清风。人望江山两绝,才高不为时容。①

此诗是一首六言诗,它是汉语诗歌传统体式之一。巎巎和高纳麟,是元代社会地位较高的"色目"阶层,前者祖籍康里,后者祖籍河西。他们两人,一个能够娴熟地以汉族传统的格律诗进行情感表达,一个能够毫无障碍地体会汉族传统格律诗的情感传递,且诗风清新流利,婉转天成。这使人不得不惊叹,惊叹于他们的汉语文学造诣之高深,惊叹于这些色目诗人能够毫无障碍地"走进中国文化"的"深处"②!很显然,能够娴熟运用中原汉语文字进行中国传统诗歌的创作,在元代少数族裔人中,并非个案,而是社会的普遍现象。倘若从当时诗人的籍贯归属方面而言,既有回鹘、契丹、西夏、吐蕃、女真,也有康里、大食、克利、拂林等;假使从地域跨度而言,可以从西亚地中海到东南沿海;如果从元代社会种群而言,更是囊括了当时的蒙古、色目、汉人、南人凡四个种群。这正是元代诗坛空前而极具魅力的美丽一景!

由此可见,无论元代社会民族语言文字如何纷纭复杂,而坚挺如故、能够深受各族各地域各种群人们所欢迎的语言文字,则非汉语文字莫属。因此,元代社会以汉语言文字进行文学创作的"西北子弟"群体的横空出世,其实是应势而起的结果。"西北子弟"们在诗歌、散文、散曲、杂剧等各文学园地的纵横驰骋,正是长期浸润中原文化、汉语言文字的结果。

除了大量边远地区的少数民族移居汉文化腹地的中原地区外,也有众多汉文化区域的人们因为各种原因而去往曾经的偏远区域,大都城里的道观、五台山中的寺庙,甚至是滦河岸边的"诈马宴"和盛大的法会等处,都能够见到他们的身影。像来自河南的王恽、许衡、姚燧等,来自山东的刘敏中、王士熙、张养浩等,来自江南的汪元量、谢枋得、虞集等众多诗文家,最终都或长或短地离开故里,远赴他乡,与不同族裔的文人作家相遇乃至相知。虞集作为"元诗四家"的首位,曾与诸多族裔诗人有交往,他曾作诗赠色目诗词名家萨都刺云:

> 江上新诗好,亦知公事闲。投壶深竹里,系马古松间。夜月多临海,秋风或在山。

---

① (元)巎巎《送高中丞南台》,《皇元风雅》后集卷三。
② 杨义著《中国古典文学图志 宋、辽、西夏、金、回鹘、吐蕃、大理国、元代卷》,北京:生活·读书·新知三联书店,2006年,351页。

玉堂萧爽地,思尔佩珊珊。①

虞集在想象中完成了对于贬谪镇江的萨都剌的生活状态的描写,"公事闲"与"新诗好",既是一种安慰,又是一种鼓励。两人间的深情厚谊,从诗的字里行间默默地流溢出来。

再如,虞集有一题画诗,诗题下有元人陶宗仪所作的短文交代此诗本事:"高文简公"游览西湖时,乘兴在一座非常雅洁的屏风上画奇石古木;"文敏公"之后又补画了幽竹;"虞文靖公"则又为此画题诗②。其中的"高文简公",指高克恭(1248—1310),其祖籍西域,后落籍燕京,累官刑部尚书,卒谥文简,为元代书画名家。"文敏公",即赵孟頫(1254—1344),吴兴人,原宋宗室后裔,官终翰林学士承旨,亦为当时书画艺术名家,谥文敏。高克恭属于元代社会的色目人,而赵子昂则属于南人,两人为挚交好友。虞集在指明:高克恭"生古燕",因被西湖美景所陶醉而"归写古木",赵孟頫为之"补幽篁",并在此基础上追问谁是"国朝"绘画的第一名笔,进而赞美高克恭能够画出"老蛟欲起风雨来,星坠天河化为石"的无敌之作。诗人由对高克恭的赞美,很自然地转向赞美高克恭的好友赵孟頫"赵公自是真天人",以及其"独与尚书情最亲"的真挚友情,并在对他们绘画艺术的赞美中,不动声色地带出自己得以观画与题诗的缘起"侍郎得此自京国",以及从中所说悟得的道理"今人何必非古人,沦落文章付陈迹"。这些本为不同民族,不同地域、不同文化语境下的人们,却因汉文化艺术而紧紧联系在一起:虞集之诗、陶宗仪之文、高克恭与赵孟頫的画,相互补充、相互映衬,又相互印证、相得益彰,共同谱写了一曲多民族心向中华优秀文化艺术的赞歌,特别是虞集的题诗,将赵孟頫与高克恭的图像艺术成形的经过用文字的形式生动地描绘了出来,情感充沛,语言优美,音韵和谐流畅,充分显示出了汉语诗歌音韵之美。

马祖常就生活在这样一个各民族文学艺术家,往往以中原汉语文化相互交好、沟通的现实社会当中。此外,当时,随着南北统一日久、文学创作日繁,元人对于纷繁的语种、杂沓的地方语音影响诗文的接受与传播现象愈加不满,同时对于文学创作中使用共同语言文字,即"必求正音"③的要求愈加急迫。相较于南方语音,元人普遍认为北方地区的语音更端正,属于"雅音",其典型代表就是当时的"汴、洛、中山等处"④,因而使用中原汉语音韵的呼声也愈加高涨。尤其是与马祖常相时的周德清,还专门著有探讨音韵问题的《中原音

---

① (元)虞集《寄丁卯进士萨都剌天锡〈镇江录事宣差〉》,顾嗣立编《元诗选初集》(中),北京:中华书局,1987 年,863 页。

② (元)虞集《题高彦敬尚书赵子昂承旨共画一轴为户部杨侍郎作》,原诗全文为:"不见湖州三百年,高公尚书生古燕。西湖醉归写古木,吴兴为补幽篁妍。国朝名笔谁第一? 尚书醉后妙无敌。老蛟欲起风雨来,星堕天河化为石。赵公自是真天人,独与尚书情最亲。高怀古谊两相得,惨淡酬酢皆天真。侍郎得此自京国,使我观之三叹息。今人何必非古人,沦落文章付陈迹。"见顾嗣立编《元诗选初集》(中),859 页。

③ (元)虞集《中原音韵序》,中国戏曲研究院编《中国戏曲论著集成》(一),北京:中国戏曲出版社,1959 年,173 页。

④ (元)孔齐撰《至正直记》,上海:上海古籍出版社,1987 年,5 页。

韵》,强调"能通天下之语"为汉语言,坚持"欲正言语,必宗中原之音""言语之间,必以中原之音为正"①。

元代社会人们对于诗文创作语言音韵问题的探讨风潮,显然会不可避免地对马祖常造成影响,生于斯、长于斯的马祖常,本身长期从事着中国传统诗文的写作,无论是"世非中国,而学问文献过于邹鲁之士"②的家族发展史,还是自身"接武隋唐,上追汉魏"③"足以追古作"④的创作实际经历,都使他不惮于提出"同韵"诗论。而"同韵"诗论的提出,既是现实社会时代的需求,又是历史发展的必然,也是马祖常个人对于中原汉语儒家文学文化崇尚追求的结果,具有重要的意义与价值。

三、"同韵"诗论的价值体现

正如上文所言,马祖常所提出的"同韵"诗论,具有重要的意义与价值,无论是对于当时的元代社会,还是对于当下我们国家的文化建设,其价值皆不容轻视,且应该予以足够的重视。"同韵"诗论的价值,概括而言有三:元代少数族裔诗歌理论与批评家心向中原诗歌文明的理论结晶;元人认同中华民族多元一体文化意识在诗歌理论上的呈现成果;铸牢中华民族共同体意识的历史成果与见证。

第一,"同韵"诗论,是元代以马祖常为代表的少数族裔诗歌理论家心向中原诗文的理论结晶。

元代是一个各民族杂居共处,语言和文字状况颇为复杂的朝代。一方面,蒙古族使用的"国语"蒙古语就存在三种情况:刻木记事;使用回回文字;使用汉字。据南宋赵拱《蒙鞑备录》、彭大雅《黑鞑事略》载:蒙古人集中生活地区所行文字是刻画于小木上的符号;回回地区主要使用由二十一个字母组成的回回字,也就是蒙古畏兀字;汉人、契丹、女真等地通行汉字。二方面,使用汉语的地区,方言又繁多,而各方言之间往往难以沟通,所以依靠通行的汉语言文字来传情达意。再方面,西北各族人在语言、文字上差异也非常大。像河西唐兀人早期语言属汉藏语系藏缅语族,通用西夏文字,归元后,则通用汉语汉字。再如,阿拉伯语、波斯语与回回文字曾是回回人原来的语言及文字,后来他们改用汉语或蒙古语。吐蕃人一直有自己的语言和文字。另外,湖广、云南地区的少数民族,有的语言属汉藏语系的壮泰语族,有的属藏缅语族,情况也很复杂。语言文字难以相通的这些弊病,都在很大程度上会影响民族间的交往交流与交融。

---

① (元)周德清撰《中原音韵》,中国戏曲研究院编:《中国戏曲论著集成》(一),219页。

② (元)马祖常《故礼部尚书马公神道碑》,李叔毅、傅瑛点校《石田先生文集》,236页。

③ (元)苏天爵《石田先生文集序》,李叔毅、傅瑛点校《石田先生文集》,312页。

④ (元)许有壬《故资德大夫御史中丞赠摅忠宣宪协正功臣河南行省右丞上护军魏郡马文贞公神道碑铭并序》,李叔毅、傅瑛点校《石田先生文集》,304页。

元代诗文,从元政权建立之初,就一直面临在多元语种中寻找一种能够"传其意、通其意"①的通行语言文字,以作为各族作家进行诗文创作的共同语。而元代汉语诗歌作为中原源远流长、极为典型的传统文学形式之一,自有其自身的内在与外在的规范性要求。无论元代草原文化与农耕文化如何碰撞,"汉人文学胡华和胡人文学汉化"如何碰撞和融合②,肇始于《诗经》、紧连于《楚辞》的汉语诗歌,在其千年发展历程中所形成的范式,有其天然魅力与吸引力,不可能在短期内被无限突破。元代早期,属于"汉人"之列的一批北方少数族裔作家,如女真人完颜亮、完颜璹,契丹人耶律楚材、耶律铸等,在汉语诗文创作上的成就有目共睹,已经走在了元代少数民族作家的一汉语为创作语言的实践前列。

以贯云石、马祖常、泰不华、萨都剌、丁鹤年、余阙等为代表的元代一批西北子弟,除了贯云石将更多精力投入新兴的散曲创作外,其他人还是以创作传统的汉语诗文为主。马祖常自己的诗集《石田先生文集》凡十五卷,其中诗歌共五卷,占了全集的三分之一,且五古、七古、七律、五绝、乐府歌行等不同体式,数量相对均衡,各居一卷。如此多的汉语传统诗歌作品,均有其自身悠长的发展历史,"旧体诗毕竟传统太深厚而格律过于精严"③,在写作时至少对于其艺术形式规范要有所遵从,而遵循韵律的要求就是其中非常重要的规范之一。所以,马祖常在元代当时的社会文化语境氛围之下,提出"同韵"的诗论要求,从追求诗歌语言文字的共同性、艺术形式的规范性来说,代表了一批少数族裔诗文家对于汉语诗歌的向往与追求,是诗论家们对于相应问题探讨的理论结晶。此种诗歌理论结晶,与弥漫于元代社会的使用"中原音韵"的语言音韵问题的探讨相呼应,对于元代汉语诗歌的创作具有良好的引导与规范作用,正如许有壬所言,马祖常在政坛与诗坛的"威重",其"议论足以正风教"④,影响力非同一般。

第二,"同韵"诗论,是元人自觉认同中华民族多元一体文化意识在诗歌创作实践的理论呈现与总结。

有元一代的汉语诗歌,很长时期内,其光芒被杂剧和散曲所掩盖,成为存在感很低的路人甲。事实上,"奄有六合"疆域的元王朝,有其强盛的"天地气运",而各族文学人才受其"涵育",就会创作出"庞蔚光壮"的诗文作品⑤。至于选择何种语言文字作为创作语言,元代的文人们经过长期的实践,最终选择了汉语,选择了汉语的"中原音韵"。同属西北子弟,萨都剌以汉语文字为创作语言,给后世留下了《雁门集》;余阙以汉语文字创作了《青阳集》;贯云石以汉语文字创作了《酸斋乐府》;泰不华以汉语文字撰写了《顾北集》;高克恭以汉语文字写作了《房山集》……这些作家的创作,在元代就受到了当时文学批评名家的肯

---

① (元)叶子奇撰《钩玄篇》卷二,北京:中华书局,1959 年。

② 杨义著《中国古典文学图志 宋、辽、西夏、金、回鹘、吐蕃、大理国、元代卷》,439 页。

③ 杨义著《中国古典文学图志 宋、辽、西夏、金、回鹘、吐蕃、大理国、元代卷》,440 页。

④ (元)许有壬《故资德大夫御史中丞赠摅忠宣宪协正功臣河南行省右丞上护军魏郡马文贞公神道碑铭并序》,李叔毅、傅瑛点校《石田先生文集》,304 页。

⑤ 陈旅《元文类序》,任继愈主编《中华传世文选》,长春:吉林人民出版社,1998 年,第 301 页。

定与赞扬。如,对于色目诗词名家萨都剌,虞集赞他的诗作"最长于情,流丽清婉",以至于"作者皆爱之"①。干文传是一位能吏,与萨都剌为挚交好友,其《雁门集》序高度评价萨诗或"豪放若天风海涛"、或"险劲如泰华云门"的多样风格,并指出《诗经》赋比兴的艺术手法,被萨氏所继承与发展,使得萨诗具有了"颂美德"能够尽群情、"感人心"可以补时政的强大功用,甚至在一定程度上摆脱宋诗疲弱的积弊②。干文传认为萨都剌之诗,不管是对于个人的情感表达,还是对于社会弊病的裨补,均具有独特而重要的作用。元末人杨维桢则将萨都剌和唐代诗人王建、张籍相比较,指出他的诗歌"风流俊爽",凸显了元诗自己的特色,并认为王建、张籍也无法超越萨氏的代表作③。唐兀人余阙,在元代色目诗文家中对于元代人欧阳玄,称赞另一位色目文学家贯云石:"为学日博,为文日邃,诗亦冲淡简远。"④程文海则认为贯云石:"五七言诗、长短句,情景沦至。"⑤苏天爵评价泰不华的创作,则云:"所作歌诗以自适,清标雅韵,蔚有晋、唐风度。"⑥元人对于西北子弟诗文成就的认可与肯定,亦影响了后世。诸如《四库提要》继承了虞集的观点,也认为其诗词作品"长于情,流丽清婉"。顾嗣立于《元诗选》中萨都剌小传中,在称赞"云石海涯、马伯庸以绮丽清新之派振起于前"时,并特别指出萨都剌"继之,清而不佻,丽而不缛,真能于袁、赵、虞、杨之外。别开生面者也",同时还充分肯定雅琥、泰不华、廼贤、余阙诸人"各逞才华,标奇竞秀,亦可谓极一时之盛者欤"⑦。当代学者杨义则认为,元代以萨都剌诗为代表的少数族裔诗人的创作"注入了诗人的灵魂","透入一股自然生动的气息"⑧。

由此来看,以汉语文字,进行文学创作,成了元代文学创作中,众多少数民族作家的创作实践时的普遍而自觉选择。文学创作实践中的选择与追求,必然会在理论方面有所反映。马祖常提出"同韵"诗论,可以说正是民族语言纷繁的元代文学创作实践中,时人自觉认同中华民族多元一体文化意识在诗歌创作实践的理论呈现与总结。

作为元代西北子弟的杰出代表之一,马祖常家族本身就是"节以起宗,儒以绍传""发于诗书"⑨;马祖常自己在进行文章诗文写作时,与其他同时代的西北子弟一样,尽力"以先秦两汉为法"为参照,追求"去陈言",简洁明了,这也确保了他所创作的作品无论是大篇还

---

① 陈旅《元文类序》,任继愈主编《中华传世文选》,266 页。

② (元)萨都剌撰《雁门集》附录一,上海:上海古籍出版社,1982 年,第 402 页。

③ (元)萨都剌撰《雁门集》附录三,433 页。

④ (元)欧阳玄《元故翰林学士、中奉大夫、知制诰、同修国史贯公神道碑》,胥惠民、张玉声、杨镰《贯云石作品辑注》,乌鲁木齐:新疆人民出版社,1986 年,第 166 页。

⑤ (元)程文海《跋酸斋诗文》,胥惠民、张玉声、杨镰《贯云石作品辑注》,166 页。

⑥ (元)苏天爵《题兼善尚书自书所作诗后》,李修生主编《全元文》第 40 册,南京:凤凰出版社,2004 年,第 123—124 页。

⑦ (清)顾嗣立编《元诗选初集》(中),1185—1186 页。

⑧ 杨义著《中国古典文学图志 宋、辽、西夏、金、回鹘、吐蕃、大理国、元代卷》,465 页。

⑨ (元)袁桷《漳州路同知朝列大夫赠汴梁路同知骑都尉开封郡伯马公神道碑铭》,李叔毅、傅瑛点校《石田先生文集》,293 页。

是短章,皆"可传"①。他与同时代的诸多西域诗文作家一起,亲身沐浴中原儒学思想文化的辉光,将本为"华人所独者"之传统汉语诗文,通过后天的学习所获取,熟练掌握并加以运用。从马祖常的《石田文集》中,可以见出马祖常对于传统汉语诗文的各种体式,无论是古体还是近体,皆能够轻松驾驭。其诗作,既有长篇的《都门一百韵用韩文公会合联句诗韵》《壮游八十韵》,也有五言绝句《闻笛》《题赵子昂承旨墨竹》等,确实是能够被读者代代传诵。从元代诗文批评家对马祖常诗文创作的评价中,我们不难看出当时人对他诗文作品的肯定与接受。与马祖常有交游的元代诗坛领军人物虞集评价马祖常时,就赞他的诗歌:"用意深刻,四致力高远,亦自成一家。"②元人苏天爵则认为他:"文则富丽有法,新奇而不凿,诗则接武隋唐,上追汉魏。"③这些评价,均是建立在马祖常的创作突破了语言文字的藩篱,以当时人能够普遍接受的汉语文字进行创作的结果。

同与马祖常为元代诗、文或曲之名家的其他"西北子弟",无论是贯云石、泰不华、聂古柏,还是丁鹤年、高昌偰氏家族的偰玉立、偰哲笃等,亦或是高克恭、嶥嶥、余阙,均于汉语诗文创作领域,各有成就,各具特色,也各有声名。他们沐浴着元王朝的"休光",霑溉着元王朝的"宠泽","舍弓马而事诗书","与京国内臣无少异。积之既久,文轨日同",终至于"以诗名世"④。究其根源,还是汉语诗书的熏陶,中原文化的灌溉,中国传统诗文泽被的结果。当一个时代之人,能够享受家国广大、地域辽阔、民族众多、语言繁杂,但又能够从这些看似繁复的现象中意识到,"中原雅音"可以令"帝仁在大舆,臣诗埖微爝"时,⑤"同韵"之说脱颖而出也就水到渠成。它是元代人对于"我元受命",能够并包畏吾儿、吐蕃、回回、康里、唐兀、也里可温等众多民族与文化,却又能够在众多民族文化的混融中,自觉或不自觉被中原始终坚挺的儒家汉语文化吸引之后的思考之理论反映,是元人认同中华民族多元一体文化意识在诗歌创作实践上的理论的概括与总结。

第三,"同韵"诗论,可以说是中华民族在发展过程中,铸牢中华民族共同体意识的历史见证与理论结晶。

在我国历史上,先秦时期,各民族间的交往与交流活动始终存在,且较为频繁。而在我国历史上民族交往交流交融的历程中,曾经出现过民族融合的高峰期,元代则是其中之一。"皇元混一"⑥,在带来必然的"文轨日同"⑦的同时,还能够更加促进民族间交往交融交流的自由与活跃,而民族间交往交融交流的自由度与活跃度的提升,则又会给予生活于其中的人们爆棚的安全感。

---

① (明)宋濂等撰《元史·马祖常传》,李叔毅、傅瑛点校《石田先生文集》,309 页。
② (元)虞集《傅与砺诗集序》,李修生主编《全元文》第 26 册,265 页。
③ (元)苏天爵《石田先生文集序》,李叔毅、傅瑛点校《石田先生文集》,312 页。
④ (元)戴良《丁鹤年诗集序》,李修生主编《全元文》第 53 册,276 页。
⑤ (元)马祖常《都门一百韵用韩文公会合联句诗韵》,李叔毅、傅瑛点校《石田先生文集》,3 页。
⑥ (元)阎复《元故翰林侍读学士国信使郝公墓志铭》,李修生主编《全元文》第 9 册,294 页。
⑦ (元)戴良《丁鹤年诗集序》,李修生主编《全元文》第 53 册,276 页。

元代地理疆域扩大的同时,为了能够更好地沟通南北,交通东西。元政府建立了四通八达的驿站,打通了元朝的中书腹里各路与东南、东北、西南、西北的偏远地区的距离,使遥远的边塞与繁华的都城连接为一体,不但有效减少了使臣往来行程延迟之苦①,且很大程度避免了沿途百姓的奔驰之累①,各区域间人们的往来交流的便捷性大大加强。驿站的广泛建立,更主要的是,因为国家的统一,广大的疆域内,纷争与动乱极大地减少。不同地域的人们行走元代统一疆域下的土地,心理的不安全感大为减少。正如学者杨镰所指出的那样,在元代诗人的心中"传统的边塞已经置换成了家乡","搅扰心绪的思念不再是征战杀伐的余韵"②,因为曾经辽远的边塞已经完全归属于一个强有力的统一政权,边塞不再是充满携带强弓硬弩的敌人,更多的是脉脉温情所孳生出动人的诗歌旋律。杨义也认为,元朝无垠的疆域,令曾经险远的边塞几成网红打卡地,而曾经客人般的边塞诗人也成了被人络绎拜访的主人,空间与身份的变动,使得曾经"崇高而凄苦的边塞诗",生发出了田园的脉脉情调,它们没有了"中原人的边塞诗的异己感和压迫感,而是增添了不少乡情、恬适和从容"③。这样的乡情、恬适与从容,我们既可以从马祖常的《河湟书事》二首、《庆阳》④等诗作中读出一派惬意安闲的生活图景:春日安宁平和的原野上,商人行路,猎人狩猎,农人耕种,诗人自己拜读碑词……这些诗作,满目是平和安宁的生活景象,各行各业的人们,各尽所能,各为生活而安心忙碌,没有战争,没有杀戮,没有寂寞的相思。阅读它们时,霸占我们感受的确实是乡情、恬适与从容。此外,从杨永孚的系列《滦京杂咏》,王恽、萨都剌、虞集等的上京诗作,同样可以读出满满的恬适与从容感。

元代一统时期,不同地域之间的界限,不同族群民族之间的防线,跟随着国家统一日久的脚步而逐渐消解。而这些消解,从畏兀人贯云石、蒙古裔人泰不华、雍古部人马祖常、蒙古化回回人萨都剌、回回人丁鹤年、康里人巎巎等的诗文作品中,清晰可见。在元代大一统的辉光中,这些人们有志一气地努力驰骋于中国传统诗文的创作园地而乐不思返,并努力以"得气之正,声音散布,各能相入"的"中原汉音"来作为衡量自己诗歌的标尺,尽力避开"不相通晓,互相憎恶"的"四方偏气之语",以使自己的诗歌作品能够音韵昂扬响亮。这是中华民族在历史发展过程中,元代少数族裔诗文家与诗文理论批评家的自觉选择,它是历史与时代对于人们的馈赠,是铸牢中华民族共同体意识的历史见证与理论结晶之成果。

---

① 参见余大钧译注《蒙古秘史》,石家庄:河北人民出版社,2001年,489页。
② (元)杨镰著《元史诗》,北京:人民文学出版社,2003年,108页。
③ 杨义著《中国古典文学图志宋、辽、西夏、金、回鹘、吐蕃、大理国、元代卷》,454—455页。
④ 《河湟书事》二首:"波斯老贾渡流沙,夜听驼铃认路赊。采玉河边青石子,收来东国易桑麻。"(其一)"阴山铁骑角弓长,闲日原头射白狼。青海无波春雁下,草生碛里见牛羊。"(其二)《庆阳》:"苜蓿春原塞马肥,庆原三月柳依依。行人来上临川阁,读尽碑词野鸟飞。"

结　　论

　　要之,"同韵"诗论,是元代以马祖常为代表的少数族裔文化精英积极主动选择学习当时的主流民族语言,并自觉应用于文学创作实践的理论总结。它对于当时推动汉语作为元王朝的通用通行语,打破族群语言壁垒具有积极的现实作用,同时对于我们当下的文化建设亦有积极的借鉴作用。马祖常的"同韵"诗论,有其生成的特定社会历史文化语境,多元民族文学、文论发展的理论概括与总结,反映着元代社会对于中原汉语文学与文化的自觉选择与认同,折射着元代诗文家与诗文理论家在历史浪潮中,选择坚守中华优秀传统文学与文化的心理意识的辉光,又是历史与时代馈赠中华民族文学、文论发展的引导性理论成果。"同韵"诗论,无论是对于元代诗歌发展,还是对于我国当下的文化建设,其价值均应该得到充分的尊重与重视。

乾隆西域诗中的"帕尔西语（波斯语）"[*]

——以《十全集·紫光阁锡宴联句》为中心

王一丹

北京大学外国语学院

一、乾隆西域诗与《紫光阁锡宴联句》

清高宗乾隆皇帝爱新觉罗·弘历（1711—1799）所作《御制诗文十全集》，由彭元瑞编成于乾隆五十九年（1794），全54卷，收录诗1519首、文44篇，记录了他执政期间的十次战事，即所谓"十全武功"的相关活动，保存了不少在《清高宗实录》等清代官书中缺略的重要信息，"其独特之处，就是他所经历的所有事情，大至战争、政治变动、权力斗争，小至天气、吃喝等，巨细无遗，均以之入诗。在诗的夹注中，罗列了大量的历史事实和战争的详细经过"，包含了"由前线发回的战报和封疆大吏的奏章"，"从一定意义上来说，这部诗文集，可以作为乾隆朝的另一部'实录'读，也可以作为乾隆的'日记'读，还可以作为几次重大战役的'战史'读"[①]。因此，尽管乾隆的诗歌艺术水准不高，被诟病"兼酸与腐"，"以文为诗"[②]，不过他对纪实性的坚持，却使其创作获得了"以诗文存史"[③]的独特价值。《十全集》作为史料的意义也在于此。

对于"十全武功"，乾隆本人有如此说明："十功者，平准噶尔为二，定回部为一，扫金川为二，靖台湾为一，降缅甸、安南各一，即今受廓尔喀降，合为十。"[④]在此十大武功之中，平

---

[*] 本文系国家社会科学研究基金重大项目"世界诸文明在印度洋地区的交流交汇研究"（项目编号：23&ZD324）成果之一。

[①] 张羽新《重印〈清高宗御制诗文十全集〉前言》，收录于《清代治藏要论》，北京：藏学出版社，2004年，491、493、495页。

[②] 钱钟书《谈艺录》（补订重排本），北京：生活·读书·新知三联书店，2001年，上卷，217页。

[③] 钟兴麒等校注《西域图志校注》"编选说明"，乌鲁木齐：新疆人民出版社，2013年（新疆文库版），8页。

[④] 清高宗（乾隆）撰，彭元瑞编《高宗诗文十全集》卷五十三《再定廓尔喀第十之七·十全记》，王云五主编《丛书集成初编》（十册）（2179—88），上海：商务印书馆，1936年（据聚珍版丛书本排印），671页。

准噶尔、定回部属西域战事,相关的诗歌被称作"西域诗"。乾隆西域诗的内容特点及其史料价值,此前已有不少学者进行过讨论①,本文关注的重点在其西域诗中与"帕尔西语"(波斯语)相关的内容。

《十全集》收"平定回部"诗 10 卷(卷 12—21),是乾隆在平定大小和卓之乱(1758—1759)期间及之后涉及"回部"的诗文。其中,卷十八所收《紫光阁锡宴联句有序》是一篇颇为特别的作品,诗中 3 次提到了"帕尔西"一词,并引用了几个来源于"帕尔西语"的词汇,从一个侧面体现了以乾隆为代表的清前期统治者的波斯语知识水平。

《十全集》卷十八以"紫光阁锡宴"为内容的诗歌有两首,第一首为七律《紫光阁锡宴外藩并各回部 即席得句》,第二首为排律《紫光阁锡宴联句有序》。两诗内容相关,记录的都是乾隆皇帝于乾隆二十八年(1763)正月初六日紫光阁赐宴外藩及群臣之事②。七律第二句"旧藩新部贺正齐"点出宴饮背景,其中有"疆逾大夏""拔达克山西更西"诸语③,表明参加宴饮的有远自拔达克山(今译巴达赫尚)以西而来的外藩使节,具体藩部名称则见于其后的联句。

《紫光阁锡宴联句 有序》共 104 句,是乾隆与傅恒、来保等 20 位大臣共同完成的七言排律,联句前有 277 字的长序,诗中还夹杂有许多自注,因而全诗体量颇大。限于篇幅,此处无法引录全诗,仅将与本文讨论内容相关的诗句摘录于下④:

> 紫阁重辉劳凯师,自兹春宴率于斯。
> 旧藩列坐新伻接⑤,豹旅分曹鹭序随⑥。
>
> (中略 16 句)
>
> 哈萨克三汗内附,爱乌罕一使初驰。
> 金花笺噜克霭表⑦,赭汗骢额色披骙。

---

① 近年较有代表性的研究包括:周轩《从乾隆帝西域诗看新疆与中亚之关系》,《西域研究》2012 年第 2 期,30—37 页;杨明《清高宗西域诗研究》,青海师范大学 2015 年硕士学位论文;张瑛《乾隆西域诗歌的特点及价值探析》,《甘肃广播电视大学学报》2018 年第 4 期,13—19 页。

② 关于此次宴饮时间的考证,参见张波、赵玉敏编著《清卢文弨〈抱经堂诗钞〉系年考释》,呼和浩特:远方出版社,2019 年,271—272 页。卢文弨(1717—1795)参加了此次宴饮和联句,此诗亦收录于《抱经堂诗钞》。

③ 清高宗(乾隆)撰,彭元瑞编《高宗诗文十全集》,王云五主编《丛书集成初编》,226 页。

④ 诗句引自清高宗(乾隆)撰,彭元瑞编《高宗诗文十全集》,王云五主编《丛书集成初编》,226—229 页。原文诗句中夹杂有大量小字自注,为保持诗句的七言形式,此处将诗句与夹注分开引录,先集中引录诗句,再将夹注单独摘出附于诗后。

⑤ 以上乾隆作("御制")。全诗由乾隆与群臣合作而成,原文在乾隆所作诗句前标有"御制",群臣所作诗句后标有各人名字(如"臣傅恒""臣来保"等)。此处引录时,为保持诗句格式整齐起见,不在诗句中直接标出"御制""臣傅恒"等字样,改以脚注说明。

⑥ 此句傅恒作("臣傅恒")。

⑦ 以上乾隆作。

拔达山仍输鞑鞨,霍韩部亦效权奇①。

(中略 32 句)

帕尔西文言呐呐,得斯挞帽首嶷嶷②。

(中略 10 句)

绰尔多③歌将进酒,阿思满祝大来釐④。

(中略 26 句)

栈谷梯山怜慕化,薄来厚往沛恩施。

八埏萃庆承天佑,一意持盈慎己思⑤。

以上诗句之间夹有自注,单独摘录于下:

"哈萨克三汗内附:西哈萨克启齐玉苏部之努喇丽汗、巴图尔汗、乌尔根齐部之哈雅布汗,同时奉表遣使入贡。"

"金花笺噜克霭表:帕尔西语,谓表笺也。"

"赭汗骢额色披:谓马也,亦帕尔西语。"

"得斯挞:回人缠头帽也。"

"阿思满:回语谓天为阿思满。"⑥

　　联句起首四行点明宴饮地点("紫阁")、时间("春宴")、人员("旧藩""新仟")和缘由("劳凯师")等背景,结尾四行则表明其对这些远道而来的外藩厚施恩德的态度。

　　联句中提到几个中亚藩部。"哈萨克三汗内附"句,自注中已点出三汗之名,其中"西哈萨克启齐玉苏部",即哈萨克东、中、西三部("三玉兹")中最西部的"奇齐克玉兹",《清史稿·属国传四》载:"哈萨克之有三玉兹:东部者,左部也……中部者,右部也……西部最远,曰奇齐克玉兹,谓之巴罕准。"⑦至于所提"乌尔根齐部"及其遣使入贡之事,当时诗人王芑孙在《西陬牧唱词六十首》中的"玉兹三部扰而驯"一诗自注提到,"哈萨克……有别部偏

---

① 以上陈德华作("臣陈德华")。
② 以上乾隆作。
③ 乾隆十七年至二十七年(1752—1762)期间有黑龙江将军绰尔多,见(清)赵尔巽等撰《清史稿》卷二百六《疆臣年表十》,北京:中华书局,1977 年,8031—8050 页。不过此处"绰尔多"应非人名,而是指清代宫廷的蒙古乐曲"绰尔多密",《清史稿》作"掇尔多密"(卷一〇一《乐志》八、卷一一四《职官志》一)。蒙古乐总名"绰尔多密什帮",为清太宗皇太极于 1635 平定蒙古察哈尔部时所获,列于宴乐,分为篍吹(绰尔多密)和番部合奏(什帮)两部。参见钱树信编著《避暑山庄宫廷音乐》,北京:中国戏剧出版社,2004 年,29 页;温显贵《〈清史稿·乐志〉研究》,武汉:崇文书局,2008 年,128—129 页。
④ 以上金甡作("臣金甡")。
⑤ 以上乾隆作。
⑥ 清高宗(乾隆)撰,彭元瑞编《高宗诗文十全集》,王云五主编《丛书集成初编》,226—229 页。
⑦ (清)赵尔巽等撰《清史稿》,14719 页。

西,与奇齐克玉兹偕来者,曰乌尔根齐部"①,所指应为同一件事。

联句中随后出现的"拔达山""爱乌罕"和"霍罕部",也都是中亚地名。"拔达山"即前文已提到的"拔达克山",又译作"巴达克山"。《清史稿·属国传》载:"巴达克山,在叶尔羌西千余里,居葱岭右偏。由伊西洱库尔西稍南行,渡喷赤河至其国……乾隆二十四年(1759)八月,回酋博罗尼都、霍集占兄弟败奔巴达克山,富德率师至其地,以博罗尼都、霍集占逆状谕示巴酋素尔坦沙,令擒献……(素尔坦沙)刃其馘以献,并率其部落十万户及邻部博罗尔三万户以降。二十五年,遣额穆尔伯克朝京师,贡刀斧及八骏马。二十七年,再遣使来朝。二十八年,贡马、犬、鸟枪、腰刀。后其国为爱乌罕所并。"②巴达克山在清军追捕大小和卓之役中采取了配合态度,乾隆对此在《十全集》卷十五有一系列诗歌加以记述,如《副将军富德等追及两和卓木大胜回军捷音至作歌纪事 乙卯》《捷报》《驿章》《副将军富德奏报拔达山汗素尔坦沙献逆贼霍集占首级并以全部纳款称臣信至诗以志事》等,同卷另一诗《瀛台赐宴拔达山来使即席得句》中,还记述了其国王素尔坦沙遣使"归俘献馘"之举,称许其为"第一西方足嘉国"③。

"爱乌罕",即阿富汗,《西域图志》卷四十六"藩属"载:"爱乌罕,在拔达克山、布哈尔西南,部落最大,为古大月氏地。乾隆二十七年,其汗爱哈默特沙知西域底平,闻风慕义,遣使密尔汉等来朝,贡刀及四骏马。赐宴,赍予优渥。二十八年正月颁,敕书嘉奖,遣使归国。"④《清史稿·属国传四》则更为详细地记录了此地与周边诸国的关系,及其在大小和卓之乱中的举动:"阿富汗,即爱乌罕。其国北界布哈尔,南界俾路支,东界印度,西界波斯……因都库什山者,葱岭山脉右旋之支,迤逦而西,名伊兰高原。其地波斯处其西,而阿富汗处其东……乾隆二十四年,大军追讨霍集占兄弟二贼,欲假道巴达克山赴阿,巴酋中道邀而杀之。其属有奔阿者,告以情,阿酋爱哈摩特沙将兴师,巴酋素尔坦沙惧,赂以御赐灯及中国文绮,阿遂罢兵,且遣使密尔汉偕巴使来纳款,欲窥中国虚实也。二十七年,入贡良马四,马高七尺,长八尺。是为回疆最西之属国。"⑤阿富汗国王遣使贡良马之事,在《十全集》卷十八《爱乌罕四骏歌》中有详细描述,诗中"遥在拔达山更西"⑥一句,与前引七律中的诗句"拔达克山西更西"相似,体现了乾隆对于阿富汗作为"回疆最西之属国"这一地理位置的认识和重视。

至于"霍罕部",即浩罕,位于费尔干纳盆地。《清史稿·属国传》载:"浩罕,古大宛国

① (清)王芑孙《西陬牧唱词六十首》,《续修四库全书》1480册《渊雅堂编年诗稿》卷七,上海:上海古籍出版社,2002年,452页,第12首("玉兹三部扰而驯"诗自注。

② (清)赵尔巽等撰《清史稿》,14721—14722页。《西域图志》有更详细记述。参见《西域图志校注》,卷四十六"藩属·拔达克山",774页。

③ 清高宗(乾隆)撰,彭元瑞编《高宗诗文十全集》,王云五主编《丛书集成初编》,182页。

④ 《西域图志校注》卷四十六《藩属》,779页。

⑤ (清)赵尔巽等撰《清史稿》,14723—14724页。

⑥ 清高宗(乾隆)撰,彭元瑞编《高宗诗文十全集》,王云五主编《丛书集成初编》,231页。

地，一名敖罕，又曰霍罕，葱岭以西回国也……有四城，俱当平陆。一曰安集延，东南至喀什噶尔五百里。其人……远游新疆南北各城，处处有之，故西域盛称安集延，遂为浩罕种人之名。从安集延西百有八十里为玛尔噶朗城，又西八十里为那木干城，又西八十里为浩罕城……其人奉回教，习帕尔西语。"①

这里所说"其人奉回教，习帕尔西语"，表示费尔干纳地区民众信奉伊斯兰教，通习波斯语②。这里提到的"帕尔西语"，是 Pārsī（پارسی）或 Fārsī（فارسی）一词的音译，今通称"波斯语"②。除浩罕之外，清朝文献明确记载通行"帕尔西语"的还有巴达克山。《西域图志》卷四十八《杂录》中记录回部字书和语言，有云"外藩拔达克山、博罗尔诸部所习者，名帕尔西语"③；这一时期的诗人王芑孙（1755—1818）的《西陬牧唱词》中也有"重译中还重译来"的诗句，并自注曰"拔达克山诸部别习帕尔西语，必重数译而后能通"④，意指拔达克山人使用波斯语，与他们沟通需经过重重转译才能实现。

二、《紫光阁锡宴联句》中的"帕尔西语"

《紫光阁锡宴联句》三次提到"帕尔西"一词。其中一次出现于诗歌正文，即乾隆所作联句"帕尔西文言呐呐"。"呐呐"原本形容人说话迟钝或口吃，这里意指发音含混不清，描写的是西域外藩使者说"帕尔西语"，旁人听不懂，只觉叽里咕噜，不知所言。

联句提及"帕尔西语"的另两处，是在夹注之中，即乾隆与大臣陈德华所作上下相连两句"金花笺噜克霭表，赭汗骢额色披骏"的自注，分别是对"额色披"与"噜克霭"两词的解释，即"噜克霭表：帕尔西语，谓表笺也"，以及"额色披：谓马也，亦帕尔西语"。两条注语都明确记录了波斯语的译音和词义。

"额色披"，波斯语原文为اسب/اسپ，读音作 asb/asp⑤，意为"马"。波斯语"马"一词的译音，早在明代四夷馆所编波斯语—汉语对译字汇《回回馆杂字》与《回回馆译语》中已有收录，见"鸟兽门"，记作："اسب，马，阿思卜。"⑥此词还作为构词成分出现于《回回馆杂字》收录的波斯语词组之中，会同馆本"鸟兽门"记有"达马，阿思必卯恶力"词条，研究者已经

① （清）赵尔巽等撰《清史稿》，14713 页。
② 关于 Pārsī 或 Fārsī 一词的详细释义，可参见北京大学东方语言文学系波斯语教研室编《波斯语汉语词典》，北京：商务印书馆，1981 年，391、1684 页。
③ 钟兴麒等校注《西域图志校注》，809 页。
④ （清）王芑孙：《西陬牧唱词六十首》，《续修四库全书》1480 册《渊雅堂编年诗稿》卷七，453 页，"乌秅难兜约略推"诗（第 15 首）自注。
⑤ 本文波斯语转写采用《国际中东研究期刊》转写系统（*International Journal of Middle East Studies* Transliteration System）。
⑥ 北京图书馆古籍出版编辑组《北京图书馆古籍珍本丛刊 6》，北京：书目文献出版社，1990 年，《回回馆杂字》，490 页；《回回馆译语》，543 页。相关研究可参见刘迎胜《〈回回馆杂字〉与〈回回馆译语〉研究》，北京：中国人民大学出版社，2008 年，169—170 页。

指出，"阿思必卯恶力"对应的波斯语原文是 asb-i Mughūl/اسب مغول，意为"蒙古马"，即
"达（达达/鞑靼）马"[①]。其中"阿思必"应为 asb-i 的译音，是在名词"阿思卜 asb"之后加
上表示修饰关系的"耶扎菲"发音 i，体现了典型的波斯语语法特征。"阿思卜"和"额色
披"用字虽然不同，但都是同一个波斯语词的译音，是很早就得到认识并记录下来的波
斯语词汇。

至于"金花笺噜克霭表"中的"噜克霭"一词，则似乎是第一次见载于汉语文献，此前
《回回馆杂字》《回回馆译语》或其他中文典籍均未收录。联句自注中指出此词为"帕尔西
语"，意为"表笺"。根据"表笺"之意，可推知其所对应的波斯语原文为رقعه，读音作 ruq'a。
这是一个借自阿拉伯语的名词，有多种词义，北京大学波斯语教研室编写的《波斯语—汉
语大词典》列出了 4 条释义："رقعه（rogh'e）①便笺，便条，书信②信纸③补丁④国家，领
土。[②]除此之外，ruq'a 还是一种书法字体的名称[③]。在波斯语诗文中，ruq'a 最常用的词义
是指写有文字的纸笺。菲尔多西《列王纪》(Shāhnāma，成书于 1010）记述萨珊王朝故事
时，谈到君主阿努希尔汪（霍斯鲁一世）预言国运，在密匣中留下一张写于丝帛上的"波斯
语信笺（Pārsī ruq'a）"[④]，用的即是这一词义。莫拉维《玛斯纳维》(Masnavī-yi Ma'navī，成
书于 1261）有一则诗人给国王写信的故事，其中"信"一词对应的波斯语原文即用 ruq'a，有时
也用 nāma(نامه)替换[⑤]，表示的是臣属给国王上奏的文书。萨迪在《蔷薇园》(Gulistān，成
书于 1258）的序言中则说到，"萨迪的美名在人们口中传扬……写有他诗文的纸张（ruq'a-yi
munsha'āt-ash）如同金纸（kāghaz-i zar）一般，人人争抢"[⑥]，这里 ruq'a 指的是写有文字的
笺纸，颇有"洛阳纸贵"的意味。

在《紫光阁锡宴联句》中，"金花笺噜克霭表"描述的是属国所进呈的国书表文。其前

---

① 参见刘迎胜《〈回回馆杂字〉与〈回回馆译语〉研究》，449 页，编号 1265 条。

② 北京大学东方语言文学系波斯语教研室编《波斯语汉语词典》，1172 页。

③ 参见 Lughat-nāma-yi Dihkhudā, ed. M. Mu'in & J. Shahīdī, Tehran: Mu'assisa-yi Intishārāt
Chāp-i Dānishgāh-i Tihrān, 1993 – 1994, vol. 7, p. 10743. 中文介绍可参见中国伊斯兰百科全书编委会
《中国伊斯兰百科全书》，成都：四川辞书出版社，1996 年，320 页："卢格尔体（al-Khaṭṭal-Ruq'i）"。

④ 原文作"به حقبندرون پارسی رقعیی"，见 Abū al-Qāsim Firdawsī, Shāhnāma（《列王纪》）, ed. Jalāl
Khāliqī Muṭaq, Tehran: Markaz-i Dā'irat al-Ma'ārif-i Buzurg-i Islāmī, 1386 SH/2007, vol. 7, p. 481. 中
译本 ruq'a 一词均译作"文件"，详见菲尔多西《列王纪全集》，张鸿年、宋丕方译，长沙：湖南文艺出版社，
2001 年，第六卷，17—19 页多处。需要说明的是，《列王纪》此语境中的"波斯文"应指中古波斯文。

⑤ （波斯）莫拉维（鲁米）《玛斯纳维全集》（四），王一丹、宋丕方译，长沙：湖南文艺出版社，2002 年，
144 页《诗人与国王的故事》，以及 159、171、173 页等多处；原文见 Mawlānā Jalāl al-Dīn Muḥammad
Rūmī, Masnavī-yi Ma'navī（《玛斯纳维》）, ed. R. Nicholson, Tehran: Intishārāt-i Tūs, 1996, vol. 4,
pp. 370, 380, 388 – 389.

⑥ 原文作"رقعه منشآتش که چون کاغذ زر میبرند"，见 Sa'dī Shīrāzī, Kulliyāt-i Sa'dī（《萨迪全集》），
ed. M. 'A. Furūghī, Tehran: Amīr Kabīr, 1986, p. 30. 此句译文出自笔者。中译本可参见萨迪《蔷薇
园》，张鸿年译，长沙：湖南文艺出版社，2000 年，4 页。

一句是"爱乌罕一使初驰",联系上下文,可知是指阿富汗国王遣使进表,表文书写于金花笺上。金花笺,又称描金花笺、泥金银花笺,在彩色纸绢上用金银粉加绘各种花卉图案,其加金工艺有"洒金""片金"和"冷金"等①。乾隆在写于同一年的《爱乌罕四骏歌》一诗中,专门记述了爱乌罕遣使进表、贡马之事,其中有"淳泥蜡纸金字题"②的诗句。淳泥蜡纸,据称是指以桑皮纸为原料、用青花染料染成深青色、再经研光的磁青纸,淳泥为苏勃泥青的简称,即苏麻离青,是产自波斯的青花色料,主要用来制作青花瓷③。磁青纸颜色深蓝,在纸面上用泥金书写文字,色泽鲜亮,明暗相映,极为华美。这种表文的样式及文字,从乾隆二十七年九月十二日新柱、额敏和卓的奏折描述中可略见大概:"花笺上划有金线,其间写有帕尔西文,纸幅宽大,文字甚多,字画工整。"④

除了以上几处明确指出为"帕尔西语"的词汇之外,《紫光阁锡宴联句》还有另外两词也出自波斯语。"帕尔西文言呐呐"的下一句为"得斯挞帽首巍巍",自注"得斯挞:回人缠头帽也",所说"得斯挞",在《回回馆译语·衣服门》有收录,作"缠头布,得思他儿"⑤,对应的波斯语原文دستار,读音 dastār。另外,"阿思满祝大来釐"句,自注"回语谓天为阿思满"⑥,这里的"阿思满"亦应为波斯语آسمان(读音 āsmān 或 āsimān)一词的译音,意为"天",《回回馆杂字》收录的第一个波斯语词汇即此词,在"天文门",译音作"阿思吗恩"或"阿思妈恩"⑦。"得斯挞"与"阿思满"应是因为很早就进入回部,已成为当地常用词汇,因此被视作回语。

三、从《紫光阁锡宴联句》看乾隆时期的波斯语知识

波斯语在元代曾是蒙古语、汉语之外官方行用的第三种语言,元世祖忽必烈至元二十六年(1289)所置"回回国子学",即官办波斯语学校;到了明代,波斯语仍作为外交语言而

---

① 沈从文《金花纸》,《文物》1959 年第 2 期,10—12 页;又见同作者《谈金花笺》,《龙凤艺术》,北京:北京十月文艺出版社,2013 年,72 页。

② 清高宗(乾隆)撰,彭元瑞编《高宗诗文十全集》,《丛书集成初编》版,231 页。

③ 何新华《清代朝贡文书研究》,广州:中山大学出版社,2016 年,28 页。

④ 乾隆二十七年九月十二日新柱、额敏和卓折,《清代新疆满文档案汇编》第 58 册,207 页;转引自引自马子木《经略西北:巴达克山与乾隆中期的中亚外交》,上海:上海古籍出版社,106 页。

⑤ 此词仅收录于"会同馆本(袁氏本)",参见刘迎胜《〈回回馆杂字〉与〈回回馆译语〉研究》,北京:中国人民大学出版社,2008 年,489 页。

⑥ 乾隆《西域同文志序》中也有相同表述:"以回语指天,则曰阿思满。"(《高宗诗文十全集》卷二十一,王云五主编《丛书集成初编》,284 页)

⑦ 北京图书馆古籍出版编辑组《北京图书馆古籍珍本丛刊 6》之《回回馆杂字》,465 页;《回回馆译语》,517 页。刘迎胜《〈回回馆杂字〉与〈回回馆译语〉研究》一书中还录有"阿思马恩""阿思忙""阿思妈"等几种译音,详见 28 页(四夷馆本)、401 页(会同馆本)。

被使用①。明四夷馆编纂《回回馆杂字》及《回回馆译语》,共收录波斯语词汇 1313 条②,波斯文被称为"回回字"。采用 Pārsī/Fārsī 一词的直接译音来称呼波斯语的做法,较早见于明清时期的穆斯林著述,明马欢《瀛涯胜览》称波斯语为"吧儿西语"③,巩珍《西洋番国志》称作"吧儿西话"④。清代成书于康熙年间(1661—1722)的穆斯林谱系著作《经学系传谱》,书中第十三节记载经堂教育家常志美(1610—1670)编写的波斯语语法书《米纳哈迟》,有"内蕴法而西文风""法而西语人多不谙"等描述⑤;同书第十七节记述另一位穆斯林学者王明宇前往天方朝觐,经过南亚馨都司托呢宫廷,"以法而西语应对如流",并有"吾教诸国之习,有法尔西,兼阿而蔽"之语⑥。所说"法而西"或"法尔西",即 Fārsī,指波斯语;"阿而蔽"即ʿArabī,指阿拉伯语。清初穆斯林学者刘智(1664—1730)在《天方性理图传·七洲分地图》中,还用"法而西"一名作为波斯地区的指称⑦。

清代官方以"帕尔西语"称呼波斯语,似始于乾隆西域诗,即本文所讨论的《紫光阁锡宴联句》一诗。乾隆在《十全集》中曾数次谈及他本人对西域语言的认知,卷十五《瀛台赐宴拔达山来使即席得句》诗有夹注云:"近始略习回语,可以不烦译寄,而拔达山居极西,语又异于叶尔奇木,故仍须回人译彼语也。"⑧注文表明他略通回部语言(维吾尔语),可不需翻译,但因更西边的巴达克山所用语言不同于回语,是波斯语,所以仍需借助翻译⑨。

《紫光阁锡宴联句》首次使用"帕尔西语"一称,以及对"噜克霭"等波斯语词汇的引用,反映了乾隆及其时代西域语言知识的进步。这一进步并非偶然,是在平定回部并与帕米尔以西的中亚世界建立起密切外交往来的背景下实现的。据研究,乾隆朝初定南疆的一段时间内,来自中亚的波斯语文书需要经过察合台文与蒙古文两层转译方可译为满文,回部穆斯林在此过程中起到了重要的中间联络作用:"波斯文(parsi hergen)文书俱由阿訇译

① 刘迎胜《波斯语在东亚的黄金岁月的开启及终结》,原载《新疆师范大学学报》2013 年第 1 期,70—79 页;此处引自作者论文集《华言与蕃音:中古时代后期东西交流的语言桥梁》,上海:上海古籍出版社,2013 年,112—113、117、122—123 页。

② 刘迎胜《〈回回馆杂字〉与〈回回馆译语〉研究》,"前言",12 页。

③ (明)马欢《瀛涯胜览校注》,冯承钧校注,北京:中华书局,1955 年,59 页"榜葛剌国",校注者释义:"Farsi,犹言波斯语。"

④ (明)巩珍《西洋番国志》,向达校注,北京:中华书局,2000 年,38 页。向达注文:"印度称源出波斯而信火祆教之印度人为 Pārsi,此一辈人所操之语言亦称 Parsi 语。"

⑤ (清)赵灿著,杨永昌、马继祖标注《经学系传谱》,西宁:青海人民出版社,1989 年,58—59 页;在66 页有注文:"法而西语,即波斯语。"此书有些版本中保留了夹注,"法而西"旁边有波斯语فارسى,参见赵灿:《经学系传谱》(清钞本),收于周燮藩主编《清真大典》第二十册,合肥:黄山书社,2005 年,53 页。

⑥ (清)赵灿著,杨永昌、马继祖标注《经学系传谱》,78 页。

⑦ (清)刘智《天方性理》,上海:中华书局,1923 年(1928 年重印本),天方性理图传卷二,30—31 页。

⑧ 清高宗(乾隆)撰,彭元瑞编《高宗诗文十全集》,王云五主编《丛书集成初编》,182 页。

⑨ 《十全集》卷二十《平定回部第四之九·上元灯词 癸巳》中也有自注曰:"蒙古、回语皆习熟,弗藉通事译语也。"(253 页)再次表明乾隆本人已通习蒙古语、维吾尔语,不需借助翻译。

写为察合台文（hoise hergen），交印房办事官翻译为蒙古文，再译为满文。"①译员的选拔问题得到高宗本人重视，他曾于乾隆二十年九月传谕兆惠在伊犁拣选谙通托忒文与波斯文者送来京师②，吐鲁番伯克之子白和卓（baihojo）在入居京师后，曾参与译校、缮写了乾隆二十八年颁给爱乌罕的波斯文敕书③。

在此期间，《西域图志》的编修开始进行。比《紫光阁锡宴联句》时间略早，乾隆二十七年（1762），刘统勋等人奉旨修纂的《西域图志》初成，这是在清朝实现国家疆域大一统的历史背景下完成的新疆第一部官修方志，"除引用档册、史籍外，兼采史地调查勘测资料，熟悉西域情况的四位参战将领舒赫德、阿桂、兆惠、阿里衮参与总裁，更有乾隆帝亲自过问，连番谕旨并亲自作序"④。《西域图志》最终完成于乾隆四十七年（1782），其编纂代表了乾隆时期官方对于西域的认知，"开创了清代西域史地研究之先河"⑤。"由于乾隆皇帝亲自过问，编纂人员倾全国之力，主纂人员又多参与西域平定的不同事务，因此比较全面、真实、详细地汇集了乾隆统一和经营西域的史料，成为清代边疆通志选修的典范。"⑥

乾隆在《西域图志序》（作于乾隆二十七年十二月初一日）中提到，平定西域之后，"准噶尔、回部之人皆在廷执事，而国语切音译外藩语又甚便且易。我诸臣驰驱往来其间，目睹身历，非若耳闻口传者比，俾司校勘而正其讹，传其真，较仆婢耕织之问为尤详。且厄鲁特语及回语，朕亦因暇而习焉，时御丹榱为之改正"⑦，显然当时朝廷与外藩使臣往来频繁，语言翻译已非难事，乾隆本人也对西域语言怀着兴趣，"因暇而习"。在这一过程中，对"帕尔西语"有所接触和了解，实属自然。乾隆对中亚语言文字的认识，体现在他禅位后所作《题和阗玉笔筒诗识语》（作于1798）中："国家威德覃敷，无远弗届，外藩属国，岁时进至，表章率用其国文字，译书以献。各国之书，体不必同，而同我声教，斯诚一统无外之规也……因及回疆文字，复思今日溥天率土各国之书繁夥，而统于一尊，视古所称书同文者，不啻过之。"⑧这段话很好总结了清政府与中亚外交关系中使用多种语言的状况。

乾隆二十八年敕撰的另一部重要著作《西域同文志》，则是收录西域地名人名的满、汉、蒙、藏（"番"）、托忒、察合台（"回"）六种文字对照的大型辞书，它保留了清朝中亚和青

① 乾隆二十八年十一月初四日额尔景额折，《清代新疆满文档案汇编》第65册，315页；转引自马子木《经略西北：巴达克山与乾隆中期的中亚外交》，157、170页。

② Onuma Takahiro, *250 Years History of the Turkic-Muslim Camp in Beijing*, Tokyo：TIAS，2009, p. 38. 转引自马子木《经略西北：巴达克山与乾隆中期的中亚外交》，171页。

③ 乾隆二十八年二月军机处奏片，《清代新疆满文档案汇编》第61册，191页；转引自马子木《经略西北：巴达克山与乾隆中期的中亚外交》，171页。

④ 钟兴麒等校注《西域图志校注》"编选说明"，7页。

⑤ 钟兴麒等校注《西域图志校注》"编选说明"，8页。

⑥ （清）王树枏等纂修，朱玉麒等整理《新疆图志》，上海：上海古籍出版社，2015年，1页：《〈新疆图志〉整理本前言》。

⑦ 钟兴麒等校注《西域图志校注》，8页，《御制皇舆西域图志序》。

⑧ 清高宗《御制文余集》卷二《题和阗玉笔筒诗识语》，《清代诗文集汇编》第330册，699—700页。

藏高原的上千个地名和人名的原文、原音、释义以及词源,并规范了这些专名的汉字写法,体现了清代第一批西北史地考据成果,被视作乾隆年间推行多语文政治的"同文之盛"的产物①。《西域同文志》记录南疆地名、人名时,明确指出了许多来自"帕尔西语"的词源,记录大多准确。如卷三记天山南路地名,提到"塞尔们,帕尔西语,塞尔谓首,们,自谓之词,犹自称首领也",并记录了"回字:سرمن"②。据此解释,"塞尔"和"们"均为波斯语,"塞尔"即سر(sar)的译音,意为"头""首脑";"们"为من(man)的译音,意为"我,本人",所记音与义都很准确③。《西域同文志》卷三《天山南路地名二》提及"帕尔西语"共 12 处,其余各卷如卷六《天山南路水名》、卷十一至卷十三《天山南路回部人名》也记录了许多"帕尔西语"词汇,包括官职称呼的译音及含义,例如,卷十二介绍管理水利的官员,有如此解释:"密喇布,帕尔西语。密,犹职也;喇布,水也,职司水利……帕尔西,亦回部别种,在葱岭西。"④此处所说"密喇布",即波斯语میرآب(mīrāb)一词,由میر(mīr,"君王,首领")和آب(āb,"水")构成,意为"水务官"⑤。此后王初桐(约 1729—1820)所编《西域尔雅》(成书于 1796),是基于《西域同文志》《西域图志》《西域闻见录》等书的汉字音译而完成,其中也收有不少"帕尔西语"词汇,如卷一《释诂》所收第一、二词的"帕尔西语"数字译音⑥。

乾隆西域诗在清代官方著作中反复收录,并为文人所引用。《西域图志》卷首天章四卷收录乾隆西域诗 325 首,文 16 篇,赞 50 首⑦;喀什噶尔参赞大臣和宁撰《回疆通志》(成书于嘉庆九年即 1804),收录"御制诗"19 首⑧;成书于宣统三年(1911)的《新疆图志》,收录乾隆诗 129 首⑨。至于对诗人创作的影响,以乾嘉时期诗人王芑孙为例,他的《西陬牧唱词六十首》(作于 1788),是出塞途中读《西域图志》有感而作,诗句中多处融贯乾隆诗中掌故,诗后所附注语也多引用御制诗,如第 11 首诗第二句"喀玛还闻追琢佳"⑩,化用了乾隆

---

① 乌云毕力格、张阅《〈西域同文志〉文献学诸问题》,见《同文之盛:〈西域同文志〉整理与研究》,上海:上海古籍出版社,2022 年,1、34—35 页。

② (清)傅恒等《钦定西域同文志》,乌鲁木齐:新疆文化出版社,2016 年,卷三《天山南路地名》,205—206 页。

③ 两词的详细释义可参见北京大学东方语言文学系波斯语教研室编《波斯语汉语词典》,1316—1317、2294 页。关于"塞尔们庄"一名,当代研究者另有其他解释,详见阿布力克木·阿布都热西提《〈西域水道记〉天山南路回语地名考注与研究》,2018 年南京大学博士毕业论文,148—149 页。

④ (清)傅恒等:《钦定西域同文志》,卷十二《天山南路回部人名二》,865 页。

⑤ 《波斯语汉语词典》释义为"供水者,分配水的人"(2349 页)。

⑥ (清)王初桐《西域尔雅》,1929 年南京国学图书馆影印本,序;卷一"释诂"。

⑦ 钟兴麒等校注《西域图志校注》,22—32 页:"天章总目"。

⑧ (清)和宁纂《回疆通志》,民国十四年影印本,卷一。

⑨ (清)王树枏等纂修,朱玉麒等整理《新疆图志》卷十一至卷十五"天章二"—"天章六",267—384 页(卷十"天章一"收文 16 篇)。

⑩ (清)王芑孙《西陬牧唱词六十首》,《续修四库全书》1480 册《渊雅堂编年诗稿》卷七,上海古籍出版社,2002 年,452 页,"璇源玉陇溯巅涯"诗(第 11 首)。

《十全集》卷十六《咏回铜嘬噜篓器》诗所记回部巧匠"喀玛"的典故①;第 16 首"早闻四骏厕飞黄",诗后自注则直接说明"御制有《爱乌罕四骏诗》","详见御制诗"②,等等。本文前面引述的王芑孙诗歌自注中"拔达克山诸部别习帕尔西语"一句③,具有强烈的时代信息,反映出乾嘉时期考据学向诗文创作渗透的特点④。

清代文人的西域语言知识,在稍晚的西北历史地理学家徐松(1781—1848)著作中得到集中体现。徐松不仅承袭了乾隆西域诗及《西域图志》《西域同文志》的西域知识,更得益于其本人在天山南北亲自考察的经历,对当地语言状况获得了更为直接的认识。完成于嘉庆十八年(1813)的《新疆赋》中,援引了《紫光阁锡宴联句》中"额色帔"一词,并自注"帕尔西语,谓马为额色帔,见圣制诗注"⑤,指明其出处为乾隆西域诗。在此后完成的《西域水道记》(成书于 1821)中,徐松不仅以《西域同文志》为准对地名进行了统一,还在描述其所勘察的水路情况时,更多融入了其中与西域语言相关的地名信息,如卷一《罗布淖尔所受水上》记录"塞尔们庄"位置,引用了前述《西域同文志》中对"塞尔们"的释义:"塞尔们庄,在喀什噶尔城西二里……帕尔西语塞尔谓首,们,自谓之词;自称首领也。"⑥同卷引用的"帕尔西语"还有"提斯衮""齐盘""阿喇布""听杂阿布"等⑦。从《西域水道记》的地名注解中,可以了解徐松"已经具备了汉文地名之外其他各种语言的知识,诸如国语(满语)、蒙古语、准语(西蒙古语)、回语(维吾尔语)、西番语(藏语)、布鲁特语(柯尔克孜语)、帕尔西语(波斯语)等等的地名含义,在《西域水道记》中都一一讲求,可见作者即或不能直接阅读,也至少了解这些语音的发音原理和含义"⑧。就波斯语知识而言,《西域水道记》虽未超越乾隆时代达到的认知水平,但充分利用了当时已有的知识积累,融贯到具体的水路形势记述之中。因此,如果称《西域水道记》"达到了那一时期西北舆地学科学研究的最高水准"⑨,应当说是恰如其分的评价。

---

① 乾隆诗序中有回部良匠名"喀吗尔",见清高宗(乾隆)撰,彭元瑞编:《高宗诗文十全集》,王云五主编《丛书集成初编》,192 页。

② (清)王芑孙《西陬牧唱词六十首》,《续修四库全书》1480 册《渊雅堂编年诗稿》卷七,453 页,"早闻四骏厕飞黄"诗(第 16 首)自注。

③ (清)王芑孙《西陬牧唱词六十首》,《续修四库全书》1480 册《渊雅堂编年诗稿》卷七,453 页,"乌秅难兜约略推"诗(第 15 首)自注。

④ 参见吴华峰、周燕玲辑注《清代西域竹枝词辑注》,上海:上海古籍出版社,2022 年,148 页。

⑤ (清)徐松著,朱玉麒整理《西域水道记》(外二种),北京:中华书局,2005 年,535 页:《新疆赋·新疆南路赋》。

⑥ (清)徐松著,朱玉麒整理《西域水道记》(外二种),28 页。

⑦ (清)徐松著,朱玉麒整理《西域水道记》(外二种),32、49、57、59 页。

⑧ 朱玉麒《西域梵经石在清代的发现与研究》,阿不都热西提·亚库甫主编《西域—中亚语文学研究:2012 年中央民族大学主办西域—中亚语文学国际学术研讨会论文集》,上海:上海古籍出版社,2015 年,109—110 页;又见朱玉麒《徐松与〈西域水道记〉研究》,北京:北京大学出版社,2015 年,283 页。

⑨ (清)徐松著,朱玉麒整理《西域水道记》(外二种),"前言",7 页。

豪情奔放入诗章

——冯其庸先生西域诗文创作

沈 宏 冯有责

冯其庸学术馆

　　冯其庸先生是史学家、红学家、书画家、摄影家,但他还是个诗人。据冯先生自述,他在十四岁少年时代读了李颀、岑参、高适等唐代诗人描写西域风光的诗,大为惊异。后来,他又读到了《大慈恩寺三藏法师传》,玄奘追求佛典精义而万死不辞的勇气,实实震撼了他的心灵,"从此在我的心里就一直存在着一个西域"①。这种心里的梦境萦绕了半个多世纪,终于随着他1986年新疆之行而逐渐与真实的西域风情完美地融合在一起,对于西域的赞美之情溢于言表,不断地从他的笔端流出,化为壮美的新诗篇。2012年1月,冯其庸先生出版了33卷《瓜饭楼丛稿》,《瓜饭楼诗词草》就有一卷②,刊登了冯其庸先生从1943年至2010年的诗词共890首,其中西域诗词90余首,内容几乎遍及西域的山川胜景、古城遗址、风物人情,堪称是当代新西域诗词的典范之作。

一

　　冯其庸先生对西域山水一往情深,无论是白雪皑皑的冰峰,还是碧波荡漾的瑶池,不管是五彩斑斓的龟兹层峦,乃至寸草不生的浩瀚沙漠,他都满怀深情与之对话,倾崇敬之心,诉仰慕之情。

　　1986年9月11日,冯其庸先生首次进疆。在新疆大学、新疆师大等学校结束讲座后,9月27日开始进行考察。第一站来到库车,看到了绵亘蜿蜒的赤红色大山,有如一座赤色长城,十分壮观和奇丽,他由衷地感叹:

> 地上仙宫五百阛,赤霞摇接北天门。
> 平生看尽山千万,不及龟兹一片云。

---

① 冯其庸《瀚海劫尘·自叙》,北京:文化艺术出版社,1995年,1页。
② 本文所引诗作,均出自《瓜饭楼诗词草》,《瓜饭楼丛稿·冯其庸文集》,青岛:青岛出版社,2012年。

> 看尽龟兹十万峰,始知五岳也平庸。
>
> 他年欲作徐霞客,走遍天西再向东。

1990 年 12 月 11 日,冯其庸先生重过白水涧道,作诗一首:

> 古道一丝开混沌,天山莽莽此为门。
>
> 雪练九曲羊肠白,红柳百丛鸟路昏。

1993 年 9 月 19 日,冯其庸先生再赴库车,汽车途中翻越冰达坂,见冰峰罗列,山势奇险,赋诗云:

> 天山看尽百千峰,碧绿橙黄俱不同。
>
> 更有冰峰如列剑,森森寒气逼吾胸。

9 月 20 日,过天山到达库车,他又赞许:

> 不到龟兹已七年,重来更觉山水妍。
>
> 连天赤色峰如剑,匝地清清水似泉。

在西域,不仅留下了他的足迹,更是留下了他奔放的诗歌。行南疆,他吟"其色斑斓,其形奇谲";过北疆,他赋"千剑森列,万笏插天";穿草原,他诵"千里荒原一石人";攀高峰,他叹"三上昆仑意更赊,最高封顶望中华"。冯其庸先生的西域山水诗,情结深厚,风格鲜明,内涵丰富,辞语精练,读来朗朗上口。

二

冯其庸先生十进新疆,少则 20 天,大都 1 个月以上,多则 3 个月,不仅考证了玄奘取经之路,还考证西部的文化历史、宗教艺术、丝绸之路等,特别是玄奘到过的地方以及沿途历史文化遗址,他一定要去看个究竟,弄清它的历史缘由。

1986 年 9 月 21 日,他赴吉木萨尔唐代北庭都护府,见古城残存,断垣林立,遥思盛唐诗人岑参曾任北庭都护府判官,感慨系之,遂口占一绝:

> 荒城故垒尚依稀,想见嘉州寄语时。
>
> 我亦故园东向往,漫漫长路接天迷。

1986 年 9 月 28 日至 31 日,冯其庸先生由库车驱车去参观克孜尔千佛洞,他连看了十个洞窟,并参观了克孜尔哈尔烽火台、昭怙釐寺等。28 日夜枕上口占:

> 流沙万里到龟兹,佛国天西第一支。
>
> 古寺千相金剥落,奇峰乱插赤参差。

1990 年 9 月 25 日,冯其庸先生第三次进疆,历时三月,11 月 18 日,他风雪中登嘉峪关城楼赋诗一首：

> 天下雄关大漠东，西行万里尽沙龙。
> 祁连山色连天白，居塞墩峰匝地红。

1993年9月12日，他参观高昌古城，说："这里是玄奘西天取经的第二个起点。玄奘是以生命去求真经的，可见其志之坚，其心之诚，其情之笃！"即赋诗一首：

> 乘危远迈有孤僧，国主高昌亦可俦。
> 难得焚香深结拜，西天一路好依凭。

1995年8月12日，冯其庸先生到阿克苏，13日去乌什城，城内有燕子山，上有清代勒铭："功美汉唐"。再前行，去别迭里山口，直到烽火台。他认为，观山口和烽火台，证之以《大唐西域记》，可断定为当年玄奘出境处。感赋两首诗云：

> 西来万里拜古城，燕子山高有勒铭。
> 此去关山多峡路，烽台犹扼迭里门。

> 西去圣僧过此城，当年想见远孤征。
> 我来峡口寻遗道，山险峰高鸟路横。

2005年8月15日，冯其庸先生晨去明铁盖，在途中哨所墙壁上，找到1998年他第七次进疆时在此处题字，又找到当年他坐过的红斑巨石，最终找到玄奘东归入口处，纪念碑即选在红斑巨石边，立碑三个小时。他半夜作诗：

> 万古昆仑鸟不穿，孤僧策杖拨云烟。
> 一千三百年前事，凭仗丰碑证旧缘。

2005年9月22日，冯其庸先生十进新疆，作为顾问随中央电视台《重走玄奘路》拍摄组一起，随行的还有荣新江、王炳华、朱玉麒、孟宪实、罗新等学者。9月25日，经米兰、罗布泊、楼兰、龙城、白龙堆、三陇沙入玉门关到敦煌，历时17天，最终确认了玄奘从印度回国入境回长安的最后一段路程，感赋一首：

> 廿年苦学绝精微，杖策西来雪满衣。
> 尼壤东边纳缚普，楼兰古道一僧归。

冯其庸先生考察遗址的诗七首，但从诗和引言中可以知道他探访的遗址并不止七个。从远的年代说起，第二首中"龟兹"是汉代西域36国之大国。"克孜尔千佛洞"是东汉末年龟兹开凿的第一个洞窟。"克孜尔哈尕峰火台"是公元前36年汉宣帝年间建造。"昭怙釐寺"是魏晋时期所建，玄奘在此曾讲经一个月。第四首"高昌古城"是公元前一世纪，西汉王朝在西域屯田部队所建，是古丝绸之路重镇。第七首"尼壤"和"楼兰"。尼壤是东汉初所建，后改称为尼雅。楼兰建于公元176年，是汉唐时期西域各国贸易枢纽。第一首"唐代北庭都护府",是唐长安二年(702)在西域北庭设置的最高军政机构。第三首"嘉峪关",是明洪武五年所建(1372),是明长城最西端的隘口。第五首"乌什城"是清乾隆二十年所建(1755)。这些遗址,皆是玄奘取经所经过的地方,历经汉代、魏晋、唐代、明代及清代,上下两千余年,昭示了历史的悠久与沧桑。同时也揭示了冯其庸先生践行"千回百折求真经,不取真经不返程"的玄奘精神。

三

冯其庸先生在十赴新疆途中,结识了众多的朋友,有当地的牧民、有地方的领导、有驻军的官兵,还有新疆文博界的朋友,没有他们的帮助,冯其庸先生很难完成这一壮举。由此,冯其庸先生与他们也结下了深厚的情谊,同时对西域这块广袤的土地有了更深的情感。

1990年11月24日,他参观敦煌莫高窟后,告别了敦煌莫高窟的同志,去西北90公里的汉古阳关考察,感赋一首:

> 柳枝折尽到阳关,始信人间离别难。
>
> 唱罢渭城西去曲,黄沙漠漠路漫漫。

1993年9月30日,正值中秋,冯其庸先生晨起经和田折返洛浦,在洛浦发现一架葫芦,所结葫芦硕大无比。主人见冯其庸先生喜欢,就把一个最大的葫芦送给冯其庸先生。先生当即口占一绝:

> 西域葫芦大如斗,一葫能储十斛酒。
>
> 鬓影钗光共一庐,羡煞人间万户侯。

晚上冯其庸先生在洛浦与当地驻军来政委一起过中秋,酒未及过半,忽然和田的雒政委来电,要冯其庸先生一定去和田过中秋。临别前,冯其庸先生吟诗一首,诗云:

> 万里相逢沙海头,一轮明月正中秋。
>
> 殷勤最是主人意,使我欲行还又留。

到了和田,冯其庸先生和雒政委放怀畅饮。雒政委拿出一块绿玉送给先生,作为今夕之欢的纪念,冯其庸先生趁着酒兴,吟了一首:

> 与君相见昆仑前,白玉如脂酒似泉。
>
> 莫负明年沙海约,驼铃声到古城边。

2005年8月13日,冯其庸先生到喀什,当晚市政府举行迎宾宴,他即席赋诗云:

> 喀什重来旧雨多,全羊席上酒如何。
>
> 动人最是风情舞,一曲清歌震九州。

冯其庸先生这次是 11 月 22 日到敦煌的,敦煌研究院院长樊锦诗热情接待了他,陪着一起参观。24 日,他依依惜别了樊院长她们,惜别了莫高窟艺术宝库,但他心里仍然与她们订了后约。当探访完古阳关后,他又复回敦煌,直到 30 日离开。"柳枝折尽到阳关,始信人间离别难。"辞言精炼,感情真挚,意境深邃。当收到一个大葫芦时,他即兴口占一绝,语言虽不通,心里意会,"常恨言语浅,不如人意深"。当晚,冯其庸先生画了十几幅葫芦,送给了和田的朋友。据同行的章慎生说,从新疆回北京的火车上,冯先生一直抱着这个大葫芦。中秋之夜,洛浦的来光礼先生、考古专家李吟屏先生以及和田的雒胜先生分别在洛浦和和田两地度过。一夕中秋,在沙海中两次分度,这也是冯其庸先生此次西行中的一段佳话。"莫负明年沙海约,驼铃声到古城边。"这是冯其庸先生与雒胜先生约定明年一起骑着骆驼到沙漠深处尼雅遗址去,因为这是玄奘法师到过和记载过的地方。

<h1 style="text-align:center">四</h1>

冯其庸先生少时对西域的梦境,在半个世纪以后得以实现。真是梦里寻她千百回,一旦亲临,如睹仙境,又恍如梦境。冯其庸先生在西域诗词中,透露出"寻梦成真,真景似梦"。柴剑虹先生在《抒心寄情大西北》一文中写道:"寄情于梦,就成了冯老西域诗词中的一个显著特色。"

1986 年 9 月 26 日,冯其庸先生身临天池,游毕,在车中作诗云:

> 天地留得秋波绿,疑是浮槎到月宫。

1993 年 9 月 29 日中秋前夕,夜宿民丰县,月色甚丽,夜忽有梦:

> 关山万里一轮圆,梦里相逢是国仙。

1994 年 7 月 15 日夜,冯其庸先生自题大西部摄影集《瀚海劫尘》:

> 瀚海微尘万劫波,天荒地老梦痕多。

2002 年 11 月 4 日,冯其庸先生读王炳华《沧桑楼兰》,觉甚好,赠王炳华诗:

> 瀚海沧桑觅梦痕,楼兰又见小河墩。

2008 年 11 月 7 日,冯其庸先生因病体无法再度西行,却仍然梦回西陲。夜作诗云:

> 三年病榻卧支离,想到西天惹梦思。

2009 年 3 月 7 日,冯其庸先生写毕《玄奘取经全程摄影集序》后作诗:

> 流沙梦里两昆仑,廿载辛勤觅梦痕。

冯其庸先生西域诗词的创作,或寄情于山水,或寄情于遗迹,或寄情于风情,或寄情于梦境。他的诗,都是在千辛万苦的跋涉与千钧一发的探险中吟就的,篇篇都散发出高亢激昂的豪迈气概和乐观精神;他的诗,没半点媚俗之意,更多率真浪漫之情,思接千古,横贯八方,诗中有画,家国情深;他的诗,都来源于真实生活,既是生命历程的记录,也是心灵感悟的写照。国学家钱仲联先生曾评价冯其庸:"何人一手超三绝,四海堂堂独此公。"确实体现了冯其庸先生多样的艺术才情,这一诗书画三绝的造诣,也在其西域创作中得到了充分体现。

1980年来边疆史地资料整理出版述评

刘 萍

中国社会科学院近代史研究所

1980年来,边疆史地研究逐渐从边缘学科走向学术研究的重点和热点,其表现之一,是边疆史地资料有计划、大规模地整理出版,而学术资料的出版又进一步促进边疆史地学术研究的深化。由于边疆史地学具有综合性学科的特点,分析这一时期边疆史地资料的搜集整理成果,大致受到二十世纪八十年代以来三支新兴学科理论和方法的影响,一是边疆学,二是民族学,三是区域史研究。受边疆学理论的影响,学术界在搜集整理有关疆域历史资料的同时,也开始注重边界史料的搜集,特别是随着海疆疆界争议与危机的出现,资料搜集的范围从陆疆向海疆拓展,体现了历史与现实的紧密关联。由于边疆地区大多为多民族聚集区,边疆史地研究与民族学或民族史研究的对象形成交集,所谓边疆史地资料,往往体现为多民族历史资料的汇集。又由于边疆史地研究与区域史研究基本同步(均兴起于二十世纪八十年代),受区域史研究理论的影响,边疆史地资料的整理编辑,努力向现代意义的区域史研究靠近,体现在资料编辑形式上,打破传统的以行政区划为单位(如新疆、西藏、内蒙古等)的资料编辑框架,采以自然形成的地域或区域概念(如东北、西北、西南等)为单位的编辑形式,从传统的专题资料向丛刊、丛编等综合性资料发展。为了便于理解,下面就一些比较重要和有代表性的资料,分类叙述。

一、综合性资料

综合性资料容量大,所收资料较为完整系统,又不拘于体例,是近四十年来史料编辑的最主要形式。出版较早、影响较大的综合性边疆史地资料,首推由中国社会科学院边疆史地研究中心主编的《中国边疆史地资料丛刊》(全国图书馆文献缩微中心1988—1992年版)。这是一部综合性的文献汇刊,涵盖面较广,在疆域上,包括陆疆和海疆。其编纂形式,按照地区和专题,分为综合卷、东北卷、蒙古卷、新疆卷、西藏卷、滇桂卷、海南卷、台湾卷、海事卷,分别收录从古代至近代的各类文献,或据原刊影印,或重新标点整理。当中收录不少稿本、抄本,有的甚至是孤本,如乾隆朝内府抄本《理藩院则例》《长庚奏稿》等,史料价值较高,极为珍贵。同时又汉译了部分民族史料,如《咱雅班第达传》《内济·托音传》等。此外,该丛刊还注重对图录资料的搜集,收录了宣统年间编辑的《新疆全省舆地图》,共收地图 55 幅。但由于该丛刊编辑较早,一些有价值的史料尚未发现,每卷之间收录资料也不平衡,部分卷类收录资料较为单薄,有的仅仅收录了方志资料。

甘肃省古籍文献整理编译中心策划的"文献丛书"系列,根据中国历史上自然形成的区域概念,分为西北、西南、华北、东北、华东、中南等大区,会同全国典藏、教学和科研机构,分别收集整理该地区历史文献资料,采用影印形式出版。其中,有关边疆史地部分,有《中国西北文献丛书》(兰州古籍出版社 1990 年版)、《中国西南文献丛书》(初编,兰州大学出版社 2003 年版;二编,学苑出版社 2009 年版)、《中国东北文献丛书》(学苑出版社 2011 年版)。每一丛书下根据史料类别分为稀见方志文献、稀见丛书文献、史地文献、民俗文献、少数民族文献、文学、考古、特色文献等八辑专题,分别收集编选 20 世纪中叶前该地区的文字资料、拓片资料和图片资料。丛书不仅收录内容广泛,且具有地方特色。比如《中国西北文献丛书》,共收录汉、蒙、藏、维等六种民族文字的各类历史文献 560 余种,包括秦汉简牍、敦煌文书、吐鲁番文书、西夏文书、黑城文书等地方文献,是有史以来第一部有关西北地区的文献总汇。除收录地方特色文献外,该丛书还注重收录不同版本文献。比如《中国西南文献丛书》,不仅收录稿本、铅印本、抄本文献,还收录了木刻本、铜泥活字本、石印本文献;对于同一书体,因版本不同,观点有异,且版本孤善者,同时进行选录。不仅如此,在整理编辑中,较为规范地按照史料学原则,对版本进行考订,完整保留版本信息,如版本源流、编著者、收藏者、刻板者(或书写者、印刷者)、出版者等等,均一一注录。同时,对每件文献的发掘时间、发掘地点、发掘者和简要发掘过程均详尽注明,极大方便了读者对文献的甄别研究,具有较高的史料价值和学术价值。

中国边疆研究资料文库编委会编辑的《中国边疆研究资料文库》(从 2011 年起,由中央编译出版社、知识产权出版社等分别出版),是一部大型的综合性的资料汇编。该文库系在整合之前已经出版的有关边疆历史资料,并进一步发掘相关资料的基础上编辑而成。分为《边疆民族研究资料》《边疆行政建制资料》《边疆界务资料》《边疆民族地区旧期刊资料》《边疆方志资料》《东北边疆史地文献》《北部边疆史地文献》《西北边疆史地文献》《西南边疆史地文献》《海疆史地文献》10 个系列。每一系列下再按照地区分为若干专题。时间上起古代,下讫民国,但绝大多数是清代和民国时期的文献。与之前边疆史地资料注重局部地区或单一史料不同,该文库在秉持基础重点文献与珍稀文献并重的前提下,注重系统发掘有关边疆史地的各类资料,包括各类体裁文献,如官方文件、档案史料、边事汇编、奏议、当事人文集日记、调查报告、地方志、报刊专论、研究报告等,几乎涵盖了所有边疆地区的各类文献资料,力图为学者提供较为全面系统的基本资料。但该文库在资料收录以及编辑体例上也存在一些问题。文库宗旨本为"补充前人遗漏",但入选的一些文献在之前出版的资料集中早已收录。在编辑体例也有不统一的地方,如"西南边疆"范围,文库确指为西藏、云南、广西三省区,但在"西南边疆文献"资料中却收录了西康省的资料等等。

国家图书馆对馆藏有关边疆事务的档案文献进行了系统整理。在《国家图书馆馆藏历史档案文献丛刊》(全国图书馆缩微文献复制中心出版)系列中,收录有《清代新疆地区涉外档案汇编》(2008年版)、《清光绪经营新疆会议折奏》(2010年版)、《清末边境界务档案》(2008年版)、《西藏奏议川藏奏底合编》(2004年版)、《游蜀疏稿》(2005年版)、《新疆龙堆奏议》(2005年版)、《伊犁将军马亮、广福奏稿》(2005年版)、《散木居奏稿》(2004年版)、《库伦奏议》(2004年版)、《庆固奏稿》(2004年版)、《伊犁文档汇钞》(2004年版)、《清末边境界务档案》(2008年版)等档案文献资料。这套丛刊,因其独有的史料价值,已经引起学界的关注和重视。比如《西藏奏议川藏奏底合编》是反映清光绪朝处理有关西藏事务及藏区实际状况的重要档案史料,《西藏奏议》收录了光绪二年(1876)正月至光绪三十四年(1908)正月,清朝驻藏官员、西藏地方官员与清中央政府之间的往来文书;《川藏奏底》则完整收录了光绪二十九年(1903)至光绪三十二年(1906)驻藏大臣有泰有关处理西藏事务的所有奏折,内容涉及藏兵抗英、藏区宗教事务、印藏边务用款以及差员补缺等方面。由于有关晚清时期清政府处理西藏事务的资料极为稀缺,这两部档案无疑是相关研究不可或缺的第一手资料。有鉴于此,为了方便读者使用,昆明学院人文学院教授吴彦勤对《西藏奏议川藏奏底》进行了点校,并于2011年由上海古籍出版社排印出版。《游蜀疏稿》是四川总督吴棠会同时任成都将军崇实、继任成都将军魁玉、四川提督胡中和等,于同治八年(1869)至光绪二年(1876)间向清廷奏报关于治理四川,招降、镇压四川、云南、贵州交界处回、苗、汉等民族民众起义的奏折底稿,资料丰富翔实,可与其他资料互补。该书影印后,有学者引中国第一历史档案馆藏《朱批奏折》等档案对该书进行了认真校补,进一步提高了其史料价值①。但这套丛刊在编辑体例上也存在一些问题,因该丛刊主要是为保存资料,学术目的不明确,缺乏编辑体例,主要是资料的汇集。

从2005年起,国家图书馆出版社又推出了《历代边事资料辑刊》,收录历代边疆资料七种,内容涉及西北、东北、西南等边疆地区的地理、政治、军事等方面,多为稀见史料,对于研究边疆史及民族关系史具有重要价值。

故希都日古编译的《清内秘书院蒙古文档案汇编汉译》(社会科学文献出版社2015年版),辑选1400件清崇德元年至康熙九年"清内秘书院蒙古文档簿"收入的原始档案,并翻译为汉文,内容涉及政治、军事、经济、文化、民族、宗教等方面,以及清朝对蒙古、新疆、青海和西藏等地区的统治政策,是研究边疆史地历史的最原始、最直接的第一手材料。

二、方志资料

方志是中国传统文献的一个重要门类,是研究地方历史最基本、最传统的第一手资料,且数量极为庞大。据《中国地方志联合目录》的统计,仅保存至今的宋至民国时期的方

---

① 杜宏春《〈游蜀疏稿〉校补》,中央民族大学2012年博士论文。

志,就有 8264 种,11 万余卷,占中国古籍的十分之一左右[1],因此也是边疆史地资料中的大宗。按照年代划分,地方志又分为旧志与新志。以中华人民共和国成立为界,一般将以前各个历史时期所编撰的地方志书称为旧志,以后新修撰的志书称为新志。从 1980 年开始,学术界启动了对旧志的整理工作,当中最为重要的,是由江苏古籍出版社、上海书店和巴蜀书社三家出版单位联合出版的《中国地方志集成》,以省为单位分辑,择优选择资料性强、内容最丰富的志书逐年推出,从 1991 年至 2006 年,连续不间断地出版了 25 个省的《府县志辑》和一个《乡镇志专辑》,共选择了 3000 余种方志,总共 11 万卷,包括《西藏府县志辑》《甘肃府县志辑》《青海府县志辑》《黑龙江府县志辑》《吉林府县志辑》等边地方志文献。

全国图书馆缩微复制中心从 2000 年起,将有关边疆史志集中出版,按照地区和专题划分为《新疆史志》《西藏史志》《内蒙古史志》《东北史志》《海疆史志》五部分,共收录清朝至民国时期相关方志 285 册,同时还收录《大清一统舆图》。

鉴于方志文献的重要性,中国社会科学院边疆史地研究中心主编的《中国边疆史地资料丛刊》、甘肃省古籍文献整理编译中心策划的"文献丛书"系列,以及由京华出版社等出版的《中国边疆研究资料文库》,也将方志列为专门类别。特别是《文库》中的《边疆方志资料》,以自然地域为单位,分为东北边疆、北部边疆、西北边疆、西南边疆四部,收录边疆方志 82 种,其中相当一部分为之前已刊资料集未收录的方志,如《安东县志》《安图县志》《抚松县志》《辑安县志》《瑷珲县志》《呼伦县志略》《腾越厅志》《永昌府志》《龙胜厅志》《马关县志》《普思沿边志略》等,同时,还收录部分乡土志,一定程度上填补了边疆方志史料的空白。

除综合性的志书外,专志的整理出版也非常具有价值。专志的编辑,相对难度较高,但按照专题或类别编辑,极大地方便了相关研究和利用。国家图书馆出版社从 20 世纪 80 年代起就着手编辑出版《地方志人物传记资料丛刊》(徐蜀、张志清主编),从六千多种方志中选辑各类人物传记,如名宦、仕籍、孝友、列女、耆旧、方技等,以及与人物有关的各类表志和艺文志,金石志中的墓志、碑记、传诔等人物资料,按行政区汇编为西北、西南、东北、华北、华东、华南六大卷。所收人物远及上古,下迄民国。至 2007 年底,共出版了四卷,涉及边疆地区的,有《东北卷》《西北卷》《西南卷》等。

三、分省资料与专题资料

按行政区划分别编辑各地区资料是地方史资料最普遍的编辑方式。建国初,边疆史地研究尚未引起学术界的重视,整理编辑史料也非常有限,主要有由北京大学历史系、中国人民大学历史系等学术机构整理编辑的《西藏地方历史资料选辑》(三联书店 1963 年版)、中国科学院新疆分院民族研究所编辑的《新疆历史资料》(1960—1964 年,内部印行)、

---

[1] 中国科学院北京天文台主编,北京:中华书局,1985 年。

中央民族学院研究部编辑的《维吾尔族史料简编》(1955年,内部印行),中国科学院民族研究所辽宁少数民族社会历史调查组编辑的《满族历史档案资料选辑》(1963年,内部印行)等,数量有限,且大多为内部资料,不公开发行。

1980年代以后,随着学术风气的转变,以及现实政治的需要,边疆史地资料的编辑整理有了突飞猛进的发展,不仅涉及地域广泛,且种类繁多。

东北地区由于所藏档案历来较为丰富,为相关资料的编辑整理打下了基础。从20世纪80年代起,各档案馆及学术机构、学者个人通力合作,出版了多种具有东北地方特色的重要史料,如《东北边疆档案选辑》(中国社会科学院中国边疆史地研究中心等编,广西师范大学出版社2007年版)、《吉林省档案馆藏清代档案史料选编》(薛云等编,国家图书馆出版社2012年版)、《清代黑龙江历史档案选编》(中国第一历史档案馆满文部编,黑龙江人民出版社1986、1987、2009年版)、《珲春副都统衙门档》(吉林省延边朝鲜族自治州档案馆等编,广西师范大学2006年版)、《清代蒙古史料合集》(中华全国图书馆文献缩微复制中心2003年版)、《清代蒙藏回部典汇》(吴燕绍纂,中华书局2005年影印版)、《清代阿拉善和硕特旗蒙古文档案选编》(内蒙古阿拉善左旗档案史志局编,国家图书馆出版社2015年版)、《清代钦差驻库伦办事大臣衙门档案档册汇编》(厉声、毕奥南、乌兰巴根等编辑,广西师范大学出版社2017年版)等。这些档案集规模较大,且大都为原始档案,涉及满、汉、蒙,乃至外文等多文种档案,种类及内容极为丰富。比如《东北边疆档案选辑》,共151册,系从东北三省档案馆所藏清代至民国时期档案中选编而成,这些档案形成于东北各地方机构,始于清前期,止于20世纪30年代,时间跨度长达一百多年,资料涵盖面广,除部分日文资料外,绝大部分为汉文资料,对于东北边疆历史研究提供了重要的史料基础。《吉林省档案馆藏清代档案史料选编》为国家清史工程"档案丛刊"之一,收录馆藏档案7000余件。上述史料的出版,为东北边疆历史研究提供了第一手的史料。

西南地区史料涉及政治、经济、军事、外交等方面。张振鹍主编的《中国近代史资料丛刊续编·中法战争》(中华书局1996—2006年版),目前已经出版5册。该书除选编了部分中文档案文献外,还选译了大量的法国、美国、英国、日本等国家的馆藏档案。尤其是占全书近三分之二篇幅的法文档案,系由法国汉学家巴斯蒂从法国数个馆藏机构中帮助搜集的,内容涉及中法战争时期法国的政治、外交、军事、殖民活动等,价值弥足珍贵。黄国安等编辑的《近代中越关系史资料选编》(广西人民出版社1988年版),选译了大量法国外交部档案及法国档案馆海军部档案。广西通志馆编辑的《中法战争调查资料实录》(广西人民出版社1982年版),选辑325位受访者的口碑资料编辑而成,分为黑旗军、镇南关大捷、中法战争后的侵略和反侵略斗争三部分,收录了许多生动具体的史料,特别是有关黑旗军的渊源、内部组织制度等资料,填补了已刊资料的空白。此外,全国图书馆文献缩微复制中心编辑出版的《光绪中法战争奏稿函电》(2010年版),收录国家图书馆藏1883年至1885年间,李鸿章、岑毓英、邓承修等有关中法战争战事相关奏稿函电四种,并附录徐延旭奏折一种,虽数量不多,但都极有史料价值。此外,还有以下档案资料值得关注,如《土地革命时期广西左右江革命根据地财政经济史料选编》(广西壮族自治区财政厅、广西壮族自治区档案馆合编,广西人民出版社 1988 年版)、《云南近代金融档案史料选编(1908—1949)》(云南省档案馆、云南省经济研究所合编,1992 年,内部印行)、《云南近代矿业档案史料选编》(云南省档案馆等编,1987 年,内部印行)、《国立西南联合大学校史资料》(西南联合大学北京校友会校史编辑委员会编辑,北京大学出版社、云南人民出版社 1986 年版)、《近代云南人口史料》(云南省档案馆、云南省经济研究所合编,1987 年,内部印行)、《抗战时期的云南:档案史料汇编》(云南省档案局编,重庆出版社 2015 年版)、《滇越铁路史料汇编》(云南省档案馆编,云南人民出版社 2014 年版)、《南侨机工档案史料选编,云南省档案馆馆藏部分》(吴强等编著,中国华侨出版社 2009 年版)等等。

有关新疆地区的资料搜集整理工作,成绩较为突出。其中,由新疆维吾尔自治区档案局编辑出版的《清代新疆档案选辑》(广西师范大学出版社 2012 年版),是迄今为止规模最大、收录最为全面的有关清代新疆历史的综合性档案汇编,共收录馆藏档案 58000 余件,内容涵盖政治、经济、文化、教育、司法等多个方面,成为研究清代新疆历史的基础史料。此外,在专题档案方面,自治区档案馆与日本尼雅遗址学术研究机构合作,先后编辑出版的《近代外国探险家新疆考古档案史料》(新疆美术摄影出版社 2001 年版)、《中瑞西北科学考察档案史料》(新疆美术摄影出版社 2005 年版)、《斯坦因第四次新疆探险档案史料》(新疆文化出版社 2007 年版)、《清代新疆建置档案史料》(新疆美术摄影出版社、新疆电子音像出版社 2014 年版)等专题史料,在国内外受到广泛关注。其中《清代新疆建置档案史料》是第一部较为全面反映清代新疆,特别是新疆建省以来有关军政机构设置、官员职掌、施政纲略等内容的档案史料集。

有关新疆地区历史的满文档案极为丰富,但长期以来未能得到系统整理,史料价值没有得到充分发挥。中国社会科学院边疆史地研究中心曾与中国第一历史档案馆等合作,对馆藏边疆历史满文档案进行过摸底,并于 1999 年出版了《清代边疆满文档案目录》(广西师范大学出版社 1999 年版),收录档案条目 12 万条,包含大量新疆历史的档案。近年来,有关新疆历史的满文档案的搜集整理取得了重大进展。

2012 年,由中国社会科学院边疆史地研究中心与第一历史档案馆等共同编辑的《清代新疆满文档案汇编》出版,全书共 283 册,收录所有军机处满文月折包内涉及新疆事宜的录副奏折、上谕、札付、咨文、呈文以及随奏折呈进的履历、口供、清册、清单等 72812 件,起自雍正八年(1730),止于宣统三年(1911),时间跨度长达 181 年,主要反映清代新疆职官、军事、民族、宗教、司法、文化、地理和外交等方面的内容。该套资料出版后,吴元丰、厉声等专家学者开始逐步进行翻译,并于 2020 年推出《清代新疆满文档案汉译汇编》(10 册,广西师范大学出版社版),将《清代新疆满文档案汇编》辑录的档案文件,逐一翻译成汉文,每一册分满文本和汉译本,二者对照,以方便读者使用和研究。齐光辑录《清代新疆满文档案汇编》中有关清朝从雍正八年起至乾隆二十年止收集的有关准噶尔情报的史料,并将之翻译为汉文,汇编为《清代准噶尔情报满文档案译编》(复旦大学出版社 2021 年版)。

除满文档案译编外,1994 年,全国图书馆文献缩微中心也曾翻译出版《清代西迁新疆察哈尔蒙古满文档案译编》①。

苗普生、赵海林主编的《甘肃省档案馆馆藏清末新疆档案》(12 册,凤凰出版社 2014 年版),收录该馆所藏光绪二十一年至宣统二年间办理甘肃新疆粮台、甘肃新饷所和甘肃新疆布政使司布政使留下的账目清册,为深入研究清政府对新疆地区的治理提供了较为详细的史料。

值得指出的是,近年来,学界对一些濒临消失的少数民族文字文献资料进行抢救发掘,比如,由叶尔达编辑的《伊犁河流域额鲁特人托忒文文献荟萃》(中国社会科学出版社 2016—2017 年版),目前共出版两辑,收录创制于 1648 年托忒文文献多种。

有关西藏历史的档案文献过去整理出版极少,而这一时期得到了系统的发掘和整理,不仅有档案汇编,也有古籍辑录,涵盖时段较长,包括藏文资料和汉文资料。由张羽新、张双志编纂的《民国藏事史料汇编》(共 30 册,学苑出版社 2005 年版),是目前最大规模的有关民国时期西藏历史的文献资料汇编,共收录官方文献、私家著述等各种史料 120 余种,2500 万字,凡有关藏事的政府公文秘档、专家论著、社会调查、报刊资料等都收录其中。内容包括政治、经济、机构、职官、民族宗教、文化教育、涉外事宜、风土人情等诸多方面。此外,还收录了一批鲜为人知的珍稀文献,如《藏文白话报》、前日本末次研究所《西藏问题》情报资料,以及一批重要著述的手稿或有名人题签的原刊本和孤本、秘本。该书收录的《川康边政资料辑要》,完整地保存了松潘等 29 县的社会资料,极为珍贵。

从 2006 年起,中国第二历史档案馆与中国藏学研究中心共同合作,对二档馆所藏的民国时期有关西藏的档案资料进行系统整理,计划出版 50 册相关资料。从 2010 年起,《中国第二历史档案馆所存西藏和藏事档案汇编》由中国藏学出版社陆续出版,成为有史以来最大规模的有关西藏历史的官方档案汇编,这些档案反映了民国时期中央政府治藏方针政策、具体措施,以及中央政府关于西藏的重大事件、重要问题的处理情况;同时记载这一时期四川、青海、甘肃、云南等省藏区的政治、经济、宗教、文化、教育和社会发展历史。

此外,还有一些较为重要的档案文献资料,如《元代以来西藏地方与中央政府关系档案史料汇编》(中国藏学研究中心编,中国藏学出版社 1994 年版)、《西藏历史档案汇萃》(西藏档案馆编辑,中国文物出版社 1995 年版)、《清代藏事奏牍》(吴丰培编,中国藏学出版社 1994 年版)、《西藏亚东关档案选编》(中国第二历史档案馆、中国藏学研究中心合编,中国藏学出版社 2000 年版)、《黄慕松、吴忠信、赵守钰、戴传贤奉使办理藏事报告书》(中国第二历史档案馆、中国藏学研究中心合编,中国藏学出版社 1993 年版)、《十三世达赖圆寂致祭和十四世达赖转世坐床档案选编》(中国第二历史档案馆、中国藏学研究中心合编,中国藏学出版社 1991 年版)、《九世班禅内地活动及返藏受阻档案选编》(中国第二历史档

---

① 2004 年,新疆人民出版社以《清代西迁新疆察哈尔蒙古满文档案全译》再版。

案馆、中国藏学研究中心合编,中国藏学出版社 1992 年版)等档案资料集,以及《宋代吐蕃史料集》(汤开建、刘建丽辑校,四川民族出版社 1989 年版)、《通鉴吐蕃史料》(苏晋仁辑,西藏人民出版社 1982 年版)、《明实录藏族史料》、《清实录藏族史料》(西藏研究编辑部编,西藏人民出版社 1985 年版)、《清实录藏族历史资料汇编》(西藏民族学院历史系编,1981 年,内部印行)等古籍辑录资料等,也是有关西藏历史研究的重要参考。

四、台湾史资料

台湾史具有一定的特殊性,既属于边疆史地学的重要内容,又有向独立的学科发展的趋势,故单独叙述。改革开放以来,随着海峡两岸关系的逐步改善,社会各界对台湾问题的关注逐步升温,台湾历史研究成为史学界的热点。但由于台海相隔几十年,特别是政治、历史等因素的影响,造成有关台湾的文献资料散落各处,给台湾历史研究带来极大的不便。因此,搜寻发掘史料成为这一时期史料学的重要工作。经过各方数十年的努力,台湾历史文献资料的发掘和出版取得了长足的发展。

大陆方面对台湾史资料的搜集整理,起步于 1980 年代。先后出版了厦门大学郑成功历史调查研究组编辑的《郑成功收复台湾史料选编》(福建人民出版社 1982 年版),福建师大郑成功史料编辑组编选的《郑成功史料选编》(福建教育出版社 1982 年版),厦门大学台湾研究所与中国第一历史档案馆合编的《康熙统一台湾档案史料选辑》(福建人民出版社 1983 年版),中国社会科学院历史研究所明史研究室编辑的《清代台湾农民起义史料》(福建人民出版社 1983 年版),厦门大学台湾研究所、中国第一历史档案馆编选的《郑成功档案史料选编》(福建人民出版社 1986 年版)和《郑成功满文档案史料选译》(福建人民出版社 1987 年版),厦门市郑成功研究会、厦门市郑成功纪念馆整理的《郑成功族谱三种》(福建人民出版社 1987 年版),中国第二历史档案馆编辑的《台湾光复和光复后五年省情》(南京出版社 1989 年版),福建省档案馆等编辑的《闽台关系档案资料》(鹭江出版社 1993 年版),国务院台湾事务办公室研究局编辑的《台湾问题文献资料选编》(人民出版社 1994 年版),张本政主编的《清实录台湾史料专辑》(福建人民出版社 1993 年版)、中国社会科学院台湾研究所编的《台湾问题重要文献资料汇编》(红旗出版社 1997 年版),中共中央文献研究室编辑的《一国两制重要文献选编》(中央文献出版社 1997 年版),中共中央党校、中共中央台湾工作办公室编辑的《中共三代领导人谈台湾问题》(2001 年,内部印行),中国第一历史档案馆、湄洲妈祖庙董事会、湄洲妈祖文化研究中心、莆田市归国华侨联合会共同编辑的《清代妈祖档案史料汇编》(中国档案出版社 2003 年版)。此外,还有一些学者从中国第一历史档案馆等馆藏机构发掘整理的一些单篇专题资料,如叶志如选编的《蔡牵攻打大小担清军炮台史料》(《历史档案》1986 年第 4 期),张莉选编的《台湾朱一贵抗清史料》(上、中、下,《历史档案》1988 年第 2、3、4 期)和《朱一贵余部抗清斗争史料》(《历史档案》1989 年第 4 期),吕小鲜选编的《乾隆四十七年台湾漳泉民人械斗史料》(《历史档案》

1996 年第 1 期),谢小华选编的《光绪年间台湾修建铁路史料》(《历史档案》2005 年第 1
期)等等,为大陆地区台湾历史研究的起步提供了重要的史料基础。

从 2000 年起,台湾史资料的整理发生了较大的转变,从单本单册单篇转向规模较大
的丛编、丛书的编辑出版。2004 年,经厦门大学人文学院、福建师范大学闽台区域研究中
心专家学者近 10 年的努力,由中国大陆整理编辑的首部大型台湾历史文献集《台湾文献
汇刊》(九州出版社、厦门大学出版社版)面世。全书分郑氏家族与清初南明相关史料、康
熙统一台湾史料、闽台民间关系族谱、台湾舆地资料、台湾相关诗文、台湾事件史料、林尔
嘉家族及民间文书资料等 7 辑,共 100 册,收入有关台湾历史珍贵文献资料近 200 种,绝大
多数是分藏于大陆各地的图书馆、档案馆以及散落于民间的孤本、珍本、抄本,也有一部分
是近年在台湾、日本等地新发现的珍贵文件,具有很高的史料价值和学术价值。《汇刊》在
编辑上重在拾遗补缺,避免与已刊资料重复,比如凡台湾出版的《台湾文献丛刊》(台北台
湾银行经济研究室辑,1957—1972 年台湾银行排印)已经收入的文献,除了少量有明显差
异的原稿本、传抄本之外,基本上都不再编入。《汇刊》的问世,弥补了长期以来大陆方面
有关台湾文献史料建设上的不足,为台湾问题研究提供了更丰富的史料基础。

2005 年,由海峡两岸出版交流中心主持的"台湾文献史料出版工程"正式启动,系联合
中国第一历史档案馆、中国第二历史档案馆、厦门大学、福建师范大学等单位共同实施的
国家重点出版规划项目,旨在全面、详细、系统地整理出版台湾文献史料,为台湾问题研究
提供更广泛的基础性的史料。该出版工程除已经出版的《台湾文献汇刊》外,根据资料来
源,分别编辑出版《明清宫藏台湾档案汇编》(九州出版社 2009 年版)、《馆藏民国台湾档案
汇编》(九州出版社 2006 年版)、《民间遗存台湾文献选编》(九州出版社 2012 年版)和《海外
遗存台湾文献选编》系列资料,共计 500 册,涵盖明清两代、民国时期约 400 年间有关台湾
历史的官方档案、民间收藏及海外遗存等资料。目前前三种资料已经出版。《馆藏民国时
期台湾档案汇编》,共 300 册,收录了中国第二历史档案馆所藏民国时期台湾文献史料,包
括日本对台湾的殖民统治以及台湾人民的反抗、抗战胜利前后国民政府对台湾地区的接
收、管理及经济、文化、教育重建工作等内容。《明清宫藏台湾档案汇编》是迄今为止最大
规模的明清档案出版项目。全书 230 册,辑录了中国第一历史档案馆所藏明清两朝台湾
历史档案,总计 16343 件,按照编年体例编排,其中明代档案主要选自兵部题行稿,共
25 件,其余选自军机处上谕档、军机处"台湾档"、军机处录副奏折等清代档案。内容包括
郑氏收复、康熙统一、乾隆平定、光绪设省等重大事件,还有官员任免、移民开发、海疆防
务、甲午割让等诸多台地大小政事。这些档案记载了明清中央政府管辖和治理台湾的真
实情况,全面反映了台湾 300 多年来的历史变迁和所发生的一系列重大历史事件,具有重
要的学术价值和社会价值。《民间遗存台湾文献选编》共 25 册,系统地整理了民间遗存的
台湾文献史料,包括民间私家收藏的涉台契约文书、籍账、碑文及民间教科书、宗教科仪书
等册籍内容。这套资料的出版,填补了台湾史研究中诸多史料方面的空白。

2009 年,台湾大通书局、人民日报出版社联合影印出版了由台湾编辑的《台湾文献史

料丛刊》,该丛刊收录了有关台湾的各种文献资料 400 余种,是迄今为止研究台湾历史不可或缺的最重要的资料。

上述台湾文献资料的系统发掘和出版,为台湾历史研究提供了重要的史料基础,有力地促进了台湾史研究向深入发展。

五、海疆与边界资料

海疆资料是近三十多年来,有关边地史料出版成果中最引人注目的专题资料,不仅反映出边疆史地研究从陆疆向海疆的拓展,一定程度上也折射出现实政治的需要。在海疆史料的整理方面,除了综合性的文献汇编外,又以有关南疆的专题资料较为集中。

在文献汇编方面,主要有《海疆文献初编》(本书编委会,知识产权出版社 2011 年版)、《中国海疆文献续编》(本书编委会,线装书局 2012 年版)、《海疆史地文献》、《海南文汇》等等。这些文献汇编,除了从方志中辑录相关资料外,还广泛搜集从古至今有关反映海疆历史的各类文献。比如《海疆史地文献》,收录了 122 种文献,内容包括中国近海总体形势,岛屿及重要沿海港口地区,古代先民海上交通,航海针路及海道经验,明代抗倭战事,清代海防及水师、海军建设,琉球与中国关系,东南亚与中国关系等。文献中还收录了大量的舆图和图录资料,如《岭海舆图》《海防纂要》《清初海疆图说》《海道图说》《江苏沿海图说》《浙江沿海图说》《福建沿海图说》《新译中国江海险要图志》等,为海疆史地研究提供了直观可视的资料,极为珍贵。

有关南海诸岛的档案文献汇编,有《我国南海诸岛史料汇编》(韩振华主编,东方出版社 1988 年版)、《越南关于西南沙群岛主权归属问题文件汇编》(戴可来、童力合编,河南人民出版社 1991 年版)等。有关近代中国海军兴起及发展历史,与海疆历史密不可分,是海疆史料的重要部分,学界先后整理出版了《清末海军史料》(张侠等编,海洋出版社 1982 年版)、《中华民国海军史料》(杨志本主编,海洋出版社 1987 年版)等。

这一时期整理出版的专题资料中,由广西社会科学院研究员黄铮、萧德浩主编的《中越边界历史资料选编》非常值得关注,这是第一部较为全面反映中越边界历史的资料汇编,一定程度上改变了之前学术界不重视边界历史研究的局限,具有重要的史料价值和学术价值。全书分上下册,约 104 万字,搜集了从先秦两汉至中华民国时期有关中越边界史事、沿边各县市政区划分沿革,以及中越边界的形成、变迁、发展的过程。除了收集大量的中国、越南的历史文献外,还搜集了法国外交部、海外部等有关中越边界的档案资料,包括中法勘界委员会的会议记录,中法勘界官员来往文件、函电,法国官员与法国政府有关部门的来往函电、文件等,填补了相关资料的空白。

中国社会科学院历史所、边疆中心共同编辑《中国边境史料通编》(蜗池书院 2008 年版),分为正编、续编、三编,共 150 册,搜集了从先秦以来有关边境历史的古籍文献,系有史以来第一部系统的中国边境史料集刊。

除上面叙述的资料外,还有一些调查报告,也是边疆史地研究的重要参考。如由民族出版社出版的《中国少数民族社会历史调查资料丛刊》(147 册),全面收录了 20 世纪 50 年代大规模社会历史调查的第一手珍贵资料,并补充了大量新的资料,涵盖中国 55 个少数民族从起源至 21 世纪初的政治、经济、文化、社会等方面的内容,当中不乏非常有价值的边地历史的资料。《中国边疆社会调查报告集成》(王晓莉、仲益主编,广西师范大学出版社 2010 年版),收集民国时期中国边疆地区社会调查报告共 46 种,包括广西、西藏、甘肃、新疆、内蒙古等地区,内容涉及边疆地区的政治、经济、教育、宗教、社会生活等各个方面。

此外,除纸质文献的整理出版外,这一时期,有关边疆史地资料的数据库建设也取得了初步的成果。目前由中国社科院边疆史地研究所与北京上德经纬文化传媒有限公司研制的《中国边疆史地研究资料数据库》,根据不同专题划分为十个大型数据库,分别是:边疆民族资料数据库、边疆界务资料数据库、边疆行政建制资料数据库、边疆数据库民族地区期刊资料、中国边疆方志资料数据库、东北边疆史地文献数据库、北部边疆史地文献数据库、西北边疆史地文献数据库、西南边疆史地文献数据库、海疆史地文献数据库。每个数据库下设多个子类。一期收录数据来自全国各大图书馆、边疆各省市社科院等机构,辑录了历史上有关边疆的各类资料,包括散见于各类丛书、文集中的材料以及罕见档案、书信、日记、电文等。该数据库的建成,为边疆史地研究提供了极大的方面,具有重要的学术意义和学术价值。

总结三十余年来边疆史地资料的搜集整理,成果丰硕。从史料类型看,涉及实录、档册、奏牍、方略、方志、会议记录、函电、游记、笔记、日记、舆图、图录等,内容涵盖政治、经济、军事、社会、外交、宗教、教育等方面,为边疆史地研究提供了史料基础,促进了这一学科的深入发展,使中国边疆史地学,在短短的时间内,发展成为一门新的、综合性的学科。

但考察这一时期的成果,也存在一些问题和局限,一是资料搜集范围局限于国内馆藏,大量国外档案馆或学术机构如朝、韩、俄、日、法等国家收藏的许多资料尚未被搜集整理出版。目前出版的《近代中国外文边疆文献资料丛刊》仅出版了 3 辑 100 多册。有学者建议出版的《国外中国边疆史地资料译丛》尚未见有成果。二是虽然对各民族文献进行了挖掘,但目前整理出版的资料,仍然以汉文材料为主,比如《中国第二历史档案馆所存西藏和藏事档案汇编》目前仅限于汉文档案。三是由于翻译人才缺乏,大量少数民族语言文献未能被互译出版,影响了其学术价值的发挥。四是重复出版较为严重,一些基础史料,如中国银行总管理处编的《东三省经济调查录》、许景澄《西北边界地名译汉考证》、姚文栋《云南初勘缅界记》等,在多部丛刊、丛书或专题资料中反复收录,浪费了资源,也影响了史料集的学术价值。五是边疆史地资料与民族史资料,以及区域史资料的概念也有待于进一步厘清。六是一些藏于民间或馆藏机构的资料,有待于进一步的发掘。比如,近年来,由中国社会科学院近代史研究所《近代史资料》编辑部主编的《近代史资料》,连续刊发了有关近代以来有关西北考察的资料,如吴禄贞《沿途日记》、谢家荣《旅甘日记》、景廉《冰岭纪程》(点校稿),对于了解及研究近代以来时人对西北地区的考察历史极具史料价值。

"丝绸之路与中国西北科学考查团学术研讨会"会议综述

2023 年是"中国西北科学考查团"团员袁复礼、黄文弼诞辰一百三十周年。为了纪念先贤,弘扬中华优秀传统文化,2023 年 10 月 7 日至 8 日,由新疆师范大学主办,新疆师范大学黄文弼中心、新疆师范大学中国语言文学学院、西域文史研究中心、北庭学研究院、奇台县博物馆共同承办了"丝绸之路与中国西北科学考查团学术研讨会"。会议在乌鲁木齐召开,来自北京大学、中国社会科学院、中国国家博物馆、浙江大学、陕西师范大学、西北大学、新疆大学、新疆社会科学院等近 40 所高校及科研机构的 90 余位专家学者,以及中国西北科学考查团部分中方团员后人参加了本次会议。

本次会议共收到论文 50 余篇,与会学者们就黄文弼与中国西北科学考查团研究、丝绸之路历史地理研究、丝绸之路文献与文学研究三大议题进行了主题发言和分组研讨。兹对主要成果进行综述。

一、黄文弼与中国西北科学考查团研究

黄文弼与中国西北科学考查团研究是本次会议的核心议题。有五位学者围绕这一主题做了本次大会主旨发言。

中国国家博物馆李守义《中国国家博物馆藏西北科学考查团文物来源考略》利用中华人民共和国成立初期国家博物馆的相关文件档案、文物账册,梳理出国家博物馆藏西北科学考查团文物的来源及数量。初步勾勒出国家博物馆藏西北科学考查团文物的总体面貌,为学界对相关问题的进一步探索奠定了基础。北京鲁迅博物馆秦素银《徐炳昶与鲁迅》据新出版的《徐旭生文集》等文献,细致勾勒了徐炳昶与鲁迅自 1920 年以来的交往情况,为人们了解两位文化名人的人生经历提供了新的视角。中国科学院自然科学史研究所孙承晟《西北科学考查团的古生物学研究》深入考察了瑞典学者那林、布林、中国学者袁复礼的化石采集与研究成果,对科考团成员的古生物研究与当时重要学术期刊《中国古生物志》之间关系加以探析,揭示出西北科学考查团在古生物学研究上取得重要成果的原因。

陕西师范大学韩香《一位瑞典医者的中国西北科考之旅——郝默尔与中国西北科学考查团》，通过考查团成员的报告、日志、回忆录等，细致爬梳了瑞典医生赫默尔在治病救人、体质人类学调查、生物采集，以及与西北当地社会交往等方面的经历，突显出这位外方团员在考察中的贡献。华南师范大学张弛《新疆博物馆藏"黄文弼第四次新疆考察（1957—1958）"所获文物》以自己整理文物的经历及相关档案记录为基础，梳理了未刊于黄文弼《新疆考古发掘报告（1957—1958）》的文物，包括文书、钱币、织物、石器、陶器等大类，探讨了上述馆藏资料对研究黄文弼学术考察史的重要意义。

中国西北科学考查团在考古学、气象学、地质学、地理学、民俗学等领域均取得了卓越成就，参会学者的研究对这些领域都有所涉及。北京大学朱玉麒《黄文弼与罗布淖尔汉简》一文就丁瑞茂"罗布淖尔汉简"归属问题进行深入研究，通过近年所搜集档案、信件、日记等材料厘清了黄文弼为何将"居庐訾仓"等两支汉简赠送给王世杰，另外 14 枚尚下落不明的汉简现藏何处，以及黄文弼为何没有取回托管的文物而使其被运抵台湾等问题。北京大学陈瑞翾《焉耆特殊论——从黄文弼所获梵语文书说起》一文，基于《黄文弼所获西域文书》中收录的一件焉耆出土的梵语残经，结合同类出土文献与壁画，详细阐述了焉耆佛教有别于龟兹佛教的特殊性与此相关的具体特征。新疆师范大学李梅《考古领域的政治对话——以黄文弼为观察视角》，通过对二十世纪初社会背景和西北考古活动中政治意识的梳理，阐释了科考团内部微妙的政治意味，以及以黄文弼为代表的知识分子在西北考古中的政治觉悟。

额济纳旗历史文化研究会李文清《额济纳历史上的第一座气象站》，从松杜尔气象站的基本情况、肃州当局的干扰、漫长艰难的观测过程、气象站的终结四个方面入手，详细勾勒出中国西北科学考查团建设杜尔气象站的过程，突出了科考团气象观测工作的艰辛与不易。新疆师范大学刘长星《哈士纶对土尔扈特部的考察与研究》一文，研究了丹曼商人哈士纶任职考查团驼队副队长期间的考察路线与考察活动，及其对土尔扈特部人体测量、宗教习俗、历史文献、蒙古音乐方面的记录成果。

新疆师范大学吴华峰、徐玉娟《文学家的另一面——刘半农与中国西北科学考查团》梳理了刘半农对中国早期西北科学考察事业的贡献。认为以刘半农为核心的"中国学术团体协会"促成了考查团的组建，刘半农任职西北科考团理事会常务理事期间，也为考察与研究的顺利开展提供了诸多保障。新疆维吾尔自治区档案馆宁燕的《丁道衡新疆考察事迹钩沉——以新疆档案馆馆藏史料为中心》一文，通过新见档案史料钩稽出丁道衡在新疆考察的部分经历，并就金树仁政府对考查团工作的约束限制，及后来态度转变的原因进行了分析。从这些研究中，可以看出"中国西北科学考查团"研究不断走向深化。

二、丝绸之路史地与文化研究

"一带一路"倡议为丝路学的发展带来了学术新机遇，本次会议不少论文都聚焦于丝

路史地与文化,展现出"丝绸之路"研究的繁荣景象。相关文章大致可分为两类:

1. 考古学研究

新疆文物考古研究所李文瑛《吐鲁番洋海墓群研究中的几个问题》对新疆洋海墓葬进行分期研究,文章结合环博格达山地区发现的其他史前遗存,将此地区青铜时代的遗存命名为洋海文化。通过洋海文化与早期铁器时代苏贝希文化墓地布局、墓葬制度、随葬品组合、彩陶特征、服饰的比较,指出两者属于前后相继的不同考古文化遗存,对天山地区史前文化谱系结构以及洋海文化源流的研究具有推动作用。新疆维吾尔自治区博物馆王博《公元前8世纪—公元8世纪的新疆阿尔泰山地考古研究》将阿尔泰山地墓地分为西部、东部两个区域:西部包括哈巴河县、布尔津县和阿勒泰市境内发掘的墓葬;东部主要是富蕴县和青河县境内发掘的墓葬或遗址。文章以类型学分析为基础,依靠各种遗存的地层学检验,排列出墓葬的相对年代序列,对墓室形式、考古文化现象进行了总结。新疆大学暨历代西北边疆治理研究中心刘学堂《庙底沟文化彩陶纹样释读中的几个问题》一文对庙底沟文化彩陶纹样进行探讨,认为庙底沟文化彩陶的阴纹读法是由阳纹的具象鱼鸟纹样演变而来,可以统称为鱼鸟象征纹样彩陶系统。庙底沟文化彩陶鱼鸟纹样象征系统,在中国北方彩陶体系的三大系统中覆盖的范围最广,对中国早期文明的形成与发展影响深远。

2. 丝路历史文化研究

北京大学陈凌《技术、制度、景观——丝绸之路技术交流的一种观察》以丝绸之路上的技术交流为切入点,论证了技术与社会制度间潜在的联系。文章认为技术在国家之间的分布具有不均衡性,所需要的资源量和社会市场面不同,从而导致传播时效不同。技术差异会引发社会生产力差异的产生,而科学技术具有超越功利性,但交流过程中人们往往关注技术背后的社会制度因素及其造成的景观。中国气象局气象干部培训学院陈正洪《"一带一路"战略对丝绸之路研究的助益和思考》,梳理了丝绸之路游记中的气象记载,探究中国古代气象学从西学东渐再到"一带一路"的历史发展渊源,提出"丝路气象文明"这一概念。并在探讨国境内气象台站及沿线国际最早气象观测的基础上,将气象科技文明史置于历史长河中予以观照,希望建立"气象文明共同体"的研究课题。

西北大学裴成国《从朝贡贸易到队商贸易》认为,丝绸之路的商业贸易主导模式由汉代的朝贡贸易演变为魏晋南北朝时期的队商贸易。文章指出"属都护"纳质内属的西域国家,客观上对汉朝产生了基于获取丝绸为目的的经济依赖性,而魏晋南北朝因为时代分裂、生产力衰退无法满足大量输出丝绸的外贸需求,同时期高昌郡发展了蚕桑丝织业,以粟特人商队形式进行的贸易便形成了趋势。苏州大学毛秋瑾《从碑刻书法管窥汉唐之际西域与中原的关联与互动》,以新疆现存碑刻书法为研究对象,探讨了汉唐之际中原与西域的文化交流与互动。青岛大学解婷婷《敦煌北朝壁画乐器数据简析》将敦煌北朝壁画中的412件乐器按北凉、北魏、西魏、北周四朝代进行了区分,通过数据、图表分析,得出乐器数量按分期呈递进趋势,吹管乐器最多,其次是弹拨乐,再次是打击乐的结论。

敦煌研究院武海龙《北凉译经与高昌佛教》通过对目前所见吐鲁番出土北凉译经名

称、数量、时代等因素的考证,对北凉译经在古代高昌地区的传播、影响进行了阐述。高昌汉传佛教是中原佛教回流高昌地区后,所形成的具有高昌地域特色的佛教,新疆师范大学彭无情《汉传佛教在高昌地区的历史演进》中,介绍了高昌汉传佛教在戊己校尉、高昌郡、高昌国、唐西州和高昌回鹘王国五个时期的发展,论证其在文化传播、交流等方面的重要历史作用。北庭学研究院杨传宇《多元一体:北庭高昌回鹘寺 S102 殿改建反映出的文化认同现象》比较了高昌回鹘寺 S102 殿改建前后的形制、殿内塑像、木构件差异,指出改建时木作工艺的跨越式进步,推测此殿可能为内地工匠改建,反映出这一阶段高昌回鹘与中原的密切交流,及对中原文化的高度认同。

甘肃省民勤县苏武文化研究会孙明远《镇番骆驼与骆驼客——河西四郡之武威郡镇番卫对于丝绸之路和经略西域的意义》,以镇番骆驼纪事、儒商马合盛、民勤骆驼队出使苏联、驼队编码、驼道秘笈及骆驼客传奇为例,指出"一带一路"建设正是河西走廊"驼把式"精神、"驼把式"文化复兴的机缘。达尔罕茂明安联合旗文物保护中心乔志杰《刍议达茂旗文物保护工作的现状及策略》,对内蒙古包头市达茂旗文物保护工作进行了综述,指出了现阶段文物保护工作的短板,并提出相应对策。明清时期,卫拉特蒙古各部首领经常率领部众前往北京、山西、甘肃、青海等地,进行"熬茶"这一经济贸易活动和布施。新疆师范大学巴·巴图巴雅尔《从边疆到内地——卫拉特熬茶之路初探》以明清时期卫拉特蒙古各部熬茶路线和目的地为研究对象,具体考察了卫拉特部众熬茶的活动,从中挖掘出我国各民族交往交流交融的历史。

新疆师范大学孙文杰《清代边兵反诬哈萨克汗国越境盗马案始末——以满文寄信档中永贵、舒赫德任职新疆时期为中心》通过对乾隆朝满文寄信档的爬梳,探讨清代边兵反诬哈萨克汗国越境盗马案的发生、清政府的鞫办及处置措施的影响。不仅厘清了该案真相,填补了永贵、舒赫德的新疆宦绩记载,亦补纠了传世文献的相关讹误。新疆师范大学魏晓金《清末吐鲁番基层社会治理研究——以吐鲁番告示为中心》对晚清吐鲁番厅发布的各类告示做了系统研究,基于内容将告示分为五类,认为它们兼具教化与法律功能,是清政府将权力延伸至国家基层社会的途径,推进了边疆地区管理体制与内地的一体化的实践。新疆师范大学赵丽君《晚清至民国时期京新商路的历史考察》以丝绸之路新绥道路为主线,着重对晚清至民国奇台至绥远道路的站点、路线、运输货物、运输费用和购销方式进行了历史性考察,旨在通过对历史的追溯,为当代"一带一路"建设提供借鉴。

三、丝绸之路文献与文学研究

本次会议中,学者们提交的丝绸之路文献与文学研究类的成果视野开阔,内容丰富。出土文献与传世文献类成果 8 篇,文学研究类 7 篇,从不同视角展现了丝路文献与文学研究的多样性。具体情况如下:

1. 出土文献与传世文献

新疆尉犁县克亚克库都克烽燧遗址是 2021 年度全国十大考古新发现之一,这也成为本次会议中学者们追踪的学术热点。新疆社会科学院王旭送《新疆尉犁县克亚克库都克烽燧遗址出土〈孝经注〉残叶跋》一文,将克亚克库都克烽燧遗址出土的一件《孝经注》残叶与敦煌所出 P.3428 号文献相对比,钩沉索引,认为此残叶为《孝经》郑玄注,由此证实东汉末年郑玄注《今文孝经》时并无章题,北宋时期日本僧人进献《孝经》郑玄注的时间应为《崇文总目》所载的"咸平中",而非一般认为的雍熙元年(984)。

北京大学范晶晶《从〈大随求陀罗尼〉看小勃律与长安的佛教文本交流》认为相比尼泊尔、吉尔吉特、新疆等地的《大随求陀罗尼》写本,西安出土的写本或汇印本更加完善。文章还以该经写本为典型,指出文本内容由朴素写本演变为复杂檀场,译本标题随之丰富增长的规律。新疆大学阿依达尔·米尔卡马力《国家图书馆藏回鹘文韵文研究》以国家图书馆散藏回鹘文韵文献为基础,对已刊布的回鹘文韵文诗歌进行考察,就其首韵、尾韵、音阶处押韵规则进行了新的探讨。北京大学徐维焱《〈平定准噶尔勒铭格登山碑〉满蒙碑文考释》以伊犁格登山纪功碑满、蒙两种文字内容作为研究对象,通过与汉字碑文对比,探究不同文种在文字特点、音韵格律、修辞方式等文学层面的特征。该文同时从历史研究层面揭示了纪功碑在物质性、文本性的实际功用与内生逻辑,为观照清朝的文本秩序和差序格局提供了边疆和民族的视角。

首都师范大学聂溦萌《南北朝正史中的邻国传记》注意到东晋十六国及南北朝时期对邻国书写产生的史学问题。梳理了《宋书》将邻国编录为四夷传记的编纂方式,并通过对《魏书·僭晋司马叡传》史源与编纂手法的探析,指出史书中对不同异族政权采用不同纂写方式的现象至此正式消亡。新疆大学吴轶群、迟展《〈大清一统志〉新疆资料研究三题》通过对乾隆本《一统志》和嘉庆本《一统志》新疆资料的对比,尝试为深入理解清朝治理新疆制度体系的历史变迁提供新的思路。新疆师范大学张亚华《〈平定准噶尔方略〉成书考》利用传统史料和新见档案,考证了《平定准噶尔方略》的编纂思想、成书时间和编纂人员,为清代方略研究提供了借鉴。清代满族撰述有关射术的典籍,流传至今的仅有常钧《射的》。新疆师范大学锋晖《满族射书〈射的〉考证与研究》对该书作者、体例、内容、研究价值进行考查,发现满族射术已非传统"武射"旧俗,而是融入了大量中原"文射"因素,并呈现"文武合璧""满汉合璧"的特色,也是民族文化交流的直观反映。

在文献研究类的文章中,中国社会科学院近代史研究所刘萍《1980 年来边疆史地资料整理出版述评》较为独特,该文总结了这一时期方志、分省、专题、台湾史、海疆与边界等几类文献整理的标志性成果。指出边疆史地研究具有综合性学科的特点,史料的整理编辑受边疆学、民族学、区域史研究多学科的影响,边疆史料编纂也应该从传统的专题资料向丛刊、丛编等综合性资料发展。

2. 丝绸之路文学

浙江大学胡可先《岑参西域诗四首解读》以《敦煌太首后庭歌》《玉门关盖将军歌》《首蓿烽寄家人》《优钵罗花歌》四首诗歌的具体内容、情感内涵为切入点,通过对诗作的细致分析,认为它们在时间、空间与表现上相互关联。新疆师范大学宋晓云《论"西游"对马祖常诗歌创作的影响》将西行对马祖常诗歌创作的影响归纳为四方面,即诗歌体式倾向于七言绝句,创作心态更加从容闲适,诗歌类型侧重再现现实生活场景,诗风更趋于展示生活之真。新疆师范大学马晓娟《古为今用:中华民族交往交流中的历代西域行游记之成就价值》就历代西域行游记展开研究。认为西域行记是中国游记的重要组成部分,从现实来看,更是文化润疆、边疆建设的资源库与中外友好的历史见证,在"一带一路"建设中也能发挥其应有的价值。

北京大学王一丹《〈乾隆御制诗文十全集〉中的"帕尔西语(波斯语)"词汇》一文,对《十全集》中的波斯语词汇进行深入研究,在辨析词源、词义的基础上,讨论其在诗歌语境中所包含的历史信息,由此论证了新疆南部地区与中亚、波斯之间的文化联系,以及乾隆所代表的清前期统治者对西域的认识水平。新疆师范大学周燕玲《清代西域幕府文人群体综论》对清代西域幕府的发展阶段进行划分,认为西域幕府成员多以废员入幕,西域幕府的存在不仅为文人提供了实现价值的舞台、疗愈心灵的平台,还缓解了边疆地区人才缺失的困境。新疆师范大学姚晓菲《清代徐世佐笔下的丝绸之路及其贬谪经历、贡献考述》以乾隆年间徐世佐及其《出塞集》为关照对象,考述了徐世佐的仕宦经历、遣戍因由与西域诗文创作,揭示了徐世佐对新疆的文化教育事业"卓著劳绩"的贡献。冯其庸学术馆沈宏、冯有责《豪情奔放入诗章——冯其庸先生西域诗文创作》整体评述了冯其庸先生《瓜饭楼诗词草》中 90 余首西域诗词,通过细致梳理冯先生诗歌创作经历、诗作具体内容,赞扬了其诗歌高亢激昂的气概和乐观精神。

综上所述,本次学术会议拓展了中国西北科学考查团研究、丝绸之路研究的学术视野,从不同角度丰富了学界对西域文化多元一体的认识,也为弘扬传播中华优秀传统文化,铸牢中华民族共同体意识提供了理论与学术支持。在本次会议召开期间,还同时举办了"古道西风——袁复礼旧藏中国西北科学考查团摄影集萃"展览和黄文弼"三记两集"再版首发式。中国西北科学考查团研究会会长、徐炳昶哲孙徐十周先生,西北科考团副会长、黄文弼哲孙黄纪苏先生,以及袁复礼外孙刘卫东先生分别致辞,他们对于先辈事迹与精神的追忆,也成为会议的亮点。